Java™2

Laura Lemay &
Roger Cadenhead

Übersetzung der Neuauflage
und redaktionelle Überarbeitung:
Peter Riedlberger, München

...in 21 Tagen

Java™ 2

Markt + Technik Verlag

Die Deutsche Bibliothek – CIP-Einheitsaufnahme

Ein Titeldatensatz für diese Publikation ist bei
Der Deutschen Bibliothek erhältlich.

Autorisierte Übersetzung der amerikanischen Originalausgabe:
Teach Yourself Java in 21 Days, Professional Reference Edition,
Second Edition © 2001 by SAMS Publishing

Umwelthinweis:
Dieses Buch wurde auf chlorfrei gebleichtem Papier gedruckt.
Die Einschrumpffolie – zum Schutz vor Verschmutzung – ist aus umweltverträglichem und recyclingfähigem PE-Material.

10 9 8 7 6 5 4 3 2 1

04 03 02 01

ISBN 3-8272-6281-X

Übersetzung der Neuauflage: Peter Riedlberger, München, peter@riedlberger.de
Lektorat: Jürgen Bergmoser, jbergmoser@pearson.de
Herstellung: Monika Weiher, mweiher@pearson.de
Satz: reemers publishing services gmbh, Krefeld, (www.reemers.de)
Einbandgestaltung: Grafikdesign Heinz H. Rauner, Gmund
Druck und Verarbeitung: Bercker Graphischer Betrieb, Kevelaer
Printed in Germany

Inhaltsverzeichnis

Einleitung

Manche Revolutionen kommen vollkommen überraschend. Das Internet, Linux und PDAs gelangten wider die Erwartung aller zu großer Prominenz.

Der bemerkenswerte Erfolg der Programmiersprache Java dagegen überraschte niemanden. Seit seinem Erscheinen vor fünf Jahren war Java der Träger großer Hoffnungen gewesen. Als Sun Java in Browser integriert der Öffentlichkeit vorstellte, wurde die neue Sprache von einem warmen und breiten Presseecho willkommen geheißen. Wer auch nur irgendwie mit einer WWW-Seite, einem Computermagazin oder dem Wirtschaftsteil einer Tageszeitung in Berührung kam, kannte Java und hatte erfahren, in welcher Weise es die Softwareentwicklung verändern würde.

Bill Joy, ein Mitbegründer von Sun Microsystems, hielt mit seinen Erwartungen nicht hinterm Berg, als er die neue Programmiersprache seiner Firma beschrieb: »Dies ist das Endresultat eines 15 Jahre währenden Bemühens, eine bessere Programmiersprache und -umgebung vorzustellen, damit einfachere und zuverlässigere Software entwickelt werden kann.«

In den vergangenen Jahren konnte Java den Erwartungen des Hype bis zu einem gewissen Grad gerecht werden. Die Sprache Java ist genauso wenig aus der Softwareentwicklung wegzudenken wie Java-Kaffee. Letzterer hilft Programmiern, die Nächte über wach zu bleiben. Erstere lässt sie ruhiger schlafen, wenn sie mit der Software-Entwicklung fertig sind.

Java galt ursprünglich als Technik zur Verbesserung von Webseiten und wird immer noch zu diesem Zweck eingesetzt. Die Suchmaschine AltaVista gibt an, dass mehr als 13 Millionen Webseiten ein Javaprogramm beinhalten.

Doch wird Java mit jedem neuen Release zu einer stärkeren Allzweckprogrammiersprache für nicht-Browser-Umgebungen. Java wird heute in Desktop-Applikationen, Internetservern, Middleware, PDAs, Embedded-Geräten und vielen anderen Umgebungen verwendet.

Jetzt, mit seinem vierten Release (Java 2 Version 1.3) ist Java ein echter Konkurrent der anderen Allzweckprogrammiersprachen wie C++, Perl, Visual Basic und Delphi.

Vielleicht kennen Sie Java-Programmiertools wie Symantec Visual Café, Borland JBuilder oder Sun Forté for Java. Mit diesen Programmen kann man funktionale Javaprogramme entwickeln, am besten lernt man aber die Möglichkeiten der Sprache kennen, wenn man direkt mit dem Java Development Kit von Sun arbeitet. Dieses Kit kann kostenlos unter `http://java.sun.com` heruntergeladen werden und ist ein Paket von Kommandozeilentools, mit dem man Javaprogramme schreiben, kompilieren und testen kann.

Hier kommt nun »Java 2 in 21 Tagen, 2. Auflage« ins Spiel. Wir führen Sie in alle Aspekte der Java-Softwareentwicklung ein und benutzen dabei die neueste Version der Sprache und die besten verfügbaren Techniken.

Wenn Sie durch dieses Buch durch sind, wissen Sie sehr genau, warum im letzten Jahrzehnt über keine Programmiersprache mehr gesprochen wurde und warum Java im nächsten Jahrzehnt zur beliebtesten Programmiersprache aufsteigen könnte.

So ist dieses Buch aufgebaut

»Java 2 in 21 Tagen« lehrt Java und seine Klassenbibliotheken innerhalb von 21 Tagen, die in drei getrennte Wochen eingeteilt sind. Jede Woche deckt einen eigenen, breiten Bereich der Entwicklung von Java-Applets und -Applikationen ab.

In der ersten Woche lernen Sie die Sprache Java selbst kennen:

- Tag 1 bietet eine allgemeine Einführung: Was Java ist, warum man diese Sprache lernt und woher man die Software bekommt, die man zur Erstellung von Javaprogrammen braucht. Sie erstellen auch schon Ihre erste Java-Applikation.
- An Tag 2 erkunden Sie grundlegende Konzepte der objektorientierten Programmierung, wie sie für Java gelten.
- An Tag 3 erfahren Sie Einzelheiten über die einfachsten Java-Bausteine: Datentypen, Variablen und Ausdrücke wie Arithmetik oder Vergleiche.
- Tag 4 erklärt, wie man mit Objekten in Java umgeht: Wie man sie erstellt, wie man auf ihre Variablen zugreift sowie ihre Methoden aufruft und wie man sie vergleicht und kopiert. Sie kommen auch zum ersten Mal mit den Java-Klassenbibliotheken in Berührung.
- An Tag 5 lernen Sie Arrays, bedingte Anweisungen, Schleifen und verkettete Listen kennen.
- Tag 6 widmet sich ausführlich der Erzeugung von Klassen, den grundlegenden Bausteinen aller Javaprogramme.
- Tag 7 bietet die Grundlagen zu Applets: Wie sie sich von Applikationen unterscheiden, wie man sie erzeugt und wie man das Java-Plug-in benutzt, um Java-2-Applets in Netscape Navigator, Microsoft Internet Explorer und anderen Browsern auszuführen.

Die zweite Woche ist in erster Linie der grafischen Programmierung mit Swing gewidmet. Swing ermöglicht, Programme mit grafischen Benutzerschnittstellen zu versehen:

- Tag 8 leitet eine viertägigen Schnellkurs in visueller Programmierung ein. Sie lernen, wie man eine grafische Benutzerschnittstelle mit Swing erstellt. Swing ist eine Gruppe von Klassen, die mit Java 2 eingeführt wurden und die die Fähigkeiten von Java im Bereich der Benutzerschnittstellen drastisch erweiterten.
- Tag 9 erklärt mehr als ein Dutzend grafischer Schnittstellenkomponenten, darunter Buttons, Textfelder, Regler, scrollende Textbereiche und Icons.
- An Tag 10 lernen Sie, wie man eine Benutzerschnittstelle durch die Verwendung von Layout-Managern elegant aussehen läßt. Die Layout-Manager sind eine Gruppe von Klassen, mit denen man festlegt, wie die Komponenten auf einer Schnittstelle angeordnet werden.
- Tag 11 schließt die Behandlung von Swing mit den Event-Handler-Klassen ab. Sie ermöglichen, dass ein Programm auf Mausklicks und andere Benutzeraktionen antworten kann.
- An Tag 12 erfahren Sie, wie man Formen und Zeichen auf eine Benutzerschnittstellenkomponente wie ein Appletfenster zeichnet. Dabei werden auch die neuen Java2D-Klassen erklärt, die erst mit Java 2 eingeführt wurden.
- An Tag 13 erstellen Sie multimediale Programme, die mit Formen, Grafikdateien und Animationssequenzen arbeiten. Sie machen auch Ihre ersten Erfahrungen mit Multithreading, wodurch Programme mehrere Tasks gleichzeitig erledigen können.
- Tag 14 ergänzt mit den Soundfähigkeiten von Java eine weitere Multimediaebene. Sie statten Applets und Applikationen mit Sounds aus und arbeiten mit JavaSound, einer umfangreichen neuen Klassenbibliothek, um Sound abzuspielen, aufzunehmen und zu mischen.

Die dritte Woche behandelt Themen für bereits Fortgeschrittene, wie z.B. JavaBeans und Java Database Connectivity:

- An Tag 15 erfahren Sie mehr über Schnittstellen und Pakete, die zur Gruppierung von Klassen und zur Organisation einer Klassenhierarchie dienen, sowie über kompliziertere Kernstrukturen der Sprache selbst.
- An Tag 16 geht es um Ausnahmen. Das sind Fehler, Warnungen und andere unnormale Zustände, die entweder vom System oder von Ihnen in Ihren Programmen erzeugt werden. Zusätzlich erfahren Sie einiges über Java und Sicherheit.
- Tag 17 behandelt Ein- und Ausgabe über Streams, eine Reihe von Klassen, die Datei- und Netzwerkzugriff sowie andere Formen der Datenbehandlung ermöglichen.

- Tag 18 erklärt die Objekt-Serialisierung, mit der man Objekte existent sein lassen kann, selbst wenn kein Programm läuft. Sie speichern sie auf ein Speichermedium wie etwa die Festplatte, lesen sie zu einem späteren Zeitpunkt in ein Programm ein und benutzen sie wieder als Objekte.
- An Tag 19 erweitern Sie Ihr Wissen über Streams, um Programme zu schreiben, die mit dem Internet kommunizieren. Sie lernen auch Socket-Programmierung und den Umgang mit URLs.
- Tag 20 gehört den JavaBeans. Damit lassen sich Javaprogramme mit Rapid-Application-Techniken erstellen, die in Tools wie Microsoft Visual Basic so populär sind.
- Tag 21 schließt den Parcours mit einer tiefgehenden Betrachtung ab, wie Daten in Java verarbeitet werden. Sie konnektieren Datenbanken mit Java Database Connectivity (JDBC) und JDBC-ODBC und lernen dann einiges über elegantere Datenstrukturen wie Vektoren, Stacks und Maps.

Die Bonuswoche, die es nur in dieser Ausgabe gibt, behandelt die schwierigsten Themen von Java 2:

- An Tag 22 lernen Sie die Tools des Java 2 Software Development Kits besser kennen, darunter auch ein sehr wichtiges, mit dem Sie noch nicht gearbeitet haben: jdb, der Java-Debugger.
- Tag 23 beschreibt, wie integrierte Entwicklungsumgebungen für die Javaprogrammierung benutzt werden können, wobei zwei der verbreitesten detailliert betrachtet werden: WebGain Visual Café und Borland JBuilder.
- Tag 24 erklärt, wie man Java Applets in Version 1.0 der Sprache schreibt, was für Programmierer wichtig ist, die möglichst viele Surfer erreichen wollen
- Tag 25 behandelt ein Swing-Element, die Accessibility-Klassen, mit denen man Javaprogramme schreiben kann, die mit Hilfstechnologien wie Vorlesegeräten oder Blindenschriftterminals zusammenarbeiten. Zudem machen sie Programme für jeden beliebigen Anwender besser benutzbar.
- Tag 26 ist der erste von zwei Tagen, an denen wir uns serverseitige Javaprogrammierung ansehen. Sie lernen Java-Servlets kennen. Das sind Applikationen, die auf einem Webserver laufen und die Tomcat-API benutzen (ein Standard, den Sun und die Apache Software Foundation entwickelt haben).
- An Tag 27 arbeiten Sie mit JavaServer Pages, die Ihnen ermöglichen, Java-Servlets und die von ihnen erzeugten Daten in Web-Dokumente zu integrieren.
- Der letzte Tag der Bonuswoche behandelt die Java-API für XML-Verarbeitung. Dies ist eine neue Klassenbibliothek, die Javaprogrammierern ermöglicht, mit XML zu arbeiten, einem Standard für die portierbare Repräsentation von Daten.

Über dieses Buch

Dieses Buch bringt Ihnen alles über die Programmiersprache Java bei, und wie man Applikationen für beliebige Rechnerumgebungen sowie Applets, die in Browsern laufen, erstellt. Wenn Sie erst einmal mit »Java 2 in 21 Tagen, 2. Auflage« durch sind, haben Sie sich ein wohl abgerundetes Wissen über Java und die Java-Klassenbibliotheken erworben, mit dem Sie Ihre eigenen Programme für Aufgaben wie Datenzugriff über das Internet, Datenbankanbindung, interaktives Spielen oder Client/Server-Programmierung erstellen können.

In diesen Buch gilt *learning by doing*: Jeden Tag werden mehrere Programme erstellt, die die erklärten Themen in der Praxis vorführen. Der Quelltext all dieser Programme ist auf der offiziellen Webseite zum Buch `http://www.java21days.com` zusammen mit Zusatzmaterial wie Antworten auf Leserfragen verfügbar.

Für wen dieses Buch gedacht ist

Dieses Buch ist als Lehrwerk für drei Gruppen gedacht:

- Anfänger, die kaum Programmiererfahrung haben
- Fortgeschrittene, die schon Java 1.1 oder 1.0 kennen
- Programmierer, die andere Sprachen wie Visual C++, Visual Basic oder Delphi beherrschen

Sie lernen, wie man Applets (das sind interaktive Javaprogramme, die Teil einer Webseite sind) und Applikationen (Programme, die in allen anderen Programmierumgebungen laufen) entwickelt. Nachdem Sie »Java 2 in 21 Tagen, 2. Auflage« durchgearbeitet haben, sind Sie mit jedem Aspekt der Sprache in Berührung gekommen und wissen genug über Java, um sich in Ihre eigenen Programmierprojekte zu stürzen, egal ob diese WWW-basiert sind oder nicht.

Wenn Sie bisher wenig oder vielleicht sogar noch nie programmiert haben, fragen Sie sich vielleicht, ob dies das richtige Buch für Sie ist. Da alle Konzepte in diesem Buch mit funktionierenden Programmen erläutert werden, können Sie sich durch alle Themen arbeiten, egal, wie Ihr persönlicher Erfahrungshorizont aussieht. Wenn Ihnen die Begriffe Variable, Schleife und Funktionen nicht unbekannt sind, werden Sie von diesem Buch profitieren. Sie gehören auf alle Fälle zu den intendierten Lesern, wenn eine der folgenden Beschreibungen auf Sie zutrifft:

- Sie sind ein echter HTML-Crack, können CGIs in Perl, Visual Basic oder einer anderen Sprache programmieren und wollen nun den nächsten Schritt beim Webseitendesign gehen.

- Sie haben irgendwann in der Schule BASIC oder Pascal gelernt, haben eine ungefähre Vorstellung, wie Programmieren funktioniert, und haben gehört, dass Java leicht lernbar, leistungsfähig und toll sei.
- Sie programmieren schon seit Jahren in C und C++, hören immer nur Panegyriken zum Thema Java und wollen endlich herausfinden, ob der Hype Substanz hat.
- Sie haben gehört, dass Java sich für die Webprogrammierung eignet und würden gerne wissen, ob es für andere Software-Entwicklungsaufgaben brauchbar ist.

Wenn Sie noch nichts mit objektorientierter Programmierung, dem bei Java verwendeten Programmierstil, zu tun hatten, brauchen Sie sich keine Sorgen zu machen. Diese Buch setzt keinerlei Kenntnisse im Bereich der objektorientierten Programmierung voraus. Sie können diese bahnbrechende Entwicklungsstrategie zusammen mit Java erlernen.

Sollten Sie noch nie irgendetwas mit Programmierung zu tun gehabt haben, könnte dieses Buch vielleicht etwas zu schnell für Sie vorgehen. Allerdings ist Java eine gute Sprache für den Einstieg, und wenn Sie sich Zeit lassen und alle Beispiele sorgfältig durcharbeiten, können Sie sehr wohl Java lernen und bald eigene Programme erstellen.

So ist dieses Buch eingeteilt

Dieses Buch sollte man im Laufe dreier Wochen durchlesen und sich zu eigen machen. Während der einzelnen Wochen lesen Sie jeweils sieben Kapitel, die Ihnen Konzepte der Sprache Java und der Erstellung von Applets und Applikationen erläutern.

Konventionen

Eine Bemerkung bringt interessante, manchmal auch technische Informationen zum Thema des Fließtexts.

Ein Tipp gibt Rat oder zeigt Ihnen einen einfacheren Weg, um irgendetwas zu erledigen.

Eine Warnung warnt sie vor möglichen Problemen und hilft, Sie vor Katastrophen zu bewahren.

Ein neuer Begriff ist mit dem »Neuer Begriff«-Icon gekennzeichnet. Der neue Begriff selbst steht *kursiv*.

Text, den Sie eintippen müssen oder der auf Ihrem Bildschirm erscheint, steht in `Computerschrift`:

```
Das sieht dann so aus.
```

Diese Schrift soll die Schrift auf Ihrem Bildschirm nachahmen. Platzhalter für Variablen und Ausdrücke erscheinen in *`kursiver Computerschrift`*.

Am Ende einer jeden Lektion finden Sie häufig gestellte Fragen zum Thema des Tages mit unseren Antworten, ein Quiz zum Kapitelabschluß, mit dem Sie Ihr Wissen über das Material testen können, und zwei Übungen, an denen Sie sich allein versuchen sollten – die Lösungen finden Sie auf der Webseite zum Buch `http://www.java21days.com`.

Java im 21. Jahrhundert

Großfirmen wie IBM machen viel mehr mit Java, als die meisten mitbekommen. Halb IBM ist damit beschäftigt, Milliarden Zeilen Quelltext in Java umzucoden. Die andere Hälfte sorgt dafür, dass Java auf allen aktuellen Plattformen gut läuft und noch besser auf den zukünftigen.

Robert X. Cringely, Technologiekommentator bei PBS

Als Sun Microsystems 1995 die erste Version von Java veröffentlichte, war die Sprache nicht mehr als ein innovatives Spielzeug fürs WWW, die das Potential dazu hatte, wesentlich mehr zu sein.

Das Wort »Potential« ist ein zweischneidiges Kompliment, denn es hat ein Verfallsdatum. Früher oder später muss das Potential realisiert werden oder es wird durch neue Wörter ersetzt, als da wären: »Pleite«, »Verschwendung« oder »große Enttäuschung für deine Mutter und mich«.

Jetzt, im vierten Release, scheint Java den Erwartungen, die sein Erscheinen begleiteten, gerecht zu werden. Mehr als zwei Millionen Menschen haben die Sprache erlernt und verwenden sie in Einrichtungen und Firmen wie der NASA, IBM, Kaiser Permanente (Amerikas größte non-profit-Gesundheitsorganisation), ESPN (ein in Amerika sehr beliebtes Sportportal) und dem New Yorker Museum für moderne Kunst. Nach der letzten Zählung des *JavaWorld Magazine* wurden mehr als 1.700 Bücher zu dieser Programmiersprache verfasst.

Ursprünglich für die Erstellung einfacher Programme auf World-Wide-Web-Seiten gedacht, findet Java heute unter anderem Verwendung bei:

- Internetservern
- relationalen Datenbanken
- Großrechnern
- Telefonen
- Teleskopen auf Erdumlaufbahn
- PDAs
- kreditkartengroßen »Smartcards«

Während der nächsten 21 Tage werden Sie Javaprogramme schreiben, die die Verwendung der Sprache im 21. Jahrhundert widerspiegeln. Manchmal unterscheidet sich das sehr stark von der ursprünglichen Planung.

Java bleibt zwar nach wie vor nützlich für Webentwickler, die Seiten interessanter machen wollen, aber die Sprache hat den engen Rahmen des Browsers längst verlassen. Java ist heute eine beliebte Allzweck-Programmiersprache. Einige Untersuchungen geben sogar an, dass es mehr Java- als C++-Berufsprogrammierer gibt.

Während Sie die Sprache mit »Java 2 in 21 Tagen, 2. Auflage« lernen, sind Sie in einer guten Position, um selbst zu entscheiden, ob die Sprache den Jahren des Hype gerecht geworden ist.

Gleichzeitig werden Sie ein Javaprogrammierer mit großem Potential.

1.1 Java 2 erkunden

Wenn Sun eine neue Java-Version veröffentlicht, wird im Internet ein kostenloses Entwicklerkit für diese Version bereitgestellt. Dieses Buch wurde mithilfe des Kits *Java 2 Software Development Kit, Standard Edition, Version 1.3* erstellt.

Obwohl die Autoren des vorliegenden Buches im Glashaus sitzen, wenn sie sich über lange Titel lustig machen, so können Sie sich dennoch nicht die Bemerkung verkneifen, dass der Titel des Haupttools für die Java-Entwicklung länger ist als die meisten Promi-Ehen.

Um ein paar Bäume weniger zu Papier verarbeiten zu müssen, wollen wir die Sprache in diesem Buch zumeist Java und das Kit SDK nennen. Anderswo könnte Ihnen dieses Kit auch unter den Namen Java Development Kit 1.3 oder SDK 1.3 begegnen.

Wenn Sie sich durch die 21 Tage dieses Buches arbeiten, werden Sie gut vertraut werden mit den Fähigkeiten von Java. Unter anderem werden folgende Bereiche behandelt: Grafik, Ein-/Ausgabe von Dateien, Design der Benutzerschnittstelle, Event-Handling, JavaBeans und Datenbankzugriff. Sie werden Programme schreiben, die auf Webseiten laufen und andere, die für einen PC, Webserver oder sonstige Umgebungen bestimmt sind.

Unsere Ziele für heute sind recht bescheiden. Sie werden über folgende Themen etwas lernen:

- Wie Java heute aussieht und welchen Weg es zurücklegte
- Warum es lohnt, Java zu erlernen
- Warum man Java für Softwareprojekte auswählt
- Was man braucht, um Javaprogramme schreiben zu können
- Wie Sie Ihr erstes Programm erstellen

Die Vergangenheit, Gegenwart und Zukunft von Java

Aufgrund der enormen Berichterstattung über Java in den letzten Jahren und der großen Zahl von Büchern zu Java könnten Sie leicht eine übertriebene Vorstellung von den Fähigkeiten dieser Programmiersprache haben.

Java ist eine Programmiersprache, die gut für Erstellung von Software geeignet ist, die in Zusammenhang mit dem Internet laufen soll. Es ist gleichzeitig eine objektorientierte Programmiersprache und benutzt so eine Methodologie, die in der Welt des Softwaredesigns ihren Nutzen immer mehr unter Beweis stellt. Zusätzlich ist es eine plattformübergreifende Programmiersprache, sodass die Programme ohne Modifikation unter Microsoft Windows, Apple Macintosh, Linux, Solaris und anderen Betriebssystemen laufen sollten. Java ist mehr als eine Desktopprogrammiersprache und läuft auch auf Geräten wie Fernsehern, Smartcards oder Handys.

Java ähnelt eher Programmiersprachen wie C, C++, Python, Visual Basic oder Delphi als einer Seitenbeschreibungssprache wie HTML, einer Internet-Skriptingsprache wie JavaScript oder einer Datenbeschreibungssprache wie XML.

Interaktive Internetprogrammierung

Java wurde zuerst deswegen populär, weil es innerhalb von WWW-Seiten laufen konnte. Netscape Navigator, Microsoft Internet Explorer und andere Browser können ein Javaprogramm herunterladen, das in eine Webseite eingebettet ist, und es lokal auf dem System des Internetsurfers ausführen.

Diese Programme, *Applets* genannt, erscheinen auf Webseiten so ähnlich wie Bilder. Im Gegensatz zu Bildern können Applets interaktiv sein – Benutzereingaben aufnehmen, darauf antworten und sich ändernde Inhalte anzeigen.

Applets können z.B. für folgende Inhalte benutzt werden: Animationen, Graphen, Spiele, Navigationsmenüs, Multimediapräsentationen und andere interaktive Inhalte.

Abbildung 1.1 zeigt ein Applet, das im Browser Opera 3.61 läuft. Dieses Applet heißt Every Icon und ist ein interaktives Kunstwerk, dass John F. Simon Jr., ein Künstler und Programmierer, der an der School of Visual Arts in Manhattan unterrichtet hat, als Javaprogramm erstellte. Es wurde auf der Whitney-Biennial-Kunstausstellung des Jahres 2000 gezeigt und wurde vom Guggenheim-Museum und dem San Francisco Museum of Modern Art erworben.

HINWEIS: Das Applet Every Icon soll jede mögliche Folge darstellen, die mit schwarzen und weißen Feldern auf einem 32x32-Raster gezeichnet werden kann. Obwohl das Applet die Folgen sehr schnell darstellt, bräuchte ein Pentium-Rechner mehr als 16 Monate, um die 4,29 Milliarden Varianten der obersten Zeile darzustellen. Die Darstellung aller Varianten der beiden obersten Zeilen würde ungefähr 16 Milliarden Jahre dauern. Sie finden Every Icon und die anderen Kunstprojekte von Simon unter `http://www.numeral.com`.

Applets werden wie HTML-Seiten, Grafiken oder andere Seitenelemente über das Internet heruntergeladen. Ist der Browser javafähig, beginnt die Ausführung des Applets nach Abschluss des Downloads.

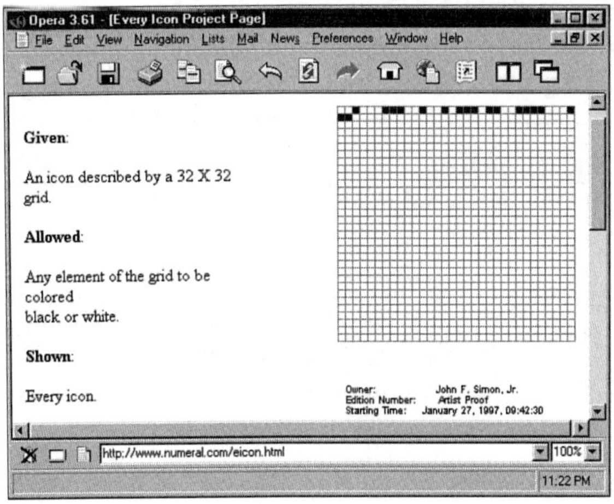

Abbildung 1.1:
Ein Java-Applet, das auf einer Internetseite läuft, hier im Browser Opera dargestellt.

Man schreibt Applets in Java, kompiliert sie in einer Form, dass man sie als Programm ausführen kann und stellt sie auf einen Webserver.

Die meisten Applets sind in Java 1.0 oder 1.1 geschrieben, den beiden ersten Versionen der Sprache, weil die führenden Browserentwickler mit der eingebauten Unterstützung neuerer Java-Versionen hinterherhinken.

Sie können zwar Applets mit Java 2 entwickeln, aber derjenige, der sich Ihr Applet anschaut, muss einen entsprechenden Browser haben. Sun hat ein kostenloses Browser-Plug-in namens Java Plug-in veröffentlicht. Indem man es herunterlädt und installiert, kann man die wichtigsten Browser mit Unterstützung für die aktuelle Java-Version ausstatten.

HINWEIS

Am 7. Tag erfahren Sie mehr über Applets, Browser und das Java Plug-in.

Ganz wie Visual C++, Visual Basic oder Delphi ist Java eine robuste Sprache, die für die Entwicklung ganz unterschiedlicher Software eingesetzt werden kann und grafische Benutzerschnittstellen, Netzwerke, Datenbankzugriff und andere wichtige Funktionalitäten unterstützt.

Javaprogramme, die nicht innerhalb eines Browsers laufen, heißen *Applikationen*.

Java erwuchs aus einer kleinen Eiche

Die Programmiersprache Java wurde Dezember 1990 bei Sun Microsystems als Teil des Green-Projekts entwickelt. Das Green-Projekt war ein kleines Forschungsprojekt für Software zur Steuerung von Konsumelektronikgeräten. Man entwickelte eine Programmiersprache, die die intelligenten Anwendungen der Zukunft steuern sollte, Geräte, die sich wie in einem Science-Fiction-Film miteinander unterhielten, Geräte, die die Bahn in eine Zukunft ebnen sollten, in der Sie jeden Morgen vollautomatisch von einer Maschine angekleidet werden.

Um ihre Forschungen voranzutreiben, entwickelten die Green-Wissenschaftler Geräteprototypen mit dem Namen Star 7 – eine Art Handheldcomputer, die untereinander kommunizieren konnten.

Die ursprüngliche Idee war es, das Betriebssystem des Star 7 in C++ zu entwickeln, der extrem beliebten, von Bjarne Stroustrup entwickelten objektorientierten Programmiersprache. Allerdings hatte James Gosling vom Green-Projekt bald genug von C++ in bezug auf diese Aufgabenstellung. Aus diesem Grund verbarrikadierte er sich in seinem Büro und schrieb eine neue Programmiersprache, um den Star 7 besser steuern zu können.

Die Sprache nannte Gosling *Oak* (deutsch: Eiche) zu Ehren eines Baumes, den er von seinem Bürofenster aus sehen konnte. Sie wurde später umbenannt in Java, zu Ehren der Rechtsanwälte, die herausfanden, dass es bereits ein Produkt namens Oak gab, und keinen juristischen Krieg beginnen wollten.

Da Java für Embedded-Geräte und nicht für High-End-PCs entwickelt wurde, musste es klein, effizient und leicht auf eine ganze Reihe von Geräten portierbar sein. Außerdem musste Java zuverlässig sein. Man hat gelernt, mit den gelegentlichen Systemcrashs und Störungen einer 30-MB-Applikation zu leben. Dagegen finden sich wenig Menschen bereit, beim Beta-Testing eines Aufzugs mitzuwirken, während die Programmierer nach den letzten Bugs suchen.

Java setzte sich nicht als Entwicklungstool für die Steuerung von Geräten durch. Doch gerade, als die Sache für das Green Project sehr übel aussah, begann sich das Internet durchzusetzen. Viele der Eigenschaften, die gut für den Star 7 waren, erwiesen sich auch als gut für das Web:

- Java ist klein – dadurch ließen sich Programme schneller über das Web herunterladen.
- Java ist sicher – Sicherungen schützen vor zerstörerischen Programmen, egal, ob es sich um Unfälle oder um Absicht handelt.
- Java ist portabel – Benutzer von Windows, Macintosh, Linux und anderen Plattformen können dasselbe Programm ohne Modifikation in Ihren Webbrowsern ablaufen lassen.

Um das Potential von Java zu demonstrieren, wurde 1994 ein Web-Browser namens HotJava entwickelt, der Java-Applets ausführen konnte. Der Browser zeigte zwei elementare Dinge von Java: Zum einen die Möglichkeiten in bezug auf das World Wide Web und zum anderen, was für Programme mit Java erstellt werden können. Die Green-Programmierer hatten ihre neue Sprache für den Browser benutzt, und nicht etwa C++.

Netscape lizenzierte als erste Firma die Sprache im August 1995 und baute in den Navigator einen Java-Interpreter ein. Microsoft folgte und lizenzierte Java für den Explorer. Millionen Menschen konnten nun zum ersten Mal interaktive Programme in ihren Browsern ablaufen lassen.

Da nun das Millionenpublikum der Webbenutzer lockte, lernten zwischen 1995 und 1996 etwa 300.000 Menschen die Java-Programmierung. Sun stellte Hunderte von Mitarbeiter in der Java-Abteilung neu ein. Das Managment vertraut fest darauf, dass die Sprache ideal für eine große Zahl von Desktop-, Portable- und Netzwerk-Plattformen jenseits des Webs geeignet ist.

Die verschiedenen Versionen der Sprache

JavaSoft hat bisher vier Hauptversionen der Sprache Java veröffentlicht:

- Java 1.0 – eine kleine, webausgerichtete Version, die von allen wichtigen Web-Browsern unterstützt wird.
- Java 1.1 – das Release von 1997. Es beinhaltete Verbesserungen im Bereich der Benutzerschnittstellen, ein komplett neu überarbeitetes Event-Handling und brachte eine Komponententechnologie namens JavaBeans.
- Java 2 mit SDK 1.2 – eine deutlich erweiterte Version, die 1998 erschien. Sie beinhaltet neue Features bei der graphischen Benutzerschnittstelle, der Datenbankanbindung und viele andere Verbesserungen.
- Java 2 mit SDK 1.3 – die Version des Jahres 2000. Die neuen Kernfeatures umfassen verbesserte Multimediafähigkeiten, leichtere Zugänglichkeit und schnellere Kompilation.

Das Java Development Kit war immer schon kostenlos auf der Web-Site von JavaSoft unter `http://java.sun.com` verfügbar. Diese Verfügbarkeit ist einer der Faktoren für das rapide Wachstum von Java. Es ist immer das erste Entwicklungstool, das eine neue Java-Version unterstützt, wenn diese veröffentlicht wird – oftmals sechs Monate, bevor andere Entwicklungswerkzeuge diese Version unterstützen.

Neben dem SDK gibt es mehr als zwei Dutzend kommerzieller Entwicklungstools für Java-Programmierer. Darunter die folgenden:

- Symantec Visual Café
- Borland JBuilder
- IBM Visual Age for Java
- Sun Forte for Java

Wenn Sie nicht mit dem SDK 1.3, sondern einem anderen Werkzeug die Java-Programme dieses Buchs erstellen wollen, müssen Sie sicherstellen, dass dieses Java 2 unterstützt.

HINWEIS: Die Programme in diesem Buch wurden mit dem Java 2 SDK 1.3.0, der aktuellsten Version des Kits, die beim Schreiben des Buches verfügbar war, getestet.

Die Zukunft von Java

Jeder, der die genaue Zukunft von Java kennt, sollte sich lieber um Venture-Kapital bemühen, als ein Buch zu schreiben. Die HighTech-Firma Kleiner, Perkins, Caufield and Byers (KPCB) investiert 100 Millionen Dollar in Start-ups, in deren Business-Plänen Java auftaucht. Millionen gingen schon an Active Software, Marimba, Viant und ein Dutzend andere Firmen.

Obwohl sich keiner der beiden Autoren dieses Buchs um Risiko-Kapital bemüht, prophezeien wir Java während der nächsten zehn Jahre eine glänzende Zukunft.

Die neue Version von Java 2 beinhaltet folgende wesentliche Verbesserungen:

- HotSpot – Eine neue Technologie, dank der Javaprogramme schneller laufen und weniger Speicher verbrauchen.
- JavaSound – Stark verbesserte Unterstützung für 8- und 16-Bit-Soundwiedergabe und -aufnahme in den Formaten WAV, AU, AIFF und MIDI.
- Swing – Mehr als zwei Dutzend neue Feautures für Komponenten, die in der grafischen Benutzerschnittstelle von Java-Programmen Verwendung finden.
- Performance – Zusätzlich zu HotSpot hat Sun die Geschwindigkeit und Zuverlässigkeit der Sprache in mancherlei Hinsicht verbessert: Animation, Datenbankanbindung, Netzwerke und Multithreading-Programme (also Programme, die mehrere Tasks gleichzeitig ausführen).

Sie bekommen in den nächsten drei Wochen die Möglichkeit, mit diesen und anderen neuen Features zu arbeiten.

HINWEIS: Auf der Webseite `http://www.kpcb.com` können Sie mehr über den millionenschweren Java-Investmenttopf von KPCB herausfinden. Sollte man Ihnen Risiko-Kapital geben und Sie damit über Nacht zum Internet-Millionär werden, so sollten Sie wissen, dass weder unser amerikanischer Verlag noch Markt+Technik etwas dagegen haben, wenn Sie uns großzügige Beteiligungen zukommen lassen.

1.2 Warum benutzt man Java?

Java-Applets waren der Durchbruch für den interaktiven Inhalt im Web, und viele Topseiten benutzen sie, um Nachrichten zu bieten, Informationen zu präsentieren oder Besucher anzuziehen. Heute benutzt ESPN.com Java-Applets für Live-Events seiner Fantasy-Sportliga, die mehr als 100.000 angemeldete Nutzer hat.

Obwohl es immer noch Tausende von Applets im Netz gibt, finden die spannendsten Java-Entwicklungen anderswo statt. Sun hat die Sprache weit über ihre Wurzeln als interessante Internettechnologie ausgebaut.

Ein gutes Beispiel dafür ist Jini, Suns javabasierte Technologie für die Verbindung von Computern und anderen Geräten. Das Ziel von Jini ist streßfreie Netzwerkerstellung – einfach zwei Geräte zusammenstöpseln, die dann sofort ein Netzwerk bilden, ohne dass man sonst irgendetwas installieren oder einstellen müsste.

Jini, mit dem man ironischerweise zu den ursprünglichen Zielen des Green Projekts zurückgekehrt ist, vertritt nur einen der neuen Bereiche, in denen die Sprache eingesetzt wird.

Egal, wo Java läuft, seine Stärken bleiben die gleichen: Es ist objektorientiert, leicht zu erlernen und plattformübergreifend.

Java ist objektorientiert

Wenn Sie mit der objektorientierten Programmierung bis jetzt noch nicht vertraut sind, dann werden Sie in der nächsten Woche reichlich Gelegenheit erhalten, dies zu ändern.

Als *objektorientierte Programmierung* (auch *OOP* genannt) wird die Vorstellung eines Computerprogramms als Kombination aus getrennten, aber miteinander interagierenden Objekten bezeichnet. Ein Objekt umfasst sowohl Informationen als auch Möglichkeiten, an die Information heranzukommen und sie zu ändern – so können leicht Programme erstellt werden, die man mühelos verbessern und später für andere Aufgaben wiederverwenden kann.

Java erbt viele seiner OOP-Konzepte von C++ und leiht sich von anderen OOP-Sprachen ein paar Features aus. An Tag 2 lernen Sie mehr über objektorientierte Programmierung und Java.

Java ist leicht zu erlernen

Java wurde unter anderem auch deswegen im Green Projekt erfunden, weil man die Komplexität von C++ ablehnte. C++ ist eine Sprache mit umfangreichen Features, die zwar sehr mächtig sind, aber leicht fehlerhaft eingesetzt werden können.

Java sollte einfacher zu schreiben, kompilieren, debuggen und zu lernen sein als andere objektorientierte Sprachen. Die Sprache wurde sehr stark an C++ angelehnt und übernimmt vieles von ihrer Syntax.

Die Ähnlichkeiten mit C++ sind so stark, dass die meisten Java-Bücher (so auch frühere Auflagen des vorliegenden) häufig Features dieser beiden Sprachen vergleichen. Doch heute lernt man Java entweder vor oder statt C++, weswegen Sie in dieser Auflage nicht mehr viele Bezugnahmen auf C++ finden.

Bei aller Ähnlichkeit zu C++ wurden die komplexesten und fehlerträchtigsten Aspekte dieser Sprache in Java nicht aufgenommen. Sie werden z.B. weder Zeiger noch Zeigerarithmetik in Java finden, da diese Features leicht zu Fehlern führen, die schwer zu beheben sind. Strings und Arrays sind in Java Objekte, wie alles andere, außer einigen ganz einfachen Datenstrukturen wie Integern, Fließkommazahlen und Zeichen.

Das Speichermanagement wird von Java automatisiert, anstatt es dem Programmierer zu übertragen, Speicher zuzuweisen und freizugeben. Mehrfachvererbung gibt es nicht.

Erfahrene Programmierer werden diese Punkte vielleicht vermissen, wenn sie beginnen, mit Java zu programmieren; alle anderen werden dadurch aber Java wesentlich schneller lernen.

Obwohl Java leichter zu lernen ist als viele andere Programmiersprachen, stellt Java für jemanden ohne Programmiererfahrung eine große Herausforderung dar. Der Umgang mit Java ist komplexer als der mit HTML oder etwa JavaScript – allerdings gibt es nichts, was ein Anfänger nicht meistern könnte.

Java ist plattformunabhängig

Da Java auf einer großen Zahl verschiedener Geräte und Computerplattformen laufen sollte, wurde es plattformneutral entworfen, d.h. die Programme sollen identisch laufen, egal auf welcher Maschine.

Das war 1995 etwas sehr Neues, als Visual C++, Visual Basic und andere weitverbreitete Programmierumgebungen fast ausschließlich unter Microsoft Windows 95 oder Windows NT liefen.

Das ursprüngliche Ziel, dass Javaprogramme ohne Modifikation auf allen Systemen laufen, konnte nicht erreicht werden. Java-Entwickler testen ihre Programme stets auf allen Umgebungen, auf denen das Programm später laufen wird, und sind mitunter zu schwierigen Nachbesserungen gezwungen. Alle verschiedenen Versionen desselben Webbrowsers müssten eigentlich einzeln getestet werden – der Java-Spielprogrammierer Karl Hörnell spricht von einer »hoffnungslosen Situation«.

Dennoch macht es das plattformneutrale Design von Java immer noch viel einfacher, Javaprogramme auf einer Vielzahl verschiedener Computer einzusetzen.

Wie in allen Programmier-Hochsprachen wird ein Programm in Java zunächst als *Quelltext* verfasst, also als Folge von Programmieranweisungen, die man in einen Texteditor tippt und dann als Datei speichert.

Wenn Sie ein Programm, das in einer der üblichen Programmiersprachen geschrieben wurde, kompilieren, dann übersetzt der Compiler Ihre Quelldatei in *Maschinensprache* – Befehle, die für den Prozessor in Ihrem System spezifisch sind. Wenn Sie Ihren Code auf einer Windows-Maschine kompilieren, dann wird das Programm auf anderen Windows-Maschinen laufen, auf Macs, PalmPilots und anderen Rechnern dagegen nicht. Wenn Sie dasselbe Programm auf einer anderen Plattform verwenden wollen, müssen Sie Ihren Quellcode auf diese Plattform portieren und dort neu kompilieren, um den für dieses System spezifischen Maschinencode zu erhalten. In vielen Fällen sind Änderungen am Quellcode des Programms aufgrund unterschiedlicher Prozessoren und anderer Faktoren nötig, bevor es sich auf der neuen Maschine kompilieren lässt.

Java-Programme werden in einen Code für eine *virtuelle Maschine* kompiliert – eine Art Computer im Computer. Diese Maschinensprache heißt *Bytecode*. Die virtuelle Maschine interpretiert den Bytecode, indem sie ihn in die prozessorspezifische Maschinensprache umwandelt.

Die virtuelle Maschine ist besser als *Java Interpreter* bekannt. Jede Umgebung mit Java-Support muss einen eigenen Interpreter haben, der an das jeweilige Betriebssystem und den Prozessor angepasst ist.

Java ist auch auf Quellebene plattformunabhängig. Java-Programme werden vor der Kompilierung als Textdateien gespeichert. Diese Dateien können auf jeder Plattform erzeugt werden, die Java unterstützt. Sie könnten z. B. ein Java-Programm auf einem Windows-98-Computer schreiben, es per E-mail an einen Linux-Computer schicken und dort kompilieren.

Java-Interpreter können sich an unterschiedlichen Orten befinden. Für die Ausführung von Applets ist die virtuelle Maschine in die einzelnen javafähigen Browser integriert oder wird separat als Browser-Plug-in installiert.

Wenn Sie an die Art gewöhnt sind, wie andere Sprachen plattformabhängigen Code erzeugen, dann werden Sie vielleicht denken, dass der Java-Interpreter eine unnötige Ebene zwischen Ihren Code und den kompilierten Maschinencode schiebt.

Der Interpreter verursacht in der Tat ein paar Performance-Probleme – Java-Bytecode wird langsamer ausgeführt als Programme von plattformspezifisch kompilierten Sprachen wie C oder C++.

Sun, IBM, Symantec und andere Java-Entwickler versuchen dem durch Technologien wie HotSpot, die neue und schnellere Virtual Machine von Java 2, und Compiler, die Bytecode in plattformspezifischen Code übertragen, abzuhelfen. Zudem verbessert jede neue Prozessorengeneration die manchmal doch trödelige Performance von Java.

Für viele Javaprogramme ist die Geschwindigkeit kein Thema, ganz im Gegensatz zu Portabilität und problemloser Entwicklung. Die großflächige Einsatz von Java bei Großunternehmen und der amerikanischen Regierung beweist, dass die Geschwindigkeitseinbußen nicht mehr so problematisch sind wie bei früheren Versionen der Sprache.

1.3 Eintauchen in die Java-Programmierung

Nun, da Sie Java als passiver Zuschauer kennen gelernt haben, ist die Zeit gekommen, einige dieser Konzepte in die Realität umzusetzen und Ihr erstes Java-Programm zu erstellen.

Bevor Sie allerdings beginnen können, müssen Sie SDK 1.3 oder eine voll kompatible Entwicklungsumgebung auf Ihrem System installieren.

Ein Java-Entwicklungstool auswählen

Wenn Sie einen Microsoft-Windows- oder Apple-MacOS-Computer haben, dann haben Sie nach aller Wahrscheinlichkeit einen Java-Interpreter installiert, der Javaprogramme ausführen kann. Gewöhnlich ist dieser Interpreter Teil eines Webbrowsers und kann nur Applets ausführen.

Um Javaprogramme zu entwickeln, reicht ein Interpreter nicht. Sie brauchen auch einen Compiler und andere Tools, mit denen man Programme erstellt, ausführt und debuggt.

Die Programme in diesem Buch wurden mit SDK 1.3 getestet, ein Paket kommandozeilenorientierter Programme, unter denen sich ein Compiler, ein Interpreter, ein Appletviewer, ein Datei-Archivierer sowie einige andere Programme finden.

Ein *Kommandozeilenprogramm* wird ausgeführt, indem man ein Kommando in die Befehlszeile tippt.

HINWEIS: Unter Windows 95 oder 98 kommt man an die Befehlszeile, indem man »Start« in der Taskleiste , dann »Programme« und »MS-DOS-Eingabeaufforderung« anklickt.

Ein Kommano für die Benutzung des Development Kits könnte etwa so aussehen:

```
javac RetrieveMail.java
```

Dieses Kommando sagt dem Programm `javac`, also dem Java-Compiler von Java 2 SDK 1.3, dass es eine Quelldatei namens `RetrieveMail.java` einlesen und dann in eine oder mehrere Dateien kompilierten Bytecodes umwandeln soll.

Wer sich mit MS-DOS, Linux oder anderen Kommandozeilenumgebungen auskennt, wird sich bei SDK 1.3 heimisch fühlen. Alle anderen müssen sich daran gewöhnen, dass der Luxus einer grafischen Benutzeroberfläche und eines Mauszeigers fehlt.

Wenn Sie ein anderes Java-Entwicklungstool haben und sicher sind, dass es SDK 1.3 vollständig unterstützt, dann können Sie es verwenden, um die Programme in diesem Buch zu erstellen.

WARNUNG: Falls Sie irgendwelche Zweifel an der Kompatibilität haben oder wenn dieses Buch Ihre erste Erfahrung mit Java ist, dann sollten Sie SDK 1.3 benutzen. Alle Beispiele dieses Buches wurden damit erstellt.

Die Installation des SDK

SDK 1.3 ist momentan für die folgenden Plattformen verfügbar:

- Windows 95
- Windows 98
- Windows 2000
- Windows NT

Das Kit benötigt einen Pentium mit mindestens 166 MHz, 32 MB RAM und 65 MB freien Speicherplatzes auf der Festplatte. Sun empfiehlt mindestens 48 MB RAM, wenn Sie mit Java-2-Applets arbeiten wollen.

Wenn Sie auf einer anderen Plattform arbeiten, wie z.B. dem Apple Macintosh, dann können Sie durch einen Besuch der offiziellen Java-Site von Sun feststellen, ob es eine SDK 1.3-kompatible Umgebung für diese Plattform gibt:

`http://java.sun.com:80/cgi-bin/java-ports.cgi`

Sie können SDK 1.3 auf der Webseite von Sun unter `http://java.sun.com` herunterladen.

Der Bereich Products & APIs dieser Webseite hat Links zu verschiedenen Java-Entwicklungskits und verwandten Produkten von Sun. Das Produkt, das Sie herunterladen müssen, heißt *Java 2 Software Development Kit, Standard Edition, version 1.3*.

Auf der Suche nach dem Produkt könnten Sie feststellen, dass das SDK eine dritte Zahl nach 1.3 hat, z.B. SDK 1.3.1. Um Fehler und Sicherheitsprobleme zu beheben, veröffentlicht Sun regelmäßig neue Releases des SDK und numeriert sie mit einem weiteren Punkt und einer Zahl nach der Hauptversionsnummer. Nehmen Sie die aktuellste Version des SDK, die Sie finden, egal ob sie 1.3.0, 1.3.1, 1.3.2 oder höher ist.

Vertun Sie sich nicht und laden Sie nicht eines von zwei Produkten mit einem sehr ähnlichen Namen bei Sun herunter: Was Sie suchen, ist weder *Java 2 Runtime Environment, Standard Edition, version 1.3* noch *Java 2 Software Development Kit, Standard Edition, Source Release*.

Gehen Sie direkt zur Downloadseite, die Adresse ist:

`http://java.sun.com/j2se/1.3`

Um das SDK 1.3 zu installieren, müssen Sie ein Installationsprogramm ausführen, das Sie entweder bei Sun heruntergeladen haben oder auf einer CD haben.

Nachdem Sie die SDK-Version für Ihr Betriebssystem ausgewählt haben, können Sie sie als einzelne Datei mit rund 25-30 MB oder als eine Reihe kleinerer Files herunterladen. Falls Sie die zweite Möglichkeit wählen, müssen Sie der Anleitung von Sun folgen, um diese zu verbinden, ehe Sie das Kit installieren können.

Wenn Sie das Installationsfile haben – egal, ob Sie es einzeln heruntergeladen haben oder ob sie mehrere kleinere Files kombiniert haben-, können Sie das Entwicklungskit installieren.

Die Installation unter Windows

Bevor Sie SDK 1.3 auf Ihrem System installieren, sollten Sie sicherstellen, dass keine anderen Java-Entwicklungstools installiert sind. Wenn mehr als ein Java-Entwicklungstool installiert ist, kann das zu Konfigurationsproblemen führen, wenn Sie versuchen, das SDK 1.3 zu verwenden.

Außerdem sollten Sie alle anderen Windowsprogramme schließen, bevor Sie SDK 1.3 installieren.

Um ein Programm unter Windows zu installieren, klicken Sie doppelt auf die Installationsdatei oder verwenden das Kommando START | AUSFÜHREN von der Taskbar aus, um die Datei zu finden und auszuführen.

Der SDK-Installationsassistent wird Sie durch den Installationsprozess begleiten. Nachdem Sie die Lizenzbedingungen von Sun akzeptiert haben, werden Sie, wie Abbildung 1.2 zeigt, nach dem Installationsort gefragt.

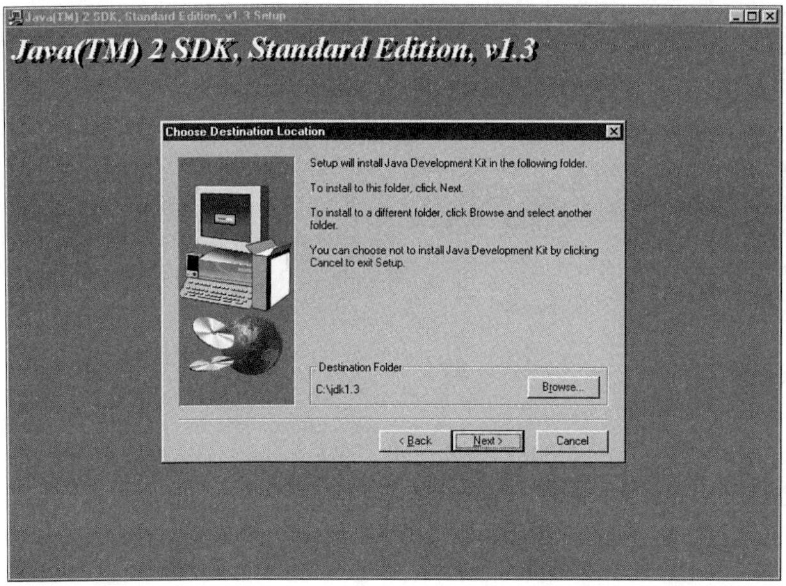

Abbildung 1.2: Wählen Sie einen Installationsordner für SDK 1.3 aus.

Der Installationsassistent schlägt Ihnen vor, das Programm in dem neuen Ordner `jdk1.3` im Hauptverzeichnis Ihrer Systemplatte zu installieren. Mit *Next* akzeptieren Sie diesen Vorschlag, mit *Browse* können Sie ein anderes Zielverzeichnis auswählen.

Probleme, die Sie eventuell mit der Konfiguration des SDK haben, lassen sich leichter beheben, wenn Sie den vom Installationsassistenten vorgeschlagenen Standardordner verwenden.

Der Installationsassistent kopiert eine große Zahl von Programmen und Dateien in den ausgewählten Ordner. Merken Sie sich in jedem Fall den Namen des Ordners, denn den brauchen Sie später, wenn Sie festlegen, wie SDK 1.3 auf Ihrem System arbeiten soll.

Als nächstes werden Sie gefragt, welche Teile des Kits Sie installieren wollen. Sie können dieses Dialogfenster in Abbildung 1.3 sehen.

Standardmäßig installiert der Assistent alle Komponenten des SDK:

- Programmdateien: Die ausführbaren Dateien, die benötigt werden, um Ihre Java-Projekte zu erstellen, zu kompilieren und zu testen.
- Native-Interface-Header-Dateien und Old-Native-Interface-Header-Dateien: Dateien, die nur von Programmierern verwendet werden, die Java-Code mit Programmen, die in anderen Programmiersprachen geschrieben wurden, kombinieren wollen. Diese sind für die Tutorials in diesem Buch irrelevant.

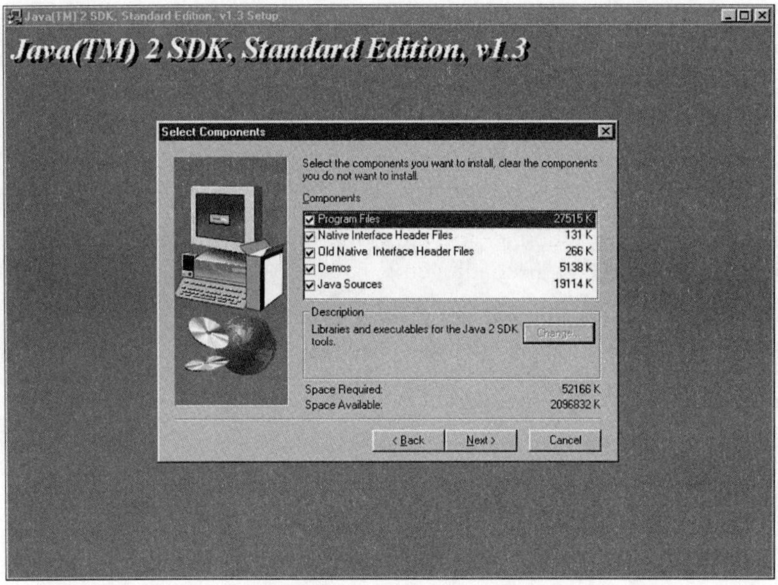

Abbildung 1.3: Die zu installierenden Komponenten von SDK 1.3 auswählen

- Demodateien: Java-2-Programme, die sowohl in ausführbarer Form als auch im Quelltext vorliegen. Den Quelltext können Sie durcharbeiten, um mehr über die Sprache zu lernen.
- Java Sources – Der Quelltext der zigtausend Programme, die die Java-2-Klassenbibliothek bilden.

Wenn Sie die Standardinstallation akzeptieren, benötigen Sie rund 50-55 MB auf Ihrer Festplatte. Falls Sie alle Optionen außer den Programmdateien weglassen, sparen Sie sich viel Platz, aber es ist nicht schlecht, wenn die Demoprogramme zur Verfügung stehen, während man mit der Sprache experimentiert.

Weder die Native-Header-Dateien noch die Java-Quelldateien brauchen Sie, um dieses Buch durchzuarbeiten – beide sind vor allem für erfahrene Programmierer von Interesse.

Nachdem Sie die Komponenten für die Installation ausgewählt haben, klicken Sie auf *Next*. Daraufhin installiert der Installationsassistent SDK 1.3 auf Ihrem System.

Das SDK konfigurieren

Nachdem der Installationsassistent SDK 1.3 installiert hat, müssen Sie die Umgebungsvariablen Ihres Computers so anpassen, dass sie Verweise auf das SDK beinhalten.

Erfahrene MS-DOS- und Kommandozeilenverwender können die SDK-Einrichtung damit beenden, dass sie zwei Werte anpassen und dann neu booten:

- Ändern Sie die PATH-Variable des Computers und fügen Sie einen Verweis auf den bin-Ordner des SDK ein (also C:\jdk1.3\bin, wenn Sie SDK nach C:\jdk.1.3 installiert haben).
- Entfernen Sie die CLASSPATH-Variable, wenn Sie sie nicht für sonstige Java-Projekte brauchen. Wenn Sie sie brauchen, dann sorgen Sie dafür, dass sie einen Verweis auf den aktuellen Ordner hat – einen Punkt (also ».« ohne die Anführungszeichen).

Diese Anweisungen könnten für jemanden, der an ein grafisches Betriebssystem mit Mausunterstützung gewohnt ist, ziemlich kryptisch klingen.

Die beiden folgenden Abschnitte erklären, wie man PATH und CLASSPATH in den verschiedenen Windows-Systemen, die SDK unterstützt, korrekt einstellt.

Wer ein anderes Betriebssystem benutzt, sollte den Anweisungen folgen, die Sun auf der SDK-Downloadseite bietet.

Konfiguration von Windows 95 und 98

Um die PATH-Variable unter Windows 95 oder 98 zu setzen, öffnen Sie mit dem Notepad die AUTOEXEC.BAT-Datei Ihres Computers. Sie finden Sie im Hauptverzeichnis Ihrer Hauptfestplatte (also normalerweise C:).

Scrollen Sie bis zum Ende der AUTOEXEC.BAT und fügen Sie eine neue Zeile mit dem folgenden Format ein:

```
PATH SDKOrdner\bin;%PATH%
```

Ersetzen Sie dabei *SDKOrdner* durch den Namen des Ordners, in dem Sie SDK installiert haben, und fügen Sie den Rest ohne Veränderung an. Wenn Sie also SDK nach C:\jdk1.3 installiert haben, dann sähe die Zeile folgendermaßen aus:

```
PATH C:\jdk1.3\bin;%PATH%
```

Nachdem Sie diese Zeile eingefügt haben, lassen Sie die AUTOEXEC.BAT noch einen Moment lang offen. Suchen Sie nach Zeilen, die mit SET CLASSPATH= beginnen.

Wenn Sie keine finden, dann sind Sie schon fertig mit der SDK-Einrichtung. Speichern Sie die modifizierte AUTOEXEC.BAT, und lassen Sie Ihren Computer neu booten.

Wenn Sie auch nur eine CLASSPATH-Zeile finden, dann müssen Sie am Ende Ihrer AUTOEXEC.BAT eine neue Zeile mit folgendem Text einfügen:

```
SET CLASSPATH=.;SDKOrdner\lib\tools.jar;%CLASSPATH%
```

Wie bei der PATH-Variable müssen Sie *SDKOrdner* durch den Ordner ersetzen, in dem Sie das SDK installiert haben. Speichern Sie die modifizierte AUTOEXEC.BAT, und booten Sie neu.

Konfiguration von Windows NT und 2000

Um Umgebungsvariablen unter Windows NT oder 2000 festzulegen, klicken Sie Start, Einstellungen, Systemsteuerung, System, Umgebung an. Danach öffnet sich ein Dialogfenster, in dem Sie die aktuellen Werte der Umgebungsvariablen sehen und sie verändern können.

Sie finden die `PATH`-Variable entweder unter Systemvariablen oder Benutzervariablen. `PATH` enthält eine Liste von Ordnern, die durch Strichpunkte getrennt sind.

Am Anfang der `PATH`-Einstellung fügen Sie den Ordner ein, in den Sie das SDK installiert haben, gefolgt von dem Text `\bin` und einem Strichpunkt (»`;`«).

Ist also Ihr `PATH` z.B. `c:\windows;c:\windows\command` und haben Sie das SDK nach `C:\jdk1.3` installiert, dann sollte Ihr neuer `PATH` folgenden Wert haben:

```
PATH c:\jdk1.3\bin;c:\windows;c:\windows\command
```

Nach dieser Anpassung suchen Sie nach einer `CLASSPATH`-Variablen. Wenn es keine gibt, sind Sie schon fertig mit der SDK-Einrichtung. Klicken Sie auf *Übernehmen*, damit Ihre Änderungen gespeichert werden, und lassen Sie Ihren Computer dann neu booten.

Wenn Sie `CLASSPATH` finden, setzen Sie den Cursor links neben den exisitierenden `CLASSPATH`-Wert und fügen den SDK-Ordner ein, gefolgt von dem Text »`\lib\tools.jar;.;`« ohne die Anführungszeichen.

Wenn Sie z.B. das SDK nach `C:\jdk1.3` installiert haben und Ihr `CLASSPATH` den Wert `C:\javaclasses` hat, dann sollte die `CLASSPATH`-Variable folgendermaßen aussehen:

```
c:\jdk1.3\lib\tools.jar;.;c:\javaclasses
```

Nachdem Sie Ihre `CLASSPATH`-Variable geändert haben (sofern das nötig war), klicken Sie auf *Übernehmen*, um die Veränderungen abzuspeichern, und lassen dann den Computer neu booten.

1.4 Ihr erstes Java-Programm

Jetzt, nachdem Sie schon ein bisschen über Java wissen und eine Entwicklungssoftware installiert haben, können Sie anfangen, mit der Sprache zu arbeiten.

Doch bevor's losgeht, müssen wir noch kurz die wahrscheinlichste Art von Problemen ansprechen, auf die Sie treffen könnten – Fehler, die durch ein falsch konfiguriertes SDK hervorgerufen werden.

Die Appendix A ist ein kurzes Tutorial für Windows-Benutzer. Es erklärt, wie man MS-DOS benutzt und Fehler in der SDK-Einrichtung behebt. Suchen Sie Hilfe in dieser

Appendix, wenn Sie Probleme beim Kompilieren und Ausführen der ersten Beispiele von Tag 1 und Tag 2 auf einem Windows-System haben – vor allem, wenn Sie `bad command or filename`- oder `NoClassDefFound`-Fehler erhalten.

Das Lesen der Appendix lohnt sich auch deswegen, weil man ein paar MS-DOS-Kommandos lernt. Windows-Benutzer müssen die MS-DOS-Eingabeaufforderung die ganze Zeit über benutzen, um Javaprogramme zu kompilieren und auszuführen.

Es ist guter Programmiererbrauch, dass das erste Beispiel in einem Lehrbuch ein kurzes Programm ist, das Text ausgibt. Für gewöhnlich lautet dieser Text »Hello World« oder »Hallo Welt«, aber wir werden uns etwas von der Tradition lösen, indem wir einen etwas längeren Text anzeigen – eine der berühmtesten Falschvorhersagen der amerikanischen Geschichte:

```
"The advancement of the arts, from year
to year, taxes our credulity, and seems
to presage the arrival of that period
when human improvement must end."
        Henry Ellsworth
        U.S. Commissioner of Patents
        1843 Annual Report of the Patent Office
```

Das Programm, das das Ellsworth-Zitat ausgibt, ist eine *Applikation*. Man führt es also von der Kommandozeile mit einem Java-Interpreter aus, nicht wie ein Applet im Browser.

Obwohl ein Javaprogramm so entworfen werden kann, dass es zugleich als Applet und Applikation dienen kann, werden so gut wie alle Programme, die Ihnen unterkommen, entweder das eine oder das andere sein.

Die Erstellung des Quellcodes

Javaprogramme fangen als Quelltext an – eine Folge von Anweisungen, die mit einem Texteditor oder einer Textverarbeitung erstellt und dann als Textdatei abgespeichert wird. Sie können jedes beliebige Programm benutzen, das reinen, unformatierten Text speichern kann – ein Format, das auch ASCII- oder DOS-Text genannt wird.

Windows-Anwender können Java-Programme mit Notepad oder Write erstellen, zwei Editoren, die Teil des Betriebssystems sind. Sie können auch Word benutzen, Sie müssen nur die Dateien im Text-Format abspeichern anstatt im proprietären Word-Format. UNIX- und Linux-Anwender können Programme mit emacs, pico und vi erstellen. Den Mac-Anwendern steht SimpleText für die Erstellung von Java-Quelldateien zur Verfügung.

Das Software Development Kit beinhaltet keinen Texteditor. Dagegen verfügen die meisten anderen Entwicklungstools über ihre eigenen Editoren, um die Quelltexte zu erstellen.

Das Programm schreiben

Starten Sie den Editor Ihrer Wahl, und geben Sie das Java-Programm ein, das in Listing 1.1 aufgeführt ist. Achten Sie darauf, dass Sie alle geschweiften Klammern, eckigen Klammern und Anführungszeichen genauso wie im Listing eingeben. Achten Sie außerdem darauf, dass Sie die Groß- und Kleinschreibung richtig aus dem Text übernehmen. Wenn Ihr Editor einen Dateinamen verlangt, bevor Sie etwas eingeben können, dann benutzen Sie `Ellsworth.java`.

Listing 1.1: Der Quelltext von `Ellsworth.java`

```
public class Ellsworth {
    public static void main(String[] arguments) {
        String line1 = "The advancement of the arts, from year\n";
        String line2 = "to year, taxes our credulity, and seems\n";
        String line3 = "to presage the arrival of that period\n";
        String line4 = "when human improvement must end.";
        String quote = line1 + line2 + line3 + line4;
        String speaker = "Henry Ellsworth";
        String title = "U.S. Commissioner of Patents";
        String from = "1843 Annual Report of the Patent Office";
        System.out.println('\u0022' + quote + '\u0022');
        System.out.println("\t" + speaker);
        System.out.println("\t" + title);
        System.out.println("\t" + from);
    }
}
```

Die Zeilennummern und die Doppelpunkte an der linken Seite im Listing 1.1 sind nicht Teil des Programms – sie wurden eingefügt, damit man sich im Buch auf bestimmte Zeilen in einem Programm beziehen kann. Sollten Sie sich bei einem Quelltext in diesem Buch einmal nicht ganz sicher sein, dann können Sie ihn sich auf der WWW-Seite zu diesem Buch ansehen:

`http://www.java21days.com`

Sind Sie mit dem Abtippen fertig, dann speichern Sie die Datei irgendwo auf Ihrer Festplatte unter dem Namen `Ellsworth.java`.

TIPP

Falls ein Windows-Benutzer ohne große MS-DOS-Kenntnisse sind, dann öffnen Sie das Hauptverzeichnis Ihrer Hauptplatte und erstellen einen neuen Ordner namens `J21work`. Speichern Sie `Ellsworth.java` und alle anderen Java-Quelldateien aus diesem Buch in dieses Verzeichnis, damit Sie sie leichter unter MS-DOS finden können.

Wenn Sie Windows verwenden, dann fügt ein Texteditor wie Notepad eventuell `.txt` als zusätzliche Erweiterung an den Dateinamen einer Java-Datei an, die Sie speichern. Dies hätte zur Folge, dass z.B. aus dem Dateinamen `Ellsworth.java` `Ellsworth.java.txt` wird. Um dieses Problem zu vermeiden, sollten Sie den Dateinamen beim Speichern in Anführungszeichen einschließen – Abbildung 1.4 zeigt diese Technik beim Speichern der Quelltext-Datei `Ellsworth.java` mit Notepad von Windows.

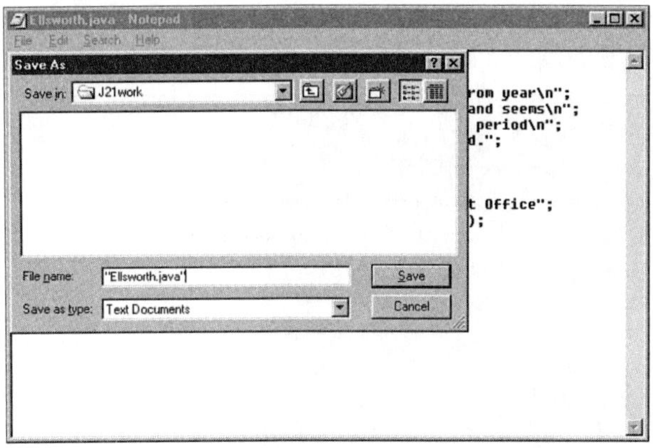

Abbildung 1.4:
Das Speichern einer Quelldatei mit Windows Notepad

Eine wesentlich bessere Lösung ist es, im Windows-Explorer die `.java`-Dateien fest mit dem Texteditor, den Sie verwenden, zu verknüpfen. Dies ermöglicht es Ihnen, über einen Doppelklick auf den Namen einer Quelltextdatei diese zur Bearbeitung zu öffnen. Wie Sie eine solche Verknüpfung einrichten, erfahren Sie in Anhang B.

Java-Quelldateien müssen mit der Erweiterung `.java` abgespeichert werden.

Kompilierung und Ausführung unter Windows

Jetzt sind Sie bereit, die Datei zu kompilieren. Wenn Sie ein anderes Entwicklungswerkzeug als das SDK 1.3 verwenden, sollten Sie in der Dokumentation der Software nachsehen, wie die Kompilierung von Java-Programmen im Detail funktioniert.

Beim SDK verwenden Sie das Kommandozeilen-Tool `javac`, den Java-Compiler. Der Compiler liest eine `.java`-Quelldatei und erzeugt eine oder mehrere `.class`-Dateien, die von der Java Virtual Machine ausgeführt werden können.

Der Compiler benötigt die Kommandozeile. Windows-Anwender müssen ein MS-DOS-Eingabeaufforderungsfenster öffnen und in den Ordner wechseln, der `Ellsworth.java` enthält.

Wenn Sie die Datei in den neu erstellten Ordner `J21work` direkt unterhalb des Stammverzeichnisses gespeichert haben, dann ist dafür das folgende MS-DOS-Kommando nötig:

```
cd \J21work
```

Wenn Sie sich im richtigen Ordner befinden, können Sie `Ellsworth.java` kompilieren, indem Sie Folgendes in der Eingabeaufforderung eingeben:

```
javac Ellsworth.java
```

Abbildung 1.5 zeigt die MS-DOS-Kommandos, mit denen in den Ordner `\J21work` gewechselt und die Datei `Ellsworth.java` kompiliert wird.

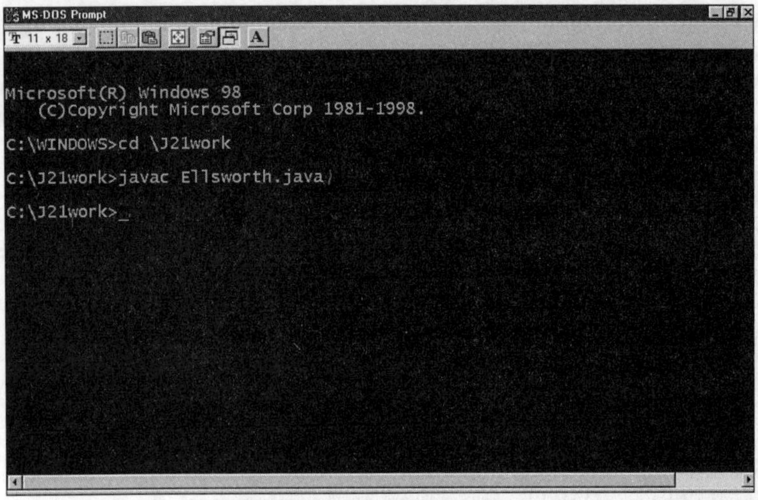

Abbildung 1.5: Java-Programme im MS-DOS-Fenster kompilieren

Der Compiler des SDK gibt keinerlei Meldung aus, wenn das Programm erfolgreich kompiliert wurde. Gab es Probleme, dann sagt Ihnen das der Compiler, indem er jeden Fehler zusammen mit der Zeile, die ihn verursachte, ausgibt.

Wenn das Programm ohne Fehler kompiliert werden konnte, dann befindet sich in dem Ordner, der auch `Ellsworth.java` beinhaltet, eine Datei mit dem Namen `Ellsworth.class`.

Diese `.class`-Datei stellt den Bytecode dar, der vom Java-Interpreter ausgeführt werden kann. Wenn Sie irgendwelche Fehlermeldungen erhalten, sollten Sie noch einmal zu der Quelldatei zurückkehren und prüfen, ob Sie wirklich alles so abgetippt haben, wie es in Listing 1.1 steht.

Sobald Sie eine `.class`-Datei haben, können Sie diese mit dem Java-Interpreter ausführen. Der SDK-Interpreter hat den Namen `java` und wird auch von der Eingabeaufforderung aus aufgerufen.

Starten Sie `Ellsworth`, indem Sie in den Ordner wechseln, der `Ellsworth.class` beinhaltet, und geben Sie anschließend folgendes Kommando ein:

```
java Ellsworth
```

Sie sollten nun das Ellsworth-Zitat sehen, zusammen mit seinem Namen, Beruf und dem Veröffentlichungsort des Texts.

Achten Sie darauf, dass Sie die `.class`-Erweiterung weglassen, wenn Sie ein Javaprogramm mit dem `java`-Tool ausführen – wenn Sie `java Ellsworth.class` eingeben, erhalten Sie einen `NoClassDefFound`-Fehler. Wenn Sie `.class` weglassen und dennoch diesen Fehler erhalten, müssen Sie wahrscheinlich die SDK-Konfiguration ändern. Windows-Benutzer finden hierzu Hilfe in der Appendix A.

Abbildung 1.6 zeigt die Ausgabe, wenn das Programm erfolgreich ausgeführt werden konnte, und die Kommandos, um zu diesem Punkt zu gelangen.

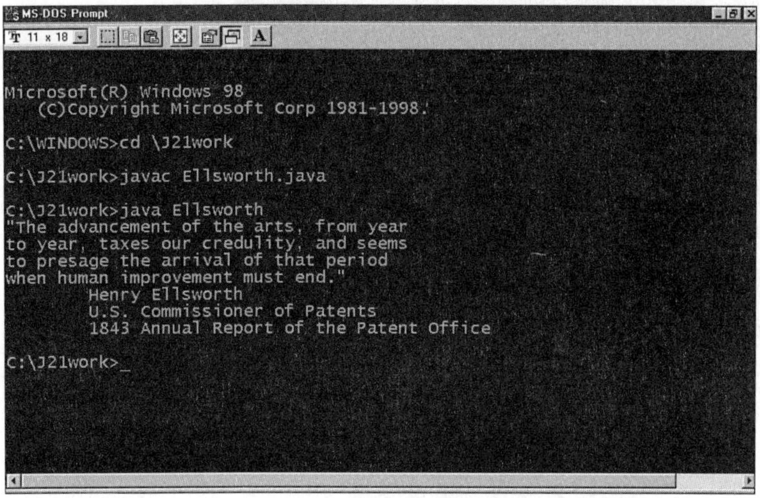

Abbildung 1.6: Eine Java-Applikation kompilieren und ausführen

Morgen fangen Sie an, die Syntax und Struktur von Javaprogrammen zu erlernen – heute wollen wir nur ein Programm erfolgreich kompilieren und ausführen.

Im Moment kann es dennoch lehrreich sein, den Quelltext von `Ellsworth.java` einfach zu lesen und sich Gedanken darüber zu machen, was in den einzelnen Zeilen geschieht.

Wäre das `Ellsworth`-Programm in Deutsch und nicht in Java geschrieben, dann sähen die 16 Zeilen ungefähr so aus:

4. Erzeuge ein Java-Klasse namens `Ellsworth`.
5. Beginne den Hauptteil des Programms.
6. Erzeuge einen String namens `line1` und speichere in ihm den Text »The advancement of the arts, from year«, gefolgt von einem Zeilenvorschub-Zeichen (»\n«).
7. Erzeuge einen String namens `line2` und speichere in ihm den Text »to year, taxes our credulity, and seems«, gefolgt von einem Zeilenvorschub.

8. Erzeuge den `line3`-String und speichere in ihm den Text »to presage the arrival of that period«, gefolgt von einem Zeilenvorschub.
9. Erzeuge den `line4`-String und speichere in ihm den Text »when human improvement must end«.
10. Erzeuge den `quote`-String, in dem Text aus `line1`, `line2`, `line3` und `line4` in dieser Reihenfolge gespeichert wird.
11. Erzeuge den `speaker`-String und speichere in ihm »Henry Ellsworth«.
12. Erzeuge den `title`-String und speichere in ihm »U.S. Commissioner of Patents«.
13. Erzeuge den `from`-String und speichere in ihm »1843 Annual Report of the Patent Office«.
14. Zeige ein Anführungszeichen an (Unicode-Zeichen `\u0022`), dann den Text des `quote`-Strings, und dann ein weiteres Anführungszeichen.
15. Zeige ein Tabulatorzeichen (»\t«) an, gefolgt vom Inhalt des `speaker`-Strings.
16. Zeige ein Tabulatorzeichen an, gefolgt vom Inhalt von `title`.
17. Zeige ein Tabulatorzeichen an, gefolgt vom Inhalt von `from`.
18. Ende des Hauptteil des Programms.
19. Ende des Programms.

Keine Sorge, wenn Sie die Funktion der einzelnen Zeilen nicht richtig erraten haben – alles, was im `Ellsworth`-Programm vorkommt, wird noch diese Woche ausführlich erklärt.

1.5 Zusammenfassung

Java ist heute eine andere Sprache als 1995.

Das hat eine gute Seite – es gibt einen festen Markt für Javaprogrammierer, und ihre Fähigkeiten sind sehr gefragt. Vor fünf Jahren fanden Sie das Wort »Java« in keiner Stellenanzeige außerhalb von Silicon Valley, und auch dort interessierten sich nur Sun, Netscape und ganz wenige andere für diese Programmiersprache.

Das hat aber auch eine schlechte Seite – Java ist heute fünfmal so umfassend wie bei seinem ersten Release, es gibt also viel mehr zu lernen.

Deswegen war heute der letzte Tag, an dem Java abstrakt beschrieben wurde. Die nächsten 20 Tage werden wir in der Kommandozeile zubringen, Java-Applikationen und -Applets erstellen, sie im Interpreter oder Browser ausführen und die Grundprinzipien der Sprache erkunden.

1.6 Fragen und Antworten

F *Die SDK-Lizenz gilt nur 180 Tage. Dabei dachte ich, das Kit sei kostenlos – hätten Sie das mit der zeitlich begrenzten Lizenz nicht etwas deutlicher sagen können?*

A Sun Microsystems hat das SDK stets kostenlos zur Verfügung gestellt. Es erscheint derzeit sehr zweifelhaft, dass diese Firma wirklich ihre Politik in dieser Hinsicht ändert. Zwar hat Sun keine offiziellen Verlautbarungen zur Länge der Lizenz abgegeben, aber es scheint so, dass man damit nur Entwickler dazu bringen will, dass sie stets die neueste Version benutzen. Sun bringt häufig neue SDK-Versionen heraus, die teilweise nur kleine Bugs oder Sicherheitslücken ausräumen, teilweise aber auch echte neue Versionen wie Java 2 sind.

F *Java-1.0-Programme wurden mit JDK 1.0 erstellt. Java-1.1-Programme wurden mit JDK 1.1 erstellt. Warum benutzt Java 2 denn eigentlich SDK 1.3? Warum heißt es nicht Java 2 SDK 2 oder Java 1.3 SDK 1.3?*

A Sun änderte das Benennungssystem nach Java 1.1 und JDK 1.1. Die Sprache wurde in Java 2 umbenannt, um all die verschiedenen Produkte und Technologien hervorzuheben, die neben dem Software Development Kit zur Verfügung stehen. Obwohl das Java Development Kit (JDK) nach JDK 1.1 in Software Development Kit umbenannt wurde, gab man ihm die Versionsnummer 1.2, nicht etwa 2.

Als Resultat dieser Änderungen wird Java 1.2 oft als Synonym für Java 2 benutzt, JDK 2 wird für SDK 1.2 eingesetzt, und nun sagen manche JDK 1.3 anstelle von SDK 1.3. Sun, das von allen Seiten für den gut einprägsamen Namen »Java« gelobt wurde, hat viel Chaos mit seiner neuen Numerierung verursacht.

Die aktuelle Version der Sprache heißt Java 2 und das aktuelle Software-Entwicklungskit heißt Software Development Kit 1.3. Die beste Methode sicherzustellen, dass Sie die richtige Version benutzen, ist, SDK 1.3 oder ein voll zu SDK 1.3 kompatibles Tool zu benutzen.

1.7 Quiz

Überprüfen Sie den heutigen Stoff, indem Sie dieses Quiz mit drei Fragen beantworten.

Fragen

1. In welcher Rechnerumgebung lagen die Stärken von Java, als es zum ersten Mal der Öffentlichkeit vorgestellt wurde?

   (a) Internetserver

   (b) Browser

   (c) Handheld-Computer

2. Wie nennt man die kompilierte Form eines Javaprogramms?

   (a) Maschinensprache

   (b) Espresso

   (c) Bytecode

3. Warum schrieb James Gosling die erste Version von Java?

   (a) Er war mit der Leistung von C++ bei einem bestimmten Projekt unzufrieden.

   (b) Er wollte verhindern, dass Sun das Green Project abbrach.

   (c) Er hatte Angst, dass zukünftige Personalchefs C++ in seinem Lebenslauf finden und das für seine Schulabschlussnote halten könnten. (Falls Sie's gerade nicht präsent haben: Eine 1 entspricht in Amerika einem »A«, ein »C« wäre in Deutschland also nur befriedigend.)

Antworten

1. b. Java kann zwar auf Servern laufen, aber das Hauptinteresse 1995 an der Sprache war, dass sie in einem Webbrowser als Teil einer Seite laufen konnte.

2. c. Ein Javakompiler verwandelt die Quelldatei in Bytecode. Ein Java-Interpreter übersetzt den Bytecode in plattformspezifische Maschinensprache.

3. a. Goslings Inspiration waren die Schwierigkeiten, in einem groß angelegten C++-Projekt die Bugs aufgrund von Pointer-Fehlern, Problemen in der Speicherzuweisung usw. aufzuspüren.

1.8 Übungen

Um Ihr Wissen über die heute behandelten Themen zu vertiefen, können Sie sich an folgenden Übungen versuchen:

- Entfernen Sie die Zeilenvorschub-Zeichen aus dem `Ellsworth`-Programm, kompilieren Sie das Programm neu und führen Sie es aus, damit Sie sehen, wie sich die Ausgabe ändert..
- Besuchen Sie die Java-Applet-Ausstellung auf der Webseite von Sun unter `http://java.sun.com/applets`, damit Sie Beispiele für Java-Programme sehen, die im Internet laufen.

Soweit einschlägig, finden Sie die Lösungen zu den Übungen auf der Webseite zum Buch: `http://www.java21days.com`.

Tag 2

Objektorientierte Programmierung

Die größte Schwierigkeit für den Java-Novizen ist, dass er gleichzeitig auch die objektorientierte Programmierung erlernen muss.

Auch wenn es etwas entmutigend klingen sollte: Nehmen Sie das als »Kauf zwei, zahl eins«-Rabatt für Ihr Hirn. Sie werden neben Java gleich noch die objektorientierte Programmierung mitlernen. Anders lässt sich in Java nicht coden.

Objektorientierte Programmierung, auch OOP genannt, ist eine Art und Weise der Erstellung von Computerprogrammen, die widerspiegelt, wie Objekte in der realen Welt zusammengesetzt sind.

Dank dieses Entwicklungsstils werden Sie Programme schreiben, die leichter wiederbenutzbar, zuverlässiger und verständlicher sind.

Um so weit zu kommen, müssen Sie zunächst erkunden, wie Java die Prinzipien der objektorientierten Programmierung verinnerlicht. Die folgenden Themen werden wir behandeln:

- Programme in Elemente namens »Klassen« organisieren, und wie diese Klassen verwendet werden, um Objekte zu erzeugen.
- Eine Klasse über zwei Aspekte ihrer Struktur entwerfen: wie sie sich verhalten und über welche Attribute sie verfügen soll.
- Klassen so miteinander verbinden, dass eine Klasse die Funktionalität einer anderen erbt.
- Klassen über Pakete und Schnittstellen miteinander verbinden.

Wenn Sie mit der objektorientierten Programmierung bereits vertraut sind, wird vieles der heutigen Lektion eine Wiederholung für Sie sein. Selbst, wenn Sie die einführenden Abschnitte nur überfliegen, sollten Sie das Beispielprogramm erstellen, um Erfahrung zu sammeln, wie man Javaprogramme entwickelt, kompiliert und ausführt.

2.1 In Objekten denken

Es gibt viele verschiedene Möglichkeiten, ein Computerprogramm zu konzeptualisieren. Z. B. könnte man sich ein Computerprogramm als Liste von Anweisungen vorstellen, die der Reihe nach abgearbeitet werden. Dieses Konzept heißt *prozedurale Programmierung*. Die erste Programmiersprache, die man lernt, ist zumeist eine prozedurale Programmiersprache wie BASIC oder Pascal.

Prozedurale Sprachen folgen der Art und Weise, in der ein Computer Befehle abarbeitet, sodass Ihre Programme dem Arbeitsstil des Computers nachempfunden sind. Ein prozeduraler Programmierer muss mit als Erstes lernen, wie man ein Problem in viele kleine Schritte zerlegt.

Die objektorientierte Programmierung sieht ein Programm auf eine völlig andere Art. Hier geht es um die Aufgabe, die der Computer zu erledigen hat, und nicht darum, wie ein Computer Aufträge abarbeitet.

In der objektorientierten Programmierung (OOP) stellt sich ein Programm als eine Reihe von Objekten dar, die zusammenarbeiten, um bestimmte Aufgaben zu erledigen. Jedes Objekt ist ein separates Teil des Programms und interagiert mit den anderen Teilen in spezifischer, genau festgelegter Art und Weise.

Als lebensweltliches Beispiel für ein objektorientiertes System nehmen wir eine HiFi-Anlage. Die meisten Anlagen entstehen, indem mehrere verschiedene Objekte, die in unserem Beispiel Komponenten heißen, zusammengestöpselt werden:

- Lautsprecher-Komponenten spielen Töne mittlerer und hoher Frequenz
- Subwoofer-Komponenten spielen Basstöne niedriger Frequenz
- Tuner-Komponenten empfangen Radiosignale
- CD-Player-Komponenten lesen Audiodaten von CDs

Diese Komponenten sind so gebaut, dass sie miteinander über standardisierte Ein- und Ausgänge interagieren. Selbst wenn Lautsprecher, Subwoofer, Tuner und CD-Player von verschiedenen Herstellern stammen, kann man sie zu einer HiFi-Anlage kombinieren, sofern sie die Standardanschlüsse haben.

Objektorientierte Programmierung folgt demselben Prinzip: Man erstellt ein Programm aus neu geschaffenen Objekten und aus existenten Objekten, indem man gewissen Standards folgt. Jedes Objekt hat seine spezifische Rolle im Programm.

Ein *Objekt* ist ein abgeschlossenes Element eines Computerprogramms, das eine Gruppe miteinander verwandter Features darstellt und dafür ausgelegt ist, bestimmte Aufgaben zu erfüllen. Objekte werden auch als *Instanzen* bezeichnet.

2.2 Objekte und Klassen

Die objektorientierte Programmierung wird nach der Beobachtung modelliert, dass in der realen Welt Objekte aus zahlreichen kleineren Objekten aufgebaut sind.

Die Fähigkeit, Objekte zu kombinieren, ist allerdings nur ein Aspekt der objektorientierten Programmierung. Ein weiteres wichtiges Feature ist der Gebrauch der Klassen.

Eine *Klasse* ist eine Vorlage, die zur Erzeugung eines Objekts dient. Jedes Objekt, das auf der Grundlage derselben Klasse erzeugt wurde, hat ähnliche oder sogar identische Eigenschaften.

Klassen umfassen alle Features eines bestimmten Satzes von Objekten. Wenn Sie ein Programm in einer objektorientierten Sprache schreiben, dann definieren Sie nicht einzelne Objekte, sondern Sie definieren Klassen, mit denen Sie dann die Objekte erstellen.

Beispielsweise könnten Sie eine Klasse `Modem` erstellen, die die Eigenschaften aller Computermodems beschreibt. Einige der üblichen Features sind:

- Man schließt sie an den seriellen Port an.
- Sie senden und empfangen Informationen.
- Sie wählen Telefonnummern.

Die Klasse `Modem` dient als abstraktes Modell für das Konzept »Modem«. Um ein tatsächliches Objekt in einem Programm zur Verfügung zu haben, das man manipulieren kann, muss man auf der Grundlage der Klasse `Modem` ein Objekt `Modem` erzeugen. Das Erzeugen eines Objekts aus einer Klasse nennt man *Instantiation*, und die erzeugten Objekte nennt man auch *Instanzen*.

Die Klasse `Modem` kann dazu verwendet werden, eine Vielzahl unterschiedlicher `Modem`-Objekte zu schaffen, die alle unterschiedliche Features haben können:

- Manche Modems sind intern, andere extern.
- Manche hängen am COM1-Port, andere am COM2-Port.
- Die einen besitzen eine Fehlerkontrolle, die anderen nicht.

Trotz dieser Unterschiede haben zwei `Modem`-Objekte immer noch genug gemeinsam, um als verwandte Objekte erkannt zu werden. Abbildung 2.1 zeigt die `Modem`-Klasse und einige Objekte, die anhand dieser Vorlage erzeugt wurden.

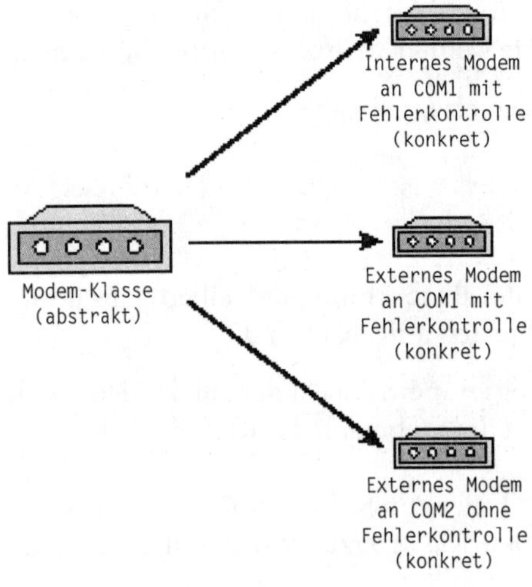

Abbildung 2.1:
Die Modem-Klasse und einige Modem-Objekte

Wiederverwendung von Objekten

In Java könnten Sie eine Klasse erstellen, die alle Buttons repräsentiert – also die anklickbaren Kästchen, die man in Fenstern, Dialogfenstern und anderen Teilen der grafischen Benutzerschnittstelle eines Programms sieht.

Die folgenden Eigenschaften könnte die Klasse `CommandButton` definieren:

- Den Text, der den Zweck des Buttons kennzeichnet.
- Die Größe des Buttons.
- Eigenschaften der Erscheinung, wie z.B. ob der Button über einen 3D-Schatten verfügt oder nicht.

Die Klasse `CommandButton` könnte zusätzlich noch definieren, wie sich ein Button verhalten soll:

- Ob der Button einfach oder doppelt angeklickt werden muss, um eine Aktion auszulösen.
- Ob er Mausklicks eventuell komplett ignorieren soll.
- Was er tun soll, wenn er erfolgreich angeklickt wurde.

Sobald Sie die Klasse `CommandButton` definiert haben, können Sie Instanzen des Buttons erzeugen – mit anderen Worten `CommandButton`-Objekte. Die Objekte besitzen alle Features eines Buttons, wie sie in der Klasse definiert sind. Allerdings kann jeder Button eine andere Erscheinung und ein anderes Verhalten haben abhängig davon, was das Objekt genau tun soll.

Indem Sie die Klasse `CommandButton` erstellen, brauchen nicht den Code für jeden Button, den Sie in Ihren Programmen verwenden wollen, neu schreiben. Sie können die Klasse `CommandButton` für die Erstellung verschiedener Buttons verwenden, ganz wie Sie sie brauchen, und zwar sowohl im aktuellen Programm als auch in allen künftigen.

HINWEIS: Eine der Standardklassen von Java – `javax.swing.JButton` – beinhaltet die gesamte Funktionalität des hypothetischen `CommandButton`-Beispiels und noch mehr. Sie werden am Tag 8 Gelegenheit bekommen, mit dieser Klasse zu arbeiten.

Wenn Sie ein Java-Programm schreiben, dann entwerfen und erstellen Sie eine Reihe von Klassen. Wenn Ihr Programm ausgeführt wird, werden Objekte dieser Klassen erzeugt und nach Bedarf verwendet. Ihre Aufgabe als Java-Programmierer ist es, die richtigen Klassen zu entwerfen, um das umzusetzen, was Ihr Programm tun soll.

Glücklicherweise müssen Sie nicht bei Null beginnen. Java umfasst Hunderte von Klassen, die einen Großteil der benötigten Basisfunktionalität implementieren. Diese Klassen heißen in ihrer Gesamtheit »Java-2-Klassenbibliothek«, und sie werden zusammen mit einem Entwicklerpaket wie dem SDK 1.3 installiert.

Wenn Sie über die Anwendung der Sprache Java sprechen, dann sprechen Sie eigentlich über die Verwendung der Java-Klassenbibliothek und einiger Schlüsselwörter und Operatoren, die von Java-Compilern erkannt werden.

Die Klassenbibliothek erledigt zahlreiche Aufgaben, wie z.B. mathematische Funktionen, Umgang mit Text, Grafik, Sound, Interaktion mit dem Benutzer und den Zugriff auf Netzwerke. Der Gebrauch dieser Klassen unterscheidet sich in keiner Weise vom Gebrauch selbst erstellter Klassen.

Für komplexe Java-Programme müssen Sie eventuell eine ganze Reihe neuer Klassen erzeugen und festlegen, wie diese interagieren sollen. Diese können Sie dazu verwenden, Ihre eigene Klassenbibliothek zu erstellen, die Sie später auch in anderen Programmen verwenden können.

Die Wiederverwendung ist einer der fundamentalen Vorzüge der objektorientierten Programmierung.

Attribute und Verhaltensweisen

Eine Java-Klasse besteht aus zwei verschiedenen Informationstypen: Attributen und Verhaltensweisen.

Beides findet sich in `VolcanoRobot`, einem Projekt, das Sie heute als Klasse implementieren werden. Dieses Projekt, eine Computersimulation eines Fahrzeugs zur Vulkanerkundung, ist dem Roboter Dante II nachempfunden, den das Telerobotics-Forschungsprogramm der NASA zur Erkundung von Vulkankratern einsetzt.

Attribute einer Klasse

Attribute sind die Daten, die die einzelnen Objekte voneinander unterscheiden. Sie können benutzt werden, um die Erscheinung, den Zustand und andere Eigenschaften von Objekten, die zu dieser Klasse gehören, festzulegen.

Ein Fahrzeug zur Vulkanerkundung könnte die folgenden Eigenschaften haben:

- Status: `exploring`, `moving`, `returning home`
- Geschwindigkeit: in Meilen pro Stunde
- Temperatur: in Grad Fahrenheit

In einer Klasse werden Attribute über Variablen – Plätze, um Informationen in einem Computerprogramm zu speichern – definiert. *Instanzvariablen* sind Attribute, deren Werte sich von Objekt zu Objekt unterscheiden.

Neuer BEGRIFF

Eine *Instanzvariable* definiert ein Attribut eines bestimmten Objekts. Die Klasse des Objekts definiert die Art des Attributs, und jede Instanz speichert ihren eigenen Wert für dieses Attribut. Instanzvariablen werden auch als *Objektvariablen* bezeichnet.

Jedes Attribut einer Klasse besitzt eine dazugehörige Variable. Sie ändern dieses Attribut in einem Objekt, indem Sie den Wert dieser Variablen ändern.

Beispielsweise könnte die `VolcanoRobot`-Klasse eine Instanzvariable `speed` definieren. Dies muss eine Instanzvariable sein, denn jeder Roboter bewegt sich je nach seiner unmittelbaren Umgebung mit unterschiedlicher Geschwindigkeit. Durch Abänderung der `speed`-Instanzvariable eines Roboters könnte man ihn beschleunigen oder abbremsen.

Einer Instanzvariablen kann bei der Erzeugung eines Objekts ein Wert zugewiesen werden, der während der Lebenszeit des Objekts konstant bleibt. Instanzvariablen können auch verschiedene Werte zugewiesen werden, während das Objekt in einem laufenden Programm verwendet wird.

Bei anderen Variablen ist es sinnvoller, dass ein und derselbe Wert von allen Objekten dieser Klasse geteilt wird. Diese Attribute werden *Klassenvariablen* genannt.

Neuer BEGRIFF

Eine *Klassenvariable* definiert ein Attribut einer ganzen Klasse. Die Variable bezieht sich auf die Klasse selbst und all ihre Instanzen, sodass nur ein Wert gespeichert wird unabhängig davon, wie viele Objekte dieser Klasse erzeugt wurden.

Ein Beispiel für eine Klassenvariable in der `VolcanoRobot`-Klasse wäre eine Variable, die die aktuelle Zeit speichert. Falls eine Instanzvariable zur Speicherung der Zeit erstellt würde, könnte jedes Objekt einen anderen Wert dieser Variablen aufweisen, was zu Problemen führt, falls die Roboter in Zusammenarbeit Aufgaben erledigen sollen.

Der Einsatz einer Klassenvariable beugt diesem Problem vor, da alle Objekte der Klasse automatisch denselben Wert teilen. Jedes `VolcanoRobot`-Objekt hätte Zugriff auf diese Variable.

Verhaltensweisen einer Klasse

Das *Verhalten* ist die Art, mit der eine Klasse bestimmte Dinge gegenüber sich selbst oder anderen Objekten ausführt. Das Verhalten einer Klasse kann benutzt werden, um die Attribute eines Objekts zu verändern, Informationen von anderen Objekten zu empfangen oder Nachrichten an andere Objekte zu schicken, um sie aufzufordern, etwas zu tun.

Ein `VolcanoRobot`-Objekt könnte die folgenden Verhaltensweisen beinhalten:

- Aktuelle Temperatur überprüfen
- Vermessung beginnen
- Gegenwärtigen Standort melden

Das Verhalten einer Klasse wird durch Methoden implementiert.

Neuer BEGRIFF

Methoden sind Gruppen miteinander in Beziehung stehender Anweisungen in einer Klasse. Sie dienen zur Erfüllung spezifischer Aufgaben an ihren eigenen Objekten und auch anderen. Sie werden so verwendet, wie dies in anderen Programmiersprachen mit Funktionen und Subroutinen der Fall ist.

Objekte kommunizieren miteinander über Methoden. Eine Klasse oder ein Objekt kann Methoden in anderen Klassen oder Objekten aus vielen unterschiedlichen Gründen aufrufen, wie den folgenden:

- Um einem anderen Objekt von einer Änderung zu berichten.
- Um ein anderes Objekt anzuweisen, etwas an sich selbst zu ändern.
- Um ein anderes Objekt aufzufordern, etwas zu tun.

Beispielsweise könnten sich zwei Vulkanroboter mithilfe von Methoden gegenseitig über ihre Standorte informieren und Kollisionen vermeiden. Z. B. könnte einer der beiden Roboter den anderen anweisen stehenzubleiben, um ungehindert vorbeifahren zu können.

So, wie zwischen Instanz- und Klassenvariablen unterschieden wird, gibt es auch Instanz- und Klassenmethoden. *Instanzmethoden*, die so häufig verwendet werden, dass sie einfach nur Methoden genannt werden, gehören zu einem Objekt einer Klasse. Wenn eine Methode ein einzelnes Objekt verändert, dann muss diese eine Instanzmethode sein. *Klassenmethoden* beziehen sich auf eine ganze Klasse.

Eine Klasse erstellen

Um Klassen, Objekte, Attribute und Verhaltensweisen in Aktion zu sehen, werden Sie eine Klasse `VolcanoRobot` entwickeln, Objekte aus dieser Klasse erstellen und mit diesen in einem laufenden Programm arbeiten.

Der Hauptzweck dieses Projekts ist eine Einführung in die objektorientierte Programmierung . Sie werden am dritten Tag mehr über die Syntax von Java lernen.

Um eine neue Klasse zu erzeugen, starten Sie den Texteditor, den Sie zur Erstellung von Java-Programmen verwenden, und öffnen eine neue Datei. Tippen Sie das Listing 2.1 ab und sichern Sie die Datei unter dem Namen `VolcanoRobot.java` in dem Ordner, den Sie für die Arbeit mit diesem Buch benutzen.

Listing 2.1: Der Text von VolcanoRobot.java

```
 1: class VolcanoRobot {
 2:     String status;
 3:     int speed;
 4:     float temperature;
 5:
 6:     void checkTemperature() {
 7:         if (temperature > 660) {
 8:             status = "returning home";
 9:             speed = 5;
10:         }
11:     }
12:
13:     void showAttributes() {
14:         System.out.println("Status: " + status);
15:         System.out.println("Speed: " + speed);
16:         System.out.println("Temperature: " + temperature);
17:     }
18: }
```

Die Anweisung `class` in Zeile 1 von Listing 2.1 definiert und benennt die Klasse `VolcanoRobot`. Alles zwischen den geschweiften Klammern in Zeile 1 bzw. Zeile 18 ist Teil dieser Klasse.

Die Klasse `VolcanoRobot` enthält drei Instanzvariablen und zwei Instanzmethoden.

Die Instanzvariablen werden in den Zeilen 2-4 definiert:

```
String status;
int speed;
float temperature;
```

Die Variablen heißen `status`, `speed` und `temperature`. Sie speichern jeweils eine andere Art von Information:

- `status` speichert ein `String`-Objekt, also eine Gruppe von Buchstaben, Zahlen, Interpunktionszeichen oder anderen Zeichen

- speed speichert einen int, also einen Integer (ganzzahlige Zahl)
- temperature speichert einen float, also eine Fließkommazahl

String-Objekte werden aus der Klasse String erzeugt, die Teil der Java-Klassenbibliothek ist und in jedem Java-Programm benutzt werden kann.

TIPP: Wie Sie aus der Verwendung von String in diesem Programm bereits ersehen konnten, können Klassen Objekte als Instanzvariablen benutzen.

Die erste Instanzmethode in der Klasse VolcanoRobot wird in den Zeilen 6-11 definiert:

```
void checkTemperature() {
    if (temperature > 660) {
        status = "returning home";
        speed = 5;
    }
}
```

Methoden werden ähnlich wie eine Klasse definiert. Sie beginnen mit einer Anweisung, die die Methode, die Form von Information, die von der Methode erzeugt wird, und anderes benennt.

Die Methode checkTemperature() wird in Zeile 6 bzw. Zeile 11 von Listing 2.1 durch geschweifte Klammern begrenzt. Man kann diese Methode eines bestimmten VolcanoRobot-Objekts aufrufen, um seine Temperatur herauszufinden.

Die Methode prüft, ob die Instanzvariable temperature des Objekts einen Wert größer 660 hat. Falls dem so sein sollte, dann werden zwei andere Instanzvariablen verändert:

- Der status wird auf den Text "returning home" abgeändert, was anzeigt, dass die Temperatur zu hoch ist und dass der Roboter zu seiner Basis zurückkehrt.
- Der speed wird auf 5 abgeändert. (Man darf annehmen, dass das die Höchstgeschwindigkeit unseres Roboters ist.)

Die zweite Instanzmethode, showAttributes(), wird in den Zeilen 13-17 definiert:

```
void showAttributes() {
        System.out.println("Status: " + status);
        System.out.println("Speed: " + speed);
        System.out.println("Temperature: " + temperature);
}
```

Diese Methode gibt mittels System.out.println() die Werte der drei Instanzvariablen zusammen mit einem Begleittext aus.

Das Programm ausführen

Selbst wenn Sie die Klasse VolcanoRobot schon kompiliert hätten, könnten Sie sie nicht zur Simulation eines Erkundungsroboters benutzen. Die Klasse, die Sie definiert haben, legt fest, wie ein VolcanoRobot-Objekt aussähe, wenn es in einem Programm benutzt würde. Doch benutzt sie noch keines dieser Objekte.

Es gibt zwei Möglichkeiten, die VolcanoRobot-Klasse zu verwenden:

- Erzeugen Sie ein separates Java-Programm, das diese Klasse verwendet.
- Fügen Sie eine spezielle Klassenmethode namens main() in die VolcanoRobot-Klasse ein, sodass diese direkt als Applikation ausgeführt werden kann, und verwenden Sie VolcanoRobot-Objekte in dieser Methode.

In dieser Übung wollen wir Letzteres tun. Öffnen Sie VolcanoRobot.java in Ihrem Texteditor, und fügen Sie eine Leerzeile direkt über der letzten Zeile des Programms ein (Zeile 18 in Listing 2.1).

In den Leerraum, den diese Zeile erzeugt hat, geben Sie nun folgende Klassenmethode ein:

```
public static void main(String[] arguments) {
    VolcanoRobot dante = new VolcanoRobot();
    dante.status = "exploring";
    dante.speed = 2;
    dante.temperature = 510;

    dante.showAttributes();
    System.out.println("Increasing speed to 3.");
    dante.speed = 3;
    dante.showAttributes();
    System.out.println("Changing temperature to 670.");
    dante.temperature = 670;
    dante.showAttributes();
    System.out.println("Checking the temperature.");
    dante.checkTemperature();
    dante.showAttributes();
}
```

Mit der main()-Methode kann die VolcanoRobot-Klasse nun als Applikation verwendet werden. Speichern Sie die Datei als VolcanoRobot.java , und kompilieren Sie sie folgendermaßen:

1. Begeben Sie sich auf die Kommandozeilen-Ebene (unter Windows 95 oder 98, klicken Sie Start, dann Programme, und dann MS-DOS-Eingabeaufforderung).
2. Öffnen Sie den Ordner, in den Sie VolcanoRobot.java gespeichert hatten.
3. Kompilieren Sie das Programm, indem Sie javac VolcanoRobot.java in die Kommandozeile tippen.

Das Listing 2.2 zeigt die endgültige Version der Quelldatei `VolcanoRobot.java`.

Wenn Sie Probleme beim Kompilieren oder Starten von Programmen in diesem Buch mit SDK 1.3 haben, so finden Sie die Quelldatei und andere nützliche Dateien auf der Webseite zum Buch: `http://www.java21days.com`.

Listing 2.2: Der endgültige Text von VolcanoRobot.java

```
class VolcanoRobot {
    String status;
    int speed;
    float temperature;

    void checkTemperature() {
        if (temperature > 660) {
            status = "returning home";
            speed = 5;
        }
    }

    void showAttributes() {
        System.out.println("Status: " + status);
        System.out.println("Speed: " + speed);
        System.out.println("Temperature: " + temperature);
    }

    public static void main(String[] arguments) {
        VolcanoRobot dante = new VolcanoRobot();
        dante.status = "exploring";
        dante.speed = 2;
        dante.temperature = 510;

        dante.showAttributes();
        System.out.println("Increasing speed to 3.");
        dante.speed = 3;
        dante.showAttributes();
        System.out.println("Changing temperature to 670.");
        dante.temperature = 670;
        dante.showAttributes();
        System.out.println("Checking the temperature.");
        dante.checkTemperature();
        dante.showAttributes();
    }
}
```

Um die Applikation `VolcanoRobot` zu starten, öffnen Sie den Ordner mit der Datei `VolcanoRobot.class` in der Kommandozeile und benutzen dann das Java-Kommando:

```
java VolcanoRobot
```

Wenn die Klasse `VolcanoRobot` läuft, sollte die Ausgabe wie folgt aussehen:

```
Status: exploring
Speed: 2
Temperature: 510.0
Increasing speed to 3.
Status: exploring
Speed: 3
Temperature: 510.0
Changing temperature to 670.
Status: exploring
Speed: 3
Temperature: 670.0
Checking the temperature.
Status: returning home
Speed: 5
Temperature: 670.0
```

Anhand von Listing 2.2 wollen wir im Folgenden ansehen, was in der `main()`-Methode passiert:

- Zeile 19: Die Methode `main()` wird erzeugt und benannt. Alle `main()`-Methoden folgen diesem Format. Am sechsten Tag werden Sie die Details erfahren. Heute reicht es, wenn Sie sich besonders das Schlüsselwort `static` einprägen. Es zeigt an, dass die Methode eine Klassenmethode ist.
- Zeile 20: Ein neues `VolcanoRobot`-Objekt wird erzeugt, wobei die gleichnamige Klasse als Vorlage dient. Das Objekt erhält den Namen `dante`.
- Zeilen 21-23: Drei Instanzvariablen des Objekts `dante` erhalten Werte zugewiesen: `status` wird auf den Text `"exploring"` gesetzt, `speed` auf `2` und `temperature` auf `510`.
- Zeile 25: In dieser und den folgenden Zeilen wird die `showAttributes()`-Methode des Objekts `dante` aufgerufen. Diese Methode zeigt die aktuellen Werte der Instanzvariablen `status`, `speed` und `temperature` an.
- Zeile 26: In dieser und den folgenden Zeilen wird die Anweisung `System.out.println()` benutzt, um den Text innerhalb der Klammern auszugeben.
- Zeile 27: Die Instanzvariable `speed` wird auf den Wert 3 gesetzt.
- Zeile 30: Die Instanzvariable `temperature` wird auf den Wert 670 gesetzt.

- Zeile 33: Die Methode `checkTemperature()` des Objekts `dante` wird aufgerufen. Diese Methode prüft, ob die Instanzvariable `temperature` höher als 660 ist. Falls dem so ist, erhalten `status` und `speed` neue Werte.

2.3 Klassen und deren Verhalten organisieren

Eine Einführung in die objektorientierte Programmierung mit Java wäre ohne eine erste Betrachtung der folgenden drei Konzepte unvollständig: Vererbung, Schnittstellen und Pakete.

Diese drei Konzepte stellen Mechanismen zur Organisation von Klassen und dem Verhalten von Klassen dar. Die Klassenbibliothek von Java verwendet diese Konzepte, und auch die Klassen, die Sie für Ihre eigenen Programme erstellen, werden diese benötigen.

Vererbung

Die Vererbung ist eines der entscheidenden Konzepte der objektorientierten Programmierung und beeinflusst direkt die Art und Weise, wie Sie Ihre eigenen Java-Klassen schreiben.

Neuer BEGRIFF

Vererbung ist ein Mechanismus, der es einer Klasse ermöglicht, all ihre Verhaltensweisen und Attribute von einer anderen Klasse zu erben.

Über die Vererbung verfügt eine Klasse sofort über die gesamte Funktionalität einer vorhandenen Klasse. Aus diesem Grund kann man eine neue Klasse erstellen, indem man lediglich angibt, wie sie sich von einer bestehenden unterscheidet.

Durch die Vererbung werden alle Klassen Teil einer strengen Hierarchie – Klassen, die Sie erzeugen, Klassen aus der Klassenbibliothek von Java und anderen Bibliotheken.

Neuer BEGRIFF

Eine Klasse, die von einer anderen Klasse erbt, wird als *Subklasse* bezeichnet. Eine Klasse, von der andere Klassen erben, wird *Superklasse* genannt.

Eine Klasse kann lediglich eine Superklasse besitzen. Jede Klasse kann allerdings eine uneingeschränkte Anzahl von Subklassen haben. Subklassen erben alle Attribute und sämtliche Verhaltensweisen ihrer Superklasse.

Wenn also eine Superklasse Verhaltensweisen und Attribute besitzt, die Ihre Klasse benötigt, müssen Sie diese nicht neu definieren oder den Code kopieren, um über dieselbe Funktionalität in Ihrer Klasse zu verfügen. Ihre Klasse erhält all dies automatisch von der Superklasse, die Superklasse erhält das Ganze wiederum von ihrer Superklasse und so weiter, der Hierarchie nach oben folgend. Ihre Klasse wird eine Kombination aller Features der Klassen über ihr in der Hierarchie sowie ihrer eigenen, neu festgelegten.

Diese Situation lässt sich gut damit vergleichen, dass Sie bestimmte Eigenschaften, wie z.B. Größe, Haarfarbe, Begeisterung für Ska und Abneigung gegen Schafskäse von Ihren Eltern geerbt haben. Diese haben einige dieser Dinge wiederum von ihren Eltern geerbt, die von den ihren und so weiter bis zurück in den Garten Eden, bis zum Urknall oder bis [[bitte tragen Sie hier Ihre persönlichen kosmologischen Überzeugungen ein]].

Die Abbildung 2.2 zeigt, wie eine Hierarchie von Klassen organisiert ist.

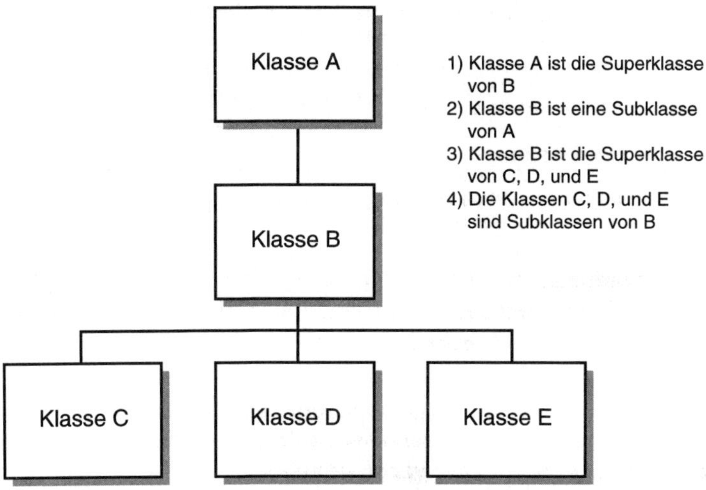

Abbildung 2.2: Eine Klassenhierarchie

An der Spitze der Hierarchie der Java-Klassen steht die Klasse `Object` – alle Klassen werden von dieser Superklasse abgeleitet. `Object` stellt die allgemeinste Klasse in der Hierarchie dar und legt die Verhaltensweisen und Attribute, die an alle Klassen in der Java-Klassenbibliothek vererbt werden, fest. Jede Klasse, die sich weiter unten in der Hierarchie befindet, ist stärker auf einen bestimmten Zweck zugeschnitten. Eine Klassenhierarchie definiert abstrakte Konzepte an der Spitze der Hierarchie. Diese Konzepte werden, je weiter Sie in der Hierarchie hinabsteigen, immer konkreter.

Wenn Sie in Java eine neue Klasse erstellen, werden Sie oft die gesamte Funktionalität einer existierenden Klasse mit einigen eigenen Modifikationen haben wollen. Es könnte z.B. sein, dass Sie eine Version von `CommandButton`-Buttons wollen, die beim Anklicken einen Sound wiedergeben.

Um die gesamte Funktionalität von `CommandButton` ohne den Aufwand, sie neu erstellen zu müssen, zu erhalten, können Sie eine Klasse als Subklasse von `CommandButton` definieren. Ihre Klasse verfügt dann automatisch über die Attribute und Verhaltensweisen, die in `CommandButton` definiert werden, und über weitere, die in den Superklassen von `CommandButton` definiert werden. Sie müssen sich jetzt nur noch um das kümmern, was Ihre neue Klasse von `CommandButton` unterscheidet. Der Mechanismus zur Definition neuer Klassen über die Unterschiede zwischen diesen und deren Superklasse wird als *Subclassing* bezeichnet.

Neuer BEGRIFF

Subclassing ist die Erzeugung einer neuen Klasse, die von einer existenten Klasse erbt. Die einzige Aufgabe in der Subklasse ist die Angabe, wie sie sich in Verhaltensweisen und Attributen von ihrer Superklasse unterscheidet.

Sollte Ihre Klasse ein komplett neues Verhalten definieren und keine Subklasse einer bestehenden Klasse sein, können Sie diese direkt von der Klasse `Object` ableiten. Dies erlaubt es ihr, sich nahtlos in die Klassenhierarchie von Java zu integrieren. Wenn Sie eine Klassendefinition erstellen, die keine Superklasse angibt, nimmt Java an, dass die neue Klasse direkt von `Object` abgeleitet wird. Die Klasse `VolcanoRobot`, die Sie erstellt haben, ist direkt von der Klasse `Object` abgeleitet.

Eine Klassenhierarchie erzeugen

Wenn Sie eine große Menge von Klassen erzeugen, ist es sinnvoll, diese zum einen von den bestehenden Klassen der Klassenhierarchie abzuleiten, und zum anderen, mit diesen eine eigene Hierarchie zu bilden. Ihre Klassen auf diese Art und Weise zu organisieren, bedarf einer umfangreichen Planung. Als Entschädigung erhalten Sie allerdings unter anderem die folgenden Vorteile:

- Funktionalitäten, die mehrere Klassen gemein haben, können in einer Superklasse zusammengefasst werden. Dadurch wird es möglich, diese Funktionalitäten in allen Klassen, die sich in der Hierarchie unterhalb dieser Superklasse befinden, wiederholt zu verwenden.
- Änderungen in einer Superklasse werden automatisch in all ihren Subklassen, deren Subklassen usw. widergespiegelt. Es ist nicht nötig, die Klassen, die sich in der Hierarchie darunter befinden, zu ändern oder neu zu kompilieren, da diese die neuen Informationen über die Vererbung erhalten.

Stellen Sie sich vor, Sie hätten eine Klasse erstellt, die sämtliche Features eines Roboters zur Vulkanerkundung implementiert. (Dies sollte Ihre Vorstellungskraft nicht überfordern.)

Die Klasse `VolcanoRobot` ist vollständig, arbeitet erfolgreich, und alles ist ganz wunderbar. Nun wollen Sie eine Java-Klasse erstellen, die `MarsRobot` heißt.

Beide Sorten von Robotern haben viel gemein: Es handelt sich um Forschungsroboter, die in einer unwirtlichen Umwelt arbeiten und Forschungen durchführen. Ihre erste, spontane Idee ist nun vielleicht, die Quelldatei `VolcanoRobot.java` zu öffnen und einen großen Teil des Quellcodes in eine neue Quelldatei mit dem Namen `MarsRobot.java` zu kopieren.

Eine bessere Idee wäre, die gemeinsame Funktionalität von `MarsRobot` und `VolcanoRobot` zu ermitteln und sie in einer etwas allgemeineren Klassenhierarchie zu organisieren. Dies wäre für die Klassen `VolcanoRobot` und `MarsRobot` eventuell etwas viel Aufwand. Was aber, wenn Sie noch die Klassen `MoonRobot`, `UnderseaRobot` und `DesertRobot` hinzufügen wollen? Allgemeine Verhaltensweisen und Attribute in eine oder mehrere wiederverwendbare Superklassen einzufügen, reduziert den Gesamtaufwand ganz beträchtlich.

Um eine Klassenhierarchie zu entwerfen, die diese Aufgabe erfüllt, beginnen wir an der Spitze mit der Klasse `Object`, dem Ausgangspunkt aller Klassen unter Java. Die allgemeinste Klasse, der all diese Roboter angehören, könnte `Robot` genannt werden. Ein Roboter könnte allgemein als unabhängige Forschungsmaschine definiert werden. In der `Robot`-Klasse definieren Sie nur das Verhalten, das etwas als Maschine, unabhängig und zum Forschen bestimmt beschreibt.

Unterhalb von `Robot` könnte es zwei Klassen geben: `WalkingRobot` und `DrivingRobot`. Der offensichtlichste Unterschied zwischen diesen beiden Klassen ist, dass sich die eine zu Fuß und die andere auf Rädern fortbewegt. Die Verhaltensweisen der gehenden Roboter könnten die folgenden einschließen: bücken, um etwas aufzuheben, ducken, rennen usw. Fahrende Roboter würden sich hingegen anders verhalten. Abbildung 2.3 zeigt, was wir bis jetzt haben.

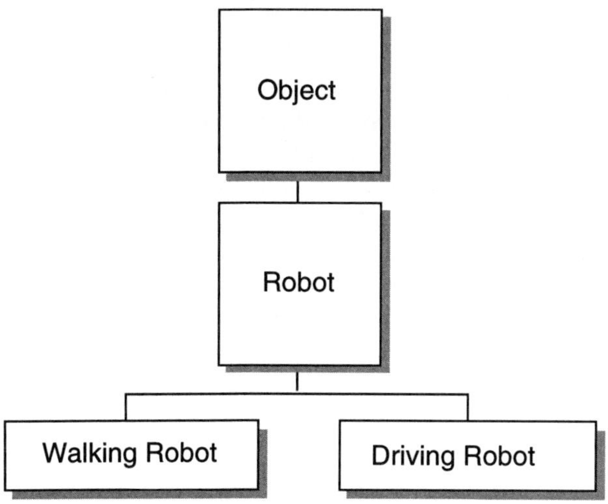

Abbildung 2.3: Die grundlegende Robot-Hierarchie

Davon ausgehend, kann die Hierarchie noch spezieller werden. Von WalkingRobot könnten Sie mehrere Klassen ableiten: ScienceRobot, GuardRobot, SearchRobot usw. Alternativ könnten Sie auch weitere Funktionalitäten ausmachen und in den Zwischenklassen TwoLegged und FourLegged für zwei- und vierbeinige Roboter mit jeweils unterschiedlichen Verhaltensweisen zusammenfassen (siehe Abbildung 2.4).

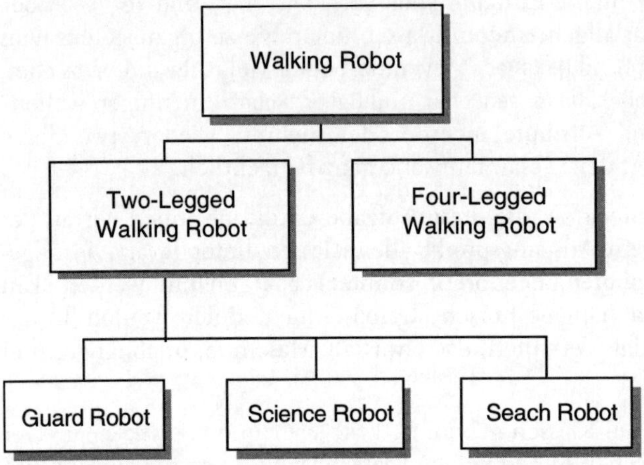

Abbildung 2.4: Zwei- und vierbeinige gehende Roboter

Zu guter Letzt steht die Hierarchie, und Sie haben einen Platz für VolcanoRobot. Dies wäre eine Subklasse von ScienceRobot, die ihrerseits eine Subklasse von WalkingRobot ist, die eine Subklasse von Robot ist, die wiederum eine Subklasse von Object ist.

Wo kommen nun Eigenschaften wie Status, Temperatur oder Geschwindigkeit ins Spiel? Dort, wo sie sich in die Klassenhierarchie am harmonischsten einfügen. Da alle Roboter sinnvollerweise ihre Umgebungstemperatur verfolgen, definiert man temperature als Instanzvariable in Robot. Alle Subklassen hätten damit diese Instanzvariable. Denken Sie daran, dass Sie eine Verhaltensweise oder ein Attribut nur einmal in der Hierarchie definieren müssen und alle Subklassen es dann automatisch erben.

HINWEIS

Der Entwurf einer effektiven Klassenhierarchie erfordert umfangreiche Planung und Überarbeitung. Während Sie versuchen, Attribute und Verhaltensweisen in einer Hierarchie anzuordnen, werden Sie wahrscheinlich oftmals erkennen, dass es sinnvoll ist, Klassen innerhalb der Hierarchie an andere Stellen zu verschieben. Das Ziel ist es, die Anzahl sich wiederholender Features soweit möglich zu reduzieren.

Vererbung in Aktion

Die Vererbung funktioniert in Java wesentlich einfacher als in der realen Welt. Hier sind weder Testamentsvollstrecker noch Gerichtsprozesse nötig.

Wenn Sie ein neues Objekt erzeugen, verfolgt Java jede Variable, die für dieses Objekt definiert wurde, und jede Variable, die in jeder der Superklassen des Objekts definiert wurde. Auf diesem Weg werden all diese Klassen kombiniert, um eine Vorlage für das aktuelle Objekt zu formen. Jedes Objekt füllt die einzelnen Variablen dann mit den Informationen, die seiner Situation entsprechen.

Methoden arbeiten auf ganz ähnliche Art: Neue Objekte haben Zugriff auf alle Methodennamen der eigenen Klasse und deren Superklassen in der Hierarchie. Dies wird dynamisch festgelegt, wenn eine Methode in einem laufenden Programm ausgeführt wird. Wenn Sie eine Methode eines bestimmten Objekts aufrufen, dann prüft der Java-Interpreter zunächst die Klasse des Objekts, ob sich die Methode hier befindet. Wenn er die Methode nicht findet, dann sucht er nach dieser in der Superklasse. Das geht so lange weiter, bis er die Definition der Methode gefunden hat. Die Abbildung 2.5 illustriert dies.

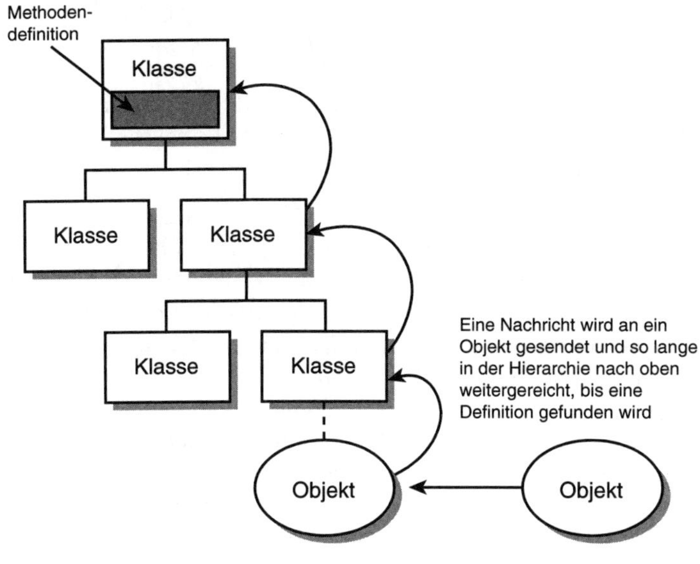

Abbildung 2.5: So werden Methoden in der Klassenhierarchie gesucht

Die Dinge werden komplizierter, wenn eine Subklasse eine Methode definiert, die denselben Namen, denselben Rückgabetyp und dieselben Parameter hat wie eine Methode in einer Superklasse. In diesem Fall wird die Methodendefinition, die als erstes gefunden wird (ausgehend vom unteren Ende der Hierarchie nach oben), verwendet. Aus diesem Grund können Sie in einer Subklasse eine Methode erstellen, die verhindert, dass eine Methode in einer Superklasse ausgeführt wird. Dazu geben Sie einer Methode denselben

Namen, denselben Rückgabetyp und dieselben Argumente, wie sie die Methode in der Superklasse hat. Dieses Vorgehen wird als Überschreiben bezeichnet (siehe Abbildung 2.6).

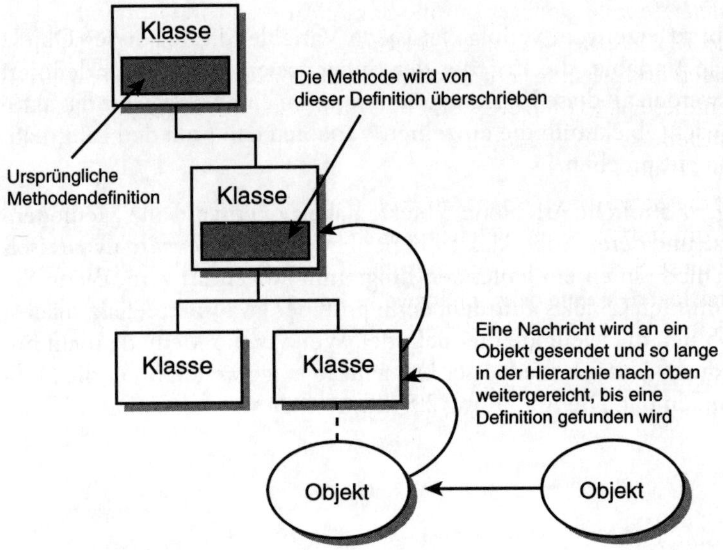

Abbildung 2.6: Methoden überschreiben

Einfach- und Mehrfachvererbung

Javas Form der Vererbung wird *Einfachvererbung* genannt, da jede Java-Klasse nur eine Superklasse haben kann (allerdings kann jede Superklasse beliebig viele Subklassen haben).

In anderen objektorientierten Programmiersprachen, wie z.B. C++, können Klassen mehr als eine Superklasse haben, und sie erben die Variablen und Methoden aus allen Superklassen. Dies wird als *Mehrfachvererbung* bezeichnet und bietet die Möglichkeit, Klassen zu erzeugen, die nahezu alle denkbaren Verhaltensweisen beinhalten. Allerdings werden dadurch die Definition von Klassen und der Code, der für deren Erstellung benötigt wird, bedeutend komplizierter. Java vereinfacht die Vererbung, indem es nur die Einfachvererbung zulässt.

Schnittstellen

Durch die Einfachvererbung sind die Beziehung zwischen Klassen und die Funktionalität, die diese Klassen implementieren, einfacher zu verstehen und zu entwerfen. Allerdings kann dies auch einschränkend sein – besonders dann, wenn Sie ähnliche Verhaltensweisen in verschiedenen Zweigen der Klassenhierarchie duplizieren müssen. Java löst das Problem von gemeinsam genutzten Verhaltensweisen durch Schnittstellen.

Neuer Begriff

Eine *Schnittstelle* (engl. Interface) ist eine Sammlung von Methoden, die angeben, dass eine Klasse eine bestimmte Verhaltensweise zusätzlich zu den von den Superklassen ererbten hat. Die Methoden, die zu einer Schnittstelle gehören, definieren diese Verhaltensweise nicht – diese Aufgabe bleibt den Klassen, die die Schnittstelle implementieren.

Beispielsweise beinhaltet die Schnittstelle `Comparable` eine Methode, die zwei Objekte derselben Klasse vergleicht, um festzustellen, welches zuerst in einer sortierten Liste erscheinen soll. Jede Klasse, die diese Schnittstelle implementiert, kann die Sortierreihenfolge für Objekte dieser Klasse festlegen. Diese Verhaltensweise wäre für die Klasse ohne die Schnittstelle nicht möglich.

An Tag 15 erfahren Sie mehr über Schnittstellen.

Pakete

Pakete (engl. Packages) sind eine Möglichkeit, um verwandte Klassen und Schnittstellen zu gruppieren. Pakete ermöglichen es, dass Gruppen von Klassen nur bei Bedarf verfügbar sind. Zusätzlich beseitigen sie mögliche Namenskonflikte zwischen Klassen in unterschiedlichen Gruppen von Klassen.

Zum jetzigen Zeitpunkt gibt es nur ein paar wenige Dinge, die Sie über Pakete wissen müssen:

- *Die Klassenbibliotheken von Java befinden sich in einem Paket, das* `java` *heißt.* Für die Klassen in dem Paket `java` wird garantiert, dass sie in jeder Implementierung von Java zur Verfügung stehen. Dies sind die einzigen Klassen, für die die Garantie besteht, dass sie in unterschiedlichen Implementierungen zur Verfügung stehen. Das Paket `java` beinhaltet kleinere Pakete, die spezielle Teile der Funktionalität der Sprache Java definieren, wie z.B. Standard-Features, Umgang mit Dateien, Multimedia und viele andere Dinge. Klassen in anderen Paketen wie z.B. `sun` stehen oft nur in bestimmten Implementierungen zur Verfügung.
- *Standardmäßig haben Ihre Klassen nur Zugriff auf die Klassen in dem Paket* `java.lang` *(Standard-Features der Sprache).* Um Klassen aus irgendeinem anderen Paket zu verwenden, müssen Sie sich direkt auf diese mit dem Paketnamen beziehen oder sie in Ihrem Quelltext importieren.

- *Um sich auf eine Klasse in einem Paket zu beziehen, müssen Sie den vollständigen Paketnamen angeben.* Um sich z.B. auf die Klasse `Color` zu beziehen, die sich im Paket `java.awt` befindet, benutzen Sie in Ihren Programmen die Notation `java.awt.Color`.

2.4 Zusammenfassung

Wenn dies Ihre erste Begegnung mit der objektorientierten Programmierung war, dann wird Sie Ihnen vielleicht ziemlich theoretisch und ein bisschen ermüdend vorkommen.

Kein Sorge! Sie werden die objektorientierten Techniken im ganzen weiteren Verlauf des Buches verwenden, und diese werden Ihnen um so vertrauter werden, je mehr Erfahrung Sie damit haben.

Heute sollten Sie sich ein grundlegendes Verständnis von Klassen, Objekten, Attributen und Verhaltensweisen erarbeitet haben. Sie sollten auch mit Instanzvariablen und Methoden vertraut sein. Gleich morgen werden Sie sie verwenden.

Die anderen Aspekte objektorientierter Programmierung wie Vererbung und Pakete werden in späteren Lektionen genauer behandelt.

Um den Stoff des heutigen Tages zusammenzufassen, finden Sie im Folgenden ein Glossar der behandelten Begriffe und Konzepte:

Klasse:	Eine Vorlage für ein Objekt. Diese beinhaltet Variablen, um das Objekt zu beschreiben, und Methoden, um zu beschreiben, wie sich das Objekt verhält. Klassen können Variablen und Methoden von anderen Klassen erben.
***Objekt*:**	Eine Instanz einer Klasse. Mehrere Objekte, die Instanzen derselben Klasse sind, haben Zugriff auf dieselben Methoden, haben aber oft unterschiedliche Werte für ihre Instanzvariablen.
***Instanz*:**	Dasselbe wie ein Objekt. Jedes Objekt ist eine Instanz einer Klasse.
***Methode*:**	Eine Gruppe von Anweisungen in einer Klasse, die definieren, wie sich Objekte dieser Klasse verhalten werden. Methoden sind analog zu Funktionen in anderen Programmiersprachen. Im Unterschied zu Funktionen müssen sich Methoden immer innerhalb einer Klasse befinden.
***Klassenmethode*:**	Eine Methode, die auf eine Klasse selbst angewendet wird und nicht auf eine bestimmte Instanz einer Klasse.
***Instanzmethode*:**	Eine Methode eines Objekts, die sich auf ihr Objekt auswirkt, indem es die Werte seiner Instanzvariablen manipuliert. Da Instanzmethoden wesentlich häufiger verwendet werden als Klassenmethoden, werden Sie auch einfach nur als Methoden bezeichnet.

Klassenvariable:	Eine Variable, die ein Attribut einer ganzen Klasse anstatt einer bestimmten Instanz der Klasse beschreibt.
Instanzvariable:	Eine Variable, die ein Attribut einer Instanz einer Klasse (und nicht einer ganzen Klasse) beschreibt.
Schnittstelle:	Eine Beschreibung abstrakter Verhaltensweisen, die einzelne Klassen implementieren können.
Paket:	Eine Sammlung von Klassen und Schnittstellen. Klassen, die sich nicht in dem Paket `java.lang` befinden, müssen explizit importiert oder direkt über den vollen Paket- und Klassennamen angesprochen werden.
Subklasse:	Eine Klasse, die sich in der Klassenhierarchie weiter unten befindet als eine andere Klasse, ihre Superklasse. Das Erzeugen einer Klasse, die Features einer bestehenden Klasse erbt, wird oft auch als Subclassing bezeichnet. Eine Klasse kann beliebig viele Subklassen haben.
Superklasse:	Eine Klasse, die sich in der Klassenhierarchie weiter oben befindet als eine andere Klasse, ihre Subklasse. Eine Klasse kann nur eine Superklasse direkt über sich haben. Diese Klasse kann aber ihrerseits wieder eine Superklasse haben usw.

2.5 Fragen und Antworten

F *Methoden sind doch eigentlich nichts anderes als Funktionen, die innerhalb von Klassen definiert werden. Wenn sie wie Funktionen aussehen und sich wie Funktionen verhalten, warum nennt man sie dann nicht Funktionen?*

A In einigen objektorientierten Programmiersprachen werden sie tatsächlich Funktionen genannt (in C++ werden sie als Elementfunktionen bezeichnet). Andere objektorientierte Programmiersprachen unterscheiden zwischen Funktionen innerhalb und außerhalb des Körpers einer Klasse oder eines Objekts, da bei diesen Sprachen die Unterscheidung zwischen den Begriffen wichtig ist zum Verständnis, wie die einzelnen Funktionen arbeiten. Da dieser Unterschied in anderen Sprachen relevant und der Begriff »Methode« in der objektorientierten Programmierung üblich ist, verwendet Java ihn auch.

F *Was ist der Unterschied zwischen Instanzvariablen und -methoden und deren Gegenstücken Klassenvariablen und -methoden?*

A Nahezu alles, was Sie in Java programmieren, bezieht sich auf Instanzen (auch Objekte genannt) und nicht auf die Klassen selbst. Für manche Verhaltensweisen und Attribute ist es allerdings sinnvoller, sie in der Klasse selbst zu speichern als in einem Objekt. Z. B. beinhaltet die Klasse *`Math`* im Paket *`java.lang`* eine Klassenvariable namens *`PI`*, die den ungefähren Wert der Kreiskonstanten Pi speichert. Dieser Wert ändert sich nicht, es gibt also keinen Grund, weswegen verschiedene Objekte dieser Klasse ihre eigene, individuelle Kopie der *PI*-Variable haben sollten. Dagegen hat jedes *String*-Objekt eine Methode namens `length()`, das die Zahl der Zeichen in diesem String angibt. Dieser Wert kann bei jedem Objekt dieser Klasse unterschiedlich sein, weswegen es eine Instanzmethode sein muss.

2.6 Quiz

Überprüfen Sie den heutigen Stoff, indem Sie dieses Quiz mit drei Fragen beantworten.

Fragen

1. Welches Wort kann für Klasse stehen?

   (a) Objekt

   (b) Vorlage

   (c) Instanz

2. Wenn Sie eine Subklasse erstellen, was müssen Sie dann definieren?

   (a) Sie ist bereits definiert.

   (b) Die Unterschiede zur Superklasse.

   (c) Jede Einzelheit.

3. Was repräsentiert eine Instanzmethode einer Klasse?

   (a) Die Attribute dieser Klasse.

   (b) Das Verhalten dieser Klasse.

   (c) Das Verhalten eines Objekts, das auf der Grundlage dieser Klasse erzeugt wurde.

Antworten

1. b. Eine Klasse ist eine abstrakte Vorlage zur Erzeugung einander ähnlicher Objekte.
2. b. Sie legen fest, wie sich die Subklasse von der Superklasse unterscheidet. Die Dinge, die gleich bleiben, sind schon dank der Vererbung definiert. Antwort a wäre streng genommen auch korrekt, aber wenn die Subklasse in allem exakt der Superklasse entspricht, dann gibt es auch keinen Grund, die Subklasse überhaupt zu erzeugen.

3. c. Instanzmethoden beziehen sich auf das Verhalten eines spezifischen Objekts. Klassenmethoden beziehen sich auf das Verhalten aller Objekte dieser Klasse.

2.7 Übungen

Um Ihr Wissen über die heute behandelten Themen zu vertiefen, können Sie sich an folgenden Übungen versuchen:

- Erzeugen Sie in der `main()`-Methode der Klasse `VolcanoRobot` einen zweiten `VolcanoRobot` namens `virgil`, legen Sie seine Instanzvariablen fest und zeigen Sie sie an.
- Erzeugen Sie eine Vererbungshierarchie für die Figuren eines Schachspiels. Legen Sie fest, wo die Instanzvariablen `color`, `startingPosition`, `forwardMovement` und `sideMovement` in der Hierarchie definiert werden sollten.

Soweit einschlägig, finden Sie die Lösungen zu den Übungen auf der Webseite zum Buch: `http://www.java21days.com`.

Tag 3

Das Java-ABC

Ein Java-Programm besteht aus Klassen und Objekten, diese sind aus Methoden und Variablen aufgebaut. Methoden wiederum bestehen aus Anweisungen und Ausdrücken, die ihrerseits aus Operatoren bestehen.

An dieser Stelle könnte sich bei Ihnen die Befürchtung breit machen, dass Java wie eine verschachtelte russische Puppe, eine Matrjoschka, sei. Scheinbar hat jede dieser Puppen eine weitere kleinere Puppe in sich, die genauso kompliziert und detailreich wie die größere Mama ist.

Dieses Kapitel schiebt die großen Puppen beiseite, um die kleinsten Elemente der Java-Programmierung zu enthüllen. Sie lassen Klassen, Objekte und Methoden hinter sich und untersuchen die elementaren Dinge, die Sie in einer einzelnen Zeile Java-Code tun können.

Die folgenden Themen werden heute behandelt:

- Java-Anweisungen und -Ausdrücke
- Variablen und Datentypen
- Konstanten
- Kommentare
- Literale
- Arithmetik
- Vergleiche
- Logische Operatoren

HINWEIS: Da Java sehr eng an C und C++ angelehnt ist, wird ein großer Teil der Themen in diesem Kapitel Programmierern, die in diesen Sprachen versiert sind, bekannt sein.

3.1 Anweisungen und Ausdrücke

Alle Aufgaben, die Sie in einem Java-Programm ausführen wollen, können in eine Folge von Anweisungen aufgeteilt werden.

Neuer BEGRIFF: Eine *Anweisung* (engl. Statement) ist ein einzelner Befehl einer Programmiersprache, der dafür sorgt, dass etwas passiert.

Anweisungen stehen für eine einzelne Aktion, die in einem Java-Programm ausgeführt wird. Die folgenden Zeilen stellen allesamt einfache Java-Anweisungen dar:

```
int weight = 295;

System.out.println("Free the bound periodicals!");

song.duration = 230;
```

Einige Anweisungen erzeugen einen Wert, wie das beim Addieren zweier Zahlen in einem Programm der Fall ist. Derartige Anweisungen werden als Ausdrücke bezeichnet.

Ein *Ausdruck* (engl. Expression) ist eine Anweisung, die als Ergebnis einen Wert produziert. Dieser Wert kann zur späteren Verwendung im Programm gespeichert, direkt in einer anderen Anweisung verwendet oder überhaupt nicht beachtet werden. Der Wert, den eine Anweisung erzeugt, wird *Rückgabewert* genannt.

Manche Ausdrücke erzeugen numerische Rückgabewerte, wie das beim Addieren zweier Zahlen in dem oben erwähnten Beispiel der Fall war. Andere erzeugen einen booleschen Wert – `true` oder `false` – oder sogar ein Java-Objekt. Diese werden etwas später am heutigen Tag besprochen.

Obwohl die meisten Java-Programme je eine Anweisung pro Zeile enthalten, sagt diese nicht aus, wo eine Anweisung beginnt und wo sie endet. Es handelt sich dabei lediglich um eine Layout-Konvention. Jede Anweisung wird mit einem Strichpunkt (`;`) abgeschlossen. Ein Programmierer kann mehr als eine Anweisung in eine Zeile setzen, und das Programm wird trotzdem erfolgreich kompiliert werden, wie das im folgenden der Fall ist:

```
dante.speed = 2; dante.temperature = 510;
```

Anweisungen werden in Java mit einem Paar geschweifter Klammern (`{}`) zusammengefasst. Eine Gruppe von Anweisungen, die sich in diesen Klammern befindet, wird als *Block* oder *Blockanweisung* bezeichnet. Sie werden darüber an Tag 5 mehr lernen.

3.2 Variablen und Datentypen

In der `VolcanoRobot`-Applikation, die Sie gestern erstellt haben, haben Sie Variablen verwendet, um bestimmte Informationen abzulegen.

Variablen sind Orte, an denen Informationen gespeichert werden können, während ein Programm läuft. Der Wert der Variablen kann jederzeit im Programm geändert werden – daher auch der Name.

Um eine Variable zu erstellen, müssen Sie ihr einen Namen geben und festlegen, welchen Typ von Informationen sie speichern soll. Sie können einer Variablen auch bei der Erzeugung einen Wert zuweisen.

In Java gibt es drei Arten von Variablen: Instanzvariablen, Klassenvariablen und lokale Variablen.

Instanzvariablen werden, wie Sie gestern gelernt haben, zur Definition der Attribute eines Objekts verwendet. *Klassenvariablen* definieren die Attribute einer gesamten Klasse von Objekten und beziehen sich auf alle Instanzen einer Klasse.

Lokale Variablen werden innerhalb von Methodendefinitionen oder in noch kleineren Blockanweisungen innerhalb von Methoden verwendet. Diese Variablen können nur verwendet werden, während die Methode oder der Block vom Java-Interpreter ausgeführt wird, und hören sofort danach auf zu existieren.

Während alle diese Variablen mehr oder weniger auf dieselbe Art erzeugt werden, erfolgt die Verwendung von Klassen- und Instanzvariablen anders als die lokaler Variablen. Sie lernen heute lokale Variablen kennen. Instanz- und Klassenvariablen werden wir am Tag 4 durchnehmen.

HINWEIS: Anders als andere Sprachen verfügt Java nicht über *globale Variablen* – Variablen, auf die überall in einem Programm zugegriffen werden kann. Instanz- und Klassenvariablen werden für den Informationsaustausch zwischen einzelnen Objekten verwendet, weshalb keine Notwendigkeit für globale Variablen besteht.

Variablen erstellen

Bevor Sie eine Variable in einem Javaprogramm verwenden können, müssen Sie die Variable erst einmal erzeugen, indem Sie ihren Namen und die Art der Information deklarieren, die die Variable speichern soll. Als Erstes wird dabei die Art der Information angegeben, gefolgt von dem Namen der Variablen. Hier einige Beispiele für Variablendeklarationen:

```
int loanLength;

String message;

boolean gameOver;
```

> HINWEIS: Sie lernen etwas später am heutigen Tag mehr über Variablentypen. Eventuell sind Sie aber schon mit den Typen, die in diesem Beispiel verwendet wurden, vertraut. Der Typ `int` repräsentiert Integer (ganze Zahlen), der Typ `boolean` wird für `true-false`-Werte verwendet, und `String` ist ein spezieller Variablentyp, der zum Speichern von Text verwendet wird.

Die Deklaration einer lokalen Variable kann an jeder Stelle einer Methode stehen, wie jede andere Java-Anweisung auch. Bevor eine lokale Variable verwendet werden kann, muss sie deklariert werden. Normalerweise werden Variablendeklarationen direkt im Anschluss an die Anweisung platziert, die eine Methode identifiziert.

Im folgenden Beispiel werden drei Variablen am Beginn der `main()`-Methode des Programms deklariert:

```
public static void main (String[] arguments ) {
    int total;
    String reportTitle;
    boolean active;
}
```

Wenn Sie mehrere Variablen desselben Typs deklarieren, können Sie dies in einer einzigen Zeile tun. Dazu trennen Sie die einzelnen Variablennamen mit Kommata. Die folgende Anweisung erzeugt drei `String`-Variablen mit den Namen `street`, `city` und `state`:

```
String street, city, state;
```

Variablen kann bei ihrer Erstellung ein Wert zugewiesen werden. Dazu verwenden Sie das Gleichheitszeichen (=), gefolgt von dem Wert. Die folgenden Anweisungen erzeugen neue Variablen und weisen diesen Werte zu:

```
int zipcode = 02134;

int box = 350;

boolean pbs = true;

String name = "Zoom", city = "Boston", state ="MA";
```

Wie die letzte Anweisung bereits zeigt, können Sie mehreren Variablen desselben Typs Werte zuweisen, indem Sie sie mit Kommata voneinander trennen.

Lokalen Variablen müssen Werte zugewiesen werden, bevor sie in einem Programm verwendet werden können. Ansonsten kann das Programm nicht erfolgreich kompiliert werden. Aus diesem Grund ist es eine gute Angewohnheit, allen lokalen Variablen Initialisierungswerte zuzuweisen.

Instanz- und Klassenvariablen erhalten automatisch einen Initialisierungswert – abhängig davon, welchen Typ von Information sie aufnehmen sollen:

- Numerische Variablen: `0`
- Zeichen : `'\0'`
- Boolesche Variablen: `false`
- Objekte: `null`

Variablen benennen

Variablennamen müssen in Java mit einem Buchstaben, einem Unterstrich (_) oder einem Dollarzeichen ($) beginnen. Sie dürfen nicht mit einer Ziffer anfangen. Nach dem ersten Zeichen können Variablennamen jede beliebige Kombination von Buchstaben und Ziffern enthalten.

HINWEIS: Java unterstützt den Unicode-Zeichensatz, der neben dem Standardzeichensatz tausende weiterer Zeichen beinhaltet, um internationale Alphabete wiedergeben zu können. Zeichen mit Akzenten und andere Symbole können in Variablennamen verwendet werden, solange sie über eine Unicode-Zeichennummer verfügen.

Wenn Sie eine Variable benennen und diese in einem Programm verwenden, ist es wichtig, daran zu denken, dass Java die Groß-/Kleinschreibung beachtet. Das heißt, die Verwendung von Groß- und Kleinbuchstaben muss konsistent sein. Aus diesem Grund kann es in einem Programm eine Variable `X` und eine andere Variable `x` geben – und eine `rose` ist keine `Rose` und auch keine `ROSE`.

In den Programmen in diesem Buch und auch außerhalb werden Variablen oft mit aussagekräftigen Namen versehen, die aus mehreren zusammengeschriebenen Wörtern bestehen. Um einzelne Wörter leichter innerhalb des Namens erkennen zu können, wird die folgende Faustregel verwendet:

- Der erste Buchstabe eines Variablennamens ist klein.
- Jedes darauffolgende Wort in dem Namen beginnt mit einem Großbuchstaben.
- Alle anderen Buchstaben sind Kleinbuchstaben.

Die folgenden Variablendeklarationen folgen diesen Konventionen:

```
Button loadFile;

int areaCode;

boolean quitGame;
```

Variablentypen

Neben dem Namen muss eine Variablendeklaration auch den Typ der Information, die in der Variablen gespeichert werden soll, beinhalten. Als Typ kann einer der folgenden verwendet werden:

- einer der elementaren Datentypen
- der Name einer Klasse oder Schnittstelle
- ein Array

Sie lernen am Tag 5, wie Sie Arrays deklarieren und verwenden. Diese Lektion konzentriert sich auf Variablentypen.

Datentypen

Es gibt acht elementare Variablentypen zum Speichern von Integern, Fließkommazahlen, Zeichen und booleschen Werten. Diese werden oft auch als *primitive Typen* bezeichnet, da sie feste Bestandteile der Sprache und keine Objekte sind. Aus diesem Grund sind diese Typen bei der Anwendung effizienter. Diese Datentypen haben im Gegensatz zu einigen Datentypen in anderen Programmiersprachen unabhängig von der Plattform oder dem Betriebssystem dieselbe Größe und Charakteristik.

Vier der Datentypen können Integer-Werte speichern. Welchen Sie verwenden, hängt von der Größe des zu speichernden Integers ab (siehe Tabelle 3.1)

Typ	Größe	Wertebereich
`byte`	8 Bit	`-128` bis `127`
`short`	16 Bit	`-32.768` bis `32.767`
`int`	32 Bit	`-2.147.483.648` bis `2.147.483.647`
`long`	64 Bit	`-9.223.372.036.854.775.808` bis `9.223.372.036.854.775.807`

Tabelle 3.1: Integer-Typen

Alle diese Typen besitzen ein Vorzeichen, d.h. sie können sowohl positive als auch negative Werte aufnehmen. Welchen Typ Sie für eine Variable verwenden, hängt von dem Wertebereich ab, den die Variable aufnehmen soll. Keine Integer-Variable kann einen Wert, der zu groß oder zu klein für den zugewiesenen Variablentyp ist, verlässlich speichern. Sie sollten bei der Zuweisung des Typs Vorsicht walten lassen.

Eine andere Art von Zahlen, die gespeichert werden können, sind die Fließkomma-Zahlen, die die Typen `float` und `double` haben. Fließkomma-Zahlen sind Zahlen mit einem Dezimalanteil. Der Typ `float` sollte für die meisten Benutzer ausreichend sein, da er jede beliebige Zahl zwischen 1.4E-45 bis 3.4E+38 verarbeiten kann. Falls nicht, kann `double` für Zahlen zwischen `4.9E-324` bis `1.7E+308` eingesetzt werden.

Der Typ `char` wird für einzelne Zeichen, wie z.B. Buchstaben, Ziffern, Interpunktionszeichen und andere Symbole verwendet.

Der letzte der acht elementaren Datentypen ist `boolean`. Wie Sie bereits gelernt haben, speichern boolesche Variablen in Java entweder den Wert `true` oder den Wert `false`.

All diese Variablentypen sind in Kleinbuchstaben definiert, und Sie müssen sie auch in dieser Form in Programmen verwenden. Es gibt Klassen, die denselben Namen wie einige dieser Datentypen besitzen, allerdings mit anderer Groß-/Kleinschreibung – z.B. `Boolean` und `Char`. Diese haben eine andere Funktionalität in einem Java-Programm, sodass Sie diese Schreibungen nicht einfach austauschen können. Sie werden morgen erfahren, wie Sie diese speziellen Klassen verwenden.

Klassentypen

Neben den acht elementaren Typen kann eine Variable eine Klasse als Typ haben, wie das in den folgenden Beispielen der Fall ist:

```
String lastName = "Hopper";

Color hair;

VolcanoRobot vr;
```

Wenn eine Variable eine Klasse als Typ hat, dann bezieht sich diese Variable auf ein Objekt dieser Klasse oder einer ihrer Subklassen.

Das letzte Beispiel in der obigen Liste, `VolcanoRobot vr;` erzeugt eine Variable mit dem Namen `vr`, die für das Objekt `VolcanoRobot` reserviert ist, und zwar unabhängig davon, ob das Objekt bereits existiert. Morgen lernen Sie, wie man Objekte mit Variablen assoziiert.

Eine Superklasse als Variablentyp zu referenzieren, kann sinnvoll sein, wenn die Variable eine von mehreren Subklassen sein kann. Nehmen Sie z.B. eine Klassenhierarchie mit der Superklasse `CommandButton` und den drei Subklassen `RadioButton`, `CheckboxButton` und `ClickButton`. Wenn Sie eine `CommandButton`-Variable mit dem Namen `widget` erzeugen, kann diese auf ein `RadioButton`-, ein `CheckboxButton`- oder ein `ClickButton`-Objekt verweisen.

Wenn Sie eine Variable vom Typ `Object` deklarieren, heißt das, dass diese Variable mit jedem beliebigen Objekt assoziiert werden kann.

In Java gibt es nichts, was der `typedef`-Anweisung aus C und C++ entsprechen würde. Um neue Typen in Java zu deklarieren, müssen Sie eine Klasse deklarieren. Diese Klasse können Sie dann als Typ für Variablen verwenden.

Variablen Werte zuweisen

Sobald eine Variable deklariert wurde, kann ihr über den Zuweisungsoperator (das Gleichheitszeichen =) ein Wert zugewiesen werden. Hier finden Sie zwei Beispiele für Zuweisungsanweisungen:

```
idCode = 8675309;

accountOverdrawn = false;
```

Konstanten

Variablen sind sehr nützlich, wenn Sie Informationen speichern wollen, die man zur Laufzeit eines Programms ändern können soll. Soll sich der Wert allerdings zur Laufzeit eines Programms nicht ändern, können Sie einen speziellen Variablentyp verwenden: die Konstanten.

Eine *Konstante* ist eine Variable, deren Wert sich nie ändert (was angesichts des Namens »Variable« ein Widerspruch in sich ist).

Konstanten sind sehr nützlich für die Definition von Werten, die allen Methoden eines Objekts zur Verfügung stehen sollen. Mit anderen Worten kann man mit Konstanten unveränderlichen, objektweit genutzten Werten einen aussagekräftigen Namen geben. In Java können Sie mit allen Variablenarten Konstanten erzeugen: mit Instanzvariablen, Klassenvariablen und lokalen Variablen.

Konstante lokale Variablen waren in Java 1.0 nicht möglich, stehen aber in allen späteren Versionen der Sprache zur Verfügung. Dies wird wichtig, wenn Sie ein Applet erstellen, das zu Java 1.0 völlig kompatibel sein soll, wie Sie das am 7. Tag lernen werden.

Um eine Konstante zu deklarieren, benutzen Sie das Schlüsselwort `final` vor der Variablendeklaration und geben für diese Variable einen Anfangswert an:

```
final float PI = 3.141592;

final boolean DEBUG = false;

final int PENALTY = 25;
```

In diesen Beispielen werden die Namen der Konstanten mit Großbuchstaben geschrieben: `PI`, `DEBUG` und `PENALTY`. Das ist nicht verpflichtend, aber diese Konvention wird von vielen Java-Programmierern eingehalten – Sun macht das so in Java-Klassenbibliothek. Die Schreibung mit Großbuchstaben macht klar, dass Sie eine Konstante verwenden.

Konstanten sind auch nützlich zur Benennung verschiedener Zustände eines Objekts, das dann auf diese Zustände getestet werden kann. Nehmen wir beispielsweise an, Sie haben ein Programm, das Richtungseingaben vom Zahlenblock der Tastatur erwartet – 8 für oben, 4 für links usw. Diese Werte können Sie als konstante Ganzzahlen definieren:

```
final int LEFT = 4;
final int RIGHT = 6;
final int UP = 8;
final int DOWN = 2;
```

Die Verwendung von Variablen macht Programme oft verständlicher. Um diesen Punkt zu verdeutlichen, sollten Sie sich einmal die beiden folgenden Anweisungen ansehen und vergleichen, welche mehr über ihre Funktion aussagt:

```
this.direction = 4;
this.direction = LEFT;
```

3.3 Kommentare

Eine der wichtigsten Möglichkeiten, die Lesbarkeit eines Programms zu verbessern, sind Kommentare.

Kommentare sind Informationen, die in einem Programm einzig für den Nutzen eines menschlichen Betrachters eingefügt wurden, der versucht, herauszufinden, was das Programm tut. Der Java-Compiler ignoriert die Kommentare komplett, wenn er eine ausführbare Version der Java-Quelldatei erstellt.

Es gibt drei verschiedene Arten von Kommentaren, die Sie in Java-Programmen nach Ihrem eigenen Ermessen verwenden können.

Die erste Methode, einen Kommentar in ein Programm einzufügen, ist, dem Kommentartext zwei Schrägstriche (`//`) voranzustellen. Dadurch wird alles nach den Schrägstrichen bis zum Ende der Zeile zu einem Kommentar, wie in der folgenden Anweisung:

```
int creditHours = 3; // Bonusstunden für den Kurs festlegen
```

In diesem Beispiel wird alles ab dem `//` bis zum Ende der Zeile zu einen Kommentar und wird daher vom Java-Compiler nicht beachtet.

Wenn Sie einen Kommentar einfügen wollen, der länger als eine Zeile ist, dann starten Sie den Kommentar mit der Zeichenfolge `/*` und beenden ihn mit `*/`. Alles zwischen diesen beiden Begrenzern wird als Kommentar gesehen, wie in dem folgenden Beispiel:

```
/*Dieses Programm löscht ab und zu alle Dateien auf Ihrer Festplatte. Sollten Sie
eine Rechtschreibprüfung durchführen, wird Ihre Festplatt komplett zerstört. */
```

Der letzte Kommentartyp soll sowohl vom Computer als auch vom Menschen lesbar sein. Wenn Sie einen Kommentar mit der Zeichenfolge `/**` (anstelle von `/*`) einleiten und ihn mit der Zeichenfolge `*/` beenden, wird der Kommentar als offizielle Dokumentation für die Funktionsweise der Klasse und ihrer `public`-Methoden interpretiert.

Diese Art von Kommentar kann von Tools wie `javadoc`, das sich im SDK befindet, gelesen werden. Das Programm `javadoc` verwendet diese offiziellen Kommentare, um eine Reihe von HTML-Dokumenten zu erzeugen, die das Programm, seine Klassenhierarchie und seine Methoden dokumentieren.

Die gesamte offizielle Dokumentation der Klassenbibliothek von Java ist das Ergebnis von `javadoc`-artigen Kommentaren. Sie können sich die Dokumentation von Java 2 im Web unter der folgenden Adresse ansehen:

```
http://java.sun.com/j2se/1.3/docs
```

Sie können sich auch die gesamte Dokumentation auf Ihren Computer herunterladen, um so schneller die einzelnen Seiten aufzurufen. Allerdings haben die Dokumente insgesamt einen Umfang von mehr als 23 MB. Der Link ist:

```
http://java.sun.com/j2se/1.3/docs.html
```

3.4 Literale

Neben Variablen werden Sie in Java-Anweisungen auch Literale verwenden.

Neuer BEGRIFF

Literale sind Zahlen, Texte oder andere Informationen, die direkt einen Wert darstellen.

Literal ist ein Begriff aus der Programmierung, der im Wesentlichen aussagt, dass das, was Sie eingeben, auch das ist, was Sie erhalten. Die folgende Zuweisungsanweisung verwendet ein Literal:

```
int jahr = 2000;
```

Das Literal ist `2000`, da es direkt den Integer-Wert 2000 darstellt. Zahlen, Zeichen und Strings sind sämtlich Beispiele für Literale.

Obwohl die Bedeutung und Anwendung von Literalen in den meisten Fällen sehr intuitiv erscheint, verfügt Java über einige Sondertypen von Literalen, die unterschiedliche Arten von Zahlen, Zeichen, Strings und booleschen Werten repräsentieren.

Zahlen-Literale

Java besitzt mehrere Zahlen-Literale. Die Zahl `4` ist z.B. ein Integer-Literal des Variablentyps `int`. Es könnte aber auch Variablen des Typs `byte` oder `short` zugewiesen werden, da die Zahl klein genug ist, um in einen dieser beiden Typen zu passen. Ein Integer-Literal, das größer ist, als der Typ `int` aufnehmen kann, wird automatisch als Typ `long` betrachtet. Sie können auch angeben, dass ein Literal ein `long`-Integer sein soll, indem Sie den Buchstaben L (`L` oder `l`) der Zahl hinzufügen. Die folgende Anweisung behandelt z.B. den Wert 4 als `long`-Integer:

```
pennyTotal = pennyTotal + 4L;
```

Um eine negative Zahl als Literal darzustellen, stellen Sie dem Literal ein Minuszeichen (`-`) voran (z.B. `-45`).

Wenn Sie ein Integer-Literal benötigen, das das Oktal-System verwendet, dann stellen Sie der Zahl eine `0` voran. Der Oktal-Zahl `777` entspricht z.B. das Literal `0777`. Hexadezimal-Integer werden als Literalen verwendet, indem man ihnen die Zeichen `0x` voranstellt, wie z.B. `0x12` oder `0xFF`.

HINWEIS

Das oktale und das hexadezimale Zahlensystem sind für komplexere Programmieraufgaben sehr bequem. Allerdings ist es unwahrscheinlich, dass Anfänger sie benötigen werden. Das *Oktal-System* basiert auf der 8, das heißt, dass dieses System je Stelle nur die Ziffern 0 bis 7 verwenden kann. Der Zahl 8 entspricht die Zahl 10 im Oktal-System (oder `010` als Java-Literal).

Das Hexadezimal-System verwendet hingegen als Basis die 16 und kann deshalb je Stelle 16 Ziffern verwenden. Die Buchstaben A bis F repräsentieren die letzten sechs Ziffern, sodass `0, 1, 2, 3, 4, 5, 6, 7, 8, 9, A, B, C, D, E, F` die ersten 16 Zahlen sind.

Das Oktal- und das Hexadezimal-System eignen sich für bestimmte Programmieraufgaben besser als das Dezimal-System. Wenn Sie schon einmal mit HTML die Hintergrundfarbe einer Webseite festgelegt haben, dann haben Sie bereits Hexadezimal-Zahlen verwendet.

Fließkomma-Literale verwenden einen Punkt (`.`) als Dezimaltrennzeichen. Die folgende Anweisung weist einer `double`-Variablen einen Wert mit einem Literal zu:

```
double myGPA = 2.25;
```

Alle Fließkomma-Literale werden standardmäßig als `double` betrachtet und nicht als `float`. Um ein `float`-Literal anzugeben, müssen Sie den Buchstaben F (`F` oder `f`) dem Literal anhängen, wie in dem folgenden Beispiel:

```
float piValue = 3.1415927F;
```

Sie können in Fließkomma-Literalen Exponenten verwenden, indem Sie den Buchstaben `e` oder `E`, gefolgt von dem Exponenten, angeben. Dieser kann auch eine negative Zahl sein. Die folgenden Anweisungen verwenden die Exponentialschreibweise:

```
double x = 12e22;
double y = 19E-95;
```

Boolesche Literale

Die booleschen Werte `true` und `false` sind auch Literale. Dies sind die beiden einzigen Werte, die Sie bei der Wertzuweisung zu einer Variablen vom Typ `boolean` oder beim Gebrauch von booleschen Werten in einer Anweisung verwenden können.

Wenn Sie andere Sprachen wie z.B. C kennen, dann könnten Sie erwarten, dass der Wert `1` gleich `true` und der Wert `0` gleich `false` ist. Dies trifft bei Java allerdings nicht zu – Sie müssen die Werte `true` oder `false` verwenden, um boolesche Werte anzugeben. Die folgende Anweisung weist einer `boolean`-Variablen einen Wert zu:

```
boolean chosen = true;
```

Beachten Sie bitte, dass das Literal `true` nicht in Anführungszeichen eingeschlossen wird. Wenn dem so wäre, würde der Java-Compiler annehmen, dass es sich um einen String handelt.

Zeichen-Literale

Zeichen-Literale werden durch ein einzelnes Zeichen, das von einfachen Anführungszeichen umgeben ist, wie z.B. `'a'`, `'#'` und `'3'`, dargestellt. Vermutlich kennen Sie den ASCII-Zeichensatz, der 128 Zeichen umfasst, darunter Buchstaben, Ziffern, Interpunktionszeichen und andere häufige Zeichen. Java unterstützt den 16-Bit-Unicode-Standard und damit tausende weiterer Zeichen, vor allem Schriftzeichen.

Einige Zeichenliterale repräsentieren Zeichen, die nicht druckbar sind oder nicht über die Tastatur direkt eingegeben werden können. Die Tabelle 3.2 führt die Codes auf, die diese

Sonderzeichen repräsentieren, ferner den Code für Zeichen aus dem Unicode-Zeichensatz. Der Buchstabe *d* in den Oktal-, Hex- und Unicode-Escape-Codes steht für eine Zahl oder eine Hexadezimalziffer (`a-f` oder `A-F`).

Escape-Sequenz	Bedeutung
`\n`	Neue Zeile
`\t`	Tabulator (Tab)
`\b`	Rückschritt (Backspace)
`\r`	Wagenrücklauf (Carriage return)
`\f`	Seitenvorschub (Formfeed)
`\\`	Inverser Schrägstrich (Backslash)
`\'`	Einfaches Anführungszeichen
`\"`	Doppeltes Anführungszeichen
`\d`	Oktal
`\xd`	Hexadezimal
`\ud`	Unicode-Zeichen

Tabelle 3.2: Escape-Codes für Sonderzeichen

HINWEIS: C- bzw. C++-Programmierer sollten beachten, dass Java keine Zeichencodes für `\a` (Klingel) und `\v` (vertikaler Tabulator) kennt.

String-Literale

Die letzte Literalart, die Sie in Java verwenden können, repräsentiert Strings. Ein Java-String ist ein Objekt und kein elementarer Datentyp. Strings werden auch nicht in Arrays gespeichert, wie das in Sprachen wie C der Fall ist.

Da String-Objekte echte Objekte in Java sind, stehen Methoden zur Kombination und Modifikation von Strings zur Verfügung sowie um festzustellen, ob zwei Strings denselben Wert haben.

String-Literale bestehen aus einer Reihe von Zeichen, die in doppelte Anführungszeichen eingeschlossen sind, wie das in den folgenden Anweisungen der Fall ist:

```
String quitMsg = "Are you sure you want to quit?";

String password = "swordfish";
```

Strings können dic Escape-Sequenzen aus Tabelle 3.2 enthalten, wie das auch im nächsten Beispiel gezeigt wird:

```
String example = "Socrates asked, \"Hemlock is poison?\"";

System.out.println("Sincerely,\nMillard Fillmore\n");

String title = "Sams Teach Yourself Rebol While You Sleep\u2122"
```

In dem letzten Beispiel erzeugt die Unicode-Escape-Sequenz `\u2122` auf Systemen, die Unicode unterstützen, das Trademarksymbol (™).

Viele Anwender sehen keine Unicode-Zeichen, wenn sie Java-Programme ausführen. Java unterstützt zwar die Übertragung von Unicode-Zeichen, doch muss auch das System des Benutzers Unicode unterstützen, damit diese Zeichen angezeigt werden können. Unicode bietet lediglich eine Möglichkeit zur Kodierung von Zeichen für Systeme, die den Standard unterstützen. Während Java 1.0 lediglich den Teilzeichensatz *Latin* des gesamten Unicode-Zeichensatzes unterstützte, sind alle Java-Versionen ab 1.1 in der Lage, jedes beliebige Unicode-Zeichen darzustellen, das von einer Schrift auf dem Host unterstützt wird.

Mehr Informationen über Unicode finden Sie auf der Web-Site des Unicode-Konsortiums unter `http://www.unicode.org/`.

Obwohl String-Literale in einem Programm auf ähnliche Art und Weise verwendet werden wie andere Literale, werden sie hinter den Kulissen anders verarbeitet.

Wenn ein String-Literal verwendet wird, speichert Java diesen Wert als ein `String`-Objekt. Sie müssen nicht explizit ein neues Objekt erzeugen, wie das bei der Arbeit mit anderen Objekten der Fall ist. Aus diesem Grund ist der Umgang mit ihnen genauso einfach wie mit primitiven Datentypen. Strings sind in dieser Hinsicht ungewöhnlich – keiner der anderen primitiven Datentypen wird bei der Verwendung als Objekt gespeichert. Sie lernen am heutigen und morgigen Tag mehr über Strings und die `String`-Klasse.

3.5 Ausdrücke und Operatoren

Ein *Ausdruck* ist eine Anweisung, die einen Wert erzeugt. Mit die gebräuchlichsten Ausdrücke sind die mathematischen wie in dem folgenden Code-Beispiel:

```
int x = 3;
int y = x;
int z = x * y;
```

Alle drei Anweisungen sind Ausdrücke. Sie übermitteln Werte, die Variablen zugewiesen werden können. Der erste Ausdruck weist der Variable x das Literal 3 zu. Der zweite weist den Wert der Variablen x der Variablen y zu. Der Multiplikations-Operator * wird verwendet, um die Integer x und y miteinander zu multiplizieren. Der Ausdruck erzeugt das Ergebnis dieser Multiplikation, das dann im Integer z gespeichert wird.

Ein Ausdruck kann jede beliebige Kombination von Variablen, Literalen und Operatoren sein. Er kann auch ein Methodenaufruf sein, da eine Methode dem Objekt oder der Klasse, das bzw. die sie aufrief, einen Wert zurück übermitteln kann.

Der Wert, der von einem Ausdruck erzeugt wird, wird als *Rückgabewert* bezeichnet, wie Sie ja bereits gelernt haben. Dieser Wert kann einer Variablen zugewiesen und auf viele andere Arten in Ihren Java-Programmen verwendet werden.

Die meisten Ausdrücke in Java beinhalten Operatoren wie *.

Neuer BEGRIFF

Operatoren sind spezielle Symbole, die für mathematische Funktionen, bestimmte Zuweisungsanweisungen und logische Vergleiche stehen.

Arithmetische Operatoren

Es gibt in Java fünf Operatoren für die elementare Arithmetik. Diese werden in Tabelle 3.3 aufgeführt.

Operator	Bedeutung	Beispiel
+	Addition	3 + 4
-	Subtraktion	5 - 7
*	Multiplikation	5 * 5
/	Division	14 / 7
%	Modulo	20 % 7

Tabelle 3.3: Arithmetische Operatoren

Jeder Operator benötigt zwei Operanden, einen auf jeder Seite. Der Subtraktions-Operator (-) kann auch dazu verwendet werden, einen einzelnen Operanden zu negieren, was der Multiplikation des Operanden mit -1 entspricht.

Eine Sache, die man bei Divisionen unbedingt beachten muss, ist die Art der Zahlen, die man dividiert. Wenn Sie das Ergebnis einer Division in einem Integer speichern, wird das Ergebnis zu einer ganzen Zahl abgerundet, da der int-Typ nicht mit Fließkomma-Zahlen umgehen kann. Das Ergebnis des Ausdrucks 31 / 9 wäre 3, wenn es in einem Integer gespeichert würde.

Das Ergebnis der Modulo-Operation, die den %-Operator verwendet, ist der Rest einer Division. 31 % 9 würde 4 ergeben, da bei der Division von 31 durch 9 der Rest 4 übrig bleibt.

Beachten Sie bitte, dass viele arithmetische Operationen, an denen ein Integer beteiligt ist, ein Ergebnis vom Typ int haben, unabhängig vom ursprünglichen Typ der Operanden. Wenn Sie mit anderen Zahlen, wie z. B. Fließkomma-Zahlen oder long-Integern arbeiten, sollten Sie sicherstellen, dass die Operanden denselben Typ aufweisen, den das Ergebnis haben soll.

Das Listing 3.1 zeigt ein Beispiel für einfache Arithmetik in Java.

Listing 3.1: Die Quelldatei Weather.Java

```
class Weather {
    public static void main(String[] arguments) {
        float fah = 86;
        System.out.println(fah + " degrees Fahrenheit is ...");
        // Umrechnung von Fahrenheit in Celsius
        // ziehe 32 ab
        fah = fah - 32;
        // teile das Ergebnis durch 9
        fah = fah / 9;
        // multipliziere dieses Ergebnis mit 5
        fah = fah * 5;
        System.out.println(fah + " degrees Celsius\ n");

        float cel = 33;
        System.out.println(cel + " degrees Celsius is ...");
        // Celsius in Fahrenheit umrechnen
        // multipliziere mit 9
        cel = cel * 9;
        // teile das Ergebnis durch 5
        cel = cel / 5;
        // addiere 32 zu diesem Ergebnis
        cel = cel + 32;
        System.out.println(cel + " degrees Fahrenheit");
    }
}
```

Wenn Sie diese Applikation ausführen, erhalten Sie die folgende Ausgabe:

```
86.0 degrees Fahrenheit is ...
30.0 degrees Celsius

33.0 degrees Celsius is ...
91.4 degrees Fahrenheit
```

In den Zeilen 3-12 dieser Java-Applikation wird eine Fahrenheit-Temperatur in Celsius mithilfe arithmetischer Operatoren umgewandelt:

- Zeile 3: Die Fließkomma-Variable `fah` wird mit dem Wert 86 erzeugt.
- Zeile 4: Der aktuelle Wert von `fah` wird angezeigt.
- Zeile 5: Der erste von mehreren Kommentaren, die beim Verständnis des Programms helfen sollen. Diese Kommentare werden vom Java-Kompiler ignoriert.
- Zeile 7: `fah` wird auf seinen aktuellen Wert minus 32 gesetzt.
- Zeile 9: `fah` wird auf seinen aktuellen Wert dividiert durch 9 gesetzt.
- Zeile 11: `fah` wird auf seinen aktuellen Wert multipliziert mit 5 gesetzt.
- Zeile 12: Nunmehr ist `fah` auf einen Celsius-Wert umgerechnet und wird deshalb wiederum angezeigt.

In den Zeilen 14-23 geschieht umgekehrt das Entsprechende. Eine Celsius-Temperatur wird in Fahrenheit umgerechnet.

Dieses Programm verwendet auch die Methode `System.out.println()` in diversen Anweisungen. Die Methode `System.out.println()` wird in einer Applikation verwendet, um Strings oder andere Informationen auf dem Standardausgabegerät anzuzeigen – gewöhnlich der Bildschirm.

`System.out.println()` erwartet ein einziges Argument innerhalb der Klammern: einen String. Um mehr als eine Variable oder mehr als ein Literal als Argument für `println()` zu verwenden, können Sie mit dem +-Operator diese Elemente zu einem einzigen String verknüpfen.

Sie lernen heute noch mehr über diese Verwendung des +-Operators.

Mehr über Zuweisungen

Die Zuweisung eines Wertes an eine Variable ist ein Ausdruck, da dies einen Wert erzeugt. Aus diesem Grund können Sie Zuweisungsanweisungen hintereinander schreiben, wie in folgendem Beispiel:

```
x = y = z = 7;
```

In dieser Anweisung haben am Ende alle drei Variablen den Wert 7.

Die rechte Seite eines Zuweisungausdrucks wird immer vor der Zuweisung ausgewertet. Dies macht es möglich, Ausdrücke wie den folgenden zu verwenden:

```
int x = 5;
x = x + 2;
```

In dem Ausdruck `x = x + 2` wird als Erstes `x + 2` berechnet. Das Ergebnis dieser Berechnung, 7, wird anschließend `x` zugewiesen.

Es ist eine ganz gewöhnliche Vorgehensweise in der Programmierung, den Wert einer Variablen durch einen Ausdruck zu verändern. Es gibt eine ganze Reihe von Operatoren, die ausschließlich in diesen Fällen verwendet werden.

Die Tabelle 3.4 zeigt diese Zuweisungsoperatoren und die Ausdrücke, denen sie funktional entsprechen.

Ausdruck	Bedeutung
`x += y`	`x = x + y`
`x -= y`	`x = x - y`
`x *= y`	`x = x * y`
`x /= y`	`x = x / y`

Tabelle 3.4: Zuweisungsoperatoren

WARNUNG

Die Zuweisungsoperatoren sind funktional äquivalent mit den längeren Zuweisungsausdrücken, die sie ersetzen. Wenn allerdings eine der Seiten Ihres Zuweisungsausdrucks Teil eines komplexen Ausdrucks ist, gibt es Fälle, in denen die Operatoren nicht äquivalent sind. Wenn z.B. `x` gleich `20` ist und `y` gleich `5`, dann ergeben die beiden folgenden Anweisungen nicht dasselbe Resultat:

```
x = x / y + 5;
x /= y + 5;
```

In Zweifelsfällen sollten Sie einen Ausdruck vereinfachen, indem Sie mehrere Zuweisungsanweisungen verwenden anstatt der Zuweisungsoperatoren.

Inkrementieren und Dekrementieren

Eine weitere sehr häufig vorkommende Aufgabe ist es, zu einem Integer eins hinzuzuzählen oder eins abzuziehen. Es gibt für diese Ausdrücke spezielle Operatoren, die Inkrement- bzw. Dekrement-Operatoren genannt werden.

Neuer BEGRIFF

Eine Variable zu *inkrementieren* bedeutet, zu deren Wert eins hinzuzuzählen. Eine Variable zu *dekrementieren* bedeutet dagegen, von deren Wert eins abzuziehen.

Der Inkrement-Operator ist ++ und der Dekrement-Operator --. Diese Operatoren werden direkt nach oder direkt vor einen Variablennamen platziert, wie das im folgenden Beispiel der Fall ist:

```
int x = 7;
x = x++;
```

In diesem Beispiel inkrementiert die Anweisung `x = x++` die Variable `x` von 7 auf 8.

Die Inkrement- und Dekrement-Operatoren können vor oder nach dem Namen einer Variablen stehen. Dies beeinflusst den Wert von Ausdrücken, die diese Operatoren beinhalten.

Neuer BEGRIFF

Inkrement- und Dekrement-Operatoren werden als *Präfix-Operatoren* bezeichnet, wenn sie vor dem Namen der Variablen aufgeführt werden, und als Postfix-Operatoren, wenn sie sich hinter dem Variablennamen befinden.

In einem einfachen Ausdruck wie z.B. `standards--;` ist es für das Ergebnis unerheblich, ob Sie einen Präfix- oder einen Postfix-Operator verwenden. Wenn Inkrement- oder Dekrement-Operatoren allerdings Teil größerer Ausdrücke sind, ist die Wahl zwischen Präfix- und Postfix-Operatoren wichtig.

Nehmen Sie die beiden folgenden Ausdrücke:

```
int x, y, z;
x = 42;
y = x++;
z = ++x;
```

Diese beiden Ausdrücke erzeugen unterschiedliche Ergebnisse aufgrund des Unterschieds zwischen der Präfix- und der Postfix-Operation. Wenn Sie Postfix-Operatoren wie in `y = x++` verwenden, erhält `y` den Wert von `x`, bevor dieser um eins inkrementiert wurde. Wenn Sie dagegen Präfix-Operatoren wie in `z = ++x` verwenden, wird `x` um eins inkrementiert, bevor der Wert `z` zugewiesen wird. Das Endergebnis dieses Beispiels ist, dass `y` den Wert `42` und `z` den Wert `44` hat. `x` selbst hat auch den Wert `44`.

Für den Fall, dass Ihnen noch nicht ganz klar ist, was hier passiert, habe ich Ihnen im Folgenden noch einmal das Beispiel aufgeführt. Diesmal allerdings mit Kommentaren, die jeden einzelnen Schritt beschreiben:

```
int x, y, z; // x, y, und z werden deklariert
x = 42;      // x wird der Wert 42 zugewiesen
y = x++;     // y wird der Wert von x (42) zugewiesen, bevor x inkrementiert wird
             // anschließend wird x auf 43 inkrementiert
z = ++x;     // x wird auf 44 inkrementiert, und z wird der Wert von x zugewiesen
```

Wie auch Zuweisungsoperatoren können Inkrement- und Dekrement-Operatoren unerwünschte Ergebnisse erzeugen, wenn diese in extrem komplexen Ausdrücken verwendet werden. Das Konzept »x wird y zugewiesen, bevor x inkrementiert wird« stimmt nicht ganz, da Java alles auf der rechten Seite eines Ausdrucks auswertet, bevor das Ergebnis der linken Seite zugewiesen wird. Java speichert einige Werte, bevor es einen Ausdruck verarbeitet, damit die Postfix-Notation wie in diesem Abschnitt beschrieben funktioniert. Wenn Sie nicht die Ergebnisse erhalten, die Sie von einem komplexen Ausdruck mit Präfix- und Postfix-Operatoren erwarten, versuchen Sie den Ausdruck in mehrere Ausdrücke aufzuspalten, um ihn zu vereinfachen.

Vergleiche

Java besitzt diverse Operatoren, die bei Vergleichen von Variablen mit Variablen und Variablen mit Literalen oder anderen Informationsarten verwendet werden.

Diese Operatoren werden in Ausdrücken verwendet, die boolesche Werte (`true` oder `false`) zurückgeben. Dies ist abhängig davon, ob der Vergleich aufgeht oder nicht. Die Tabelle 3.5 zeigt die einzelnen Vergleichsoperatoren.

Operator	Bedeutung	Beispiel
`==`	Gleich	`x == 3`
`!=`	Ungleich	`x != 3`
`<`	Kleiner als	`x < 3`
`>`	Größer als	`x > 3`
`<=`	Kleiner als oder gleich	`x <= 3`
`>=`	Größer als oder gleich	`x >= 3`

Tabelle 3.5: Vergleichsoperatoren

Die folgenden Beispiele zeigen die Verwendung eines Vergleichsoperators:

```
boolean hip;
int age = 33;
hip = age < 25;
```

Der Ausdruck `age < 25` ergibt entweder `true` oder `false`. Dies hängt von dem Wert des Integers `age` ab. Da `age` in diesem Beispiel den Wert 33 hat (was nicht kleiner als 25 ist), wird `hip` der boolesche Wert `false` zugewiesen.

Logische Operatoren

Ausdrücke, die boolesche Werte ergeben (also z.B. Vergleiche), können kombiniert werden, um komplexere Ausdrücke zu formen. Dies geschieht mit logischen Operatoren. Diese Operatoren werden für die logischen Verknüpfungen `AND` (UND), `OR` (ODER), `XOR` (exklusives ODER) und `NOT` (logisches NICHT) verwendet.

Für `AND`-Verknüpfungen werden die Operatoren `&` und `&&` verwendet. Wenn zwei boolesche Ausdrücke mit `&` oder `&&` verknüpft werden, ergibt der kombinierte Ausdruck nur dann `true`, wenn beide Teilausdrücke `true` sind.

Nehmen Sie das folgende Beispiel, das direkt aus dem Film *Harold & Maude* stammt:

```
boolean unusual = (age < 21) & (girlfriendAge > 78);
```

Dieser Ausdruck kombiniert zwei Vergleichsausdrücke: `age < 21` und `girlfriendAge > 78`. Wenn beide Ausdrücke `true` ergeben, wird der Variablen `unusual` der Wert `true` zugewiesen, in allen anderen Fällen der Wert `false`.

Der Unterschied zwischen `&` und `&&` liegt in der Menge der Arbeit, die sich Java mit kombinierten Ausdrücken macht. Wenn `&` verwendet wird, werden immer die Ausdrücke auf beiden Seiten des `&` ausgewertet. Wenn dagegen `&&` verwendet wird und die linke Seite von `&&` `false` ergibt, wird der Ausdruck auf der rechten Seite nicht ausgewertet.

Für `OR`-Verknüpfungen werden die logischen Operatoren `|` und `||` verwendet. Kombinierte Ausdrücke mit diesen Operatoren geben `true` zurück, wenn einer der beiden booleschen Ausdrücke `true` ergibt.

Nehmen Sie das von *Harold & Maude* inspirierte Beispiel:

```
boolean unusual = (grimThoughts > 10) || (girlfriendAge > 78);
```

Dieser Ausdruck verknüpft zwei Vergleichsausdrücke: `grimThoughts > 10` und `girlfriendAge > 78`. Wenn einer dieser Ausdrücke `true` ergibt, wird der Variablen `unusual` `true` zugewiesen. Nur wenn beide Ausdrücke `false` ergeben, wird `unusual` `false` zugewiesen.

In diesem Beispiel wurde `||` , nicht `|` verwendet. Daher wird `unusual` auf `true` gesetzt, wenn `grimThoughts > 10` `true` ergibt, und der zweite Ausdruck wird nicht ausgewertet.

Für die `XOR`-Operation gibt es nur einen Operator, `^`. Ausdrücke mit diesem Operator ergeben nur dann `true`, wenn die booleschen Ausdrücke, die damit verknüpft werden, entgegengesetzte Werte haben. Wenn beide `true` oder beide `false` sind, ergibt der `^`-Ausdruck `false`.

Die `NOT`-Verknüpfung verwendet den logischen Operator `!`, gefolgt von einem einzelnen Ausdruck. Diese Verknüpfung kehrt den Wert eines booleschen Ausdrucks um, wie ein `-` (Minus) ein negatives oder positives Vorzeichen bei einer Zahl umkehrt.

Wenn z.B. der Ausdruck `age < 30 true` zurückgibt, dann gibt `!(age < 30) false` zurück.

Diese logischen Operatoren erscheinen zunächst einmal überhaupt nicht logisch, wenn man das erste Mal auf sie trifft. Sie werden in den folgenden Kapiteln, besonders an Tag 5, viel Gelegenheit erhalten, mit ihnen zu arbeiten.

Operatorpräzedenz

Sobald mehr als ein Operator in einem Ausdruck benutzt wird, verwendet Java eine definierte Präzedenz, um die Reihenfolge festzulegen, mit der die Operatoren ausgewertet werden. In vielen Fällen legt diese Präzedenz den Gesamtwert des Ausdrucks fest.

Nehmen Sie den folgenden Ausdruck als Beispiel:

```
y = 6 + 4 / 2;
```

Die Variable `y` erhält den Wert 5 oder den Wert 8, abhängig davon, welche arithmetische Operation zuerst ausgeführt wird. Wenn der Ausdruck `6 + 4` als Erstes ausgewertet wird, hat `y` den Wert `5`. Andernfalls erhält `y` den Wert `8`.

Im allgemeinen gilt folgende Reihenfolge, wobei der erste Eintrag der Liste die höchste Priorität besitzt:

- Inkrement- und Dekrement-Operationen
- Arithmetische Operationen
- Vergleiche
- Logische Operationen
- Zuweisungsausdrücke

Wenn zwei Operationen dieselbe Präzedenz besitzen, wird die auf der linken Seite des Ausdruck vor der auf der rechten Seite ausgewertet. Tabelle 3.6 zeigt die Präzedenz der einzelnen Operatoren. Operatoren weiter oben in der Tabelle werden vor denen darunter ausgewertet.

Operator	Anmerkung
`. [] ()`	Klammern (`()`) werden verwendet, um Ausdrücke zu gruppieren. Der Punkt (`.`) dient für den Zugriff auf Methoden und Variablen in Objekten und Klassen (wird morgen behandelt). Eckige Klammern (`[]`) kommen bei Arrays zum Einsatz (wird später in dieser Woche besprochen).
`++ -- ! ~ instanceof`	Der Operator `instanceof` gibt `true` oder `false` zurück, abhängig davon, ob ein Objekt eine Instanz der angegebenen Klasse oder deren Subklassen ist (wird morgen besprochen).

<table>
<tr><th>Operator</th><th>Anmerkung</th></tr>
<tr><td>new (Typ)Ausdruck</td><td>Mit dem new-Operator werden neue Instanzen von Klassen erzeugt. Die Klammern (()) dienen in diesem Fall dem Casting eines Wertes in einen anderen Typ (wird morgen behandelt).</td></tr>
<tr><td>* / %</td><td>Multiplikation, Division, Modulo</td></tr>
<tr><td>+ -</td><td>Addition, Subtraktion</td></tr>
<tr><td><< >> >>></td><td>Bitweiser Links- und Rechts-Shift</td></tr>
<tr><td>< > <= >=</td><td>Relationale Vergleiche</td></tr>
<tr><td>== !=</td><td>Gleichheit</td></tr>
<tr><td>&</td><td>AND</td></tr>
<tr><td>^</td><td>XOR</td></tr>
<tr><td>|</td><td>OR</td></tr>
<tr><td>&&</td><td>Logisches AND</td></tr>
<tr><td>||</td><td>Logisches OR</td></tr>
<tr><td>? :</td><td>Kurzform für if...then...else (wird an Tag 5 behandelt)</td></tr>
<tr><td>= += -= *= /= %= ^=</td><td>Verschiedene Zuweisungen</td></tr>
<tr><td>&= |= <<= >>= >>>=</td><td>Weitere Zuweisungen</td></tr>
</table>

Tabelle 3.6: Operatorpräzedenz

Lassen Sie uns nun zu dem Ausdruck y = 6 + 4 / 2 zurückkehren. Tabelle 3.6 zeigt, dass eine Division vor einer Addition ausgewertet wird, sodass y den Wert 8 haben wird.

Um die Reihenfolge zu ändern, in der Ausdrücke ausgewertet werden, schließen Sie den Ausdruck, der zuerst ausgeführt werden soll, in Klammern ein. Sie können Klammernebenen ineinander verschachteln, um sicherzustellen, dass die Ausdrücke in der gewünschten Reihenfolge ausgeführt werden – der Ausdruck in der innersten Klammer wird als Erstes ausgeführt.

Der folgende Ausdruck ergibt den Wert 5:

```
y = (6 + 4) / 2
```

Das Ergebnis ist hier 5, da 6 + 4 berechnet wird, ehe das Ergebnis durch 2 geteilt wird.

Klammern können auch nützlich sein, um die Lesbarkeit eines Ausdrucks zu erhöhen. Wenn Ihnen die Präzedenz eines Ausdrucks nicht sofort klar ist, dann können Sie den Ausdruck leichter verständlich machen, indem Sie Klammern hinzufügen und so die gewünschte Präzedenz erzwingen.

3.6 String-Arithmetik

Wie zuvor schon erwähnt, führt der Operator + ein Doppelleben außerhalb der Welt der Mathematik. Er kann dazu verwendet werden, zwei oder mehr Strings miteinander zu verketten.

Neuer BEGRIFF

Verketten bedeutet das Aneinanderhängen zweier Dinge. Aus unbekannten Gründen wurde »verketten« zum Mot Juste für das Kombinieren zweier Strings und – siegte damit über aussichtsreiche Kandidaten wie ankleben, anhängen, kombinieren, verknüpfen usw.

In vielen Beispielen haben Sie Anweisungen wie die Folgende gesehen:

```
String firstName = "Raymond";
System.out.println("Everybody loves " + firstName);
```

Als Ergebnis der beiden Zeilen wird auf dem Bildschirm Folgendes ausgegeben:

```
Everybody loves Raymond
```

Der Operator + kombiniert Strings, andere Objekte und Variablen zu einem einzigen String. In dem vorangegangenen Beispiel wird das Literal `Everybody loves` mit dem Wert des `String`-Objektes `firstName` verkettet.

Der Umgang mit dem Verkettungsoperator ist in Java einfach, da er alle Variablentypen und Objektwerte wie Strings behandelt. Sobald ein Teil einer Verkettung ein `String` oder ein `String`-Literal ist, werden alle Elemente der Operation wie Strings behandelt.

Zum Beispiel:

```
System.out.println(4 + " score and " + 7 + " years ago.");
```

Diese Zeile erzeugt die Ausgabe `4 score and 7 years ago`, als ob die Integer-Literale 4 und 7 Strings wären.

Es gibt auch eine Kurzform, den Operator +=, um etwas an das Ende eines Strings anzuhängen. Nehmen Sie z. B. folgenden Ausdruck:

```
myName += " Jr.";
```

Dieser Ausdruck ist gleichwertig mit:

```
myName = myName + " Jr.";
```

In diesem Beispiel wird dem Wert von `myName` (z. B. `Efrem Zimbalist`) am Ende der String `Jr.` hinzugefügt (was `Efrem Zimbalist Jr.` ergäbe).

3.7 Zusammenfassung

Jeder, der eine Matrjoschka-Puppe zerlegt, wird ein bisschen enttäuscht sein, wenn er die kleinste Puppe der Gruppe erreicht. Idealerweise sollten es die Fortschritte in der Mikrotechnik den russischen Handwerkern ermöglichen, immer kleinere Puppen zu erzeugen, bis einer die Schwelle zum Subatomaren erreicht und als Gewinner feststeht.

Sie haben heute die kleinste Puppe von Java erreicht, das sollte aber kein Grund zur Enttäuschung sein. Anweisungen und Ausdrücke ermöglichen Ihnen, mit der Erstellung effektiver Methoden zu beginnen, die wiederum effektive Objekte und Klassen ermöglichen.

Heute haben Sie gelernt, Variablen zu erstellen und diesen Werte zuzuweisen. Dazu haben Sie Literale, die numerische Werte, Zeichen und String-Werte repräsentieren, verwendet und mit Operatoren gearbeitet. Morgen werden Sie dieses Wissen verwenden, um Objekte für Javaprogramme zu erstellen.

Um den heutigen Stoff zusammenzufassen, listet Tabelle 3.7 die Operatoren auf, die Sie heute kennen gelernt haben.

Operator	Bedeutung
+	Addition
-	Subtraktion
*	Multiplikation
/	Division
%	Modulo
<	Kleiner als
>	Größer als
<=	Kleiner als oder gleich
>=	Größer als oder gleich
==	Gleich
!=	Nicht gleich
&&	Logisches AND
||	Logisches OR
!	Logisches NOT
&	AND
|	OR
^	XOR
=	Zuweisung

Operator	Bedeutung
++	Inkrement
--	Dekrement
+=	Addieren und zuweisen
-=	Subtrahieren und zuweisen
*=	Multiplizieren und zuweisen
/=	Dividieren und zuweisen
%=	Modulo und zuweisen

Tabelle 3.7: Zusammenfassung der Operatoren

3.8 Fragen und Antworten

F *Was passiert, wenn man einen Integer-Wert einer Variablen zuweist und der Wert zu groß für die Variable ist?*

A Es wäre nahe liegend zu vermuten, dass die Variable in den nächstgrößeren Wert konvertiert wird. Doch dies geschieht nicht. Stattdessen tritt ein Überlauf auf. Dies ist eine Situation, in der eine Zahl von einer Extremgröße in eine andere umkippt. Ein Beispiel für einen Überlauf wäre eine `byte`-Variable, die von dem Wert 127 (akzeptabler Wert) zu dem Wert 128 (nicht akzeptabel) springt. Der Wert der Variablen würde zu dem kleinsten zulässigen Wert (-128) umkippen und von dort aus fortfahren hochzuzählen. Überläufe können Sie in Programmen nicht auf die leichte Schulter nehmen. Aus diesem Grund sollten Sie Ihre Variablen mit reichlich Spielraum ausstatten.

F *Warum gibt es in Java die Kurzformen für arithmetische Operationen und Zuweisungen? Es ist wirklich schwierig, Quelltexte mit diesen Operatoren zu lesen.*

A Die Syntax von Java basiert auf C++, das wiederum auf C basiert (schon wieder eine russische Puppe). C ist eine Sprache für Experten, die Programmiereffizienz über die Lesbarkeit des Quellcodes stellt. Die Zuweisungsoperatoren sind eine Hinterlassenschaft dieser Priorität beim Design von C. Es besteht keine Notwendigkeit, sie in einem Programm zu verwenden, da man sie vollständig ersetzen kann. Wenn Sie es vorziehen, können Sie auf diese Operatoren in Ihren eigenen Programmen ganz verzichten.

3.9 Quiz

Überprüfen Sie den heutigen Stoff, indem Sie dieses Quiz mit drei Fragen beantworten.

Fragen

1. Welche der drei folgenden Antworten ist ein gültiger Wert einer `boolean`-Variable?

   (a) `"false"`

   (b) `false`

   (c) `10`

2. Welche dieser Konventionen wird bei der Benennung von Variablen in Java nicht benutzt?

   (a) Jedes Wort nach dem ersten in einer Variable beginnt mit einem Großbuchstaben.

   (b) Der erste Buchstabe des Variablennamens ist klein.

   (c) Alle Buchstaben sind Großbuchstaben.

3. Welcher der drei folgenden Datentypen beinhaltet Zahlen zwischen -32.768 bis 32.767?

   (a) `char`

   (b) `byte`

   (c) `short`

Antworten

1. b. In Java kann ein `boolean` nur `true` oder `false` sein. Wenn Sie den Wert in Anführungszeichen setzen, dann wird er als String und nicht als einer der beiden `boolean`-Werte betrachtet.

2. c. Die Namen von Konstanten werden komplett in Großbuchstaben geschrieben, damit sie unter anderen Variablen hervorstechen.

3. c.

3.10 Übungen

Um Ihr Wissen über die heute behandelten Themen zu vertiefen, können Sie sich an folgenden Übungen versuchen:

- Erstellen Sie ein Programm, das berechnet, was aus einer Investition von 14.000 Dollar würde, die im ersten Jahr um 40% wächst, im zweiten 1.500 Dollar Wert verliert und im dritten Jahr wiederum um 12% wächst.
- Schreiben Sie ein Programm, das zwei Zahlen anzeigt und mithilfe der Operatoren `/` und `%` das Ergebnis und den Rest ihrer Division darstellt. Verwenden Sie den Escape-Code `\t` , um Ergebnis und Rest in Ihrer Ausgabe zu trennen.

Soweit einschlägig, finden Sie die Lösungen zu den Übungen auf der Webseite zum Buch: `http://www.java21days.com`.

Tag 4

Arbeiten mit Objekten

Wenn Sie Aufgaben unter Java bewerkstelligen, dann benutzen Sie Objekte, um diese Jobs zu erledigen. Wie Sie vor zwei Tagen gelernt haben, ist Java eine objektorientierte Programmiersprache.

Fast alles, was Sie mit Java tun, tun Sie mit Objekten. Sie erzeugen Objekte, modifizieren sie, verschieben sie, verändern ihre Variablen, rufen ihre Methoden auf und kombinieren sie mit anderen Objekten. Sie entwickeln Klassen, erzeugen Objekte dieser Klassen und verwenden sie zusammen mit anderen Klassen und Objekten.

Sie werden heute sehr ausführlich mit Objekten arbeiten. Die folgenden Themen werden dabei behandelt:

- Erstellen von Objekten (auch *Instanzen* genannt)
- Überprüfen und Ändern von Klassen- und Instanzvariablen in diesen Objekten
- Aufrufen von Methoden eines Objekts
- Konvertieren von Objekten und anderen Datentypen von einer Klasse in eine andere

4.1 Erstellen neuer Objekte

Wenn Sie ein Java-Programm schreiben, definieren Sie verschiedene Klassen. Wie Sie am 2. Tag gelernt haben, dienen Klassen als Vorlagen für Objekte. Diese Objekte, die man auch Instanzen nennt, sind abgeschlossene Elemente eines Programms, die zusammengehörige Merkmale und Daten haben. Zum großen Teil benutzen Sie die Klassen lediglich, um Instanzen zu erstellen. Dann arbeiten Sie mit diesen Instanzen. In diesem Abschnitt lernen Sie, wie man ein neues Objekt aus einer Klasse erstellt.

Sie erinnern sich an die Zeichenketten aus der gestrigen Lektion? Sie haben gelernt, dass ein *String-Literal* – eine Reihe von Zeichen zwischen doppelten Anführungszeichen – eine neue Instanz der Klasse `String` mit dem Wert der jeweiligen Zeichenkette erzeugt.

Die `String`-Klasse ist in dieser Hinsicht ungewöhnlich. Es ist zwar eine Klasse, dennoch gibt es eine einfache Möglichkeit, mithilfe eines Literals Instanzen dieser Klasse zu erstellen. Um Instanzen anderer Klassen zu erzeugen, wird der Operator `new` benutzt.

HINWEIS: Literale für Zahlen und Zeichen erstellen keine Objekte. Die primitiven Datentypen für Zahlen und Zeichen erstellen Zahlen und Zeichen, sind aber aus Effizienzgründen keine Objekte. Sie können sie in *Objekt-Wrapper* (Hüllklassen) verpacken, wenn Sie sie wie Objekte behandeln wollen (dazu mehr am 6. Tag).

new

Um ein neues Objekt zu erstellen, benutzen Sie den Operator new mit dem Namen der Klasse, von der Sie eine Instanz anlegen wollen, und Klammern:

```
String teamName = new String();
URL address = new URL("http://www.prefect.com");
VolcanoRobot robbie = new VolcanoRobot();
```

Die Klammern sind wichtig, sie dürfen auf keinen Fall weggelassen werden. Die Klammern können leer bleiben, wodurch ein ganz einfaches Objekt erstellt würde. Die Klammern können aber auch Argumente enthalten, die die Anfangswerte von Instanzvariablen oder andere Anfangseigenschaften des Objekts bestimmen.

Die folgenden Beispiele zeigen Objekte, die mit Argumenten erzeugt werden:

```
Random seed = new Random(6068430714);

Point pt = new Point(0,0);
```

Zahl und Typ der Argumente, die Sie mit new innerhalb der Klammern verwenden können, werden von der Klasse selbst anhand einer speziellen Methode namens *Konstruktor* definiert. (Sie erfahren später am heutigen Tag mehr über Konstruktoren). Wenn Sie versuchen, eine Instanz einer Klasse über new mit der falschen Anzahl oder Art von Parametern zu erzeugen (oder Sie geben keine Parameter an, obwohl welche erwartet werden), tritt ein Fehler auf, sobald Sie versuchen, das Java-Programm zu kompilieren.

Hier nun ein Beispiel für die Erstellung einiger Objekte verschiedener Typen. Diese werden mit unterschiedlicher Anzahl und verschiedenen Typen von Argumenten erzeugt: Die Klasse StringTokenizer, Teil des Paketes java.util, teilt einen String in eine Reihe kürzere Strings, die man *Tokens* nennt.

Ein String wird durch ein Zeichen oder eine Zeichenfolge, die als Trenner fungieren, in Tokens geteilt. Der Text "02/20/67" könnte beispielsweise in drei Tokens zerlegt werden – 02, 20 und 67 –, wenn man den Schrägstrich / als Trennzeichen nimmt.

Listing 4.1 ist ein Javaprogramm, das StringTokenizer-Objekte erzeugt (dabei wird new auf zwei verschiedene Arten verwendet) und das alle Tokens anzeigt, die die Objekte beinhalten.

Listing 4.1: Der gesamte Quelltext von ShowTokens.java

```
import java.util.StringTokenizer;

class ShowTokens {

    public static void main(String[] arguments) {
```

```
6:          StringTokenizer st1, st2;
7:
8:          String quote1 = "VIZY 3 -1/16";
9:          st1 = new StringTokenizer(quote1);
10:         System.out.println("Token 1: " + st1.nextToken());
11:         System.out.println("Token 2: " + st1.nextToken());
12:         System.out.println("Token 3: " + st1.nextToken());
13:
14:         String quote2 = "NPLI@9 27/32@3/32";
15:         st2 = new StringTokenizer(quote2, "@");
16:         System.out.println("\nToken 1: " + st2.nextToken());
17:         System.out.println("Token 2: " + st2.nextToken());
18:         System.out.println("Token 3: " + st2.nextToken());
19:     }
20: }
```

Wenn Sie dieses Programm kompilieren und ausführen, sollte Folgendes ausgegeben werden:

```
Token 1: VIZY
Token 2: 3
Token 3: -1/16

Token 1: NPLI
Token 2: 9 27/32
Token 3: 3/32
```

In diesem Beispiel werden anhand unterschiedlicher Argumente für den Konstruktor nach `new` zwei verschiedene `StringTokenizer`-Objekte erstellt.

Die erste Instanz (Zeile 9) benutzt `new StringTokenizer()` mit einem Argument, einem `String`-Objekt namens `quote1`. Dieses erzeugt ein `StringTokenizer`-Objekt, das die Standardtrennzeichen verwendet: Leerzeichen, Tabulator, Zeilenumbruch, Wagenrücklauf und Papiervorschub.

Falls irgendeines dieser Zeichen im String vorkommt, werden dort die Token getrennt. Da der String `quote1` Leerzeichen enthält, werden diese als Trennzeichen zwischen den Token angesehen. Die Zeilen 10-12 zeigen die Werte der drei Token: `VIZY`, `3` und `-1/16`.

Das zweite `StringTokenizer`-Objekt in diesem Beispiel erhält bei seiner Konstruktion in Zeile 14 zwei Argumente: ein `String`-Objekt namens `quote2` und einen Klammeraffen `@`. Das zweite Argument besagt, dass das `@`-Zeichen als Trennzeichen zwischen den Token dienen soll. Das `StringTokenizer`-Objekt, das in Zeile 15 erzeugt wird, hat drei Token: `NPLI`, `9 27/32` und `3/32`.

Was new bewirkt

Bei Verwendung des `new`-Operators passieren mehrere Dinge: Erstens wird die neue Instanz der jeweiligen Klasse angelegt und Speicher dafür bereitgestellt. Zweitens wird eine bestimmte Methode, die in der jeweiligen Klasse definiert ist, aufgerufen. Diese spezielle Methode nennt man *Konstruktor*.

HINWEIS: Ein *Konstruktor* ist eine spezielle Methode zum Erstellen und Initialisieren neuer Instanzen von Klassen. Konstruktoren initialisieren das neue Objekt und seine Variablen, erzeugen andere Objekte, die dieses Objekt braucht, und führen sonstige Operationen aus, die für die Initialisierung des Objekts nötig sind.

Sie können in einer Klasse mehrere Konstruktor-Definitionen verwenden. Diese können sich jeweils in der Zahl und dem Typ der Argumente unterscheiden. Beim Aufruf eines Konstruktors durch die Verwendung von `new` wird dann anhand der übergebenen Argumente der richtige Konstruktor für jene Argumente verwendet. Auf diese Weise war es der `StringTokenizer`-Klasse möglich, mit den verschiedenen Anwendungen von `new` unterschiedliche Aufgaben zu erfüllen. Wenn Sie eigene Klassen anlegen, können Sie beliebig viele Konstruktoren definieren, um das Verhalten einer Klasse zu bestimmen.

4.2 Speichermanagement

Wenn Sie mit anderen objektorientierten Programmiersprachen vertraut sind, werden Sie sich eventuell fragen, ob es zu der `new`-Anweisung ein Gegenstück gibt, das ein Objekt zerstört, sobald es nicht mehr benötigt wird.

Die Speicherverwaltung von Java ist dynamisch und automatisch. Wenn ein neues Objekt erzeugt wird, stellt Java automatisch die richtige Menge Speicherplatz bereit. Sie müssen nicht explizit Speicherplatz für Objekte festlegen, das macht Java für Sie.

Da das Speichermanagement von Java automatisch geschieht, müssen Sie den Speicher, den das Objekt einnimmt, nicht freigeben, wenn Sie das Objekt nicht mehr benötigen. Normalerweise kann Java erkennen, dass ein Objekt, das Sie erst erzeugt haben, jetzt aber nicht mehr benötigen, keine aktiven Referenzen mehr besitzt. (Es ist keinen Variablen mehr zugewiesen, die Sie noch verwenden oder die in Arrays gespeichert sind).

Während des Ablaufs eines Programms sucht Java regelmäßig nach unbenutzten Objekten und holt sich den von Ihnen beanspruchten Speicherplatz zurück. Dieser Prozess heißt *Garbage Collection* (»Müllabfuhr«) und erfolgt vollautomatisch. Sie müssen also nicht explizit den Speicherplatz des Objekts freigeben – Sie müssen lediglich sicherstellen, dass Sie nicht ein Objekt irgendwo verwenden, das Sie eigentlich loswerden wollen.

4.3 Verwenden von Klassen- und Instanzvariablen

Nun könnten Sie ein eigenes Objekt erzeugen, in dem Klassen- oder Instanzvariablen definiert sind. Wie funktionieren diese Variablen? Ganz einfach! Klassen- und Instanzvariablen verhalten sich weitgehend wie die lokalen Variablen, die Sie gestern kennen gelernt haben. Sie können Sie in Ausdrücken benutzen, ihnen in Anweisungen Werte zuweisen usw. Lediglich hinsichtlich der Referenzierung unterscheiden sie sich etwas.

Werte auslesen

Um den Wert einer Instanzvariablen auszulesen, verwenden Sie die *Punkt-Notation*. Bei der Punkt-Notation hat der Name einer Instanz- oder Klassenvariable zwei Teile: eine Referenz auf ein Objekt oder eine Klasse auf der linken Seite des Punkts und die Variable rechts davon.

Neuer BEGRIFF

Die *Punkt-Notation* ist eine Art und Weise, um auf die Instanzvariablen und Methoden eines Objekts mithilfe des Punkt-Operators (».«) zuzugreifen.

Ist beispielsweise ein Objekt der Variablen `myCustomer` zugewiesen und hat dieses Objekt eine Variable namens `orderTotal`, nehmen Sie auf den Wert dieser Variablen wie folgt Bezug:

```
myCustomer.orderTotal;
```

Diese Art des Zugreifens auf Variablen ist ein Ausdruck (d.h., sie gibt einen Wert zurück), und was auf beiden Seiten des Punkts steht, ist ebenfalls ein Ausdruck. Das bedeutet, dass Sie den Zugriff auf Instanzvariablen verschachteln können. Beinhaltet die `orderTotal`-Instanzvariable selbst ein Objekt und dieses Objekt eine eigene Instanzvariable namens `layaway`, können Sie wie folgt darauf Bezug nehmen:

```
myCustomer.orderTotal.layaway;
```

Punktausdrücke werden von links nach rechts ausgewertet, deshalb beginnen Sie mit der Variablen `orderTotal` von `myCustomer`, das auf ein anderes Objekt verweist, das die Variable `layaway` enthält. Letztendlich erhalten Sie den Wert der `layaway`-Variablen.

Werte ändern

Die Zuweisung eines Wertes an diese Variablen ist ebenso einfach. Sie setzen einfach einen Zuweisungsoperator rechts neben den Ausdruck:

```
myCustomer.orderTotal.layaway = true;
```

Dieses Beispiel setzt den Wert der Variablen `layaway` auf `true`.

Listing 4.2 ist ein Beispiel eines Programms, das die Instanzvariablen in einem `Point`-Objekt überprüft und ändert. `Point` ist Teil des Pakets `java.awt` und repräsentiert einen Koordinatenpunkt mit einem `x`- und einem `y`-Wert.

Listing 4.2: Der gesamte Quelltext von SetPoints.java

```
 1: import java.awt.Point;
 2:
 3: class SetPoints {
 4:
 5: public static void main(String[] arguments) {
 6:      Point location = new Point(4, 13);
 7:
 8:      System.out.println("Starting location:");
 9:      System.out.println("X equals " + location.x);
10:      System.out.println("Y equals " + location.y);
11:
12:      System.out.println("\nMoving to (7, 6)");
13:      location.x = 7;
14:      location.y = 6;
15:
16:      System.out.println("\nEnding location:");
17:      System.out.println("X equals " + location.x);
18:      System.out.println("Y equals " + location.y);
19:      }
20: }
```

Wenn Sie diese Applikation ausführen, sollten Sie folgende Ausgabe erhalten:

```
Starting location:
X equals 4
Y equals 13

Moving to (7, 6)

Ending location:
X equals 7
Y equals 6
```

In diesem Beispiel erstellen Sie zuerst eine Instanz von `Point`, wobei `x` gleich `4` und `y` gleich `13` ist (Zeile 6). Die Zeilen 9 und 10 geben diese Einzelwerte mithilfe der Punkt-Notation aus. Die Zeilen 13 und 14 ändern den Wert von `x` auf `7` bzw. den Wert von `y` auf `6`. Die Zeilen 17 und 18 geben die Werte von `x` und `y` in der geänderten Form wieder aus.

Klassenvariablen

Wie Sie bereits gelernt haben, werden Klassenvariablen in der Klasse selbst definiert und gespeichert. Deshalb gelten ihre Werte für die Klasse und alle ihre Instanzen.

Bei Instanzvariablen erhält jede neue Instanz der Klasse eine neue Kopie der Instanzvariablen, die diese Klasse definiert. Jede Instanz kann dann die Werte dieser Instanzvariablen ändern, ohne dass sich das auf andere Instanzen auswirkt. Bei Klassenvariablen gibt es nur ein Exemplar der Variablen. Jede Instanz der Klasse hat Zugang zu der Variablen, jedoch gibt es nur einen Wert. Durch Änderung des Wertes dieser Variablen ändern sich der Wert für alle Instanzen der betreffenden Klasse.

Sie deklarieren Klassenvariablen, indem Sie das Schlüsselwort `static` vor die Variable setzen. Betrachten wir als Beispiel folgenden Ausschnitt aus einer Klassendefinition:

```
class FamilyMember {
    static String surname = "Mendoza";
    String name;
    int age;
}
```

Instanzen der Klasse `FamilyMember` haben je einen eigenen Wert für Name (`name`) und Alter (`age`). Die Klassenvariable Nachname (`surname`) hat aber nur einen Wert für alle Familienmitglieder: »Mendoza«. Ändern Sie `surname`, wirkt sich das auf alle Instanzen von `FamilyMember` aus.

HINWEIS: Die Bezeichnung *statisch* (über das Schlüsselwort *static*) für diese Variablen bezieht sich auf eine Bedeutung des Wortes: ortsfest. Wenn eine Klasse eine statische Variable besitzt, dann hat diese Variable in jedem Objekt dieser Klasse denselben Wert.

Um auf Klassenvariablen zuzugreifen, benutzen Sie die gleiche Punkt-Notation wie bei Instanzvariablen. Um den Wert der Klassenvariablen auszulesen oder zu ändern, können Sie entweder die Instanz oder den Namen der Klasse links neben den Punkt setzen. Beide Ausgabezeilen in diesem Beispiel zeigen den gleichen Wert an:

```
FamilyMember dad = new FamilyMember();
System.out.println("Family's surname is: " + dad.surname);
System.out.println("Family's surname is: " + FamilyMember.surname);
```

Da Sie eine Instanz benutzen können, um den Wert einer Klassenvariablen zu ändern, entsteht leicht Verwirrung über Klassenvariablen und darüber, wo der Wert herkommt (nicht vergessen, der Wert einer Klassenvariablen wirkt sich auf alle Instanzen aus). Aus diesem Grund empfiehlt es sich, den Namen der Klasse zu verwenden, wenn auf eine Klassenvariable verwiesen wird. Dadurch wird der Code besser lesbar, und Fehler lassen sich schneller finden.

4.4 Aufruf von Methoden

Das Aufrufen von Methoden in Objekten läuft ähnlich ab wie die Bezugnahme auf seine Instanzvariablen: Auch in Methodenaufrufen wird die Punkt-Notation benutzt. Das Objekt, dessen Methode Sie aufrufen, steht links neben dem Punkt. Der Name der Methode und ihre Argumente stehen rechts neben dem Punkt:

```
myCustomer.addToOrder(itemNumber, price, quantity);
```

Beachten Sie, dass nach jeder Methode Klammern folgen müssen, auch wenn die Methode keine Argumente hat:

```
myCustomer.cancelAllOrders();
```

Listing 4.3 zeigt ein Beispiel für den Aufruf einiger Methoden, die in der `String`-Klasse definiert sind. String-Objekte beinhalten Methoden zum Überprüfen und Ändern von Strings auf ähnliche Weise, wie Sie sie vielleicht von Stringbibliotheken aus anderen Sprachen kennen.

Listing 4.3: Der gesamte Quelltext von CheckString.java

```
class CheckString {

    public static void main(String[] arguments) {
        String str = "Nobody ever went broke by buying IBM";
        System.out.println("The string is: " + str);
        System.out.println("Length of this string: "
            + str.length());
        System.out.println("The character at position 5: "
            + str.charAt(5));
        System.out.println("The substring from 26 to 32: "
            + str.substring(26, 32));
        System.out.println("The index of the character v: "
            + str.indexOf('v'));
        System.out.println("The index of the beginning of the "
            + "substring \"IBM\": " + str.indexOf("IBM"));
        System.out.println("The string in upper case: "
            + str.toUpperCase());
    }
}
```

Folgendes gibt das Programm auf dem Standardausgabegerät aus:

```
The string is: Nobody ever went broke by buying IBM
Length of this string: 35
The character at position 5: y
The substring from 26 to 32: buying
```

```
The index of the character v: 8
The index of the beginning of the substring "IBM": 33
The string in upper case: NOBODY EVER WENT BROKE BY BUYING IBM
```

In Zeile 4 erstellen Sie eine neue Instanz von `String` durch Verwendung eines String-Literals. Der Rest des Programms ruft verschiedene `String`-Methoden auf, um verschiedene Operationen an dieser Zeichenkette durchzuführen:

- Zeile 5 gibt den Wert der in Zeile 4 geschriebenen Zeichenkette aus: `"Nobody ever went broke by buying IBM"`.
- Zeile 7 ruft die Methode `length()` im neuen `String`-Objekt auf. Diese Zeichenkette hat 36 Zeichen.
- Zeile 9 ruft die Methode `charAt()` auf, die das Zeichen an der angegebenen Position ausgibt. Beachten Sie, dass Zeichenketten mit der Position 0 (nicht mit 1) beginnen, deshalb ist das Zeichen an Position 5 ein `y`.
- Zeile 11 ruft die Methode `substring()` auf, die zwei Integer benutzt, um einen Bereich festzulegen, und die Teilzeichenkette zwischen diesen Anfangs- und Endpunkten ausgibt. Die Methode `substring()` kann auch mit nur einem Argument aufgerufen werden. Dadurch wird die Teilzeichenkette von dieser Position bis zum Ende der Zeichenkette zurückgegeben.
- Zeile 13 ruft die Methode `indexOf()` auf, die die Position des ersten Vorkommens eines bestimmten Zeichens (hier `'v'`) ausgibt. Zeichenliterale werden im Gegensatz zu Stringliteralen in einfachen Anführungszeichen eingeschlossen. Wäre das `'v'` in Zeile 13 in doppelte Anführungszeichen eingeschlossen, dann würde es als `String` angesehen werden.
- Zeile 15 zeigt eine andere Verwendung der Methode `indexOf()`, die hier ein `String`-Argument verwendet und den Index des Beginns dieser Zeichenkette ausgibt.
- Zeile 17 benutzt die Methode `toUpperCase()`, die den String in Großbuchstaben zurückgibt.

Methodenaufrufe verschachteln

Eine Methode kann eine Referenz auf ein Objekt, einen primitiven Datentyp oder gar keinen Wert zurückgeben. Im Programm `CheckString` gaben alle Methoden des `String`-Objekts `str` Werte zurück, die angezeigt wurden – so gab beispielsweise die Methode `charAt()` ein Zeichen zurück, das an einer festgelegten Stelle im String steht.

Ein Wert, der von einer Methode zurückgegeben wird, kann auch in einer Variablen gespeichert werden:

```
String label = "From"
String upper = label.toUpperCase();
```

In diesem Beispiel enthält das String-Objekt upper den Wert, der beim Aufruf von label.toUpperCase() zurückgegeben wird – den Text "FROM", eine großbuchstabige Version von "From".

Gibt die aufgerufene Methode ein Objekt zurück, dann können Sie die Methoden dieses Objekts in derselben Anweisung aufrufen. So können Sie Methoden wie Variablen verschachteln.

Wir sahen heute schon ein Beispiel für eine Methode, die ohne Argument aufgerufen wurde:

```
myCustomer.cancelAllOrders();
```

Falls die Mehtode cancelAllOrders() ein Objekt zurückgibt, dann können Sie Methoden dieses Objekts in derselben Anweisung aufrufen:

```
myCustomer.cancelAllOrders().talkToManager();
```

Diese Anweisung ruft die Methode talkToManager() auf. Diese ist in dem Objekt definiert, das von der Methode cancelAllOrders() zurückgegeben wird, die wiederum in dem Objekt myCustomer definiert ist.

Sie können auch verschachtelte Methodenaufrufe und Referenzen in Instanzvariablen kombinieren. Im nächsten Beispiel wird die Methode putOnLayaway() in dem Objekt definiert, das in der Instanzvariablen orderTotal gespeichert ist. Die Instanzvariable selbst ist Teil des myCustomer-Objekts:

```
myCustomer.orderTotal.putOnLayaway(itemNumber, price, quantity);
```

System.out.println(), die Methode, die Sie schon öfter in diesem Buch benutzt haben, um Text auszugeben, ist ein gutes Beispiel für die Verschachtelung von Variablen und Methoden.

Die System-Klasse (Teil des Pakets java.lang) beschreibt Verhalten, das für das System, auf dem Java läuft, spezifisch ist. System.out ist eine Klassenvariable, die eine Instanz der Klasse PrintStream enthält. Dieses PrintStream-Objekt repräsentiert die Standardausgabe des Systems, also für gewöhnlich den Bildschirm, kann aber in eine Datei umgelenkt werden. PrintStream-Objekte enthalten die Methode println(), die eine Zeichenkette an diesen Ausgabestream schickt.

Klassenmethoden

Klassenmethoden wirken sich wie Klassenvariablen auf die ganze Klasse aus, nicht nur auf einzelne Instanzen. Klassenmethoden werden üblicherweise für allgemeine Methoden benutzt, die nicht direkt auf eine Instanz der Klasse ausgeführt werden sollen, sondern lediglich vom Konzept her in diese Klasse passen. Die `String`-Klasse enthält beispielsweise die Klassenmethode `valueOf()`, die einen von vielen verschiedenen Argumenttypen (Integer, boolesche Werte, andere Objekte usw.) verarbeiten kann. Die Methode `valueOf()` gibt dann eine neue Instanz von `String` zurück, die den Zeichenkettenwert des Arguments enthält. Diese Methode wird nicht als die einer vorhandenen Instanz von `String` ausgeführt. Doch ist das Konvertieren eines Objekts oder Datentyps in einen String definitiv eine Operation, die in die `String`-Klasse passt. Deshalb ist es sinnvoll, sie gleich in der `String`-Klasse zu definieren.

Klassenmethoden sind auch nützlich, um allgemeine Methoden an einer Stelle (nämlich der Klasse) zusammenzufassen. Die `Math`-Klasse, die im Paket `java.lang` enthalten ist, umfasst beispielsweise zahlreiche mathematische Operationen als Klassenmethoden. Es gibt keine Instanzen der Klasse `Math`, aber Sie können ihre Methoden mit numerischen oder booleschen Argumenten verwenden. Die Klassenmethode `Math.max()` erwartet z.B. zwei Argumente und gibt das größere der beiden zurück. Sie müssen dafür keine neue Instanz der Klasse `Math` erzeugen. Sie können diese Methode immer dort aufrufen, wo Sie sie gerade benötigen, wie das im folgenden der Fall ist:

```
int maximumPrice = Math.max(firstPrice, secondPrice);
```

Um eine Klassenmethode aufzurufen, benutzen Sie die Punkt-Notation. Wie bei Klassenvariablen können Sie entweder eine Instanz der Klasse oder die Klasse selbst links neben den Punkt setzen. Allerdings ist die Verwendung des Namens der Klasse für Klassenvariablen aus denselben Gründen, die im Zusammenhang mit Klassenvariablen erwähnt wurden, empfehlenswert, da der Code dadurch übersichtlicher wird. Die letzten zwei Zeilen dieses Beispiels produzieren das gleiche Ergebnis – den String »`5`«:

```
String s, s2;
s = "item";
s2 = s.valueOf(5);
s2 = String.valueOf(5);
```

4.5 Referenzen auf Objekte

Wenn Sie mit Objekten arbeiten, müssen Sie unbedingt die Verwendung von Referenzen verstehen.

Neuer Begriff: Eine *Referenz* ist eine Adresse, die angibt, wo die Variablen und Methoden eines Objekts gespeichert sind.

Wenn Sie Objekte Variablen zuweisen oder Objekte als Argumente an Methoden weiterreichen, dann benutzen sie genau genommen keine Objekte. Sie benutzen nicht einmal Kopien der Objekte. Stattdessen verwenden Sie Referenzen auf diese Objekte.

Ein Beispiel soll dies verdeutlichen. Sehen Sie sich den Code in Listing 4.4 an.

Listing 4.4: Der gesamte Quelltext von ReferencesTest.java

```
 1: import java.awt.Point;
 2:
 3: class ReferencesTest {
 4:     public static void main (String[] arguments) {
 5:         Point pt1, pt2;
 6:         pt1 = new Point(100, 100);
 7:         pt2 = pt1;
 8:
 9:         pt1.x = 200;
10:         pt1.y = 200;
11:         System.out.println("Point1: " + pt1.x + ", " + pt1.y);
12:         System.out.println("Point2: " + pt2.x + ", " + pt2.y);
13:     }
14: }
```

So sieht die Ausgabe des Programms aus:

```
Point1: 200, 200
Point2: 200, 200
```

Folgendes passiert im ersten Teil des Programms:

- Zeile 5: Es werden zwei Variablen vom Typ `Point` erstellt.
- Zeile 6: Ein neues `Point`-Objekt wird `pt1` zugewiesen.
- Zeile 7: Der Wert von `pt1` wird `pt2` zugewiesen.

Die Zeilen 9 bis 12 sind der interessante Teil. Die Variablen `x` und `y` von `pt1` werden beide auf `200` gesetzt. Anschließend werden alle Variablen von `pt1` und `pt2` auf dem Bildschirm ausgegeben.

Sie erwarten eventuell, dass `pt1` und `pt2` unterschiedliche Werte haben. Die Ausgabe zeigt allerdings, dass dies nicht der Fall ist. Wie Sie sehen können, wurden die `x`,`y`-Variablen von `pt2` auch geändert, obwohl nichts explizit unternommen wurde, um sie zu ändern.

Die Ursache dafür ist, dass in Zeile 7 eine Referenz von `pt2` auf `pt1` erzeugt wird, anstatt `pt2` als neues Objekt zu erstellen und `pt1` in dieses zu kopieren.

pt2 ist eine Referenz auf dasselbe Objekt wie pt1. Abbildung 4.1 verdeutlicht dies. Jede der beiden Variablen kann dazu verwendet werden, auf das Objekt zuzugreifen oder dessen Variablen zu verändern.

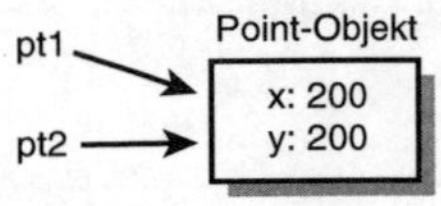

Abbildung 4.1:
Referenzen auf ein Objekt

Wenn Sie wollen, dass pt1 und pt2 sich auf verschiedene Objekte beziehen, verwenden Sie in den Zeilen 6 und 7 new Point()-Anweisungen, um diese als separate Objekte zu erzeugen:

```
pt1 = new Point(100, 100);
pt2 = new Point(100, 100);
```

Die Tatsache, dass Java Referenzen benutzt, gewinnt besondere Bedeutung, wenn Sie Argumente an Methoden weiterreichen. Sie lernen hierüber noch am heutigen Tag mehr.

HINWEIS: In Java gibt es keine explizite Zeigerarithmetik oder Zeiger (*Pointer*) wie in C oder C++. Mit Referenzen und Java-Arrays stehen Ihnen aber die meisten Möglichkeiten von Zeigern zur Verfügung, ohne dass Sie sich mit ihren Problemen herumplagen müssten.

4.6 Casting und Konvertieren von Objekten und Primitivtypen

Etwas werden Sie über Java sehr schnell herausfinden: Java ist sehr pingelig in Bezug auf die Informationen, die es verarbeitet. Java erwartet, dass die Informationen eine bestimmte Form haben, und lässt Alternativen nicht zu.

Wenn Sie Argumente an Methoden übergeben oder Variablen in Ausdrücken verwenden, dann müssen Sie Variablen mit den richtigen Datentypen verwenden. Wenn eine Methode einen int erwartet, wird der Java-Compiler mit einem Fehler reagieren, falls Sie versuchen, einen float-Wert an die Methode zu übergeben. Wenn Sie einer Variablen den Wert einer anderen zuweisen, dann müssen beide vom selben Typ sein.

HINWEIS: Es gibt einen Bereich, in dem der Java-Compiler nicht so pingelig ist: Strings. Die Verarbeitung von Strings in println()-Methoden, Zuweisungsanweisungen und Methodenargumenten ist durch den Verkettungsoperator (»+«) stark vereinfacht worden. Wenn eine Variable in einer Gruppe von verketteten Variablen ein String ist, dann behandelt Java das Ganze als String. Dadurch wird Folgendes möglich:

```
float gpa = 2.25F;
System.out.println("Honest, dad, my GPA is a " + (gpa+1.5));
```

Manchmal werden Sie in einem Java-Programm einen Wert haben, der nicht den richtigen Typ für das, was Sie damit tun wollen, hat. Er weist vielleicht die falsche Klasse oder den falschen Datentyp auf – z.B. `float`, wenn Sie `int` benötigen.

Um einen Wert von einem Typ in einen anderen zu konvertieren, verwenden Sie das sogenannte Casting.

Neuer BEGRIFF

Casting ist ein Mechanismus, um einen neuen Wert zu erstellen, der einen anderen Typ aufweist als seine Quelle. Das Casting funktioniert ein bisschen so wie in Hollywood: Eine Figur in einer Seifenoper kann neu gecastet werden, wenn der alte Schauspieler nach einem Gehaltsstreit oder einer unglücklichen Festnahme wegen Erregung öffentlichen Ärgernisses die Serie verlassen hat.

Obwohl das Casting-Konzept an sich einfach ist, werden die Regeln, die bestimmen, welche Typen in Java in andere konvertiert werden können, durch die Tatsache verkompliziert, dass Java sowohl primitive Typen (`int`, `float`, `boolean`) als auch Objekttypen (`String`, `Point`, `ZipFile` usw.) hat. Daher gibt es drei Formen von Casting und Umwandlungen, über die wir in diesem Abschnitt sprechen:

- Casting von primitiven Typen: `int` in `float` oder `float` in `double`.
- Casting der Instanz einer Klasse in eine Instanz einer anderen Klasse.
- Konvertieren von primitiven Typen in Objekte und Extrahieren primitiver Werte aus Objekten.

Es macht die Sache einfacher, bei der folgenden Diskussion des Casting von Quellen und Zielen auszugehen. Die Quelle ist die Variable, die in einen anderen Typ gecastet wird. Das Ziel ist das Ergebnis.

Casten von Primitivtypen

Durch Casten zwischen primitiven Typen können Sie den Wert eines Typs in einen anderen primitiven Typ umwandeln. Das Casting tritt bei primitiven Typen am häufigsten bei numerischen Typen auf. Boolesche Werte, die entweder `true` oder `false` sind, können nicht in einen anderen Primitivtyp konvertiert werden.

In vielen Casts zwischen primitiven Typen kann das Ziel größere Werte als die Quelle aufnehmen, sodass der Wert ohne Schwierigkeiten konvertiert werden kann. Ein Beispiel hierfür wäre die Konvertierung eines `byte` in einen `int`. Da ein `byte` nur Werte von -128 bis 127 aufnehmen kann und ein `int` Werte von -2147483648 bis 2147483647, ist mehr als genug Platz, um ein `byte` in einen `int` zu casten.

Meist kann ein `byte` oder ein `char` automatisch als `int` oder ein `int` als `long`, ein `int` als `float` oder jeder Typ als `double` behandelt werden. Hier gehen beim Konvertieren des Wertes meistens keine Informationen verloren, weil der größere Typ mehr Genauigkeit bietet als der kleinere. Die Ausnahme stellt die Umwandlung von Integern in Fließkommazahlen dar – wird ein `int` oder ein `long` in einen `float` oder ein `long` in einen `double` verwandelt, so kann etwas Genauigkeit verloren gehen.

HINWEIS: Ein Zeichen (`char`) kann als `int` verwendet werden, da jedes Zeichen einen korrespondierenden numerischen Wert hat, der die Position des Zeichens innerhalb des Zeichensatzes angibt. Wenn die Variable `i` den Wert `65` hat, liefert der Cast `(char)i` das Zeichen `'A'`. Der numerische Code für `A` ist nach dem ASCII-Zeichensatz `65`. Der ASCII-Zeichensatz ist Teil der Zeichenunterstützung von Java.

Um einen großen Wert in einen kleineren Typ zu konvertieren, müssen Sie ein explizites Casting anwenden, weil bei dieser Umsetzung der Wert an Genauigkeit einbüßen kann. Explizites Casting sieht so aus:

```
(Typname)Wert
```

In dieser Form ist `Typname` der Name des Typs, in den Sie konvertieren (z.B. `short`, `int`, `float`), und `Wert` ist ein Ausdruck, der den zu konvertierenden Wert ergibt. Dieser Ausdruck teilt z.B. den Wert von `x` durch den Wert von `y` und wandelt das Ergebnis in `int` um:

```
(int)(x / y);
```

Da Casting eine höhere Präzedenz hat als Arithmetik, müssen Sie Klammern benutzen. Ansonsten würde als erstes der Wert von `x` in einen `int` gecastet und dieser würde anschließend durch `y` geteilt werden, was leicht einen anderen Wert ergeben könnte.

Casten von Objekten

Mit einer Einschränkung können auch Klasseninstanzen in Instanzen anderer Klassen konvertiert werden: Die Quell- und die Zielklasse müssen durch Vererbung miteinander verbunden sein. Eine Klasse muss die Subklasse der anderen sein.

Wie beim Konvertieren eines primitiven Wertes in einen größeren Typ müssen bestimmte Objekte nicht unbedingt explizit gecastet werden. Weil die Subklassen alle Informationen ihrer Superklassen enthalten, können Sie eine Instanz einer Subklasse überall dort verwenden, wo eine Superklasse erwartet wird.

Nehmen wir z.B. an, Sie haben eine Methode mit zwei Argumenten: eines vom Typ `Object` und eines vom Typ `Window`. Sie können eine Instanz einer beliebigen Klasse für das `Object`-Argument übergeben, weil alle Java-Klassen Subklassen von `Object` sind. Für das `Window`-Argument können Sie eine Instanz einer Subklasse übergeben (`Dialog`, `FileDialog` oder `Frame`).

Dies gilt an beliebiger Stelle in einem Programm – nicht nur in Methodenaufrufen. Wenn Sie eine Variable vom Typ `Window` deklariert haben, können Sie ihr Objekte dieser Klasse oder einer ihrer Subklassen zuweisen, ohne ein Casting ausführen zu müssen.

Dies gilt auch in der umgekehrten Richtung. Sie können eine Superklasse angeben, wenn eine Subklasse erwartet wird. Da allerdings Subklassen mehr Information als deren Superklassen enthalten, ist dies mit einem Verlust an Genauigkeit verbunden. Die Objekte der Superklassen haben eventuell nicht alle Verhaltensweisen, um anstelle eines Objekts der Subklasse zu arbeiten. Wenn Sie z.B. eine Operation verwenden, die Methoden in einem Objekt der Klasse `Integer` aufruft, kann es sein, dass ein Objekt der Klasse `Number` diese Methoden nicht beinhaltet, da diese erst in `Integer` definiert werden. Es treten Fehler auf, wenn Sie versuchen, Methoden aufzurufen, die das Zielobjekt nicht unterstützt.

Um Objekte einer Superklasse dort zu verwenden, wo eigentlich Objekte von Subklassen erwartet werden, müssen Sie diese explizit casten. Sie werden keine Informationen bei dieser Konvertierung verlieren. Stattdessen erhalten Sie alle Methoden und Variablen, die die Subklasse definiert. Um ein Objekt in eine andere Klasse zu casten, verwenden Sie dieselbe Operation, die Sie auch für primitive Typen verwenden:

```
(Klassenname)Objekt
```

In diesem Fall ist `Klassenname` der Name der Zielklasse, und *`Objekt`* ist eine Referenz auf Quellobjekt. Das Casting erstellt eine Referenz zum alten Objekt des Typs `Klassenname`. Das alte Objekt besteht unverändert fort.

Nachfolgend ein fiktives Beispiel, in dem eine Instanz der Klasse `VicePresident` in eine Instanz der Klasse `Employee` konvertiert wird, wobei `VicePresident` eine Subklasse von `Employee` ist, die weitere Informationen definiert (z.B. dass der Vice-President besondere Privilegien in den Waschräumen hat):

```
Employee emp = new Employee();
VicePresident veep = new VicePresident();
emp = veep; // kein Casting in dieser Richtung nötig
veep = (VicePresident)emp; // muss explizit gecastet werden
```

Casting ist auch immer dann nötig, wenn Sie die Java2D-Zeichenoperationen verwenden. Sie müssen ein `Graphics`-Objekt in ein `Graphics2D`-Objekt casten, bevor Sie auf den Bildschirm Grafikausgaben tätigen können. Das folgende Beispiel verwendet ein `Graphics`-Objekt namens `screen`, um ein neues `Graphics2D`-Objekt zu erzeugen, das den Namen `screen2D` trägt:

```
Graphics2D screen2D = (Graphics2D)screen;
```

`Graphics2D` ist eine Subklasse von `Graphics`, und beide befinden sich im Paket `java.awt`. Wir werden das alles ausführlich am 12. Tag durchnehmen.

Neben dem Konvertieren von Objekten in Klassen können Sie auch Objekte in Schnittstellen casten, jedoch nur, wenn die Klasse oder eine Superklasse des Objekts die Schnittstelle implementiert. Durch Casting eines Objekts in eine Schnittstelle können Sie dann eine der Methoden dieser Schnittstelle aufrufen, auch wenn die Klasse des Objekts diese Schnittstelle nicht direkt implementiert.

Konvertieren von Primitivtypen in Objekte und umgekehrt

Etwas, was unter keinen Umständen möglich ist, ist die Konvertierung eines Objekts in einen primitiven Datentyp oder umgekehrt. Primitive Datentypen und Objekte sind in Java völlig verschiedene Dinge, und es ist nicht möglich, zwischen diesen automatisch zu konvertieren oder sie im Austausch zu verwenden.

Als Alternative enthält das Paket `java.lang` mehrere Sonderklassen, die je einem primitiven Datentyp entsprechen: `Float`, `Boolean`, `Byte` usw. Die meisten dieser Klassen heißen genauso wie der Datentyp, nur dass die Klassennamen mit Großbuchstaben anfangen (also `Short` statt `short`, oder `Double` statt `double` usw.). Zwei Klassen haben Namen, die anders sind als die der korrespondierenden Datentypen – `Character` wird für `char`-Variablen und `Integer` für `int`-Variablen benutzt.

Java behandelt die Datentypen und deren Klassenversionen sehr unterschiedlich, und ein Programm kann nicht erfolgreich kompiliert werden, wenn Sie die eine Variante verwenden und die andere erwartet wird.

Wenn Sie diese Klassen verwenden, die den einzelnen primitiven Typen entsprechen, können Sie ein Objekt erzeugen, das denselben Wert beinhaltet. Die folgende Anweisung erstellt eine Instanz der Klasse `Integer` mit dem Wert `7801`:

```
Integer dataCount = new Integer(7801);
```

Sobald Sie auf diese Art ein Objekt erzeugt haben, können Sie es wie jedes andere Objekt verwenden (allerdings können Sie nicht seinen Wert verändern). Möchten Sie diesen Wert wieder als primitiven Wert benutzen, gibt es auch dafür Methoden. Wenn Sie z.B. einen `int`-Wert aus einem `dataCount`-Objekt herausziehen wollen, könnten Sie die folgende Anweisung verwenden:

```
int newCount = dataCount.intValue(); // gibt 7801 aus
```

In Programmen werden Sie sehr häufig die Konvertierung von String-Objekten in numerische Typen, wie Integer, benötigen. Wenn Sie einen int als Ergebnis benötigen, dann können Sie dafür die Methode parseInt() der Klasse Integer verwenden. Der String, der konvertiert werden soll, ist das einzige Argument, das dieser Methode übergeben wird. Das folgende Beispiel zeigt dies:

```
String pennsylvania = "65000";
int penn = Integer.parseInt(pennsylvania);
```

Die *Java-API-Dokumentation* erklärt die Einzelheiten zu diesen Klassen. Sie können diese HTML-Seiten auf der Website von Sun (http://java.sun.com) im Dokumentationsbereich finden.

HINWEIS: Die folgenden Klassen können benutzt werden, um mit Objekten statt mit primitiven Datentypen zu arbeiten: Boolean, Byte, Character, Double, Float, Integer, Long, Short und Void.

4.7 Objekt-Werte und -Klassen vergleichen

Neben dem Casting gibt es drei weitere Operationen, die Sie häufig auf Objekte anwenden werden:

- Objekte vergleichen
- Ermitteln der Klasse eines bestimmten Objekts
- Ermitteln, ob ein Objekt eine Instanz einer bestimmten Klasse ist

Objekte vergleichen

Gestern haben Sie Operatoren zum Vergleichen von Werten kennen gelernt: gleich, ungleich, kleiner als usw. Die meisten dieser Operatoren funktionieren nur mit primitiven Typen, nicht mit Objekten. Falls Sie versuchen, andere Werte als Operanden zu verwenden, gibt der Java-Compiler Fehler aus.

Die Ausnahme zu dieser Regel bilden die Operatoren für Gleichheit: == (gleich) und != (ungleich). Wenn Sie diese Operatoren auf Objekte anwenden, hat dies nicht den Effekt, den Sie zunächst erwarten würden. Anstatt zu prüfen, ob ein Objekt denselben Wert wie ein anderes Objekt hat, prüfen diese Operatoren, ob es sich bei den beiden Objekten um dasselbe Objekt handelt.

Um Instanzen einer Klasse zu vergleichen und aussagefähige Ergebnisse zu erzielen, müssen Sie spezielle Methoden in Ihre Klasse implementieren und diese Methoden aufrufen.

Ein gutes Beispiel dafür ist die `String`-Klasse. Es ist möglich, dass zwei `String`-Objekte dieselben Werte beinhalten. Nach dem Operator == sind diese zwei `String`-Objekte aber nicht gleich, weil sie zwar den gleichen Inhalt haben, aber nicht dasselbe Objekt sind.

Um festzustellen, ob zwei String-Objekte den gleichen Inhalt haben, wird eine Methode dieser Klasse namens `equals()` benutzt. Die Methode testet jedes Zeichen in der Zeichenkette und gibt `true` zurück, wenn die zwei Zeichenketten die gleichen Werte haben. Dies wird in Listing 4.5 verdeutlicht.

Listing 4.5: Der gesamte Quelltext von EqualsTest.java

```
 1: class EqualsTest {
 2:     public static void main(String[] arguments) {
 3:         String str1, str2;
 4:         str1 = "Free the bound periodicals.";
 5:         str2 = str1;
 6:
 7:         System.out.println("String1: " + str1);
 8:         System.out.println("String2: " + str2);
 9:         System.out.println("Same object? " + (str1 == str2));
10:
11:         str2 = new String(str1);
12:
13:         System.out.println("String1: " + str1);
14:         System.out.println("String2: " + str2);
15:         System.out.println("Same object? " + (str1 == str2));
16:         System.out.println("Same value? " + str1.equals(str2));
17:     }
18: }
```

Das Programm erzeugt die folgende Ausgabe:

```
String1: Free the bound periodicals.
String2: Free the bound periodicals.
Same object? true
String1: Free the bound periodicals.
String2: Free the bound periodicals.
Same object? false
Same value? true
```

Der erste Teil dieses Programms (Zeilen 3-5) deklariert die zwei Variablen `str1` und `str2`, weist das Literal `"Free the bound periodicals"` `str1` und dann diesen Wert `str2` zu. Wie Sie von vorher wissen, zeigen `str1` und `str2` jetzt auf dasselbe Objekt. Das beweist der Test in Zeile 9.

Im zweiten Teil des Programms wird ein neues String-Objekt mit demselben Wert wie str1 erstellt, und Sie weisen str2 diesem neuen String-Objekt zu. Jetzt bestehen zwei verschiedene String-Objekte in str1 und str2, die beide denselben Wert haben. Sie werden mit dem Operator == (in Zeile 15) geprüft, um zu ermitteln, ob sie das gleiche Objekt sind. Die erwartete Antwort wird ausgegeben, nämlich false, schließlich sind sie nicht dasselbe Objekt am selben Speicherplatz. Zuletzt erfolgt das Prüfen mit der equals()-Methode (in Zeile 16), es liefert auch das erwartete Ergebnis (true – beide haben den gleichen Wert).

HINWEIS

Warum kann man anstelle von new nicht einfach ein anderes Literal verwenden, wenn man str2 ändert? String-Literale sind in Java optimiert. Wenn Sie ein String mit einem Literal erstellen und dann ein anderes Literal mit den gleichen Zeichen benutzen, weiß Java genug, um Ihnen das erste String-Objekt wiederzugeben. Die beiden Strings sind das gleiche Objekt. Um zwei separate Objekte zu erstellen, müssten Sie sehr umständlich vorgehen.

4.8 Bestimmen der Klasse eines Objekts

Möchten Sie die Klasse eines Objekts ermitteln? Hier ist eine Möglichkeit, dies bei einem Objekt zu erreichen, das der Variablen key zugewiesen ist:

```
String name = key.getClass().getName();
```

Was geschieht hier? Die Methode getClass() ist in der Klasse Object definiert und als solche für alle Objekte verfügbar. Das Ergebnis dieser Methode ist ein Class-Objekt (wobei Class selbst eine Klasse ist), die die Methode getName() hat. getName() gibt den Namen der Klasse als Zeichenkette zurück.

Einen anderen nützlichen Test bietet der Operator instanceof. instanceof hat zwei Operanden: ein Objekt links und den Namen einer Klasse rechts. Der Ausdruck gibt true oder false aus, je nachdem, ob das Objekt eine Instanz der angegebenen Klasse oder einer der Subklassen dieser Klasse ist:

```
"Texas" instanceof String // true
Point pt = new Point(10, 10);
pt instanceof String // false
```

Der Operator instanceof kann auch für Schnittstellen benutzt werden. Falls ein Objekt eine Schnittstelle implementiert, gibt der instanceof-Operator mit diesem Schnittstellennamen auf der rechten Seite true zurück.

4.9 Zusammenfassung

Nun, da Sie sich zwei Tage lang mit der Implementierung der objektorientierten Programmierung in Java befasst haben, sind Sie besser in der Lage zu entscheiden, wie nützlich dies für Ihre eigene Programmierung ist.

Wenn Sie zu der Sorte Mensch gehören, für die ein Glas bei der Hälfte halb leer ist, dann ist die objektorientierte Programmierung eine Abstraktionsebene, die sich zwischen Sie und das stellt, für das Sie die Programmiersprache verwenden wollen. Sie lernen in den nächsten Kapiteln mehr darüber, warum die OOP vollkommen in Java integriert ist.

Wenn Sie zu den Halb-voll-Menschen gehören, dann lohnt sich für Sie die Anwendung der objektorientierten Programmierung aufgrund der Vorteile, die sie bietet: höhere Verlässlichkeit, bessere Wiederverwertbarkeit und Pflegbarkeit.

Heute haben Sie gelernt, wie Sie mit Objekten umgehen: Sie erzeugen, ihre Werte lesen und verändern und ihre Methoden aufrufen. Sie haben außerdem gelernt, wie Sie Objekte einer Klasse in eine andere Klasse casten bzw. wie Sie von einem Datentyp in eine Klasse konvertieren.

Jetzt besitzen Sie die Fähigkeiten, um die allereinfachsten Aufgaben in Java zu bewältigen. Was nun noch fehlt, sind Arrays, Bedingungen und Schleifen (die morgen behandelt werden), und wie Sie Klassen definieren und verwenden (wird an Tag 6 durchgenommen).

4.10 Fragen und Antworten

F *Mir ist der Unterschied zwischen Objekten und den primitiven Datentypen wie* `int` *oder* `boolean` *noch nicht ganz klar.*

> **A** Die primitiven Typen (`byte`, `short`, `int`, `long`, `float`, `double` und `char`) sind die kleinsten Elemente der Sprache Java. Es sind keine Objekte, obwohl sie auf vielerlei Art wie Objekte gehandhabt werden. Sie können Variablen zugewiesen, Methoden übergeben und von Methoden zurückgegeben werden. Viele Operationen funktionieren aber ausschließlich mit Objekten und nicht mit primitiven Typen.
>
> Objekte stellen Instanzen von Klassen dar und sind daher gewöhnlich viel komplexere Datentypen als einfache Zahlen oder Zeichen. Sie enthalten oft Zahlen und Zeichen als Instanz- oder Klassenvariablen.

F *Die Methoden* `length()` *und* `charAt()` *in Listing 4.3 scheinen sich zu widersprechen. Wenn* `length()` *angibt, dass ein String 36 Zeichen lang ist, müssten dann nicht die Zeichen von 1 bis 36 gezählt werden, wenn mittels* `charAt()` *ein Zeichen dieses Strings angezeigt wird?*

A Die beiden Methoden betrachten Strings auf unterschiedliche Art und Weise: Die Methode `length()` zählt die Zeichen eines Strings, wobei das erste Zeichen als 1 zählt, das zweite als 2 usw. Der String `"Charlie Brown"` hat also 13 Zeichen. Für die Methode `charAt()` steht das erste Zeichen eines Strings an der Position Nummer 0. Dieses Numerierungssystem findet in Java auch bei Array-Elementen Anwendung. Die Zeichen des Strings `"Charlie Brown"` laufen also von Position 0 – der Buchstabe »`C`« – bis Position 12 – der Buchstabe »`n`«.

F *Wenn es in Java keine Zeiger gibt, wie kann man dann so Dinge wie verkettete Listen erstellen, wo Zeiger von einem Eintrag auf einen anderen verweisen, sodass man sich entlanghangeln kann?*

A Es wäre falsch zu sagen, dass es in Java überhaupt keine Zeiger gibt – es gibt keine expliziten Zeiger. Objektreferenzen sind letztendlich Zeiger. Um eine verkettete Liste zu erzeugen, könnten Sie eine Klasse `Node` erstellen, die eine Instanzvariable vom Typ `Node` hat. Um `Node`-Objekte miteinander zu verketten, weisen Sie der Instanzvariablen des Objekts direkt davor in der Liste ein `Node`-Objekt zu. Da Objektreferenzen Zeiger sind, verhalten sich verkettete Listen, die man so erstellt hat, wunschgemäß.

4.11 Quiz

Überprüfen Sie den heutigen Stoff, indem Sie dieses Quiz mit drei Fragen beantworten.

Fragen

1. Welcher Operator wird benutzt, um den Konstruktor eines Objekts aufzurufen und ein neues Objekt zu erstellen?

   (a) `+`

   (b) `new`

   (c) `instanceof`

2. Welche Sorte von Methoden beziehen sich auf alle Objekte einer Klasse, nicht nur auf individuelle Objekte?

   (a) Universalmethoden

   (b) Instanzmethoden

   (c) Klassenmethoden

3. Was geschieht, wenn man in einem Programm mit Objekten namens `obj1` und `obj2` die Anweisung `obj2 = obj1` benutzt?

   (a) Die Instanzvariablen in `obj2` erhalten dieselben Werte wie in `obj1`.

   (b) `obj2` und `obj1` werden als dasselbe Objekt betrachtet.

   (c) Weder (a) noch (b).

Antworten

1. b.
2. c.
3. b. Der Operator = kopiert keine Werte von einem Objekt in ein anderes. Stattdessen sorgt er dafür, dass beide Variablen auf dasselbe Objekt verweisen.

4.12 Übungen

Um Ihr Wissen über die heute behandelten Themen zu vertiefen, können Sie sich an folgenden Übungen versuchen:

- Erstellen Sie ein Programm, das einen Geburtstag im Format MM/TT/JJJJ (also z.B. 4/23/2000) in drei einzelne Strings zerlegt.
- Erstellen Sie eine Klasse mit den Instanzvariablen `height` für Höhe, `weight` für Gewicht und `depth` für Tiefe, jeweils als Integer. Schreiben Sie dann eine Java-Applikation, die Ihre neue Klasse verwendet, jeden dieser Werte in einem Objekt festlegt und diese Werte anzeigt.

Soweit einschlägig, finden Sie die Lösungen zu den Übungen auf der Webseite zum Buch: `http://www.java21days.com`.

Arrays, Bedingungen und Schleifen

Wenn Sie ein Javaprogramm mit dem Wissen schreiben würden, das Sie bislang erworben haben, würde das wahrscheinlich etwas fade sein. Wenn Sie ein Javaprogramm mit dem Wissen schreiben würden, das Sie bislang erworben haben, würde das wahrscheinlich etwas fade sein. Dass der vorige Satz zweimal hintereinander auftaucht, ist kein Fehler. Dies soll demonstrieren, wie einfach es Computer machen, die gleiche Sache zu wiederholen. Sie werden heute lernen, wie Sie einen Teil eines Java-Programms mit Schleifen wiederholt ausführen lassen.

Zusätzlich werden Sie lernen, wie Sie ein Programm dazu bringen, aufgrund einer vorgegebenen Logik zu entscheiden, ob es etwas tun soll. (Vielleicht würde ein Computer entscheiden, dass es nicht besonders logisch ist, in einem Buch denselben Satz zweimal in Folge zu drucken.)

Sie werden auch lernen, in Ihren Programmen Variablengruppen derselben Klasse oder desselben Datentyps in Listen, so genannten Arrays, zu organisieren.

Als Erstes stehen die Arrays auf der heutigen Aufgabenliste. Als Erstes stehen die Arrays auf der heutigen Aufgabenliste.

5.1 Arrays

Bisher hatten Sie es in den einzelnen Javaprogrammen nur mit wenigen Variablen zu tun. In vielen Fällen ist es machbar, Informationen in unabhängigen Variablen zu speichern.

Was wäre allerdings, wenn Sie 20 Elemente verwandter Information hätten, die Sie alle speichern müssten? Sie könnten 20 einzelne Variablen erstellen und deren Anfangswerte festlegen. Diese Vorgehensweise wird aber immer umständlicher, je größer die Menge der Informationen wird, mit der Sie arbeiten. Was wäre, wenn es 100 oder gar 1000 Elemente wären?

Arrays stellen eine Methode zur Speicherung einer Reihe von Elementen dar, die alle denselben primitiven Datentyp, dieselbe Klasse oder eine gemeinsame Superklasse aufweisen. Jedem Element wird innerhalb des Arrays ein eigener Speicherplatz zugewiesen. Diese Speicherplätze sind numeriert, sodass Sie auf die Informationen leicht zugreifen können.

Arrays können jede Art von Information enthalten, die auch in einer Variablen gespeichert werden kann. Sobald ein Array aber erzeugt wurde, können Sie es nur noch für diesen einen Informationstyp verwenden. Sie können z.B. ein Array für `Integer`, eines für `String`-Objekte oder eines für Arrays erzeugen. Es ist aber nicht möglich, ein Array zu erstellen, das sowohl Strings als auch Integer beinhaltet.

Java implementiert Arrays anders als andere Programmiersprachen, nämlich als Objekte, die wie andere Objekte auch behandelt werden können.

Um in Java ein Array zu erzeugen, müssen Sie Folgendes tun:

1. Deklarieren einer Variablen zur Aufnahme des Arrays
2. Erstellen eines neuen Array-Objekts und Zuweisen an die Array-Variable
3. Speichern von Elementen im Array

Deklarieren von Array-Variablen

Der erste Schritt beim Anlegen eines Arrays ist das Deklarieren einer Variablen, die das Array aufnehmen soll. Array-Variablen geben den Objekt- oder Datentyp, den das Array beinhalten wird, sowie den Namen des Arrays an. Um das Ganze von einer normalen Variablendeklaration zu unterscheiden, wird noch ein Paar leerer eckiger Klammern (`[]`) an den Objekt- oder Datentyp bzw. an den Namen der Variablen angefügt.

Nachfolgend typische Deklarationen von Array-Variablen:

```
String[] requests;

Point[] targets;

float[] donations;
```

Alternativ kann eine Array-Variable definiert werden, indem die Klammern nach dem Variablennamen, nicht nach dem Informationstyp eingefügt werden, wie bei den folgenden Ausdrücken:

```
String requests[];

Point targets[];

float donations[];
```

HINWEIS: Welchen der beiden Stile man benutzt, ist Frage des persönlichen Geschmacks. Die Beispielprogramme in diesem Buch setzen die eckigen Klammern nach dem Informationstyp, nicht nach dem Variablennamen..

Erstellen von Array-Objekten

Im zweiten Schritt wird ein Array-Objekt erstellt und dieser Variablen zugewiesen. Das kann auf zwei Weisen erfolgen:

- Mit dem `new`-Operator
- Durch direktes Initialisieren des Array-Inhalts

Da Arrays in Java Objekte sind, können Sie den Operator `new` verwenden, um eine neue Instanz eines Arrays zu erstellen:

```
String[] players = new String[10];
```

Diese Anweisung erstellt ein neues Array von Strings mit zehn Elementen. Beim Erstellen eines neuen Array-Objekts mit `new` müssen Sie angeben, wie viele Elemente das Array aufnehmen soll. Diese Anweisung fügt keine `String`-Objekte in das Array ein – das müssen Sie später selbst erledigen.

Array-Objekte können primitive Typen wie Integer oder boolesche Werte genauso wie Objekte enthalten:

```
int[] temps = new int[99];
```

Beim Erstellen eines Array-Objekts mit `new` werden alle Elemente des Arrays automatisch initialisiert (`0` für numerische Arrays, `false` für boolesche, `'\0'` für Zeichen-Arrays und `null` für Objekte).

HINWEIS: Beachten Sie bitte, dass das Schlüsselwort `null` von Java sich auf das `null`-Objekt bezieht (und für eine beliebige Objektreferenz verwendet werden kann). Es ist nicht äquivalent mit `0` oder `'0/'`, wie es bei der Konstante `NULL` in C der Fall ist.

Sie können ferner ein Array gleichzeitig erzeugen und initialisieren, indem Sie die Elemente des Arrays in geschweifte Klammern setzen und durch Kommata abtrennen:

```
Point[] markup = { new Point(1,5), new Point(3,3), new Point (2,3) };
```

Alle innerhalb der geschweiften Klammern stehenden Elemente müssen vom gleichen Typ sein wie die Variable, die das Array enthält. Wenn Sie ein Array mit Ursprungswerten auf diese Art erzeugen, dann ist das Array automatisch so groß wie die Zahl der Elemente, die Sie angegeben haben. Das vorausgegangene Beispiel erstellt ein Array mit `Point`-Objekten namens `markup`, das drei Elemente enthält.

Da `String`-Objekte ohne den Operator `new` erzeugt und initialisiert werden können, lässt sich dies auch bei der Erzeugung eines `String`-Arrays tun:

```
String[] titles = { "Mr.", "Mrs.", "Ms.", "Miss", "Dr." };
```

Der vorausgegangene Ausdruck erzeugt ein fünfelementiges Array von `String`-Objekten namens `titles`.

Zugreifen auf Array-Elemente

Nachdem Sie ein Array mit Anfangswerten erstellt haben, können Sie die Werte der einzelnen Zellen des Arrays auslesen, ändern und überprüfen. Auf den Wert eines Elements in einem Array greifen Sie über den Array-Namen, gefolgt von einem Index in eckigen Klammern, zu. Diese Kombination aus Name und Index kann in Ausdrücken verwendet werden:

```
testScore[40] = 920;
```

Diese Anweisung setzt das 40. Element des Arrays `testScore` auf den Wert 920. Der `testScore`-Teil dieses Ausdrucks ist eine Variable, die ein Array-Objekt beinhaltet, kann aber auch ein Ausdruck sein, der ein Array zurückgibt. Der Index legt das Element des Arrays fest, auf das zugegriffen wird.

Das erste Element eines Arrays hat die Indexzahl 0, nicht 1, sodass also ein Array mit 12 Elementen mit den Indexzahlen 0 bis 11 adressiert wird.

Alle Array-Indizes werden geprüft, um sicherzustellen, dass sie sich innerhalb der Grenzen des Arrays befinden, wie diese bei der Erzeugung des Arrays festgelegt wurden. In Java ist es unmöglich, auf einen Wert in einem Arrray-Element außerhalb dieser Grenzen zuzugreifen bzw. in einem solchen Element einen Wert zu speichern. Dadurch werden Probleme vermieden, wie sie beim Überschreiten von Array-Grenzen in Sprachen wie z.B. C entstehen. Betrachten Sie einmal die folgenden zwei Anweisungen:

```
float[] rating = new float[20];

rating[20] = 3.22F;
```

Ein Programm mit den beiden vorigen Zeilen würde einen Compiler-Fehler erzeugen, wenn `rating[20]` verwendet wird. Der Fehler tritt auf, da `rating` kein Element mit dem Index 20 hat – es verfügt zwar über 20 Elemente, die Index-Werte beginnen aber bei 0 und enden bei 19. Der Java-Compiler würde auf diesen Fehler mit der Meldung `ArrayIndexOutOfBoundsException` aufmerksam machen.

Wird der Array-Index zur Laufzeit berechnet und endet er außerhalb der Array-Grenzen, erzeugt der Java-Interpreter ebenfalls einen Fehler (um ganz korrekt zu sein, tritt eine Ausnahme auf). Sie lernen am 16. Tag mehr über Ausnahmen und wie man mit ihnen umgeht.

Um nicht aus Versehen das Ende eines Arrays in Ihren Programmen zu überschreiten, können Sie die Instanzvariable `length` benutzen. Sie ist für alle Array-Objekte, ungeachtet des Typs, verfügbar. Die Variable `length` beinhaltet die Zahl von Elementen in diesem Array. Die folgende Anweisung gibt die Zahl der Elemente im Objekt `rating` aus:

```
System.out.println("Elements: " + rating.length);
```

Ändern von Array-Elementen

Wie Sie in den vorangegangenen Beispielen gesehen haben, können Sie einen Wert einer bestimmten Array-Zelle zuweisen, indem Sie eine Zuweisungsanweisung hinter den Namen des Arrays und den Index stellen:

```
Temperature[4] = 85;

day[0] = "Sunday";

manager[2] = manager[0];
```

Wichtig: Ein Array mit Objekten ist in Java ein Array von Referenzen auf diese Objekte. Wenn Sie einem Array-Element in einem derartigen Array einen Wert zuweisen, erstellen Sie eine Referenz auf das betreffende Objekt. Wenn Sie Werte innerhalb von solchen Arrays verschieben, dann weisen Sie die Referenz neu zu. Sie kopieren also nicht den Wert von einem Element in ein anderes. Arrays mit primitiven Typen wie `int` oder `float` kopieren dagegen die Werte von einem Element in ein anderes. Gleiches gilt für die Elemente von `String`-Arrays, obwohl sie Objekte sind.

Arrays sind einfach zu erstellen, und ihr Inhalt ist leicht zu verändern, doch bieten sie für Java eine enorme Funktionalität. Listing 5.1 zeigt Ihnen ein einfaches Programm, das drei Arrays erzeugt, initialisiert und Elemente der drei Arrays ausgibt.

Listing 5.1: Der gesamte Quelltext von HalfDollarst.java.

```
class HalfDollars {
    public static void main(String[] arguments) {
        int[] denver = { 15000006, 18810000, 20752110 } ;
        int[] philadelphia = new int[denver.length];
        int[] total = new int[denver.length];
        int average;

        philadelphia[0] = 15020000;
        philadelphia[1] = 18708000;
        philadelphia[2] = 21348000;

        total[0] = denver[0] + philadelphia[0];
        total[1] = denver[1] + philadelphia[1];
        total[2] = denver[2] + philadelphia[2];
        average = (total[0] + total[1] + total[2]) / 3;

        System.out.println("1993 production: " + total[0]);
        System.out.println("1994 production: " + total[1]);
        System.out.println("1995 production: " + total[2]);
        System.out.println("Average production: "+ average);
    }

```

Die Applikation `HalfDollars` benutzt drei Integer-Arrays, um die Produktionszahlen für amerikanische Halbdollarmünzen der Prägestätten Denver und Philadelphia zu speichern. Die Ausgabe des Programms sieht folgendermaßen aus:

```
1993 production: 30020006
1994 production: 37518000
1995 production: 42100110
Average production: 36546038
```

Die hier erzeugte Klasse `HalfDollars` hat drei Instanzvariablen, die Integer-Arrays beinhalten.

Die erste mit Namen `denver` wird in Zeile 3 mit drei Integern deklariert und initialisiert: `15000006` in Element 0, `18810000` in Element 1 und `20752110` in Element 2. Diese Zahlen geben die gesamte Halbdollarproduktion der Münze von Denver während dreier Jahre an.

Die zweite und die dritte Instanzvariable, `philadelphia` und `total`, werden in Zeilen 4-5 deklariert. Das `philadelphia`-Array beinhaltet die Produktionszahlen der Münze von Philadelphia, und `total` dient zur Speicherung der gesamten Produktionszahlen.

In den Zeilen 4-5 werden den Zellen der Arrays `philadelphia` und `total` keine Ursprungswerte zugewiesen. Daher erhalten alle Elemente der Standardwert für Integer: `0`.

Die Variable `denver.length` dient dazu, um beiden Arrays dieselbe Zahl von Zellen wie dem `denver`-Array zu geben – jedes Array beinhaltet eine `length-Variable`, die Sie dazu benutzen können, die Zahl der beinhalteten Elemente auszulesen.

Der Rest der `main()`-Methode dieser Applikation führt folgendes durch:

- Zeile 6 erzeugt eine Integer-Variable namens `average`.
- Zeilen 8-10 weisen den drei Elementen des `philadelphia`-Arrays neue Werte zu: `15020000` für Element 0, `18708000` für Element 1 und `21348000` für Element 2.
- Zeilen 12-14 weisen den Elementen des `total`-Arrays neue Werte zu. In Zeile 12 erhält das `total`-Element 0 die Summe von `denver`-Element 0 und `philadelphia`-Element 0. Ähnliche Ausdrücke finden in den Zeilen 13 und 14 Verwendung.
- Zeile 15 setzt den Wert der Variablen `average` auf den Durchschnitt der drei `total`-Elemente. Da `average` und die drei `total`-Elemente Integer sind, wird `average` ein Integer, nicht eine Fließkommazahl sein.
- Zeilen 17-20 geben die Werte, die im `total`-Array gespeichert sind, sowie den Wert der Variablen `average` und erklärenden Text aus.

Eine letzte Bemerkung zu Listing 5.1: Die Zeilen 12-14 sowie 17-19 sind eine sehr ineffiziente Art, um Arrays in einem Programm zu verwenden. Diese Anweisungen sind fast identisch, bis auf die Indizes, die angeben, auf welches Array-Element Sie sich beziehen. Wenn die Applikation `HalfDollars` 100 Produktionsjahre, nicht nur drei, verfolgen würde, dann hätte Ihr Programm sehr viel sich wiederholenden Code.

Gewöhnlich können Sie beim Umgang mit Arrays Schleifen benutzen, um die Elemente des Arrays durchzugehen, anstatt sie einzeln zu adressieren. Das macht den Code wesentlich kürzer und leichter lesbar. Nachdem Sie heute mehr über Schleifen erfahren haben, werden Sie eine Neuauflage des obigen Beispiels sehen.

Mehrdimensionale Arrays

Wenn Sie Arrays bereits in anderen Programmiersprachen verwendet haben, werden Sie sich vielleicht fragen, ob Java *mehrdimensionale Arrays* unterstützt. Dies sind Arrays, die über mehr als einen Index verfügen, um mehrere Dimensionen zu repräsentieren.

Mehrere Dimensionen sind z. B. praktisch, um eine (x,y)-Tabelle als Array anzulegen.

In Java werden multidimensionale Arrays nicht unterstützt. Allerdings können Sie dieselbe Funktionalität erhalten, indem Sie ein Array mit Arrays (die wiederum Arrays enthalten können usw., über beliebig viele Dimensionen) deklarieren.

Stellen Sie sich z. B. ein Programm vor, das die folgenden Aufgaben erfüllen soll:

- An jedem Tag des Jahres einen Integer aufzeichnen
- Diese Werte wochenweise organisieren

Eine Möglichkeit, diese Daten zu organisieren, wäre, ein 52-elementiges Array zu definieren, in dem jede Zelle ein 7-elementiges Array beinhaltet:

```
int[][] dayValue = new int[52][7];
```

Dieses Array von Arrays umfasst insgesamt 365 Integer, je einen pro Tag des Jahres. Sie könnten den Wert des ersten Tages der 10. Woche folgendermaßen zuweisen:

```
DayValue[10][1] = 14200;
```

Sie können die `length`-Variable mit diesem Array wie mit jedem anderen benutzen. Die folgende Anweisung enthält einen dreidimensionalen Array von Integern und zeigt die Zahl der Elemente in jeder Dimension an:

```
int[][][] century = new int[100][52][7];
System.out.println("Elements in the first dimension: " + century.length);
System.out.println("Elements in the second dimension: " + century[0].length);
System.out.println("Elements in the third dimension: " + century[0][0].length);
```

Blockanweisungen

Anweisungen werden in Java in Blöcke zusammengefasst. Der Anfang und das Ende eines Blocks werden mit geschweiften Klammern gekennzeichnet – eine geschweifte Klammer auf { für den Anfang und eine geschweifte Klammer zu } für das Ende.

Sie haben bereits Blöcke in den Programmen der ersten fünf Tage benutzt, und zwar für folgende Aufgaben:

- Für Methoden und Variablen in einer Klassendefinition
- Um die Anweisungen zu kennzeichnen, die zu einer Methode gehören

Blöcke werden auch als *Blockanweisungen* bezeichnet, da ein gesamter Block überall dort verwendet werden könnte, wo auch eine einzelne Anweisung verwendet werden kann (in C und anderen Sprachen nennt man sie *Verbundanweisungen, Compound Statements*). Die Anweisungen in einem Block werden von oben nach unten ausgeführt.

Blöcke können sich innerhalb anderer Blöcke befinden. Das ist der Fall, wenn Sie eine Methode in eine Klassendefinition einfügen.

Einen wichtigen Punkt gibt es noch anzumerken: Ein Block erzeugt einen Gültigkeitsbereich für lokale Variablen, die in dem Block erzeugt werden.

Neuer BEGRIFF

Gültigkeitsbereich ist der Teil eines Programms, in dem eine Variable existiert und verwendet werden kann. Wenn Sie versuchen, eine Variable außerhalb ihres Gültigkeitsbereichs zu verwenden, dann tritt ein Fehler auf.

Der Gültigkeitsbereich einer Variablen bei Java ist der Block, in dem sie erzeugt wurde. Wenn Sie in einem Block lokale Variablen deklarieren und verwenden, dann hören diese Variablen auf zu existieren, sobald der Block ausgeführt ist. Die folgende Methode `testBlock()` beinhaltet z.B. einen Block:

```
void testBlock() {
    int x = 10;
    { // Beginn des Blocks
      int y = 40;
      y = y + x;
    } // Ende des Blocks
}
```

In dieser Methode werden zwei Variablen definiert: `x` und `y`. Der Gültigkeitsbereich der Variablen `y` ist der Block, in dem sie sich befindet, und sie kann auch nur in diesem angesprochen werden. Wenn Sie versuchen würden, sie in einem anderen Teil der Methode `testBlock()` zu verwenden, würde ein Fehler auftreten. Die Variable `x` wurde innerhalb der Methode, aber außerhalb des inneren Blocks definiert, sodass sie in der gesamten Methode angesprochen werden kann. Sie können den Wert von `x` überall in der Methode verändern, und dieser Wert bleibt gespeichert.

Blockanweisungen werden normalerweise aber nicht auf diese Weise – allein in einer Methodendefinition – verwendet, wie das im vorigen Beispiel der Fall war. Sie können sie immer bei Klassen- und Methodendefinitionen benutzen, ferner bei logischen Strukturen und Schleifen, über die Sie gleich mehr erfahren.

if-Bedingungen

Einer der wesentlichen Aspekte der Programmierung ist die Befähigung eines Programms zu entscheiden, was es tun soll. Dies wird durch eine bestimmte Anweisungsart, die Bedingung genannt wird, erreicht.

Eine *Bedingung* ist eine Programmanweisung, die nur dann ausgeführt wird, wenn eine bestimmte Kondition zutrifft.

Die elementarste Bedingung wird mit dem Schlüsselwort `if` erzeugt. Eine `if`-Bedingung verwendet einen booleschen Ausdruck, um zu entscheiden, ob eine Anweisung ausgeführt werden soll. Wenn der Ausdruck `true` zurückliefert, wird die Anweisung ausgeführt.

Hier nun ein einfaches Beispiel, das die Nachricht `"You call that a haircut?"` nur unter einer Bedingung ausgibt: Der Wert der Variablen `age` ist größer als `39`:.

```
if (age > 39)
    System.out.println("You call that a haircut?");
```

Wenn Sie wollen, dass etwas passiert, wenn der boolesche Ausdruck `false` zurückgibt, dann verwenden Sie das optionale Schlüsselwort `else`. Das folgende Beispiel verwendet sowohl `if` als auch `else`:

```
if (blindDateIsAttractive == true)
    restaurant = "Benihana's";
else
    restaurant = "Burritos-to-Go";
```

Die `if`-Anweisung führt hier abhängig vom Ergebnis des booleschen Ausdrucks unterschiedliche Anweisungen aus.

Zwischen den `if`-Anweisungen von Java und C/C++ gibt es folgenden Unterschied: Der Testausdruck in der `if`-Anweisung muss in Java einen booleschen Wert zurückgeben (`true` oder `false`). In C kann der Test auch einen Integer zurückgeben.

Wenn Sie eine `if`-Anweisung verwenden, können Sie lediglich eine einzige Anweisung angeben, die geschehen soll, wenn der Testausdruck `true` zurückgab, und eine andere Anweisung, wenn er `false` war.

Da aber ein Block überall dort verwendet werden kann, wo auch eine einzelne Anweisung stehen kann, können Sie, wenn Sie mehr als nur eine Anweisung ausführen wollen (was normalerweise der Fall ist), diese Anweisungen zwischen ein Paar geschweifter Klammern setzen. Sehen Sie sich einmal das folgende Code-Stück an, das am 2. Tag vorkam:

```
if (temperature > 660) {
    status = "returning home";
    speed = 5;
}
```

Der `if`-Ausdruck dieses Beispiels enthält den Test-Ausdruck `temperature > 660`. Wenn die Variable `temperature` einen Wert höher als `660` beinhaltet, dann wird die Blockanweisung ausgeführt und zwei Dinge geschehen:

- Die Status-Variable erhält den Wert `returning home`.
- Die Speed-Variable wird auf `5` gesetzt.

Alle `if`- und `else`-Ausdrücke verwenden boolesche Tests, um zu entscheiden, ob Anweisungen ausgeführt werden sollen. Sie können auch direkt eine boolesche Variable benutzen, wie im folgenden Beispiel:

```
if (outOfGas)
    status = "inactive";
```

Dieses Beispiel verwendet die boolesche Variable `outOfGas`. Man hätte ganz genauso auch schreiben können:

```
if (outOfGas == true)
    status = "inactive";
```

5.2 switch-Bedingungen

Eine übliche Vorgehensweise beim Programmieren in jeder Sprache ist das Testen einer Variablen auf einen bestimmten Wert. Falls sie nicht diesen Wert hat, wird sie anhand eines anderen Wertes geprüft, und falls sie diesen wieder nicht hat, wird wieder mit einem anderen Wert geprüft usw. Werden nur `if`-Anweisungen verwendet, kann das je nachdem, wie viele verschiedene Optionen geprüft werden müssen, sehr unhandlich werden. Letztendlich könnten Sie dabei so viele `if`-Anweisungen wie im folgenden Beispiel erhalten oder noch mehr:

```
if (operation == '+')
    add(object1, object2);
else if (operation == '-')
    subtract(object1, object2);
else if (operation == '*')
    multiply(object1, object2);
else if (operation == '/')
    divide(object1, object2);
```

Diese Form nennt man *verschachtelte* `if`*-Anweisungen*, weil jede `else`-Anweisung ihrerseits weitere `if`-Anweisungen enthält, bis alle möglichen Tests ausgeführt wurden.

Viele Programmiersprachen kennen einen Ersatz für verschachtelte `if`-Anweisungen, der Ihnen ermöglicht, Tests und Aktionen gemeinsam zu einer Anweisung zusammenzustellen. In Java können Sie mithilfe der Anweisung `switch` Aktionen zusmmengruppieren. Sie verhält sich wie in C. Das folgende Beispiel zeigt Ihnen die Verwendung von `switch`:

```
switch (grade) {
    case 'A':
        System.out.println("Great job!");
        break;
    case 'B':
        System.out.println("Good job!");
        break;
    case 'C':
        System.out.println("You can do better!");
        break;
    default:
        System.out.println("Consider cheating!");
}
```

Die `switch`-Anweisung basiert auf einem Test; im vorigen Beispiel wird der Wert der Variablen `grade` getestet. die einen `char`-Wert hat. Die Testvariable, die einen der primitiven Typen `byte`, `char`, `short` oder `int` aufweisen kann, wird nacheinander mit jedem der `case`-Werte verglichen. Wenn eine Übereinstimmung gefunden wird, wird (werden) die Anweisung(en) im Anschluss an den `case`-Wert ausgeführt.

Wenn keine Übereinstimmung gefunden wird, wird (werden) die Anweisung(en) des `default`-Zweiges ausgeführt. Die Angabe eine `default`-Anweisung ist optional – sollte diese nicht vorhanden sein und wird auch keine Übereinstimmung gefunden, dann wird die `switch`-Anweisung beendet, ohne dass irgendetwas ausgeführt wird.

Die Java-Implementierung von `switch` ist einigen Einschränkungen unterworfen – der Testwert und die Werte der `case`-Zweige dürfen nur primitive Typen aufweisen, die sich in den Typ `int` casten lassen. Sie können keine größeren primitiven Typen verwenden, wie z.B. `long` oder `float`, Strings oder andere Objekte. Auch können Sie nur auf Gleichheit und nicht auf andere Relationen testen. Diese Grenzen beschränken die `switch`-Anweisung auf sehr einfache Fälle. Im Gegensatz dazu können verschachtelte `if`-Anweisungen mit allen Testmöglichkeiten und allen Datentypen arbeiten.

Hier noch einmal das vorletzte Beispiel, diesmal jedoch mit einer `switch`-Anweisung anstelle verschachtelter `if`-Anweisungen:

```
switch (operation) {
    case '+':
        add(object1, object2);
        break;
    case '*':
        subtract(object1, object2);
```

```
        break;
    case '-':
        multiply(object1, object2);
        break;
    case '/':
        divide(object1, object2);
        break;
}
```

In diesem Beispiel gibt es zwei Dinge, die Sie beachten sollten: Erstens können Sie nach jeder case-Anweisung eine einzelne Anweisung oder so viele Anweisungen, wie nötig, schreiben. Anders als bei der if-Anweisung müssen Sie keine geschweiften Klammern verwenden, wenn Sie mehrere Anweisungen angeben.

Zweitens sollten Sie die break-Anweisung, die sich in diesem Beispiel in jedem der case-Zweige befindet, beachten. Ohne die break-Anweisung würden, sobald eine Übereinstimmung gefunden wird, alle Anweisungen für diese Übereinstimmung und alle Anweisungen, die diesen Anweisungen folgen, ausgeführt. Dies geht so lange, bis eine break-Anweisung auftaucht oder das Ende der switch-Aweisung erreicht ist. In einigen Fällen kann dies genau das sein, was Sie wollen. In den meisten Fällen sollten Sie eine break-Anweisung einfügen, um sicherzustellen, dass nur der richtige Code ausgeführt wird. Die break-Anweisung, worüber Sie im Abschnitt »Schleifen verlassen« mehr lernen werden, bricht die Ausführung an der aktuellen Stelle ab und springt zu dem Code im Anschluss an die nächste schließende geschweifte Klammer (}).

Eine gute Anwendung, bei der Sie die break-Anweisung weglassen, ist, wenn mehrere Werte die gleiche(n) Anweisung(en) ausführen sollen. In diesem Fall können Sie mehrere case-Zweige ohne Anweisungen eingeben, dann führt switch die ersten Anweisungen aus, die es findet. In der folgenden switch-Anweisung wird beispielsweise die Zeichenkette "x is an even number." ausgegeben, wenn x gleich 2, 4, 6 oder 8 ist. Alle anderen Werte von x geben die Zeichenkette "x is an odd number." aus.

```
switch (x) {
    case 2:
    case 4:
    case 6:
    case 8:
       System.out.println("x is an even number.");
       break;
    default: System.out.println("x is an odd number.");
}
```

In Listing 5.2 erhält die Applikation DayCounter zwei Argumente, Monat und Jahr, und gibt die Anzahl der Tage in diesem Monat an. Eine switch-Anweisung sowie if- und else-Anweisungen werden dafür benutzt.

Listing 5.2: Der gesamte Quelltext von DayCounter.java.

```
class DayCounter {
    public static void main(String[] arguments) {
        int yearIn = 2001;
        int monthIn = 2;
        if (arguments.length > 0)
            monthIn = Integer.parseInt(arguments[0]);
        if (arguments.length > 1)
            yearIn = Integer.parseInt(arguments[1]);
        System.out.println(monthIn + "/" + yearIn + " has "
            + countDays(monthIn, yearIn) + " days.");
    }

    static int countDays(int month, int year) {
        int count = -1;
        switch (month) {
            case 1:
            case 3:
            case 5:
            case 7:
            case 8:
            case 10:
            case 12:
                count = 31;
                break;
            case 4:
            case 6:
            case 9:
            case 11:
                count = 30;
                break;
            case 2:
                if (year % 4 == 0)
                    count = 29;
                else
                    count = 28;
                if ((year % 100 == 0) & (year % 400 != 0))
                    count = 28;
        }
        return count;
    }
}
```

Diese Applikation benutzt Kommandozeilen-Argumente, um die zu überprüfenden Monats- und Jahreswerte zu spezifizieren. Das erste Argument ist der Monat, der als Zahl zwischen 1 und 12 angegeben werden soll. Das zweite Argument ist das Jahr, das als vierstellige Jahreszahl angegeben werden soll.

Nach der Kompilation des Programms tippen Sie Folgendes als Kommandozeile ein, um die Zahl der Tage im Februar 2000 abzufragen:

```
java DayCounter 2 2000
```

Die Ausgabe wird wie folgt sein:

```
2/2000 has 29 days.
```

Falls Sie beim Aufruf keine Argumente angeben, wird der voreingestellte Monat Februar 2001 verwendet, und die Ausgabe sieht folgendermaßen aus:

```
2/2001 has 28 days.
```

Die Applikation `dayCounter` benutzt einen `switch`-Ausdruck, um die Tage in einem Monat zu zählen. Dieser Ausdruck ist Teil der Methode `countDays()` in den Zeilen 13-40 von Listing 5.2.

Die Methode `countDays()` hat zwei Argumente: `month` und `year`. Die Zahl der Tage wird in der Variablen `count` gespeichert, die mit einem Anfangswert von -1 initialisiert wird. Dieser Wert wird später durch die korrekte Zahl ersetzt.

Der `switch`-Ausdruck, der in Zeile 15 beginnt, benutzt `month` als Bedingungswert.

Für elf Monate des Jahres ist die Zahl der Tage leicht anzugeben. Januar, März, Mai, Juli, August, Oktober und Dezember haben 31 Tage. April, Juni, September und November haben 30 Tage.

Diese elf Monate werden in den Zeilen 16-30 von Listing 5.2 abgearbeitet. Die Monate sind von 1 (Januar) bis 12 (Dezember) durchnummeriert. Wenn einer der `case`-Ausdrücke denselben Wert wie `month` hat, dann werden alle Ausdrücke danach ausgeführt, bis `break` oder das Ende des `switch`-Ausdrucks erreicht ist.

Der Februar macht etwas mehr Probleme. Ihn behandeln Zeilen 31-37 des Programms. In Schaltjahren hat der Februar 29 Tage, ansonsten 28 Tage. Ein Schaltjahr liegt vor,

- wenn das Jahr restlos durch 4 und nicht restlos durch 100 teilbar ist
- oder wenn das Jahr restlos durch 400 teilbar ist.

Wie Sie am 3. Tag gelernt haben, gibt der Modulus-Operator % den Rest einer Division zurück. Er findet bei mehreren `if-else`-Ausdrücken Verwendung, bei denen ermittelt wird, wie viele Tage der Februar in einem konkreten Jahr hat.

Die `if-else`-Anweisung in Zeilen 32-35 setzt `count` auf 29, wenn das Jahr restlos durch 4 teilbar ist, ansonsten auf 28.

Die `if`-Anweisung in Zeilen 36-37 benutzt den &-Operator, um zwei bedingte Ausdrücke zu kombinieren: `year % 100 == 0` und `year & 400 != 0`. Wenn beide Bedingungen `true` sind, erhält `count` den Wert 28.

Die Methode `countDays()` gibt schließlich in Zeile 39 den Wert von `count` zurück.

Wenn Sie die Applikation `DayCounter` starten, wird die Methode `main()` in Zeilen 2-11 ausgeführt.

Bei allen Java-Applikationen werden Kommandozeilen-Argumente in einem Array von String-Objekten gespeichert. Bei `DayCounter` heißt dieses Array `arguments`. Das erste Kommandozeilen-Argument wird in `arguments[0]` gespeichert, das zweite in `arguments[1]` und so weiter, bis alle Argumente gespeichert sind. Wenn die Applikation ohne Argumente gestartet wird, dann wird das Array ohne Elemente erzeugt.

Zeilen 3-4 erzeugen `yearIn` und `monthIn`, zwei Integer-Variablen, in denen das zu überprüfende Jahr und der zu überprüfende Monat gespeichert werden. Sie erhalten als Anfangswerte 2001 bzw. 2 (also Februar 2001).

Die `if`-Anweisung in Zeile 5 benutzt `arguments.length` um sicherzustellen, dass das Array `arguments` zumindest ein Element hat. Wenn ja, dann wird Zeile 6 ausgeführt.

Zeile 6 ruft `parseInt()` auf, eine Klassenmethode der Klasse `Integer`, mit `arguments[0]` als Argument. Diese Methode erhält ein String-Objekt als Argument, und wenn der String als gültiger Integer gelesen werden kann, dann gibt sie den Wert als `int` zurück. Der umgewandelte Wert wird in `monthIn` gespeichert. Etwas Ähnliches erfolgt in Zeile 7 – `parseInt()` wird mit `arguments[1]` aufgerufen. Dies dient zur Zuweisung des Werts von `yearIn`.

Die Ausgabe des Programms erfolgt in den Zeilen 9-11. Als Teil der Ausgabe wird die Methode `countDays()` mit `monthIn` und `yearIn` aufgerufen, und der von dieser Methode zurückgegebene Wert wird auf den Bildschirm geschrieben.

5.3 for-Schleifen

Die `for`-Schleife wiederholt eine Anweisung solange, bis eine Bedingung zutrifft. `for`-Schleifen werden zwar häufig für einfache Wiederholungen verwendet, in denen eine Anweisung eine bestimmte Anzahl von Malen wiederholt wird, doch können Sie `for`-Schleifen für jede Art von Schleife verwenden.

Die `for`-Schleife sieht in Java so aus:

```
for (Initialisierung; Test; Inkrement) {
    Anweisung;
}
```

Der Beginn der `for`-Schleife hat drei Teile:

- `Initialisierung` ist ein Ausdruck, der den Beginn der Schleife einleitet. Wenn Sie einen Schleifenindex verwenden, kann er durch diesen Ausdruck deklariert und initialisiert werden, z.B. `int i = 0`. Die Variablen, die Sie in diesem Teil der `for`-Schleife deklarieren, sind lokal innerhalb der Schleife. Das bedeutet, dass sie zur Schleife gehören und nach der vollständigen Ausführung der Schleife nicht mehr existieren. Sie können in diesem Bereich mehr als eine Variable initialisieren, indem Sie die einzelnen Ausdrücke durch Kommata voneinander trennen. Die Anweisung `int i = 0, int j = 10` würde hier die Variablen `i` und `j` deklarieren. Beide Variablen wären innerhalb der Schleife lokal.
- `Test` ist der Test, der nach jeder Iteration der Schleife durchgeführt wird. Der Test muss ein boolescher Ausdruck oder eine Funktion sein, die einen booleschen Wert zurückgibt, z.B. `i < 10`. Ergibt der Test `true`, wird die Schleife ausgeführt. Sobald er `false` ergibt, wird die Schleifenausführung gestoppt.
- `Inkrement` ist ein beliebiger Ausdruck oder Funktionsaufruf. Üblicherweise wird `Inkrement` verwendet, um den Wert des Schleifenindex zu ändern, um ihn näher an den Endwert heranzubringen und damit zur Ausgabe von `false` und zur Beendigung der Schleife zu sorgen. Nach jedem Schleifendurchlauf erfolgt das Inkrement. Wie schon im *`Initialisierung`*-Bereich können Sie mehr als einen Ausdruck unterbringen, wenn Sie die einzelnen Ausdrücke mit Kommata voneinander trennen.

Der `Anweisung`-Teil der `for`-Schleife enthält die Anweisungen, die bei jeder Wiederholung der Schleife ausgeführt werden. Wie bei `if` können Sie hier entweder eine einzelne Anweisung oder einen Block einbinden. Im vorherigen Beispiel wurde ein Block benutzt, weil das häufiger vorkommt. Das nächste Beispiel, eine `for`-Schleife, weist allen Elementen eines `String`-Arrays den Wert `"Mr."` zu:

```
String[] salutation = new String[10];
int i; // Schleifenindex

for (i = 0; i < salutation.length; i++)
    salutation[i] = "Mr.";
```

In diesem Beispiel dient die Variable `i` als Schleifenindex, zählt also mit, wie oft die Schleife bereits durchlaufen wurde. Vor jedem Schleifendurchlauf wird der Indexwert mit `salutation.length`, also der Zahl der Elemente im Array `salutation`, verglichen. Wenn der Index gleich oder größer als `salutation.length` ist, dann wird die Schleife beendet.

Der letzte Teil der `for`-Anweisung ist `i++`. Dies sorgt dafür, dass der Schleifenindex bei jedem Durchlauf um eins erhöht wird. Ohne diesen Ausdruck würde die Schleife niemals enden.

Die Anweisung innerhalb der Schleife setzt ein Element des Array `salutation` auf den Wert `"Mr."`. Der Schleifenindex legt fest, welches Element modifiziert wird.

Jeder Teil der for-Schleife kann eine leere Anweisung sein, d.h. Sie können einfach ein Semikolon ohne Ausdruck oder Anweisung eingeben. Dann wird dieser Teil der for-Schleife ignoriert. Wenn Sie in einer for-Schleife eine leere Anweisung verwenden, müssen Sie eventuell Schleifenvariablen oder Schleifenindizes manuell anderswo im Programm initialisieren bzw. inkrementieren.

Auch im Körper der for-Schleife kann eine leere Anweisung stehen, falls alles, was Sie bezwecken wollen, in der ersten Zeile der Schleife steht. Im folgenden Beispiel wird die erste Primzahl gesucht, die größer ist als 4000 ist (dafür wird die Methode notPrime() aufgerufen, die prüft, ob i nicht prim ist und einen entsprechenden booleschen Wert zurückgibt):

```
for (i = 4001; notPrime(i); i += 2)
;
```

Ein häufiger Fehler bei for-Schleifen ist, einen Strichpunkt an das Ende der Zeile mit der for-Anweisung zu setzen.

```
for (i = 0; i < 10; i++);
    x = x * i; // diese Zeile befindet sich nicht innerhalb der Schleife
```

Das erste Semikolon beendet die Schleife mit einer leeren Anweisung, ohne dass x = x * i als Teil der Schleife ausgeführt würde. Die Zeile x = x * i wird nur einmal ausgeführt, weil sie sich außerhalb der for-Schleife befindet. Achten Sie darauf, dass Ihnen dieser Fehler in Ihren Java-Programmen nicht passiert.

Am Ende des Abschnitts über die for-Schleifen wollen wir das Beispiel mit den Halbdollarstücken neu schreiben und mit for-Schleifen redundanten Code vermeiden. Der Original-Quelltext ist lang und wiederholt sich. Außerdem arbeitet das Programm in dieser Version nur mit einem dreielementigen Array. Diese Version (Listing 5.3) ist kürzer und wesentlich flexibler (sie erzeugt aber dieselbe Ausgabe).

Listing 5.3: Der gesamte Quelltext von HalfLoop.java.

```
class HalfLoop {
    public static void main(String[] arguments) {
        int[] denver = {  15000006, 18810000, 20752110 } ;
        int[] philadelphia = {  15020000, 18708000, 21348000 } ;
        int[] total = new int[denver.length];
        int sum = 0;

        for (int i = 0; i < denver.length; i++) {
            total[i] = denver[i] + philadelphia[i];
            System.out.println((i + 1993) + " production: "
                + total[i]);
            sum += total[i];
        }
```

```
14:
15:         System.out.println("Average production: "
16:             + (sum / denver.length));
17:     }
18: }
```

Das Programm erzeugt die folgende Ausgabe:

```
1993 production: 30020006
1994 production: 37518000
1995 production: 42100110
Average production: 36546038
```

Anstatt die Elemente der drei Arrays einzeln anzusprechen, verwendet dieses Beispiel eine `for`-Schleife. Das Folgende geschieht in der Schleife, die sich in den Zeilen 8-13 von Listing 5.3 findet:

- Zeile 8: Die Schleife wird mit einer `int`-Variable namens `i` als Index erzeugt. Der Index wird bei jedem Schleifendurchlauf um 1 erhöht. Die Schleife endet, sobald `i` gleich oder größer als `denver.length`, also die Zahl der Elemente im `denver`-Array ist.
- Zeilen 9-11: Der Wert eines der `total`-Elemente wird mithilfe des Schleifenindexes zugewiesen und dann zusammen mit dem Produktionsjahr auf den Bildschirm geschrieben.
- Zeile 12: Der Wert eines `total`-Elements wird zur Variable `sum` hinzuaddiert, die zur Berechnung der durchschnittlichen Jahresproduktion dient.

Indem Sie eine etwas allgemeiner gestaltete Schleife verwenden, können Sie Arrays mit verschiedener Größe verwenden, wobei dennoch die Elemente des `total`-Arrays die korrekten Werte erhalten.

5.4 while- und do-Schleifen

Nun bleiben noch die Schleifenarten `while` und `do` zu erlernen. Wie mit `for`-Schleifen kann mit `while`- und `do`-Schleifen ein Java-Code-Block wiederholt ausgeführt werden, bis eine bestimmte Bedingung erfüllt ist. Welche der drei Schleifenarten (`for`, `while` oder `do`) Sie bevorzugen, ist eine Sache des persönlichen Programmierstils.

while-Schleifen

Die `while`-Schleife wird zum Wiederholen einer Anweisung oder einer Blockanweisung, solange eine bestimmte Bedingung zutrifft, verwendet. Im Anschluss sehen Sie ein Beispiel für eine `while`-Schleife:

```
while (i < 10) {
    x = x * i++; // Körper der Schleife
}
```

Die Bedingung, die das Schlüsselwort `while` begleitet, ist ein boolescher Ausdruck – im vorigen Beispiel `i < 10`. Wenn der Ausdruck `true` ergibt, dann führt die `while`-Schleife den Körper der Schleife aus und prüft anschließend die Bedingung erneut. Dieser Prozess wiederholt sich so lange, bis die Bedingung `false` ergibt. Obwohl die obige Schleife ein Paar geschweifter Klammern für eine Blockanweisung im Körper der Schleife verwendet, wären diese hier nicht nötig, da sich nur eine Anweisung darin befindet: `x = x * i++`. Die Klammern stellen aber kein Problem dar. Benötigt werden sie, wenn Sie später eine weitere Anweisung in den Körper der Schleife einfügen.

Das Listing 5.4 zeigt ein Beispiel für eine `while`-Schleife, die die Elemente eines Arrays mit Integern (in `array1`) in ein Array mit Fließkommazahlen (in `array2`) kopiert. Dabei werden alle Elemente nacheinander in `float` gecastet. Ist eines der Elemente im ersten Array `1`, wird die Schleife sofort an diesem Punkt beendet.

Listing 5.4: Der gesamte Quelltext von CopyArrayWhile.java.

```
class CopyArrayWhile {
    public static void main (String[] arguments) {
        int[] array1 = { 7, 4, 8, 1, 4, 1, 4 };
        float[] array2 = new float[array1.length];

        System.out.print("array1: [ ");
        for (int i = 0; i < array1.length; i++) {
            System.out.print(array1[i] + " ");
        }
        System.out.println("]");

        System.out.print("array2: [ ");
        int count = 0;
        while ( count < array1.length && array1[count] != 1) {
            array2[count] = (float) array1[count];
            System.out.print(array2[count++] + " ");
        }
        System.out.println("]");
    }
}
```

Das Programm erzeugt folgende Ausgabe:

```
array1: [ 7 4 8 1 4 1 4 ]
array2: [ 7.0 4.0 8.0 ]
```

Lassen Sie uns nun einen Blick darauf werfen, was in der `main()`-Methode vor sich geht:

- Die Zeilen 3 und 4 deklarieren die Arrays. `array1` ist ein Array für `int`-Werte, das mit irgendwelchen geeigneten Werten initialisiert wird. `array2` ist vom Typ `float`, hat dieselbe Größe wie `array1`, wird aber nicht mit Werten initialisiert.
- Die Zeilen 6 bis 10 dienen zur Ausgabe. Hier wird einfach `array1` mit einer `for`-Schleife durchgegangen und die einzelnen Werte darin werden auf dem Bildschirm ausgegeben.
- In den Zeilen 13 bis 17 geschehen die interessanten Dinge. Die Anweisung hier weist zugleich `array2` die Werte zu (dafür werden die `int`-Werte in `float`-Werte konvertiert) und gibt sie auf dem Bildschirm aus. Wir beginnen mit der Variablen `count`, die den Array-Index darstellt. Der Testausdruck in der `while`-Schleife prüft zwei Bedingungen: Zum einen wird überwacht, ob das Ende des Arrays erreicht ist, und zum anderen, ob einer der Werte in `array1` eine `1` ist (wie Sie sich erinnern werden, war dies Teil der Beschreibung des Programms).
- Der Testausdruck lässt sich mit dem logischen UND-Operator `&&` formen. Denken Sie daran, dass der Operator `&&` sicherstellt, dass beide Bedingungen `true` sind, bevor der gesamte Ausdruck `true` ergibt. Wenn einer davon `false` ist, ergibt der gesamte Ausdruck `false`, und die Schleife endet.

Die Ausgabe zeigt, dass die ersten drei Elemente von `array1` in `array2` kopiert wurden. Allerdings befand sich mitten unter den Werten eine `1`, die die Ausführung der Schleife beendete. Ohne das Auftreten einer `1` sollte `array2` am Ende dieselben Elemente beinhalten wie `array1`.

Falls die Bedingung beim ersten Durchlauf `false` ist (z.B. wenn das erste Element im ersten Array `1` ist), wird der Körper der `while`-Schleife nie ausgeführt. Soll die Schleife mindestens einmal ausgeführt werden, haben Sie folgende Möglichkeiten:

- Sie duplizieren den Schleifenkörper und fügen ihn außerhalb der `while`-Schleife ein.
- Sie verwenden eine `do`-Schleife (wird weiter unten beschrieben).

Die `do`-Schleife ist die bessere der beiden Möglichkeiten.

do...while-Schleifen

Die `do`-Schleife entspricht ganz der `while`-Schleife, mit einem Unterschied: der Position innerhalb der Schleife, an der die Bedingung überprüft wird. `while`-Schleifen prüfen die Bedingung vor der Ausführung der Schleife, sodass der Schleifenkörper ggf. nie ausgeführt wird, wenn nämlich die Bedingung schon beim ersten Durchlauf `false` ist, während bei `do`-Schleifen der Schleifenkörper mindestens einmal vor dem Testen der Bedingung ausgeführt wird. Wenn also die Bedingung beim ersten Test `false` ist, dann ist der Körper bereits einmal ausgeführt.

Der Unterschied ist in etwa so wie beim Ausleihen des Autos der Eltern. Wenn man die Eltern fragt, bevor man das Auto ausleiht, und sie sagen nein, dann hat man das Auto nicht. Fragt man sie dagegen, nachdem man sich das Auto ausgeliehen hat, und sie sagen nein, dann hatte man das Auto bereits.

Das folgende Beispiel benutzt eine do-Schleife, um den Wert eines long-Integers solange zu verdoppeln, bis er größer als drei Billionen ist

```
long i = 1;
do {
    i *= 2;
    System.out.print(i + " ");
}  while (i < 3000000000000L);
```

Der Körper der Schleife wird einmal ausgeführt, bevor die Bedingung `i < 3000000000` ausgewertet wird. Wenn der Test anschließend `true` ergibt, wird die Schleife erneut ausgeführt. Wenn der Test allerdings `false` ergibt, dann wird die Schleife beendet. Denken Sie immer daran, dass bei do-Schleifen der Körper der Schleife mindestens einmal ausgeführt wird.

5.5 Unterbrechen von Schleifen

Alle Schleifen enden, wenn die geprüfte Bedingung erfüllt ist. Was passiert, wenn etwas Bestimmtes im Schleifenkörper stattfindet und Sie die Schleife bzw. die aktuelle Iteration vorzeitig beenden wollen? Hierfür können Sie die Schlüsselwörter `break` und `continue` verwenden.

Sie haben `break` bereits als Teil der `switch`-Anweisung kennen gelernt. `break` stoppt die Ausführung von `switch`, und das Programm läuft weiter. Bei Verwendung mit einer Schleife bewirkt das Schlüsselwort `break` das gleiche – es hält die Ausführung der aktiven Schleife sofort an. Enthalten Schleifen verschachtelte Schleifen, wird die Ausführung mit der nächstäußeren Schleife wieder aufgenommen. Andernfalls wird die Ausführung des Programms ab der nächsten Anweisung nach der Schleife fortgesetzt.

Denken Sie beispielsweise an die `while`-Schleife, mit der wir Elemente von einem Integer-Array in ein Fließkomma-Array kopiert haben, bis das Ende des Arrays oder eine 1 erreicht war. Sie können den zweiten Fall im `while`-Körper testen und dann `break` verwenden, um die Schleife zu beenden:

```
int count = 0;
while (count < array1.length) {
    if (array1[count] == 1) {
        break;
    array2[count] = (float) array2[count++];
}
```

continue beginnt die Schleife wieder mit der nächsten Iteration. Bei do- und while-Schleifen bedeutet das, dass die Ausführung des Blocks erneut beginnt. Bei for-Schleifen wird der Inkrement-Ausdruck ausgewertet, dann wird der Block ausgeführt. continue ist nützlich, wenn Sie spezielle Fälle in einer Schleife berücksichtigen wollen. In dem Beispiel, in dem ein Array in ein anderes kopiert wurde, könnten Sie testen, ob das aktuelle Element 1 ist, und die Schleife nach jeder 1 neu startet, sodass das resultierende Array nie null enthält. Da dabei Elemente im ersten Array übersprungen werden, müssen Sie zwei verschiedene Array-Zähler überwachen:

```
int count = 0;
int count2 = 0;
while (count++ <= array1.length) {
    if (array1[count] == 1)
       continue;

     array2[count2++] = (float)array1[count];
}
```

5.6 Gelabelte Schleifen

Sowohl break als auch continue können optional gelabelt werden, um Java mitzuteilen, wo genau die Ausführung des Programms wieder aufgenommen werden soll. Ohne Label springt break aus der innersten Schleife zu der umgebenden Schleife oder zur nächsten Anweisung außerhalb der Schleife, während continue mit der nächsten Iteration der Schleife, in der es sich befindet, beginnt. Durch Verwendung gelabelter break- und continue-Anweisungen können Sie mit break zu einem Punkt außerhalb von verschachtelten Schleifen bzw. mit continue zu einer Schleife außerhalb der aktuellen Schleife springen.

Um eine Schleife zu labeln, fügen Sie vor dem Anfangsteil der Schleife eine Beschriftung (*Label*) und einen Doppelpunkt ein. Wenn Sie dann break oder continue verwenden, fügen Sie den Namen der Label direkt nach dem Schlüsselwort ein:

```
out:
    for (int i = 0; i <10; i++) {
        while (x < 50) {
            if (i * x++ > 400)
                break out;
            // innere Schleife
        }
        // äußere Schleife
    }
```

In diesem Code wird die äußere for-Schleife mit out bezeichnet. Falls eine bestimmte Bedingung innerhalb der for- oder der while-Schleife erfüllt ist und break Anwendung findet, dann veranlasst `break` die Unterbrechung beider Schleifen. Ohne das Label `out` würde das `break` lediglich die innere Schleife verlassen, worauf die Abarbeitung der äußeren Schleife fortgeführt würde.

5.7 Der Bedingungsoperator

Eine Alternative zur Verwendung der Schlüsselwörter `if` und `else` in einer Bedingungsanweisung ist der *Bedingungsoperator*, der auch *ternärer Operator* genannt wird. Der *Bedingungsoperator* wird deshalb *ternärer Operator* genannt, weil er drei Teile umfasst.

Der Bedingungsoperator ist ein Ausdruck, was bedeutet, dass er einen Wert zurückgibt (im Gegensatz zum allgemeineren `if`, das nur zur Ausführung einer Anweisung oder eines Blocks führen kann). Der Bedingungsoperator ist besonders für sehr kurze oder einfache Bedingungen nützlich und sieht so aus:

```
test ? trueresult : falseresult;
```

Das Wort `test` ist ein Ausdruck, der `true` oder `false` ausgibt, wie beim Testen in der `if`-Anweisung. Ist der Test `true`, gibt der Bedingungsoperator den Wert von `trueresult` zurück. Ist er `false`, gibt er den Wert von `falseresult` zurück. Folgende Bedingung prüft z.B. die Werte von `myScore` und `yourScore`, gibt den größeren der beiden Werte zurück und weist diesen Wert der Variablen `ourBestScore` zu:

```
int ourBestScore = myScore > yourScore ? myScore : yourScore;
```

Diese Zeile mit dem Bedingungsoperator entspricht folgendem `if-else`-Konstrukt:

```
int ourBestScore;
if (myScore > yourScore)
    ourBestScore = myScore;
else
    ourBestScore = yourScore;
```

Der Bedingungsoperator hat eine sehr niedrige Präzedenz. Das bedeutet, dass er normalerweise erst nach allen Unterausdrücken ausgewertet wird. Nur die Zuweisungsoperatoren haben eine noch niedrigere Präzedenz. Zum Auffrischen des Gedächtnisses können Sie die Präzedenz von Operatoren in der Tabelle 3.7 von Tag 3 nachschlagen.

Der ternäre Operator ist für erfahrene Programmierer, die komplizierte Ausdrücke schreiben, von größter Nützlichkeit. Seine Funktionalität kann aber bei einfachen Ausdrücken auch mit `if-else`-Anweisungen erzielt werden. Als Anfänger sind Sie also keineswegs gezwungen, diesen Operator zu verwenden. Er findet sich vor allem deswegen in diesem Buch, weil er Ihnen im Quelltext von anderen Java-Programmierern begegnen wird.

5.8 Zusammenfassung

Jetzt, da Sie Arrays, Schleifen und Logik beherrschen, können Sie den Computer entscheiden lassen, ob die Inhalte eines Arrays wiederholt angezeigt werden sollen.

Sie haben gelernt, wie eine Array-Variable deklariert wird, wie ein Array-Objekt dieser Variablen zugewiesen wird und wie Sie auf Elemente in einem Array zugreifen und diese ändern. Mit den Bedingungsanweisungen `if` und `switch` können Sie auf der Grundlage eines booleschen Tests in andere Teile eines Programms verzweigen. Ferner haben Sie viel über die Schleifen `for`, `while` und `do` gelernt. Mit allen drei Schleifenarten können Sie einen Programmteil wiederholt ausführen, bis eine bestimmte Bedingung erfüllt ist.

Das muss wiederholt werden:

- Sie werden diese drei Features häufig in Ihren Programmen verwenden.
- Sie werden diese drei Features häufig in Ihren Programmen verwenden.

5.9 Fragen und Antworten

F *Ich habe in einer Blockanweisung für ein* `if` *eine Variable deklariert. Als das* `if` *verarbeitet war, verschwand die Definition dieser Variablen. Wie kann das sein?*

A Blockanweisungen innerhalb von Klammern stellen einen neuen Gültigkeitsbereich dar. Das bedeutet, dass eine in einem Block deklarierte Variable nur innerhalb dieses Blocks sichtbar und nutzbar ist. Sobald die Ausführung des Blocks abgeschlossen ist, verschwinden alle Variablen, die Sie darin deklariert haben.

Es empfiehlt sich, Variablen im äußersten Block, in dem sie gebraucht werden, zu deklarieren. Das ist normalerweise am Anfang einer Blockanweisung. Eine Ausnahme hierzu können sehr einfache Variablen sein, z.B. Indexzähler für `for`-Schleifen, deren Deklaration in der ersten Zeile der `for`-Schleife nahe liegend ist.

F *Warum kann man* `switch` *nicht mit Strings benutzen?*

A Strings sind Objekte, während `switch` in Java nur auf die primitiven Typen `byte`, `char`, `short` und `int` anwendbar ist. Zum Vergleichen von Strings müssen Sie verschachtelte `if`-Anweisungen verwenden. Damit sind auch Vergleiche von Strings möglich.

5.10 Quiz

Überprüfen Sie den heutigen Stoff, indem Sie dieses Quiz mit drei Fragen beantworten.

Fragen

1. Welcher Schleifentyp führt die Anweisungen in einer Schleife zumindest einmal aus, ehe die Bedingung das erste Mal geprüft wird?

   (a) `do - while`

   (b) `for`

   (c) `while`

2. Welcher Operator gibt den Rest einer Division zurück?

   (a) `/`

   (b) `%`

   (c) `?`

3. Welche Instanzvariable eines Arrays gibt an, wie groß es ist?

   (a) `size`

   (b) `length`

   (c) `MAX_VALUE`

Antworten

1. a. In einer `do-while`-Schleife steht die `while`-Bedingung am Ende der Schleife. Selbst wenn sie von Anfang an `false` ist, werden die Anweisungen in der Schleife mindestens einmal ausgeführt.
2. b. Der Modulus-Operator (»%«).
3. b.

5.11 Übungen

Um Ihr Wissen über die heute behandelten Themen zu vertiefen, können Sie sich an folgenden Übungen versuchen:

- Erstellen Sie unter Verwendung der Methode `countDays()` eine `DayCounter`-Applikation, die einen Kalender eines vorgegebenen Jahres in einer Gesamtliste vom 1. Januar bis zum 31. Dezember ausgibt.
- Erstellen Sie eine Klasse, der Wörter für die ersten zehn Zahlen (also `eins` bis `zehn`) übergeben werden und die diese dann in einen `long`-Integer umwandelt. Benutzen Sie `switch` für die Umwandlung und Kommandozeilen-Argumente für die Wörter.

Soweit einschlägig, finden Sie die Lösungen zu den Übungen auf der Webseite zum Buch: `http://www.java21days.com`.

Klassen und Methoden definieren

Wenn Sie von einer anderen Programmiersprache zu Java wechseln, dann werden Sie eventuell mit den Klassen etwas zu kämpfen haben. Der Begriff *Klasse* scheint synonym mit dem Begriff *Programm* zu sein, doch könnten Sie unsicher sein, wie die Beziehung zwischen Klasse und Programm genau aussieht.

In Java besteht ein Programm aus einer Hauptklasse und beliebig vielen Hilfsklassen, die zur Unterstützung der Hauptklasse benötigt werden. Diese Hilfsklassen beinhalten beliebige Klassen aus der Java-Klassenbibliothek (wie z.B. `String`, `Math` usw.).

Heute wird Ihnen die Bedeutung von *Klasse* klar werden, denn Sie werden Klassen und Methoden, die das Verhalten eines Objekts oder ein Klasse festlegen, erstellen. Im Einzelnen werden folgende Themen besprochen:

- Die Teile einer Klassendefinition
- Deklarieren und Verwenden von Instanzvariablen
- Definieren und Verwenden von Methoden
- Die `main()`-Methode, die in Java-Applikationen verwendet wird
- Definieren von überladenen Methoden, die denselben Namen teilen, aber sich in Signatur und Definition unterscheiden
- Definieren von Konstruktoren, die bei der Erzeugung eines Objekts aufgerufen werden

6.1 Definieren von Klassen

Da Sie in jedem der vorangegangenen Kapitel bereits Klassen erstellt haben, sollten Sie mit den Grundlagen der Definition von Klassen bereits vertraut sein. Um eine Klasse zu definieren, verwenden Sie das Schlüsselwort `class` und den Namen der Klasse:

```
class Ticker {
    // Körper der Klasse
}
```

Standardmäßig werden Klassen von der Klasse `Object` abgeleitet. Diese ist die Superklasse aller Klassen in der Klassenhierarchie von Java.

Das Schlüsselwort `extends` gibt die Superklasse einer Klasse an. Sehen Sie sich hierzu die folgende Subklasse der Klasse `Ticker` an:

```
class SportsTicker extends Ticker {
    // Körper der Klasse
}
```

6.2 Erstellen von Instanz- und Klassenvariablen

Wenn Sie eine Klasse von einer Superklasse ableiten, dann definieren Sie die Verhaltensweisen, die die neue Klasse von der Klasse, von der sie abgeleitet wurde, unterscheidet.

Diese Verhaltensweisen definieren Sie über die Variablen und Methoden der neuen Klasse. In diesem Abschnitt arbeiten Sie mit drei verschiedenen Variablentypen: Klassenvariablen, Instanzvariablen und lokalen Variablen. Der darauffolgende Abschnitt behandelt Methoden.

Definieren von Instanzvariablen

Am 3. Tag haben Sie gelernt, wie lokale Variablen, d.h. Variablen in Methodendefinitionen, deklariert und initialisiert werden. Instanzvariablen werden auf fast genau die gleiche Weise deklariert und definiert. Der wesentliche Unterschied ist ihre Position in der Klassendefinition. Variablen sind dann Instanzvariablen, wenn sie außerhalb einer Methodendefinition deklariert und nicht durch das Schlüsselwort `static` modifiziert werden. Üblicherweise werden die meisten Instanzvariablen direkt nach der ersten Zeile der Klassendefinition definiert. Listing 6.1 zeigt eine einfache Definition für eine Klasse namens `VolcanoRobot`, die von der Superklasse `ScienceRobot` abgeleitet wird.

Listing 6.1: Die gesamte Quelltext von VolcanoRobot.java

```
class VolcanoRobot extends ScienceRobot {

    String status;
    int speed;
    float temperature;
    int power;
}
```

Diese Klassendefinition umfasst vier Variablen. Da diese Variablen nicht innerhalb einer Methode definiert sind, handelt es sich um Instanzvariablen. Die folgenden Variablen befinden sich in der Klasse:

- `status`: ein String, der die gegenwärtige Aktivität des Roboters angibt (z.B. `exploring` oder `returning home`)
- `speed`: ein Integer, der die aktuelle Geschwindigkeit des Roboters angibt
- `temperature`: eine Fließkommazahl, die die vom Roboter gemessene Außentemperatur angibt
- `power`: ein Integer, der die aktuelle Batterieladung des Roboters angibt

Klassenvariablen

Wie Sie in den vorherigen Lektionen gelernt haben, gelten Klassenvariablen für eine ganze Klasse und werden nicht individuell in den Objekten einer Klasse gespeichert.

Klassenvariablen eignen sich gut zur Kommunikation zwischen verschiedenen Objekten der gleichen Klasse oder zum Verfolgen klassenweiter Infromation in mehreren Objekten.

Um eine Klassenvariable zu deklarieren, benutzen Sie das Schlüsselwort `static` in der Klassendeklaration:

```
static int sum;
static final int maxObjects = 10;
```

6.3 Erstellen von Methoden

Am 4. Tag haben Sie gelernt, dass Methoden das Verhalten eines Objekts bestimmen, d.h. was geschieht, wenn das Objekt erstellt wird, und welche Aufgaben es während seiner Lebenszeit erfüllen kann.

In diesem Abschnitt erfahren Sie, wie man eine Methode definiert und wie Methoden funktionieren.

Definieren von Methoden

Die Definition von Methoden besteht aus folgenden vier Teilen:

- Name der Methode
- Liste der Parameter
- Objekttyp oder der primitive Typ, den die Methode zurückgibt
- Methodenkörper

Die ersten beiden Teile der Methodendefinition bilden die so genannte *Signatur* der Methode.

HINWEIS: Um die heutige Lektion nicht unnötig zu verkomplizieren, wurden zwei optionale Teile der Definition einer Methode weggelassen: Modifier, z.B. `public` oder `private`, und das Schlüsselwort `throws`, das die Ausnahmen bezeichnet, die eine Methode auswerfen kann. Sie lernen diese Teile der Methodendefinition in Woche 3.

In anderen Sprachen genügt der Name der Methode (bzw. der Funktion, Subroutine oder Prozedur), um sie von anderen im Programm vorhandenen Methoden zu unterscheiden.

In Java sind mehrere Methoden möglich, die denselben Namen haben, sich jedoch im Rückgabetyp unterscheiden. Dies nennt man *Überladen* von Methoden (dazu später am heutigen Tag mehr).

Eine einfache Methodendefinition sieht in Java so aus:

```
returnType Methodenname (Typ1 Arg1, Typ2 Arg2, Typ3 Arg3...) {
   //Körper der Methode
}
```

`returnType` ist der primitive Typ oder die Klasse des Wertes, den die Methode zurückgibt. Das kann einer der primitiven Typen, ein Klassenname oder `void` sein, falls die Methode keinen Wert zurückgibt.

Gibt diese Methode ein Array-Objekt zurück, können die Array-Klammern entweder nach dem `returnType` oder nach der Parameterliste eingegeben werden. Da die erste Art wesentlich übersichtlicher ist, wird sie ausschließlich in diesem Buch angewandt:

```
int[] makeRange (int lower, int upper) {
   //Körper der Methode
}
```

Bei der Parameterliste einer Methode handelt es sich um verschiedene Variablendeklarationen, die durch Kommata getrennt werden und zwischen Klammern stehen. Diese Parameter werden im Körper der Methode zu lokalen Variablen, die ihre Werte beim Aufruf der Methode erhalten.

Im Methodenkörper können Anweisungen, Ausdrücke, Aufrufe der Methoden anderer Objekte, Bedingungen, Schleifen usw. stehen – kurz: alles, was Sie in den bisherigen Lektionen kennen gelernt haben.

Hat Ihre Methode einen Rückgabetyp (d.h. der Rückgabetyp wurde nicht mit `void` deklariert), dann gibt die Methode nach ihrer Erledigung einen Wert zurück. Dieser Wert muss irgendwo im Methodenkörper explizit zurückgegeben werden. Sie verwenden hierfür das Schlüsselwort `return`.

Listing 6.2 zeigt das Beispiel einer Klasse, die die Methode `makeRange()` definiert. `makeRange()` nimmt zwei Integer entgegen – eine obere und eine untere Grenze – und erstellt ein Array, das alle zwischen diesen Grenzen liegenden Integer (einschließlich der Grenzwerte) enthält.

Listing 6.2: Der gesamte Quelltext von RangeClass.java

```
 1: class RangeClass {
 2:     int[] makeRange(int lower, int upper) {
 3:         int arr[] = new int[ (upper - lower) + 1 ];
 4:
 5:         for (int i = 0; i < arr.length; i++) {
 6:             arr[i] = lower++;
 7:         }
 8:         return arr;
 9:     }
10:
11:     public static void main(String[] arguments) {
12:         int theArray[];
13:         RangeClass theRange = new RangeClass();
14:
15:         theArray = theRange.makeRange(1, 10);
16:         System.out.print("The array: [ ");
17:         for (int i = 0; i < theArray.length; i++) {
18:             System.out.print(theArray[i] + " ");
19:         }
20:         System.out.println("]");
21:     }
22:
23: }
```

Die Ausgabe dieses Programms sieht so aus:

```
The array: [ 1 2 3 4 5 6 7 8 9 10 ]
```

Die Methode `main()` in dieser Klasse testet die Methode `makeRange()` durch das Anlegen eines Bereichs, wobei die obere und untere Grenze des Bereichs 1 bzw. 10 sind. Dann wird eine `for`-Schleife benutzt, um die Werte des neuen Arrays auszugeben (Zeilen 5-7).

Das this-Schlüsselwort

Mitunter möchten Sie im Körper einer Methodendefinition auf das aktuelle Objekt (also das Objekt dessen Methode gerade aufgerufen ist) verweisen, beispielsweise, um die Instanzvariablen des Objekts zu verwenden oder das aktuelle Objekt als Argument an eine andere Methode weiterzugeben.

Um auf das aktuelle Objekt in diesen Fällen Bezug zu nehmen, verwenden Sie das Schlüsselwort `this` dort, wo normalerweise ein Objektname stehen würde.

Sie können es an jeder beliebigen Stelle eingeben, an der das Objekt erscheinen kann, z. B. in einer Punkt-Notation, als Argument für eine Methode, als Rückgabewert der aktuellen Methode usw. Hier ein paar Beispiele für die Verwendung des Schlüsselwortes `this`:

```
t = this.x;                // Instanzvariable x für dieses Objekt
this.resetData(this);      // Aufruf der in dieser Klasse definierten
                           // resetData-Methode, an die das aktuelle Objekt
                           // übergeben wird
return this;               // Rückgabe des aktuellen Objekts
```

In vielen Fällen können Sie das Schlüsselwort `this` weglassen, da es automatisch ergänzt wird. Sie können sich z. B. auf Instanzvariablen und Methodenaufrufe, die in der aktuellen Klasse definiert sind, einfach auch über den Namen beziehen. `this` ist in diesen Referenzen implizit vorhanden. Die ersten zwei Beispiele könnten somit auch wie folgt formuliert werden:

```
t = x;                     // Instanzvariable x dieses Objekts
resetData(this);           // Aufruf der in dieser Klasse definierten
                           // resetData-Methode
```

HINWEIS

Ob Sie das Schlüsselwort `this` für Instanzvariablen weglassen können, hängt davon ab, ob es Variablen mit dem gleichen Namen in dem aktuellen Gültigkeitsbereich gibt. Einzelheiten hierzu finden Sie im nächsten Abschnitt.

Da `this` eine Referenz auf die aktuelle Instanz einer Klasse ist, macht es keinen Sinn, das Schlüsselwort außerhalb der Definition einer Instanzmethode zu verwenden. Klassenmethoden, d.h. Methoden, die mit dem Schlüsselwort `static` deklariert sind, können `this` nicht verwenden.

Gültigkeitsbereich von Variablen und Methodendefinitionen

Was Sie über eine Variable unbedingt wissen müssen, um sie verwenden zu können, ist ihr Gültigkeitsbereich.

Neuer BEGRIFF

Der *Gültigkeitsbereich* ist der Teil eines Programms, in dem eine Variable oder eine andere Information verwendet werden kann. Wenn der Teil, der dem Gültigkeitsbereich entspricht, abgearbeitet ist, endet die Existenz der Variablen.

Wenn Sie unter Java eine Variable deklarieren, hat diese immer einen eingeschränkten Gültigkeitsbereich. Variablen mit einem lokalem Gültigkeitsbereich können z. B. nur in dem Block verwendet werden, in dem sie definiert wurden. Der Gültigkeitsbereich von Instanzvariablen umfasst die gesamte Klasse, sodass diese von allen Methoden innerhalb der Klasse verwendet werden können.

Wenn Sie sich auf eine Variable in einer Methodendefinition beziehen, sucht Java zuerst eine Definition dieser Variablen im aktuellen Gültigkeitsbereich (der ein Block sein kann), dann durchsucht es der Reihe nach die weiter außen liegenden Gültigkeitsbereiche und schließlich die Definition der aktuellen Methode. Ist die gesuchte Variable keine lokale Variable, sucht Java nach einer Definition dieser Variablen als Instanzvariable oder Klassenvariable in der aktuellen Klasse. Kann Java die Variablendefinition immer noch nicht finden, dann durchsucht es schließlich die einzelnen Superklassen.

Aufgrund der Art, in der Java nach dem Gültigkeitsbereich einer bestimmten Variablen sucht, können Sie eine Variable in einem niedrigeren Bereich erstellen, die dann den Originalwert dieser Variablen verbirgt oder ersetzt. Dies kann zu verwirrenden und schwer dingfest zu machenden Fehlern führen.

Betrachten Sie z.B. dieses kleine Java-Programm:

```
class ScopeTest {
    int test = 10;

    void printTest () {
        int test = 20;
        System.out.println("Test = " + test);
    }

    public static void main(String[] arguments) {
        ScopeTest st = new ScopeTest();
        st.printTest();
    }
}
```

Diese Klasse hat zwei Variablen mit dem gleichen Namen und der gleichen Definition: Die erste, eine Instanzvariable, hat den Namen `test` und wird mit dem Wert `10` initialisiert. Die zweite ist eine lokale Variable mit dem gleichen Namen, jedoch dem Wert `20`.

Die lokale Variable `test` in der Methode `printTest()` verbirgt die Instanzvariable `test`. Wenn die Methode `printTest()` innerhalb der Methode `main()` aufgerufen wird, gibt sie aus, dass `test` gleich `20` sei, obwohl es eine Instanzvariable `test` mit dem Wert `10` gibt. Sie könnten dieses Problem vermeiden, indem Sie `this.test` verwenden, um sich spezifisch auf die Instanzvariable zu beziehen, und nur `test`, um sich auf die lokale Variable zu beziehen. Die bessere Lösung ist jedoch, verschiedene Variablennamen zu benutzen.

Noch schlimmer wird es, wenn Sie eine Variable, die bereits in einer Superklasse vorkommt, in einer Subklasse neu definieren. Das kann heimtückische Fehler im Code verursachen. Beispielsweise könnten Sie eine Methode aufrufen, die den Wert einer Instanzvariablen ändern soll, nun jedoch die falsche Variable ändert. Ein anderer Fehler kann auftreten, wenn ein Objekt von einer Klasse in eine andere gecastet wird. Eventuell wird dabei der Wert einer Instanzvariablen auf geheimnisvolle Weise geändert, da sie den Wert von der Superklasse, nicht von der beabsichtigten Klasse entnommen hat.

Die beste Art, dieses zu vermeiden, ist sicherzustellen, dass Sie beim Definieren von Variablen in einer Subklasse die Variablen in allen Superklassen dieser Klasse kennen und nichts duplizieren, was bereits höher in der Klassenhierarchie vorkommt.

Argumente an Methoden übergeben

Wenn Sie eine Methode mit Objektparametern aufrufen, werden die Variablen, die Sie an den Körper der Methode übergeben, als Referenz übergeben. Das bedeutet, dass sich alles, was Sie mit diesen Objekten in der Methode anstellen, sich gleichermaßen auf die Originalobjekte auswirkt. Dies gilt auch für Arrays und alle Objekte, die in Arrays enthalten sind. Wenn Sie ein Array an eine Methode übergeben und dann seinen Inhalt ändern, wirkt sich das auch auf das Original-Array aus. Primitivtypen dagegen werden als Werte übergeben.

Listing 6.3 macht dieses Konzept klar.

Listing 6.3: Die PassByReference-Klasse

```
class PassByReference {
    int onetoZero(int arg[]) {
        int count = 0;

        for (int i = 0; i < arg.length; i++) {
            if (arg[i] == 1) {
                count++;
                arg[i] = 0;
            }
        }
        return count;
    }

    public static void main(String[] arguments) {
        int arr[] = { 1, 3, 4, 5, 1, 1, 7 };
        PassByReference test = new PassByReference();
        int numOnes;

        System.out.print("Values of the array: [ ");
        for (int i = 0; i < arr.length; i++) {
            System.out.print(arr[i] + " ");
        }
        System.out.println("]");

        numOnes = test.onetoZero(arr);
        System.out.println("Number of Ones = " + numOnes);
```

```
27:         System.out.print("New values of the array: [ ");
28:         for (int i = 0; i < arr.length; i++) {
29:             System.out.print(arr[i] + " ");
30:         }
31:         System.out.println("]");
32:     }
33: }
```

Das Programm erzeugt folgende Ausgabe:

```
Values of the array: [ 1 3 4 5 1 1 7 ]
Number of Ones = 3
New values of the array: [ 0 3 4 5 0 0 7 ]
```

Beachten Sie die Definition der Methode `onetoZero()` in den Zeilen 2 bis 12, die als Argument lediglich ein Array erwartet. Die Methode `onetoZero()` bewirkt zwei Dinge:

- Sie zählt die Anzahl von Einsen im Array und gibt diesen Wert aus.
- Sie ersetzt alle Einsen im Array durch Nullen.

Die `main()`-Methode der Klasse `PassByReference` testet die Methode `onetoZero()`. Wir wollen nun die Methode `main()` Zeile für Zeile durchgehen, um zu sehen, was da passiert.

- In Zeilen 15 bis 17 werden die anfänglichen Variablen für dieses Beispiel eingerichtet. Bei der ersten handelt es sich um ein Integer-Array. Die zweite Variable ist eine Instanz der Klasse `PassByReference`, die in der Variable `test` gespeichert ist. Die dritte ist ein einfacher Integer, der die Anzahl der im Array vorkommenden Einsen aufnehmen soll.
- Die Zeilen 19 bis 23 geben die Anfangswerte des Arrays aus. Sie können die von diesen Codezeilen bewirkte Ausgabe in der ersten Zeile des Ausgabeabschnitts sehen.
- In Zeile 24 findet die eigentliche Arbeit statt: Hier wird die Methode `onetoZero()` des Objekts `test` definiert, aufgerufen und ihr das in `arr` gespeicherte Array übergeben. Diese Methode gibt die Zahl von Einsen im Array zurück, die dann der Variablen `numOnes` zugewiesen wird. Sie gibt, wie zu erwarten war, 3 zurück.
- Die übrigen Zeilen geben die Array-Werte aus. Da eine Referenz des Array-Objekts an die Methode übergeben wird, ändert sich auch das Original-Array, wenn das Array innerhalb dieser Methode geändert wird. Die Ausgabe der Werte in den Zeilen 28 bis 31 beweist das. In der letzten Ausgabezeile ist ersichtlich, dass alle Einsen im Array zu Nullen geändert wurden.

Klassenmethoden

Die Beziehung zwischen Klassen- und Instanzvariablen lässt sich direkt mit der zwischen Klassen- und Instanzmethoden vergleichen.

Klassenmethoden sind für alle Instanzen der Klasse selbst verfügbar und können anderen Klassen zur Verfügung gestellt werden. Außerdem ist bei Klassenmethoden im Gegensatz zu Instanzmethoden keine Instanz der Klasse nötig, damit sie aufgerufen werden können.

Die Java-Klassenbibliothek beinhaltet z.B. eine Klasse mit dem Namen `Math`. Die Klasse `Math` definiert eine Reihe von mathematischen Operationen, die Sie in jedem beliebigen Programm bzw. auf jeden der Zahlentypen verwenden können, wie das im folgenden der Fall ist:

```
double root = Math.sqrt(453.0);

System.out.print("The larger of x und y is " + Math.max(x,y));
```

Um Klassenmethoden zu definieren, benutzen Sie das Schlüsselwort `static` vor der Methodendefinition, ganz wie Sie `static` vor einer Klassenvariablen benutzen würden. Die Klassenmethode `max()` aus dem letzten Beispiel könnte beispielsweise folgende Signatur haben:

```
static int max (int arg1, int arg2) {
      //Körper der Methode
}
```

Java hat *Wrapper-Klassen* oder auch *Hüllklassen* für alle primitiven Typen, z.B. die Klassen `Integer`, `Float` und `Boolean`. Anhand der in diesen Klassen definierten Klassenmethoden können Sie Objekte in Grundtypen und umgekehrt konvertieren.

Z. B. funktioniert die Klassenmethode `parseInt()` der Klasse `Integer` mit Strings. Ein String wird als Argument an die Methode geschickt. Dieser String wird zur Ermittlung eines Rückgabewertes verwendet, der als `int` zurückgegeben wird.

Der folgende Ausdruck zeigt, wie die `parseInt()`-Methode benutzt werden kann:

```
int count = Integer.parseInt("42");
```

In der obigen Anweisung wird der `String`-Wert `"42"` von der Methode `parseInt()` als Integer mit dem Wert `42` zurückgegeben. Dieser Wert wird in der Variablen `count` gespeichert.

Befindet sich das Schlüsselwort `static` nicht vor dem Namen einer Methode, so wird diese zur Instanzmethode. Instanzmethoden beziehen sich immer auf ein konkretes Objekt, nicht auf eine Objekt-Klasse. Am 2. Tag haben Sie eine Instanzmethode erstellt, die `checkTemperature()` hieß und die die Temperatur der Umgebung des Roboters überprüfte.

TIPP: Die meisten Methoden, die auf ein bestimmtes Objekt anwendbar sind oder sich auf ein Objekt auswirken, sollten als Instanzmethoden definiert werden. Methoden, die von allgemeiner Nützlichkeit sind und sich nicht direkt auf eine Instanz einer Klasse auswirken, werden bevorzugt als Klassenmethoden deklariert.

6.4 Entwickeln von Java-Applikationen

Sie haben gelernt, Klassen und Objekte, ferner Klassen- und Instanzvariablen sowie Methoden zu erstellen. Sie können nun all dies zu einem Java-Programm zusammenbauen.

Applikationen, um Ihr Gedächtnis aufzufrischen, sind Javaprogramme, die eigenständig laufen. Applikationen unterscheiden sich von Applets, für die ein javafähiger Browser benötigt wird, um sie ausführen zu können. Ein Großteil dessen, was Sie in den bisherigen Lektionen durchgearbeitet haben, waren Java-Applikationen. Am 7. Tag tauchen Sie in die Entwicklung von Applets ein. Um Applets schreiben zu können, ist mehr Basiswissen erforderlich, denn Applets müssen auch mit dem Browser interagieren und das Grafiksystem zum Zeichnen und Aktualisieren verwenden.

Eine Java-Applikation besteht aus einer oder mehreren Klassen und kann beliebig umfangreich sein. Die Java-Applikationen, die Sie bis jetzt erzeugt haben, taten nichts anderes, als Zeichen auf dem Bildschirm oder in ein Fenster auszugeben. Doch Sie können auch Applikationen erstellen, die Fenster, Grafik und Benutzerschnittstellenkomponenten verwenden, wie das auch bei Applets der Fall ist.

Damit eine Java-Applikation laufen kann, braucht man eine Klasse, die als Einstieg für den Rest des Javaprogramms dient.

Die Klasse, die den Einstiegspunkt für Ihr Javaprogramm darstellt, muss nur eines haben: eine `main()`-Methode. Wenn die Applikation ausgeführt wird, ist die Methode `main()` das erste, was aufgerufen wird. Das dürfte für Sie keine Überraschung mehr sein, da Sie ja in den bisherigen Lektionen regelmäßig Java-Applikationen mit einer `main()`-Methode erstellt haben.

Die Signatur der Methode `main()` sieht immer so aus:

```
public static void main (String[] Argumente) {
    //Körper der Methode
}
```

Die einzelnen Teile von `main()` haben folgende Bedeutung:

- `public` bedeutet, dass diese Methode für andere Klassen und Objekte verfügbar ist. Die `main()`-Methode muss als `public` deklariert werden. Sie lernen mehr über `public` und `private` in Woche 3.
- `static` bedeutet, dass es sich um eine Klassenmethode handelt.
- `void` bedeutet, dass die `main()`-Methode keinen Wert zurückgibt.
- `main()` erhält einen Parameter: ein `String`-Array. Dieses Argument wird für Argumente benutzt, die dem Programm übergeben werden (das lernen Sie im nächsten Abschnitt).

Der Körper der `main()`-Methode kann jeden beliebigen Code enthalten, der benötigt wird, um eine Applikation zu starten, etwa die Initialisierung von Variablen oder die Erstellung von Instanzen von Klassen.

Bei der Ausführung der `main()`-Methode bleibt zu berücksichtigen, dass es sich um eine Klassenmethode handelt. *Beim Ablauf des Programms* wird nicht automatisch eine Instanz der Klasse, die `main()` beinhaltet, erzeugt. Soll diese Klasse als Objekt behandelt werden, müssen Sie in der `main()`-Methode eine Instanz der Klasse erstellen.

Hilfsklassen

Ihre Java-Applikation kann entweder nur aus einer Klasse oder, wie das bei den meisten größeren Programmen der Fall ist, aus mehreren Klassen bestehen. Dabei werden dann verschiedene Instanzen der einzelnen Klassen erzeugt und verwendet, während das Programm ausgeführt wird. Sie können so viele Klassen erzeugen, wie Sie wollen.

HINWEIS: Wenn Sie Java 2 SDK verwenden, müssen sich die Klassen in einem Verzeichnis befinden, auf das `CLASSPATH` verweist.

Wenn Java die Klasse finden kann, wird Ihr Programm sie benutzen, wenn es läuft. Beachten Sie, dass nur in einer einzigen Klasse, der Start-Klasse, eine `main()`-Methode vorhanden sein muss. Nach ihrem Aufruf sind die Methoden in den verschiedenen Klassen und Objekten Ihres Programms an der Reihe. Sie können zwar `main()`-Methoden in Hilfsklassen implementieren, diese werden aber ignoriert, wenn das Programm ausgeführt wird.

Java-Applikationen und Kommandozeilenargumente

Da Java-Applikationen in sich geschlossene Programme sind, sollte man in der Lage sein, Argumente oder Optionen an dieses Programm weiterzugeben. Sie haben das bereits am 5. Tag im Projekt `DayCounter` getan.

Sie können Argumente benutzen, um festzulegen, wie das Programm abläuft, oder um einem allgemein gefassten Programm zu ermöglichen, auf der Grundlage unterschiedlicher Eingaben zu arbeiten. Kommandozeilenargumente können für viele verschiedene Zwecke benutzt werden, z.B. um die Debugging-Eingabe zu aktivieren oder den Namen einer Datei zu bezeichnen, die geladen werden soll.

Argumente an Java-Applikationen übergeben

Wie Sie Argumente an eine Java-Applikation übergeben, hängt von der Plattform ab, auf der Sie Java ausführen.

Um Argumente an ein Programm unter Windows und Solaris zu übergeben, hängen Sie diese beim Aufruf Ihres Java-Programms an die Kommandozeile:

```
java EchoArgs April 450 -10
```

In diesem Beispiel wurden drei Argumente an das Programm übergeben: `April`, `450` und `-10`. Beachten Sie bitte, dass ein Leerzeichen die einzelnen Argumente voneinander trennt.

Um Argumente zu gruppieren, die ihrerseits Leerzeichen enthalten, schließen Sie diese in doppelte Anführungszeichen ein. Also z. B.

```
java EchoArgs Wilhelm Niekro Hough "Tim Wakefield" 49
```

Die Anführungszeichen um `Tim Wakefield` sorgen dafür, dass der Text als einzelnes Argument verstanden wird. Das Programm `EchoArgs` erhält also fünf Argumente: `Wilhelm`, `Niekro`, `Hough`, `Tim Wakefield` und `49`. Die Anführungszeichen verhindern, dass die Leerzeichen als Trenner zwischen Argumenten aufgefasst werden. Die Anführungszeichen sind nicht im Argument enthalten, wenn dieses an das Programm geschickt und von der `main()`-Methode verarbeitet wird.

WARNUNG: Anführungszeichen werden nicht dazu benutzt, um Strings zu identifizieren. Jedes Argument, das einer Applikation übergeben wird, wird in einem Array von `String`-Objekten gespeichert, auch dann, wenn es einen numerischen Wert hat (wie z. B. `450`, `-10` oder `49` in den letzten Beispielen).

Argumente in einer Java-Applikation verarbeiten

Wenn eine Applikation mit Argumenten gestartet wird, speichert Java sie in einem `String`-Array, das an die Methode `main()` in der Applikation weitergegeben wird. Sie erinnern sich an die Signatur von `main()`:

```
public static void main (String[] argumente) {
    //Körper der Methode
}
```

Hier ist *argumente* der Name des `String`-Arrays, das die Argumentenliste enthält. Sie können dieses Array beliebig benennen.

Innerhalb Ihrer `main()`-Methode können Sie dann die Argumente, die Ihr Programm erhalten hat, beliebig handhaben, indem Sie das Array entsprechend durchgehen. Das Beispiel in Listing 6.4 ist ein sehr einfaches Java-Programm, das eine beliebige Zahl numerischer Argumente übernimmt und dann Summe und Durchschnitt dieser Argumente ausgibt.

Listing 6.4: Der gesamte Quelltext von SumAverage.java

```
 1: class SumAverage {
 2:     public static void main(String[] arguments) {
 3:         int sum = 0;
 4:
 5:         if (arguments.length > 0) {
 6:             for (int i = 0; i < arguments.length; i++) {
 7:                 sum += Integer.parseInt(arguments[i]);
 8:             }
 9:             System.out.println("Sum is: " + sum);
10:             System.out.println("Average is: " +
11:                 (float)sum / arguments.length);
12:         }
13:     }
14: }
```

Die Applikation `SumAverage` stellt in Zeile 5 sicher, dass dem Programm mindestens ein Argument übergeben wurde. Dies geschieht mithilfe von `length`, der Instanzvariablen, die die Zahl der Elemente im Array `arguments` beinhaltet.

Sie müssen stets in ähnlicher Weise vorgehen, wenn Sie es mit Kommandozeilenargumenten zu tun haben. Ansonsten bricht Ihr Programm mit der Fehlermeldung `ArrayIndexOutOfBoundsException` ab, wenn der Benutzer weniger Kommandozeilenargumente liefert, als Sie erwartet hatten.

Wenn mindestens ein Argument übergeben worden ist, durchläuft die `for`-Schleife in den Zeilen 6-8 alle Strings, die im Array `arguments` gespeichert sind.

Da alle Kommandozeilen-Argumente an Java-Applikationen als `String`-Objekte weitergereicht werden, müssen Sie sie erst in numerische Werte umwandeln, ehe Sie sie in mathematischen Ausdrücken benutzen können. Die Klassenmethode `parseInt()` der `Integer`-Klasse findet in Zeile 6 Verwendung. Ihr wird ein `String`-Objekt übergeben, und sie gibt einen `int` aus.

Wenn Sie auf Ihrem System Java-Klassen von der Kommandozeile aus ausführen können, geben Sie Folgendes ein:

```
Java SumAverage 1 4 13
```

Sie sollten folgende Ausgabe sehen:

```
Sum is: 18
Average is: 6.0
```

HINWEIS

Das Argumentenarray von Java ist nicht mit `argv` in C oder UNIX identisch. Insbesondere `arg[0]` oder `arguments[0]`, das erste Element im Argumenten-Array, ist das erste Argument in der Befehlszeile nach dem Namen der Klasse, *nicht* der Name des Programms wie in C.

Methoden mit dem gleichen Namen, aber anderen Argumenten erstellen

Wenn Sie mit der Klassenbibliothek von Java arbeiten, werden Sie oft auf Klassen stoßen, die diverse Methoden mit demselben Namen besitzen.

Methoden mit demselben Namen werden durch zwei Dinge voneinander unterschieden:

- Die Anzahl der Argumente, die ihnen übergeben wird
- Den Datentyp oder die Objekte der einzelnen Argumente

Diese beiden Dinge sind Teil der Signatur einer Methode. Mehrere Methoden zu verwenden, die denselben Namen, aber unterschiedliche Signaturen haben, wird als *überladen* (engl. *overloading*) bezeichnet.

Durch die Überladung von Methoden vermeidet man völlig verschiedene Methoden, die im wesentlichen dasselbe tun. Über die Überladung wird es auch möglich, dass sich Methoden in Abhängigkeit von den erhaltenen Argumenten unterschiedlich verhalten.

Wenn Sie eine Methode eines Objekts aufrufen, überprüft Java den Methodennamen und die Argumente, um zu ermitteln, welche Methodendefinition auszuführen ist.

Um eine Methode zu überladen, legen Sie mehrere unterschiedliche Methodendefinitionen in einer Klasse an, die alle den gleichen Namen, jedoch unterschiedliche Argumentenlisten haben. Der Unterschied kann die Zahl und/oder den Typ der Argumente betreffen. Java erlaubt überladene Methoden solange, wie die einzelnen Parameterlisten für jeden Methodennamen eindeutig sind.

WARNUNG: Java lässt den Rückgabetyp außer Acht, wenn zwischen überladenen Methoden differenziert werden soll. Wenn Sie zwei Methoden mit derselben Signatur, aber unterschiedlichen Rückgabetypen erstellen, erhalten Sie einen Compilerfehler. Die für die einzelnen Parameter einer Methode gewählten Variablennamen sind nicht relevant, nur die Zahl und der Typ zählen.

Im folgenden Beispiel wird eine überladene Methode erstellt. Es beginnt mit einer einfachen Klassendefinition für die Klasse `MyRect`, die ein Rechteck definiert. Die Klasse `MyRect` hat vier Instanzvariablen, die die obere linke und untere rechte Ecke des Rechtecks definieren: `x1`, `y1`, `x2` und `y2`.

```
class MyRect {
    int x1 = 0;
    int y1 = 0;
    int x2 = 0;
    int y2 = 0;
}
```

Wird eine neue Instanz von der Klasse MyRect erstellt, werden alle ihre Instanzvariablen mit 0 initialisiert.

Wir definieren nun die Methode buildRect(), die die Variablen auf die korrekten Werte setzt:

```
MyRect buildRect (int x1, int y1, int x2, int y2) {
    this.x1 = x1;
    this.y1 = y1;
    this.x2 = x2;
    this.y2 = y2;
    return this;
}
```

Diese Methode übernimmt vier Ganzzahlen-Argumente und gibt eine Referenz zu dem sich daraus ergebenden Objekt MyRect zurück. Da die Argumente den gleichen Namen wie die Instanzvariablen haben, müssen Sie das Schlüsselwort this innerhalb der Methode verwenden, wenn auf die Instanzvariablen verwiesen werden soll.

Diese Methode kann benutzt werden, um Rechtecke zu erzeugen – was aber, wenn man nun die Dimensionen des Rechtecks auf andere Weise definieren will? Alternativ könnte man z.B. Point-Objekte anstelle der einzelnen Koordinaten verwenden. Point-Objekte beinhalten gleichzeitig einen x- und einen y-Wert als Instanzvariablen.

Sie können buildRect() überladen, indem Sie eine zweite Version der Methode erstellen, deren Argumentenliste zwei Point-Objekte erhält:

```
MyRect buildRect (Point topLeft, Point bottomRight) {
        x1 = topLeft.x;
        y1 = topLeft.y;
        x2 = bottomRight.x;
        y2 = bottomRight.y;
    return this;
}
```

Damit die obige Methode funktioniert, müssen Sie die Klasse java.awt.Point importieren, damit der Java-Compiler sie finden kann.

Eventuell möchten Sie das Rechteck mit einer oberen Ecke sowie einer bestimmten Breite und Höhe definieren:

```
MyRect buildRect (Point topLeft, int w, int h) {
        x1 = topLeft.x;
        y1 = topLeft.y;
        x2 = (x1 + w);
        y2 = (y1 + h);
    return this;
}
```

Um dieses Beispiel zu beenden, erstellen wir eine Methode `printRect()` zum Ausgeben der Koordinaten des Reckteck und eine `main()`-Methode zum Testen aller Werte. Listing 6.5 zeigt die vollständige Klassendefinition.

Listing 6.5: Die gesamte Quelltext von MyRect.java

```
import java.awt.Point;

class MyRect {
    int x1 = 0;
    int y1 = 0;
    int x2 = 0;
    int y2 = 0;

    MyRect buildRect(int x1, int y1, int x2, int y2) {
        this.x1 = x1;
        this.y1 = y1;
        this.x2 = x2;
        this.y2 = y2;
        return this;
    }

    MyRect buildRect(Point topLeft, Point bottomRight) {
        x1 = topLeft.x;
        y1 = topLeft.y;
        x2 = bottomRight.x;
        y2 = bottomRight.y;
        return this;
    }

    MyRect buildRect(Point topLeft, int w, int h) {
        x1 = topLeft.x;
        y1 = topLeft.y;
        x2 = (x1 + w);
        y2 = (y1 + h);
        return this;
    }

    void printRect(){
        System.out.print("MyRect: <" + x1 + ", " + y1);
        System.out.println(", " + x2 + ", " + y2 + ">");
    }

    public static void main(String[] arguments) {
        MyRect rect = new MyRect();
```

```
40:
41:         System.out.println(
➥➥          "Calling buildRect with coordinates 25,25, 50,50:");
42:         rect.buildRect(25, 25, 50, 50);
43:         rect.printRect();
44:         System.out.println("***");
45:
46:         System.out.println("Calling buildRect with points (10,10), (20,20):");
47:         rect.buildRect(new Point(10,10), new Point(20,20));
48:         rect.printRect();
49:         System.out.println("***");
50:
51:         System.out.print("Calling buildRect with 1 point (10,10),");
52:         System.out.println(" width (50) and height (50):");
53:
54:         rect.buildRect(new Point(10,10), 50, 50);
55:         rect.printRect();
56:         System.out.println("***");
57:     }
58: }
```

Die Ausgabe dieses Java-Programms ist wie folgt:

```
Calling buildRect with coordinates 25,25, 50,50:
MyRect: <25, 25, 50, 50>
***
Calling buildRect with points (10,10), (20,20):
MyRect: <10, 10, 20, 20>
***
Calling buildRect with 1 point (10,10), width (50) and height (50):
MyRect: <10, 10, 60, 60>
***
```

Sie können in Ihren Klassen beliebig viele Versionen einer Methode definieren, um das für die jeweilige Klasse benötigte Verhalten zu implementieren.

Wann immer mehrere Methoden ähnliche Aufgaben erledigen sollen, ist der Aufruf einer Methode durch eine andere eine überlegenswerte Abkürzung. Beispielsweise kann die Methode `buildRect()` in den Zeilen 17-23 durch folgende, wesentlich kürzere Methode ersetzt werden:

```
MyRect buildRect(Point topLeft, Point bottomRight) {
    return buildRect(topLeft.x, topLeft.y,
        bottomRight.x, bottomRight.y);
}
```

Die `return`-Anweisung dieser Methode ruft die Methode `buildRect()` in Zeilen 9-15 mit vier Integer-Argumenten auf und erzeugt so mit weniger Anweisungen dasselbe Ergebnis.

Konstruktor-Methoden

Sie können in Ihren Klassendefinitionen Konstruktoren definieren, die automatisch aufgerufen werden, wann immer Objekte dieser Klasse erzeugt werden.

Neuer BEGRIFF

Eine *Konstruktor-Methode* oder auch nur *Konstruktor* ist eine besondere Methodenart, die beim Erstellen eines Objekts aufgerufen wird – mit anderen Worten, wenn ein Objekt konstruiert wird.

Im Gegensatz zu anderen Methoden können Sie einen Konstruktor nicht direkt aufrufen. Wenn mit `new` eine neue Klasseninstanz erstellt wird, führt Java drei Aktionen aus:

- Zuweisung von Speicherplatz für das Objekt
- Initialisierung der Instanzvariablen des Objekts auf ihre Anfangswerte oder auf einen Standard (`0` bei Zahlen, `null` bei Objekten, `false` bei booleschen Werten sowie `'\0'` bei Zeichen)
- Aufruf des Konstruktors der Klasse (die eine von mehreren Methoden sein kann)

Auch wenn für eine Klasse keine speziellen Konstruktoren definiert wurden, erhalten Sie trotzdem ein Objekt, wenn der Operator `new` zusammen mit einer Klasse verwendet wird. Dann müssen Sie aber eventuell seine Instanzvariablen setzen oder andere Methoden aufrufen, die das Objekt zur Initialisierung braucht.

Durch Definieren von Konstruktoren in Ihren Klassen können Sie Anfangswerte von Instanzvariablen setzen, Methoden anhand dieser Variablen oder Methoden anderer Objekte aufrufen und die anfänglichen Eigenschaften Ihres Objekts bestimmen. Sie können Konstruktoren überladen wie andere Methoden, um ein Objekt zu erstellen, dessen Merkmale von den in `new` festgelegten Argumenten abhängt.

Grundlegende Konstruktoren

Konstruktoren sehen zunächst wie normale Methoden aus, unterscheiden sich von diesen aber in drei Punkten:

- Konstruktoren haben immer den gleichen Namen wie die Klasse.
- Konstruktoren haben keinen Rückgabetyp.
- Konstruktoren können in der Methode keinen Wert durch die Verwendung des Ausdrucks `return` zurückgeben

Die folgende Klasse benutzt einen Konstruktor, um Ihre Instanzvariablen anhand der Argumente von `new` zu initialisieren:

```
class VolcanoRobot {
    String status;
    int speed;
    int power;

    VolcanoRobot(String in1, int in2, int in3) {
        status = in1;
        speed = in2;
        power = in3;
    }
}
```

Sie könnten mit folgender Anweisung ein Objekt dieser Klasse erzeugen:

```
VolcanoRobot vic = new VolcanoRobot("exploring", 5, 200);
```

Die Instanzvariable `status` erhält den Wert `exploring`, `speed` den Wert `5` und `power` den Wert `200`.

Aufrufen eines anderen Konstruktors

Wenn Sie eine Konstruktor-Methode haben, die das Verhalten einer bereits vorhandenen Konstruktor-Methode dupliziert, können Sie die erste Konstruktor-Methode aus dem Körper der anderen aufrufen. Java stellt hierfür eine spezielle Syntax zur Verfügung. Sie verwenden folgende Form, um einen Konstruktor, der in der aktuellen Klasse definiert ist, aufzurufen:

`this(`*arg1*`,` *arg2*`,` *arg3*`);`

Die Verwendung von `this` in bezug auf eine Konstruktor-Methode ist ganz ähnlich wie beim Zugriff auf die Variablen des aktuellen Objekts mit `this`. Die in der vorausgehenden Anweisung für `this()` verwendeten Argumente sind die Argumente für den Konstruktor.

Stellen Sie sich z.B. eine einfache Klasse vor, die einem Kreis mithilfe der x- und y-Koordinaten seines Mittelpunkts und der Länge seines Radius definiert. Diese Klasse, nennen wir sie `MyCircle`, könnte zwei Konstruktoren haben: einer, bei dem der Radius definiert wird, sowie ein anderer, bei dem der Radius auf den Standardwert `1` gesetzt wird:

```
class MyCircle {
    int x, y, radius;

    MyCircle(int xPoint, int yPoint, int radiusLength) {
        this.x = xPoint;
        this.y = yPoint;
        this.radius = radiusLength;
    }
```

```
    MyCircle(int xPoint, int yPoint) {
        this(xPoint, yPoint, 1);
    }
}
```

Der zweite Konstruktor von `MyCircle` erwartet lediglich die x- und y-Koordinaten des Kreismittelpunkts. Da kein Radius definiert ist, wird der Standardwert `1` benutzt. Der erste Konstruktor wird mit den Argumenten `xPoint`, `yPoint` und dem Integer-Literal `1` aufgerufen.

Konstruktoren überladen

Wie andere Methoden können auch Konstruktoren überladen werden, also verschiedene Anzahl und Typen von Parametern annehmen. Dies gibt Ihnen die Möglichkeit, Objekte mit genau den gewünschten Eigenschaften zu erstellen, und erlaubt Ihren Objekten, Eigenschaften aus verschiedenen Eingaben zu berechnen.

Beispielsweise wären die Methoden `buildRect()`, die Sie heute in der `MyRect`-Klasse definiert haben, ausgezeichnete Konstruktoren, weil sie die Instanzvariablen eines Objekts auf geeignete Werte initialisieren. Das bedeutet, dass Sie anstelle der ursprünglich definierten Methode `buildRect()` (welche vier Parameter für die Eckkoordinaten erwartet) einen Konstruktor erstellen können. In Listing 6.6 wird die neue Klasse `MyRect2` aufgeführt, die die gleiche Funktionalität aufweist wie die ursprüngliche Klasse `MyRect`. Allerdings verwendet sie nicht überladene `buildRect()`-Methoden, sondern überladene Konstruktoren.

Listing 6.6: Der gesamte Quelltext von MyRect2.java

```
import java.awt.Point;

class MyRect2 {
    int x1 = 0;
    int y1 = 0;
    int x2 = 0;
    int y2 = 0;

    MyRect2(int x1, int y1, int x2, int y2) {
        this.x1 = x1;
        this.y1 = y1;
        this.x2 = x2;
        this.y2 = y2;
    }

    MyRect2(Point topLeft, Point bottomRight) {
        x1 = topLeft.x;
        y1 = topLeft.y;
```

```
        x2 = bottomRight.x;
        y2 = bottomRight.y;
    }

    MyRect2(Point topLeft, int w, int h) {
        x1 = topLeft.x;
        y1 = topLeft.y;
        x2 = (x1 + w);
        y2 = (y1 + h);
    }

    void printRect() {
        System.out.print("MyRect: <" + x1 + ", " + y1);
        System.out.println(", " + x2 + ", " + y2 + ">");
    }

    public static void main(String[] arguments) {
        MyRect2 rect;

        System.out.println("Calling MyRect2 with coordinates 25,25 50,50:");
        rect = new MyRect2(25, 25, 50,50);
        rect.printRect();
        System.out.println("***");

        System.out.println("Calling MyRect2 with points (10,10), (20,20):");
        rect= new MyRect2(new Point(10,10), new Point(20,20));
        rect.printRect();
        System.out.println("***");

        System.out.print("Calling MyRect2 with 1 point (10,10)");
        System.out.println(" width (50) and height (50):");
        rect = new MyRect2(new Point(10,10), 50, 50);
        rect.printRect();
        System.out.println("***");

    }
}
```

Methoden überschreiben

Wenn Sie eine Methode in einem Objekt aufrufen, sucht Java nach der Methodendefinition in der Klasse dieses Objekts. Falls sie nicht gefunden werden kann, wird der Methodenaufruf in der Klassenhierarchie nach oben weitergereicht, bis eine passende Methodendefinition gefunden wird. Durch die in Java implementierte Methodenvererbung können Sie Methoden wiederholt in Subklassen definieren und verwenden, ohne den Code duplizieren zu müssen.

Zuweilen soll ein Objekt aber auf die gleichen Methoden reagieren, jedoch beim Aufrufen der jeweiligen Methode ein anderes Verhalten aufweisen. In diesem Fall können Sie die Methode überschreiben. Um eine Methode zu überschreiben, definieren Sie eine Methode in einer Subklasse, die die gleiche Signatur hat wie eine Methode in einer Superklasse. Dann wird beim Aufruf nicht die Methode in der Superklasse, sondern die in der Subklasse gefunden und ausgeführt.

Erstellen von Methoden, die andere überschreiben

Um eine Methode zu überschreiben, erstellen Sie eine Methode in der Subklasse, die die gleiche Signatur (Name, Rückgabetyp und Argumentenliste) hat wie eine Methode, die in einer Superklasse der betreffenden Klasse definiert wurde. Da Java die erste gefundene Methodendefinition ausführt, die mit der Signatur übereinstimmt, wird die ursprüngliche Methodendefinition dadurch verborgen.

Wir betrachten im folgenden ein einfaches Beispiel. Listing 6.7 beinhaltet zwei Klassen: `PrintClass`, die eine Methode `printMe()`, die Informationen über die Objekte dieser Klasse ausgibt, beinhaltet, und `PrintSubClass`, eine Subklasse, die der Klasse eine Instanzvariable z hinzufügt..

Listing 6.7: Der Quelltext von PrintClass.java

```
class PrintClass {
    int x = 0;
    int y = 1;

    void printMe() {
        System.out.println("x is " + x + ", y is " + y);
        System.out.println("I am an instance of the class " +
        this.getClass().getName());
    }
}

class PrintSubClass extends PrintClass {
```

```
    int z = 3;

    public static void main(String[] arguments) {
        PrintSubClass obj = new PrintSubClass();
        obj.printMe();
    }
}
```

Nach der Kompilierung dieser Datei führen Sie `PrintSubClass` mit dem Java-Interpreter aus, um die folgende Ausgabe zu sehen:

```
x is 0, y is 1
I am an instance of the class PrintSubClass
```

Ein `PrintSubClass`-Objekt wurde erstellt, und die Methode `printMe()` in der Methode `main()` von `PrintSubClass` aufgerufen. Beachten Sie, dass `PrintSubClass` diese Methode nicht definiert; deshalb sucht Java in allen Superklassen von `PrintSubClass` danach und fängt in `PrintClass` an. Leider wird die Instanzvariable `z` nicht ausgegeben, wie die Ausgabe oben zeigt.

HINWEIS: Die Klasse `PrintClass` besitzt keine `main()`-Methode. Sie braucht auch keine, schließlich ist sie keine Applikation. `PrintClass` ist lediglich eine Hilfsklasse für die Klasse `PrintSubClass`, die eine Applikation ist und deshalb auch über eine `main()`-Methode verfügt. Nur die Klasse, die Sie mit dem Java-Interpreter ausführen, benötigt eine `main()`-Methode.

Um dieses Problem zu lösen, können Sie die Methode `printMe()` von `PrintClass` in `PrintSubClass` überschreiben, indem Sie einen Ausdruck zur Anzeige der Variablen `z` hinzufügen:

```
void printMe() {
    System.out.println("x is " + x + ", y is " + y +
        ", z is " + z);
    System.out.println("I am an instance of the class " +
        this.getClass().getName());
}
```

Aufrufen der Originalmethode

Normalerweise gibt es zwei Gründe dafür, warum man eine Methode, die in einer Superklasse bereits implementiert ist, überschreiben will:

- Um die Definition der Originalmethode völlig zu ersetzen
- Um die Originalmethode mit zusätzlichem Verhalten zu erweitern

Wenn man eine Methode überschreibt und ihr eine neue Definition gibt, verbirgt man die ursprüngliche Definition der Methode. Zuweilen will man aber auch die ursprüngliche Definition nicht ganz ersetzen, sondern vielmehr um zusätzliche Eigenschaften erweitern. Das ist besonders nützlich, wenn es darauf hinausläuft, Verhaltensweisen der Originalmethode in der neuen Definition zu duplizieren. Sie können die Originalmethode im Körper der überschreibenden Methode aufrufen und dabei nur das hinzufügen, was Sie benötigen.

Um die Originalmethode innerhalb einer Methodendefinition aufzurufen, benutzen Sie das Schlüsselwort `super`. Dieses Schlüsselwort reicht den Methodenaufruf in der Hierarchie nach oben weiter:

```
void myMethod (String a, String b) {
    // Hier irgendwas ausführen
    super.myMethod(a, b);
    // Eventuell weitere Anweisungen
}
```

Wie `this` ist auch das Schlüsselwort `super` ein Platzhalter – in diesem Fall für die Superklasse dieser Klasse. Sie können es überall dort verwenden, wo Sie auch `this` verwenden. `Super` verweist allerdings auf die Superklasse und nicht auf die aktuelle Klasse.

Konstruktoren überschreiben

Konstruktoren können genau genommen nicht überschrieben werden. Da sie immer den gleichen Namen haben wie die aktuelle Klasse, werden Konstruktoren nicht vererbt, sondern immer neu erstellt. Das ist in den meisten Fällen sinnvoll, denn wenn ein Konstruktor Ihrer Klasse aufgerufen wird, wird gleichzeitig auch der Konstruktor mit der gleichen Signatur aller Superklassen aktiviert, sodass alle Teile der ererbten Klasse initialisiert werden.

Andererseits möchten Sie eventuell beim Definieren von Konstruktoren für Ihre Klasse die Initialisierung Ihres Objekts ändern, nicht nur durch die Initialisierung neuer Variablen, die Ihre Klasse zusätzlich einbringt, sondern auch durch Änderung der Werte der bereits vorhandenen Variablen. Sie erreichen das, indem Sie die Konstruktoren Ihrer Superklasse explizit aufrufen und danach alle Variablen ändern, die geändert werden sollen.

Um eine normale Methode in einer Superklasse aufzurufen, benutzen Sie `super.`*`methodenname`*`(`*`argumente`*`)`. Da Sie bei Konstruktoren keinen Methodennamen aufrufen können, wenden Sie hier eine andere Form an:

```
super(arg1, arg2, ...);
```

Beachten Sie allerdings, dass es in Java eine ganz spezielle Regel für die Verwendung von `super()` gibt: Es muss die erste Anweisung in der Definition Ihres Konstruktors sein. Wenn Sie `super()` nicht explizit in Ihrem Konstruktor aufrufen, dann erledigt Java dies für Sie und verwendet dafür `super()` ohne Argumente. Da der Aufruf einer `super()`-Methode die erste Anweisung sein muss, ist in einem überschreibenden Konstruktor der folgende oder ein ähnlicher Code unmöglich:

```
if (condition == true)
    super(1,2,3); // Aufruf eines Superklassen-Konstruktors
else
    super(1,2); // Aufruf eines anderen Superklassen-Konstruktors
```

Ebenso wie die Verwendung von `this(...)` bewirkt `super(...)` in Konstruktor-Methoden den Aufruf der Konstruktor-Methode für die unmittelbare Superklasse (die ihrerseits den Konstruktor ihrer Superklasse aufrufen kann usw.). Beachten Sie bitte, dass in der Superklasse ein Konstruktor mit der entsprechenden Signatur vorhanden sein muss, damit der Aufruf von `super()` funktioniert. Der Java-Compiler überprüft dies, wenn Sie versuchen, die Quelldatei zu kompilieren.

Den Konstruktor in der Superklasse Ihrer Klasse mit derselben Signatur müssen Sie nicht extra aufrufen. Sie müssen lediglich den Konstruktor für die Werte aufrufen, die initialisiert werden müssen. Sie können sogar eine Klasse erstellen, die über Konstruktoren mit völlig anderen Signaturen als die Konstruktoren ihrer Superklassen verfügt.

Das Beispiel in Listing 6.8 zeigt die Klasse `NamedPoint`, die sich von der Klasse `Point` aus dem `java.awt`-Paket ableitet. Die `Point`-Klasse hat nur einen Konstruktor, der die Argumente `x` und `y` entgegennimmt und ein `Point`-Objekt zurückgibt. `NamedPoint` hat eine zusätzliche Instanzvariable (einen String für den Namen) und definiert einen Konstruktor, um `x`, `y` und den Namen zu initialisieren.

Listing 6.8: Die NamedPoint-Klasse

```
import java.awt.Point;

class NamedPoint extends Point {
    String name;

    NamedPoint(int x, int y, String name) {
        super(x,y);
        this.name = name;
    }

    public static void main(String[] arguments) {
        NamedPoint np = new NamedPoint(5, 5, "SmallPoint");
        System.out.println("x is " + np.x);
        System.out.println("y is " + np.y);
        System.out.println("Name is " + np.name);
    }
}
```

Das Programm liefert die folgende Ausgabe:

```
x is 5
y is 5
Name is SmallPoint
```

Der hier für `NamedPoint` definierte Konstruktor ruft die Konstruktor-Methode von `Point` auf, um die Instanzvariablen (`x` und `y`) von `Point` zu initialisieren. Obwohl Sie `x` und `y` ebenso gut selbst initialisieren könnten, wissen Sie eventuell nicht, ob `Point` nicht noch andere Operationen ausführt, um sich zu initialisieren. Deshalb ist es immer ratsam, Konstruktor-Methoden nach oben in der Hierarchie weiterzugeben, um sicherzustellen, dass alles richtig gesetzt wird.

6.5 Finalizer-Methoden

Finalizer-Methoden sind in gewissem Sinn das Gegenstück zu Konstruktor-Methoden. Während eine Konstruktor-Methode benutzt wird, um ein Objekt zu initialisieren, werden Finalizer-Methoden aufgerufen, wenn das Objekt im Papierkorb landet und sein Speicher zurückgefordert wird.

Die Finalizer-Methode hat den Namen `finalize()`. Die Klasse `Object` definiert eine Standard-Finalizer-Methode, die keine Funktionalität hat. Um eine Finalizer-Methode für Ihre eigenen Klassen zu erstellen, überschreiben Sie die `finalize()`-Methode mithilfe folgender Signatur:

```
protected void finalize() throws Throwable{
    super.finalize();
}
```

HINWEIS: Der Teil `throws Throwable` dieser Methodendefinition bezieht sich auf die Fehler, die beim Aufruf dieser Methode eventuell auftreten. Fehler werden in Java *Exceptions* oder zu deutsch *Ausnahmen* genannt. Am 16. Tag lernen Sie mehr darüber. Vorerst reicht es, dass Sie diese Schlüsselwörter in die Methodendefinition aufnehmen.

Im Körper dieser `finalize()`-Methode können Sie alle möglichen Aufräumprozeduren für das Objekt einfügen. Sie können, wenn nötig, `super.finalize()` aufrufen, damit die Superklasse Ihrer Klasse das Objekt finalisiert.

Sie können die Methode `finalize()` jederzeit aufrufen, es handelt sich um eine Methode wie alle anderen. Der Aufruf von `finalize()` sorgt nicht dafür, dass dieses Objekt entsorgt wird. Nur durch Entfernen aller Referenzen auf das Objekt wird ein Objekt zum Löschen markiert.

Finalizer-Methoden eignen sich am besten zur Optimierung des Entfernens von Objekten, z.B. durch Löschen aller Referenzen auf andere Objekte. In den meisten Fällen benötigen Sie `finalize()` überhaupt nicht.

6.6 Zusammenfassung

Nach dem heutigen Tag sollten Sie eine gute Vorstellung davon haben, wie die Beziehung zwischen Klassen in Java und den Programmen, die Sie in dieser Sprache schreiben, aussieht.

Egal, was Sie in Java erstellen: Es braucht eine Hauptklasse, die mit anderen Klassen nach Bedarf interagiert. Dies stellt einen ganz anderen Ansatz dar, als Sie ihn vielleicht von anderen Programmiersprachen her kennen.

Heute haben Sie all das zusammengefügt, was Sie über die Erstellung von Java-Klassen gelernt haben. Im Einzelnen wurden folgende Themen behandelt:

- Instanz- und Klassenvariablen, die die Attribute der Klasse und der Objekte, die aus ihr entstanden, beinhalten
- Instanz- und Klassenmethoden, die das Verhalten einer Klasse bestimmen. Sie haben gelernt, wie Methoden definiert werden, wie sich die Signatur einer Methode zusammensetzt, wie Methoden Werte zurückgeben, wie Argumente an Methoden weitergereicht werden und wie das Schlüsselwort `this` als Referenz auf das aktuelle Objekt angewandt werden kann.
- Die Methode `main()` von Java-Applikationen, und wie man Argumente von der Kommandozeile aus an sie übergibt.
- Überladene Methoden, die einen Methodennamen wieder benutzen, indem sie ihm andere Argumente geben
- Konstruktoren, die ursprüngliche Variablen und andere Anfangsbedingungen eines Objekts definieren

Morgen werden Sie einige praktische Erfahrung mit Subclassing erwerben, indem Sie Java-Applets erzeugen. Das sind Programme, die als Teil einer WWW-Seite laufen.

6.7 Fragen und Antworten

F *Eine meiner Klassen hat eine Instanzvariable namens* `origin`. *Ferner habe ich eine lokale Variable namens* `origin` *in einer Methode. Aufgrund des Gültigkeitsbereiches der lokalen Variable ist die Instanzvariable dort verborgen. Gibt es eine Möglichkeit, den Wert der Instanzvariablen zu erhalten?*

A Die einfachste Möglichkeit ist, die lokale Variable nicht genauso zu benennen wie die Instanzvariable. Falls Sie unbedingt den gleichen Namen verwenden wollen, können Sie *`this.origin`* verwenden, um spezifisch auf die Instanzvariable zu verweisen, während Sie als Referenz auf die lokale Variable *`origin`* verwenden.

F *Ich habe zwei Methoden mit folgenden Signaturen erstellt:*

```
int total(int arg1, int arg2, int arg3) {   }
float total(int arg1, int arg2, int arg3) {...}
```

Der Java-Compiler meckert beim Kompilieren der Klasse mit diesen Methodendefinitionen. Die Signaturen sind doch unterschiedlich. Wo liegt der Fehler?

A Das Überladen von Methoden funktioniert in Java nur, wenn sich die Parameterlisten unterscheiden, entweder in der Zahl oder im Typ der Argumente. Die Rückgabetypen sind beim Überladen von Methoden nicht relevant. Wie soll Java bei zwei Methoden mit genau der gleichen Parameterliste wissen, welche aufzurufen ist?

F *Ich habe ein Programm für vier Argumente geschrieben, wenn ich aber weniger Argumente angebe, bricht das Programm mit einem Laufzeitfehler ab.*

A Es ist Ihr Job, die Zahl und den Typ der Argumente für Ihr Programm im Auge zu behalten. Java überprüft das nicht automatisch für Sie. Verlangt Ihr Programm vier Argumente, dann überprüfen Sie, dass es auch wirklich vier sind, und geben Sie andernfalls eine Fehlermeldung aus.

6.8 Quiz

Überprüfen Sie den heutigen Stoff, indem Sie dieses Quiz mit drei Fragen beantworten.

Fragen

1. Wenn eine lokale Variable denselben Namen wie eine Instanzvariable hat, wie können Sie dann im Gültigkeitsbereich der lokalen Variable die Instanzvariable ansprechen?

   (a) Das ist unmöglich. Sie müssen eine der beiden Variablen umbenennen.

   (b) Verwenden Sie das Schlüsselwort `this` vor dem Namen der Instanzvariablen.

   (c) Verwenden Sie das Schlüsselwort `super` vor dem Namen.

2. Wo befinden sich die Instanzvariablen, die innerhalb einer Klasse definiert werden?

   (a) An beliebiger Stelle in der Klasse

   (b) Außerhalb aller Methoden dieser Klasse

   (c) Nach der Klassendeklaration und vor der ersten Methode

3. Wie können Sie ein Argument mit einem Leerzeichen an ein Programm übergeben?

   (a) Man umgibt es mit Anführungszeichen.

   (b) Man trennt die Argumente mit Kommata.

   (c) Man trennt die Argumente mit Punkten.

Antworten

1. b. Antwort (a) ist aber eine gute Idee. Konflikte bei Variablennamen sind Ursache heimtückischer Fehler in Java-Programmen.

2. b. Traditionell werden Instanzvariablen gleich nach der Klassendeklaration vor allen Methoden definiert. Allerdings ist nur notwendig, dass Sie außerhalb aller Methoden definiert werden.

3. a. Die Anführungszeichen werden nicht als Teil des Arguments an das Programm weitergereicht.

6.9 Übungen

Um Ihr Wissen über die heute behandelten Themen zu vertiefen, können Sie sich an folgenden Übungen versuchen:

- Verändern Sie das Projekt `VolcanoRobot` von Tag 2 derart, dass es Konstruktoren beinhaltet.
- Erstellen Sie eine Klasse für vierdimensionale Punkte namens `FourDPoint`, die eine Subklasse von `Point` des `java.awt`-Pakets ist.

Soweit einschlägig, finden Sie die Lösungen zu den Übungen auf der Webseite zum Buch: `http://www.java21days.com`.

Java-Applets erstellen

Die meisten Leute hatten Ihre erste Begegnung mit der Programmiersprache Java Ende 1995, als der Netscape Navigator die Ausführung von *Applets* – kleinen Programmen, die innerhalb eines WWW-Browsers abliefen – zu unterstützen begann.

Damals war dies eine revolutionäre Neuerung für das Netz – der erste interaktive Inhalt, der Teil einer Webseite war. Heute kann man Ähnliches mit Macromedia Flash, Microsoft Active X und anderen Technologien leisten, doch bleibt Java eine effiziente Sprache für die webbasierte Programmierung.

Heute beginnen wir mit den Grundlagen der Applet-Programmierung:

- Die Unterschiede zwischen Applets und Applikationen
- So werden einfache Applets erstellt.
- So wird ein Applet in eine Webseite eingefügt.
- So werden Informationen von einer Webseite an ein Applet geschickt.
- So werden Applets und die zugehörigen Dateien in einem Archiv gespeichert, um schnellere Downloadzeiten zu erzielen.
- So erzeugt man Applets, die über das Java Plug-in laufen, eine Virtual Machine, die die Java-Unterstützung des Browsers verbessert.

7.1 Unterschiede zwischen Applets und Anwendungen

Der Unterschied zwischen Java-Applets und -Applikationen liegt in der Art, wie sie ausgeführt werden.

Applikationen werden mit dem Java-Interpreter ausgeführt, der die Haupt-`.class`-Datei der Applikation lädt. Dazu rufen Sie das `java`-Tool des SDK von der Kommandozeile aus auf, wie Sie dies seit dem ersten Tag tun.

Java-Applets hingegen werden innerhalb eines javafähigen Browsers ausgeführt. Dazu gehören die aktuellen Versionen von Netscape Navigator, Microsoft Internet Explorer, Opera und Sun HotJava. Applets können zusätzlich mit dem `appletviewer`, der im Java 2 Software Development Kit enthalten ist, angezeigt werden.

Um ein Applet auszuführen, muss es in eine Webseite eingefügt werden. Dies geschieht mit Hilfe von HTML-Tags, wie das auch bei Bildern und anderen Elementen der Fall ist. Wenn ein Anwender mit einem javafähigen Browser eine Webseite lädt, die ein Applet enthält, lädt der Browser das Applet von einem Web-Server herunter und führt es auf dem System des Benutzers aus. Es wird kein separater Java-Interpreter benötigt, da bereits ein solcher im Browser integriert ist. Wie eine Applikation hat auch ein Applet eine `.class`-Datei und beliebige weitere Hilfsklassen, die zur Ausführung des Applets benötigt werden. Die Standard-Klassenbibliothek von Java ist automatisch enthalten.

Da Java-Applets innerhalb eines Java-Browsers ausgeführt werden, ist ein Teil der Arbeit für die Erstellung einer Benutzeroberfläche bereits für den Applet-Programmierer getan. Es gibt ein Fenster, in dem das Applet ausgeführt werden kann, einen Bereich, in dem Grafiken angezeigt und Informationen empfangen werden können, sowie die Benutzerschnittstelle des Browsers.

HINWEIS

Es ist machbar, dass ein Javaprogramm sowohl als Java-Applikation ausgeführt werden kann als auch als Java-Applet. Obwohl Sie zum Erstellen von Applets und Anwendungen verschiedene Vorgehensweisen verwenden, stehen diese nicht in Konflikt miteinander. Die für Applets spezifischen Features werden ignoriert, sobald das Programm als Applikation ausgeführt wird und umgekehrt.

7.2 Sicherheitseinschränkungen von Applets

Da Java-Applets auf dem System des Benutzers ausgeführt werden, sind strenge Sicherheitsvorkehrungen getroffen worden, was ein Applet tun kann. Gäbe es diese Beschränkungen nicht, könnte ein boshafter Javaprogrammierer leicht ein Applet schreiben, das Dateien des Anwenders löscht, vertrauliche Informationen auf dem System ausspioniert und andere Sicherheitsverletzungen begeht.

Bei den Sicherheitsbeschränkungen von Java-Applets gilt »Klotzen, nicht kleckern«. Die Dinge, die in der folgenden Liste aufgeführt sind, kann ein Applet nicht tun:

- Applets können im Dateisystem des Benutzers weder lesen noch schreiben.
- Applets können nur mit dem Internet-Server kommunizieren, von dem die Webseite mit dem Applet stammt.
- Applets können keine Programme auf dem System des Benutzers ausführen.
- Applets können keine Programme auf der lokalen Plattform laden (also z.B. keine ausführbaren Programme oder gemeinsam genutzte Bibliotheken).

Diese Regeln gelten für Java-Applets, die in den heute gebräuchlichen Browsern laufen. Andere Java-Browser oder -Tools ermöglichen eventuell eine Konfiguration des Sicherheitslevels. Auf diesem Weg könnten Sie Dateizugriffe auf bestimmte Ordner erlauben oder auch Netzwerkverbindungen zu ausgewählten Internet-Sites zulassen.

Der `appletviewer` im SDK bietet z.B. Zugang zu einer Zugriffskontrolliste, in der festgelegt werden kann, in welchen Verzeichnissen ein Applet lesen oder schreiben darf. Doch als

Entwickler von Applets sollten Sie davon ausgehen, dass Ihr Publikum die Applets in einem Browser ablaufen lässt, der die strengsten Regeln für Applets vorsieht.

Für Java-Anwendungen gelten diese Beschränkungen nicht. Diese können die Möglichkeiten von Java voll ausschöpfen.

WARNUNG: Obwohl das Sicherheitsmodell von Java es für bösartige Applets sehr schwer macht, auf dem System des Anwenders Schaden anzurichten, ist dies keine 100%ige Sicherheit. Suchen Sie im Web nach dem Begriff »hostile applets«, und Sie werden eine Reihe von Beiträgen zu Sicherheitsproblemen (und ihren Lösungen) in den verschiedenen Versionen von Java finden. Sie werden eventuell sogar Beispiel-Applets finden, die auf den Systemen der Anwender, die javafähige Browser verwenden, für Probleme sorgen. Java ist sicherer als andere Lösungen für die Web-Pogrammierung wie z. B. ActiveX, dennoch sollten alle Anwender von Browsern sich mit diesem Thema vertraut machen.

7.3 Eine Java-Version wählen

Ein Javaprogrammierer, der Applets schreibt, muss sich überlegen, welche Version von Java er dafür verwendet.

Zum Zeitpunkt des Erscheinens dieses Buches ist Java 1.1 die aktuellste Version der Sprache, in den gegenwärtigen Versionen von Netscape, Explorer und Opera unterstützt wird, die zusammen weit mehr als 90% des Applet-Publikums abdecken.

HINWEIS: Sun Microsystems stellt ein Browser-Plug-in zur Verfügung, das sich Java Plug-in nennt und Applet-Programmierern ermöglicht, die Erweiterungen von Java 2 in ihren Programmen zu verwenden. Wir kommen heute noch auf dieses Thema zurück.

Daher müssen Applet-Programmierer sich auf eine der drei folgenden Verhaltensweisen festlegen:

- Applets werden so geschrieben, dass dabei nur Features von Java 1.0 zur Verwendung kommen, da diese in allen javafähigen Browsern lauffähig sind.
- Applets werden so geschrieben, dass dabei nur Features von Java 1.0 oder 1.1 zur Verwendung kommen. Damit funktionieren diese Applets bei Netscape 4.0 und höher, Explorer 4 und höher sowie Opera 3.6 und höher.
- Applets werden so geschrieben, dass sie alle Java-Features verwenden. Gleichzeitig wird Benutzern erklärt, wie sie das Java Plug-in herunterladen und installieren, sodass sie das Applet ausführen können.

Java 2 wurde so entworfen, dass normalerweise ein Programm, das nur Java-1.0- Features verwendet, erfolgreich kompiliert und von einem 1.0-Interpreter bzw. 1.0-fähigen Browser ausgeführt werden kann.

Sobald aber ein Applet irgendeines der Features von Java 2 verwendet, kann das Programm nicht mehr von einem Browser ausgeführt werden, der diese Version der Sprache nicht unterstützt. Die einzige Testumgebung, die stets die aktuellste Java-Version unterstützt, ist der neueste `appletviewer` aus dem entsprechenden SDK.

Dies stellt eine häufige Fehlerquelle für Applet-Programmierer dar. Wenn Sie ein Java-2-Applet schreiben und es in einem Browser ausführen, der diese Version der Sprache nicht unterstützt, wie z.B. der Microsoft Internet Explorer 4.0, erhalten Sie Security-, Class-not-found- und andere Fehler, und das Applet läuft nicht.

HINWEIS: In diesem Buch werden Java-2-Techniken für alle Programme, auch Applets, benutzt. Programmierer, die Java 2 nicht benutzen wollen, finden die nötigen Informationen in früheren Auflagen dieses Buches. Außerdem bietet Sun eine komplette Dokumentation der früheren Versionen unter `http://java.sun.com/infodocs`.

Das beschriebene Sicherheitsmodell wurde mit Java 1.0 eingeführt. Die aktuelle Version von Java bietet Webbenutzern die Möglichkeit, einem Applet das Vertrauen auszusprechen. Daraufhin läuft das Applet ohne Einschränkungen auf dem System des Besuchers, ganz wie eine Applikation.

Java 2 ermöglicht sehr spezielle Sicherheitskontrollen, die in Applets bzw. Applikationen eingefügt bzw. aus ihnen entfernt werden können. Genaueres hierüber erfahren Sie am 16. Tag.

7.4 Erstellen von Applets

Bei fast allen Javaprogrammen, die Sie in den bisherigen Lektionen geschrieben haben, handelte es sich um Java-Applikationen – einfache Programme mit einer `main()`-Methode, die Objekte erstellt, Instanzvariablen setzt und andere Methoden aufruft.

Applets besitzen keine `main()`-Methode, die automatisch beim Start des Programms aufgerufen wird. Stattdessen gibt es einige Methoden, die an verschiedenen Punkten der Ausführung eines Applets aufgerufen werden. Über diese Methoden werden Sie heute einiges lernen.

Alle Applets sind Subklassen der Klasse `JApplet` aus dem Paket `javax.swing` oder ihrer Superklasse, der Klasse `Applet` aus dem Paket `java.Applet`. Die Klasse `JApplet` ist die bessere Wahl, denn sie unterstützt Swing, die Schnittstellen-Klassen, über die Sie in der zweiten Woche mehr lernen werden.

Über Vererbung von einer dieser beiden Klassen hat Ihr Applet die folgenden eingebauten Verhaltensweisen:

- Es funktioniert als Teil des Browsers und kann auf Ereignisse wie das Neuladen der Seite im Browser reagieren.
- Es kann eine grafische Benutzerschnittstelle darstellen und Eingaben des Benutzers entgegennehmen.

Obwohl ein Applet so viele andere Klassen wie nötig verwenden kann, ist die `JApplet`-Klasse die Hauptklasse, die die Ausführung eines Applets auslöst. Die Subklasse von `JApplet`, die Sie erzeugen, hat die folgende Form:

```
public class yourApplet extends javax.swing.JApplet {
    // Code des Applet
}
```

Applets müssen generell als `public` deklariert werden, da die Klasse `Applet` selbst `public` ist. Diese Forderung gilt allerdings nur für Ihre Haupt-`JApplet`-Klasse. Alle Hilfsklassen können entweder `public` oder `private` sein. Mehr Informationen über diese Art der Zugriffskontrolle erhalten Sie an Tag 15.

Sobald der in einen Browser integrierte Java-Interpreter ein Java-Applet auf einer Webseite entdeckt, wird die Hauptklasse des Applets mitsamt aller verwendeten Hilfsklassen geladen. Der Browser erstellt automatisch eine Instanz der Klasse des Applets und ruft Methoden der Klasse `JApplet` auf, sobald bestimmte Ereignisse eintreten.

Verschiedene Applets, die dieselbe Klasse verwenden, verwenden unterschiedliche Instanzen dieser Klasse. Aus diesem Grund können Sie mehrere Exemplare desselben Applet-Typs auf eine Seite platzieren, die sich alle unterschiedlich verhalten können.

Wichtige Applet-Aktivitäten

Anstelle einer `main()`-Methode haben Applets Methoden, die beim Eintreten bestimmter Ereignisse während der Ausführung eines Applets aufgerufen werden.

Ein Beispiel für diese Methoden ist `paint()`, die immer dann aufgerufen wird, wenn der Inhalt des Applet-Fensters neu dargestellt werden muss.

Standardmäßig tun diese Methoden gar nichts. Die `paint()`-Methode z.B., die von der Klasse `JApplet` ererbt wird, ist leer. Damit etwas im Applet-Fenster angezeigt wird, muss die `paint()`-Methode mit Verhaltensweisen überschrieben werden, die Text, Grafik oder andere Dinge anzeigen.

Sie lernen im Verlauf der nächsten Woche mehr über die verschiedenen Methoden, die in der Klasse `JApplet` überschrieben werden sollten. Vorläufig erhalten Sie einen allgemeinen Überblick über fünf der wichtigeren Methoden für die Ausführung eines Applets: *Initialisieren*, *Starten*, *Stoppen*, *Zerstören* und *Zeichnen*.

Initialisieren

Die Initialisierung eines Applets tritt auf, wenn ein Applet geladen wird. Sie kann die Erzeugung der Objekte, die ein Applet benötigt, das Festsetzen eines Ausgangszustandes, das Laden von Bildern und Schriften oder das Setzen von Parametern umfassen. Um für die Initialisierung des Applets Verhaltensweisen zu definieren, überschreiben Sie die `init()`-Methode:

```
public void init() {
    //Code der Methode
}
```

Zweckmäßigerweise legt man bei der Initialisierung eines Applets die Farbe seines Hintergrundfensters fest. Farben werden in Java durch die Klasse `Color` repräsentiert, die Teil des Pakets `java.awt` ist. Rufen Sie `setBackground(`*`Farbe`*`)` in einem Applet auf, um dem Hintergrund des Appletfensters die angegebene Farbe zu geben.

Die Klasse `Color` hat Klassenvariablen, die den häufigsten Farben entsprechen: `black`, `blue`, `cyan`, `darkGray`, `gray`, `green`, `lightGray`, `magenta`, `orange`, `pink`, `red`, `white` und `yellow`. Sie können eine dieser Variablen als Argument der `setBackground()`-Methode benutzen, wie im folgenden Beispiel:

```
setBackground(Color.green);
```

Wenn die vorangegangene Anweisung in die `init()`-Methode eines Applets platziert wird, macht sie das ganze Appletfenster grün.

Sie können auch eigene `Color`-Objekte erstellen, indem Sie Integerwerte für rot, grün und blau als die drei Argumente des Konstruktors benutzen:

```
Color avocado = new Color(102, 153, 102);
setBackground(avocado);
```

Dies setzt den Hintergrund auf Avocado-grün.

TIPP: Ein Appletfenster ist ein Container – eine Komponente in einer grafischen Benutzerschnittstelle, die andere Komponenten beinhalten kann. Sie können `setBackground()` auf jeden Container anwenden, um seine Hintergrundfarbe festzulegen.

An Tag 12 werden Sie mehr über den Gebrauch von Farben erfahren.

Starten

Nach dem Initialisieren eines Applets wird es gestartet. Ein Applet kann auch gestartet werden, nachdem es zuvor gestoppt wurde. Ein Applet wird beispielsweise gestoppt, wenn der Benutzer einen Link zu einer anderen Seite verfolgt; kehrt er anschließend zur vorherigen Seite zurück, wird das Applet wieder gestartet.

Das Starten unterscheidet sich vom Initialisieren, denn während seines Lebenszyklus kann ein Applet mehrmals gestartet werden, während die Initialisierung nur einmal stattfindet. Um das Startverhalten für ein Applet festzulegen, überschreiben Sie die `start()`-Methode:

```
public void start() {
    // Code der Methode
}
```

In die `start()`-Methode lassen sich Funktionalitäten wie z.B. das Starten eines Threads zur Kontrolle des Applets, das Aussenden geeigneter Meldungen an Hilfsobjekte oder irgendeine andere Anweisung zur Ausführung des Startvorgangs unterbringen.

Stoppen

Stoppen und Starten gehen Hand in Hand. Ein Applet wird gestoppt, wenn der Benutzer die Seite mit dem Applet verlässt bzw. wenn das Applet sich selbst durch den Aufruf der `stop()`-Methode anhält. Standardmäßig werden alle Threads, die das Applet gestartet hat, weiter ausgeführt, selbst wenn der Besucher die Seite verlässt. Durch Überschreiben von `stop()` können Sie die Ausführung der Threads unterbrechen und dann neu starten, wenn das Applet wieder angezeigt wird. Die `stop()`-Methode hat die folgende Form:

```
public void stop() {
    // Code der Methode
}
```

Zerstören

Zerstören klingt gewalttätiger, als es ist. Durch das Zerstören kann ein Applet hinter sich aufräumen, bevor es oder der Browser beendet wird, z.B. um eventuell laufende Threads zu beenden oder andere laufende Objekte freizugeben. Im allgemeinen brauchen Sie `destroy()` nicht zu überschreiben, sofern Sie nicht bestimmte Ressourcen freigeben müssen, z.B. Threads, die das Applet erzeugt hat. Um einem Applet zu ermöglichen, hinter sich aufzuräumen, überschreiben Sie die `destroy()`-Methode.

```
public void destroy() {
    // Code der Methode
}
```

HINWEIS: Sie werden sich eventuell fragen, wodurch sich `destroy()` von `finalize()` (siehe 6. Tag) unterscheidet. `destroy()` ist nur für Applets anwendbar. `finalize()` ist ganz allgemein für ein einzelnes Objekt eines beliebigen Typs.

Java verfügt über eine automatische Speicherfreigabe, den *Garbage Collector*, der für Sie die Speicherverwaltung übernimmt. Der Garbage Collector fordert Speicher von Ressourcen zurück, sobald ein Programm diese nicht mehr verwendet. Aus diesem Grund müssen Sie normalerweise Methoden wie `destroy()` gar nicht verwenden.

Zeichnen

Das Zeichnen bestimmt, wie ein Applet Elemente auf dem Bildschirm ausgibt. Dabei kann es sich um Text, eine Linie, farbigen Hintergrund oder ein Bild handeln. Das Zeichnen kann vielhundertfach während des Lebenszyklus eines Applet vorkommen (z.B. einmal nach der Initialisierung des Applets, wenn das Browser-Fenster am Bildschirm vorübergehend deaktiviert und dann wieder in den Vordergrund geholt wird oder falls das Browser-Fenster an eine andere Position auf dem Bildschirm versetzt wird usw.). Sie müssen die `paint()`-Methoden überschreiben, um irgendetwas anzeigen zu können. Die `paint()`-Methode sieht wie folgt aus:

```
public void paint(Graphics g) {
    ... // Code der Methode
}
```

Beachten Sie, dass `paint()` im Gegensatz zu den anderen hier beschriebenen Methoden ein Argument besitzt: eine Instanz der Klasse `Graphics`. Dieses Objekt wird vom Browser erstellt und an `paint` übergeben, weshalb Sie sich darüber keine Gedanken machen müssen. Sie sollten jedoch sicherstellen, dass die `Graphics`-Klasse (Teil des Pakets `java.awt`) in den Applet-Code importiert wird. Dies wird zumeist mit der Anweisung `import` am Anfang der Java-Datei erledigt.

```
import java.awt.Graphics;
```

HINWEIS: Wenn Sie viele Klassen aus demselben Paket, wie z.B. dem Abstract Windowing Toolkit, importieren, können Sie ein Platzhalterzeichen verwenden, um alle Klassen in diesem Paket auf einmal zu laden. Die Anweisung `import java.awt.*;` macht z.B. alle `public`-Klassen des `java.awt`-Pakets verfügbar. Allerdings werden durch eine solche `import`-Anweisung keine Subklassen eines Pakets importiert. Das heißt, die Anweisung `import java.awt.*;` importiert z.B. nicht die Klassen aus dem Paket `java.awt.image`.

Die Methode `paint()` wird automatisch von der Umgebung des Applets – normalerweise einem Browser – aufgerufen, wann immer das Appletfenster neu gezeichnet werden muss.

Es kommt vor, dass in einem Applet etwas geschieht, das die neuerliche Zeichnung des Fensters erfordert. Wenn Sie etwa mittels `setBackground()` die Hintergrundfarbe des Applets verändern, so wird dies erst dann sichtbar, wenn das Appletfenster neu gezeichnet wird.

Um in einem Applet die erneute Zeichnung des Fensters zu erzwingen, rufen Sie die Methode `repaint()` ohne Argumente auf:

```
repaint();
```

Das Objekt `Graphics`, das der `paint()`-Methode des Applets übergeben wurde, ist für alle Texte und Grafiken erforderlich, die Sie ins Appletfenster zeichnen wollen.

Ein `Graphics`-Objekt stellt eine Fläche dar, in die gezeichnet werden kann; in unserem Fall also das Applet-Fenster. Sie können dieses Objekt dazu benutzen, Text in das Fenster zu zeichnen und andere einfache Grafik-Aufgaben zu erfüllen. Viele der Techniken zum Zeichnen und zur Textbehandlung von Java2D, über die Sie nächste Woche mehr erfahren, werden in einer Subklasse von `Graphics` namens `Graphics2D` aufgerufen. Um ein neues `Graphics2D`-Objekt zu erstellen, das Sie in der `paint()`-Methode eines Applets verwenden können, müssen Sie Casting benutzen, wie in der folgenden `paint()`-Methode:

```
public void paint(Graphics screen) {
    Graphics2D screen2D = (Graphics2D)screen;
}
```

Das Objekt `screen2D` in diesem Beispiel entstand durch Casting. Es ist das `Screen`-Objekt, das aus der `Graphics`-Klasse in die `Graphics2D`-Klasse konvertiert wurde.

Sämtliche Java2D-Grafikoperationen müssen bei einem `Graphics2D`-Objekt aufgerufen werden. `Graphics2D` ist Teil des Pakets `java.awt` .

Ein einfaches Applet

Das Appelt `Watch` zeigt die aktuelle Zeit und das aktuelle Datum an. Ungefähr jede Sekunde wird es auf den neuesten Stand gebracht.

Dieses Projekt verwendet Objekte mehrerer Klassen:

- `GregorianCalendar`, eine Klasse im Paket `java.util`, das Datum- und Zeitwerte im gregorianischen Kalendersystem darstellt, das in der westlichen Welt in Gebrauch ist.
- `Font`, eine Klasse aus `java.awt` , das Größe, Stil und Familie einer Schrift festlegt
- `Color` und `Graphics2D`, zwei `java.awt`-Klassen, die im letzten Abschnitt beschrieben wurden

Listing 7.1 enthält den Code für dieses Applet:

Listing 7.1: Der gesamte Quelltext von Watch.java.

```
import java.awt.*;
import java.util.*;

public class Watch extends javax.swing.JApplet {
    private Color butterscotch = new Color(255, 204, 102);
    private String lastTime = "";

```

```
8:     public void init() {
9:         setBackground(Color.black);
10:    }
11:
12:    public void paint(Graphics screen) {
13:        Graphics2D screen2D = (Graphics2D)screen;
14:        Font type = new Font("Monospaced", Font.BOLD, 20);
15:        screen2D.setFont(type);
16:        GregorianCalendar day = new GregorianCalendar();
17:        String time = day.getTime().toString();
18:        screen2D.setColor(Color.black);
19:        screen2D.drawString(lastTime, 5, 25);
20:        screen2D.setColor(butterscotch);
21:        screen2D.drawString(time, 5, 25);
22:        try {
23:            Thread.sleep(1000);
24:        } catch (InterruptedException e) {
25:            // nichts tun
26:        }
27:        lastTime = time;
28:        repaint();
29:    }
30: }
```

Nachdem Sie dieses Programm geschrieben haben, können Sie es zwar kompilieren, aber noch können Sie es nicht ausprobieren. Das Applet überschreibt die Methode `init()` in den Zeilen 8-10, um die Hintergrundfarbe des Appletfensters auf schwarz zu setzen.

In der `paint()`-Methode findet die eigentliche Arbeit statt. Das `Graphics`-Objekt, das der `paint()`-Methode übergeben wird, beinhaltet den Grafikzustand, der die aktuellen Attribute der Zeichenoberfläche verfolgt. Der Zustand beinhaltet z. B. Details über die aktuelle Schriftart und die Farbe, die für Zeichenoperationen zu benutzen sind. Mithilfe von Casting wird in Zeile 13 ein `Graphics2D`-Objekt erzeugt, das all diese Informationen beinhaltet.

Die Zeilen 14-15 legen die Schrift für den Grafikzustand fest. Das `Font`-Objekt wird in der Instanzvariable `type` gespeichert und als fette, nichtproportionale 20-Punkt-Schrift festgelegt. Der Aufruf von `setFont()` in Zeile 15 bestimmt diese Schrift als diejenige, die für die folgenden Zeichenoperationen in Zeilen 19 und 21 benutzt wird.

Die Zeilen 16-17 erzeugen ein neues `GregorianCalendar`-Objekt, das das aktuelle Datum und die aktuelle Zeit beinhaltet. Die `getTime()`-Methode dieses Objekts gibt Datum und Zeit als `Date`-Objekt zurück, eine weitere Klasse des Pakets `java.util`. Indem man `toString()` dieses Objekts aufruft, erhält man Datum und Zeit als String zurück, den man dann anzeigen kann.

Die Zeilen 18-19 setzen die Farbe für Zeichenoperationen auf Schwarz und rufen dann `drawString()` auf, um den String `lastTime` im Applet-Fenster an den Koordinaten (5/25) anzuzeigen. Da der Hintergrund schwarz ist, sieht man gar nichts – was das soll, erfahren Sie gleich.

Die Zeilen 20-21 legen die Farbe mittels eines `Color`-Objekts namens `butterscotch` fest und zeigen dann den String `time` in dieser Farbe an.

Die Zeilen 22-26 benutzen eine Klassenmethode der Klasse `Thread`, um das Programm 1000 Millisekunden (also eine Sekunde) lang pausieren zu lassen. Da die Methode `sleep()` zu einem Fehler namens `InterruptedException` führt, falls irgendetwas diese Verzögerung unterbrechen sollte, muss der Aufruf von `sleep()` in einen `try-catch`-Block eingeschlossen werden. (An Tag 13 werden Sie mehr über Threads und Ausnahmen erfahren.)

Die Zeilen 27-28 sorgen dafür, dass die Variable `lastTime` sich auf denselben String wie die Variable `time` bezieht, und rufen dann `repaint()` auf, wodurch das Applet-Fenster neu gezeichnet wird.

Der Aufruf von `repaint()` führt dazu, dass die Methode `paint()` des Applets erneut aufgerufen wird. Wenn dies geschieht, wird `lastTime` in Zeile 19 in schwarzer Schrift angezeigt und überschreibt so den zuletzt angezeigten `time`-String. Das löscht die Anzeige, sodass der neue Wert von `time` ausgegeben werden kann.

WARNUNG: Der Aufruf von `repaint()` innerhalb der `paint()`-Methode eines Applets ist keine elegante Lösung, um Animation zu erzeugen. Bessere Lösungen lernen Sie am 13. Tag kennen. Für heute reicht uns dieses Verfahren, denn wir wollten ja nur ein einfaches Applet schreiben.

Beachten Sie, dass der 0-Punkt für x und y die obere linke Ecke der Zeichenfläche des Applets ist und dass ein positiver y-Wert nach unten weist, sodass 50 am unteren Ende des Applets ist. Abbildung 7.1 zeigt, wie der Applet-Kasten und der String auf der Seite dargestellt werden.

Abbildung 7.1: Zeichnen eines Applets

Wenn Sie die nötigen Applet-Methoden in Ihrer Klasse (`init()`, `start()`, `stop()`, `paint()` usw.) implementieren, funktioniert das Applet, ohne dass es einen expliziten Einstiegspunkt bräuchte.

Ein Applet in eine Webseite einfügen

Nachdem Sie eine oder mehrere Klassen, die Ihr Applet bilden, erstellt und sie wie jedes andere Javaprogramm zu Klassendateien kompiliert haben, müssen Sie eine Webseite erstellen, auf die dieses Applet platziert wird.

Applets werden mit dem `<APPLET>`-Tag, einer HTML-Anweisung, die wie andere HTML-Elemente funktioniert, in eine Seite eingefügt. Es gibt eine große Menge von Entwicklungstools für Webseiten, wie z. B. Claris Home Page oder Macromedia Dreamweaver, mit denen sich Applets auf eine Seite einfügen lassen, ohne direkt mit dem HTML-Code arbeiten zu müssen.

Das `<APPLET>`-Tag hat die Aufgabe, ein Applet in eine Webseite einzufügen und sein Erscheinungsbild in Bezug auf andere Elemente der Seite zu kontrollieren.

Javafähige Browser verwenden die Informationen, die in diesem Tag enthalten sind, um die kompilierten `.class`-Dateien des Applets zu finden und auszuführen. In diesem Abschnitt lernen Sie, wie Sie Java-Applets in eine Webseite einfügen und wie Sie die ausführbaren Dateien im Web zur Verfügung stellen.

HINWEIS: Im folgenden Abschnitt wird davon ausgegangen, dass Sie Grundkenntnisse im Schreiben von HTML-Seiten besitzen oder wenigstens mit einem HTML-Editor umgehen können. Wenn Sie in diesem Bereich Hilfe benötigen, empfiehlt sich das Buch »HTML 4 in 21 Tagen« von Laura Lemay und Denise Tyler, das ebenfalls bei Markt+Technik erschienen ist.

Das Tag <APPLET>

Das Tag `<APPLET>` ist eine spezielle Erweiterung von HTML, damit Java-Applets auf Webseiten dargestellt werden können. Es wird von allen Browsern unterstützt, die Javaprogramme ausführen können. Listing 7.2 zeigt ein einfaches Beispiel für eine Webseite mit einem Applet.

Listing 7.2: Der gesamte Quelltext von Watch.html.

```
<html>
<head>
<title>Watch Applet</title>
</head>
<body>
<applet code="Watch.class" height="50" width="345">
This program requires a Java-enabled browser.
```

```
 8: </applet>
 9: </body>
10: </html>
```

Der <APPLET>-Tag findet sich in den Zeilen 6-8 von Listing 7.2. In diesem Beispiel erhält das Tag <APPLET> drei Attribute:

- CODE, das den Filenamen der Hauptklasse des Applets angibt.
- WIDTH, das die Breite des Applet-Fensters auf der Webseite festlegt.
- HEIGHT, das die Höhe des Applet-Fensters angibt.

Die .class-Datei, die über das CODE-Attribut festgelegt wird, muss sich in demselben Ordner befinden wie die Webseite, die das Applet beinhaltet, es sei denn, Sie geben durch das Attribut CODEBASE einen anderen Ordner an. Wir kommen darauf heute noch zurück.

Die Attribute WIDTH und HEIGHT müssen immer angegeben werden, damit der Web- Browser weiß, wie viel Platz er dem Applet auf der Seite bereitstellen muss. Es kann leicht passieren, dass Sie versehentlich in einen Bereich außerhalb des Applet-Fensters zeichnen. Um dies zu verhindern, müssen Sie sicherstellen, dass Sie für das Applet-Fenster genügend Platz zur Verfügung stellen.

Text, Bilder und andere Elemente einer Webseite können zwischen die Tags <APPLET> und </APPLET> eingefügt werden. Diese Elemente werden nur angezeigt, wenn der Browser nicht in der Lage ist, Javaprogramme zu verarbeiten. Dies ist eine gute Möglichkeit, dem Benutzer mitzuteilen, dass er ein Java-Applet verpasst, weil sein Browser diese Applets nicht unterstützt. Wenn Sie nichts zwischen die Tags <APPLET> und </APPLET> stellen, zeigen Browser ohne Java-Unterstützung überhaupt nichts an.

Anwender mit javafähigen Browsern sehen das Watch-Applet. Anwender ohne Java sehen den dafür vorgesehenen Alternativtext – This program requires a Java-enabled Browser.

Prüfen der Ergebnisse

Sobald Sie die Haupt-.class-Datei und eine HTML-Datei, die das Applet verwendet, haben, können Sie die HTML-Datei von Ihrer Festplatte in einen javafähigen Browser laden. Im Netscape Navigator verwenden Sie den Befehl DATEI | SEITE ÖFFNEN | DATEI WÄHLEN, um lokale Dateien zu laden. Der entsprechende Befehl des Internet Explorer ist: DATEI | ÖFFNEN | DURCHSUCHEN. Der Browser zeigt die Webseite samt dem eingebetteten Applet.

Wenn Sie nicht über einen javafähigen Browser verfügen, sollten Sie zumindest in Ihrer Entwicklungsumgebung ein Tool zum Testen von Applets finden. Das SDK bietet den appletviewer, mit dem Sie Ihre Applets testen können. Im Gegensatz zu einem Browser zeigt der appletviewer nur die Applets an, die sich auf einer Webseite befinden. Die Webseite selbst zeigt er nicht an.

Abbildung 7.2 zeigt die Seite `Watch.html` im `appletviewer`.

Abbildung 7.2: Die Webseite Watch.html im appletviewer

Laden Sie diese Webseite in alle Browser, die Ihnen zur Verfügung stehen. Falls das Applet im `appletviewer` funktioniert, aber bei einem oder mehreren Browsern die Arbeit verweigert, dann dürften die fraglichen Browser ohne Java-2-Unterstützung sein.

Java-Applets im Web bereitstellen

Wenn Ihr Applet erst einmal zuverlässig auf Ihrem lokalen System arbeitet, können Sie das Applet im World Wide Web allgemein zur Verfügung stellen.

Java-Applets werden von einem Web-Server auf die gleiche Weise zur Verfügung gestellt wie HTML-Dateien, Bilder und andere Medien. Sie speichern das Applet in einem Ordner, der für den Web-Server zugänglich ist – oft derselbe Ordner, in dem sich auch die Webseite befindet, die das Applet beinhaltet. Der Web-Server sollte so konfiguriert sein, dass er javafähigen Browsern Java-Applets bereitstellen kann.

Die folgenden Dateien müssen auf den Server übertragen werden:

- Die HTML-Seite, die das Applet beinhaltet.
- Alle `.class`-Dateien, die von dem Applet verwendet werden und nicht Teil der Standardklassenbibliothek von Java sind.

Wenn Sie wissen, wie Sie Webseiten, Bilddateien und andere Multimedia-Dateien publizieren, dann müssen Sie keine neuen Fähigkeiten erlernen, um Java-Applets auf Ihre Web-Site zu setzen.

Weitere Informationen zum Tag <APPLET>

In seiner einfachsten Form benötigt das `<APPLET>`-Tag lediglich die Attribute `CODE`, `WIDTH` und `HEIGHT`, um ausreichend Platz für das Applet zu schaffen und anschließend das Applet in diesen Raum zu laden und dort auszuführen. Das `<APPLET>`-Tag unterstützt allerdings noch eine ganze Reihe anderer Attribute, die Ihnen dabei helfen, ein Applet in das Gesamtdesign einer Seite einzupassen.

HINWEIS: Die Attribute des `<APPLET>`-Tags entsprechen weitgehend denen des `<IMG>`-Tags.

Das Attribut ALIGN

Das Attribut ALIGN definiert, wie das Applet in Bezug auf andere Teile der Seite ausgerichtet wird. Dieses Attribut kann folgende neun Werte erhalten:

- ALIGN=LEFT richtet das Applet linksbündig an dem Text aus, der dem Applet auf der Seite folgt.
- ALIGN=RIGHT richtet das Applet rechtsbündig an dem Text aus, der dem Applet auf der Seite folgt.
- ALIGN=TEXTTOP richtet die Oberkante des Applets an dem höchsten Textelement in der Zeile aus.
- ALIGN=TOP richtet die Oberkante des Applets am höchsten Element in der Zeile aus (dies kann ein anderes Applet, ein Bild oder die Oberkante des Textes sein).
- ALIGN=ABSMIDDLE richtet die Mitte des Applets an der Mitte des größten Elements in der Zeile aus.
- ALIGN=MIDDLE richtet die Mitte des Applets an der Mitte der Grundlinie des Textes aus.
- ALIGN=BASELINE richtet die Unterkante des Applets an der Grundlinie des Textes aus. ALIGN=BASELINE entspricht ALIGN=BOTTOM, ist aber als Bezeichnung wesentlich beschreibender.
- ALIGN=ABSBOTTOM richtet die Unterkante des Applets an dem niedrigsten Element in der Zeile aus (dies kann die Grundlinie des Textes, ein anderes Applet oder ein Bild sein).

Um die Formatierung des Ausrichtung, die mit dem ALIGN-Attribut festgelegt wurde, zu beenden, verwenden Sie das HTML-Tag <BR> mit dem CLEAR-Attribut. Dieses Attribut kennt drei Werte:

- <BR CLEAR=LEFT>: Die Anzeige des Rests der Webseite beginnt an der nächsten Stelle mit freiem linken Rand.
- <BR CLEAR=RIGHT>: Die Anzeige des Rests der Webseite beginnt an der nächsten Stelle mit freiem rechten Rand.
- <BR CLEAR=ALL>: Die Anzeige des Rests der Webseite beginnt an der nächsten Stelle mit freiem linken und rechten Rand.

Abb. 7.3 zeigt die verschiedenen Ausrichtungsoptionen, wobei der Smiley mit Sonnenbrille das Applet darstellt.

Wenn Sie einen HTML-Generator verwenden, der Java-Applets auf einer Seite zu platzieren kann, finden Sie bestimmt irgendwo die Möglichkeit, das ALIGN-Attribut mit LEFT, RIGHT oder einem der anderen Werte auszustatten.

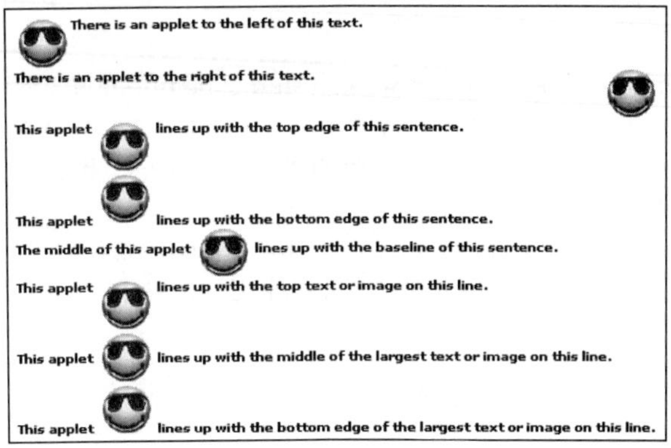

Abbildung 7.3: Ausrichtungsoptionen für Applets

HSPACE und VSPACE

Die Attribute HSPACE und VSPACE werden dazu verwendet, den Abstand zwischen einem Applet und dem umliegenden Text in Pixeln anzugeben. HSPACE definiert den horizontalen Abstand links und rechts neben dem Applet. VSPACE bestimmt den vertikalen Abstand ober- und unterhalb des Applets. Als Beispiel dafür soll das folgende HTML-Codestück dienen, das einen vertikalen Abstand von 50 und einen horizontalen Abstand von 10 festlegt:

```
<APPLET CODE="ShowSmiley.class" WIDTH=45 HEIGHT=42
ALIGN=LEFT VSPACE=50 HSPACE=10>
Requires Java
</APPLET>
```

Die Abbildung 7.4 zeigt, wie dieses Applet, das einen Smiley auf weißem Hintergrund zeigt, mit anderen Elementen auf einer Webseite angezeigt würde. Der Hintergrund dieser Seite ist ein Raster, bei dem jede Zelle 10 mal 10 Pixel groß ist. Mit dem Raster können Sie den Abstand zwischen dem Applet und dem Text auf der Seite messen.

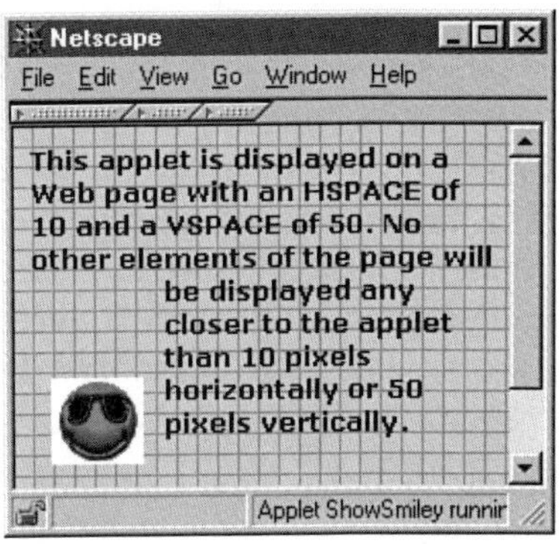

Abbildung 7.4: Vertikaler und horizontaler Abstand

CODE und CODEBASE

Im Gegensatz zu den anderen Attributen des <APPLET>-Tags wirken sich CODE und CODEBASE nicht auf das Erscheinungsbild eines Applets aus, sondern geben an, wo sich die Haupt-.class-Datei und andere Dateien befinden. Sie werden von javafähigen Browsern verwendet, um diese Dateien auf einem Web-Server zu finden.

CODE dient zur Bezeichnung des Namens der Haupt-.class-Datei des Applets. Wird CODE ohne CODEBASE verwendet, wird nach der Klassendatei in dem Verzeichnis gesucht, in dem sich die HTML-Datei mit dem Applet befindet.

Beim CODE-Attribut muss die Erweiterung .class angegeben werden. Das folgende <APPLET>-Beispiel lädt ein Applet mit dem Namen Bix.class aus demselben Ordner, in dem sich auch die Webseite befindet:

```
<APPLET CODE="Bix.class" HEIGHT=40 WIDTH=400>
</APPLET>
```

Das Attribut CODEBASE wird verwendet, um den Browser anzuweisen, in einem anderen Ordner nach dem Applet und den anderen verwendeten Dateien zu suchen. CODEBASE legt einen anderen Ordner oder sogar eine andere Web-Site fest, von wo die .class-Datei und die anderen Dateien geladen werden sollen. Der folgende Code lädt die .class-Datei Bix.class aus dem Ordner Torshire:

```
<APPLET CODE="Bix.class" CODEBASE="Torshire" HEIGHT=40 WIDTH=400>
</APPLET>
```

Im folgenden Beispiel werden die Java-.class-Dateien von einem fremden Server geladen, also nicht demjenigen, auf dem sich die HTML-Webseite findet:

```
<APPLET CODE="Bix.class" CODEBASE="http://www.prefect.com/javaclasses"
HEIGHT=40 WIDTH=400>
</APPLET>
```

Das <OBJECT>-Tag

Das <APPLET>-Tag ist eine HTML-Erweiterung, die ausschließlich zur Einbettung von Javaprogrammen in Webseiten eingeführt wurde. Heute gibt es noch andere Arten von Programmen, die interaktiv ausgeführt werden können, darunter ActiveX-Controls, NetRexx-Applets und Phyton-Programme. Um mit all diesen Programmarten arbeiten zu können, ohne dass für jedes ein eigenes Tag benötigt wird, wurde das <OBJECT>-Tag in die HTML-Spezifikation aufgenommen.

Das <OBJECT>-Tag wird für alle Objekte verwendet – interaktive Programme und andere externe Elemente –, die in eine Webseite integriert werden können. Es wird von den Versionen 4.0 und höher des Netscape Navigator und des Microsoft Internet Explorers sowie vom appletviewer unterstützt. Andere Browser wie Opera unterstützen dieses Tag nicht, sodass Sie meistens noch das <APPLET>-Tag verwenden sollten.

Das <OBJECT>-Tag hat die folgende Form:

```
<OBJECT CODE="Bix.class" CODEBASE="http://www.prefect.com/javaclasses"
HEIGHT=40 WIDTH=400>
</OBJECT>
```

Um statt des <APPLET>-Tags das <OBJECT>-Tag zu verwenden, ist nichts Besonderes zu beachten.

Alle Attribute bleiben gleich, so auch CODEBASE, HEIGHT, WIDTH und ALIGN. Im <OBJECT>-Tag können optional noch <PARAM>-Tags verwendet werden, die später am heutigen Tag beschrieben werden.

Java-Archive

Die Standardmethode zur Platzierung von Applets auf eine Webseite besteht darin, <APPLET> oder <OBJEKT> zur Angabe der primären Klassendatei des Applets zu verwenden. Ein javafähiger Browser lädt das Applet dann herunter und führt es aus. Alle anderen vom Applet benötigten Klassen oder Dateien werden vom Web-Server heruntergeladen.

Das Problem bei der Ausführung von Applets mit dieser Methode ist, dass der Browser für jede einzelne Datei, die das Applet benötigt (das kann eine andere Hilfsklasse, ein Bild, eine Audiodatei, eine Textdatei usw. sein), eine eigene Verbindung zum Server herstellen muss. Da bereits für die Einrichtung der Verbindung selbst einige Zeit notwendig ist, wird dadurch der Zeitaufwand für das Laden des Applets und der zugehörigen Dateien beträchtlich erhöht.

Die Lösung des Problems bietet ein Java-Archiv, d.h. eine JAR-Datei. Ein *Java-Archiv* ist eine Sammlung von Java-Klassen oder anderen Dateien, die in eine einzige Datei gepackt wurden. Durch die Verwendung eines Java-Archivs muss der Browser lediglich eine Verbindung zum Server herstellen. Indem Sie die Anzahl der Dateien reduzieren, die vom Browser heruntergeladen werden müssen, lässt sich das Applet schneller laden und ausführen. Java-Archive können auch komprimiert werden, wodurch sich die Dateigröße verringert und die Ladezeiten zusätzlich verkürzt werden (doch auch die Dekomprimierung durch den Browser kann einige Zeit beanspruchen).

Netscape und Explorer unterstützen ab Version 4 JAR-Dateien. Das SDK enthält ein Tool namens jar, mit dessen Hilfe sich Dateien in Java-Archive packen und wieder daraus entpacken lassen. JAR-Dateien können mit dem Zip-Format komprimiert oder ohne Komprimierung verpackt werden. Der folgende Befehl packt alle Klassendateien und GIF-Bilddateien eines Verzeichnisses in ein einziges Java-Archiv mit dem Namen Animate.jar:

```
jar cf Animate.jar *.class *.gif
```

Das Argument cf enthält zwei Kommandozeilen-Optionen, die sich bei der Ausführung des Programms jar verwenden lassen. Die Option c gibt an, dass eine Java-Archivdatei erstellt werden soll, und die Option f legt fest, dass der Name der Archivdatei als nächstes Argument folgt.

Sie können auch bestimmte Dateien zu einem Java-Archiv hinzufügen, wie z.B. im Folgenden:

```
jar cf AudioLoop.jar AudioLoop.class beep.au loop.au
```

Dieses Kommando erzeugt ein Archiv mit dem Namen AudioLoop.jar, das drei Dateien beinhaltet: AudioLoop.class, loop.au und beep.au.

Wenn Sie jar ohne Argumente ausführen, erhalten Sie eine Liste der verfügbaren Optionen.

Nachdem das Java-Archiv erstellt ist, benutzen Sie das Attribut ARCHIVE mit dem Tag <APPLET>, um anzugeben, wo sich das Archiv befindet. Sie können Java-Archive in einem <APPLET>-Tag wie folgt benutzen:

```
<applet code="AudioLoop.class" archives="AudioLoop.jar" width=45 height=42>
</applet>
```

Dieses Tag gibt an, dass das Archiv AudioLoop.jar Dateien enthält, die vom Applet benötigt werden. Browser und Surf-Tools, die JAR-Dateien unterstützen, suchen dann innerhalb des Archivs nach Dateien, sobald sie im Applet benötigt werden.

Ein Java-Archiv kann zwar Klassendateien enthalten, aber auch bei der Verwendung des Attributs ARCHIVE muss das Attribut CODE verwendet werden. Der Browser muss auch in diesem Fall den Namen der Hauptklassendatei des Applets kennen, um diese laden zu können.

Parameter an Applets weitergeben

Bei Java-Anwendungen können Sie Parameter an die main()-Methode weitergeben, indem Sie in der Befehlszeile Argumente verwenden. Sie können diese Argumente dann innerhalb des Körpers der Klasse analysieren lassen, damit sich die Anwendung entsprechend der erhaltenen Argumente verhält.

Applets verfügen jedoch nicht über eine Befehlszeile. Applets können von der HTML-Datei, die das Tag <APPLET> oder <OBJECT> enthält, durch Verwendung von Applet-Parametern verschiedene Eingaben erhalten. Um die Parameter in einem Applet einzurichten und zu verarbeiten, benötigen Sie folgende Elemente:

- Ein spezielles Parameter-Tag in der HTML-Datei
- Code im Applet, der diese Parameter analysiert

Applet-Parameter bestehen aus zwei Teilen: dem Parameternamen, der eine von Ihnen gewählte Bezeichnung ist, und dem Wert, welcher dem tatsächlichen Wert dieses speziellen Parameters entspricht. Sie können also beispielsweise die Farbe des Textes in einem Applet definieren, indem Sie einen Parameter mit dem Namen `color` und dem Wert `red` (rot) angeben. Oder Sie legen die Geschwindigkeit einer Animation fest, indem Sie einen Parameter mit dem Namen `speed` und einen Wert von `5` verwenden.

In der HTML-Datei, die das eingebettete Applet enthält, fügen Sie die einzelnen Parameter mit dem Tag `<PARAM>` ein. Dieses Tag verfügt über zwei Attribute für den Namen und den Wert, die die naheliegenden Bezeichnungen `Name` und `Value` haben. Das Tag `<PARAM>` befindet sich innerhalb der Tags `<APPLET>` und `</APPLET>`:

```
<APPLET CODE="QueenMab.class" WIDTH=100 HEIGHT=100>
<PARAM NAME=font VALUE="TimesRoman">
<PARAM NAME=size VALUE="24">
A Java applet appears here.
</APPLET>
```

In diesem Beispiel werden zwei Parameter für das Applet `QueenMab` bestimmt: `font` mit dem Wert `TimesRoman` und `size` mit dem Wert `24`.

Der Gebrauch von `<PARAM>` ist identisch, wenn statt des Tags `<APPLET>` das Tag `<OBJECT>` benutzt wird.

Diese Parameter werden beim Laden des Applets weitergeleitet. In der `init()`-Methode des Applets können Sie diese Parameter mit der `getParameter()`-Methode einlesen. `getParameter()` nimmt ein Argument an – eine Zeichenkette, die den Namen des Parameters bezeichnet, nach dem Sie suchen. Die Methode gibt einen String mit dem entsprechenden Wert zurück. (Wie bei Argumenten in Java-Applikationen werden alle Parameterwerte als Strings zurückgegeben.) Um den Wert des `font`-Parameters aus der HTML-Datei zu erhalten, können Sie z.B. die folgende Zeile in die `init()`-Methode aufnehmen:

```
String theFontName = getParameter("font");
```

HINWEIS

Die Namen der in `<PARAM>` angegebenen Parameter und die Namen der Parameter in `getParameter()` müssen absolut identisch sein, auch in bezug auf Groß- und Kleinschreibung. Mit anderen Worten: `<PARAM NAME="eecummings">` unterscheidet sich von `<PARAM NAME="EECummings">`. Werden Ihre Parameter nicht richtig an das Applet weitergeleitet, überprüfen Sie die Parameternamen.

Falls ein erwarteter Parameter nicht in der HTML-Datei angegeben wurde, gibt `getParameter()` `null` zurück. Sie sollten auf den `null`-Parameter testen und einen vernünftigen Standardwert setzen.

```
if (theFontName == null)
   theFontName = "Courier";
```

Bedenken Sie außerdem, dass diese Methode Strings zurückgibt. Wenn Sie wollen, dass der Parameter von einem anderen Objekt- oder Datentyp ist, müssen Sie den übergebenen Parameter selbst konvertieren. Nehmen Sie z. B. die HTML-Datei für das `QueenMab`-Applet. Um den `size`-Parameter zu parsen und ihn der Integer-Variablen `theSize` zuzuweisen, könnten Sie den folgenden Quellcode verwenden:

```
int theSize;
String s = getParameter("size");
if (s == null)
    theSize = 12;
else theSize = Integer.parseInt(s);
```

Listing 7.3 zeigt Ihnen eine überarbeitete Fassung des `Watch`-Applets, in dem die Hintergrundfarbe als Parameter namens `background` angegeben werden kann:

Listing 7.3: Der gesamte Quelltext von NewWatch.java.

```
import java.awt.*;
import java.util.*;

public class NewWatch extends javax.swing.JApplet {
    private Color butterscotch = new Color(255, 204, 102);
    private String lastTime = "";
    Color back;

public void init() {
        String in = getParameter("background");
        back = Color.black;
        if (in != null) {
            try {
                back = Color.decode(in);
            }  catch (NumberFormatException e) {
                showStatus("Bad parameter " + in);
            }
        }
        setBackground(back);
    }

    public void paint(Graphics screen) {
        Graphics2D screen2D = (Graphics2D)screen;
```

```
24:         Font type = new Font("Monospaced", Font.BOLD, 20);
25:         screen2D.setFont(type);
26:         GregorianCalendar day = new GregorianCalendar();
27:         String time = day.getTime().toString();
28:         screen2D.setColor(back);
29:         screen2D.drawString(lastTime, 5, 25);
30:         screen2D.setColor(butterscotch);
31:         screen2D.drawString(time, 5, 25);
32:         try {
33:             Thread.sleep(1000);
34:         } catch (InterruptedException e) {
35:             // nichts tun
36:         }
37:         lastTime = time;
38:         repaint();
39:     }
40: }
```

Außerhalb der `init()`-Methode weist das Applet `NewWatch` nur wenige Neuerungen auf. In Zeile 7 wird ein `Color`-Objekt deklariert, und Zeile 28 ist dergestalt modifiziert, dass statt `Color.black` das neue `Color`-Objekt bei der Festlegung der aktuellen Farbe Verwendung findet.

Die `init()`-Methode in den Zeilen 9-20 wurde neu geschrieben, sodass sie mit einem Parameter namens `background` arbeitet. Dieser Parameter sollte als hexadezimaler String angegeben werden – ein Doppelkreuz # gefolgt von drei hexadezimalen Zahlen, die den Rot-, Grün- und Blauanteil der Farbe angeben. Schwarz ist `#000000`, rot ist `#FF0000`, grün ist `#00FF00`, blau ist `#0000FF`, weiß ist `#FFFFFF` usw. Wenn Sie schon Erfahrungen mit HTML gemacht haben, sind Ihnen derartige hexadezimale Strings bestimmt schon vertraut.

Die Klasse `color` hat eine Klassenmethode namens `decode(`*`String`*`)`, die aus einem hexadezimalen String ein `Color`-Objekt erzeugt. Dies geschieht in Zeile 14 – der `try-catch`-Block soll einen möglichen `NumberFormatException`-Fehler auffangen, der ansonsten aufträte, falls `in` keinen gültigen Hexadezimalstring beinhaltet.

Zeile 19 setzt das Appletfenster auf die Farbe, die durch das `back`-Objekt repräsentiert wird. Um dieses Programm ausprobieren zu können, brauchen Sie noch das HTML-Dokument von Listing 7.4.

Listing 7.4: Der gesamte Text von NewWatch.html

```
<html>
<head>
<title>Watch Applet</title>
</head>
<body bgcolor="#996633">
```

```
 6: <p>The current time:
 7: <applet code="NewWatch.class" height="50" width="345">
 8: <param name="background" value="#996633">
 9: This program requires a Java-enabled browser.
10: </applet>
11: </body>
12: </html>
```

Beachten Sie, dass das Tag `<APPLET>`, welches auf die Klassendatei für das Applet verweist, die passende Breite und Höhe (`435` und `50`) angibt. Unmittelbar darunter (in Zeile 8) steht das Tag `<PARAM>`, welches zur Übergabe des Parameters an das Applet dient. Hier ist der `NAME` des Parameters `background`, und der Wert (`VALUE`) ist der String `#996633`, was einem Braunton entspricht. Zeile 5 legt die Hintergrundfarbe der Seite mithilfe desselben hexadezimalen Strings fest.

Wenn Sie diese HTML-Datei in Opera laden, sieht das Ganze wie Abb. 7.5 aus.

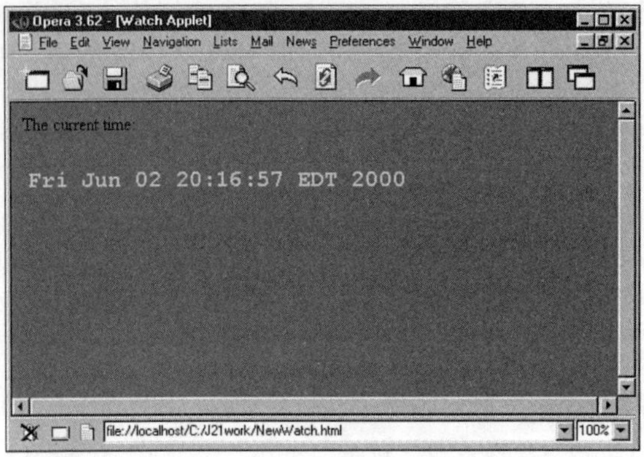

Abbildung 7.5:
Die Seite NewWatch.html in Opera

Da das Appletfenster und die Webseite dieselbe Hintergrundfarbe haben, können Sie in Abbildung 8.5 den Umriss des Applets nicht sehen. Falls im HTML-Code, der das `NewWatch`-Applet lädt, kein Parameter `background` angegeben wird, dann ist die Standardvoreinstellung schwarz.

7.5 Java-2-Applets entwickeln

Wenn Sie sich an die Planung eines Java-Projekts mit Applets wagen, dann ist eine der wichtigsten Entscheidungen, welche Version der Programmiersprache in den Applets eingesetzt werden soll.

Java 1.0, die erste Version, wird von allen Browsern unterstützt, die Applets ausführen können. Bei Netscape und Explorer wird diese Version schon seit mehr als vier Jahren unterstützt, und andere Browser wie Opera beherrschen sie ebenfalls.

Die neuesten Versionen dieser Browser kommen auch mit Java 1.1 klar, sodass Sie die Verbesserungen an der Benutzerschnittstelle, dem Event-Handling und in anderen Bereichen nutzen können, gleichzeitig aber einen großen Kreis von Internet-Surfern erreichen.

Die Browserfirmen haben ihre eigenen Java-Interpreter geschrieben und in ihre Software integriert. Doch wird dieses Verfahren mit jeder neuen Java-Version schwieriger und macht die Browser immer größer, denn die Java-Klassenbibliothek ist heute fünfmal größer, als sie es zu Zeiten von Java 1.1 war.

Sun bietet das Java Plug-in an, einen Interpreter, der in Browsern den eingebauten Interpreter ersetzen kann. Das Plug-in, das ursprünglich den Namen Java Activator trug, unterstützt die aktuelle Version von Java 2, sodass Applet-Programmierer, denen die aktuellsten Techniken der Programmiersprache wichtig sind, sie mit seiner Hilfe nutzen können.

Zweierlei ist erforderlich, damit ein Java-Applet mit dem Java Plug-in laufen kann:

- Der Besucher muss das Plug-in installiert haben.
- Die Seite, in die das Applet eingebettet ist, muss mittels HTML das Plug-in anweisen, das Applet zu interpretieren.

Das Java Plug-in ist Teil von SDK 1.3, sodass Sie es bereits auf Ihrem System installiert haben sollten. Wenn Sie es aus irgendeinem Grund doch herunterladen und separat installieren wollen, dann finden Sie es unter `http://java.sun.com/products/plugin`. Sie können auch die Hauptseite `http://java.sun.com` besuchen und dort unter Products & APIs nachsehen.

Das Plug-in auf einer Webseite benutzen

Wenn Sie auf den eingebauten Java-Interpreter eines Browsers zurückgreifen, ist es einfach, ein Applet auf eine Webseite zu setzen. Sie benutzen das Tag `<APPLET>` bzw. `<OBJECT>`, um das Tag einzubetten, und übergeben ihm mittels `<PARAM>` Parameter, mit denen festgelegt wird, wie das Applet genau abläuft. Ein Beispiel:

```
<applet code="NewWatch.class" height="50" width="345">
<param name="background" value="#996633">
This program requires a Java-enabled browser.
</applet>
```

Ein Applet auszuführen, das das Java Plug-in benutzt, ist etwas komplizierter. Ihr HTML-Code muss den verschiedenen Arten Rechnung tragen, wie Explorer bzw. Netscape mit Plug-ins und eingebetteten Programmen wie Applets umgehen:

Würden Sie das letzte Beispiel so modifizieren, dass es zur Ausführung des Applets auf das Plug-in zurückgreift, dann würde das HTML so aussehen:

```
<OBJECT classid="clsid:8AD9C840-044E-11D1-B3E9-00805F499D93" WIDTH ="345"
HEIGHT="50" codebase="http://java.sun.com/products/plugin/1.3/jinstall-13-
win32.cab#Version=1,3,0,0">
<PARAM NAME=CODE VALUE="NewWatch.class">
<PARAM NAME="type" VALUE="application/x-java-applet;version=1.3">
<PARAM NAME="scriptable" VALUE="false">
<PARAM NAME="background" VALUE="#996633">
<COMMENT>
<EMBED type="application/x-java-applet;version=1.3" CODE="NewWatch.class"
WIDTH="345" HEIGHT="50" background="#996633" scriptable=false
pluginspage="http://java.sun.com/products/plugin/1.3/plugin-install.html">
</COMMENT>
<NOEMBED>
This program requires a Java-enabled browser.
</NOEMBED>
</EMBED>
</OBJECT>

<!--
<APPLET CODE="NewWatch.class" WIDTH="345" HEIGHT="50">
<PARAM NAME="background" VALUE="#996633">
This program requires a Java-enabled browser.
</APPLET>
-->
```

Wie sich leicht erkennen lässt, ist das HTML für das Java Plug-in wesentlich komplizierter. Verschiedene Tags sorgen dafür, dass das Applet auf möglichst vielen verschiedenen Browsern läuft.

Sun stellt eine Java-Applikation namens `HTMLConverter` zur Verfügung, die existierende HTML-Seiten so bearbeitet, dass alle Applets über das Java Plug-in ablaufen. Nachdem Sie eine Webseite erstellt haben, die ein Applet mit dem `<APPLET>`-Tag lädt, kann der `HTMLConverter` diese Webseite so abändern, dass sie statt dessen das Plug-in verwendet.

Dieses Programm ist auf derselben Seite der Java-Website erhältlich, auf der sich auch das Plug-in findet. Zum Zeitpunkt der Niederschrift dieses Buches war die aktuelle Version des `HTMLConverter` zu einem .zip-File gepackt. (Die Vorgängerversionen hatten stets ein Installationsprogramm).

Nachdem Sie die Datei heruntergeladen haben, entpacken Sie alle Dateien im .zip-File in einen Ordner. Achten Sie darauf, dass die Unterordner für die Dateien des `HTMLConverter` angelegt werden. Aber das sollte Ihr Zip-Programm eigentlich automatisch erledigen. Ein neuer Ordner `converter` wird angelegt.

Wenn Sie die Dateien nach `c:\jdk1.3` entpacken, heißt der Unterordner `c:\jdk1.3\converter`. Fügen Sie diesen Ordner zum `CLASSPATH` Ihres Systems hinzu, und booten Sie neu.

Sobald der `HTMLConverter` installiert ist, starten Sie dieses Programm mit dem Java-Interpreter, wobei der Name des zu konvertierenden HTML-Dokuments das Argument ist. Also z.B.:

```
java HTMLConverter WatchApplet.html
```

Das vorausgehende Kommando sorgt dafür, dass alle Applets, die in `WatchApplet.html` enthalten sind, vom Java Plug-in interpretiert werden.

Der `HTMLConverter` überschreibt den angegebenen HTML-Code. Sollten Sie aus irgendeinem Grunde die nicht-Plug-in-Version der Seite behalten wollen, dann sollten Sie eine Kopie von ihr erstellen und den `HTMLConverter` die Kopie verändern lassen.

Das Plug-in laufen lassen

Das Java Plug-in funktioniert zusammen mit einem Browser wie andere Browser-Plug-ins wie Macromedia Flash, der Real-Player oder Programme zur Darstellung von PNGs.

Zunächst wird dem HTML-Dokument Code hinzugefügt, der besagt, dass eine Datei ein Plug-in erfordert. Weitere Informationen werden geliefert, so der Name des Plug-ins und eine Adresse, unter der das Plug-in heruntergeladen werden kann.

Wenn ein Besucher das Dokument mit einem Webbrowser lädt, dann sucht der Browser auf dem Computer des Besuchers nach dem Plug-in. Findet er es, öffnet er die Datei mit dem Plug-in.

Findet sich das Plug-in nicht, dann geht eine Warnmeldung auf und fragt, ob das Plug-in heruntergeladen und installiert werden soll. Abbildung 7.6 zeigt, wie diese Warnmeldung im Explorer 5 aussieht. Mit den Standardeinstellungen installiert der Explorer ohne ausdrückliche Erlaubnis kein Plug-in, keine ActiveX-Control oder irgendein anderes ausführbares Programm.

Falls der Besucher die Installation des Plug-ins erlaubt, wird es heruntergeladen und auf dem Computer des Besuchers installiert. Das kann ein Weilchen dauern – das Java Plug-in ist gegenwärtig mehr als 4,5 Megabyte groß, und wer nur ein 28,8-Modem hat, braucht zum Download mehr als eine halbe Stunde.

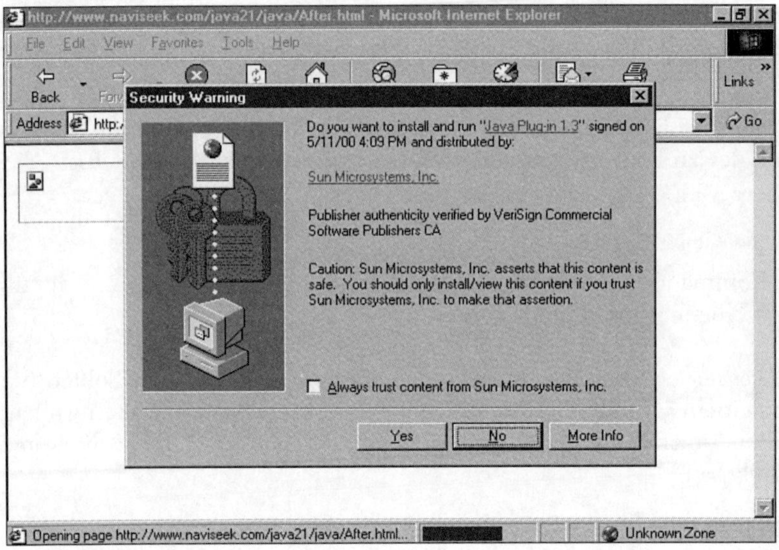

Abbildung 7.6: Soll das Java Plug-in installiert werden?

Weil das Java Plug-in so groß ist, empfiehlt Sun, dass man es nur für Intranets, Software für Großfirmen oder andere Projekte mit genau bekanntem Publikum benutzen soll. Die meisten Applet-Programmierer, deren Arbeit für alle Surfer benutzbar sein soll, verwenden ausschließlich Features von Java 1.0 oder 1.1.

Nach vollständiger Installation öffnet das Plug-in die Datei. Alle anderen Dateien, die das Plug-in benötigen, laufen automatisch ab, sodass der Surfer alle Java-2-Applets so benutzen kann, als würde sein Browser einen eingebauten Interpreter mit Java-2-Unterstützung haben.

7.6 Zusammenfassung

Auch wenn Applets nicht mehr das Zentrum der Java-Entwicklung sind, bleiben sie das Java-Element, mit dem am meisten Menschen in Berührung kommen, da auf Tausenden von Web-Sites Applets verwendet werden. Schenkt man Altavista (`http://www.altavista.com`) Glauben, dann gibt es mehr als 13,6 Millionen Webseiten, die Applets beinhalten.

Da sie in Webseiten ausgeführt und angezeigt werden, können Applets die Grafik, die Benutzerschnittstelle und die Ereignisstruktur des Web-Browsers verwenden. Diese Möglichkeiten bieten dem Applet-Programmierer eine große Menge an Funktionalität ohne große Plackerei.

Heute haben Sie die Grundlagen der Applet-Erstellung erlernt.

- Alle Applets, die Sie mit Java schreiben, sind Subklassen der Klassen `java.applet.Applet` bzw. `javax.swing.JApplet`, die die Verhaltensweisen dafür bieten, dass das Applet in einem Browser ausgeführt werden kann.
- Applets haben fünf Hauptmethoden, die für grundlegende Aktivitäten eines Applets während seines Lebenszyklus verwendet werden: `init()`, `start()`, `stop()`, `destroy()` und `paint()`. Diese Methoden werden überschrieben, um bestimmte Funktionalitäten in einem Applet zu bieten.
- Applets binden Sie über die Tags `<APPLET>` bzw. `<OBJECT>` in eine HTML-Webseite ein, und der Tag `<PARAM>` kann benutzt werden, um mithilfe von Parametern festzulegen, wie das Applet funktioniert.
- Um das Herunterladen von Applets auf eine Webseite zu beschleunigen, können Sie Java-Archivdateien benutzen.
- Applets können von einer Webseite Informationen durch das `<PARAM>`-Tag erhalten. Im Körper des Applets können Sie auf diese Parameter mit der Methode `getParameter()` zugreifen.
- Wenn Sie Features von Java 2 in Ihren Applets benutzen wollen, können Sie ein HTML-Dokument erstellen, das das Java Plug-in anstelle des in den Browser eingebauten Interpreters benutzt.

7.7 Fragen und Antworten

F *Ich habe ein Applet, das Parameter erwartet, und eine HTML-Datei, die diese Parameter übergibt. Beim Ausführen meines Applets erhalte ich aber nur* `null`*-Werte. Woran liegt das?*

A Stimmen die Namen der Parameter (im `NAME`-Attribut) genau mit denen überein, nach denen Sie mit `getParameter()` prüfen? Sie müssen völlig übereinstimmen, auch hinsichtlich der Groß- und Kleinschreibung. Achten Sie darauf, dass Ihre `<PARAM>`-Tags innerhalb von öffnenden und schließenden `<APPLET>`-Tags stehen und dass kein Name falsch geschrieben wurde.

F *Kann ich, obwohl Applets nicht über eine Kommandozeile oder einen Standard-Ausgabestream verfügen, eine einfache Debugging-Ausgabe wie* `System.out.println()` *in einem Applet vornehmen?*

A Ja, dies ist trotzdem möglich. Je nach Browser oder javafähiger Umgebung verfügen Sie über ein Konsolenfenster, in dem die Debugging-Ausgabe (die Ausgabe `System.out.println()`) erscheint, oder sie wird in einer Log-Datei gespeichert (Netscape verfügt im Optionenmenü über eine Java-Konsole, der Internet Explorer verwendet eine Java-Log-Datei, die Sie durch `Optionen/Erweitert` aktivieren können).

Sie können in den Applets weiterhin Meldungen mit `System.out.println()` ausgeben, sollten diese aber anschließend entfernen, damit Sie den Anwender nicht verwirren!

F *Ich habe im Explorer 4.0 das Java-Logfile aktiviert. Und wo zum Kuckuck ist nun dieses Logfile?*

A Während in Netscape das Java-Ausgabefenster über ein Pull-Down-Menü-Kommando einsehbar ist, scheint der Explorer kein eingebautes Feature zu haben. Beim Explorer finden Sie das Logfile *javalog.txt* im *\WINDOWS\JAVA*-Ordner (meist *C:\WINDOWS\JAVA*).

7.8 Quiz

Überprüfen Sie den heutigen Stoff, indem Sie dieses Quiz mit drei Fragen beantworten.

Fragen

1. Welche Klasse sollte ein Applet erben, wenn Swing-Features im Programm benutzt werden?

   (a) `java.applet.Applet`

   (b) `javax.applet.JApplet`

   (c) beide

2. Welche Methode wird aufgerufen, sooft ein Appletfenster verschwand und wiedergezeichnet werden muss?

   (a) `start()`

   (b) `init()`

   (c) `paint()`

3. Welche Java-Version sollten Ihre Applets verwenden, um für möglichst viele Surfer verfügbar zu sein?

   (a) Java 1.0

   (b) Java 1.1

   (c) Java 2.0

Antworten

1. b. Wenn Sie die Verbesserungen von Swing in den Bereichen Benutzerschnittstelle und Event-Handling benutzen wollen, dann muss das Applet eine Subklasse von `JApplet` sein.
2. c. Sie können auch die Wiederanzeige des Appletfensters anfordern, indem Sie die `repaint()`-Methode des Applets aufrufen.
3. Die Antwort ist a, obwohl der Unterschied zu b immer kleiner wird. Mehr als 85% aller Surfer benutzen eine aktuelle Version von Netscape, Explorer oder Opera, die alle Java 1.1 unterstützen.

7.9 Übungen

Um Ihr Wissen über die heute behandelten Themen zu vertiefen, können Sie sich an folgenden Übungen versuchen:

- Verbessern Sie das `NewWatch`-Applet dergestalt, dass auch die Textfarbe über einen Parameter gesetzt werden kann.
- Erstellen Sie ein Applet, das dasselbe wie `Ellsworth.java` vom ersten Tag tut.

Soweit einschlägig, finden Sie die Lösungen zu den Übungen auf der Webseite zum Buch: `http://www.java21days.com`.

Der Gebrauch von Swing

Während der nächsten vier Tage arbeiten wir mit einer Gruppe von Klassen namens Swing, die einen Benutzerschnittstellenstil namens Metal implementieren können. (Klingt also ganz so, als gäbe es bei Sun Microsystems entweder einen Musik-Freak oder aber einen frustrierten Musiker).

Swing, das Teil der Bibliothek Java Foundation Classes ist, ermöglicht Ihnen, eine grafische Benutzerschnittstelle in Ihre Javaprogrammen einzubauen und nimmt Eingaben von Tastatur, Maus und anderen Eingabegeräten entgegen.

Die Swing-Bibliothek ist eine Erweiterung des Abstract Windowing Toolkit , also des Pakets, das in Java 1.0 begrenzte Unterstützung für grafische Programmierung bot. Im Vergleich zu seinem Vorgänger ist Swing funktional stark verbessert – neue Komponenten, erweiterte Komponentenfeatures, besseres Event-Handling und einstellbarer Stil (»Look and Feel«).

Heute werden wir Swing benutzen, um Applikationen mit grafischen Benutzerschnittstellen zu erzeugen unter Verwendung folgender Komponenten:

- Frames – Fenster, die eine Titelleiste und eine Menüleiste sowie Buttons zum Maximieren, Minimieren und Schließen haben können
- Container – Schnittstellenelemente, die andere Komponenten beinhalten
- Buttons – klickbare Bereiche, deren Zweck durch Text oder Grafik angezeigt wird
- Labels – Text oder Grafik, der/die Informationen bieten
- Textfelder und Textbereiche – Fenster, die Tastatureingaben akzeptieren und die Bearbeitung von Text ermöglichen
- Drop-down-Listen – Gruppen verwandter Einträge, die aus einem Drop-down-Menü oder einem scrollenden Fenster ausgewählt werden können
- Checkboxen und Radioknöpfe – kleine Fenster oder Kreise, die an- und abgewählt werden können

8.1 Die Erstellung einer Applikation

Der Ausdruck »Look and Feel« wird häufig bei der Beschreibung von Schnittstellenprogrammierung benutzt. Wie Sie vielleicht schon vermuten, beschreibt er, wie eine grafische Schnittstelle für den Benutzer aussieht und sich anfühlt. »Look and Feel« ist bei Java erst seit der Einführung von Swing ein Thema.

Dieses Feature stellt die visuell dramatischste Veränderung im Vergleich zum Abstract Windowing Toolkit (AWT) dar. Dank Swing können Sie ein Javaprogramm mit einer Schnittstelle erzeugen, die den Stil des Wirtsbetriebsystems, also z.B. Windows oder Solaris, oder einen Stil namens Metal, den nur Java hat, benutzt.

Swing-Komponenten sind im Gegensatz zu ihren Vorgängern in früheren Versionen von Java komplett in Java implementiert. Dadurch ist Swing über verschiedene Plattformen hinweg besser kompatibel als das AWT.

Alle Swing-Elemente sind Teil des Pakets `javax.swing`, einem Standardteil der Java-2-Klassenbibliothek. Um eine Swing-Klasse zu verwenden, müssen Sie entweder eine `import`-Anweisung für diese Klasse oder eine Anweisung, die alles abdeckt (wie die folgende), verwenden:

```
import javax.swing.*;
```

Das Paket Swing hatte verschiedene Namen, bevor Sun schließlich bei `javax.swing` blieb. Wenn Ihnen einer der alten Namen im Quelltext eines Programms begegnet – `com.sun.java.swing` oder `java.awt.swing` –, dann könnte es reichen, den Paketnamen zu ändern, um den Code auf Java 2 zu aktualisieren.

Zwei andere Pakete werden zusätzlich bei der Programmierung grafischer Benutzerschnittstellen benutzt, nämlich `java.awt`, das Abstract Windowing Toolkit, und `java.awt.event`, Event-Handler-Klassen, die Benutzereingaben verarbeiten.

Wenn Sie eine Swing-Komponente verwenden, arbeiten Sie mit Objekten der Klasse dieser Komponente. Sie erzeugen eine Komponente, indem Sie ihren Konstruktor und dann Methoden der Komponente aufrufen, die zur Erstellung im einzelnen nötig sind.

Alle Swing-Komponenten sind Subklassen der abstrakten Klasse `JComponent`, in der es Methoden zur Festsetzung der Größe einer Komponente, zur Änderung der Hintergrundfarbe, zur Festlegung der Schriftart, die für angezeigten Text benutzt wird, und zur Festlegung von *Tooltips* gibt. Tooltips sind erklärender Text, der erscheint, wenn der Benutzer mit der Maus einige Sekunden lang auf einer Komponente stehen bleibt.

Swingklassen werden oft von denselben Superklassen abgeleitet wie das Abstract Windowing Toolkit, sodass Swing- und AWT-Komponenten zusammen in derselben Schnittstelle benutzt werden können. Jedoch werden manchmal die zwei Arten von Komponenten nicht korrekt in einem Container angezeigt. Um diese Probleme zu vermeiden, verwenden Sie am besten nur Swing-Komponenten, außer Sie schreiben ein Applet, das sich auf Java 1.0- oder Java 1.1-Funktionalität beschränkt. Es gibt für jede AWT-Komponente eine Swing-Version.

Ehe Komponenten in einer Benutzerschnittstelle angezeigt werden können, müssen Sie in einen *Container* gelegt werden, eine Komponente, die andere Komponenten beinhaltet. Swing-Container, die oft in andere Container gelegt werden können, sind Unterklassen von `java.awt.Container`, einer Klasse des Abstract Windowing Toolkit. Diese Klasse bietet

Methoden, um Komponenten zu einem Container hinzuzufügen und aus ihm zu entfernen, Komponenten mithilfe eines sogenannten Layout-Managers anzuordnen und leere Einsätze entlang der Innenkanten des Containers zu erzeugen.

Eine Schnittstelle erzeugen

Der erste Schritt bei der Erzeugung einer Swing-Applikation ist die Erstellung einer Klasse, die die grafische Benutzerschnittstelle repräsentiert. Ein Objekt dieser Klasse dient als Container, also als die Komponente, in der sich alle anderen Komponenten, die angezeigt werden sollen, befindet.

In den meisten Projekten ist das Hauptschnittstellenobjekt entweder ein einfaches Fenster (die `JWindow`-Klasse) oder ein etwas spezialisierteres Fenster namens Frame (die `JFrame`-Klasse).

Ein Fenster ist ein Container, der auf dem Desktop des Benutzers dargestellt werden kann. Es besitzt keine Titelleiste, keine Buttons zum Maximieren, Minimieren oder Schließen und keines der anderen Features, das man von den Fenstern der meisten Betriebssysteme mit grafischer Benutzerschnittstelle kennt. Fenster, die Titelleisten, die üblichen Fenster-Buttons und andere Features aufweisen, nennt man Frames.

In einer grafischen Umgebung wie Windows oder MacOS erwarten Benutzer, dass sie Programmfenster bewegen, größenmäßig verändern und schließen können. Fenster im eben definierten Sinn kommen hauptsächlich während des Ladens eines Programmes zum Einsatz – es gibt dann mitunter ein »Titelbild« mit dem Namen und Logo des Programms sowie weiteren Informationen.

Eine Möglichkeit, um eine grafische Swing-Applikation zu erzeugen, ist, die Schnittstelle von `JFrame` abzuleiten, wie in der folgenden Klassendeklaration:

```
public class Lookup extends JFrame {
    // ...
}
```

Damit müssen nur noch wenige Dinge im Konstruktor dieser Klasse erledigt werden:

- Aufruf eines Konstruktors der Superklasse, um nötige Setup-Prozeduren zu erledigen
- Festlegung der Größe des Framefensters in Pixeln
- Festlegen, was geschehen soll, wenn der Benutzer das Fenster schließt
- Den Frame anzeigen

Die Klasse `JFrame` hat zwei Konstruktoren: `JFrame()` und `JFrame(`*`String`*`)`. Der Letztere legt den angegebenen String als Titelleiste des Frames fest, wenn Ersterer die Titelleiste leer lässt. Sie können den Titel auch durch einen Aufruf der `setTitle(`*`String`*`)`-Methode des Frames festlegen.

Die Größe eines Frames wird durch den Aufruf von `setSize(int, int)` mit Breite und Höhe als Argumenten festgelegt. Die Größe eines Frames wird in Pixeln angegeben. Würden Sie also `setSize(600, 600)` aufrufen, nähme der Frame fast den ganzen Bildschirm bei einer Auflösung von 800x600 ein.

HINWEIS: Sie können zur Festlegung der Größe eines Frames auch `setSize(Dimension)` aufrufen. `Dimension`, eine Klasse des Pakets `java.awt`, repräsentiert die Breite und Höhe einer Benutzerschnittstellenkomponente. Der Aufruf des Konstruktors `Dimension(int, int)` erzeugt ein Dimension-Objekt, das die Breite und Höhe repräsentiert, die als Argumente angegeben wurden.

Wenn Frames erzeugt werden, sind sie erst einmal unsichtbar. Sie machen sie sichtbar, indem Sie die `show()`-Methode des Frames ohne Argumente oder `setVisible(boolean)` mit dem Literal `true` als Argument aufrufen.

Wenn Sie wollen, dass ein Frame sofort nach seiner Erzeugung angezeigt wird, müssen Sie eine dieser beiden Methoden im Konstruktor aufrufen. Alternativ können Sie den Frame auch unsichtbar lassen. Dann müssen Klassen, die den Frame benutzen wollen, ihn mit dem Aufruf von `show()` oder `setVisible(true)` sichtbar machen. (Man kann Frames auch verstecken – dazu rufen Sie einfach `hide()` oder `setVisible(false)` auf.)

Standardmäßig wird ein Frame in die obere linke Ecke des Desktops positioniert. Sie können eine andere Lokation angeben, indem Sie die Methode `setBounds(int, int, int, int)` aufrufen. Die ersten beiden Argumente stellen die x,y-Position der oberen linken Ecke des Frames auf dem Desktop dar, und die beiden anderen Argumente legen die Breite und Höhe des Frames fest.

Die folgende Klasse repräsentiert einen 400x100-Frame mit »Edit Payroll« in der Titelleiste:

```
public class Payroll extends javax.swing.JFrame {
    public Payroll() {
        super("Edit Payroll");
        setSize(300, 100);
        show();
    }
}
```

Jeder Frame stellt dem Benutzer Buttons zum Maximieren, Minimieren und Schließen in der Titelleiste zur Verfügung – dieselben Buttons, die es in anderen Programmen gibt, die auf diesem System laufen. In Java ist es standardmäßig so, dass eine Applikation weiterläuft, wenn ihr Frame geschlossen wird.

Um dies zu ändern, müssen Sie die `setDefaultCloseOperation()`-Methode des Frames aufrufen und dabei eine der vier `JFrame`-Klassenvariablen als Argument benutzen:

- EXIT_ON_CLOSE – beendet das Programm, wenn der Frame geschlossen wird.
- DISPOSE_ON_CLOSE – schließt den Frame, entsorgt das Frame-Objekt, lässt aber die Applikation weiterlaufen.
- DO_NOTHING_ON_CLOSE – lässt den Frame offen, und das Programm läuft weiter.
- HIDE_ON_CLOSE – schließt den Frame, doch das Programm läuft weiter.

Um es dem Benutzer unmöglich zu machen, einen Frame überhaupt zu schließen, können Sie folgende Anweisung zum Konstruktor des Frames hinzufügen:

```
setDefaultCloseOperation(JFrame.DO_NOTHING_ON_CLOSE);
```

Wenn Sie einen Frame als Hauptbenutzerschnittstelle einer Applikation erzeugen, ist das üblicherweise erwartete Verhalten EXIT_ON_CLOSE, das Frame und Applikation gleichermaßen beendet.

Eine Grundlage entwickeln

Listing 8.1 beinhaltet eine einfache Applikation, die einen Frame mit der Größe 300x100 Pixel anzeigt. Diese Klasse kann als Grundlage für alle Applikationen mit grafischer Benutzerschnittstelle dienen, die Sie selbst entwickeln.

Listing 8.1: Der gesamte Quelltext von SimpleFrame.java.

```
import javax.swing.JFrame;

public class SimpleFrame extends JFrame {
    public SimpleFrame() {
        super("Frame Title");
        setSize(300, 100);
        setDefaultCloseOperation(JFrame.EXIT_ON_CLOSE);
        setVisible(true);
    }

    public static void main(String[] arguments) {
        SimpleFrame sf = new SimpleFrame();
    }

}
```

Wenn Sie diese Applikation kompilieren und ausführen, sehen Sie den Frame von Abbildung 8.1.

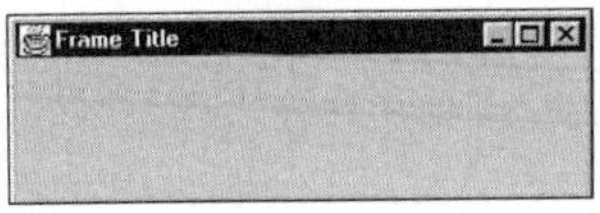

Abbildung 8.1: Ein Frame wird angezeigt

Bei der Applikation `SimpleFrame` ist nicht viel zu sehen – diese grafische Benutzerschnittstellenkomponente beinhaltet keinerlei Komponenten, mit denen ein Benutzer in Kontakt treten könnte, abgesehen von den Standardbuttons zum Maximieren, Minimieren und Schließen (»X«), die Sie in der Titelleiste von Abbildung 8.1 erkennen können. Wir werden heute noch Komponenten hinzufügen.

Ein `SimpleFrame`-Objekt wird in der `main()`-Methode in den Zeilen 11-13 erzeugt. Hätten Sie den Frame nicht bei seiner Konstruktion angezeigt, könnten Sie `sf.setVisible(true)` in der `main()`-Methode aufrufen, um den von `sf` repräsentierten Frame anzuzeigen.

Die eigentliche Arbeit zur Erstellung der Benutzerschnittstelle des Frames findet im Konstruktor `SimpleFrame()` statt. Würden Sie Komponenten zu diesem Frame hinzufügen, könnten sie in diesem Konstruktor erzeugt und dem Frame hinzugefügt werden.

Die Erzeugung eines Fensters mit `JWindow` funktioniert fast genauso wie die Benutzung von Frames in Swing. Sie können nur die Dinge nicht tun, die einfache Fenster nicht unterstützen – also keine Titel, kein Schließen des Fensters usw.

Listing 8.2 zeigt eine Applikation, die ein Fenster erzeugt und öffnet, dann die ersten 10.000 Integer im Kommandozeilen-Fenster anzeigt und dann das Fenster wieder schließt.

Listing 8.2: Der gesamte Quelltext von SimpleWindow.java.

```
import javax.swing.JWindow;

public class SimpleWindow extends JWindow {
    public SimpleWindow() {
        super();
        setBounds(250, 225, 300, 150);
}

    public static void main(String[] arguments) {
        SimpleWindow sw = new SimpleWindow();
        sw.setVisible(true);
        for (int i = 0; i < 10000; i++)
            System.out.print(i + " ");
        sw.setVisible(false);
        System.exit(0);
    }

}
```

Abbildung 8.2 zeigt diese Applikation in der Ausführung. Der SimpleWindow-Container liegt über dem Java-Kommandozeilen-Fenster von Windows.

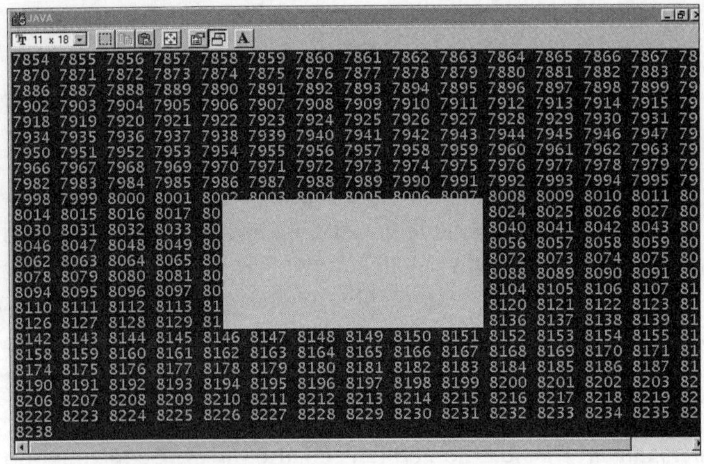

Abbildung 8.2:
Ein Fenster anzeigen

Aufgrund des Aufrufs von `setBounds(250, 225, 300, 150)` in Zeile 6 von Listing 8.2 ist das Fenster 300x150 groß und wird mit der oberen linken Ecke an der x,y-Position 250, 225 angezeigt.

Die `for`-Schleife der Zeilen 12-13 dient nur dazu, etwas Zeit zu verbrauchen. Es gibt elegantere Methoden, um in einem Javaprogramm Zeit verstreichen zu lassen, wie Sie am 13. Tag lernen werden.

Ein Fenster schließen

Vor der Einführung der Methode `setDefaultCloseOperation()` in Java 2 war die einzige Möglichkeit, um eine grafische Applikation zu schließen, nachdem der Benutzer ein Fenster geschlossen hatte, explizit auf dieses Ereignis einzugehen.

Dazu muss das Fenster überwacht werden, um festzustellen, ob der Benutzer irgendetwas unternommen hat, um es zu schließen (z.B. den Schließbutton der Titelleiste drücken). Falls ja, kann das Programm darauf reagieren, indem das Programm endet, das Fenster schließt, es offen lässt oder sonst irgendetwas tut, was der Situation angemessen ist.

Die Überwachung von Benutzerinteraktion geschieht durch die Verwendung der Event-Handler-Klassen – auf die gehen wir am 11. Tag genauer ein. Der Begriff *Ereignisbehandlung* – engl. *Event-Handling* – beschreibt Objekte, die darauf warten, dass etwas geschieht (z.B. ein Klick auf einen Button oder das Tippen von Text in ein Feld) – und dann Methoden als Reaktion auf dieses Ereignis aufrufen.

Alle Event-Handling-Klassen von Java gehören zum Paket `java.awt.event`.

> HINWEIS: Diese Technik ist in Java 2 nicht mehr notwendig. Wir erklären sie hier deswegen, weil sie in vielen existenten Swing-Applikationen vorkommt. Sie bietet auch einen ersten Eindruck, wie Java Benutzereingaben in einer Swing-Schnittstelle verarbeitet.

Um das Fenster einer Benutzerschnittstelle zu überwachen, muss Ihr Programm drei Dinge tun:

- ein Objekt erzeugen, das den Status des Fensters überwacht
- eine Schnittstelle in diesem Objekt implementieren, die jede Art behandelt, in der das Fenster sich ändern kann
- das Objekt mit Ihrer Benutzerschnittstelle assoziieren

Ein Fenster kann von jedem Objekt überwacht werden, das die `WindowListener`-Schnittstelle implementiert. Wie Sie am 2. Tag gelernt haben, ist eine Schnittstelle eine Gruppe von Methoden, die angeben, dass eine Klasse mehr Verhalten unterstützt, als sie von ihrer Superklasse geerbt hat.

In diesem Beispiel hat eine Klasse, die die Schnittstelle `WindowListener` implementiert, Verhalten, um zu verfolgen, was ein Benutzer mit einem Fenster tut.

Um eine Schnittstelle zu implementieren, muss eine Klasse alle Methoden dieser Schnittstelle beinhalten. Klassen, die `WindowListener` unterstützen, müssen die folgenden sieben Methoden haben:

- `windowActivated()` – das Fenster, das mit diesem Objekt assoziiert ist, wird zum aktiven Fenster, d.h., es kann Tastatureingaben empfangen
- `windowDeactivated()` – das Fenster wird inaktiv, d.h., es kann keine Tastatureingaben empfangen
- `windowClosed()` – Das Fenster wurde geschlossen.
- `windowClosing()` – Das Fenster wird geschlossen.
- `windowOpened()` – Das Fenster wurde sichtbar gemacht.
- `windowIconified()` – Das Fenster wurde minimisiert.
- `windowDeiconified()` – Das Fenster wurde maximiert.

Wie Sie sehen können, hat jede Methode damit zu tun, wie der Benutzer mit dem Fenster interagiert.

Eine andere Klasse im Paket `java.awt.event` namens `WindowAdapter` implementiert diese Schnittstelle mit sieben leeren Methoden, die nichts tun. Indem Sie eine Unterklasse von `WindowAdapter` erstellen, können Sie diejenigen Methoden überschreiben, die sich auf die Benutzerinteraktionsereignisse beziehen, um die Sie sich kümmern wollen. Dies demonstriert Listing 8.3.

Listing 8.3: Der gesamte Quelltext von ExitWindow.java.

```
1: import java.awt.event.*;
2:
3: public class ExitWindow extends WindowAdapter {
4:     public void windowClosing(WindowEvent e) {
5:         System.exit(0);
6:     }
7: }
```

Die `ExitWindow`-Klasse erbt von `WindowAdapter`, das die `WindowListener`-Schnittstelle implementiert. Als Ergebnis können `ExitWindows`-Objekte zur Überwachung von Frames benutzt werden.

Ein `ExitWindow`-Objekt hat nur eine Aufgabe: Es wartet darauf, dass ein Fenster geschlossen wird, was automatisch dazu führt, dass die Methode `windowClosing()` aufgerufen wird.

Zeile 5 von Listing 8.3 ruft eine Klassenmethode von `java.lang.System` namens `exit()` auf, die die derzeit laufende Applikation beendet. Das Integerargument für `exit()` ist 0, wenn das Programm normal endete, oder ein beliebiger anderer Wert, wenn es aufgrund irgendeines Fehlers endete.

Sobald Sie ein Objekt erzeugt haben, das ein Fenster überwachen kann, assoziieren Sie es mit diesem Fenster, indem Sie die `addWindowListener()`-Methode der Komponente aufrufen, wie in folgendem Beispiel:

```
JFrame main = new JFrame("Main Menu");
ExitWindow exit = new ExitWindow();
main.addWindowListener(exit);
```

Dieses Beispiel assoziiert das Objekt `ExitWindow` mit einem Frame namens `main`.

Sie können die `ExitWindow`-Klasse mit dem Hauptfenster jeder Applikation benutzen, wenn Sie wollen, dass das Programm enden und sonst nichts mehr tun soll, sobald der Benutzer das Fenster schließt.

Listing 8.4 enthält die `SimpleFrame`-Applikation, die an diese Technik angepasst wurde.

Listing 8.4: Der gesamte Quelltext von ExitFrame.java.

```
import javax.swing.JFrame;

public class ExitFrame extends JFrame {
    public ExitFrame() {
        super("Frame Title");
        setSize(300, 100);
        ExitWindow exit = new ExitWindow();
        addWindowListener(exit);
```

```
        setVisible(true);
    }

    public static void main(String[] arguments) {
        ExitFrame sf = new ExitFrame();
    }

}
```

Diese Applikation muss auf die `ExitWindow.class` zugreifen können, damit es kompiliert werden und laufen kann. Das geht am einfachsten, indem Sie beide Programme im selben Ordner speichern.

Eine Komponente erstellen

Die Erzeugung einer grafischen Benutzerschnittstelle ist ein guter Weg, um Erfahrung mit Java-Objekten zu sammeln, denn jeder Aspekt der Schnittstelle wird durch eine eigene Klasse repräsentiert.

Sie haben bereits mit den Containern `JFrame` und `JWindow` sowie der Event-Handling-Klasse `WindowAdapter` gearbeitet. Gestern hatten Sie es mit einem anderen Container zu tun: `JApplet`.

Um eine Schnittstellenkomponente zu benutzen, erzeugen Sie ein Objekt der Klasse der Komponente. Mit am einfachsten ist `JButton`, die Klasse für anklickbare Buttons.

In den meisten Programmen lösen Buttons eine Aktion aus – klicken Sie »Installieren«, um mit dem Installieren der Software zu beginnen, klicken Sie auf den »Smiley«-Button, um ein neues Minesweeper-Spiel zu beginnen, klicken Sie auf den Minimieren-Button, um zu verhindern, dass Ihr Chef sieht, dass Sie Minesweeper spielen usw.

Ein Swing-Button kann ein Text-Label, ein grafisches Icon oder eine Kombination aus beidem tragen.

Sie können u.a. folgende Konstruktoren benutzen:

- `JButton(`*`String`*`)` – Erzeugt einen Button, der mit dem angegebenen Text beschriftet ist.
- `JButton(`*`Icon`*`)` – Erzeugt einen Button, der das angegebene Icon darstellt.
- `JButton(`*`String, Icon`*`)` – Erzeugt einen Button mit dem angegebenen Text und Icon.

Die folgenden Anweisungen erzeugen drei Buttons:

```
JButton play = new JButton("Play");
JButton stop = new JButton("Stop");
JButton rewind = new JButton("Rewind");
```

Komponenten zu einem Container hinzufügen

Um eine Benutzerschnittstellenkomponente, also z.B. einen Button, anzuzeigen, müssen Sie ihn in einen Container legen und dann den Container anzeigen.

Um eine Komponente in einen einfachen Container zu legen, rufen Sie die `add(Component)`-Methode des Containers auf, wobei die Komponente das Argument ist (alle Benutzerschnittstellenkomponenten in Swing erben von `java.awt.Component`).

Der einfachste Swing-Container ist das Panel (die Klasse `JPanel`). Das folgende Beispiel erzeugt einen Button und fügt ihn einem Panel hinzu:

```
JButton quit = new JButton("Quit");
JPanel panel = new JPanel();
panel.add(quit);
```

Den meisten anderen Swing-Containern, also z.B. Frames, Fenstern, Applets und Dialogfenstern, können auf diese Weise keine Komponenten hinzugefügt werden.

Diese Container sind in Zwischen-Container, engl. *Panes*, eingeteilt, die eine Art Container im Container darstellen. Komponenten werden gewöhnlich in einen speziellen Zwischen-Container, den *Inhaltsbereich*, engl. *content pane*, gelegt.

Sie können mit den folgenden Schritten Komponenten in den Inhaltsbereich eines Containers legen:

1. Erzeugen Sie ein Panel.
2. Fügen Sie dem Panel mithilfe seiner `add(Component)`-Methode Komponenten hinzu.
3. Rufen Sie `setContentPane(Container)` mit dem Panel als Argument auf.

Das Programm von Listing 8.5 verwendet die Applikationsgrundlage, die wir früher am heutigen Tag erstellt haben, fügt aber dem Inhaltsbereich des Frames einen Button hinzu.

Listing 8.5: Der gesamte Quelltext von Buttons.java.

```
import javax.swing.*;

public class Buttons extends JFrame {
    JButton abort = new JButton("Abort");
    JButton retry = new JButton("Retry");
    JButton fail = new JButton("Fail");

    public Buttons() {
        super("Buttons");
        setSize(80, 140);
        setDefaultCloseOperation(JFrame.EXIT_ON_CLOSE);
        JPanel pane = new JPanel();
```

```
13:         pane.add(abort);
14:         pane.add(retry);
15:         pane.add(fail);
16:         setContentPane(pane);
17: }
18:
19:     public static void main(String[] arguments) {
20:         Buttons rb = new Buttons();
21:         rb.show();
22:     }
23: }
```

Wenn Sie diese Applikation ausführen, öffnet sich ein kleiner Frame, der drei Buttons enthält (siehe Abbildung 8.3).

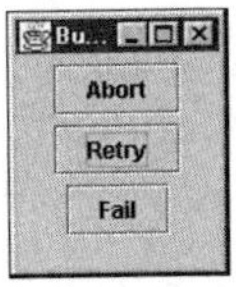

Abbildung 8.3:
Die Applikation Buttons

Die Klasse Buttons hat drei Instanzvariablen: die `abort`-, `retry`- und `fail`-`JButton`-Objekte.

In den Zeilen 12-15 wird ein neues `JPanel`-Objekt erzeugt. Die drei Buttons werden dem Panel hinzugefügt, indem seine `add()`-Methode aufgerufen wird. Wenn das Panel vollständig ist, wird in Zeile 16 die Methode `setContentPane()` des Frames mit dem Panel als Argument aufgerufen, wodurch das Panel zum Inhaltsbereich des Frames wird.

HINWEIS: Wenn Sie auf die Buttons klicken, geschieht absolut nichts. Wie man dafür sorgt, dass etwas passiert, wenn der Benutzer auf einen Button klickt, erfahren Sie am 11. Tag.

Einem Applet Komponenten hinzufügen

Eine andere Art von Container, mit dem Sie in Swing arbeiten können, ist das Appletfenster. Da Applets bereits Teil einer grafischen Benutzerschnittstelle im Browser sind, braucht man für sie nicht soviel anfängliche Einrichtungsarbeit wie bei Fenstern, die man für Applikationen erstellt. Das Fenster ist bereits offen, wenn das Applet zu laufen beginnt, und die Größe ist durch die HTML-Tags der Webseite des Applets festgelegt.

Ein Swing-Applet ist geteilt, in ihm ist der Inhaltsbereich von den anderen Panes getrennt. Sie müssen die Komponenten dem Inhaltsbereich, nicht dem Applet selbst hinzufügen.

Dies ist ein Unterschied zu Java 1.0 und 1.1, wo Applets als Container benutzt wurden. Diese Applets sind Subklassen von `java.applet.Applet`. Man fügt ihnen direkt über die `add()`-Methode Komponenten hinzu. Sie sind nicht in Panes eingeteilt.

Listing 8.6 zeigt Ihnen die `Buttons`-Applikation zu einem Applet umgeschrieben:

Listing 8.6: Der gesamte Quelltext von ButtonApplet.java.

```
import javax.swing.*;

public class ButtonApplet extends JApplet {
    JButton abort = new JButton("Abort");
    JButton retry = new JButton("Retry");
    JButton fail = new JButton("Fail");

    public void init() {
        JPanel pane = new JPanel();
        pane.add(abort);
        pane.add(retry);
        pane.add(fail);
        setContentPane(pane);
    }
}
```

Der folgende HTML-Code kann auf einer Webseite benutzt werden, um das in Abbildung 8.4 gezeigte Applet zu laden:

```
<applet code="ButtonApplet.class" width="80" height="140">
</applet>
```

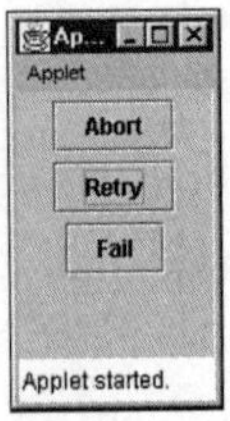

Abbildung 8.4:
Das ButtonApplet-Applet im appletviewer.

8.2 Mit Komponenten arbeiten

Swing bietet neben Buttons und Containern, die Sie schon kennen, mehr als zwei Dutzend verschiedene Benutzerschnittstellenkomponenten. Während des Rests des heutigen und während des morgigen Tages werden Sie mit vielen dieser Komponenten arbeiten.

Alle Swing-Komponenten teilen eine Superklasse, `javax.swing.JComponent`, und erben einige gemeinsame Methoden, die Ihnen in Ihren Programmen sehr nützlich sein werden.

Die Methode `setEnabled(`*`boolean`*`)` schaltet eine Komponente an, wenn das Argument `true` ist, und schaltet sie ab, wenn das Argument `false` ist. Standardmäßig sind Komponenten angeschaltet, und sie müssen angeschaltet sein, um Benutzereingaben empfangen zu können. Viele abgeschaltete Komponenten ändern ihr Aussehen, um anzuzeigen, dass sie derzeit nicht verwendbar sind – z.B. hat ein abgeschalteter `JButton` einen hellgrauen Rahmen und grauen Text. Um zu überprüfen, ob eine Komponente angeschaltet ist, rufen Sie die `isEnabled()`-Methode auf, die einen booleschen Wert zurückgibt.

Die Methode `setVisible(`*`boolean`*`)` funktioniert bei allen Methoden analog wie bei Containern. Mit `true` zeigt man eine Komponente an, mit `false` verbirgt man sie. Es gibt auch eine ähnlich funktionierende `isVisible()`-Methode.

Die Methode `setSize(`*`int, int`*`)` ändert die Größe der Komponente auf die Breite und Höhe, die als Argumente angegeben sind, und `setSize(`*`Dimension`*`)` erledigt dasselbe anhand eines `Dimension`-Objekts. Für die meisten Komponenten brauchen Sie keine Größe festlegen, der Standardwert ist normalerweise in Ordnung. Um die Größe einer Komponente in Erfahrung zu bringen, rufen Sie ihre `getSize()`-Methode auf, die ein `Dimension`-Objekt mit den Dimensionen in den Instanzvariablen `height` und `width` zurückgibt.

Wie Sie sehen werden, haben ähnliche Swing-Komponenten noch weitere Methoden gemeinsam, wie `setText()` und `getText()` bei Textkomponenten oder `setValue()` und `getValue()` bei Komponenten, die numerische Werte speichern.

ImageIcon

Sie haben heute schon Button-Komponenten erstellt, die mit Text gelabelt waren. Swing unterstützt auch die Verwendung von `ImageIcon`-Objekten bei Buttons und anderen Komponenten, denen ein Label gegeben werden kann. *Icons* sind kleine Grafiken, meist GIFs, die man auf einen Button, ein Label oder ein anderes Schnittstellenelement legt, um es zu identifizieren. Aktuelle Betriebssysteme haben überall Icons – Mülleimer-Icons fürs File-Löschen, Ordner-Icons fürs File-Speichern, Postkasten-Icons für E-mail-Programme usw. usw.

Man erzeugt ein `ImageIcon`-Objekt, indem man den Dateinamen einer Grafik als einziges Argument an den Konstruktor übergibt. Das folgende Beispiel lädt ein Icon aus der Datei `zap.gif` und erzeugt einen `JButton` mit dem Icon als Label:

```
ImageIcon zap = new ImageIcon("zap.gif");
JButton button = new JButton(zap);
JPanel pane = new JPanel();
pane.add(button);
setContentPane(pane);
```

Listing 8.7 enthält eine Java-Applikation, die dasselbe `ImageIcon` benutzt, um 24 Buttons zu erzeugen, sie einem Panel hinzufügt und dann das Panel als Inhaltsbereich des Frames festlegt.

Listing 8.7: Der gesamte Quelltext von Icons.java.

```
 1: import javax.swing.*;
 2:
 3: public class Icons extends JFrame {
 4:     JButton[] buttons = new JButton[24];
 5:
 6:     public Icons() {
 7:         super("Icons");
 8:         setSize(335, 318);
 9:         setDefaultCloseOperation(JFrame.EXIT_ON_CLOSE);
10:         JPanel pane = new JPanel();
11:         ImageIcon icon = new ImageIcon("3dman.gif");
12:         for (int i = 0; i < 24; i++) {
13:             buttons[i] = new JButton(icon);
14:             pane.add(buttons[i]);
15:         }
16:         setContentPane(pane);
17:         show();
18:     }
19:
20:     public static void main(String[] arguments) {
21:         Icons ike = new Icons();
22:     }
23: }
```

Abbildung 8.5 zeigt das Ergebnis.

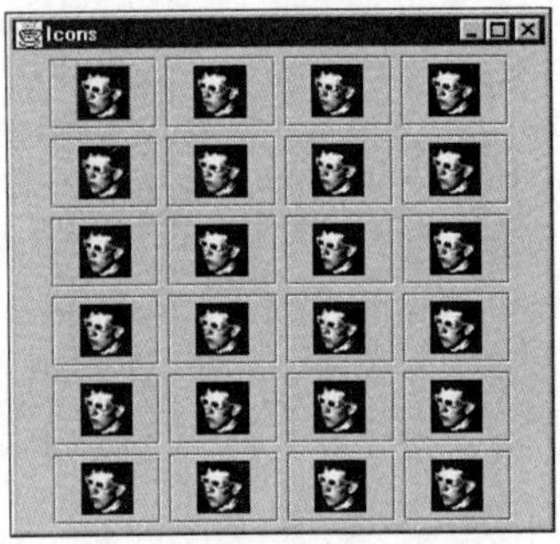

Abbildung 8.5:
Eine Schnittstelle mit Buttons, die mit Icons gelabelt sind

Die Icongrafik, auf die in Zeile 12 verwiesen wird, finden Sie auf der Website zum Buch `http://www.java21days.com` auf der Seite zu Tag 8 unter dem Dateinamen `3dman.gif`.

Das 3D-Kinobesucher-Icon stammt aus der Sammlung Pardon My Icons von Jeffrey Zeldman, wo sich Hunderte von Icons finden, die Sie in Ihren Projekten benutzen können. Wenn Sie auf der Suche nach Icons sind, mit denen Sie in Swingapplikationen experimentieren können, dann sollten Sie Pardon My Icons unter folgender Adresse besuchen: `http://www.zeldman.com/icon.html`.

Labels

Ein Label ist eine Benutzerkomponente, die Text, ein Bild oder beides enthält. Labels, die aus der Klasse `JLabel` erzeugt werden, dienen oft dazu, den Zweck anderer Komponenten der Benutzeroberfläche anzugeben. Labels sind nicht direkt durch den Benutzer editierbar.

Um ein Label zu erstellen, verwenden Sie einen der folgenden Konstruktoren:

- `JLabel(`*`String`*`)` – ein Label mit dem angegebenen Text
- `JLabel(`*`String, int`*`)` – ein Label mit dem angegebenen String und der angegebenen Ausrichtung
- `JLabel(`*`String, Icon, int`*`)` – ein Label mit angegebenem Text, Icon und Ausrichtung.

Die Ausrichtung eines Labels gibt an, wie der Text oder das Icon im Verhältnis zu der vom Fenster belegten Fläche ausgerichtet ist. Drei Klassenvariablen der Schnittstelle `SwingConstants` werden benutzt, um die Ausrichtung anzugeben: `LEFT`, `CENTER` und `RIGHT`.

Der Inhalt eines Labels kann mit den Methoden `setText(`*`String`*`)` bzw. `setIcon(`*`Icon`*`)` festgelegt werden. Sie können dies umgekehrt mit den Methoden `getText()` bzw. `getIcon()` auslesen.

Die folgenden drei Anweisungen erzeugen drei Labels mit den Ausrichtungen links, zentriert bzw. rechts:

```
JLabel tinker = new JLabel("Tinker", SwingConstants.LEFT);
JLabel evers = new JLabel("Evers");
JLabel chance = new JLabel("Chance", SwingConstants.RIGHT);
```

Im Konstruktor für das Label `evers` wird keine Ausrichtung angegeben, sodass die Standardeinstellung zentriert benutzt wird.

Textfelder

Ein *Textfeld* ist ein Bereich in einer Schnittstelle, in dem der Benutzer Text mit der Tastatur eingeben und verändern kann. Textfelder werden mit der Klasse `JTextField` erstellt und können genau eine Eingabezeile verwalten. Eine ähnliche Komponente, nämlich ein Textbereich, kann mehrere Zeilen verwalten.

Es gibt folgende Konstruktoren:

- `JTextField()` erzeugt ein leeres Textfeld
- `JTextField(int)` erzeugt ein leeres Textfeld mit der angegebenen Breite
- `JTextField(String, int)` erzeugt ein Textfeld mit dem angegebenen Text und der angegebenen Breite

Das `width`-Attribut eines Textfeldes ist nur dann relevant, wenn die Schnittstelle so organisiert ist, dass die Größe der Komponenten nicht verändert wird. Dazu mehr am 10. Tag, wenn es um Layout-Manager geht.

Die folgenden Anweisungen erzeugen ein leeres Textfeld, das genügend Platz für ungefähr 30 Zeichen bietet, und ein Texfeld derselben Größe mit dem vorgegebenen Text `"Puddin N. Tane"`:

```
JTextField name = new JTextField(30);
JTextField name = new TextField("Puddin N. Tane", 30);
```

Textfelder und Textbereiche erben von der Superklasse `JTextComponent` und haben viele Methoden gemeinsam.

Die `setEditable(boolean)`-Methode legt fest, ob eine Textkomponente editiert werden kann (Argument: `true`) oder nicht (`false`). Es gibt auch eine `isEditable()`-Methode, die analog einen booleschen Wert zurückgibt.

Die Methode `setText(String)` ändert den String auf den angegebenen Text, und die Methode `getText()` gibt den Text des Feldes als String zurück. Eine andere Methode gibt nur den vom Benutzer markierten Text zurück, nämlich `getSelectedText()`.

Eine spezielle Unterklasse von Textfeldern namens *Passwortfelder* verbirgt die Zeichen, die der Benutzer in dieses Feld tippt.

Diese Klasse, `JPasswortField`, hat dieselben Konstruktoren wie ihre Superklasse.

Nach der Erstellung des Passwortfeldes rufen Sie seine `setEchoChar(char)`-Methode auf, um das Zeichen festzulegen, mit dem die Eingaben verdeckt werden sollen.

HINWEIS: Die `TextField`-Klasse des Abstract Windowing Toolkit unterstützt verborgenen Text mit der Methode `setEchoCharacter(char)`. Diese Methode wird nicht von der `JTextField`-Klasse unterstützt – um die Sicherheit von Java zu erhöhen, musste eine neue Klasse für verborgenen Text geschaffen werden.

Die folgenden Anweisungen erzeugen ein Passwortfeld und setzen das Doppelkreuz # als Zeichen fest, das angezeigt wird, wenn Text in das Textfeld eingegeben wird:

```
JPasswordField codePhrase = new JPasswordField(20);
codePhrase.setEchoChar('#');
```

Textbereiche

Textbereiche (engl. Textareas), die mit der Klasse `JTextArea` implementiert werden, sind editierbare Textfelder, die mehr als nur eine Zeile Text verarbeiten können.

`JTextArea` hat die folgenden Konstruktoren:

- `JTextArea(`*`int, int`*`)` – ein Textfeld mit der vorgegebenen Anzahl von Zeilen und Spalten
- `TextArea(String, int, int)` – ein Textfeld, das den angegebenen String enthält und die vorgegebene Anzahl von Zeilen und Spalten hat

Sie können die Methoden `getText()`, `getSelectedText()` und `setText(`*`String`*`)` mit Textbereichen ganz so benutzen, wie Sie es mit Textfeldern tun würden. Die Methode `append(`*`String`*`)` hängt den angegebenen Text an das Ende des aktuellen Texts. Die Methode `insert(`*`String, int`*`)` setzt den angegebenen Text an die spezifizierte Position.

Die Methode `setLineWrap(`*`boolean`*`)` legt fest, ob es für den Text einen automatischen Zeilenumbruch geben soll. Der Aufruf von `setLineWrap(true)` sorgt für automatischen Zeilenumbruch.

Die Methode `setWrapStyleWord(`*`boolean`*`)`-Methode legt fest, was in die nächste Zeile springt – entweder das aktuelle Wort (Argument: `true`) oder der aktuelle Buchstabe (`false`).

Das nächste Projekt, die Applikation `Form` von Listing 8.8, verwendet verschiedene Swing-Komponenten, um Benutzereingaben entgegenzunehmen: ein Textfeld, ein Passwortfeld und einen Textbereich. Mit Labels wird der Zweck der einzelnen Textkomponenten angegeben.

Listing 8.8: Der gesamte Quelltext von Form.java.

```
import javax.swing.*;

public class Form extends javax.swing.JFrame {
    JTextField username = new JTextField(15);
    JPasswordField password = new JPasswordField(15);
    JTextArea comments = new JTextArea(4, 15);

    public Form() {
        super("Feedback Form");
        setSize(260, 160);
        setDefaultCloseOperation(EXIT_ON_CLOSE);

        JPanel pane = new JPanel();
        JLabel usernameLabel = new JLabel("Username: ");
        JLabel passwordLabel = new JLabel("Password: ");
```

```
        JLabel commentsLabel = new JLabel("Comments:");
        comments.setLineWrap(true);
        comments.setWrapStyleWord(true);
        pane.add(usernameLabel);
        pane.add(username);
        pane.add(passwordLabel);
        pane.add(password);
        pane.add(commentsLabel);
        pane.add(comments);
        setContentPane(pane);

        show();
    }

    public static void main(String[] arguments) {
        Form input = new Form();
    }
}
```

Abbildung 8.6 zeigt das Ergebnis.

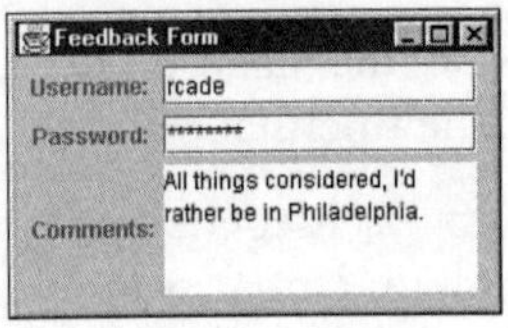

Abbildung 8.6: Die Applikation Form

Scrollende Panes

Textbereiche von Swing haben keine horizontalen oder vertikalen Bildlaufleisten, und man kann keine hinzufügen, wenn man nur mit dieser Komponente arbeitet. Das ist ein Unterschied zwischen den Textbereichen von Swing und denen des Abstract Windowing Toolkit.

Der Grund hierfür ist, dass Swing einen neuen Container zur Verfügung stellt, in den man eine beliebige Komponente legen kann, die scrollbar sein soll: `JScrollPane`

Eine scrollende Pane ist mit einer Komponente im Konstruktor der Pane assoziiert. Sie können eine der folgenden Methoden benutzen:

- `JScrollPane(`*`Component`*`)` – eine scrollende Pane, die die angegebene Komponente beinhaltet
- `JScrollPane (`*`Component, int, int`*`)` – eine scrollende Pane mit der angegebenen Komponente, deren vertikale bzw. horizontale Scrollleisten durch die Integer konfiguriert werden

Scrollleisten werden mithilfe von Klassenvariablen der Schnittstelle `ScrollPaneConstants` konfiguriert. Sie können die folgenden für vertikale Scrollleisten benutzen:

- `VERTICAL_SCROLLBAR_ALWAYS`
- `VERTICAL_SCROLLBAR_AS_NEEDED`
- `VERTICAL_SCROLLBAR_NEVER`

Drei analog benannte Variablen existieren für horizonale Scrollleisten.

Nachdem Sie eine scollende Pane, die eine Komponente beinhaltet, erzeugt haben, muss die Pane anstelle der Komponente in Container gelegt werden.

Das folgende Beispiel erzeugt einen Textbereich mit einer vertikalen Scrollleiste (aber ohne horizontale Scrollleiste) und fügt ihn dann dem Inhaltsbereich hinzu:

```
JPanel pane = new JPanel();
JTextArea letter = new JTextArea(5, 15);
JScrollPane scroll = new JScrollPane(letter,
    ScrollPaneConstants.VERTICAL_SCROLLBAR_ALWAYS,
    ScrollPaneConstants.HORIZONTAL_SCROLLBAR_NEVER);
pane.add(scroll);
setContentPane(pane);
```

Bildlaufleisten

Bildlaufleisten sind Komponenten, die es ermöglichen, einen Wert auszuwählen, indem Sie ein kleines Kästchen zwischen zwei Pfeilen bewegen. Viele Komponenten haben integrierte Bildlaufleisten, darunter Textbereiche und scrollende Listen.

Bei der Erzeugung von Bildlaufleisten werden normalerweise der Minimal- und der Maximalwert des Wertebereiches, aus dem mit dieser Komponente Werte gewählt werden können, festgelegt.

Um eine Bildlaufleiste zu erstellen, können Sie die folgenden Konstruktoren verwenden:

- `JScrollBar(int)` erzeugt eine Bildlaufleiste mit der angegebenen Orientierung.
- `JScrollbar(int, int, int, int, int)` erzeugt eine Bildlaufleiste mit der angegebenen Orientierung, Anfangswert, Größe des Scrollkästchens, Minimal- und Maximalwert

Die Orientierung wird mit den Klassenvariablen der Klasse `JScrollBar` `HORIZONTAL` und `VERTICAL` angegeben.

Sie können auch einen dritten Konstruktor verwenden, der fünf Integer-Argumente erwartet: `JScrollbar(int, int, int, int, int)`. Im folgenden werden die einzelnen Argumente der Reihe nach beschrieben:

- Die Orientierung der Bildlaufleiste (entweder `JScrollBar.HORIZONTAL` oder `JScrollBar.VERTICAL`).
- Der Anfangswert der Bildlaufleiste. Dieser sollte entweder gleich dem Minimal- bzw. dem Maximalwert sein oder zwischen diesen Werten liegen.
- Die gesamte Breite oder Höhe des Kästchens, das zur Auswahl des Wertes der Bildlaufleiste verwendet wird. Dieser Wert kann auch `0` sein, wenn die Standardgröße verwendet werden soll.
- Der Minimalwert der Bildlaufleiste.
- Der Maximalwert der Bildlaufleiste.

Die folgende Anweisung erzeugt eine vertikale Bildlaufleiste mit einem Minimalwert von 10, einem Maximalwert von 50 und einem Anfangswert von 33.

```
JScrollBar bar = new JScrollBar(JScrollBar.HORIZONTAL,
   33, 0, 10, 50);
```

Checkboxen und Radiobuttons

Die beiden nächsten Komponenten unterscheiden sich nur in ihrem Aussehen. Checkboxen und Radiobuttons können jeweils nur zwei Werte haben: angewählt oder abgewählt. Sie können zu einer Gruppe zusammengefasst werden, sodass immer nur eine Komponente der Gruppe gleichzeitig angewählt sein kann.

Checkboxen (die `JCheckBox`-Klasse) sind Kästchen mit oder ohne Label, die ein Häkchen enthalten, wenn sie angewählt sind, und ansonsten nichts. Radiobuttons (die `JRadioButton`-Klasse) sind Kreise, die einen Punkt enthalten, wenn sie selektiert sind, und ansonsten nichts.

Diese Komponenten benutzt man, um in einem Programm eine einfache Ja-Nein- oder An-Aus-Auswahl zu ermöglichen. Beide Klassen erben einige Methoden von ihren gemeinsamen Superklassen:

- `setSelected(`*`boolean`*`)` – wählt die Komponente an (Argument: `true`) bzw. ab (`false`)
- `isSelected()` – gibt einen `boolean` zurück, der angibt, ob die Komponente momentan angewählt ist

Die folgenden Konstruktoren sind für die `JCheckBox`-Klasse verfügbar:

- `JCheckBox(`*`String`*`)` – eine Checkbox mit dem angegebenen Textlabel
- `JCheckBox(`*`String, boolean`*`)` – eine Checkbox mit dem angegebenen Textlabel, die angewählt ist, falls das zweite Argument `true` ist

- `JCheckBox(Icon)` – eine Checkbox mit dem angegebenen Icon-Label
- `JCheckBox(Icon, boolean)` – eine Checkbox mit dem angegebenen Icon-Label, die angewählt ist, falls das zweite Argument `true` ist
- `JCheckBox(String, Icon)` – eine Checkbox mit dem angegebenen Textlabel und Icon-Label
- `JCheckBox(String, Icon, boolean)` – eine Checkbox mit dem angegebenen Textlabel und Icon-Label, die angewählt ist, falls das dritte Argument `true` ist.

Die Klasse `JRadioButton` hat Konstruktoren mit denselben Argumenten und Funktionalitäten.

Checkboxen und Radiobuttons sind normalerweise nicht exklusiv, d.h., wenn Sie fünf Checkboxen in einem Container haben, können alle fünf gleichzeitig an- oder abgehakt sein. Um sie exklusiv zu machen, müssen Sie verwandte Komponenten in Gruppen organisieren.

Um mehrere Checkboxen zu einer Gruppe zusammenzufassen, von denen nur jeweils eine gleichzeitig angehakt sein darf, erzeugen Sie ein `ButtonGroup`-Objekt, wie die folgende Anweisung demonstriert:

```
ButtonGroup choice = new ButtonGroup();
```

Das `ButtonGroup`-Objekt überwacht alle Checkboxen oder Radiobuttons in seiner Gruppe. Rufen Sie die `add(Component)`-Methode der Gruppe auf, um die angegebene Komponente der Gruppe hinzuzufügen.

Das folgende Beispiel erzeugt eine Gruppe und zwei zugehörige Radiobuttons:

```
ButtonGroup betterDarrin = new ButtonGroup();
JRadioButton r1 = new JRadioButton ("Dick York", true);
betterDarrin.add(r1);
JRadioButton r2 = new JRadioButton ("Dick Sargent", false);
betterDarrin.add(r2);
```

Das Objekt `betterDarrin` wird benutzt, um die beiden Radiobuttons `r1` und `r2` in eine Gruppe zusammenzufassen. Das Objekt `r1`, das das Label `"Dick York"` hat, ist angewählt. Es kann immer nur ein Mitglied der Gruppe gleichzeitig angewählt sein – wenn eine Komponente angewählt ist, sorgt das `ButtonGroup`-Objekt dafür, dass alle anderen Komponenten der Gruppe abgewählt sind.

Listing 8.9 zeigt Ihnen eine Applikation mit vier Radiobuttons in einer Gruppe

Listing 8.9: Der gesamte Quelltext von ChooseTeam.java.

```
import javax.swing.*;

public class ChooseTeam extends JFrame {
```

```
4:      JRadioButton[] teams = new JRadioButton[4];
5:
6:      public ChooseTeam() {
7:          super("Choose Team");
8:          setSize(140, 190);
9:          setDefaultCloseOperation(JFrame.EXIT_ON_CLOSE);
10:         teams[0] = new JRadioButton("Colorado");
11:         teams[1] = new JRadioButton("Dallas", true);
12:         teams[2] = new JRadioButton("New Jersey");
13:         teams[3] = new JRadioButton("Philadelphia");
14:         JPanel pane = new JPanel();
15:         ButtonGroup group = new ButtonGroup();
16:         for (int i = 0; i < teams.length; i++) {
17:             group.add(teams[i]);
18:             pane.add(teams[i]);
19:         }
20:         setContentPane(pane);
21:         show();
22:     }
23:
24:     public static void main(String[] arguments) {
25:         ChooseTeam ct = new ChooseTeam();
26:     }
27: }
```

Abbildung 8.7 zeigt Ihnen die laufende Applikation. Die vier `JRadioButton`-Objekte werden in einem Array gespeichert. In den Zeilen 16-19 werden die Elemente in einer `for`-Schleife erst zu einer Buttongruppe hinzugefügt und dann ins Panel gelegt. Nach dem Ende der Schleife wird das Panel als Inhaltsbereich der Applikation benutzt.

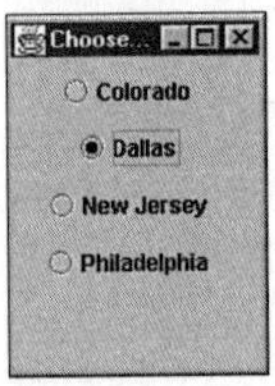

Abbildung 8.7: Die Applikation ChooseTeam

Drop-Down-Listen und Combo-Boxen

Mit der Swing-Klasse `JComboBox` kann man zwei verschiedene Arten von Benutzerschnittstellenkomponenten erzeugen: Drop-Down-Listen und Combo-Boxen.

Drop-Down-Listen sind Komponenten, bei denen man einen einzelnen Eintrag aus einer Liste auswählen kann. Man kann die Liste so konfigurieren, dass sie nur erscheint, wenn der Benutzer auf die Komponente klickt. So spart man in einer grafischen Benutzerschnittstelle Platz.

Combo-Boxen sind Drop-Down-Listen mit einem Zusatzfeature: Man kann die Eingabe auch in einem Textfeld vornehmen.

Eine Drop-Down-Liste wird mit den folgenden Schritten erstellt:

1. Der Konstruktor `JComboBox()` wird argumentenlos benutzt.
2. Die `addItem(`*`Object`*`)`-Methode der Combo-Box fügt der Liste Einträge hinzu.

In einer Drop-Down-Liste können Benutzer nur einen Eintrag auswählen. Wenn die Methode `setEditable()` der Komponente mit `true` als Argument aufgerufen wird, wird aus der Drop-Down-Liste eine Combo-Box.

In einer Combo-Box kann der Benutzer Text ins Feld eintippen, anstatt einen Eintrag der Drop-Down-Liste auszuwählen. Diese Kombination gibt der Combo-Box ihren Namen.

Die `JComboBox`-Klasse hat mehrere Methoden, mit denen eine Drop-Down-Liste oder eine Combo-Box kontrolliert werden kann:

- Die `getItemAt(`*`int`*`)`-Methode gibt den Text des Listeneintrags an der Indexposition wieder, die vom Integer-Argument angegeben wird. Wie bei Arrays ist der erste Eintrag einer Auswahlliste an Indexposition 0, der zweite an Position 1 usw.
- Die `getItemCount()`-Methode gibt die Zahl der Einträge in der Liste zurück.
- Die `getSelectedIndex()`-Methode gibt die Index-Position des derzeit ausgewählten Eintrags zurück.
- Die `getSelectedItem()`-Methode gibt den Text des derzeit ausgewählten Eintrags zurück.
- Die `setSelectedIndex(`*`int`*`)`-Methode wählt den Eintrag an der angegebenen Indexposition aus.
- Die `setSelectedIndex(`*`Object`*`)`-Methode wählt das angegebene Objekt in der Liste aus.
- Die `setMaximumRowCount(`*`int`*`)`-Methode legt die Zahl der Reihen der Combo-Box fest, die gleichzeitig dargestellt werden.

Die Applikation `Expiration` von Listing 8.10 benutzt Combo-Boxen, um ein Ablaufdatum abzufragen. Dies bräuchte man für eine Schnittstelle, die Kreditkartentransaktionen durchführen soll.

Listing 8.10: Der gesamte Quelltext von Expiration.java.

```
import javax.swing.*;

public class Expiration extends JFrame {
    JComboBox monthBox = new JComboBox();
    JComboBox yearBox = new JComboBox();

```

```
public Expiration() {
    super("Expiration Date");
    setSize(220, 90);
    setDefaultCloseOperation(JFrame.EXIT_ON_CLOSE);
    JPanel pane = new JPanel();
    JLabel exp = new JLabel("Expiration Date:");
    pane.add(exp);
    for (int i = 1; i < 13; i++)
        monthBox.addItem("" + i);
    for (int i = 2000; i < 2010; i++)
        yearBox.addItem("" + i);
    pane.add(monthBox);
    pane.add(yearBox);
    setContentPane(pane);
    show();
}

public static void main(String[] arguments) {
    Expiration ct = new Expiration();
}
}
```

Abbildung 8.8 zeigt die Applikation nach Auswahl eines Ablaufdatums.

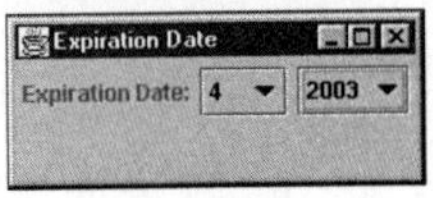

Abbildung 8.8:
Die Applikation Expiration

8.3 Zusammenfassung

Heute haben Sie Swing kennen gelernt, das Paket, das Ihnen ermöglicht, in Ihre Javaprogramme eine grafische Benutzerschnittstelle einzubauen.

Sie haben heute mehr als ein Dutzend Klassen benutzt, um Schnittstellenkomponenten wie Buttons, Labels und Textfelder zu erstellen. Sie können diese alle in Container legen, was Komponenten wie Panels, Frames, Fenster oder Applets sind.

Derlei Programmierung kann kompliziert werden. Swing ist das umfangreichste Klassenpaket, mit dem ein Javaneuling beim Erlernen der Sprache zu tun hat.

Wie Sie jedoch im Zusammenhang mit Komponenten wie Textbereichen und Textfeldern gesehen haben, wurde Swing von Sun Microsystems so entworfen, dass die Komponenten viele Superklassen gemeinsam haben. So haben Sie es leichter, neue Komponenten und Container kennenzulernen und sich in die anderen Aspekte der Swing-Programmierung zu finden, die Sie in den nächsten drei Tagen kennen lernen werden.

8.4 Fragen und Antworten

F *Kann man eine Applikation ohne Swing schreiben?*

A Klar. Swing ist lediglich eine Erweiterung des Abstract Windowing Toolkit, und Sie können in Java 2 das AWT weiterhin für Ihre Applikationen benutzen. Allerdings unterscheidet sich das Event-Handling bei AWT und Swing, und viele Swing-Features sind ohne AWT-Entsprechung. Mit Swing können Sie viel mehr Komponenten benutzen und diese genauer kontrollieren.

F *Kann man die Schrift ändern, die auf Buttons und anderen Komponenten erscheint?*

A Die Klasse `JComponent` hat eine *`setFont(Font)`*-Methode, mit der man die Schrift festlegt, in der Text auf Komponenten erscheint. Am 12. Tag kümmern wir uns um `Font`-Objekte, Farben und Grafik.

F *Wie finde ich heraus, welche Komponenten es in Swing gibt und wie man sie benutzt?*

A Auch am morgigen Tag wird es noch um Benutzerschnittstellenkomponenten gehen. Wenn Sie einen Internetzugang haben, können Sie die Online-Dokumentation von Sun auf folgender Webadresse einsehen: `http://java.sun.com/j2se/1.3/docs/api/`.

8.5 Quiz

Überprüfen Sie den heutigen Stoff, indem Sie dieses Quiz mit drei Fragen beantworten.

Fragen

1. Welche der folgenden Benutzerschnittstellenkomponente ist kein Container?
   (a) `JScrollPane`
   (b) `JScrollBar`
   (c) `JWindow`
2. Welcher Container braucht keine Inhaltspane, wenn ihm Komponenten hinzugefügt werden?
   (a) `JPanel`
   (b) `JApplet`
   (c) `JFrame`

3. Wenn Sie `setSize()` auf das Hauptfenster oder den Hauptframe einer Applikation anwenden, wo wird es bzw. er dann erscheinen?

   (a) in der Mitte des Desktops

   (b) an derselben Stelle, an der die letzte Applikation erschien

   (c) in der Ecke links oben

Antworten

1. b.

2. a. `JPanel` ist einer der einfachsten Container und ist nicht in Panes eingeteilt. Sie können ihm mit seiner `add(`*`Component`*`)`-Methode direkt Komponenten hinzufügen.

3. c. Wenn Sie `setBounds()` statt `setSize()` aufrufen, können Sie festlegen, wo ein Frame erscheinen soll.

8.6 Übungen

Um Ihr Wissen über die heute behandelten Themen zu vertiefen, können Sie sich an folgenden Übungen versuchen:

- Erstellen Sie eine Applikation mit einem Frame, der alle Knöpfe eines Videorekorders als einzelne Komponenten aufweist: Play, Stop/Eject, Rewind, Fast-Forward und Pause. Legen Sie die Größe des Fensters so fest, dass alle Komponenten in einer einzigen Reihe erscheinen.
- Erstellen Sie einen Frame, der einen kleineren Frame mit Feldern öffnet, in denen nach Benutzernamen und Passwort gefragt wird.

Soweit einschlägig, finden Sie die Lösungen zu den Übungen auf der Webseite zum Buch: `http://www.java21days.com`.

Tag 9

Die Erstellung einer Swing-Schnittstelle

Aufgrund der Verbreitung von Apple MacOS und Microsoft Windows erwarten die meisten Computerbenutzer, dass Programme eine grafische Benutzerschnittstelle anbieten, die man mit der Maus kontrolliert. Diese Software-Features sind zwar benutzerfreundlich, doch in den meisten Sprachen programmiererunfreundlich. Die Erstellung eines Programms mit Fenstern kann für einen Programmiernovizen eine echte Herausforderung werden.

Java 2 hat diesen Prozess mit Swing vereinfacht. Swing ist eine Gruppe von Klassen für die Erzeugung und Benutzung einer grafischen Benutzerschnittstelle.

Swing ist eine Erweiterung des Abstract Windowing Toolkit von Java 1.0 und bietet die folgenden Features:

- einfache Benutzerschnittstellenkomponenten wie Buttons, Bildlaufleisten, Listen und Regler
- Container: Schnittstellenkomponenten, in die andere Komponenten gelegt werden
- anpassbarer Stil: Man kann den Stil der ganzen Schnittstelle so anpassen, dass er Windows, MacOS oder anderen Vorlagen entspricht.

9.1 Swing-Features

Die meisten Komponenten, die Sie gestern kennengelernt haben, waren Swing-Versionen von Klassen, die es schon im Abstract Windowing Toolkit gab, dem ursprünglichen Javapaket für die Programmierung einer grafischen Benutzerschnittstelle.

Swing bietet zahlreiche komplett neue Features, zu denen der anpassbare Stil, Tastatur-Mnemonics, ToolTips und Standarddialogfenster gehören.

Den Stil (»Look and Feel«) festlegen

Eines der eher ungewöhnlichen Features von Swing ist, dass man den Stil der Komponenten festlegen kann – genauer gesagt die Art und Weise, in der Buttons, Labels und andere Elemente der grafischen Benutzerschnittstelle auf dem Bildschirm dargestellt werden.

Die Verwaltung des Aussehens übernimmt die Benutzerschnittstellen-Manager-Klasse `UIManager` im Paket `javax.swing`. Die Auswahlmöglichkeiten für den Stil hängen von der Java-Entwicklungsumgebung ab, die Sie benutzen. Die folgenden Optionen sind bei Java 2 auf einem Windowssystem möglich:

- Windows-Stil
- ein Motif X-Window-Stil
- Metal, der neue plattformübergreifende Stil von Swing

Die Klasse `UIManager` hat eine Methode `setLookAndFeel(`*`LookAndFeel`*`)`, mit der man den Stil eines Programms bestimmt. Um ein `LookAndFeel`-Objekt zu bekommen, das Sie mit `setLookAndFeel()` benutzen können, verwenden Sie eine der folgenden `UIManager`-Methoden:

- `getCrossPlatformLookAndFeelClassName()` – diese Methode gibt ein `LookAndFeel`-Objekt zurück, das den plattformübergreifenden Java-Stil `Metal` repräsentiert.
- `getSystemLookAndFeelClassName()` – diese Methode gibt ein `LookAndFeel`-Objekt zurück, das den Stil des Benutzersystems repräsentiert.

Die Methode `setLookAndFeel()` wirft eine `UnsupportedLookAndFeelException` aus, wenn sie den Stil nicht festlegen kann.

Die folgenden Anweisungen legen Metal als Stil fest:

```
try {
    UIManager.setLookAndFeel(
        UIManager.getCrossPlatformLookAndFeelClassName());
    } catch (Exception e) {
        System.err.println("Can't set look and feel: " + e);
}
```

Um den Stil des Anwendersystems zu benutzen, verwenden Sie die Methode `getSystemLookAndFeelClassName()`, und zwar innerhalb der `setLookAndFeel()`-Methode des letzten Beispiels. Diese führt zu verschiedenen Ergebnissen auf verschiedenen Benutzersystemen. Ein Windows-Benutzer bekäme mit `getSystemLookAndFeelClassName()` den Stil von Windows. Ein UNIX-Benutzer bekäme den Motif-Stil.

Standard-Dialogfenster

Die Klasse `JOptionPane` bietet mehrere Methoden, um Standard-Dialogfenster zu erzeugen. Das sind kleine Fenster, die eine Frage stellen, den Benutzer warnen oder eine kurze, wichtige Mitteilung machen. Abbildung 9.1 zeigt ein Dialogfenster im Metal-Aussehen.

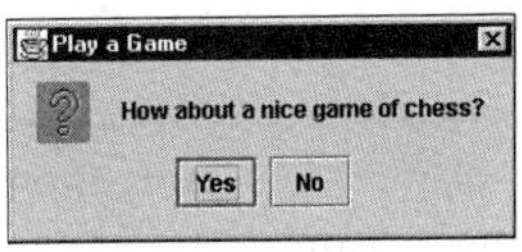

Abbildung 9.1:
Ein Standard-Dialogfenster

Derartige Dialogfenster kennen Sie natürlich. Stürzt Ihr System mal wieder ab, öffnet sich ein Dialogfenster und bringt Ihnen die schlechte Nachricht. Wenn Sie Dateien löschen, kommt ein Dialogfenster und fragt noch mal nach, ob Sie das wirklich wollen. Diese Fenster erlauben eine Kommunikation mit dem Benutzer, ohne dass man erst den Aufwand treiben müsste, eine neue Klasse zur Repräsentation des Fenster zu erzeugen, ihr Komponenten hinzuzufügen und Event-Handler-Methoden zur Reaktion auf Eingaben zu verfassen. All dies wird automatisch erledigt, wenn man eines der Standard-Dialogfenster von `JOptionPane` benutzt.

Die vier Standard-Dialogfenster sind:

- `ConfirmDialog` – stellt eine Frage und bietet die Buttons Yes, No und Cancel
- `InputDialog` – bittet um Texteingabe
- `MessageDialog` – übermittelt eine Nachricht
- `OptionDialog` – fasst die anderen drei Dialogfenstertypen zusammen

Die einzelnen Dialogfenster haben jeweils eine eigene Methode in der Klasse `JOptionPane`.

Dialogfenster für Bestätigungen

Die einfachste Art und Weise, um ein Yes/No/Cancel-Dialogfenster zu erzeugen, ist ein Aufruf der Methode `showConfirmDialog(`*`Component, Object`*`)`. Das Argument `Component` gibt den Container an, der als Mutter dieses Dialogfensters angesehen werden soll. Diese Information wird benutzt, um festzulegen, wo auf dem Bildschirm das Dialogfenster erscheinen soll. Wenn anstelle eines Containers `null` angegeben wird oder der Container kein `Frame`-Objekt ist, wird das Dialogfenster in der Mitte des Bildschirms angezeigt.

Das zweite Argument, Object, kann ein String, eine Komponente oder ein `Icon`-Objekt sein. Wenn es ein String ist, erscheint der Text im Dialogfenster. Wenn es eine Komponente oder ein Icon ist, erscheint dieses Objekt anstelle der Textnachricht.

Diese Methode gibt drei mögliche Integerwerte aus, die jeweils eine Klassenvariable von `JOptionPane` sind: `YES_OPTION`, `NO_OPTION` und `CANCEL_OPTION`.

Das folgende Beispiel benutzt ein Bestätigungsdialogfenster mit einer Textnachricht und speichert das Ergebnis in der Variable `response`:

```
int response;
response = JOptionPane.showConfirmDialog(null,
    "Should I delete all of your irreplaceable personal files");
```

Eine andere Methode bietet mehr Optionen für den Bestätigungsdialog: `showConfirmDialog(`*`Component, Object, String, int, int`*`)`. Die ersten beiden Argumente entsprechen denen der anderen showConfirmDialog()-Methoden. Die letzten drei Argumente sind wie folgt:

- ein String, der in der Titelleiste des Dialogfensters erscheint
- ein Integer, der festlegt, welche Optionsbuttons erscheinen sollen. Er sollte einer der Klassenvariablen `YES_NO_CANCEL_OPTION` oder `YES_NO_OPTION` entsprechen.

- ein Integer, der festlegt, um welche Art von Dialogfenster es sich handelt. Dabei werden die Klassenvariablen ERROR_MESSAGE, INFORMATION_MESSAGE, PLAIN_MESSAGE, QUESTION_MESSAGE und WARNING_MESSAGE verwendet. Dieses Argument wird benutzt, um festzulegen, welches Icon neben der Meldung im Dialogfenster erscheinen soll.

Ein Beispiel:

```
int response = JOptionPane.showConfirmDialog(null,
    "Error reading file. Want to try again?",
    "File Input Error",
    JOptionPane.YES_NO_OPTION,
    JOptionPane.ERROR_MESSAGE);
```

Abbildung 9.2 zeigt das resultierende Dialogfenster im Windows-Stil.

Abbildung 9.2: Ein Bestätigungs-Dialogfenster

Dialogfenster für Eingaben

Ein Dialogfenster für Eingaben stellt eine Frage und benutzt ein Textfeld, um die Antwort aufzunehmen. Abbildung 9.3 zeigt ein Beispiel im Motif-Stil.

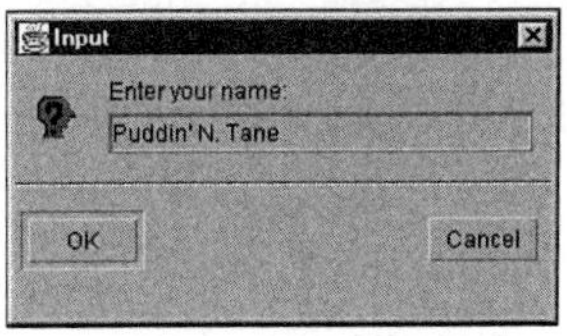

Abbildung 9.3: Ein Dialogfenster für Eingaben

Die einfachste Art und Weise, um ein Eingabe-Dialogfenster zu erzeugen, ist ein Aufruf der Methode showInputDialog(*Component*, *Object*). Die Argumente sind die Mutter-Komponente und der String, die Komponente bzw. das Icon, das im Dialogfenster erscheinen soll.

Der Aufruf dieser Methode gibt einen String zurück, der die Benutzereingabe repräsentiert. Die folgende Anweisung erzeugt das Eingabe-Dialogfenster aus Abbildung 9.3.

```
String response = JOptionPane.showInputDialog(null,
    "Enter your name:");
```

Sie können ein Eingabe-Dialogfenster auch mit der Methode showInputDialog(*Component*, *Object*, *String*, *int*) erzeugen. Die ersten beiden Argumente entsprechen denen des kürzeren Methodenaufrufs, die letzten beiden sind wie folgt:

- der Titel für die Titelleiste des Dialogfensters
- eine von fünf Klassenvariablen, die den Typ des Dialogfensters beschreiben: `ERROR_MESSAGE`, `INFORMATION_MESSAGE`, `PLAIN_MESSAGE`, `QUESTION_MESSAGE` und `WARNING_MESSAGE`

Die folgende Anweisung benutzt diese Methode, um ein Eingabe-Dialogfenster zu erzeugen:

```
String response = JOptionPane.showInputDialog(null,
    "What is your ZIP code?",
    "Enter ZIP Code",
    JOptionPane.QUESTION_MESSAGE);
```

Dialogfenster für Nachrichten

Ein Dialogfenster für Nachrichten ist ein einfaches Fenster, das eine Information anzeigt. Abbildung 9.4 zeigt ein Beispiel im Metal-Stil.

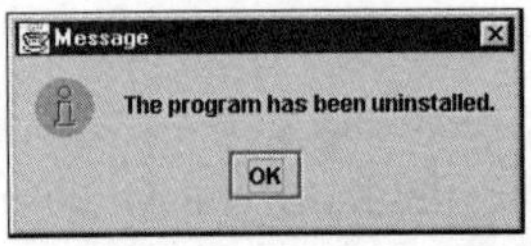

Abbildung 9.4: Ein Nachrichten-Dialogfenster

Ein Nachrichten-Dialogfenster wird mit einem Aufruf der Methode `showMessageDialog(`*`Component, Object`*`)` erzeugt. Wie bei anderen Dialogfenstern sind die Argumente die Mutter-Komponente und der String, die Komponente bzw. das Icon, das angezeigt werden soll.

Im Gegensatz zu anderen Dialogfenstern geben Nachrichten-Dialogfenster keinerlei Wert zurück. Die folgende Anweisung erzeugt das Nachrichten-Dialogfenster aus Abbildung 9.4:

```
JOptionPane.showMessageDialog(null,
    "The program has been uninstalled.");
```

Sie können ein Nachrichten-Dialogfenster auch mit der Methode `showMessageDialog(`*`Component, Object, String, int`*`)` erzeugen. Der Gebrauch ist mit der `showInputDialog()`-Methode identisch, mit den gleichen Argumenten, nur dass `showMessageDialog()` keinen Wert zurückgibt.

Die folgende Anweisung erzeugt mithilfe dieser Methode ein Nachrichten-Dialogfenster:

```
JOptionPane.showMessageDialog(null,
    "An asteroid has destroyed the Earth.",
    "Asteroid Destruction Alert",
    JOptionPane.WARNING_MESSAGE);
```

Options-Dialogfenster

Das komplexeste Dialogfenster ist das Options-Dialogfenster, das die Features aller anderen Dialogfenster in sich vereinigt. Es kann mit der Methode `showOptionDialog(Component, Object, String, int, int, Icon, Object[], Object)` erzeugt werden.

Die Argumente der Methode haben die folgende Bedeutung:

- Der zugeordnete Container des Dialogfeldes.
- Der Text, das Icon oder die Komponente, die angezeigt werden soll.
- Ein String, der in der Titelleiste angezeigt werden soll.
- Die Art des Dialogfeldes. Dazu verwenden Sie die Klassenvariablen `YES_NO_OPTION`, `YES_NO_CANCEL_OPTION` oder das Literal `0`, falls andere Buttons verwendet werden sollen.
- Das Icon, das angezeigt werden soll. Dazu verwenden Sie die Klassenvariablen `ERROR_MESSAGE`, `INFORMATION_MESSAGE`, `PLAIN_MESSAGE`, `QUESTION_MESSAGE`, `WARNING_MESSAGE` oder das Literal `0`, falls keines dieser Icons verwendet werden soll.
- Ein Icon-Objekt, das anstelle eines der Icons im vorherigen Argument angezeigt werden soll.
- Ein Array mit Objekten, das die Komponenten oder andere Objekte beinhaltet, die die Wahlmöglichkeiten repräsentieren, wenn weder `YES_NO_OPTION` noch `YES_NO_CANCEL_OPTION` verwendet wird.
- Das Objekt, das die Standardauswahl repräsentiert, wenn weder `YES_NO_OPTION` noch `YES_NO_CANCEL_OPTION` verwendet wird.

Die beiden letzten Argumente ermöglichen, im Dialogfeld eine große Anzahl von Wahlmöglichkeiten zu bieten. Sie können ein Array mit Buttons, Labels, Textfeldern oder sogar mit einer Mischung unterschiedlicher Komponenten erzeugen. Diese Komponenten werden mit dem `FlowLayout`-Manager angeordnet – es besteht keine Möglichkeit, einen anderen Layout-Manager im Dialogfenster zu benutzen.

Das folgende Beispiel erzeugt ein Options-Dialogfenster, das ein Array mit `JButton`-Objekten als Wahlmöglichkeiten im Dialogfenster verwendet. Das `gender[2]`-Element wird als Standardauswahl festgelegt:

```
JButton[] gender = new JButton[3];
gender[0] = new JButton("Male");
gender[1] = new JButton("Female");
gender[2] = new JButton("None of Your Business");
int response = JOptionPane.showOptionDialog(null,
    "What is your gender?",
    "Gender",
    0,
```

```
    JOptionPane.INFORMATION_MESSAGE,
    null,
    gender,
    gender[2]);
```

Abbildung 9.5 zeigt das resultierende Dialogfenster im Motif-Stil.

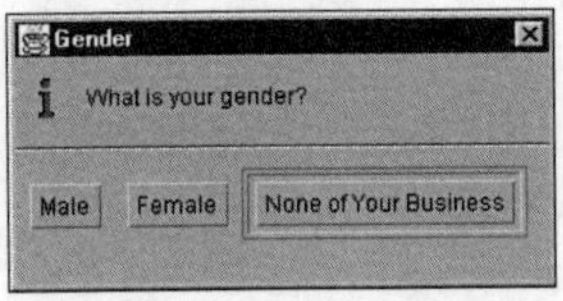

Abbildung 9.5: Ein Options-Dialogfenster

Ein Beispiel: Die Applikation Info

Das nächste Projekt zeigt Ihnen eine Reihe von Dialogfenstern in einem funktionierenden Programm. Die `Info`-Applikation verwendet Dialogfenster, um Informationen vom Benutzer zu ermitteln. Diese Informationen werden anschließend im Hauptfenster der Applikation in Textfeldern platziert.

Tippen Sie das Listing 9.1 ab, und kompilieren Sie das Ganze.

Listing 9.1: Der gesamte Quelltext von Info.java.

```
import java.awt.GridLayout;
import java.awt.event.*;
import javax.swing.*;

public class Info extends JFrame {
    private JLabel titleLabel = new JLabel("Title: ",
        SwingConstants.RIGHT);
    private JTextField title;
    private JLabel addressLabel = new JLabel("Address: ",
        SwingConstants.RIGHT);
    private JTextField address;
    private JLabel typeLabel = new JLabel("Type: ",
       SwingConstants.RIGHT);
    private JTextField type;

    public Info() {
        super("Site Information");
        setDefaultCloseOperation(JFrame.EXIT_ON_CLOSE);
        // Site-Name
        String response1 = JOptionPane.showInputDialog(null,
            "Enter the site title:");
        title = new JTextField(response1, 20);
```

```
        // Site-Adresse
        String response2 = JOptionPane.showInputDialog(null,
            "Enter the site address:");
        address = new JTextField(response2, 20);

        // Site-Art
        String[] choices = {  "Personal", "Commercial", "Unknown" } ;
        int response3 = JOptionPane.showOptionDialog(null,
            "What type of site is it?",
            "Site Type",
            0,
            JOptionPane.QUESTION_MESSAGE,
            null,
            choices,
            choices[0]);
        type = new JTextField(choices[response3], 20);

        JPanel pane = new JPanel();
        pane.setLayout(new GridLayout(3, 2));
        pane.add(titleLabel);
        pane.add(title);
        pane.add(addressLabel);
        pane.add(address);
        pane.add(typeLabel);
        pane.add(type);

        setContentPane(pane);
    }

    public static void main(String[] arguments) {
        try {
            UIManager.setLookAndFeel(
                UIManager.getSystemLookAndFeelClassName());
        }  catch (Exception e) {
            System.err.println("Couldn't use the system "
                + "look and feel: " + e);
        }

        JFrame frame = new Info();
        frame.pack();
        frame.setVisible(true);
    }
}
```

Abbildung 9.6 zeigt das erste Dialogfenster, das erscheint, wenn man die Applikation startet. Nachdem Sie die Felder in den insgesamt drei Dialogfenstern ausgefüllt haben, sehen Sie das Hauptfenster der Applikation, das in Abbildung 9.7 im Windows-Stil dargestellt ist. Die drei Textfelder haben Werte, die sie aus den Dialogfenstern erhalten haben.

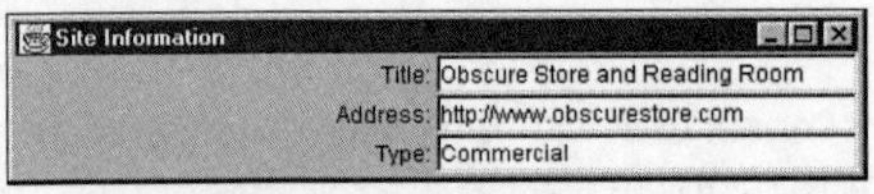

Abbildung 9.6:
Das Dialogfenster zur Eingabe der URL

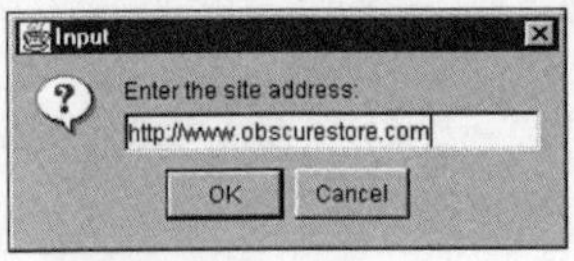

Abbildung 9.7:
Das Hauptfenster der Applikation Info

Ein großer Teil dieser Applikation ist Standardcode, der bei jeder Swing-Applikation verwendet werden kann. Die folgenden Zeilen beziehen sich auf die Dialogfelder:

- Zeile 19-22 – Ein Dialogfeld vom Typ `InputDialog` wird verwendet, um den Benutzer zur Eingabe des Namens der Site aufzufordern. Dieser Name wird im Konstruktor eines `JTextField`-Objektes verwendet. Dieser fügt den Text in das Textfeld ein.
- Zeile 24-27 – Ein ähnliches Dialogfeld desselben Typs wird verwendet, um den Benutzer zur Eingabe der Adresse der Site aufzufordern. Diese wird im Konstruktor eines weiteren `JTextField`-Objektes verwendet. Abbildung 9.7 zeigt dieses Options-Dialogfenster.
- Zeile 30 – Ein Array mit `String`-Objekten namens `choices` wird erzeugt und mit drei Werten initialisiert.
- Zeile 31-38 – Ein Dialogfeld des Typs `OptionDialog` wird verwendet, um den Benutzer den Typ der Site auswählen zu lassen. Das `choices`-Array ist das siebte Argument. Es richtet mithilfe der Strings des Arrays drei Schaltflächen auf dem Dialogfenster ein: PERSONAL, COMMERCIAL und UNKNOWN. Das letze Argument, `choices[0]`, legt das erste Element des Arrays als Standardauswahl fest.
- Zeile 39 – Die Antwort des Dialogfeldes – ein Integer, der das gewählte Array-Element identifiziert – wird in einer `JTextField`-Komponente mit dem Namen `type` gespeichert.

Regler

Regler (engl. Slider), die in Java mit der Klasse `JSlider` implementiert sind, erlauben eine Zahl festzulegen, indem man einen Knopf zwischen einem Minimal- und einem Maximalwert verschiebt. In vielen Fällen kann ein Regler statt eines Textfelds für numerische

Eingaben benutzt werden. Er bietet den Vorteil, dass er Eingaben auf akzeptable Werte beschränkt.

Abbildung 9.8 zeigt eine `JSlider`-Komponente.

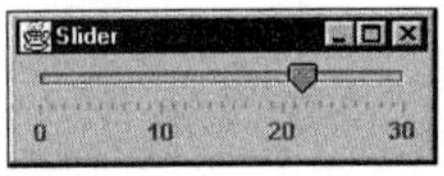

Abbildung 9.8: Eine JSlider-Komponente

Standardmäßig sind Regler horizontal. Man kann ihre Ausrichtung explizit festlegen, indem man zwei Klassenvariablen der Schnittstelle `SwingConstants` benutzt: `HORIZONTAL` und `VERTICAL`.

Sie können die folgenden Konstruktoren benutzen:

- `JSlider(`*`int, int`*`)` – ein Regler mit dem angegebenen Minimal- bzw. Maximalwert
- `JSlider(`*`int, int, int`*`)` – ein Regler mit dem angegebenen Minimal-, Maximal- bzw. Startwert
- `JSlider(`*`int, int, int, int`*`)` – ein Regler mit der angegebenen Orientierung und dem angegebenen Minimal-, Maximal- bzw. Startwerten

Reglerkomponenten können Label erhalten, um Minimal- und Maximalwert zu beschriften, und zwei verschiedene Arten von Meterstabmarken zwischen diesen Werten.

Um diese Details festzulegen, ruft man verschiedene Methoden von `JSlider` auf:

- `setMajorTickSpacing(`*`int`*`)` – Trennt die großen Meterstabmarken mit der angegebenen Distanz. Die Distanz wird nicht in Pixeln angegeben, sondern in Werten zwischen dem Minimal- und dem Maximalwert, die der Regler repräsentiert.
- `setMinorTickSpacing(`*`int`*`)` – Trennt die kleinen Meterstabmarken mit der angegebenen Distanz. Die kleinen Meterstabmarken werden halb so groß dargestellt wie die großen.
- `setPaintTicks(`*`boolean`*`)` – Legt fest, ob die Meterstabmarken dargestellt werden sollen (`true`) oder nicht (`false`)
- `setPaintLabels(`*`boolean`*`)` – Legt fest, ob die numerischen Label des Reglers dargestellt werden sollen (`true`) oder nicht (`false`)

Diese Methoden müssen auf den Regler angewandt werden, ehe er einer Komponente hinzugefügt wird.

Listing 9.2 enthält den `Slider.java`-Quelltext. Abbildung 9.8 zeigt die Applikation.

Listing 9.2: Der gesamte Quelltext von Slider.java.

```
 1: import java.awt.event.*;
 2: import javax.swing.*;
 3:
 4: public class Slider extends JFrame {
 5:
 6:     public Slider() {
 7:         super("Slider");
 8:         setDefaultCloseOperation(JFrame.EXIT_ON_CLOSE);
 9:         JSlider pickNum = new JSlider(JSlider.HORIZONTAL, 0, 30, 5);
10:         pickNum.setMajorTickSpacing(10);
11:         pickNum.setMinorTickSpacing(1);
12:         pickNum.setPaintTicks(true);
13:         pickNum.setPaintLabels(true);
14:         JPanel pane = new JPanel();
15:         pane.add(pickNum);
16:
17:         setContentPane(pane);
18:     }
19:
20:     public static void main(String[] args) {
21:         Slider frame = new Slider();
22:         frame.pack();
23:         frame.setVisible(true);
24:     }
25: }
```

Die Zeilen 9-17 enthalten den Code für die Erzeugung einer `JSlider`-Komponente, legen fest, dass die Meterstabmarkierungen angezeigt werden sollen, und legen die Komponente in einen Container. Der Rest des Programms ist der allgemeine Rahmen für eine Applikation, die aus einem Haupt-`JFrame`-Container ohne Menüs besteht.

Scroll-Panes

In Javaversionen vor 1.2 besaßen manche Komponenten (z.B. Textbereiche) eingebaute Bildlaufleisten. Die Bildlaufleiste kam zum Einsatz, wenn der Text in der Komponente mehr Platz einnahm, als die Komponente darstellen konnte. Bildlaufleisten konnten sowohl vertikal als auch horizontal benutzt werden, um durch den Text zu scrollen.

Ein Beispiel für Scrollen ist ein Browser. Dort kann man auf Seiten, die größer als die Anzeigefläche des Browsers sind, eine Bildlaufleiste benutzen.

Mit Swing ändern sich die Regeln für Bildlaufleisten folgendermaßen:

- Damit eine Komponente scrollbar ist, muss sie einem `JScrollPane`-Container hinzugefügt werden
- Dieser `JScrollPane`-Container wird dem Container anstatt der scrollbaren Komponente hinzugefügt.

Scroll-Panes werden mit dem `JScrollPane(`*`Object`*`)`-Konstruktor erzeugt, wobei *`Object`* die Komponente repräsentiert, die scrollbar werden soll.

Das folgende Beispiel erzeugt einen Textbereich in einer Scroll-Pane und fügt ihn einem Container namens `mainPane` hinzu:

```
textBox = new JTextArea(7, 30);
JScrollPane scroller = new JScrollPane(textBox);
mainPane.add(scroller);
```

Häufig will man bei einem Scroll-Pane die Größe angeben, die es auf der Schnittstelle einnehmen soll. Dies geschieht durch den Aufruf der Methode `setPreferredSize(`*`Dimension`*`)` der Scroll-Pane, bevor sie in einen Container gelegt wird. Das `Dimension`-Objekt repräsentiert Breite und Höhe der gewünschten Größe in Pixeln.

Der folgende Code baut auf dem vorherigen Beispiel auf und legt die gewünschte Größe des `scroller`-Objekts fest.

```
Dimension pref = new Dimension(350, 100);
scroller.setPreferredSize(pref);
```

Dies sollte erledigt werden, ehe das `scroller`-Objekt dem Container hinzugefügt wird.

Standardmäßig zeigt eine Scroll-Pane nur dann Bildlaufleisten an, wenn sie nötig sind. Wenn die Komponente in der Pane nicht größer ist als die Pane selbst, erscheinen die Leisten nicht. Bei Komponenten wie Textbereichen, bei denen die Komponentengröße während des Gebrauchs des Programms zunehmen kann, erscheinen die Leisten automatisch, wenn gebraucht, und verschwinden, wenn nicht.

Um dieses Verhalten zu überschreiben, können Sie bei der Erzeugung der `JScrollBar`-Komponente ein anderes Verhalten durch die Verwendung der `ScrollPaneConstants`-Klassenvariablen festlegen:

- `HORIZONTAL_SCROLLBAR_ALWAYS`
- `HORIZONTAL_SCROLLBAR_AS_NEEDED`
- `HORIZONTAL_SCROLLBAR_NEVER`
- `VERTICAL_SCROLLBAR_ALWAYS`
- `VERTICAL_SCROLLBAR_AS_NEEDED`
- `VERTICAL_SCROLLBAR_NEVER`

Diese Klassenvariablen werden mit dem `ScrollPane(`*`Object, int, int`*`)`-Konstruktor verwendet, der die Komponente in der Pane, das Verhalten der vertikalen Bildlaufleiste und das Verhalten der horizontalen Bildlaufleiste angibt.

Werkzeugleisten

Eine *Werkzeugleiste* (engl. *Toolbar*) wird bei Swing mit der Klasse `JToolBar` erzeugt und ist ein Container, der mehrere Komponenten zu einer Reihe oder Spalte zusammenfasst. Diese Komponenten sind meistens Buttons.

Wenn Sie Programme wie Microsoft Word, Netscape Navigator oder Lotus WordPro kennen, ist Ihnen das Konzept einer Werkzeugleiste bereits vertraut. In diesen Programmen und vielen anderen sind die am häufigsten verwendeten Programmoptionen zu einer Serie von Buttons zusammengestellt. Sie können alternativ zur Verwendung von Pull-Down-Menüs oder Tastenkombinationen diese Buttons anklicken.

Werkzeugleisten sind standardmäßig horizontal, man kann aber die Orientierung durch die Klassenvariablen `HORIZONAL` bzw. `VERTICAL` der Schnittstelle `SwingConstants` festlegen.

Es gibt folgende Konstruktoren:

- `JToolBar()` – erzeugt eine neue Werkzeugleiste
- `JToolBar(`*`int`*`)` – erzeugt eine neue Werkzeugleiste mit der angegebenen Orientierung

Sobald eine Werkzeugleiste erstellt ist, können Sie ihr mit ihrer `add(`*`Object`*`)`-Methode Komponenten hinzufügen, wobei *`Object`* die Komponente repräsentiert, die in die Werkzeugleiste gesetzt werden soll.

Viele Programme mit Werkzeugleisten ermöglichen dem Benutzer, die Werkzeugleisten zu verschieben. Man nennt sie *andockbare Werkzeugleisten* (engl. *dockable toolbars*), da man sie an einer Bildschirmkante andocken lassen kann, ganz wie man ein Boot an einer Pier andocken lassen würde. Swing-Werkzeugleisten kann man auch an ein neues Fenster, das vom ursprünglichen Fenster getrennt ist, andocken lassen.

Man muss eine andockbare `JToolBar`-Komponente mit dem `BorderLayout`-Manager layouten. Ein Border-Layout trennt einen Container in fünf Bereiche: Nord, Süd, Ost, West, Mitte. Jede der Richtungskomponenten nimmt sich soviel Platz, wie sie braucht, während der Rest an die Mitte geht. Keine Sorge – Sie bekommen dies morgen in aller Ausführlichkeit erklärt.

Die Werkzeugleiste sollte in einen der Richtungsbereiche des Border-Layouts gelegt werden. Der einzige andere Bereich des Layouts, der gefüllt werden kann, ist die Mitte.

Abbildung 9.9 zeigt eine andockbare Werkzeugleiste, die den Nordbereich des Border-Layouts belegt. Ein Textfeld wurde in die Mitte gelegt.

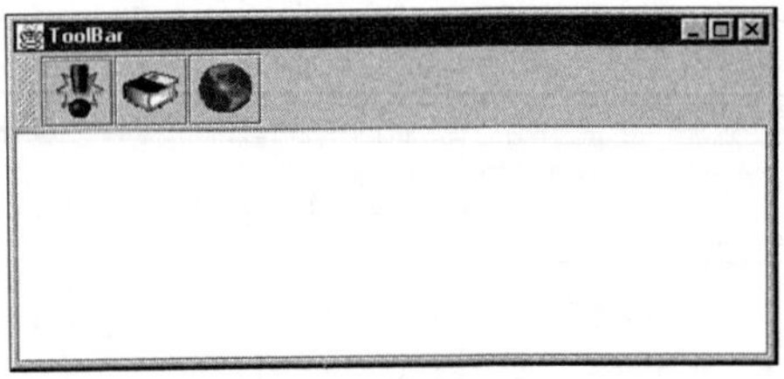

Abbildung 9.9:
Eine andockbare Werkzeugleiste und ein Textfeld

Listing 9.3 zeigt Ihnen den Quelltext, mit dem diese Applikation erstellt wurde.

Listing 9.3: Der gesamte Quelltext von ToolBar.java.

```
import java.awt.*;
import java.awt.event.*;
import javax.swing.*;

public class ToolBar extends JFrame {

    public ToolBar() {
        super("ToolBar");
        setDefaultCloseOperation(JFrame.EXIT_ON_CLOSE);
        ImageIcon image1 = new ImageIcon("button1.gif");
        JButton button1 = new JButton(image1);
        ImageIcon image2 = new ImageIcon("button2.gif");
        JButton button2 = new JButton(image2);
        ImageIcon image3 = new ImageIcon("button3.gif");
        JButton button3 = new JButton(image3);
        JToolBar bar = new JToolBar();
        bar.add(button1);
        bar.add(button2);
        bar.add(button3);
        JTextArea edit = new JTextArea(8,40);
        JScrollPane scroll = new JScrollPane(edit);
        JPanel pane = new JPanel();
        BorderLayout bord = new BorderLayout();
        pane.setLayout(bord);
        pane.add("North", bar);
        pane.add("Center", scroll);

        setContentPane(pane);
    }

    public static void main(String[] arguments) {
        ToolBar frame = new ToolBar();
        frame.pack();
```

```
                frame.setVisible(true);
        }
}
```

Diese Applikation verwendet drei Bilder, um Grafiken auf den Buttons zu repräsentieren: `button1.gif`, `button2.gif` und `button3.gif`. Sie finden sie auf der offiziellen Seite zum Buch `http://www.java21.days.com`. Sie können auch Grafiken von Ihrem eigenen System benutzen, solange diese im GIF-Format vorliegen und ausreichend klein sind.

Die Werkzeugleiste aus diesem Beispiel kann beim Griff gepackt werden – das ist der Bereich unmittelbar links des Ausrufezeichen-Buttons in Abbildung 9.9. Wenn Sie es innerhalb des Fensters verschieben, können Sie es an den verschiedenen Kanten des Applikationsfensters andocken lassen. Wenn Sie die Werkzeugleiste loslassen, wird die Applikation mithilfe des Border-Layout-Managers neu arrangiert. Sie können die Werkzeugleiste auch ganz aus dem Applikationsfenster schieben.

Obwohl Werkzeugleisten meistens grafische Buttons tragen, können sie genauso gut Textbuttons, Combo-Boxen oder andere Komponenten beinhalten.

Fortschrittsanzeigen

Wenn Sie jemals irgendein Programm installiert haben, kennen Sie *Fortschrittsanzeigen* (engl. *progress bars*). Diese Komponenten werden normalerweise bei längeren Tasks benutzt, um dem Benutzer anzuzeigen, wie lange es noch dauert, bis der Task abgeschlossen ist.

Fortschrittsanzeigen sind in Swing druch die `JProgressBar`-Klasse implementiert. Ein Java-Beispiel-Programm, das diese Komponente verwendet, zeigt Ihnen Abbildung 9.10.

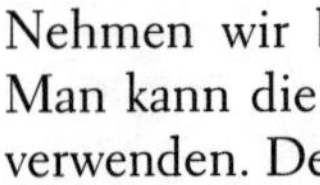

Abbildung 9.10:
Eine Fortschrittsanzeige in einem Frame

Fortschrittsanzeigen werden benutzt, um den Fortschritt eines numerisch repräsentierbaren Tasks zu verfolgen. Man erzeugt sie, indem man einen Minimal- und einen Maximalwert angibt, die die Punkt repräsentieren, bei denen der Task beginnt bzw. endet.

Nehmen wir beispielsweise eine Software-Installation mit 335 verschiedenen Dateien. Man kann die Zahl der übertragenen Dateien zur Verfolgung des Fortschritts des Tasks verwenden. Der Minimalwert ist 0, der Maximalwert ist 335.

Es gibt folgende Konstruktoren:

- `JProgressBar()` – Erzeugt eine neue Fortschrittsanzeige
- `JProgressBar(`*`int, int`*`)` – Erzeugt eine neue Fortschrittsanzeige mit dem angegebenen Minimal- bzw. Maximalwert

- `JProgressBar(int, int, int)` – Erzeugt eine neue Fortschrittsanzeige mit der angegebenen Orientierung, Minimal- und Maximalwert

Die Orientierung einer Fortschrittsanzeige kann mit den Klassenvariablen `SwingConstants.VERTICAL` bzw. `SwingConstants.HORIZONTAL` festgelegt werden. Fortschrittsanzeigen sind standardmäßig horizontal.

Die Minimal- und Maximalwerte können auch dadurch festgelegt werden, dass man die Methoden `setMinimum(int)` bzw. `setMaximum(int)` mit den angegebenen Werten aufruft.

Um eine Fortschrittsanzeige zu aktualisieren, rufen Sie Ihre `setValue(int)`-Methode mit einem Wert auf, der angibt, wie weit der Task im Moment fortgeschritten ist. Dieser Wert muss sich zwischen den Minimal- und Maximalwerten bewegen, die für die Fortschrittsanzeige festgelegt wurden. Das folgende Beispiel sagt der `install`-Fortschrittsanzeige aus dem Software-Installationsbeispiel, wie viele Dateien bislang übertragen wurden:

```
int filesDone = getNumberOfFiles();
install.setValue(filesDone);
```

In diesem Beispiel repräsentiert die Methode `getNumberOfFiles()` einen Code-Abschnitt, in dem mitgezählt wird, wie viele Datein bisher durch die Installation kopiert wurden. Wenn dieser Wert durch die `setValue()`-Methode an die Fortschrittsanzeige übermittelt wird, wird die Fortschrittsanzeige auf der Stelle aktualisiert, um den Prozentsatz des Tasks zu repräsentieren, der bereits erledigt ist.

Fortschrittsanzeigen beinhalten oft ein Textlabel neben der Grafik eines sich anfüllenden Kastens. Dieses Label zeigt den Prozentsatz des Tasks an, der schon abgehandelt ist. Sie können solch ein Label für eine Fortschrittsanzeige einrichten, indem Sie die `setStringPainted(boolean)`-Methode mit dem Wert `true` aufrufen. Das Argument `false` schaltet das Label ab.

Listing 9.4 zeigt Ihnen `Progress`, die Applikation, die Ihnen zu Beginn dieses Abschnitts in Abbildung 9.10 gezeigt wurde.

Listing 9.4: Der gesamte Quelltext von Progress.java.

```
import java.awt.*;
import java.awt.event.*;
import javax.swing.*;

public class Progress extends JFrame {

    JProgressBar current;
    JTextArea out;
    JButton find;
    Thread runner;
    int num = 0;
```

```
12:
13:     public Progress() {
14:         super("Progress");
15:
16:         setDefaultCloseOperation(JFrame.EXIT_ON_CLOSE);
17:         JPanel pane = new JPanel();
18:         pane.setLayout(new FlowLayout());
19:         current = new JProgressBar(0, 2000);
20:         current.setValue(0);
21:         current.setStringPainted(true);
22:         pane.add(current);
23:         setContentPane(pane);
24:     }
25:
26:
27:     public void iterate() {
28:         while (num < 2000) {
29:             current.setValue(num);
30:             try {
31:                 Thread.sleep(1000);
32:             } catch (InterruptedException e) { }
33:             num += 95;
34:         }
35:     }
36:
37:     public static void main(String[] arguments) {
38:         Progress frame = new Progress();
39:         frame.pack();
40:         frame.setVisible(true);
41:         frame.iterate();
42:     }
43: }
```

Die Applikation `Progress` verwendet eine Fortschrittsanzeige, um den Wert der Variable num zu verfolgen. Die Fortschrittsanzeige wird in Zeile 19 mit einem Minimalwert `0` und einem Maximalwert `2000` erzeugt.

Die Methode `iterate()` in den Zeilen 27-35 läuft in einer Schleife, solange `num` geringer als `2000` ist, und erhöht `num` um `95` bei jedem Durchgang. Die Methode `setValue()` der Fortschrittsanzeige wird in Zeile 29 der Schleife mit `num` als Argument aufgerufen, wodurch die Fortschrittsanzeige diesen Wert zur Darstellung des Fortschritts benutzt.

Man sollte ein Programm mit einer Fortschrittsanzeige versehen, wenn ein Computer länger als wenige Augenblicke beschäftigt sein wird. Softwarebenutzer schätzen Fortschrittsanzeigen, weil sie angeben, wie lange etwas dauernd wird, und diese Information kann ein entscheidender Faktor dafür sein, ob man vor dem Computer wartet, sich einen Drink holt oder die laxe Kontrolle des Arbeitgebers hinsichtlich Ferngesprächen nutzt. Wenn der Task besonders zeitintensiv ist, ist eine Fortschrittsanzeige unabdingbar – Künstler, die 3D-Computerszenen erstellen, warten oft 12 Stunden und länger, bis das Rendern abgeschlossen ist.

Fortschrittsanzeigen geben dem Benutzer noch eine weitere, ganz wesentliche Information: Sie beweisen, dass das Programm noch läuft und nicht abgestürzt ist.

9.2 Zusammenfassung

Sie wissen nun, wie man eine Benutzerschnittstelle auf ein Java-Applikationsfenster mithilfe der Komponenten des Swing-Pakets zeichnet. Dieselben Techniken könnten auch auf ein Applet angewendet werden, ein Container, der einem Frame in vielerlei Hinsicht ähnelt.

Swing hat Klassen für viele der Buttons, Leisten, Listen und Felder, die Sie in einem Programm erwarten, dazu außerdem fortschrittlichere Komponenten wie Regler, Dialogfenster und Fortschrittsanzeigen. Schnittstellenkomponenten werden implementiert, indem eine Instanz ihrer Klasse erzeugt wird und diese einem Container – wie einem Frame oder einem Appletfenster – mithilfe der `add()`-Methode des Containers hinzugefügt wird.

Heute haben Sie Komponenten entwickelt und sie einem Programm hinzugefügt. Während der nächsten beiden Tage lernen Sie noch zwei Dinge, die man braucht, um eine grafische Schnittstelle benutzbar zu machen: Wie man Komponenten zu einer in sich runden Schnittstelle arrangiert und wie man Benutzereingaben durch diese Komponenten erhält.

9.3 Fragen und Antworten

F *Kann man eine Applikation ohne Swing erstellen?*

> **A** Klar. Swing ist nur eine Erweiterung des Abstract Windowing Toolkit. Wenn Sie ein Applet für Java 1.0 entwickeln, können Sie nur AWT-Klassen zum Entwurf der Schnittstelle und zur Entgegennahme von Benutzereingaben verwenden. Ob man allerdings eine Applikation ohne Swing erzeugen sollte, ist eine andere Frage. Die Fähigkeiten von Swing sind denen des Abstract Windowing Toolkit weit überlegen. Mit Swing können Sie viel mehr Komponenten benutzen und sie genauer kontrollieren.

9.4 Quiz

Überprüfen Sie den heutigen Stoff, indem Sie dieses Quiz mit drei Fragen beantworten.

Fragen

1. Wie heißt der Standardstil einer Java-Applikation?

   (a)Motif

   (b)Windows

   (c)Metal

2. Welche Benutzerschnittstellenkomponente ist Standard bei Installationsprogrammen?

   (a)Regler

   (b)Fortschrittsanzeigen

   (c)Dialogfenster

3. Welche Java-Klassenbibliothek hat eine Klasse für klickbare Buttons?

   (a)Abstract Windowing Toolkit

   (b)Swing

   (c)beide

Antworten

1. c. Wenn Sie einen anderen Stil als Metal benutzen wollen, müssen Sie diesen Stil explizit durch einen Aufruf einer Methode der `javax.swing.UIManager`-Klasse festlegen.
2. b. Fortschrittsanzeigen sind nützlich, wenn man den Fortschritt beim Kopieren und Entpacken von Dateien anzeigen will.
3. c. Swing dupliziert alle einfachen Benutzerschnittstellenkomponenten, die Teil des Abstract Windowing Toolkit sind.

9.5 Übungen

Um Ihr Wissen über die heute behandelten Themen zu vertiefen, können Sie sich an folgenden Übungen versuchen:

- Erstellen Sie ein Eingabe-Dialogfenster, mit dem der Titel des Frames festgelegt werden kann, der das Dialogfenster geladen hat.
- Erzeugen Sie eine modifizierte Version der Applikation `Progress`, die auch den Wert der Variable `num` in einem Textfeld anzeigt.

Soweit einschlägig, finden Sie die Lösungen zu den Übungen auf der Webseite zum Buch: `http://www.java21days.com`.

Komponenten auf einer Benutzerschnittstelle anordnen

Wäre der Entwurf einer grafischen Benutzerschnittstelle mit dem Malen vergleichbar, dann könnten Sie momentan nur einer Kunstrichtung nachgehen: dem abstrakten Expressionismus. Sie können Komponenten in eine Benutzerschnittstelle einfügen, allerdings haben Sie nur wenig Kontrolle darüber, wo diese platziert werden.

Um unter Java eine gewisse Form in die Schnittstelle zu bekommen, müssen Sie eine Reihe von Klassen verwenden, die als *Layout-Manager* bezeichnet werden.

Heute lernen Sie fünf verschiedenwbee Layout-Manager zu verwenden, um Komponenten auf einer Benutzerschnittstelle anzuordnen. Sie werden die Flexibilität von Swing schätzen lernen, das so entworfen wurde, dass die Ergebnisse auf all den verschiedenen Java-Plattformen gleichermaßen präsentiert werden können.

Für den Fall, dass ein Arrangement nicht das erfüllt, was Sie sich für ein Programm vorgestellt haben, lernen Sie, wie Sie verschiedene Layout-Manager auf derselben Schnittstelle zugleich einsetzen.

Lassen Sie uns mit den elementaren Layout-Managern beginnen.

10.1 Das elementare Layout einer Benutzerschnittstelle

Wie Sie gestern gelernt haben, ist eine grafische Benutzerschnittstelle, die mit Swing entworfen wurde, stets in Fluss. Die Veränderung der Größe eines Fensters kann Ihre Benutzerschnittstelle völlig durcheinanderbringen, da Komponenten an Stellen in einem Container verschoben werden könnten, die nicht Ihren Vorstellungen entsprechen.

Dieser Fluss ist eine Notwendigkeit. Java ist auf vielen verschiedenen Plattformen implementiert und zwischen diesen gibt es Unterschiede in der Art, wie diese z.B. Buttons, Bildlaufleisten usw. anzeigen.

Bei Programmiersprachen wie Microsoft Visual Basic wird die Position einer Komponente in einem Fenster genau über deren x,y-Koordinaten festgelegt. Einige Java-Enwicklungstools bieten eine ähnliche Kontrolle über eine Benutzerschnittstelle. Dazu verwenden diese spezielle Klassen.

Bei der Verwendung von Swing erhält ein Programmierer mehr Kontrolle über das Layout der Benutzerschnittstelle, indem er Layout-Manager benutzt.

Das Layout einer Benutzerschnittstelle

Ein Layout-Manager legt fest, wie Komponenten arrangiert werden, sobald diese einem Container hinzugefügt werden.

Der Standard-Layout-Manager ist die Klasse FlowLayout. Diese Klasse lässt Komponenten in der Reihenfolge, in der diese in einen Container eingefügt wurden, von links nach rechts fließen. Sobald kein Platz mehr zur Verfügung steht, wird eine neue Zeile mit Komponenten direkt unter dieser Zeile angefangen – wieder von links nach rechts.

Java beinhaltet die Layout-Manager: FlowLayout, GridLayout, BorderLayout, CardLayout und GridBagLayout. Um einen Layout-Manager für einen Container zu erzeugen, wird eine Instanz des Layout-Managers erstellt. Dazu ist eine Anweisung wie die folgende notwendig:

```
FlowLayout flo = new FlowLayout();
```

Nachdem Sie einen Layout-Manager erzeugt haben, weisen Sie ihn einem Container über dessen setLayout()-Methode zu. Der Layout-Manager muss festgelegt sein, bevor Komponenten dem Container hinzugefügt werden. Wenn kein Layout-Manager festgelegt wurde, wird das Standardlayout benutzt – FlowLayout für Panels und BorderLayout für Frames, Fenster und Applets.

Die folgenden Anweisungen stellen den Ausgangspunkt für ein Applet dar, das einen Layout-Manager erzeugt und die Methode setLayout() verwendet, sodass dieser Layout-Manager die Anordnung aller Komponenten, die dem Applet-Fenster hinzugefügt werden, kontrolliert:

```
public class Starter extends javax.swing.JApplet {
    FlowLayout lm = new FlowLayout();

    public void init() {
        JPanel pane = new JPanel();
        pane.setLayout(lm);
        setContentPane(pane);
    }
}
```

Nachdem der Layout-Manager festgelegt wurde, können Sie damit beginnen, Komponenten in den Container einzufügen. Bei manchen Layout-Managern wie z.B. FlowLayout spielt die Reihenfolge, in der die Komponenten hinzugefügt werden, eine wesentliche Rolle. Sie werden darüber in den einzelnen Abschnitten des heutigen Tages mehr erfahren.

FlowLayout

Die FlowLayout-Klasse stellt das einfachste Layout dar. Es verteilt die Komponenten wie Wörter auf einer Seite gelayoutet werden – von links nach rechts, bis kein Platz mehr ist, und dann in der nächsten Zeile weiter.

Wenn Sie den Konstruktor `FlowLayout()` ohne Argumente verwenden, werden die Komponenten in den einzelnen Zeilen zentriert. Wollen Sie die Komponenten links- oder rechtsbündig haben, dann verwenden Sie die Klassenvariable `FlowLayout.LEFT` bzw `FlowLayout.RIGHT` als einziges Argument des Konstruktors, wie in dieser Anweisung:

```
FlowLayout righty = new FlowLayout(FlowLayout.RIGHT);
```

Die Klassenvariable `FlowLayout.CENTER` kann benutzt werden, um Komponenten ausdrücklich zu zentrieren.

Die Applikation in Listing 10.1 zeigt sechs Buttons an, die mit `FlowLayout` angeordnet werden. Da dem `FlowLayout()`-Konstruktor die Klassenvariable `FlowLayout.LEFT` übergeben wird, werden die einzelnen Komponenten an der linken Seite des Applikationsfensters ausgerichtet.

Listing 10.1: Der gesamte Quelltext von Alphabet.java.

```
import java.awt.*;
import java.awt.event.*;
import javax.swing.*;

class Alphabet extends JFrame {
    JButton a = new JButton("Alibi");
    JButton b = new JButton("Burglar");
    JButton c = new JButton("Corpse");
    JButton d = new JButton("Deadbeat");
    JButton e = new JButton("Evidence");
    JButton f = new JButton("Fugitive");

    Alphabet() {
        super("Alphabet");
        setSize(360, 120);
        JPanel pane = new JPanel();
        FlowLayout lm = new FlowLayout(FlowLayout.LEFT);
        pane.setLayout(lm);
        pane.add(a);
        pane.add(b);
        pane.add(c);
        pane.add(d);
        pane.add(e);
        pane.add(f);
        setContentPane(pane);
    }

    public static void main(String[] arguments) {
        JFrame frame = new Alphabet();
```

```
        ExitWindow exit = new ExitWindow();
        frame.addWindowListener(exit);
        frame.show();
    }
}

class ExitWindow extends WindowAdapter {
    public void windowClosing(WindowEvent e) {
        System.exit(0);
    }
}
```

Abbildung 10.1 zeigt die laufende Applikation:

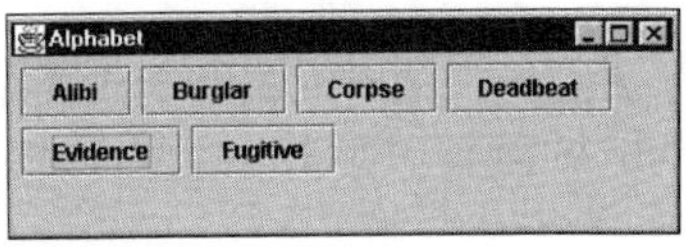

Abbildung 10.1: Sechs mit einem FlowLayout-Manager angeordnete Buttons

In der `Alphabet`-Applikation setzt der FlowLayout-Manager drei Pixel zwischen die Komponenten in einer Reihe und ebenfalls drei Pixel zwischen die beiden Reihen. Sie können die horizontale bzw. vertikale Lücke zwischen Komponenten mit zusätzlichen Argumenten für den `FlowLayout()`-Konstruktor verändern.

Der `FlowLayout(`*`int, int, int`*`)`-Konstruktor erwartet die folgenden drei Argumente in dieser Reihenfolge:

- die Ausrichtung, die `FlowLayout.CENTER`, `FlowLayout.LEFT` oder `FlowLayout.RIGHT` sein muss
- den horizontalen Abstand zwischen Komponenten in Pixeln
- den vertikalen Abstand in Pixeln

Der folgende Konstruktor erzeugt einen FlowLayout-Manager mit zentrierten Komponenten, einem horizontalen Abstand von 30 Pixeln und einem vertikalen Abstand von 10 Pixeln:

```
FlowLayout flo = new FlowLayout(FlowLayout.CENTER, 30, 10);
```

GridLayout

Der GridLayout-Manager ordnet Komponenten in ein Raster aus Reihen und Spalten an. Komponenten werden zuerst in die oberste Zeile des Rasters eingefügt. Das beginnt mit der Zelle ganz links und geht dann nach rechts weiter. Wenn alle Zellen der obersten Zeile belegt sind, kommt die nächste Komponente in die Zelle ganz links der zweiten Reihe – sofern eine zweite Reihe existiert – usw.

GridLayouts werden mit der Klasse `GridLayout` erstellt. Der `GridLayout`-Konstruktor erwartet zwei Argumente – die Zahl der Zeilen und die Zahl der Spalten des Rasters. Die folgende Anweisung erzeugt einen GridLayout-Manager mit 10 Reihen und 3 Spalten:

```
GridLayout gr = new GridLayout(10, 3);
```

Wie bei FlowLayout können Sie den horizontalen und vertikalen Abstand zwischen den Komponenten mit zwei zusätzlichen Argumenten bestimmen. Die folgende Anweisung erzeugt ein GridLayout mit 10 Zeilen und 3 Spalten, einem horizontalen Abstand von 5 Pixeln und einem vertikalen Abstand von 8 Pixeln:

```
GridLayout gr2 = new GridLayout(10, 3, 5, 8);
```

Der Standardabstand zwischen einzelnen Komponenten bei GridLayout beträgt horizontal wie vertikal null Pixel.

Listing 10.2 beinhaltet eine Applikation, die ein Raster mit 3 Zeilen, 3 Spalten und einem vertikalen und horizontalen Abstand von 10 Pixeln zwischen den einzelnen Komponenten erzeugt.

Listing 10.2: Der gesamte Quelltext von Bunch.java.

```
import java.awt.*;
import java.awt.event.*;
import javax.swing.*;

class Bunch extends JFrame {
    JButton marcia = new JButton("Marcia");
    JButton carol = new JButton("Carol");
    JButton greg = new JButton("Greg");
    JButton jan = new JButton("Jan");
    JButton alice = new JButton("Alice");
    JButton peter = new JButton("Peter");
    JButton cindy = new JButton("Cindy");
    JButton mike = new JButton("Mike");
    JButton bobby = new JButton("Bobby");

    Bunch() {
        super("Bunch");
        setSize(260, 260);
        JPanel pane = new JPanel();
        GridLayout family = new GridLayout(3, 3, 10, 10);
        pane.setLayout(family);
        pane.add(marcia);
        pane.add(carol);
        pane.add(greg);
        pane.add(jan);
```

```
        pane.add(alice);
        pane.add(peter);
        pane.add(cindy);
        pane.add(mike);
        pane.add(bobby);
        setContentPane(pane);
    }

    public static void main(String[] arguments) {
        JFrame frame = new Bunch();
        ExitWindow exit = new ExitWindow();
        frame.addWindowListener(exit);
        frame.show();
    }
}
```

Abbildung 10.2 zeigt diese Applikation:

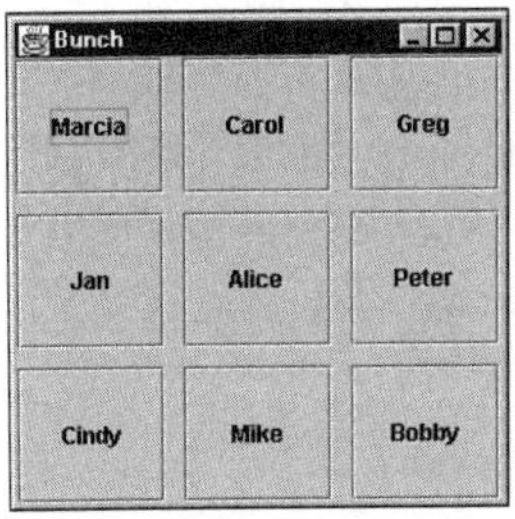

Abbildung 10.2:
Neun Buttons, die in einem 3x3-Raster angeordnet wurden

Wie Sie in Abbildung 10.2 sehen, werden die Buttons so vergrößert, dass sie den gesamten verfügbaren Raum in der jeweiligen Zelle einnehmen. Dies ist ein wesentlicher Unterschied zwischen dem `GridLayout` und anderen Layout-Managern.

BorderLayout

BorderLayouts, die mithilfe der `BorderLayout`-Klasse erzeugt werden, teilen einen Container in fünf Bereiche: Nord, Süd, Ost, West und Mitte. Abbildung 10.3 zeigt, wie diese Bereiche angeordnet sind.

Bei BorderLayout nehmen sich die vier Komponenten in den Himmelsrichtungen so viel Raum, wie sie brauchen, die Mitte erhält den ganzen restlichen Platz. Gewöhnlich führt dies zu einer großen Mittelkomponente und vier kleinen Komponenten um sie herum.

Ein BorderLayout erstellt man entweder mit dem `BorderLayout()` – oder dem `BorderLayout(int, int)` – Konstruktor. Der erste Konstruktor erzeugt ein BorderLayout ohne Lücke zwischen den einzelnen Komponenten. Der zweite Konstruktor gibt den horizontalen und den vertikalen Abstand an.

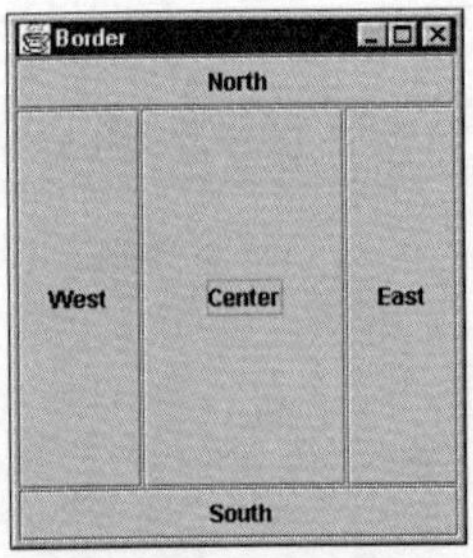

Abbildung 10.3:
Anordnung der Komponenten in einem BorderLayout

Nachdem Sie ein BorderLayout erstellt haben und es als Layout-Manager des Containers festgelegt haben, fügen Sie Komponenten mit der `add()`-Methode ein. Diese wird hier jedoch anders aufrufen, als Sie das bislang gesehen haben:

```
add(String, Komponente)
```

Das erste Argument ist ein String, durch den angegeben wird, welchen Teil des BorderLayouts die Komponente einnehmen soll. Es gibt fünf mögliche Werte: `"North"`, `"South"`, `"East"`, `"West"` und `"Center"`.

Das zweite Argument ist die Komponente, die in den Container eingefügt werden soll. Die folgende Anweisung setzt einen Button namens `quitButton` in den Norden eines BorderLayouts:

```
add("North", quitButton);
```

Listing 10.3 zeigt die Applikation, mit der Abbildung 10.3 erzeugt wurde:

Listing 10.3: Der gesamte Quelltext von Border.java.

```
import java.awt.*;
import java.awt.event.*;
import javax.swing.*;

class Border extends JFrame {
    JButton north = new JButton("North");
    JButton south = new JButton("South");
    JButton east = new JButton("East");
    JButton west = new JButton("West");
    JButton center = new JButton("Center");

    Border() {
        super("Border");
        setSize(240, 280);
        JPanel pane = new JPanel();
        pane.setLayout(new BorderLayout());
        pane.add("North", north);
```

```
        pane.add("South", south);
        pane.add("East", east);
        pane.add("West", west);
        pane.add("Center", center);
        setContentPane(pane);
    }

    public static void main(String[] arguments) {
        JFrame frame = new Border();
        ExitWindow exit = new ExitWindow();
        frame.addWindowListener(exit);
        frame.show();
    }
}
```

10.2 Verschiedene Layout-Manager gleichzeitig

An diesem Punkt werden Sie sich vielleicht fragen, wie Sie mit den Java-Layout-Managern die Benutzerschnittstelle, die Sie sich vorgestellt haben, entwerfen sollen. Es wäre ungewöhnlich, wenn *ein* Layout-Manager genau dieses Schittstellendesign ermöglichen würde.

Um das richtige Layout zu finden, müssen Sie oftmals mehr als einen Layout-Manager in derselben Benutzerschnittstelle benutzen.

Dies erreichen Sie, indem Sie in den Haupt-Container (z.B. ein Frame- oder Applet-Fenster) weitere Container einfügen. Jedem dieser Unter-Container weisen Sie einen eigenen Layout-Manager zu.

Der Container, der für diese kleineren Container genutzt wird, ist das Panel, das mit der `JPanel`-Klasse erstellt wird. *Panels* sind Container, mit denen man Komponenten gruppiert. Zwei Dinge sollten Sie sich in bezug auf den Umgang mit Panels merken:

- Das Panel muss mit Komponenten gefüllt sein, bevor es in einen übergeordneten Container eingefügt wird.
- Das Panel verfügt über einen eigenen Layout-Manager.

Panels werden mit einem Aufruf des Konstruktors der `JPanel`-Klasse erzeugt, wie das in dem folgenden Beispiel gezeigt wird:

```
JPanel pane = new JPanel();
```

Das Layout eines Panels wird über einen Aufruf der Methode `setLayout()` des Panels festgelegt.

Die folgenden Anweisungen erzeugen einen Layout-Manager und weisen diesen einem `JPanel`-Objekt mit dem Namen `pane` zu:

```
BorderLayout bo = new BorderLayout();
pane.setLayout(bo);
```

Komponenten werden dem Panel über einen Aufruf der `add()`-Methode hinzugefügt. Dies funktioniert hier genauso wie bei anderen Containern wie z. B. Applets.

Die folgende Anweisung fügt einen Textbereich mit dem Namen `dialogue` in das `Panel`-Objekt `pane` ein:

```
pane.add(dialogue);
```

Sie werden in den weiteren Beispielprogrammen des heutigen Tages noch einige Beispiele für die Verwendung von Panels sehen.

10.3 CardLayout

Layouts mit `CardLayout` unterscheiden sich von anderen Layouts dadurch, dass sie einige Komponenten verbergen. Ein CardLayout ist eine Gruppe von Containern oder Komponenten, von denen jeweils immer nur eine(r) gezeigt wird, ganz wie der Geber bei 17+4 immer nur eine Karte aufdeckt. Die einzelnen Container der Gruppe werden *Karte* genannt.

Wenn Sie HyperCard auf dem Macintosh oder ein Windows-Dialogfenster mit Reitern (z. B. »Eigenschaften von System« in der Systemsteuerung) kennen, dann kennen Sie das CardLayout-Prinzip schon.

Normalerweise benutzt man ein Panel je Karte. Zuerst werden die Komponenten in die Panels gelegt, dann werden die Panels in den Container gelegt, der das CardLayout benutzen soll.

Ein CardLayout wird auf Grundlage der Klasse `CardLayout` mit einem einfachen Konstruktor-Aufruf erzeugt:

```
CardLayout cc = new CardLayout();
```

Mit der `setLayout()`-Methode macht man daraus den Layout-Manager für den Container:

```
setLayout(cc);
```

Wenn ein Container den CardLayout-Manager benutzen soll, müssen Sie die Karten mit einer leicht modifizierten `add()`-Methode dem Layout hinzufügen.

Die Methode lautet `add(`*`String, Container`*`)`. Das zweite Argument legt den Container oder die Komponente fest, der bzw. die die Karte darstellt. Wenn es sich um einen Container handelt, müssen alle Komponenten hinzugefügt worden sein, bevor die Karte hinzugefügt wird.

Das erste Argument der `add()`-Methode ist ein String, der den Namen der Karte angibt. Sie können eine Karte beliebig benennen. Es hat sich bewährt, die Karten zu nummerieren und die Nummern im Namen zu verwenden, also z.B. `"Card 1"`, `"Card 2"`, `"Card 3"` usw.

Die folgende Anweisung legt ein Panel namens `options` in einen Container und gibt dieser Karte den Namen `"Options Card"`:

```
add("Options Card", options);
```

Nachdem Sie eine Karte in den Hauptcontainer eines Programms (z.B. ein Appletfenster) gelegt haben, können Sie Karten mit der `show()`-Methode des CardLayout-Managers anzeigen. Die `show()`-Methode erwartet zwei Argumente:

- den Container, in den die Karten gelegt wurden
- den Namen der Karte

Die folgende Anweisung ruft die `show()`-Methode eines CardLayout-Managers namens `cc` auf:

```
cc.show(this, "Fact Card");
```

Das Schlüsselword `this` bezieht sich auf das Objekt, in dem diese Anweisung steht, und `"Fact Card"` ist Name der Karte, die angezeigt werden soll. Wenn eine Karte angezeigt wird, wird die zuvor angezeigte Karte verdeckt. Es kann also immer nur eine Karte eines CardLayouts gesehen werden.

In Programmen mit dem CardLayout-Manager werden Kartenwechsel gewöhnlich durch Aktionen des Benutzers ausgelöst. Bei einem Programm, das Postadressen auf verschiedenen Karten darstellt, könnte der Besucher z.B. die darzustellende Karte auswählen, indem er einen Punkt in einer Scroll-Liste selektiert.

10.4 GridBagLayout

Der letzte Layout-Manager ist GridBagLayout, eine erweiterte Form des GridLayout-Managers. Ein GridBagLayout unterscheidet sich von einem GridLayout in folgenden Punkten:

- Eine Komponente kann mehr als eine Zelle im Raster einnehmen.
- Die Proportionen zwischen verschiedenen Reihen und Spalten müssen nicht gleich sein.
- Komponenten in Zellen können auf verschiedene Weise angeordnet werden.

Zur Erstellung eines `GridBagLayout` benutzen Sie die Klasse `GridBagLayout` und die Hilfsklasse `GridBagConstraints`. `GridBagLayout` ist der Layout-Manager, während `GridBagConstraints` die Eigenschaften der einzelnen Komponenten im Raster bestimmt – die jeweilige Anordnung, Maße, Ausrichtung usw. Das Verhältnis zwischen `GridBagLayout`, `GridBagConstraints` und den einzelnen Komponenten bestimmt das Layout.

Zur Erstellung eines `GridBagLayout` in seiner einfachsten Form gehen Sie folgendermaßen vor:

1. Erstellen Sie ein `GridBagLayout`-Objekt, und legen Sie es in gleicher Weise wie andere Layout-Manager als den derzeitigen Layout-Manager fest.
2. Erstellen Sie eine neue Instanz von `GridBagConstraints`.
3. Richten Sie die Rahmenbedingungen für eine Komponente ein.
4. Informieren Sie den Layout-Manager über die Komponente und Ihre `GridBagConstraints`.
5. Fügen Sie die Komponente in das Panel ein.

Das folgende Beispiel fügt einen Button zu einem Container hinzu, der im `GridBagLayout` gehalten ist. (Machen Sie sich keine Gedanken wegen der verschiedenen Werte für die Rahmenbedingungen – sie werden gleich erklärt.)

```
// Layout festlegen
GridBagLayout gridbag = new GridBagLayout();
GridBagConstraints constraints = new GridBagConstraints();
getContentPane().setLayout(gridbag);

// Constraints für den Button festlegen
JButton btn = new JButton("Save");
constraints.gridx = 0;
constraints.gridy = 0;
constraints.gridwidth = 1;
constraints.gridheight = 1;
constraints.weightx = 30;
constraints.weighty = 30;
constraints.fill = GridBagConstraints.NONE;
constraints.anchor = GridBagConstraints.CENTER;

// Constraints an Layout festmachen, Button hinzufügen
gridbag.setConstraints(btn, constraints);
getContentPane().add(b);
```

Wie Sie anhand des Beispiels sehen können, müssen Sie alle *Rahmenbedingungen* (engl. *Constraints*) für jede Komponente, die Sie in das Panel einfügen wollen, setzen. Bei den zahlreichen Constraints ist es hilfreich, planmäßig vorzugehen und sich mit jeder Constraint-Art einzeln zu beschäftigen.

Rasterentwurf

Der erste Schritt zur Erstellung eines `GridBagLayout` besteht in einem Entwurf auf Papier. Das Design Ihrer Benutzeroberfläche in Form einer Planskizze – noch bevor Sie auch nur eine Codezeile schreiben – ist enorm hilfreich, um festzulegen, wo was hinkommt. Holen Sie sich also Papier und Bleistift, und entwerfen Sie das Raster.

Abbildung 10.4 zeigt das Panel-Layout, das Sie in diesem Beispiel konstruieren. Abbildung 10.5 zeigt dasselbe Layout mit einem aufgesetzten Raster. Ihr Layout wird ein ähnliches Raster haben, in dem Zeilen und Spalten einzelne Zellen bilden.

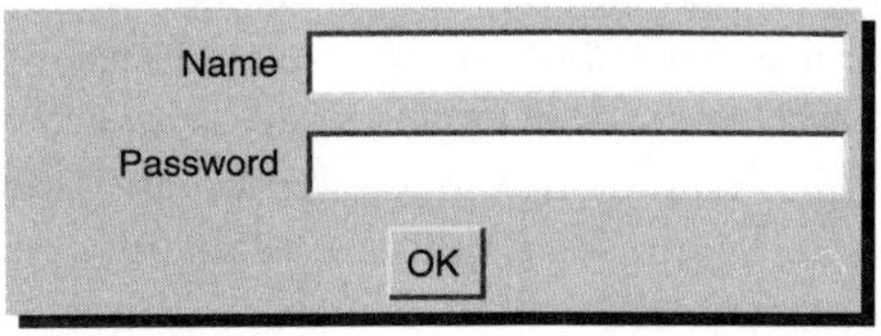

Abbildung 10.4:
Ein GridBagLayout

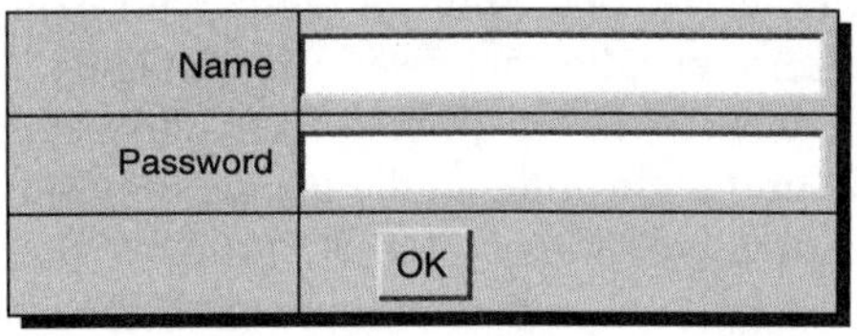

Abbildung 10.5:
Das GridBagLayout aus Abbildung 10.4 mit darüber gelegtem Raster

Denken Sie beim Zeichnen Ihres Rasters daran, dass jede Komponente ihre eigene Zelle haben muss. Nur jeweils eine Komponente kann in dieselbe Zelle gesetzt werden. Umgekehrt stimmt das nicht: Eine Komponente kann mehrere Zellen in x- oder y-Richtung umfassen (wie bei der Button OK in der unteren Zeile, die zwei Spalten umfasst). Beachten Sie, dass die Labels und Textfelder in Abbildung 10.5 ihre eigenen Zellen haben und die Schaltfläche horizontal zwei Zellen umfasst.

Setzen Sie vorerst Ihre Arbeit auf dem Papier fort, und beschriften Sie die Zellen mit ihren x- und y-Koordinaten. Sie werden später sehen, wie nützlich das ist. Es handelt sich nicht um Pixelkoordinaten, sondern um Feldkoordinaten. Die Zelle links oben ist `0,0`. Die nächste Zelle rechts davon in der oberen Zeile ist `1,0`. Die Zelle rechts von dieser ist `2,0`. In der nächsten Zeile ist die Zelle ganz links `0,1`, die nächste Zelle in dieser Zeile ist `1,1` usw. Beschriften Sie Ihre Zellen auf dem Papier mit diesen Zahlen; Sie werden sie später benötigen, wenn Sie den Code für dieses Beispiel erstellen. In Abbildung 10.6 sind die Zahlen für jede Zelle des Beispiels angezeigt.

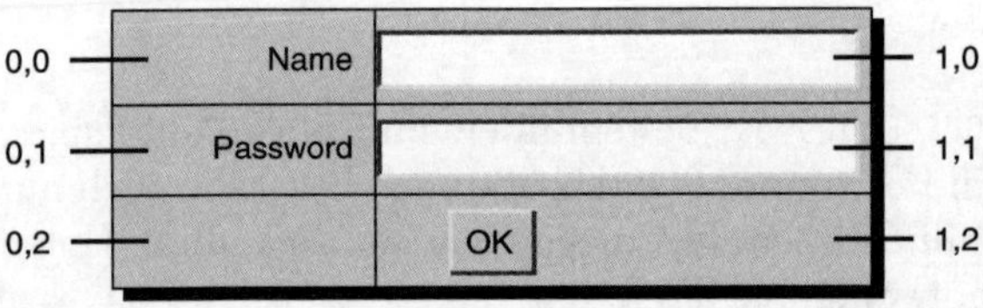

Abbildung 10.6: Das GridBagLayout von Abbildung 10.5 mit Feldkoordinaten

Rastererstellung

Wenden Sie sich jetzt wieder Java zu, und beginnen Sie mit der Realisierung des auf dem Papier vorbereiteten Layouts. Wir konzentrieren uns zuerst ausschließlich auf das Layout, sorgen also erst einmal dafür, dass das Raster und die Proportionen stimmen. Deswegen benutzen wir zur Vereinfachung Buttons als Platzhalter für die Elemente im Layout. Sie sind einfach zu erstellen und legen klar den Platz fest, den eine Komponente in dem (oder den) benutzen Layout-Manager(n) einnehmen wird. Wenn alles richtig eingerichtet ist, können die Buttons durch die gewünschten Elemente ersetzt werden.

Um Ihr Pensum an Tipparbeit zum Einrichten all dieser Constraints zu reduzieren, können Sie mit der Definition einer Hilfsmethode beginnen, die mehrere Werte entgegennimmt und die Constraints für diese Werte setzt. Die `buildConstraints()`-Methode erhält sieben Argumente: ein `GridBagConstraints`-Objekt und sechs Integer, die für die `GridBagConstraints`-Instanzvariablen `gridx`, `gridy`, `gridwidth`, `gridheight`, `weightx` und `weighty` stehen. Was deren Funktion ist, werden Sie in Kürze lernen; im Moment beschäftigen wir uns mit dem Code der Hilfsmethode, den Sie im weiteren Verlauf dieses Beispiels einsetzen:

```
void buildConstraints(GridBagConstraints gbc, int gx, int gy,
    int gw, int gh, int wx, int wy) {

    gbc.gridx = gx;
    gbc.gridy = gy;
    gbc.gridwidth = gw;
    gbc.gridheight = gh;
    gbc.weightx = wx;
    gbc.weighty = wy;
}
```

Wenden wir uns jetzt dem Konstruktor der Applikation zu. In diesem wird das Layout erstellt. Hier ist die grundlegende Definition der Methode, in der Sie das `GridBagLayout` als Layout-Manager festlegen und ein `GridBagConstraints`-Objekt erzeugen:

```
public NamePass() {
    super("Username and Password");
    setSize(290, 110);
    GridBagLayout gridbag = new GridBagLayout();
    GridBagConstraints constraints = new GridBagConstraints();
```

```
    JPanel pane = new JPanel();
    pane.setLayout(gridbag);

    setContentPane(pane);
    constraints.fill = GridBagConstraints.BOTH;
}
```

Noch ein kurzer erklärender Hinweis: Die letzte Zeile, die den Wert für `constraints.fill` setzt, wird später entfernt (und erklärt). Sie sorgt dafür, dass die Komponenten die gesamte Zelle füllen, in denen sie liegen. Das hilft Ihnen zu sehen, was vor sich geht. Fügen Sie sie jetzt hinzu, und Sie werden ihren Zweck später verstehen.

Fügen Sie jetzt die Platzhalter-Buttons in das Layout ein (denken Sie daran, dass Sie sich momentan auf einfache Rasterorganisation konzentrieren und deshalb Buttons als Platzhalter für echte, später hinzuzufügende Elemente der Benutzeroberfläche verwenden). Beginnen Sie mit einem einzelnen Button, damit Sie ein Gefühl für das Setzen der `GridBagConstraints` entwickeln. Dieser Code kommt in die Konstruktor-Methode direkt im Anschluss an die Zeile `setLayout()`:

```
//Label für das Namensfeld
buildConstraints(constraints, 0, 0, 1, 1, 100, 100);
JButton label1 = new JButton("Name:");
gridbag.setConstraints(label1, constraints);
add(label1);
```

Diese vier Zeilen richten die Constraints für ein Objekt ein, erstellen einen neuen Button, weisen dem Button die Constraints zu und fügen ihn dann in das Panel ein. Beachten Sie, dass die Rahmenbedingungen (deutsch für Constraints) für eine Komponente in einem `GridBagConstraints`-Objekt gespeichert werden, was bedeutet, dass die Komponente nicht einmal vorhanden sein muss, um ihre Rahmenbedingungen einzurichten.

Nun können Sie sich den Einzelheiten widmen: Welches sind die Werte für die Rahmenbedingungen, die Sie in die Hilfsmethode `buildConstraints()` gelegt haben?

Die ersten beiden Integer-Argumente sind die Werte `gridx` und `gridy`. Sie stellen die Feldkoordinaten der Zelle dar, die diese Komponente aufnehmen soll. Erinnern Sie sich, dass Sie diese Koordinaten in Schritt 1 in Ihre Skizze geschrieben haben? Da Sie die Zellen schon auf dem Papier mit Koordinaten versehen haben, müssen Sie jetzt nur noch die richtigen Werte einsetzen. Beachten Sie bei einer mehrere Zellen umfassenden Komponente, dass die Koordinaten der Zelle sich auf die Zelle in der obersten linken Ecke beziehen.

Der Button ist in der obersten linken Ecke, und somit sind ihre Werte für `gridx` und `gridy` (die ersten beiden Argumente für `buildConstraints()`) `0` bzw. `0`.

Die zweiten zwei Integer-Argumente sind `gridwidth` und `gridheight`. Sie stellen keine Pixelbreiten und -höhen der Zelle dar, sondern die Anzahl der Zellen, die diese Komponente umfasst: `gridwidth` für die Spalten und `gridheight` für die Zeilen. In unserem Beispiel umfasst die Komponente nur eine Zelle, und somit ist der Wert für beide `1`.

Die letzten beiden Integer-Argumente stehen für `weightx` und `weighty`. Sie dienen zum Einrichten der Proportionen der Zeilen und Spalten – bzw. zur Angabe ihrer Breite und Tiefe. Die Weights-Variablen können sehr verwirrend sein, deshalb setzen Sie beide Werte jetzt einfach auf `100`. Mit Weights werden wir uns in Schritt 3 beschäftigen.

Nachdem Sie die Rahmenbedingungen erstellt haben, können Sie sie mit der Methode `setConstraints()` an ein Objekt anbinden. Diese Methode wird in `GridBagLayout` definiert und erwartet zwei Argumente: die Komponente (hier ein Button) und die Rahmenbedingungen für diese Komponente. Zum Schluss können Sie den Buttons in das Panel einfügen.

Wenn Sie die Rahmenbedingungen gesetzt und einer Komponente zugeordnet haben, können Sie das Objekt `GridBagConstraints` zur Einrichtung der Rahmenbedingungen für das nächste Objekt erneut verwenden. Hierfür duplizieren Sie diese vier Zeilen für jede Komponente im Raster, wobei Sie unterschiedliche Werte für die Methode `buildConstraints()` verwenden. Um Platz zu sparen, werden Ihnen nur die `buildConstraints()`-Methoden für die letzten vier Zellen gezeigt.

Die zweite einzufügende Zelle ist die Zelle, die das Textfeld für den Namen beinhalten soll. Die Koordinaten für diese Zelle sind `1,0` (zweite Spalte, erste Zeile); auch diese Komponente erstreckt sich über nur eine Zelle, und die Weights sind (für den Moment) auch jeweils `100`:

```
buildConstraints(constraints, 1, 0, 1, 1, 100, 100);
```

Die nächsten beiden Komponenten, ein Label und ein Textfeld, sind mit den beiden vorherigen beinahe identisch; den einzigen Unterschied bilden die Koordinaten der Zelle. Das Passwort-Label ist auf `0,1` (erste Spalte, zweite Zeile) und das Passwort-Textfeld auf `1,1` (zweite Spalte, zweite Zeile):

```
buildConstraints(constraints, 0, 1, 1, 1, 100, 100);
buildConstraints(constraints, 1, 1, 1, 1, 100, 100);
```

Zum Schluss benötigen Sie die Schaltfläche OK, welche eine zwei Zellen auf der unteren Zeile des Panels umfassende Komponente ist. In diesem Fall sind die Zellkoordinaten die Koordinaten der Zelle ganz links oben des mehrzelligen Bereichs, den die Komponente einnimmt (`0,2`). Im Gegensatz zu den vorherigen Komponenten setzen Sie hier `gridwidth` und `gridheight` auf einen von `1` verschiedenen Wert, da diese Zelle mehrere Spalten umfasst. `gridweight` ist `2` (sie umfasst zwei Spalten), und `gridheight` ist `1` (sie umfasst nur eine Zeile):

```
buildConstraints(constraints, 0, 2, 2, 1, 100, 100);
```

Nun haben Sie die Rahmenbedingungen für die Anordnung aller Komponenten, die Sie in das `GridBagLayout` einfügen möchten, festgesetzt. Sie müssen allerdings auch die Rahmenbedingungen der einzelnen Komponenten dem Layout-Manager zuordnen und dann die Komponenten in das Panel einfügen. Abbildung 10.7 zeigt das bisherige Ergebnis.

Beachten Sie, dass Sie sich hier keine Gedanken um die genauen proportionalen Verhältnisse machen müssen, oder darum, sicherzustellen, dass alles richtig arrangiert ist. Was Sie jetzt im Auge behalten sollten, ist sicherzustellen, dass das Raster funktioniert, dass Sie die richtige Anzahl von Zeilen und Spalten angegeben haben, dass die Spannweiten korrekt sind und dass nichts Komisches (Zellen am falschen Platz, sich überlappende Zellen oder ähnliches) zu erkennen ist.

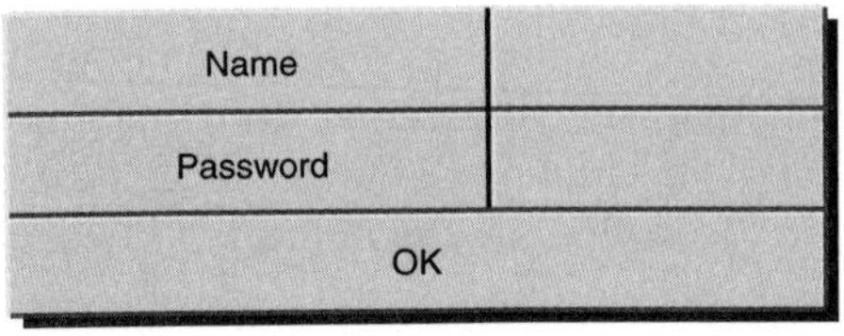

Abbildung 10.7: GridBagLayout – erster Arbeitsgang

Festlegen der Proportionen

Im nächsten Schritt geht es um die Festlegung der Proportionen von Zeilen und Spalten im Verhältnis zu anderen Zeilen und Spalten. Nehmen wir an, Sie möchten beispielsweise den Platz für die Labels (Name und Passwort) kleiner als für die Textfelder gestalten. Außerdem möchten Sie die Höhe der Schaltfläche OK im unteren Teil auf lediglich die halbe Höhe der beiden darüber angebrachten Textfelder reduzieren. Verwenden Sie die Rahmenbedingungen `weightx` und `weighty` zur Anordnung der Proportionen der Zellen in Ihrem Layout.

Der einfachste Weg, mit `weightx` und `weighty` umzugehen, ist es, sich entweder ihre Werte als Prozentsätze der Gesamtbreite und -höhe des Panels vorzustellen, oder als 0, falls die Breite oder Höhe von einer anderen Zelle festgelegt wurde. Die Werte für `weightx` und `weighty` aller Komponenten zusammen müssen also eine Gesamtsumme von `100` ergeben.

Eigentlich sind die Werte für `weightx` und `weighty` keine Prozentsätze; es sind einfach Proportionen und können einen beliebigen Wert annehmen. Bei der Berechnung der Proportionen werden alle Werte in eine Richtung aufsummiert, sodass jeder einzelne Wert im proportionalen Verhältnis zu dieser Gesamtsumme steht. Es ist aber wesentlich einfacher, das Ganze als Prozentsätze zu betrachten und darauf zu achten, dass das Ergebnis der Summe 100 ist.

Welche Zellen erhalten also Werte und welche erhalten `0`? Mehrere Zeilen oder Spalten umfassende Zellen müssen in der Richtung, in der sie sich ausdehnen, immer `0` erhalten. Ansonsten legt man einfach für irgendeine Zelle einen Wert fest, während alle anderen Zellen in dieser Zeile oder Spalte `0` erhalten sollten.

Schauen wir uns einmal die fünf Aufrufe von `buildConstraints()` an, die im vorhergehenden Schritt ausgeführt wurden:

```
buildConstraints(constraints, 0, 0, 1, 1, 100, 100); //Name
buildConstraints(constraints, 1, 0, 1, 1, 100, 100); //Textfeld für den Namen
buildConstraints(constraints, 0, 1, 1, 1, 100, 100); //Passwort
buildConstraints(constraints, 1, 1, 1, 1, 100, 100); //Textfeld für das Passwort
buildConstraints(constraints, 0, 2, 2, 1, 100, 100); //OK-Button
```

Die letzten beiden Argumente müssen Sie bei jedem Aufruf an `buildConstraints()` entweder in einen Wert oder 0 umändern. Beginnen wir mit der x-Richtung (die Proportionen der Spalten), welche das zweitletzte Argument in dieser Liste ist.

Wenn Sie sich Abbildung 10.5 noch einmal anschauen (die Illustration des Panels mit dem aufgesetzten Raster), werden Sie feststellen, dass der Umfang der zweiten Spalte bei weitem größer als der der ersten ist. Nehmen wir an, Sie wollen die theoretischen Prozentsätze für diese Spalten auswählen, und nehmen wir weiter an, dass Sie den ersten Prozentsatz mit 10% und den zweiten mit 90% festlegen (alles nur ungefähre Schätzungen – so sollten auch Sie vorgehen). Diese beiden angenommenen Prozentsätze können Sie nun Zellen zuordnen. Der Zelle mit dem OK-Button dürfen Sie keinen Wert geben, weil sich diese Zelle über zwei Spalten erstreckt und deshalb hier nicht mit Prozentsätzen gearbeitet werden kann. Fügen Sie also den ersten beiden Zellen, dem Namen-Label und dem Textfeld für den Namen, diese Werte hinzu:

```
buildConstraints(constraints, 0, 0, 1, 1, 10, 100); //Namen
buildConstraints(constraints, 1, 0, 1, 1, 90, 100); //Textfeld für den Namen
```

Und was ist mit den Werten der verbleibenden zwei Zellen, dem Label für das Passwort-Feld und dem Textfeld dazu? Da mit dem Label für das Namensfeld und dem Textfeld für den Namen die Proportionen der Spalten bereits festgelegt wurden, müssen sie hier nicht neu gesetzt werden. Geben Sie diesen beiden Zellen und der Zelle für das OK-Feld die Werte `0`:

```
buildConstraints(constraints, 0, 1, 1, 1, 0, 100); //Passwort
buildConstraints(constraints, 1, 1, 1, 1, 0, 100); //Textfeld für das Passwort
buildConstraints(constraints, 0, 2, 2, 1, 0, 100); //OK-Button
```

Wichtig: Der Wert `0` bedeutet nicht, dass die Zellenbreite `0` ist. Bei diesen Werten handelt es sich um Proportionen, nicht Pixel-Werte. Eine `0` bedeutet einfach, dass die entsprechende Proportion an anderer Stelle gesetzt wurde – `0` bedeutet »entsprechend anpassen«.

Die Gesamtsumme aller `weightx`-Rahmenbedingungen ist jetzt `100`, und Sie können sich nun den `weighty`-Eigenschaften widmen. Hier gibt es drei Zeilen. Wenn Sie einen Blick auf das von Ihnen gezeichnete Raster werfen, sieht es so aus, als ob etwa 20 Prozent auf die Schaltfläche und die restlichen 80 (40 Prozent pro Zeile) auf die Textfelder verteilt sind. Sie müssen den Wert, wie bei den x-Werten, jeweils nur für eine Zelle pro Zeile setzen (die beiden Labels und der Button), während alle anderen Zellen als `weightx 0` haben.

Hier die endgültigen fünf Aufrufe von `buildConstraints()` mit den entsprechenden Gewichtungen:

```
buildConstraints(constraints, 0, 0, 1, 1, 10, 40); //Name
buildConstraints(constraints, 1, 0, 1, 1, 90, 0);  //Textfeld für den Namen
buildConstraints(constraints, 0, 1, 1, 1, 0, 40);  //Passwort
buildConstraints(constraints, 1, 1, 1, 1, 0, 0);   //Textfeld für das Passwort
buildConstraints(constraints, 0, 2, 2, 1, 0, 20);  //OK-Button
```

Abbildung 10.8 zeigt das Ergebnis mit den richtigen Proportionen.

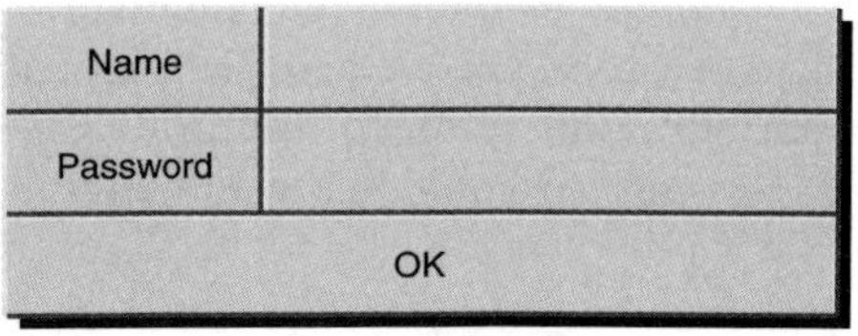

Abbildung 10.8: GridBagLayout – zweiter Arbeitsgang

Zu diesem Zeitpunkt sollten ein paar grundlegende Proportionen für die räumliche Anordnung der Zeilen und Zellen auf dem Bildschirm feststehen. Sie können aufgrund der Größe der verschiedenen Komponenten ungefähre Schätzungen machen, allerdings sollten Sie bei diesem Arbeitsgang mit viel Trial-and-Error rechnen.

Komponenten einfügen und anordnen

Wenn das Layout und die Proportionen entsprechend vorbereitet sind, können Sie die Platzhalter-Buttons durch richtige Label und Textfelder ersetzen. Da Sie hierfür bereits alles vorbereitet haben, sollte das problemlos funktionieren, richtig? Nicht ganz. Abbildung 10.9 zeigt Ihnen das Resultat, wenn Sie dieselben Rahmenbedingungen benutzen und die Buttons durch richtige Komponenten ersetzen.

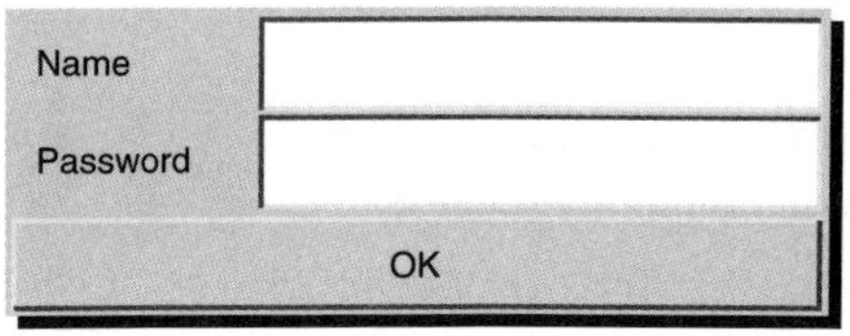

Abbildung 10.9: GridBagLayout – fast geschafft

Dieses Layout kommt der Sache nahe, aber es sieht sonderbar aus. Die Textfelder sind zu hoch, und der OK-Button dehnt sich über die Breite der Zelle aus.

Was jetzt noch fehlt, sind die Rahmenbedingungen, die für die Anordnung der Komponenten in der Zelle sorgen. Es gibt davon zwei: `fill` und `anchor`.

Die Rahmenbedingung `fill` legt für Komponenten, die sich in jede Richtung ausdehnen können (wie Textfelder und Schaltflächen), die Ausdehnungsrichtung fest. `fill` kann einen von vier Werten haben, die als Klassenvariablen in der Klasse `GridBagConstraints` definiert sind:

- `GridBagConstraints.BOTH` dehnt die Komponente, sodass sie die Zelle in beiden Richtungen füllt.
- `GridBagConstraints.NONE` zeigt die Komponente kleinstmöglich an.
- `GridBagConstraints.HORIZONTAL` dehnt die Komponente in horizontaler Richtung.
- `GridBagConstraints.VERTICAL` dehnt die Komponente in vertikaler Richtung.

HINWEIS

Denken Sie daran, dass dieses Layout dynamisch ist. Sie richten nicht die tatsächlichen Pixel-Maße von Komponenten ein, sondern legen fest, in welcher Richtung sich diese Elemente bei einem bestimmten Panel (das von beliebiger Größe sein kann) ausdehnen können.

Die Standard-Rahmenbedingung für `fill` ist für alle Komponenten `NONE`. Warum also füllen die Textfelder und Label die Zellen? Gehen Sie noch einmal zurück zum Beginn des Codes für dieses Beispiel, wo der `init()`-Methode folgende Zeile hinzugefügt wurde:

```
constraints.fill = GridBagConstraints.BOTH;
```

Jetzt verstehen Sie ihre Bedeutung. Bei der endgültigen Version dieses Applets entfernen Sie diese Zeile und fügen jeder einzelnen Komponente einen `fill`-Wert hinzu.

Die zweite Rahmenbedingung, die bestimmt, wie eine Komponente innerhalb einer Zelle erscheint, ist `anchor`. Diese Rahmenbedingung gilt nur für Komponenten, die nicht die gesamte Zelle füllen, und weist Java an, wo die Komponente innerhalb der Zelle zu platzieren ist. Die möglichen Werte für die `anchor`-Rahmenbedingung sind `GridBagConstraints.CENTER`, wodurch die Komponente innerhalb der Zelle sowohl vertikal als auch horizontal zentriert ausgerichtet wird, oder einer von acht Ausrichtungswerten:

`GridBagConstraints.NORTH`	`GridBagConstraints.SOUTH`
`GridBagConstraints.NORTHEAST`	`GridBagConstraints.SOUTHWEST`
`GridBagConstraints.EAST`	`GridBagConstraints.WEST`
`GridBagConstraints.SOUTHEAST`	`GridBagConstraints.NORTHWEST`

Der Standardwert für Anchor ist `GridBagConstraints.CENTER`.

Diese Rahmenbedingungen setzen Sie genau wie alle anderen: indem Sie Instanzvariablen im `GridBagConstraints`-Objekt ändern. Sie können die Definition von `buildConstraints()` zur Aufnahme von zwei weiteren Argumenten (es handelt sich um Integer) ändern, oder Sie können diese einfach im Körper der `init()`-Methode setzen. Wir verfolgen bei diesem Projekt den zweiten Weg.

Seien Sie vorsichtig mit Standardwerten. Wenn Sie dasselbe `GridBagConstraints`-Objekt für jede Komponente wieder benutzen, könnten ein paar Werte übrig bleiben, wenn Sie mit einer Komponente fertig sind. Wenn andererseits der Wert der `fill`- oder `anchor`-Eigenschaft von einem Objekt der gleiche ist wie bei der vorherigen Komponente, dann brauchen Sie das Objekt natürlich nicht zurückzusetzen.

Für dieses Beispiel nehmen wir drei Änderungen an den `fill`- und `anchor`-Eigenschaften der Komponenten vor:

- Die Labels haben keine `fill`-Eigenschaften und die `anchor`-Eigenschaft hat den Wert `GridBagConstraints.EAST` (sodass sie an der rechten Zellenseite ausgerichtet werden).
- Die Textfelder werden horizontal gefüllt (sie haben die Höhe einer Zeile und erstrecken sich über die Breite der Zelle).
- Der Button hat keine `fill`-Eigenschaft und wird zentriert ausgerichtet.

Der vollständige, entsprechend bearbeitete Code für das Beispiel ist am Ende dieses Abschnitts aufgeführt.

Die letzten Anpassungen

Wenn Sie eigene Programme und GridBagLayouts erstellen, werden Sie bald merken, dass das entstandene Layout oft noch nachgebessert werden muss. Sie müssen dann etwas mit den verschiedenen Werten der Rahmenbedingungen herumspielen, um letztendlich die gewünschte Schnittstelle zu erhalten. Das ist vollkommen in Ordnung; das Ziel der obigen vier Schritte war es, die endgültige Anordnung so gut wie möglich vorzubereiten und nicht auf Anhieb ein perfektes Layout zu entwerfen.

Listing 10.4 zeigt den vollständigen Code für das Layout, das Sie in diesem Abschnitt erstellt haben. Wenn jetzt noch Unklarheiten bestehen, sollten Sie diesen Code zeilenweise durcharbeiten, damit Sie ganz genau verstehen, was im Einzelnen passiert.

Listing 10.4: Der gesamte Quelltext von NamePass.java.

```
import java.awt.*;
import javax.swing.*;
import java.awt.event.*;

public class NamePass extends JFrame {

    void buildConstraints(GridBagConstraints gbc, int gx, int gy,
        int gw, int gh, int wx, int wy) {

        gbc.gridx = gx;
        gbc.gridy = gy;
        gbc.gridwidth = gw;
        gbc.gridheight = gh;
```

```
        gbc.weightx = wx;
        gbc.weighty = wy;
    }

    public NamePass() {
        super("Username and Password");
        setSize(290, 110);
        GridBagLayout gridbag = new GridBagLayout();
        GridBagConstraints constraints = new GridBagConstraints();
        JPanel pane = new JPanel();
        pane.setLayout(gridbag);

        // Name-Label
        buildConstraints(constraints, 0, 0, 1, 1, 10, 40);
        constraints.fill = GridBagConstraints.NONE;
        constraints.anchor = GridBagConstraints.EAST;
        JLabel label1 = new JLabel("Name:", JLabel.LEFT);
        gridbag.setConstraints(label1, constraints);
        pane.add(label1);

        // Name-Textfeld
        buildConstraints(constraints, 1, 0, 1, 1, 90, 0);
        constraints.fill = GridBagConstraints.HORIZONTAL;
        JTextField tfname = new JTextField();
        gridbag.setConstraints(tfname, constraints);
        pane.add(tfname);

        // Passwort-Label
        buildConstraints(constraints, 0, 1, 1, 1, 0, 40);
        constraints.fill = GridBagConstraints.NONE;
        constraints.anchor = GridBagConstraints.EAST;
        JLabel label2 = new JLabel("Password:", JLabel.LEFT);
        gridbag.setConstraints(label2, constraints);
        pane.add(label2);

        // Password-Textfeld
        buildConstraints(constraints, 1, 1, 1, 1, 0, 0);
        constraints.fill = GridBagConstraints.HORIZONTAL;
        JPasswordField tfpass = new JPasswordField();
        tfpass.setEchoChar('*');
        gridbag.setConstraints(tfpass, constraints);
        pane.add(tfpass);

        // OK-Button
        buildConstraints(constraints, 0, 2, 2, 1, 0, 20);
        constraints.fill = GridBagConstraints.NONE;
```

```
        constraints.anchor = GridBagConstraints.CENTER;
        JButton okb = new JButton("OK");
        gridbag.setConstraints(okb, constraints);
        pane.add(okb);

        // Inhaltsbereich
        setContentPane(pane);
    }

    public static void main(String[] arguments) {
        NamePass frame = new NamePass();
        ExitWindow exit = new ExitWindow();
        frame.addWindowListener(exit);
        frame.show();
    }
}

class ExitWindow extends WindowAdapter {
    public void windowClosing(WindowEvent e) {
        System.exit(0);
    }
}
```

Auffüllen von Zellen und Eckeinsätze (Insets)

Bevor wir zum Abschluss des `GridBagLayout` kommen, müssen noch zwei weitere Rahmenbedingungen erwähnt werden: `ipadx` und `ipady`. Diese beiden Rahmenbedingungen kontrollieren das Auffüllen (engl. *Padding*) – hier geht es um den zusätzlichen Raum rund um eine einzelne Komponente. Standardmäßig ist kein zusätzlicher Raum um die Komponenten vorgegeben (was man bei Komponenten, die ihre Zellen füllen, sofort erkennen kann).

Mit `ipadx` fügt man an den beiden Seiten der Komponente Platz hinzu, und mit `ipady` fügt man entsprechenden Platz oben und unten ein.

Die horizontalen und vertikalen Abstände, die Sie bei der Erstellung einer Layout-Manager-Instanz (oder bei der Verwendung von `ipadx` und `ipady` bei `GridBagLayout`) angeben, legen fest, wieviel Platz zwischen den Komponenten in einem Panel frei bleibt. Eckeinsätze hingegen werden zur Festlegung des Rands um das Panel selbst benutzt. Die Klasse `Insets` bietet Eckeinsatzwerte für oben, unten, links und rechts, die verwendet werden, wenn das Panel gezeichnet wird.

Eckeinsätze (Insets) dienen zur Bestimmung des Platzes zwischen den Kanten eines Panels und seinen Komponenten.

Um Ihrem Layout einen Eckeinsatz hinzuzufügen, überschreiben Sie entweder die Methode `insets()` bei Java 1.02 oder `getInsets()` bei Java 2. Beide Methoden erfüllen den gleichen Zweck.

Erstellen Sie mit der Methode `insets()` oder `getInsets()` ein neues `Insets`-Objekt, wobei der Konstruktor für die `Insets`-Klasse vier Integer-Werte erwartet, die für die Eckeinsätze oben, unten, links und rechts im Panel stehen. Die Methode `insets()` sollte dann das `Insets`-Objekt ausgeben. Es folgt Beispielcode zum Einfügen von Eckeinsätzen für ein `GridLayout` mit den Werten `10` oben und unten und `30` links und rechts. Abbildung 10.10 zeigt das Ergebnis.

```
public Insets insets() {
    return new Insets(10, 30, 10, 30);
}
```

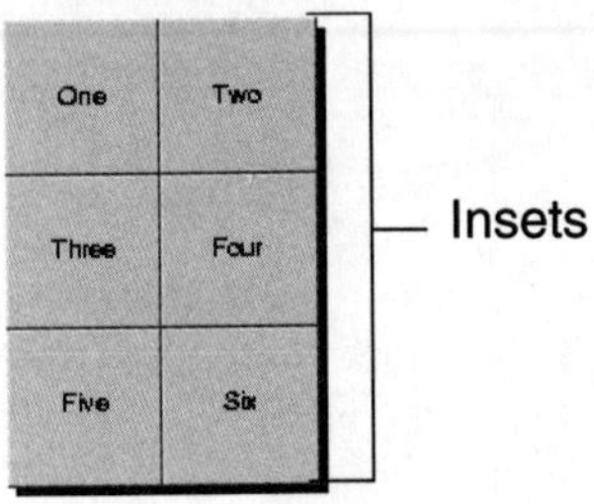

Abbildung 10.10:
Ein Panel mit Eckeinsätzen (10 Pixel oben und unten sowie 30 Pixel links und rechts)

10.5 Zusammenfassung

Der abstrakte Expressionismus hat mit dem heutigen Tag ein Ende. Wer gewohnt ist, die Platzierung von Komponenten auf einer Benutzerschnittstelle genauer kontrollieren zu können, wird sich erst etwas an die Layout-Manager gewöhnen müssen.

Sie wissen nun, wie Sie Panels und die fünf Layout-Manager verwenden. Bei der Arbeit mit Swing werden Sie schnell erkennen, dass Swing jede Art von Benutzerschnittstelle durch verschachtelte Container und unterschiedliche Layout-Manager ungefähr hinbekommen kann.

Sobald Sie die Entwicklung von einer Benutzerschnittstelle in Java gemeistert haben, bietet Ihr Programm etwas, was die meisten anderen visuellen Programmiersprachen nicht bieten: eine Benutzerschnittstelle, die ohne Veränderung auf vielen Plattformen läuft.

Um es mit einem oft zitierten Ausspruch zu sagen: »Ich weiß nicht, ob es Kunst ist, aber mir gefällt es.«

10.6 Fragen und Antworten

F *Ich mag es überhaupt nicht, mit Layout-Managern zu arbeiten. Entweder sind sie zu einfach oder zu kompliziert* (`GridBagLayout`)*. Selbst dann, wenn ich viel herumbastle, sehen mein Applets nicht so aus, wie ich mir das vorgestellt habe. Ich will doch nur die Größe meiner Komponenten festlegen und diese dann an einer bestimmten x,y-Position auf dem Bildschirm ausgeben. Kann ich das?*

A Es ist möglich, aber sehr problematisch. Java wurde so entworfen, dass die grafische Benutzerschnittstelle eines Programms gleich gut auf unterschiedlichen Plattformen und mit verschiedenen Bildschirmauflösungen, Schriften, Bildschirmgrößen usw. funktioniert. Wenn Sie sich auf Pixel-Koordinaten verlassen, kann das dazu führen, dass ein Programm auf der einen Plattform gut aussieht und auf anderen nicht zu verwenden ist, da sich dann einzelne Komponenten überdecken, von den Kanten des Containers abgeschnitten werden usw. Layout-Manager umgehen dieses Problem, indem sie Komponenten dynamisch auf dem Bildschirm platzieren. Das Endergebnis wird zwar auf den verschiedenen Plattformen unterschiedlich aussehen, doch wohl selten wirklich schlecht.

Immer noch nicht überzeugt? Verwenden Sie `null` als Layout-Manager und die Methode `reshape()`, um einer Komponente eine bestimmte Größe zu geben und sie an eine bestimmte Position zu platzieren.

```
setLayout(null);
Button myButton = new Button("OK");
myButton.reshape(10, 10, 30, 15);
```

Mehr Informationen zu `reshape()` erhalten Sie in der Dokumentation der Klasse `Component`.

F *Ich habe mir ein paar Java-Klassen angesehen und ein Unterpaket namens* `peer` *entdeckt. Außerdem wird an vielen Stellen in der API-Dokumentation auf die* `peer`*-Klassen verwiesen. Was bewirken diese Klassen?*

A *Peers* sind für die plattformspezifischen Teile von Java zuständig. Wenn Sie beispielsweise ein Swing-Fenster erstellen, haben Sie eine Instanz der `Window`-Klasse, die allgemeine Fenstereigenschaften bereitstellt, und eine Instanz der `WindowPeer`-Klasse, die ein sehr spezifisches Fenster für diese Plattform – ein Motiv-Fenster unter XWindows, ein Macintosh-Fenster für den Macintosh oder ein Windows-98-Fenster für Windows 98 – erstellt. Diese *peer*-Klassen handhaben auch die Kommunikation zwischen dem Fenstersystem und dem Java-Fenster selbst. Durch Trennen der allgemeinen Komponenteneigenschaften (Java-Klassen) von der eigentlichen Systemimplementierung und dem Aussehen (*peer*-Klassen) können Sie sich auf das Verhalten Ihrer Java-Anwendung konzentrieren und die plattformspezifischen Einzelheiten der Java-Implementierung überlassen.

10.7 Quiz

Überprüfen Sie den heutigen Stoff, indem Sie dieses Quiz mit drei Fragen beantworten.

Fragen

1. Welcher Layout-Manager wird standardmäßig in Java für einen Container benutzt?

   (a) Gar keiner

   (b) `BorderLayout`

   (c) `FlowLayout`

2. Welcher Layout-Manager erwartet eine Himmelsrichtung oder das Wort »Center«, wenn man eine Komponente in einen Container legen will?

   (a) `BorderLayout`

   (b) `MapLayout`

   (c) `FlowLayout`

3. Welches Layout müssen Sie benutzen, wenn Sie ein Rasterlayout wollen, in dem eine Komponente mehr als eine Zelle einnehmen kann?

   (a) `GridLayout`

   (b) `GridBagLayout`

   (c) Das ist nicht möglich.

Antworten

1. c.
2. a.
3. b.

10.8 Übungen

Um Ihr Wissen über die heute behandelten Themen zu vertiefen, können Sie sich an folgenden Übungen versuchen:

- Erstellen Sie eine Benutzerschnittstelle, die einen Kalender für einen Monat anzeigt. Über den Zahlen sollen in einer Zeile die Namen der Wochentage stehen, und darüber als oberste Zeile der Monatsname.
- Erzeugen Sie eine Benutzerschnittstelle, die mehr als einen Layout-Manager einsetzt.

Soweit einschlägig, finden Sie die Lösungen zu den Übungen auf der Webseite zum Buch: `http://www.java21days.com`.

Auf Benutzereingaben reagieren

Um aus einer funktionierenden Java-Benutzerschnittstelle ein funktionierendes Javaprogramm zu machen, müssen Sie der Oberfläche beibringen, auf Ereignisse zu reagieren, die vom Benutzer ausgelöst werden.

Swing behandelt Ereignisse mit einer Reihe von Klassen, die als *Event Listener* bezeichnet werden. Sie erstellen ein Listener-Objekt und assoziieren es mit der Benutzerschnittstellen-Komponente, die überwacht werden soll.

Heute lernen Sie, wie Sie Listener aller Arten in Ihre Swing-Programme einfügen. Zu diesen Listenern gehören u.a. solche, die Aktionsereignisse, Mausereignisse und andere Interaktionen behandeln.

Wenn Sie durch sind, feiern Sie dieses Ereignis mit der Erstellung einer richtigen Java-Applikation, die die Swing-Klassen benutzt.

11.1 Event Listener

Wenn eine Klasse im Ereignisbehandlungsmodell von Java 2 auf ein Ereignis reagieren will, muss diese eine Schnittstelle implementieren, die diese Ereignisse verarbeitet. Diese Schnittstellen werden als Event Listener bezeichnet.

Jeder Listener behandelt eine bestimmte Ereignisart. Eine Klasse kann beliebig viele Listener implementieren.

Neuer BEGRIFF

Die Event Listener von Java umfassen folgende Schnittstellen:

- `ActionListener` – Aktionsereignisse, die durch einen Benutzer ausgelöst werden, der eine Aktion auf einer Komponente ausführt, wie z.B. einen Klick auf einen Button.
- `AdjustmentListener` – Ereignisse, die erzeugt werden, wenn Werte mit einer Komponente eingestellt werden (wenn z.B. der Schieber einer Bildlaufleiste bewegt wird).
- `FocusListener` – Ereignisse, die erzeugt werden, wenn eine Komponente wie z.B. ein Textfeld den Eingabefokus erhält oder verliert.
- `ItemListener` – Ereignisse, die erzeugt werden, wenn ein Element wie z.B. eine Checkbox verändert wurde.
- `KeyListener` – Tastaturereignisse, die erzeugt werden, wenn ein Benutzer Text mit der Tastatur eingibt.
- `MouseListener` – Mausereignisse, die erzeugt werden, wenn mit der Maus geklickt wird oder wenn die Maus den Bereich einer Komponente betritt bzw. diesen wieder verlässt.

- `MouseMotionListener` – Mausereignisse, über die die Bewegung der Maus über eine Komponente verfolgt wird.
- `WindowListener` – Ereignisse, die von Fenstern wie dem Hauptfenster einer Applikation erzeugt werden, wenn sie maximiert, minimiert, verschoben oder geschlossen werden.

Die folgende Klasse ist so deklariert, dass sie sowohl Aktions- als auch Textereignisse behandeln kann:

```
public class Suspense extends JFrame implements ActionListener,
     TextListener {
    // ...
}
```

Das Paket `java.awt.event` beinhaltet alle der elementaren Event Listener wie auch die Objekte, die spezielle Ereignisse repräsentieren. Um diese Klassen in Ihren Programmen zu verwenden, können Sie sie einzeln importieren oder eine Anweisung wie die folgende verwenden:

```
import java.awt.event.*;
```

Komponenten einrichten

Indem Sie eine Klasse zu einem Event Listener machen, haben Sie eine bestimmte Ereignisart festgelegt, auf die diese Klasse hört. Allerdings wird dies nie passieren, wenn Sie nicht einen zweiten Schritt folgen lassen: Es muss ein passender Listener in die Komponente eingefügt werden. Dieser Listener erzeugt die Ereignisse, wenn die Komponente verwendet wird.

Nachdem eine Komponente erzeugt wurde, können Sie eine der folgenden Methoden der Komponente aufrufen, um dieser einen Listener zuzuordnen:

- `addActionListener()` – `JButton`-, `JCheckBox`-, `JComboBox`-, `JTextField`- und `JRadioButton`-Komponenten
- `addAdjustmentListener()` – `JScrollBar`-Komponenten
- `addFocusListener()` – Alle Swing-Komponenten
- `addItemListener()`- `JButton`-, `JCheckBox`-, `JComboBox`- und `JRadioButton`-Komponenten
- `addKeyListener()` – Alle Swing-Komponenten
- `addMouseListener()` – Alle Swing-Komponenten
- `addMouseMotionListener()` – Alle Swing-Komponenten
- `addWindowListener()` – Alle `JWindow`- und `JFrame`-Komponenten

Eine Komponente zu verändern, nachdem sie in einen Container eingefügt wurde, ist ein Fehler, der einem in einem Java-Programm sehr leicht unterlaufen kann. Sie müssen einer Komponente Listener hinzufügen und alle anderen Konfigurationen vornehmen, bevor Sie sie in irgendeinen Container legen. Andernfalls werden diese Einstellungen bei der Ausführung des Programms missachtet.

Das folgende Beispiel erzeugt ein `JButton`-Objekt und verknüpft es mit einem Listener für Aktionsereignisse:

```
JButton zap = new JButton("Zap");
zap.addActionListener(this);
```

Alle add-Methoden erwarten ein Argument: Das Objekt, das auf Ereignisse dieser Art hört. Wenn Sie `this` verwenden, zeigt dies, dass die aktuelle Klasse der Event Listener ist. Sie könnten auch ein anderes Objekt angeben, solange dessen Klasse die richtige Listener-Schnittstelle implementiert.

Methoden für die Ereignisbehandlung

Wenn Sie eine Schnittstelle mit einer Klasse verknüpfen, dann muss diese Klasse auch alle Methoden der Schnittstelle implementieren.

Im Fall der Event Listener wird jede der Methoden automatisch aufgerufen, sobald das korrespondierende Benutzerereignis eintritt.

Die `ActionListener`-Schnittstelle besitzt nur eine einzige Methode: `actionPerformed()`. Alle Klassen, die `ActionListener` implementieren, müssen über diese Methode mit einer Struktur wie der folgenden verfügen:

```
public void actionPerformed(ActionEvent evt) {
    // Ereignis hier verarbeiten
}
```

Wenn nur eine Komponente in Ihrer grafischen Benutzeroberfläche einen Listener für Aktionsereignisse besitzt, kann diese `actionPerformed()`-Methode zur Behandlung der Ereignisse, die von dieser Komponente erzeugt werden, verwendet werden.

Wenn mehr als eine Komponente einen Listener für Aktionsereignisse hat, müssen Sie in der Methode herausfinden, welche Komponente verwendet wurde und anschließend entsprechend darauf reagieren.

Sie haben vielleicht bemerkt, dass der `actionPerformed()`-Methode ein `ActionEvent`-Objekt als Argument beim Aufruf übergeben wird. Dieses Objekt kann dazu verwendet werden, Details über die Komponente zu ermitteln, die das Ereignis erzeugt hat.

ActionEvent-Objekte und alle anderen Objekte für Ereignisse sind Teil des Paketes java.awt.event und sind Subklassen der Klasse EventObject.

Jeder Methode zur Ereignisbehandlung wird ein Ereignisobjekt irgendeiner Art übergeben. Die Methode getSource() des Objekts kann dazu verwendet werden, die Komponente zu ermitteln, die das Ereignis gesendet hat, wie das im folgenden Beispiel gezeigt wird:

```
public void actionPerformed(ActionEvent evt) {
    Object src = evt.getSource();
}
```

Das Objekt, das von der Methode getSource() zurückgegeben wird, kann über den Operator == mit den verschiedenen Komponenten verglichen werden. Die folgenden Anweisungen könnten in dem vorigen actionPerformed()-Beispiel verwendet werden:

```
if (src == quitButton)
    quitProgram();
else if (src == sortRecords)
    sortRecords();
```

Dieses Beispiel ruft die Methode quitProgramm() auf, wenn das Objekt quitButton das Ereignis erzeugt hat; stammt das Ereignis aber vom Button sortRecords, wird die Methode sortRecords() aufgerufen.

Viele Methoden zur Ereignisbehandlung rufen unterschiedliche Methoden für die einzelnen Ereignisarten bzw. die verschiedenen Komponenten auf. Dadurch ist die Methode zur Ereignisbehandlung leichter zu lesen. Zusätzlich können, wenn sich mehrere Ereignisbehandlungsmethoden in der Klasse befinden, diese dieselben Methoden aufrufen, um bestimmte Aktionen auszuführen.

Eine andere nützliche Technik innerhalb einer Ereignisbehandlungsmethode ist, das Schlüsselwort instanceof zu verwenden, um zu prüfen, welche Art von Komponente ein Ereignis ausgelöst hat. Das folgende Beispiel könnte in einem Programm mit einem Button und einem Textfeld, die beide Aktionsereignisse erzeugen, verwendet werden:

```
void actionPerformed(ActionEvent evt) {
    Object src = evt.getSource();
    if (src instanceof JTextField)
        calculateScore();
    else if (src instanceof JButton)
        quitProgram();
}
```

Das Programm in Listing 11.1 verwendet ein Applikationsgerüst, um einen JFrame zu erzeugen und Komponenten in diesen einzufügen. Das Programm selbst verfügt über zwei JButton-Komponenten, die verwendet werden, um den Text in der Titelleiste des Frames zu ändern.

Listing 11.1: Der gesamte Quelltext von ChangeTitle.java.

```
import java.awt.event.*;
import javax.swing.*;
import java.awt.*;

public class ChangeTitle extends JFrame implements ActionListener {
    JButton b1 = new JButton("Rosencrantz");
    JButton b2 = new JButton("Guildenstern");

    public ChangeTitle() {
        super("Title Bar");

        b1.addActionListener(this);
        b2.addActionListener(this);
        JPanel pane = new JPanel();
        pane.add(b1);
        pane.add(b2);

        setContentPane(pane);
    }

    public static void main(String[] arguments) {
        JFrame frame = new ChangeTitle();

        ExitWindow exit = new ExitWindow();
        frame.addWindowListener(exit);

        frame.pack();
        frame.setVisible(true);
    }

    public void actionPerformed(ActionEvent evt) {
        Object source = evt.getSource();
        if (source == b1)
            setTitle("Rosencrantz");
        else if (source == b2)
            setTitle("Guildenstern");
        repaint();
    }
}

class ExitWindow extends WindowAdapter {
    public void windowClosing(WindowEvent e) {
        System.exit(0);
    }
}
```

Wenn Sie diese Applikation mit dem Java-Interpreter ausführen, sollte die Schnittstelle wie Abbildung 11.1 aussehen:

Abbildung 11.1:
Die ChangeTitle-Applikation.

Nur 11 Zeilen waren nötig, um in dieser Applikation auf Aktionsereignisse zu reagieren:

- Zeile 1 importiert das Paket `java.awt.event`.
- Die Zeilen 12 und 13 fügen den beiden `JButton`-Objekten Listener für Aktionsereignisse hinzu.
- Die Zeilen 31 bis 38 reagieren auf Aktionsereignisse, die von den beiden `JButton`-Objekten stammen. Mit der Methode `getSource()` des `evt`-Objekts wird die Quelle des Ereignisses ermittelt. Ist dies der Button `b1`, wird der Titel des Frames auf `Rosencrantz` gesetzt. Ist dies dagegen der Button `b2`, wird dieser auf `Guildenstern` gesetzt. Schließlich muss noch `repaint()` aufgerufen werden, damit die eventuelle Änderung des Titels des Frames sichtbar wird.

11.2 Mit Methoden arbeiten

Der folgende Abschnitt beschreibt die Struktur der einzelnen Methoden zur Ereignisbehandlung und die Methoden, die darin verwendet werden können.

Neben den Methoden, die beschrieben werden, kann die `getSource()`-Methode bei allen Ereignisobjekten verwendet werden, um das Objekt zu ermitteln, das ein Ereignis erzeugt hat.

Aktionsereignisse

Aktionsereignisse treten auf, wenn ein Benutzer eine Aktion mit einer der folgenden Komponenten ausführt: `JButton`, `JCheckBox`, `JComboBox`, `JTextField` oder `JRadioButton`.

Eine Klasse muss die `ActionListener`-Schnittstelle implementieren, um diese Ereignisse zu behandeln. Zusätzlich muss die Methode `addActionListener()` jeder Komponente aufgerufen werden, die ein Aktionsereignis erzeugen soll – es sei denn, Sie wollen die Aktionsereignisse einer Komponente ignorieren.

In der `ActionListener`-Schnittstelle befindet sich lediglich eine Methode: `actionPerformed(ActionEvent)`. Diese hat die folgende Form:

```
public void actionPerformed(ActionEvent evt) {
   // ...
}
```

Zusätzlich zu der Methode getSource() können Sie die Methode getActionCommand() des ActionEvent-Objekts verwenden, um mehr Informationen über die Quelle eines Ereignisses zu erhalten.

Der standardmäßige Rückgabewert dieser Methode (das Action Command der Komponente) ist der Text, der einer Komponente zugewiesen ist, wie z.B. das Label eines JButton-Objekt. Sie können auch ein anderes Action Command für eine Komponente festlegen, indem Sie deren setActionCommand(String)-Methode aufrufen. Das String-Argument sollte der Text für das Action Command sein.

Die folgende Anweisung erzeugt z.B. ein JButton- und ein JTextField-Objekt und weist beiden das Action Command "Sort Files" zu:

```
JButton sort = new JButton("Sort");
JTextField name = new JTextField();
sort.setActionCommand("Sort Files");
name.setActionCommand("Sort Files");
```

HINWEIS

Action Commands sind sehr hilfreich, wenn Sie ein Programm schreiben, in dem mehr als eine Komponente dasselbe Verhalten auslösen soll. Ein Beispiel hierfür wäre ein Programm mit einem Button BEENDEN und der Option BEENDEN in einem Menü. Indem Sie beiden Komponenten dasselbe Action Command geben, können Sie beide mit demselben Code behandeln.

Adjustment-Ereignisse

Adjustment-Ereignisse treten auf, wenn der Wert einer JScrollBar-Komponente mit den Pfeilen der Bildlaufleiste, dem Schieber oder durch Klicks auf die Bildlaufleiste verändert wird. Um diese Ereignisse zu behandeln, muss eine Klasse die Schnittstelle AdjustmentListener implementieren.

In der Schnittstelle AdjustmentListener gibt es nur eine Methode: adjustmentValueChanged(AdjustmentEvent). Diese hat die folgende Form:

```
public void adjustmentValueChanged(AdjustmentEvent evt) {
   // ...
}
```

Um den aktuellen Wert der JScrollBar-Komponente in dieser Ereignisbehandlungsmethode zu ermitteln, rufen Sie die Methode getValue() des AdjustmentEvent-Objekts auf. Diese Methode gibt einen Integer zurück, der den Wert der Bildlaufleiste widerspiegelt.

Sie können auch ermitteln, was der Benutzer mit der Bildlaufleiste gemacht hat. Dazu verwenden Sie die Methode `getAdjustmentType()` des `AdjustmentEvent`-Objekts. Diese gibt einen von fünf Werten zurück. Jeder davon ist eine Klassenvariable der Klasse `Adjustment`:

- `UNIT_INCREMENT` – Der Wert wurde um 1 erhöht. Dies kann über einen Klick auf die entsprechende Pfeilschaltfläche der Bildlaufleiste oder durch Drücken der entsprechenden Cursor-Tasten erreicht werden.
- `UNIT_DECREMENT` – Der Wert wurde um 1 vermindert.
- `BLOCK_INCREMENT` – Der Wert wurde um einen größeren Wert erhöht. Dies kann durch einen Klick in den Bereich zwischen dem Schieber und der Pfeilschaltfläche erreicht werden.
- `BLOCK_DECREMENT` – Der Wert wurde um einen größeren Wert vermindert.
- `TRACK` – Die Änderung des Wertes wurde durch Bewegen des Schiebers verursacht.

Das Programm in Listing 11.2 illustriert die Verwendung der `AdjustmentListener`-Schnittstelle. Dem Frame werden eine Bildlaufleiste und ein nichteditierbares Textfeld hinzugefügt. In diesem Feld wird eine Meldung angezeigt, wann immer sich der Wert der Bildlaufleiste verändert.

Listing 11.2: Der gesamte Quelltext von WellAdjusted.java.

```
import java.awt.event.*;
import javax.swing.*;
import java.awt.*;

public class WellAdjusted extends JFrame implements AdjustmentListener {
    JTextField value = new JTextField("50", 30);
    JScrollBar bar = new JScrollBar(SwingConstants.HORIZONTAL,
        50, 10, 0, 100);

    public WellAdjusted() {
        super("Well Adjusted");
        setSize(350, 100);
        bar.addAdjustmentListener(this);
        value.setHorizontalAlignment(SwingConstants.CENTER);
        value.setEditable(false);
        JPanel pane = new JPanel();
        pane.setLayout(new BorderLayout());
        pane.add(value, "Center");
        pane.add(bar, "South");
        setContentPane(pane);
    }

```

```
23:     public static void main(String[] arguments) {
24:         JFrame frame = new WellAdjusted();
25:
26:         ExitWindow exit = new ExitWindow();
27:         frame.addWindowListener(exit);
28:
29:         frame.show();
30:     }
31:
32:     public void adjustmentValueChanged(AdjustmentEvent evt) {
33:         Object source = evt.getSource();
34:         if (source == bar) {
35:             int newValue = bar.getValue();
36:             value.setText("" + newValue);
37:         }
38:         repaint();
39:     }
40: }
```

Um diese Klasse zu kompilieren, brauchen Sie `ExitWindow.class`, die Subklasse des von Ihnen verwendeten `WindowAdapter`, um Applikationen nach dem Schließen des Hauptfensters zu beenden. Wenn Sie alle Programme im selben Ordner erstellen, sollte sich `ExitWindow.class` schon vom 8. Tag in diesem Ordner befinden.

Abbildung 11.2 zeigt einen Screenshot der Applikation.

Abbildung 11.2:
Die Ausgabe der WellAdjusted-Applikation.

Neuer BEGRIFF

Sie werden sich vielleicht fragen, warum sich in dem Aufruf der Methode `setText()` in Zeile 36 dieses Programms ein Paar leerer Anführungszeichen befindet. Ein solches Paar leerer Anführungszeichen wird als *Null-String* bezeichnet. Dieser wird mit dem Integer `newValue` verkettet, um das Argument in einen String zu verwandeln. Wie Sie sich vielleicht erinnern werden, entsteht bei Java immer ein String, wenn ein String und ein nicht-String miteinander verkettet werden. Der Null-String ist eine Abkürzung, wenn Sie etwas anzeigen wollen, das kein String ist.

Fokusereignisse

Fokusereignisse treten auf, wenn eine Komponente den Eingabefokus in einer grafischen Benutzerschnittstelle erhält oder verliert. Als *Fokus* bezeichnet man den Zustand, in dem eine Komponente Tastatureingaben entgegennehmen kann. Wenn eines der Felder den Fokus hat (in einer Benutzerschnittstelle mit mehreren editierbaren Textfeldern), dann blinkt der Cursor in diesem Feld. Jeder Text, der eingegeben wird, richtet sich an diese Komponente.

Der Begriff Fokus bezieht sich auf alle Komponenten, die Eingaben empfangen können. Bei einem JButton-Objekt erscheint eine gepunktete Linie um den Knopf, der den Fokus hat.

Um Fokusereignisse zu behandeln, muss eine Klasse die FocusListener-Schnittstelle implementieren. Diese Schnittstelle verfügt über zwei Methoden: focusGained(FocusEvent) und focusLost(FocusEvent). Diese haben die folgende Form:

```
public void focusGained(FocusEvent evt) {
    // ...
}

public void focusLost(FocusEvent evt) {
    // ...
}
```

Um festzustellen, welches Objekt den Fokus erhalten bzw. verloren hat, rufen Sie die Methode getSource() des FocusEvent-Objekts auf, das als Argument an die Methoden focusGained(FocusEvent) und focusLost(FocusEvent) übergeben wurde.

Item-Ereignisse

Item-Ereignisse treten auf, wenn ein Element in einer der folgenden Komponenten gewählt oder abgewählt wird: JButton, JCheckBox, JComboBox oder JRadioButton. Eine Klasse muss die Schnittstelle ItemListener implementieren, um diese Ereignisse behandeln zu können.

Die Schnittstelle ItemListener verfügt nur über eine Methode: itemStateChanged(ItemEvent). Diese hat die folgende Form:

```
void itemStateChanged(ItemEvent evt) {
    // ...
}
```

Um festzustellen, welches Element das Ereignis ausgelöst hat, rufen Sie die Methode getItem() des ItemEvent-Objekts auf.

Sie können auch ermitteln, ob das Element gewählt oder abgewählt wurde, indem Sie die Methode getStateChange() aufrufen. Diese Methode gibt einen Integer zurück, der einer der beiden Klassenvariablen ItemEvent.DESELECTED oder ItemEvent.SELECTED entspricht.

Die Anwendung von Item-Ereignissen wird in Listing 11.3 illustriert. Die Applikation SelectItem zeigt die Auswahl, die in einer Combo-Box getroffen wird, in einem Textfeld an.

Listing 11.3: Der gesamte Quelltext von SelectItem.java.

```
import java.awt.event.*;
import javax.swing.*;
import java.awt.*;

public class SelectItem extends JFrame implements ItemListener {
    BorderLayout bord = new BorderLayout();
    JTextField result = new JTextField(27);
    JComboBox pick = new JComboBox();

    public SelectItem() {
        super("Select Item");

        pick.addItemListener(this);
        pick.addItem("Navigator");
        pick.addItem("Internet Explorer");
        pick.addItem("Opera");
        pick.setEditable(false);
        result.setHorizontalAlignment(SwingConstants.CENTER);
        result.setEditable(false);
        JPanel pane = new JPanel();
        pane.setLayout(bord);
        pane.add(result, "South");
        pane.add(pick, "Center");

        setContentPane(pane);
    }

    public static void main(String[] arguments) {
        JFrame frame = new SelectItem();

        ExitWindow exit = new ExitWindow();
        frame.addWindowListener(exit);

        frame.pack();
        frame.setVisible(true);
    }

    public void itemStateChanged(ItemEvent evt) {
        Object source = evt.getSource();
        if (source == pick) {
            Object newPick = evt.getItem();
            result.setText(newPick.toString() + " is the selection.");
        }
        repaint();
    }
}
```

Abbildung 11.3 zeigt diese Applikation, wobei das Element `Opera` die aktuelle Auswahl in der Combo-Box darstellt. Mit der Methode `toString()` des Objekts wird der Text dieses Objekts ausgelesen, der von der Methode `getItem()` zurückgegeben wird.

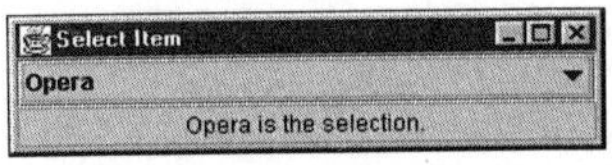

Abbildung 11.3:
Die Ausgabe der SelectItem-Applikation.

Tastaturereignisse

Tastaturereignisse treten auf, wenn eine Taste auf der Tastatur gedrückt wird. Jede beliebige Komponente kann diese Ereignisse erzeugen. Eine Klasse muss die Schnittstelle `KeyListener` implementieren, um diese Ereignisse zu unterstützen.

Die KeyListener-Schnittstelle verfügt über drei Methoden: `keyPressed(`*`KeyEvent`*`)`, `keyReleased(`*`KeyEvent`*`)` und `keyTyped(`*`KeyEvent`*`)`. Diese haben die folgende Form:

```
public void keyPressed(KeyEvent evt) {
    // ...
}

public void keyReleased(KeyEvent evt) {
    // ...
}

public void keyTyped(KeyEvent evt) {
    // ...
}
```

Die Methode `getKeyChar()` der Klasse `KeyEvent` gibt das Zeichen der Taste zurück, die dieses Ereignis ausgelöst hat. Falls es kein Unicode-Zeichen gibt, das die Taste repräsentiert, dann gibt die Methode `getKeyChar()` einen Zeichenwert zurück, der der Klassenvariablen `KeyEvent.CHAR_UNDEFINED` entspricht.

Mausereignisse

Mausereignisse werden durch viele verschiedene Arten von Benutzerinteraktionen erzeugt:

- Ein Mausklick
- Die Maus betritt den Bereich einer Komponente
- Die Maus verlässt den Bereich einer Komponente

Jede Komponente kann diese Ereignisse erzeugen. Um sie zu behandeln, muss eine Klasse die Schnittstelle `MouseListener` implementieren. Diese Schnittstelle verfügt über fünf Methoden:

- `mouseClicked(`*`MouseEvent`*`)`
- `mouseEntered(`*`MouseEvent`*`)`
- `mouseExited(`*`MouseEvent`*`)`
- `mousePressed(`*`MouseEvent`*`)`
- `mouseReleased(`*`MouseEvent`*`)`

Dabei entspricht die Form all dieser Methoden der von `mouseReleased(MouseEvent)`:

```
public void mouseReleased(MouseEvent evt) {
    // ...
}
```

Die folgenden Methoden bietet das `MouseEvent`-Objekt:

- `getClickCount()`- Gibt die Anzahl der Klicks als Integer zurück.
- `getPoint()` – Gibt die x,y-Koordinaten eines Mausklicks innerhalb der Komponente als `Point`-Objekt zurück.
- `getX()`- Gibt die x-Koordinate zurück.
- `getY()`- Gibt die y-Koordinate zurück.

MouseMotion-Ereignisse

MouseMotion-Ereignisse treten auf, wenn die Maus über eine Komponente bewegt wird. Wie auch die anderen Mausereignisse können diese von jeder Komponente erzeugt werden. Um diese Ereignisse zu unterstützen, muss eine Klasse die Schnittstelle `MouseMotionListener` implementieren.

Die Schnittstelle `MouseMotionListener` verfügt über zwei Methoden: `mouseDragged(`*`MouseEvent`*`)` und `mouseMoved(`*`MouseEvent`*`)`. Diese Methoden haben die folgende Form:

```
public void mouseDragged(MouseEvent evt) {
    // ...
}

public void mouseMoved(MouseEvent evt) {
    // ...
}
```

Anders als die anderen Event-Listener-Schnittstellen, mit denen Sie es bisher zu tun hatten, hat `MouseMotionListener` keinen eigenen Ereignistyp. Stattdessen werden `MouseEvent`-Objekte verwendet.

Aus diesem Grund können Sie dieselben Methoden wie bei Mausereignissen verwenden: `getClick()`, `getPoint()`, `getX()` und `getY()`.

Fensterereignisse

Fensterereignisse treten auf, wenn ein Benutzer Fenster öffnet oder schließt. Unter dem Begriff Fenster werden Objekte wie z.B. `JFrame` oder `JWindow` verstanden. Jede Komponente kann diese Ereignisse erzeugen. Eine Klasse muss die Schnittstelle `WindowListener` implementieren, um diese Ereignisse zu unterstützen.

Die `WindowListener`-Schnittstelle verfügt über sieben Methoden:

- `windowActivated(`*`WindowEvent`*`)`
- `windowClosed(`*`WindowEvent`*`)`
- `windowClosing(`*`WindowEvent`*`)`
- `windowDeactivated(`*`WindowEvent`*`)`
- `windowDeiconified(`*`WindowEvent`*`)`
- `windowIconified(`*`WindowEvent`*`)`
- `windowOpened(`*`WindowEvent`*`)`

Alle haben sie dieselbe Form wie die Methode `windowOpened()`:

```
public void windowOpened(WindowEvent evt) {
    // ...
}
```

Die Methoden `windowClosing()` und `windowClosed()` sind sich ähnlich, allerdings wird Erstere aufgerufen, wenn sich das Fenster schließt, und die zweite, nachdem das Fenster geschlossen ist. Sie können also in der Methode `windowClosing()` gerade noch das Schließen des Fensters verhindern.

Es gibt eine Adapterklasse namens `WindowAdapter`, die die `WindowListener`-Schnittstelle implementiert. Während der letzten vier Tage haben wir diese Klasse abgeleitet, um eine Applikation beenden zu können, wenn das Hauptfenster geschlossen wird.

11.3 Ein Beispiel: Ein RGB/HSB-Konverter

Um den Stoff der letzten paar Tage praktisch zu demonstrieren, folgt nun ein Beispiel. Die folgende Applikation zeigt die Erstellung eines Layouts, verschachtelte Panels, Schnittstellenerzeugung und Event-Handling

Abbildung 11.4 zeigt die `SwingColorTest`-Applikation, mit der der Benutzer Farben auf der Basis der Farbräume sRGB bzw. HSB auswählen kann. Diese Systeme beschreiben Farben nach ihren Rot-, Grün- und Blauanteilen bzw. nach ihrem Farbton (*hue*), ihrer Sättigung (*saturation*) und ihrer Helligkeit (*brightness*).

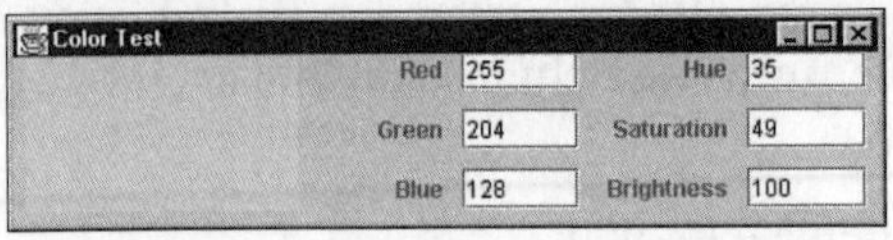

Abbildung 11.4: Die SwingColorTest-Applikation

Die `SwingColorTest`-Applikation hat drei Hauptteile: eine Farbbox auf der linken Seite und zwei Gruppen mit Textfeldern auf der rechten Seite. Die erste Feldergruppe zeigt die RGB-Werte, die zweite die HSB-Werte an. Durch Ändern der Werte in einem der Textfelder wird die Farbbox aktualisiert und die Werte in der anderen Textfelder-Gruppe angepasst.

Diese Applikation benutzt drei Klassen:

- `SwingColorTest`: Diese Klasse ist von `JFrame` abgeleitet. Sie ist die Hauptklasse der Applikation.
- `SwingColorControls`: Diese Klasse ist von `JPanel` abgeleitet. Sie erzeugen diese Klasse, um eine Gruppe von drei Textfeldern darzustellen und die Aktionen dieser Textfelder zu handhaben. Zwei Instanzen dieser Klasse, eine für die RGB-Werte und eine für die HSB-Werte, werden erstellt und in die Applikation eingefügt.

Am Ende dieses Abschnitts steht der gesamte Code dieser Applikation.

Entwerfen und Erstellen des Layouts

Bei einem Swingprojekt kümmert man sich zuerst um das Layout und dann um die Funktionalität. Beim Layout sollten Sie mit dem äußersten Panel beginnen und sich dann nach innen durcharbeiten.

Eine Skizze Ihres Schnittstellendesigns hilft Ihnen bei der Anordnung der Panels innerhalb der Applikation und der besten Ausnutzung von Layout und Platz. Papierentwürfe sind selbst dann hilfreich, wenn Sie kein `GridBagLayout` verwenden, und doppelt nützlich, wenn Sie ein `GridBagLayout` nutzen. (Für diese Applikation benutzen Sie ein einfaches `GridLayout`.)

Abbildung 11.5 zeigt die `SwingColorTest`-Applikation mit einem darüber gelegten Raster, sodass Sie eine Vorstellung davon bekommen können, wie die Panels und die eingebetteten Panels funktionieren.

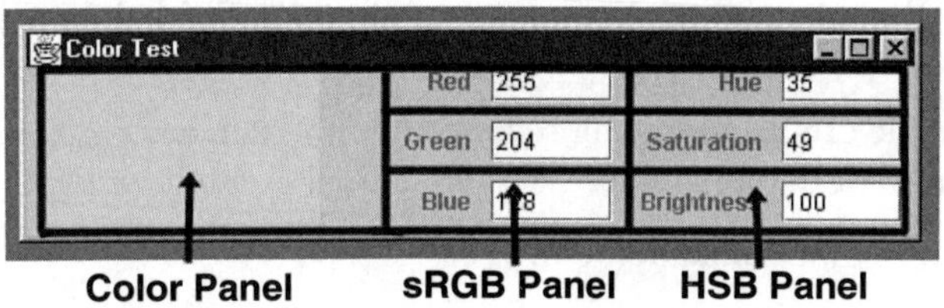

Abbildung 11.5: Die Panels und Komponenten von SwingColorTest

Beginnen wir mit dem äußersten Panel – einer `JFrame`-Komponente. Dieser Frame besteht aus drei Teilen: der Farbbox auf der linken Seite, den RGB-Textfeldern in der Mitte und den HSB-Feldern auf der rechten Seite.

Da das äußerste Panel der Frame selbst ist, wird die `SwingColorTest`-Klasse von `JFrame` abgeleitet. Außerdem importieren Sie hier die Swing-, AWT- und Ereignisverarbeitungs-Klassen. (Beachten Sie, dass wir der Einfachheit halber die kompletten Pakete importieren, da wir in unserer Applikation so viele verschiedene Klassen verwenden.)

```
import java.awt.*;
import java.awt.event.*;
import javax.swing.*;

public class SwingColorTest extends JFrame {
  //...
}
```

Dieser Frame hat drei Hauptelemente, die verfolgt werden müssen: die Farbbox und die beiden untergeordneten Panels. Die beiden Subpanels haben verschiedene Inhalte, aber sie ähneln sich sehr in ihrem Aussehen und der gespeicherten Information. Anstatt hier viel Code in dieser Klasse zu duplizieren, können Sie die Gelegenheit nutzen und eine weitere Klasse für diese Subpanels erstellen, wobei Sie Instanzen dieser Klasse hier im Frame verwenden und alles miteinander über Methoden kommunizieren lassen. Gleich definieren wir die neue Klasse namens `SwingColorControls`.

Jetzt müssen Sie jedoch erst wissen, wie Sie alle drei Teile der Applikation handhaben, damit Sie sie bei Änderungen aktualisieren können. Erstellen wir also drei Instanzenvariablen: eine vom Typ `JPanel` für die Farbbox und die anderen beiden vom Typ `SwingColorControls` für die Kontroll-Panels:

```
SwingColorControls RGBcontrols, HSBcontrols;
JPanel swatch;
```

Jetzt können Sie mit dem Konstruktor des Frames fortfahren, in dem die gesamte Initialisierung und das Layouten der Applikation stattfindet:

1. Erzeugen Sie die Klasse und erstellen Sie das Layout für die großen Teile des Panels. Ein `FlowLayout` wäre zwar möglich, jedoch eignet sich ein `GridLayout` mit einer Zeile und drei Spalten besser.
2. Erstellen und initialisieren Sie die drei Komponenten dieser Applikation: ein Panel für die Farbbox und zwei Subpanels für die Textfelder.
3. Fügen Sie diese Komponenten in die Applikation ein.

Die erste Anweisung im Konstruktor einer Subklasse sollte ein Aufruf eines Konstruktors der Superklasse sein. Der Konstruktor `JFrame(`*`String`*`)` legt den *`String`* als Text der Titelzeile des Frames fest:

```
super("Color Test");
```

Danach wird ein Panel erstellt. Sein Layout wird als Raster mit einem Abstand von 10 Punkten zwischen den Komponenten festgelegt:

```
JPanel pane = new JPanel();
pane.setLayout(new GridLayout(1, 3, 5, 15));
```

Dieses Panel namens `pane` wird komplett erstellt und dann benutzt, um den Inhaltsbereich des Frames zu erzeugen – den Teil des Frames, der andere Komponenten beinhalten kann.

Als erste Komponente wird die Farbbox `swatch` zu `pane` hinzugefügt. Sie wird als `JPanel` erzeugt und erhält die Hintergrundfarbe Schwarz:

```
swatch = new JPanel();
swatch.setBackground(Color.black);
```

Sie müssen hier auch zwei Instanzen des noch nicht existierenden `SwingColorControls`-Panels erzeugen. Da Sie diese Klasse noch nicht angelegt haben, wissen Sie nicht, wie die Konstruktoren für diese Klasse aussehen werden. In diesem Fall fügen Sie hier einfach ein paar Platzhalter-Konstruktoren ein und füllen die Einzelheiten später aus.

```
RGBcontrols = new SwingColorControls(...)
HSBcontrols = new SwingColorControls(...);
```

Nachdem alle Komponenten erstellt sind, werden sie ins Panel eingefügt, das dann zur Erzeugung des Inhaltsbereichs des Frames benutzt wird:

```
pane.add(swatch);
pane.add(RGBcontrols);
pane.add(HSBcontrols);
setContentPane(pane);
```

Da die Hauptklasse dieser Applikation eine Benutzerschnittstellenkomponente ist, können Sie die `getInsets()`-Methode der Klasse überschreiben, um neue `Inset`-Werte festzulegen:

```
public Insets getInsets() {
    return new Insets(10, 10, 10, 10);
}
```

Dies gibt dem Applikationsframe 10 Punke Leerraum entlang aller Außenseiten. Jetzt müsste Ihre Klasse drei Instanzvariablen, einen Konstruktor, unvollständige Konstruktoren für `RGBControls` und `HSBControls` sowie eine `getInsets()`-Methode haben. Fahren wir nun fort mit der Erstellung des Layouts für die Subpanels in der `SwingColorControls`-Klasse, damit Sie die unvollständigen Konstruktoren ergänzen und das Layout abschließen können.

Definieren der Subpanels

Die `SwingColorControls`-Klasse enthält das Verhalten für das Layout und die Handhabung der Subpanels, die die RGB- und HSB-Farbwerte darstellen. `SwingColorControls` wird von `JPanel` abgeleitet, eine einfache Komponente, die andere Komponenten beinhalten kann:

```
class SwingColorControls extends JPanel {
    // ...
}
```

Die `SwingColorControls`-Klasse benötigt eine Reihe von Instanzvariablen, damit die Informationen vom Panel zurück zur Applikation gelangen können. Die erste dieser Instanzvariablen ist eine Rückverzweigung zu der Klasse, die dieses Panel enthält. Da die äußere Applikations-Klasse die Aktualisierung der einzelnen Panels steuert, muss dieses Panel eine Möglichkeit haben, der Applikation mitzuteilen, dass sich etwas geändert hat. Um eine Methode in dieser Applikation aufzurufen, brauchen Sie eine Referenz auf das Objekt. Also ist die erste Instanzenvariable eine Referenz zu einer Instanz der Klasse `SwingColorTest`:

```
SwingColorTest frame;
```

Da die Frame-Klasse alles aktualisiert, ist diese Klasse an den einzelnen Textfeldern in diesem Subpanel interessiert. Sie müssen also für jedes dieser Textfelder eine Instanzvariable erstellen:

```
JTextField[] tfield = new JTextField[3];
```

Jetzt können Sie sich an den Konstruktor für diese Klasse machen. Sie legen das Layout für das untergeordnete Panel fest, erzeugen die Textfelder und fügen sie im Konstruktor in den Inhaltsbereich des Panels ein.

Das Ziel ist hier, die `SwingColorControls`-Klasse allgemein genug zu halten, sodass Sie sie sowohl für das Panel der RGB- als auch das der HSB-Felder nutzen können. Diese beiden

Panels unterscheiden sich nur durch die Beschriftung für den Text. Das sind die drei Werte, die Sie haben müssen, bevor Sie das Objekt erzeugen können. Sie können diese drei Werte über die Konstruktoren in `SwingColorTest` übergeben. Aber Sie brauchen noch etwas: die Referenz auf die übergeordnete Applikation, die Sie ebenfalls vom Konstruktor erhalten können.

Damit haben Sie jetzt zwei Argumente für den grundlegenden Konstruktor der `SwingColorControls`-Klasse – eine Referenz zur Superklasse und ein Stringarray, der die Bezeichnung der Textfelder enthält. Die Signatur für den Konstruktor sieht so aus:

```
SwingColorControls(SwingColorTest parent, String[] label) {
   // ...
}
```

Lassen Sie uns mit der Definition dieses Konstruktors beginnen, indem Sie zunächst der `frame`-Instanzvariablen den Wert von `parent` zuweisen:

```
frame = parent;
```

Als nächstes erstellen Sie das Layout für dieses Panel. Sie können hier auch wieder, wie beim Applikationsframe, ein `GridLayout` verwenden, aber diesmal hat das Raster drei Zeilen (je eine für jedes Textfeld mit Label) und zwei Spalten (eine für die Label und eine für die Felder). Definieren Sie wieder einen Abstand von 10 Pixeln zwischen den Komponenten im Raster:

```
setLayout(new GridLayout(3, 2, 10, 10));
```

Jetzt können Sie die Komponenten erstellen und in das Panel einfügen. Zuerst erstellen Sie eine `for`-Schleife namens `i`, die dreimal durchläuft:

```
for (int i = 0; i < 3; i++) {
   // ...
}
```

Innerhalb dieser Schleife werden die einzelnen Textfelder und Label erzeugt und in einen Container gelegt. Zuerst wird ein Textfeld mit dem String `"0"` initialisiert und der entsprechenden Instanzenvariablen zugewiesen:

```
tfield[i] = new JTextField("0");
```

Dann fügen Sie diese Textfelder und die zugehörigen Label in das Panel ein, wobei Sie den `String`-Array, der an den `SwingColorControls`-Konstruktor gesandt wurde, als Beschriftungstext für die Labels verwenden:

```
add(new JLabel(label[i], JLabel.RIGHT));
add(tfield[i]);
```

Damit ist der Konstruktor für die Subpanel-Klasse `SwingColorControls` abgeschlossen. Überschreiben Sie noch `getInsets()`, um das Layout des Panels abzurunden. Die Eckeinsätze fügen Sie genauso ein, wie Sie es schon bei der `SwingColorTest`-Klasse getan haben:

```
public Insets getInsets() {
        return new Insets(10, 10, 0, 0);
}
```

Da die SwingColorControls-Klasse nun vollständig ist, können Sie nun die Platzhalter-Konstruktoren in SwingColorTest ergänzen.

Der Konstruktor für SwingColorControls, den Sie gerade erstellt haben, hat zwei Argumente: das SwingColorTest-Objekt und einen Stringarray mit drei Labeln. Ersetzen Sie die Platzhalter-Konstruktoren RGBcontrols und HSBcontrols in SwingColorTest dergestalt, dass die Array-Label erzeugt und bei Aufrufen des Konstruktors von SwingColorTest verwendet werden:

```
String[] rgbLabels = { "Red", "Green", "Blue" };
RGBcontrols = new SwingColorControls(this, rgbLabels);
String[] hsbLabels = { "Hue", "Saturation", "Brightness" };
HSBcontrols = new SwingColorControls(this, habLabels);
```

Mithilfe des Schlüsselworts this wird das SwingColorTest-Objekt an diese Konstruktoren übergeben.

Für alle Initialisierungswerte der Textfelder in diesem Beispiel wurde die Zahl 0 gewählt (eigentlich der String "0"). Für die Farbe Schwarz ist sowohl der RGB- als auch der HSB-Wert 0, weswegen diese Vorgabe naheliegend war. Wenn Sie die Applikation mit einer anderen Farbe initialisieren wollen, können Sie die SwingColorControls-Klasse so umschreiben, dass sie neben der Label-Initialisierung auch Initialisierungswerte nutzt.

Zwischen sRGB und HSB umwandeln

Die SwingColorTest-Applikation würde nunmehr erfolgreich kompilieren. Sie können sich also das Layout mal ansehen. Häufig geht man bei einem Programmierprojekt so vor, dass man alle Probleme der Schnittstelle löst, ehe man sich überhaupt hinsetzt und Code schreibt, um die Schnittstelle arbeiten zu lassen.

Hauptzweck dieser Applikation ist, sRGB- in HSB-Werte umzuwandeln und umgekehrt. Wenn der Wert in einem Textfeld geändert wird, färbt sich die Farbbox mit der neuen Farbe ein und die Werte des anderen Subpanels ändern sich gemäß der neuen Farbe.

Die SwingColorTest-Klasse ist dafür verantwortlich, dass es zu einer Aktualisierung kommt, wenn ein Benutzer einen Wert ändert. Eine neue Methode übernimmt das: update().

Die Methode update() erwartet lediglich ein Argument: Die Instanz von SwingColorControls, die den veränderten Wert beinhaltet. Sie erhalten dieses Argument aus Ereignisbehandlungsmethoden im Objekt SwingColorControls.

Kommt es nicht zu Problemen zwischen dieser `update()`-Methode und der `update()`-Methode des Systems? Nein. Erinnern Sie sich? Methoden können denselben Namen, aber dennoch verschiedene Signaturen und Definitionen haben. Da unsere `update()`-Methode nur ein Argument vom Typ `SwingColorControls` hat, kommt es zu keinen Problemen mit der anderen `update()`-Methode.

Die `update()`-Methode ist für das Aktualisieren aller Panels in der Applikation zuständig. Um zu wissen, welches Panel zu aktualisieren ist, müssen Sie wissen, welches Panel geändert wurde. Das finden Sie heraus, indem Sie testen, ob das vom Panel übergegebene Argument mit den untergeordneten Panels, die Sie in den Instanzvariablen `RGBcontrols` und `HSBcontrols` gespeichert haben, identisch ist:

```
void update(SwingColorControls control) {

    if (controlPanel == RGBcontrols) {
        // RGB geändert, HSB aktualisieren
    } else {
        // HSB geändert, RGB aktualisieren
    }
}
```

Dieser Test ist der Kern der `update()`-Methode. Beginnen wir mit dem ersten Fall – es wurde eine Zahl in den RGB-Textfeldern geändert. Anhand dieser neuen sRGB-Werte müssen Sie ein neues `Color`-Objekt erstellen und die Werte im HSB-Panel aktualisieren. Damit Sie nicht so viel tippen müssen, können Sie ein paar lokale Variablen deklarieren, in die Sie einige Grundwerte stellen. Die Werte der Textfelder sind Strings, deren Werte Sie bekommen, indem Sie die `getText()`-Methode benutzen, die in den `JTextField`-Objekten des `SwingColorControls`-Objekts definiert ist. Da Sie in dieser Methode mit diesen Werten als Integern arbeiten, können Sie die Stringwerte abfragen, sie in Integer konvertieren und in einem Integerarray namens `value` speichern. Mit dem folgenden Code erledigen Sie diese Aufgabe:

```
int[] value = new int[3];
for (int i = 0; i < 3; i++) {
    value[i] = Integer.parseInt(control.tfield[i].getText());
    if ((value[i] < 0) || (value[i] > 255)) {
        value[i] = 0;
        control.tfield[i].setText("" + value[i]);
    }
}
```

Die einzelnen Werte aus den `JTextField`-Objekten werden überprüft, ob sie kleiner als 0 oder größer als 255 sind (sRGB- und HSB-Werte werden als Integer zwischen 0 und 255 dargestellt). Liegt der Wert außerhalb des akzeptablen Bereichs, wird das Textfeld auf den Anfangswert `"0"` zurückgesetzt.

Wenn Sie die lokalen Variablen definieren, brauchen Sie auch eine für das neue Color-Objekt:

```
Color c;
```

Nehmen wir an, eines der Textfelder auf der RGB-Seite der Applikation hat sich geändert, und Sie fügen den Code in den if-Teil der update()-Methode ein. Sie müssen ein neues Color-Objekt erstellen und die HSB-Seite des Panels aktualisieren. Dieser erste Teil ist einfach. Mithilfe der drei sRGB-Werte können Sie ein neues Color-Objekt erstellen, wobei Sie diese Werte als Argumente für den Konstruktor nutzen:

```
c = new Color(value[0], value[1], value[2]);
```

Jetzt konvertieren Sie die sRGB-Werte nach HSB. Standardalgorithmen können eine auf RGB basierende Farbe in eine HSB-Farbe konvertieren. Das Nachschlagen bleibt Ihnen erspart: Die Color-Klasse verfügt über eine Klassenmethode namens RGBtoHSB(), die Sie benutzen können. Diese Methode erledigt die Arbeit für Sie – oder zumindest größtenteils. Die RGBtoHSB()-Methode wirft jedoch zwei Probleme auf:

- Die RGBtoHSB()-Methode gibt ein Array mit drei HSB-Werten zurück; Sie müssen also die Werte aus dem Array extrahieren.
- Die HSB-Werte sind in Fließkommawerten zwischen 0.0 bis 1.0 angegeben. Ich persönlich stelle mir HSB-Werte lieber als Integer vor, wobei ein Farbton eine Gradzahl auf einem Farbrad (0 bis 360 Grad) und Sättigung sowie Helligkeit Prozentwerte zwischen 0 und 100 sind.

Aber keines dieser Probleme ist unüberwindbar. Sie müssen lediglich einige Zeilen Code hinzufügen. Beginnen wir mit dem Aufruf von RGBtoHSB() mit den neuen RGB-Werten. Die Methode gibt ein Array mit float-Werten zurück. Sie erstellen also eine lokale Variable (HSB), die die Ergebnisse der RBGtoHSB()-Methode speichert. (Denken Sie daran, dass Sie auch ein leeres float-Array erstellen und als viertes Argument an RGBtoHSB() übergeben müssen.)

```
float[] HSB = Color.RGBtoHSB(value[0], value[1], value[2], (new float[3]));
```

Jetzt konvertieren Sie diese Fließkommawerte, die zwischen 0.0 und 1.0 liegen, in Werte zwischen 0 und 100 (für Sättigung und Helligkeit) bzw. 0 und 360 für den Farbton, indem Sie sie mit den entsprechenden Zahlen multiplizieren und die Werte dem array wieder zuweisen:

```
HSB[0] *= 360;
HSB[1] *= 100;
HSB[2] *= 100;
```

Jetzt haben Sie alle gewünschten Zahlen. Der letzte Teil der Aktualisierung ist, diese Werte wieder in die Textfelder einzutragen. Natürlich sind diese Werte noch immer Fließkommazahlen, und Sie müssen sie in int-Werte casten, bevor sie in Zeichenketten umgewandelt und gespeichert werden:

```
for (int i = 0; i < 3; i++) {
    HSBcontrols.tfield[i].setText(String.valueOf((int)HSB[i]));
```

Der nächste Teil der Applikation ist derjenige, der die sRGB-Werte aktualisiert, wenn sich ein Textfeld auf der HSB-Seite geändert hat. Das geschieht im `else`-Teil des großen `if...else`-Abschnitts, wo diese Methode definiert wird und wo festgelegt wird, was im Falle einer Veränderung aktualisiert wird.

Es ist eigentlich einfacher, RGB-Werte aus HSB-Werten zu erzeugen als andersherum. Eine Klassenmethode in der `Color`-Klasse, die `getHSBColor()`-Methode, erzeugt ein neues `Color`-Objekt aus den drei HSB-Werten. Wenn Sie ein `Color`-Objekt haben, können Sie die RGB-Werte daraus leicht herausziehen. Der Haken an der Sache ist natürlich, dass `getHSBColor()` drei Fließkommaargumente annimmt, wohingegen die Werte, die Sie haben, Integerwerte sind. Bei diesem `getHSBColor()`-Aufruf müssen Sie jetzt die Integerwerte aus den Textfeldern in `float`-Werte casten und sie durch den entsprechenden Konvertierungsfaktor dividieren. Das Ergebnis von `getHSBColor` ist ein `Color`-Objekt, Sie können das Objekt einfach der lokalen Variablen c zuweisen, damit Sie es später weiterverwenden können:

```
c = Color.getHSBColor((float)value[0] / 360,
(float)value[1] / 100, (float)value[2] / 100);
```

Sind alle Elemente des `Color`-Objekts gesetzt, müssen die RGB-Werte für das Aktualisieren aus dem `Color`-Objekt extrahiert werden. Diese Arbeit erledigen die Methoden `getRed()`, `getGreen()` und `getBlue()`, die in der `Color`-Klasse definiert sind:

```
RGBcontrols.tfield[0].setText(String.valueOf(c.getRed()));
RGBcontrols.tfield[1].setText(String.valueOf(c.getGreen()));
RGBcontrols.tfield[2].setText(String.valueOf(c.getBlue()));
```

Schließlich müssen Sie noch, unabhängig davon, ob sich der sRGB- oder HSB-Wert geändert hat, die Farbbox auf der linken Seite aktualisieren, damit sie die neue Farbe darstellt. Da das neue `Color`-Objekt in der Variablen `c` gespeichert ist, können Sie die `setBackground`-Methode zur Änderung der Farbe nutzen. Denken Sie aber daran, dass `setBackground` den Bildschirm nicht automatisch neu zeichnet, sodass Sie auch ein `repaint()` aufrufen müssen:

```
swatch.setBackground(c);
swatch.repaint();
```

Auf Benutzereingaben reagieren

Drei Klassen wurden für dieses Projekt erzeugt: `SwingColorTest`, `SwingColorControls` und `ExitWindow`. `SwingColorTest` beinhaltet das Applikationsfenster und die `main()`-Methode, mit der das Fenster eingerichtet wird. `SwingColorControls`, eine Hilfsklasse, ist ein Panel, das drei Labels und drei Textfelder beinhaltet, die zur Wahl der Farbe verwendet werden.

ExitWindow ist die Hilfsklasse, durch die die Applikation beendet wird, sobald das Hauptfenster geschlossen wird.

Die Benutzereingaben bei diesem Programm finden über die Farbkontrollen statt – die Textfelder dienen zur Definition der sRGB- und HSB-Werte.

Aus diesem Grund wird das gesamte Verhalten für die Ereignisbehandlung in die Klasse SwingColorControls eingefügt.

Als Erstes müssen Sie dafür sorgen, dass die Klasse SwingColorControls zwei Arten von Ereignissen behandelt: Aktionsereignisse und Fokusereignisse. Die implements-Klausel muss zur Klassendeklaration hinzugefügt werden, um die Schnittstellen ActionListener und FocusListener zu implementieren. Dies ist im Folgenden gezeigt:

```
class SwingColorControls extends JPanel
    implements ActionListener, FocusListener {
```

Aktions- und Fokuslistener müssen nun den drei Textfeldern der Klasse (die mittels des tfield-Arrays referenziert werden) hinzugefügt werden. Diese Listener müssen Sie hinzufügen, nachdem die Textfelder erzeugt wurden und bevor diese in einen Container eingefügt werden. Die folgenden Anweisungen können in einer for-Schleife namens i benutzt werden, die durch das tfield-Array läuft:

```
tfield[i].addFocusListener(this);
tfield[i].addActionListener(this);
```

Schließlich müssen Sie noch alle Methoden hinzufügen, die in den beiden implementierten Schnittstellen definiert sind: actionPerformed(*ActionEvent*), focusLost(*FocusEvent*) und focusGained(*FocusEvent*).

Die Farbkontrollen werden zur Eingabe von numerischen Werten für eine Farbe verwendet., was dazu führt, dass die Farbe auf einem Panel angezeigt wird. Außerdem wird die zweite Farbkontrolle so aktualisiert, dass sich die Änderung der Farbe in den darin befindlichen Zahlenwerten widerspiegelt.

Es gibt zwei Möglichkeiten für den Benutzer, die Auswahl einer neuen Farbe abzuschließen – durch Drücken der Eingabetaste innerhalb eines Textfeldes, wodurch ein Aktionsereignis ausgelöst wird, und durch Verlassen des Feldes, um den Wert eines anderen Feldes zu editieren, was zu einem Fokusereignis führt.

Die folgenden Anweisungen bilden die actionPerformed()- und focusLost()-Methoden, die Sie in Ihrer Klasse einfügen sollten:

```
public void actionPerformed(ActionEvent evt) {
    if (evt.getSource() instanceof JTextField)
        frame.update(this);
}
public void focusLost(FocusEvent evt) {
    frame.update(this);
}
```

Eine der Methoden, `focusGained()`, braucht nicht behandelt zu werden. Deswegen sollten Sie eine leere Methodendefinition einfügen:

```
public void focusGained(FocusEvent evt) { }
```

Die Ereignisbehandlungsmethoden, die in `SwingColorControls` eingefügt wurden, rufen eine Methode in der Superklasse auf, nämlich `update(`*`SwingColorControls`*`)`.

Diese Methode beinhaltet keinerlei Verhaltensweisen zur Ereignisbehandlung – sie aktualisiert das Farbmuster und die Farbkontrollen, damit diese die Farbänderung widerspiegeln.

Listing 11.4 enthält die Applikation inklusive der Klassen `SwingColorTest`, `SwingColorControls` und `ExitWindow`.

Listing 11.4: Der gesamte Quelltext von SwingColorTest.java.

```
import java.awt.*;
import java.awt.event.*;
import javax.swing.*;

public class SwingColorTest extends JFrame {
    SwingColorControls RGBcontrols, HSBcontrols;
    JPanel swatch;

    public SwingColorTest() {
        super("Color Test");

        JPanel pane = new JPanel();
        pane.setLayout(new GridLayout(1, 3, 5, 15));
        swatch = new JPanel();
        swatch.setBackground(Color.black);
        String[] rgbLabels = { "Red", "Green", "Blue" } ;
        RGBcontrols = new SwingColorControls(this, rgbLabels);
        String[] hsbLabels = { "Hue", "Saturation", "Brightness" } ;
        HSBcontrols = new SwingColorControls(this, hsbLabels);
        pane.add(swatch);
        pane.add(RGBcontrols);
        pane.add(HSBcontrols);

        setContentPane(pane);
    }

    public static void main(String[] arguments) {
        JFrame frame = new SwingColorTest();

        ExitWindow exit = new ExitWindow();
```

```
        frame.addWindowListener(exit);

        frame.pack();
        frame.setVisible(true);
    }

    public Insets getInsets() {
        return new Insets(10, 10, 10, 10);
    }

    void update(SwingColorControls control) {
        Color c;
        // get string values from text fields, convert to ints
        int[] value = new int[3];
        for (int i = 0; i < 3; i++) {
            value[i] = Integer.parseInt(control.tfield[i].getText());
            if ((value[i] < 0) || (value[i] > 255)) {
                value[i] = 0;
                control.tfield[i].setText("" + value[i]);
            }
        }
        if (control == RGBcontrols) {
            // RGB has changed, update HSB
            c = new Color(value[0], value[1], value[2]);

            // convert RGB values to HSB values
            float[] HSB = Color.RGBtoHSB(value[0], value[1], value[2],
                (new float[3]));
            HSB[0] *= 360;
            HSB[1] *= 100;
            HSB[2] *= 100;

            // reset HSB fields
            for (int i = 0; i < 3; i++) {
                HSBcontrols.tfield[i].setText(String.valueOf((int)HSB[i]));
            }
        } else {
            // HSB has changed, update RGB
            c = Color.getHSBColor((float)value[0] / 360,
                (float)value[1] / 100, (float)value[2] / 100);

            // reset RGB fields
            RGBcontrols.tfield[0].setText(String.valueOf(c.getRed()));
            RGBcontrols.tfield[1].setText(String.valueOf(c.getGreen()));
            RGBcontrols.tfield[2].setText(String.valueOf(c.getBlue()));
        }

```

```
            // update swatch
            swatch.setBackground(c);
            swatch.repaint();
        }
}

class SwingColorControls extends JPanel
        implements ActionListener, FocusListener {

        SwingColorTest frame;
        JTextField[] tfield = new JTextField[3];

        SwingColorControls(SwingColorTest parent, String[] label) {

            frame = parent;
            setLayout(new GridLayout(3, 2, 10, 10));
            for (int i = 0; i < 3; i++) {
                tfield[i] = new JTextField("0");
                tfield[i].addFocusListener(this);
                tfield[i].addActionListener(this);
                add(new JLabel(label[i], JLabel.RIGHT));
                add(tfield[i]);
            }
        }

        public Insets getInsets() {
            return new Insets(10, 10, 0, 0);
        }

        public void actionPerformed(ActionEvent evt) {
            if (evt.getSource() instanceof JTextField)
                frame.update(this);
        }

        public void focusLost(FocusEvent evt) {
            frame.update(this);
        }

        public void focusGained(FocusEvent evt) {  }

}

class ExitWindow extends WindowAdapter {
        public void windowClosing(WindowEvent e) {
            System.exit(0);
        }
}
```

11.4 Zusammenfassung

Intern ist das Ereignisbehandlungssystem von Swing wesentlich robuster, und es kann einfacher erweitert werden, um neue Arten der Interaktion mit dem Benutzer zu verarbeiten.

Nach außen ist das System auch vom Standpunkt des Programmiers her besser. Die Ereignisbehandlung wird einem Programm immer über dieselben Schritte hinzugefügt:

- Der Klasse, die die Methoden zur Ereignisbehandlung enthalten wird, wird eine Listener-Schnittstelle hinzugefügt.
- Jede Komponente, die ein zu behandelndes Ereignis erzeugen kann, erhält einen Listener zugeteilt.
- Die Methoden werden eingefügt. Jede erwartet als einziges Argument eine `EventObject`-Klasse.
- Methoden dieser `EventObject`-Klasse, wie z.B. `getSource()`, werden dazu verwendet, mehr über die Komponente, die das Ereignis erzeugt hat, und die Art des aufgetretenen Ereignisses zu erfahren.

Sobald Sie diese Schritte kennen, können Sie mit jeder der verschiedenen Listener-Schnittstellen und Ereignis-Klassen arbeiten. Außerdem können Sie den Umgang mit neuen Listenern leicht erlernen, sobald diese zu Swing mit neuen Komponenten hinzugefügt werden.

11.5 Fragen und Antworten

F *Kann man das Verhalten zur Ereignisbehandlung eines Programmes nicht in eine eigene Klasse auslagern, anstelle diese in den Code für die Benutzerschnittstelle einzufügen?*

A Man kann, und viele Programmierer werden Ihnen sagen, dass man so vorgehen sollte. Durch die Trennung der Benutzerschnittstelle vom Code zur Ereignisbehandlung wird es möglich, diese beiden Bereiche getrennt voneinander zu entwickeln – die `SwingColorTest`-Applikation von heute zeigt den gegenteiligen Ansatz. Dies vereinfacht die Pflege des Projektes, da zusammengehörige Verhaltensweisen gruppiert und von Verhaltensweisen, die damit nicht im Zusammenhang stehen, isoliert sind.

11.6 Quiz

Überprüfen Sie den heutigen Stoff, indem Sie dieses Quiz mit drei Fragen beantworten.

Fragen

1. Welches Objekt wird als Listener registriert, wenn Sie `this` in einem Methodenaufruf wie z.B. `addActionListener(this)` verwenden?

   (a) eine Adapterklasse

   (b) die aktuelle Klasse

   (c) keine Klasse

2. Was bringt es, eine Adapterklasse wie `WindowAdapter` (die die Schnittstelle `WindowListener` implementiert) abzuleiten?

   (a) Sie erben das gesamte Verhalten der Klasse.

   (b) Die Subklasse wird automatisch zum Listener.

   (c) Sie brauchen keine `WindowListener`-Methoden zu implementieren, die Sie nicht benutzen wollen.

3. Welches Ereignis tritt auf, wenn Sie ein Textfeld mit der Tab-Taste verlassen?

   (a) `FocusEvent`

   (b) `WindowEvent`

   (c) `ActionEvent`

Antworten

1. b. Die aktuelle Klasse muss die korrekte Listener-Schnittstelle und die nötigen Methoden implementieren.
2. c. Da die meisten Listener-Schnittstellen mehr Methoden beinhalten, als Sie brauchen, kann man sich mit der Verwendung einer Adapterklasse als Superklasse den Aufwand sparen, leere Methoden zu implementieren, nur um die Schittstelle zu implementieren.
3. a. Eine Benutzerschnittstellenkomponente verliert den Fokus, wenn der Benutzer aufhört, in diese Komponente etwas einzugeben und sich statt dessen eines anderen Teils der Schnittstelle annimmt.

11.7 Übungen

Um Ihr Wissen über die heute behandelten Themen zu vertiefen, können Sie sich an folgenden Übungen versuchen:

- Erstellen Sie eine Applikation, die mit `FocusListener` dafür sorgt, dass der Wert eines Textfeldes mit -1 multipliziert wird und neu angezeigt wird, sooft der Benutzer einen negativen Wert eingibt.
- Erzeugen Sie einen einfachen Taschenrechner, der den Inhalt zweier Textfelder addiert, sobald ein Button gedrückt wird, und das Ergebnis ausgibt.

Soweit einschlägig, finden Sie die Lösungen zu den Übungen auf der Webseite zum Buch: `http://www.java21days.com`.

Farbe, Schriften und Grafiken

Heute arbeiten Sie mit Java-Klassen, die grafische Features in Ihren Programmen ermöglichen – Farbe, Schriften und Bilder.

Um grafische Features in einem Programm zu verwenden, benutzen Sie die Klassen der Pakete `java.awt` und `javax.swing`, die die meisten der visuellen Möglichkeiten von Java liefern. Mit diesen Klassen geben Sie in einem Applet Text aus und zeichnen Figuren wie z.B. Kreise und Polygone. Sie werden auch lernen, unterschiedliche Schriften und Farben für die Figuren, die Sie zeichnen, zu verwenden.

Dank der großen Unterstützung für Grafik in der Java-Klassenbibliothek können Sie komplexe visuelle Effekte mit relativ wenig Anweisungen erzielen. Java2D, ein Satz von Klassen, der mit Java 2 eingeführt wurde, bietet einige bemerkenswerte Features:

- Objekte mit Anti-Aliasing
- Objekte mit Verlaufsfüllung
- Linien mit unterschiedlicher Stärke zeichnen

12.1 Die Graphics-Klassen

Die meisten der elementaren Zeichenoperationen sind Methoden, die in der Klasse `Graphics`, Teil des Pakets `java.awt`, definiert sind. Objekte dieser Klasse repräsentieren eine Umgebung, in die etwas gezeichnet werden kann, z.B. ein Appletfenster, einen Bereich einer grafischen Benutzerschnittstelle oder einen Drucker.

Sie können sich ein Applet als eine Leinwand für grafische Operationen vorstellen. Sie haben gestern die Methode `drawString()` verwendet, um Text in ein Applet zu zeichnen. Die Farbe und die Schriftart wurden ausgewählt, bevor die einzelnen Zeichen ausgegeben wurden. Dies ist in etwa so wie bei einem Künstler, der die Farbe und den Pinsel wählt, bevor er mit dem Malen beginnt.

Text ist allerdings nicht das einzige, was Sie mit der Klasse `Graphics` zeichnen können. Sie können Linien, Ovale, Kreise, Bögen, Rechtecke und andere Polygone zeichnen.

In einem Applet müssen Sie kein Objekt der Klasse `Graphics` erzeugen, um etwas zeichnen zu können – wie Sie sich vielleicht erinnern werden, ist einer der Parameter der Methode `paint()` ein Objekt der Klasse `Graphics`. Dieses Objekt repräsentiert das Applet-Fenster. Mit den Methoden dieses Objekts zeichnen Sie in das Applet-Fenster.

Die `Graphics`-Klasse ist Bestandteil des Paketes `java.awt`. Deshalb müssen alle Applets, die etwas zeichnen, über das `import`-Statement die Klasse `Graphics` im Programm verfügbar machen.

12.2 Eine Zeichenoberfläche erstellen

Bevor Sie die `Graphics`-Klasse benutzen können, brauchen Sie etwas, auf dem Sie zeichnen können.

Eine hierfür brauchbare Komponente ist `JPanel` im Paket `javax.swing`. Diese Klasse repräsentiert Panels in einer grafischen Benutzerschnittstelle, die leer sein oder andere Komponenten beinhalten können.

Das folgende Beispiel erzeugt einen Frame und ein Panel und fügt das Panel in das Framefenster ein:

```
JFrame main = new JFrame("Main Menu");
JPanel pane = new JPanel();
main.getContentPane().add(pane);
```

Die `getContentPane()`-Methode des Frames gibt ein Objekt aus, das den Teil des Frames repräsentiert, der andere Komponenten beinhalten kann. Die `add()`-Methode dieses Objekts wird aufgerufen, um das Panel zum Frame hinzuzufügen.

Wie viele andere Benutzerschnittstellenkomponenten von Java haben `JPanel`-Objekte eine `paintComponent(`*`Graphics`*`)`-Methode, die automatisch aufgerufen wird, wann immer die Komponente wieder angezeigt werden soll. Der Zweck ist identisch mit dem der `paint(`*`Graphics`*`)`-Methode aller Applets.

Indem Sie eine Subklasse von `JPanel` erzeugen, können Sie diese `paintComponent()`-Methode überschreiben und die gewünschten grafischen Operationen in diese Methode legen.

12.3 Ein Graphics2D-Objekt casten

Zeichenoperationen ruft man entweder mit einem `Graphics`- oder einem `Graphics2D`-Objekt auf.

Welche von beiden Klassen Sie benutzen, hängt davon ab, ob Sie die Java2D-Grafikfeatures nutzen wollen, die es seit Java 2 gibt. Alle Java2D-Grafikoperationen müssen mit `Graphics2D`-Objekten aufgerufen werden. `Graphics2D` ist Teil des Pakets `java.awt`.

Ein `Graphics`- oder `Graphics2D`-Objekt repräsentiert eine Fläche, auf die gezeichnet wird – also z.B. ein Appletfenster oder ein Framefenster. Bei Java2D muss mit diesem Objekt ein neues `Graphics2D`-Objekt erzeugt werden, wie in der folgenden `paintComponent()`-Methode:

```
public void paintComponent(Graphics comp) {
    Graphics2D comp2D = (Graphics2D)comp;
}
```

Das comp2D-Objekt in diesem Beispiel entstand durch Casting.

12.4 Eine Applikation erstellen

Listing 12.1 zeigt Ihnen eine Applikation, die all dies in sich vereint. Sie zeichnet das Wort `"Florida"` auf ein Panel, indem sie mit der `drawString()`-Methode Text ausgibt.

Listing 12.1: Der Anfang von Map.java.

```
import java.awt.*;
import java.awt.event.*;
import javax.swing.*;

public class Map extends JFrame {
    public Map() {
        super("Map");
        setSize(350, 350);
        ExitWindow exit = new ExitWindow();
        MapPane map = new MapPane();
        getContentPane().add(map);
        addWindowListener(exit);
    }

    public static void main(String[] arguments) {
        Map frame = new Map();
        frame.show();
    }

}

class MapPane extends JPanel {
    public void paintComponent(Graphics comp) {
        Graphics2D comp2D = (Graphics2D)comp;
        comp2D.drawString("Florida", 185, 75);
    }
}

class ExitWindow extends WindowAdapter {
    public void windowClosing(WindowEvent e) {
```

```
            System.exit(0);
        }
}
```

Diese Applikation benutzt die `drawString()`-Methode des Objekts `comp2D`, um den String `"Florida"` an die Koordinaten 185,75 zu zeichnen (Abbildung 12.1).

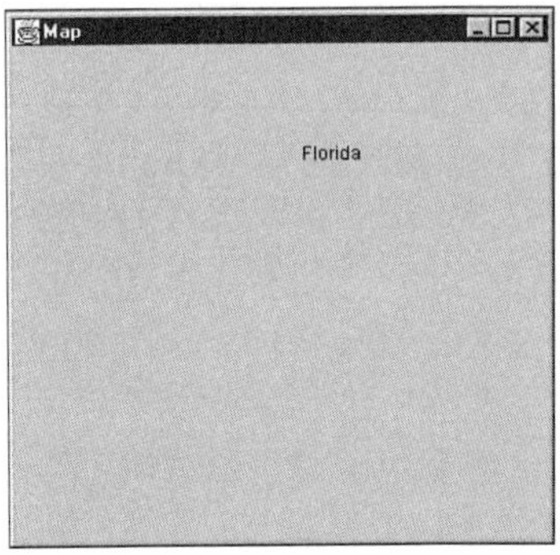

Abbildung 12.1:
Text in einer Applikation zeichnen

Die elementaren Zeichenbefehle, die Sie heute kennenlernen werden, sind Methoden der Klasse `Graphics`, die in der `paintComponent()`-Methode einer Komponente aufgerufen werden. Dies ist der ideale Ort für alle Zeichenoperationen, da `paintComponent()` automatisch aufgerufen wird, sobald die Komponente neu dargestellt werden muss. Wenn z.B. das Fenster eines anderen Programms die Komponente verdeckt und sie später neu gezeichnet werden muss, dann kann man dadurch, dass man alle Zeichenoperationen in die `paintComponent()`-Methode einfügt, sicherstellen, dass kein Teil der Ausgabe beim Neuzeichnen übergangen wird.

TIPP: Alle Zeichenoperationen, die Sie heute benutzen werden, können in der `paint()`-Methode eines Applets benutzt werden. Applets sind Fenster, die Objekte beinhalten können, und haben viel mit Panels gemein.

Sie werden mit jeder neu behandelten Zeichenmethode die Map-Applikation erweitern.

Das Grafikkoordinatensystem

Wie bereits die `drawString()`-Methode haben alle Zeichenmethoden Argumente, die die x,y-Koordinaten angeben. Manche erwarten mehr als ein Koordinaten-Paar. Dies ist z.B. bei Linien der Fall, bei denen ein x,y-Koordinatenpaar den Anfangspunkt angibt und ein anderes x,y-Koordinatenpaar den Endpunkt.

Javas Koordinatensystem verwendet Pixel als Maßeinheit. Der Koordinatenursprung (0,0) liegt in der oberen linken Ecke des Applet-Fensters. Die x-Werte wachsen nach rechts, ausgehend vom Ursprung, und die y-Werte wachsen nach unten. Dies unterscheidet sich von anderen Zeichensystemen, bei denen sich der Koordinatenursprung in der linken, unteren Ecke befindet und die y-Werte nach oben wachsen.

Alle Pixel-Werte sind Integer – Sie können keine Dezimalzahlen verwenden, um etwas zwischen den Integerwerten anzuzeigen.

Abbildung 12.2 illustriert Javas Grafikkoordinatensystem mit dem Ursprung 0,0. Zwei der Punkte des Rechtecks sind bei 20,20 und 60,60.

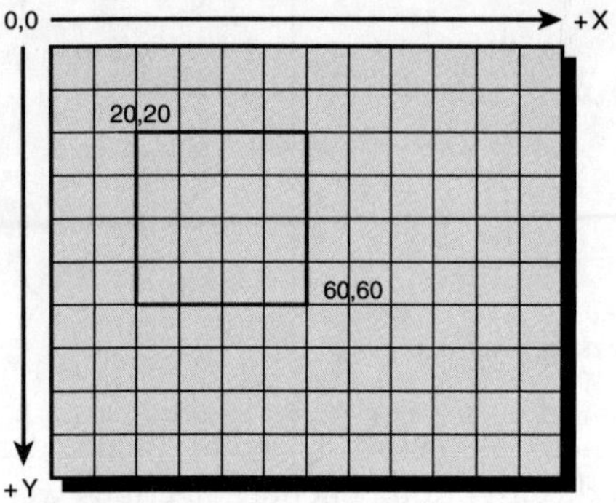

Abbildung 12.2:
Das Grafikkoordinatensystem von Java

12.5 Zeichnen und Füllen

Es stehen zwei Arten von Zeichenmethoden für viele der Figuren zur Verfügung, die Sie auf eine Komponente zeichnen können: Methoden, deren Name mit `draw` beginnt und die nur den Umriss der jeweiligen Figur zeichnen, und Methoden, deren Name mit `fill` beginnt und die die jeweilige Figur mit der aktuellen Farbe füllen. Bei beiden Methodenarten wird der Umriss mit der aktuellen Farbe gezeichnet.

HINWEIS: Sie können auch Bitmap-Grafikdateien, wie z.B. GIF- oder JPEG-Dateien, ausgeben. Dazu verwenden Sie die Klasse `Image`. Darüber lernen Sie morgen mehr.

Linien

Die Methode `drawLine()` wird verwendet, um zwischen zwei Punkten eine Linie zu ziehen. Die Methode erwartet vier Argumente: die x,y-Koordinaten des Startpunktes und die x,y-Koordinaten des Endpunktes:

```
drawLine(x1, y1, x2, y2);
```

Diese Methode zeichnet eine Linie von dem Punkt (*x1, y1*) zu dem Punkt (*x2, y2*). Die Linie ist einen Pixel breit.

Fügen Sie die folgende Anweisung in die `paintComponent()`-Methode der Map-Applikation ein:

```
comp2D.drawLine(185,80,222,80);
```

Dies zeichnet eine Linie von 185,80 nach 222,80 – die Linie unterstreicht das Wort `"Florida"`.

Um ein Schleudertrauma zu verhindern, das vom häufigen hin- und herspringen zwischen dem Text und Ihrem Java-Quellcode-Editor resultieren kann, ist der gesamte Quelltext von `Map.java` am Ende dieses Abschnitts abgedruckt. Bis dahin können Sie sich auf den Text konzentrieren und später den gesamten Java-Code in einem Stück eingeben.

Rechtecke

Es gibt `Graphics`-Methoden für zwei Arten von Rechtecken: normale Rechtecke und Rechtecke mit abgerundeten Ecken (wie die Ecken der Tasten auf den meisten Computer-Tastaturen).

Um ein normales Rechteck zu zeichnen, verwenden Sie die Methode `drawRect()` (für Umrisse) und `fillRect()` (für ein gefülltes Rechteck).

Beide Methoden erwarten vier Argumente:

- Die x,y-Koordinaten der linken, oberen Ecke des Rechtecks
- Die Breite des Rechtecks
- Die Höhe des Rechtecks

Fügen Sie die folgende Anweisung in das Map-Applet ein:

```
comp2D.drawRect(2, 2, 335, 320);
```

Dies fügt den Umriss eines Rechtecks ein, der sich knapp vor den Außenrändern des Applikationsframes befindet. Würden Sie hier die Methode `fillRect()` verwenden, würde ein ausgefülltes Rechteck gezeichnet werden, das einen Großteil des Frames der Applikation einnehmen und so den unterstrichenen Text `Florida` überdecken würde.

Rechtecke mit abgerundeten Ecken zeichnen Sie mit den Methoden `drawRoundRect()` und `fillRoundRect()`. Diese erwarten dieselben ersten vier Argumente, die auch die regulären Rechteck-Methoden erwarten. Zusätzlich sind noch zwei weitere Argumente am Ende der Parameterliste vorhanden.

Diese beiden letzten Argumente definieren die Breite und die Höhe des Bereiches, in dem die Ecken gerundet werden. Je größer dieser Bereich wird, desto runder werden die Ecken. Sie können ein Rechteck sogar wie einen Kreis oder ein Oval aussehen lassen, indem Sie diese Argumente groß genug machen.

Abbildung 12.3 zeigt einige Beispiele für Rechtecke mit abgerundeten Ecken. Das eine Rechteck hat für die runden Ecken eine Breite von 30 und eine Höhe von 10. Das andere verwendet eine Breite von 20 und eine Höhe von 20 für die runden Ecken und sieht eher wie ein Kreis aus als wie ein Rechteck.

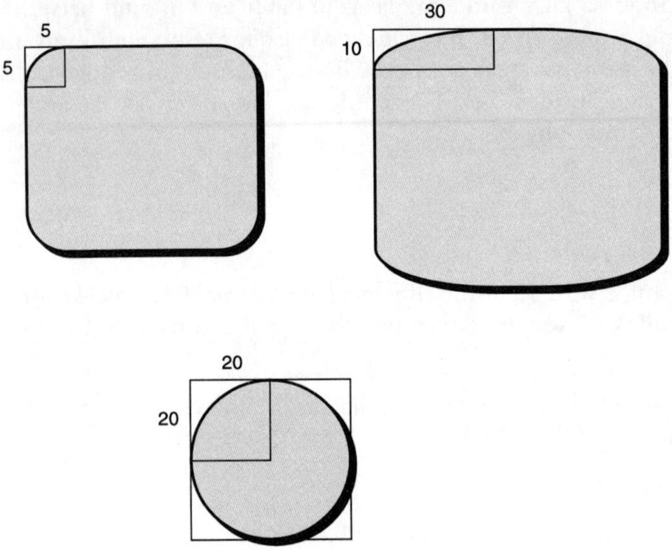

Abbildung 12.3: Rechtecke mit abgerundeten Ecken

Fügen Sie die folgende Anweisung in die `paintComponent()`-Methode der Map-Applikation ein:

```
comp2D.drawRoundRect(182, 61, 43, 24, 10, 8);
```

Damit zeichnen Sie ein abgerundetes Rechteck bei den Koordinaten 182,61 mit einer Breite von 43 Pixeln und einer Höhe von 24 Pixeln. Der rechteckige Bereich der runden Ecken ist 10 Pixel breit und 8 Pixel hoch. Das Ergebnis sehen Sie in Abbildung 12.4, einer Nahaufnahme eines Teils der Applikation.

Abbildung 12.4: Hinzufügen eines abgerundeten Rechtecks in die Applikation

Polygone

Polygone können mit den Methoden `drawPolygon()` und `fillPolygon()` gezeichnet werden.

Um ein Polygon zu zeichnen, müssen Sie für jeden Punkt des Polygons die x,y-Koordinaten angeben. Polygone können Sie sich als eine Reihe von Linien vorstellen, die miteinander verbunden sind: Eine Linie wird von einem Startpunkt zum Endpunkt gezeichnet. Dieser Endpunkt wird als Startpunkt für eine neue Linie verwendet und so weiter.

Sie können diese Koordinaten auf zweierlei Arten angeben:

- Als zwei Integer-Arrays. Das eine Array nimmt alle x-Werte auf und das andere alle y-Werte.
- Als `Polygon`-Objekt, das mit einem Integer-Array mit x-Koordinaten und einem mit y-Koordinaten erzeugt wird.

Die zweite Methode ist wesentlich flexibler, da sie ermöglicht, einzelne Punkte einem Polygon hinzuzufügen, bevor dieses gezeichnet wird.

Neben den x- und y-Koordinaten müssen Sie auch die Anzahl der Punkte in dem Polygon angeben. Sie können nicht mehr x,y-Koordinaten angeben, als Sie Punkte haben, bzw. Sie können auch nicht mehr Punkte angeben, als Sie Koordinatenpaare angeben. In beiden Fällen würde daraus ein Compiler-Fehler resultieren.

Beim Erzeugen eines `Polygon`-Objekts ist der erste Schritt, ein leeres Polygon mit der Anweisung `new Polygon()` wie folgt zu erstellen:

```
Polygon poly = new Polygon();
```

Als Alternative können Sie ein Polygon mit einer Reihe von Punkten, deren Koordinaten Sie in zwei Integer-Arrays angeben, erzeugen. Dafür ist es nötig, den Konstruktor `Polygon(`*`int[], int[], int`*`)` aufzurufen. Dabei geben Sie ein Array mit x-Werten und eines mit y-Werten und die Anzahl der Punkte an. Das folgende Beispiel verdeutlicht die Anwendung dieses Konstruktors:

```
int x[] = { 10, 20, 30, 40, 50 };
int y[] = { 15, 25, 35, 45, 55 };
int points = x.length;
Polygon poly = new Polygon(x, y, points);
```

Nachdem ein `Polygon`-Objekt erzeugt wurde, können Sie diesem Punkte hinzufügen. Dazu verwenden Sie die `addPoint()`-Methode des Objekts. Diese erwartet die x,y-Koordinaten des Punktes als Argument und fügt den Punkt dem Polygon hinzu. Im folgenden ein Beispiel:

```
poly.addPoint(60, 65);
```

Sobald ein `Polygon`-Objekt alle Punkte enthält, können Sie es mit der Methode `drawPolygon()` oder `fillPolygon()` zeichnen. Diese benötigen nur ein Argument – das `Polygon`-Objekt, wie im folgenden gezeigt:

```
comp2D.drawPolygon(poly);
```

Wenn Sie die Methode `drawPolygon()` unter Java 1.0 verwenden, können Sie das Polygon schließen, indem Sie als letztes x,y-Koordinatenpaar das erste wiederholen. Andernfalls ist das Polygon an einer Seite offen.

Die Methode `fillPolygon()` schließt das Polygon automatisch, ohne dass ein übereinstimmender Anfangs- und Endpunkt nötig ist.

WARNUNG: Das Verhalten von `drawPolygon()` änderte sich nach der Version 1.0 von Java. Bei der Version 2 schließt `drawPolygon()` automatisch ein Polygon, wie das bei `fillPolygon()` bereits der Fall war. Wenn Sie ein Polygon mit einer offenen Seite mit diesen Versionen erstellen wollen, verwenden Sie die Methode `drawPolyline()`. Sie arbeitet genau wie `drawPolygon()` unter Java 1.0.

Fügen Sie die folgenden Anweisungen der `paintComponent()`-Methode der Map-Applikation hinzu, um Polygone in Aktion zu sehen:

```
int x[] = { 10, 234, 253, 261, 333, 326, 295, 259, 205, 211,
    195, 191, 120, 94, 81, 12, 10 };
int y[] = { 12, 15, 25, 71, 209, 278, 310, 274, 188, 171, 174,
    118, 56, 68, 49, 37, 12 };
int pts = x.length;
Polygon poly = new Polygon(x, y, pts);
comp2D.drawPolygon(poly);
```

Abbildung 12.5 zeigt, wie die Map-Applikation mit dem Polygon aussieht.

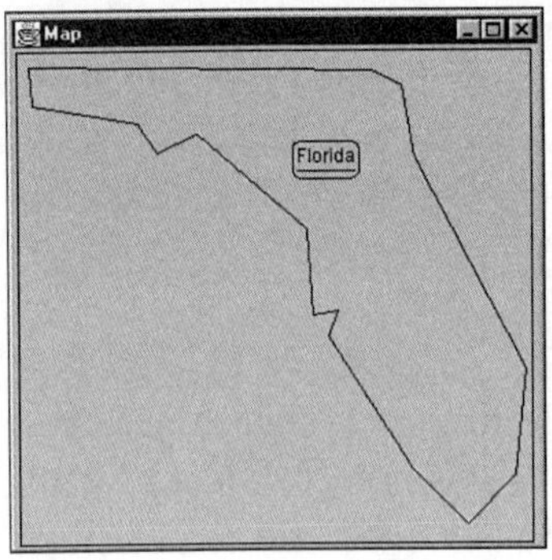

*Abbildung 12.5:
Hinzufügen eines Polygons in das Applet*

Ovale

Die Methoden `drawOval()` und `fillOval()` werden verwendet, um Kreise und Ovale zu zeichnen.

Diese Methoden erwarten vier Argumente:

- Die x,y-Koordinaten des Ovals
- Die Breite und Höhe des Ovals, die bei Kreisen identisch sind

Da ein Oval keine Ecken hat, fragen Sie sich vielleicht, auf was sich die x,y-Koordinaten beziehen. Ovale werden auf die gleiche Weise gehandhabt wie die Ecken eines abgerundeten Rechtecks. Die x,y-Koordinaten stellen die linke obere Ecke des rechteckigen Bereichs dar, in den das Oval einbeschrieben wird, und sind links und oberhalb des eigentlichen Ovals.

Kehren Sie zum Map-Applet zurück, und fügen Sie die folgenden Anweisungen hinzu:

```
comp2D.fillOval(235,140,15,15);
comp2D.fillOval(225,130,15,15);
comp2D.fillOval(245,130,15,15);
```

Hier werden ausschließlich `fill`-Methoden anstelle der `draw`-Methoden verwendet. Deshalb entstehen drei verbundene, schwarz gefüllte Kreise, die einen Fleck in Zentral-Florida markieren.

Bögen

Unter allen Zeichenmethoden sind Bögen die kompliziertesten. Ein Bogen ist in Java als Oval implementiert, das nur teilweise gezeichnet wird.

Bögen werden mit den Methoden `drawArc()` und `fillArc()` gezeichnet. Diese Methoden erwarten sechs Argumente:

- Die x,y-Koordinaten des Ovals
- Die Breite und Höhe des Ovals
- Den Winkel, bei dem der Bogen beginnt
- Den Winkel, den der Bogen überstreicht

Die ersten vier Argumente entsprechen denen für ein Oval und funktionieren auf dieselbe Art und Weise.

Der Startwinkel des Bogens reicht von 0 bis 359 Grad und wird gegen den Uhrzeigersinn gezählt. Auf einem Ziffernblatt einer Uhr würde 0° 3 Uhr, 90° 12 Uhr, 180° 9 Uhr und 270° 6 Uhr entsprechen.

Der Winkel, den ein Bogen überstreicht, reicht von 0 bis 359 Grad gegen den Uhrzeigersinn und von 0 bis -359 Grad im Uhrzeigersinn.

Abbildung 12.6 zeigt, wie die letzten beiden Argumente berechnet werden.

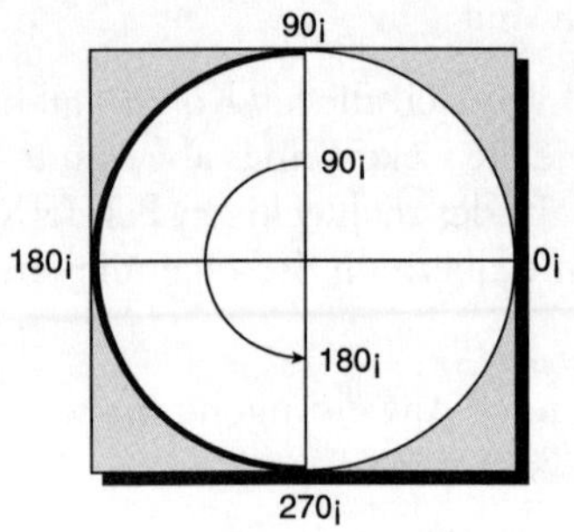

Abbildung 12.6:
Die Abmessungen eines Bogens ermitteln

Gefüllte Bögen werden so gezeichnet, als wären sie Stücke einer Torte. Anstatt die beiden Endpunkte miteinander zu verbinden, werden beide Endpunkte mit dem Mittelpunkt des Ovals des Bogens verbunden.

Im Folgenden sehen Sie ein Beispiel für einen Aufruf der Methode `drawArc()`:

```
comp2D.drawArc(20, 25, 315, 150, 5, -190);
```

Diese Anweisung zeichnet einen Bogen eines Ovals mit den Koordinaten 20,25, einer Breite von 315 Pixeln und einer Höhe von 150 Pixeln. Der Bogen beginnt bei der 5-Grad-Marke und überstreicht einen Winkel von 190 Grad im Uhrzeigersinn. Der Bogen wird in einem Applet in Abbildung 12.7 gezeigt.

Als letzte Zutat für das Map-Applet werden wir eine Reihe kleiner Bögen zeichnen, die vier feste Argumente haben:

- Das Oval eines jeden Bogens hat eine Breite und Höhe von 10 Pixeln, was das Oval zu einem Kreis werden lässt.
- Jeder Bogen beginnt bei 0 Grad und überstreicht einen Winkel von 180 Grad. D. h. die Bögen sind Halbkreise.

Die x,y-Koordinaten der Bögen ändern sich. Zwei `for`-Schleifen gehen dabei eine Reihe von x- und y-Werten durch.

Fügen Sie die beiden folgenden Anweisungen in die `paintComponent()`-Methode der Map-Applikation ein:

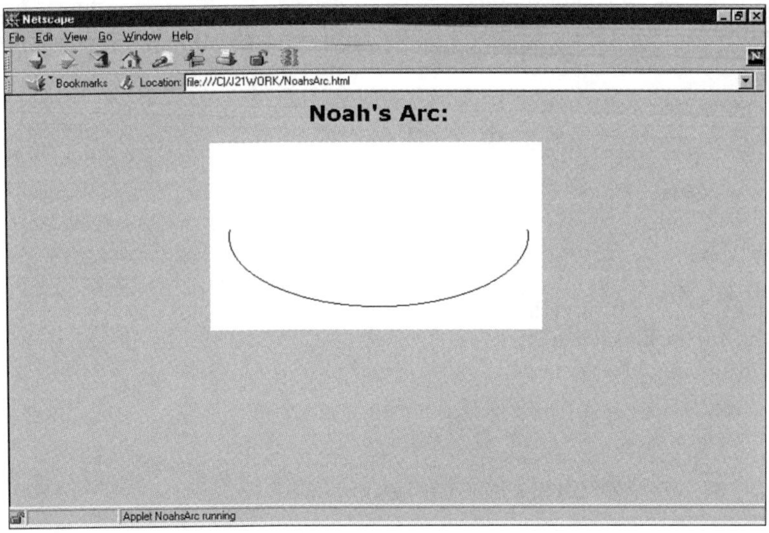

Abbildung 12.7: Ein Bogen

```
for (int ax = 50; ax < 150; ax += 10)
    for (int ay = 120; ay < 320 ; ay += 10)
        comp2D.drawArc(ax, ay, 10, 10, 0, -180);
```

Die Tatsache, dass sich hier zwei `for`-Schleifen ineinander befinden, mag auf den ersten Blick etwas verwirrend erscheinen. Im Folgenden finden Sie deshalb die ersten sechs x,y-Koordinaten, die von den Schleifen erzeugt werden:

```
50,120

50,130

50,140

50,150

50,160

50,170
```

Wie Sie sehen, ändert sich die x-Koordinate – festgelegt durch `ax` – nicht. Diese ändert sich solange nicht, bis die gesamte `ay`-Schleife durchgelaufen ist. Wenn dies geschehen ist, wird der Wert von `ax` um 10 erhöht und die `ay`-Schleife erneut komplett ausgeführt.

Kompilieren Sie die Map-Applikation, um zu sehen, welchen Effekt diese Schleifen durch das Zeichnen einer ganzen Reihe kleiner Halbkreise produzieren. Listing 12.2 enthält den gesamten und endgültigen Quelltext für `Map.java`, der alle Zeichenanweisungen, die in diesem Abschnitt behandelt wurden, umfasst.

Listing 12.2: Der gesamte und endgültige Quelltext von Map.java.

```
import java.awt.*;
import java.awt.event.*;
import javax.swing.*;

public class Map extends JFrame {
    public Map() {
        super("Map");
        setSize(350, 350);
        ExitWindow exit = new ExitWindow();
        MapPane map = new MapPane();
        getContentPane().add(map);
        addWindowListener(exit);
    }

    public static void main(String[] arguments) {
        Map frame = new Map();
        frame.show();
    }

}

class MapPane extends JPanel {
    public void paintComponent(Graphics comp) {
        Graphics2D comp2D = (Graphics2D)comp;
        comp2D.drawString("Florida", 185, 75);
        comp2D.drawLine(185, 80, 222, 80);
        comp2D.drawRect(2, 2, 335, 320);
        comp2D.drawRoundRect(182, 61, 43, 24, 10, 8);
        int x[] = {  10, 234, 253, 261, 333, 326, 295, 259, 205, 211,
            195, 191, 120, 94, 81, 12, 10 } ;
        int y[] = {  12, 15, 25, 71, 209, 278, 310, 274, 188, 171, 174,
            118, 56, 68, 49, 37, 12 } ;
        int pts = x.length;
        Polygon poly = new Polygon(x, y, pts);
        comp2D.drawPolygon(poly);
        comp2D.fillOval(235,140,15,15);
        comp2D.fillOval(225,130,15,15);
        comp2D.fillOval(245,130,15,15);
        for (int ax = 50; ax < 150; ax += 10)
            for (int ay = 120; ay < 320 ; ay += 10)
                comp2D.drawArc(ax, ay, 10, 10, 0, -180);
    }
}

```

```
class ExitWindow extends WindowAdapter {
    public void windowClosing(WindowEvent e) {
        System.exit(0);
    }
}
```

Abbildung 12.8 zeigt die `Map`-Applikation, die mit den elementaren Zeichenmethoden von Java gezeichnet wurde.

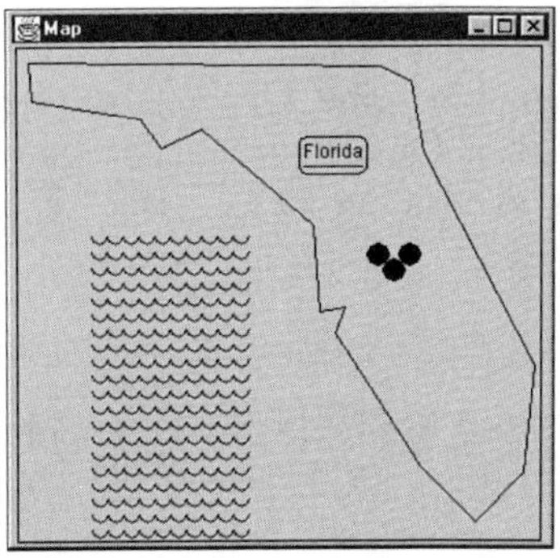

*Abbildung 12.8:
Die Map-Applikation*

Gewiss fürchtet kein Kartograph angesichts dieser Applikation um seinen Arbeitsplatz. Aber immerhin kombiniert diese Applikation Beispiele für die meisten Zeichen-Features, die unter Java über die Klasse `Graphics` zur Verfügung stehen. Ein Programm wie dieses kann durch die Verwendung von `Font`- und `Color`-Objekten erweitert werden. Zusätzlich könnten die Zeichenoperationen neu arrangiert werden, um das Endprodukt zu verbessern.

Kopieren und Löschen

Die `Graphics`-Klasse bietet auch einiges an Ausschneiden-und-Einfügen-Funktionalität:

- Die Methode `copyArea()` kopiert einen rechteckigen Bereich eines Fensters in einen anderen Bereich des Fensters.
- Die Methode `clearRect()` löscht den Inhalt eines rechteckigen Bereichs eines Fensters.

Die Methode `copyArea()` erwartet sechs Argumente:

- Die x,y-Koordinaten des zu kopierenden Bereichs
- Die Breite und Höhe dieses Bereichs
- Die horizontale und vertikale Distanz in Pixel, die zwischen dem zu kopierenden Bereich und dem Bereich liegt, in dem die Kopie angezeigt werden soll.

Die folgende Anweisung kopiert einen Bereich von 100x100 Pixel in einen Bereich, der 50 Pixel rechts und 25 unterhalb davon liegt. Dabei wird ein Graphics-Objekt namens screen benutzt:

```
screen.copyArea(0, 0, 100, 100, 50, 25);
```

Die Methode clearRect() erwartet dieselben vier Argumente wie die Methoden drawRect() und fillRect(). Die Methode füllt den angegebenen Bereich mit der aktuellen Hintergrundfarbe eines Fensters. Sie lernen später am heutigen Tag, wie Sie die Hintergrundfarbe festlegen.

Wenn Sie ein komplettes Fenster löschen wollen, können Sie seine Größe über die Methode getSize() ermitteln. Diese Methode gibt ein Dimension-Objekt zurück. Die Variablen width und height dieses Objekts repräsentieren die Dimensionen des Fensters. Ein solches Löschen eines Fensters zeigt die folgende Anweisung:

```
screen.clearRect(0, 0, getSize().width, getSize().height);
```

HINWEIS: Die getSize()-Methode hieß in Java 1.0 size(). Beide Methoden funktionieren gleich.

12.6 Text und Schriften

Die Objekte der Klasse java.awt.Font werden verwendet, um verschiedene Schriften für die Methode drawString() zur Verfügung zu haben. Font-Objekte repräsentieren den Namen, den Stil und die Punktgröße einer Schrift. Eine andere Klasse, FontMetrics, bietet Methoden, um die Größe der angezeigten Zeichen einer angegebenen Schrift zu ermitteln. Dies kann zur Formatierung und Zentrierung von Text verwendet werden.

Font-Objekte erzeugen

Ein Font-Objekt wird erzeugt, indem man den Konstruktor mit drei Argumenten aufruft:

- Den Namen der Schrift
- Den Stil der Schrift
- Die Größe der Schrift in Punkt

Der Name der Schrift kann ein bestimmter Schriftname, wie z.B. Arial oder Garamond Old Style sein. Diese Schrift wird verwendet, wenn die Schrift auf dem System, auf dem das Java-Programm ausgeführt wird, vorhanden ist.

Sie können auch die Namen der in Java integrierten Schriften verwenden: `TimesRoman`, `Helvetica`, `Courier`, `Dialog` und `DialogInput`.

In Java 2 sollten die Schriftnamen `TimesRoman`, `Helvetica` und `Courier` durch `serif`, `sanserif` und `monospaced` ersetzt werden. Diese allgemeinen Namen geben den Stil der Schrift an, ohne eine bestimmte Schriftfamilie festzulegen, die diesen repräsentiert. Dies stellt eine bessere Wahl dar, da manche Schriftfamilien nicht bei allen Java -Implementationen vorhanden sind. Auf diese Weise kann die Schrift ausgewählt werden, die auf der Plattform dem gewünschten Schriftstil (wie z.B. `serif`) am nächsten kommt.

Es können drei verschiedene Schriftstile über die Konstanten `Font.PLAIN`, `Font.BOLD` und `Font.ITALIC` ausgewählt werden. Diese Konstanten sind Integer und können, um die Effekte zu kombinieren, addiert werden.

Das letzte Argument des `Font()`-Konstruktors ist die Größe der Schrift in Punkt.

Die folgende Anweisung erzeugt ein `Font`-Objekt der Schrift `Dialog` in 24-Punkt, fett und kursiv:

```
Font f = new Font("Dialog", Font.BOLD + Font.ITALIC, 24);
```

Zeichen und Strings ausgeben

Um die aktuelle Schrift festzulegen, wird die Methode `setFont()` der `Graphics`-Klasse verwendet. Als Argument wird dieser Methode ein `Font`-Objekt übergeben. Die folgende Anweisung verwendet ein `Font`-Objekt mit dem Namen `ft`:

```
screen.setFont(ft);
```

Text kann in einem Fenster mit der Methode `drawString()` ausgegeben werden. Diese Methode verwendet die aktuell ausgewählte Schrift. Wenn keine Schrift ausgewählt wurde, verwendet sie die Standardschrift. Mit der Methode `setFont()` können Sie jederzeit eine Schrift zur aktuellen Schrift machen.

Die folgende `paintComponent()`-Methode erzeugt ein neues `Font`-Objekt, setzt dieses Objekt als die aktuelle Schrift fest und gibt den String `"I'm very font of you."` an den Koordinaten 10,100 aus.

```
public void paintComponent(Graphics screen) {
    Font f = new Font("TimesRoman", Font.PLAIN, 72);
    comp2D.setFont(f);
    comp2D.drawString("I'm very font of you.", 10, 100);
}
```

Die letzten beiden Argumente der `drawString()`-Methode sind x,y-Koordinaten. Der x-Wert gibt den linken Rand des Textes an, y ist die Basislinie für den ganzen String.

Informationen über Schriften ermitteln

Die Klasse `FontMetrics` kann zur Ermittlung detaillierter Informationen über eine Schrift, z.B. die Breite oder Höhe der Zeichen, die angezeigt werden können, verwendet werden.

Um die Methoden dieser Klasse zu verwenden, muss ein `FontMetrics`-Objekt mit der Methode `getFontMetrics()` erzeugt werden. Die Methode erwartet nur ein einziges Argument: ein `Font`-Objekt.

Tabelle 12.1 führt einige der Informationen auf, die Sie mit Hilfe der `FontMetrics`-Klasse ermitteln können. All diese Methoden müssen als die eines `FontMetrics`-Objekts aufgerufen werden.

Methodenname	Beschreibung
`stringWidth(String)`	Gibt die gesamte Breite des übergebenen Strings in Pixeln zurück.
`charWidth(char)`	Gibt die Breite des übergebenen Zeichens zurück.
`getHeight()`	Gibt die Gesamthöhe der Schrift zurück.

Tabelle 12.1: Methoden der Klasse FontMetrics

Listing 12.3 zeigt, wie die Klassen `Font` und `FontMetrics` verwendet werden können. Das `SoLong`-Applet zeigt einen String in der Mitte des Applet-Fensters an. Mit Hilfe der `FontMetrics`-Klasse wird dazu die Breite des Strings in der aktuellen Schrift ermittelt.

Listing 12.3: Der gesamte Quelltext von SoLong.java.

```
import java.awt.*;

public class SoLong extends javax.swing.JApplet {

    public void paint(Graphics screen) {
        Graphics screen2D = (Graphics2D)screen;
        Font f = new Font("monospaced", Font.BOLD, 18);
        FontMetrics fm = getFontMetrics(f);
        screen2D.setFont(f);
        String s = "So long, and thanks for all the fish.";
        int x = (getSize().width - fm.stringWidth(s)) / 2;
        int y = getSize().height / 2;
        screen2D.drawString(s, x, y);
    }
}
```

Listing 12.4 beinhaltet ein HTML-Dokument, das zwei Exemplare des `SoLong`-Applets mit verschieden großen Fenstern lädt.

Listing 12.4: Der Text von SoLong.html.

```
<div align="Center">
<p>
<applet code="SoLong.class" height="150" width="425">
</applet>
<p>
<applet code="SoLong.class" height="150" width="550">
</applet>
</div>
```

Abbildung 12.9 zeigt eine Webseite mit zwei Exemplaren des `SoLong`-Applets, die sich in der Fensterbreite unterscheiden.

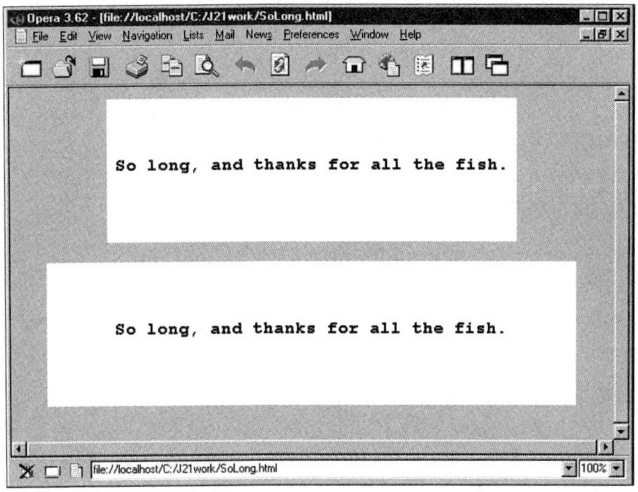

Abbildung 12.9: Zwei Exemplare des SoLong-Applets

Die `getSize()`-Methode in den Zeilen 11 und 12 sollte durch die `size()`-Methode ersetzt werden, wenn Sie ein Java-1.0-Applet schreiben. Die Größe des Applet-Fensters innerhalb des Applets zu ermitteln ist der Festlegung der exakten Größe vorzuziehen, da dies anpassungsfähiger ist. Sie können den HTML-Code der Webseite ändern, ohne das Programm anpassen zu müssen.

12.7 Farbe

Die Klassen `Color` und `ColorSpace` des Paketes `java.awt` können Sie verwenden, um Ihre Applets und Applikationen bunter zu machen. Mit diesen Klassen können Sie die aktuelle Farbe für Zeichenoperationen sowie die Hintergrundfarbe für ein Applet und andere Fenster setzen. Sie haben auch die Möglichkeit, eine Farbe von einem Farbbeschreibungssystem in ein anderes zu konvertieren.

Standardmäßig verwendet Java Farben, die nach dem Farbbeschreibungssystem sRGB definiert sind. In diesem System wird eine Farbe über die Anteile der Farben Rot, Grün und Blau, die in ihr enthalten sind, definiert – hier kommt das R, G und B ins Spiel. Jede der drei Komponenten kann durch einen Integer-Wert zwischen 0 und 255 repräsentiert werden. Schwarz hat die Anteile 0,0,0 – sprich: es ist weder Rot noch Grün noch Blau vorhanden. Weiß dagegen hat die Anteile 255,255,255 – der Maximalwert aller drei Komponenten. sRGB-Werte lassen sich auch mit drei Fließkommazahlen darstellen, die jeweils einen Wert zwischen 0.0 und 1.0 haben. Java kann mit sRGB Millionen von Farben zwischen den beiden Extremwerten erzeugen.

Ein Farbsysstem wird als *Color Space* (Farbraum) bezeichnet. sRGB ist nur *ein* solcher Farbraum. Es gibt z.B. auch CMYK, ein System für Farbdrucker, das Farben nach ihren Anteilen an Cyan, Magenta, Gelb und Schwarz beschreibt. Java 1.2 unterstützt alle Farbsysteme, solange ein `ColorSpace`-Objekt benutzt wird, das das Beschreibungsystem definiert. Sie können aus jedem beliebigen System nach sRGB umwandeln und umgekehrt.

Wenn Sie etwas in einer bestimmten Farbe anzeigen oder drucken, kann es passieren, dass das Ausgabegerät diese Farbe nicht unterstützt. In diesem Fall wird entweder die Farbe durch eine andere Farbe ersetzt, oder es wird ein Dither-Muster verwendet, um die nicht verfügbare Farbe mit zwei oder mehr Farben anzunähern (so häufig im WWW).

In der Praxis sieht das Farbmanagement so aus, dass nicht alle Farben, die Sie über sRGB festlegen, auf allen Ausgabegeräten zur Verfügung stehen werden. Wenn Sie eine feinere Kontrolle über die Farbe benötigen, können Sie die Klasse `ColorSpace` und andere Klassen, die mit dem Paket `java.awt.color` in Java 2 eingeführt wurden, verwenden.

Für die meisten Programme wird das standardmäßig zur Definition von Farben verwendete sRGB völlig ausreichend sein.

Color-Objekte verwenden

Um die aktuelle Zeichenfarbe zu setzen, muss entweder ein `Color`-Objekt erzeugt werden, das die Farbe repräsentiert, oder Sie müssen eine der Standardfarben verwenden, die in der `Color`-Klasse verfügbar sind.

Es gibt zwei Möglichkeiten, den Konstruktor der Klasse `Color` aufzurufen, um eine Farbe zu erzeugen:

- Mit drei Integern, die den sRGB-Wert der gewünschten Farbe repräsentieren.
- Mit drei Fließkomma-Werten, die den gewünschten sRGB-Wert repräsentieren.

Sie können den sRGB-Wert einer Farbe entweder über drei `int`- oder drei `float`-Werte angeben. Die folgenden Anweisungen zeigen Beispiele hierfür:

```
Color c1 = new Color(0.807F,1F,0F);
Color c2 = new Color(255,204,102);
```

Das `c1`-Objekt beschreibt ein Neongrün, und `c2` ist karamellfarben.

HINWEIS: Es passiert sehr leicht, dass man Fießkomma-Literale, wie z.B. `0F` oder `1F`, mit Hexadezimalzahlen verwechselt, die an Tag 3 besprochen wurden. Farben werden häufig als Hexadezimalwerte angegeben, wie das z.B. beim Festlegen der Hintergrundfarbe im `<BODY>`-Tag einer HTML-Seite der Fall ist. Keine der Java-Klassen und -Methoden, mit denen Sie arbeiten, erwartet hexadezimale Argumente. D. h. wenn Sie Literale wie `0F` oder `1F` sehen, können Sie sicher sein, dass Sie es mit Fließkommazahlen zu tun haben.

Die aktuelle Farbe ermitteln und festlegen

Die aktuelle Farbe wird über die Methode `setColor()` der Klasse `Graphics` festgelegt. Diese Methode muss über das `Graphics`- oder `Graphics2D`-Objekt aufgerufen werden, das den Bereich repräsentiert, in den Sie zeichnen.

Eine Möglichkeit, eine Farbe zu setzen, ist, eine der Standardfarben zu verwenden, die als Klassenvariablen der Klasse `Color` zu Verfügung stehen.

Diese Farben verwenden die folgenden `Color`-Variablen (die sRGB-Werte sind in Klammern dahinter angegeben):

Farbe	Variable	RGB-Wert
Schwarz	black	(0, 0, 0)
Blau	blue	(0, 0, 255)
Cyan	cyan	(0, 255, 255)
Dunkelgrau	darkGray	(64, 64, 64)
Grau	gray	(128, 128, 128)
Grün	green	(0, 255, 0)
Hellgrau	lightGray	(192, 192, 192)

Farbe	Variable	RGB-Wert
Magenta	magenta	(255, 0, 255)
Orange	orange	(255, 200, 0)
Rosa	pink	(255, 175, 175)
Rot	red	(255, 0, 0)
Weiß	white	(255, 255, 255)
Gelb	yellow	(255, 255, 0)

Die folgende Anweisung setzt die aktuelle Farbe für das comp2D-Objekt mit einer der Standard-Klassenvariablen:

```
comp2D.setColor(Color.pink);
```

Wenn Sie ein Color-Objekt erzeugt haben, kann es auf ähnliche Weise als aktuelle Farbe gesetzt werden:

```
Color brush = new Color(255,204,102);
comp2D.setColor(brush);
```

Nachdem Sie die aktuelle Farbe gesetzt haben, erscheinen alle Zeichenoperationen in dieser Farbe.

Sie können die Hintergrundfarbe einer Komponente wie eines Applet-Fensters oder eines Frames über die Methode setBackground() festlegen.

Die Methode setBackground() legt die Farbe des Hintergrundes der Komponente fest. Sie erwartet ein einziges Argument – ein Color-Objekt:

```
setBackground(Color.white);
```

Es gibt auch eine Methode setForeground(), die als diejenige von Komponenten der Benutzerschnittstelle, nicht als die eines Graphics-Objekts aufgerufen wird. Sie arbeitet genauso wie die Methode setColor(), nur dass sie die Farbe einer Schnittstellenkomponente wie z.B. eines Buttons oder eines Fenster ändert.

Sie können die setForeground()-Methode in der init()-Methode verwenden, um die Farbe für Zeichenoperationen festzulegen. Diese Farbe wird solange verwendet, bis eine andere Farbe entweder über setForeground() oder über setColor() gewählt wird.

Wenn Sie die aktuelle Farbe ermitteln wollen, können Sie die Methode getColor() eines Graphics-Objekts aufrufen oder die Methoden getForeground() bzw. getBackground() der Komponente verwenden.

Die folgende Anweisung setzt die aktuelle Farbe von comp2D (ein Graphics2D-Objekt) auf die Hintergrundfarbe einer Komponente:

```
comp2D.setColor(getBackground());
```

12.8 Fortgeschrittene Grafikoperationen mit Java2D

Eine der Erweiterungen, die Java 2 bietet, ist Java2D. Dabei handelt es sich um einen Satz von Klassen, die Ihnen 2D-Grafiken, Bilder und Text in hoher Qualität in Ihren Programmen ermöglichen. Die Java2D-Klassen erweitern die bestehenden Möglichkeiten der vorhandenen `java.awt`-Klassen, die zur Verarbeitung von Grafik verwendet werden – darunter auch die, die Sie heute kennengelernt haben. Sie ersetzen die vorhandenen Klassen allerdings nicht – Sie können die anderen Klassen und Programme, die diese implementieren, weiterhin verwenden.

Java2D hat unter anderem die folgenden Features:

- Spezielle Füllmuster wie z. B. Verlaufsfüllungen oder Musterfüllungen
- Möglichkeiten zur Definition der Strichstärke und des Strichstils beim Zeichnen
- Anti-Aliasing, um bei gezeichneten Objekten Treppchen-Effekte zu vermeiden

Benutzer- und Gerätekoordinatensysteme

Eines der Konzepte, das mit Java2D eingeführt wurde, ist die Unterscheidung zwischen dem Koordinatenraum eines Ausgabegerätes und dem Koordinatenraum, auf den Sie sich beim Zeichnen eines Objekts beziehen.

Neuer BEGRIFF

Ein *Koordinatenraum* ist jede Fläche, die mit x,y-Koordinaten beschrieben werden kann.

Für alle bisherigen Zeichenoperationen in diesem Buch und für überhaupt alle Zeichenoperationen vor Java 2 wurde nur der *Gerätekoordinatenraum* verwendet. Sie legen die x,y-Koordinaten auf einer Ausgabefläche wie z. B. einem Applet-Fenster fest. Diese Koordinaten wurden für das Zeichnen von Linien und anderen Elementen sowie die Ausgabe von Text verwendet.

Java2D erfordert einen zweiten Koordinatenraum, auf den Sie sich beziehen, wenn Sie ein Objekt erstellen und es tatsächlich zeichnen. Er heißt *Benutzerkoordinatenraum*.

Ehe 2D-Zeichnen in einem Programm erfolgt, liegt die 0,0-Koordinate von Geräte- und Benutzerraum an derselben Stelle – der linken oberen Ecke der Zeichenfläche.

Die 0,0-Koordinate des Benutzerraums kann sich aufgrund von 2D-Zeichenoperationen verlagern. Die x- und y-Achsen können sich sogar aufgrund einer 2D-Rotation verschieben. Bei der Arbeit mit Java2D lernen Sie mehr über die beiden Koordinatensysteme.

Festlegen der Darstellungsattribute

Der nächste Schritt beim 2D-Zeichnen ist, festzulegen, wie ein gezeichnetes Objekt dargestellt werden soll. Objekte, die nicht 2D sind, können nur ein Attribut wählen: die Farbe. 2D bietet eine breite Palette an Attributen, um die Farbe, die Linienstärke, Füllmuster, Transparenz und vieles mehr festzulegen.

2D-Farben

Farben werden mit der Methode `setColor()` festgelegt. Dies funktioniert genauso wie mit der `Graphics`-Methode gleichen Namens. Im folgenden ein Beispiel:

```
comp2D.setColor(Color.black);
```

Obwohl einige der 2D-Methoden genauso wie deren Nicht-2D-Gegenstücke verwendet werden, müssen sie als Methoden eines `Graphics2D`-Objekts aufgerufen werden, um die Fähigkeiten von Java2D zu verwenden.

Füllmuster

Füllmuster kontrollieren, wie ein gezeichnetes Objekt gefüllt wird. Mit Java2D können Sie eine Farbe, einen Verlauf, eine Textur oder ein Muster nach Ihren eigenen Vorstellungen verwenden.

Ein Füllmuster wird über die Methode `setPaint()` von `Graphics2D` definiert. Diese erwartet ein `Paint`-Objekt als einziges Argument. Die `Paint`-Schnittstelle kann von jeder Klasse implementiert werden, deren Objekte als Füllmuster verwendet werden können, darunter `GradientPaint`, `TexturePaint` und `Color`. Letzteres könnte Sie etwas überraschen. Allerdings ist die Verwendung eines `Color`-Objekts zusammen mit der `setPaint()`-Methode dasselbe, wie ein Objekt einfach mit einer Farbe zu füllen.

Eine *Verlaufsfüllung* ist ein abgestufter Wechsel von einer Farbe an einem Koordinatenpunkt zu einer anderen Farbe an einem anderen Koordinatenpunkt. Der Wechsel kann zwischen den Punkten einmal, was als *azyklischer Verlauf* bezeichnet wird, oder wiederholt, was als *zyklischer Verlauf* bezeichnet wird, geschehen.

Abbildung 12.10 zeigt Beispiele für azyklische und zyklische Verläufe zwischen Weiß und einer dunkleren Farbe. Die Pfeile weisen auf die Punkte, zwischen denen die Farben wechseln.

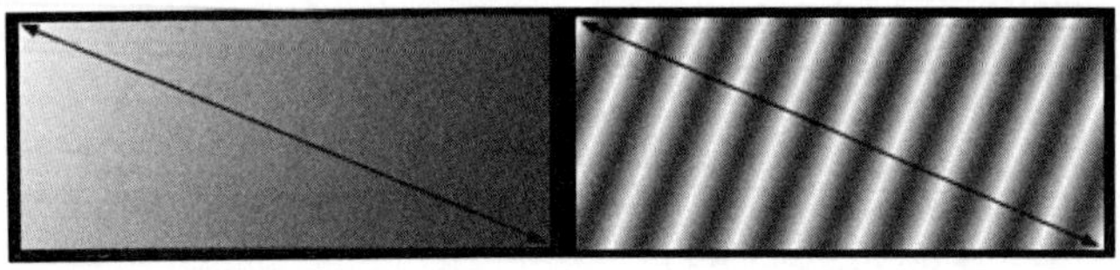

Abbildung 12.10:
Azyklische und zyklische Verläufe

Die Koordinatenpunkte in einem Verlauf beziehen sich nicht direkt auf Punkte des `Graphics2D`-Objekts, auf das gezeichnet wird. Statt dessen beziehen sich diese auf den Benutzerkoordinatenraum und können sogar außerhalb des Objekts liegen, das die Verlaufsfüllung erhält.

Abbildung 12.11 illustriert dies. Beide Rechtecke in diesem Applet verwenden dasselbe `GradientPaint`-Objekt. Man kann sich ein Verlaufsfüllmuster als ein Stück Stoff vorstellen, das über eine ebene Oberfläche gespannt wird. Die Figuren, die mit einem Verlauf gefüllt werden, sind die Schnittmuster, die aus dem Stoff ausgeschnitten werden. Und aus einem Stück Stoff kann mehr als ein Muster ausgeschnitten werden.

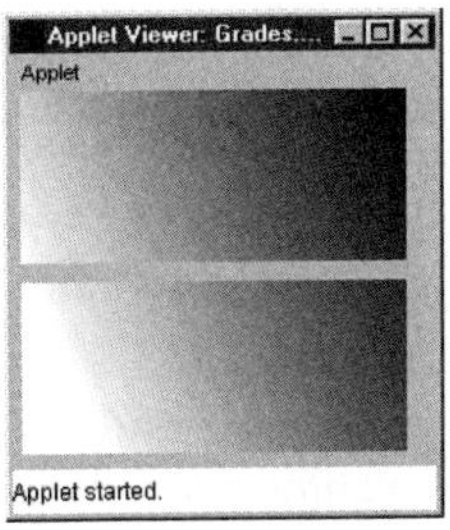

Abbildung 12.11:
Zwei Rechtecke, die dasselbe GradientPaint-Objekt verwenden

Der Aufruf des `GradientPaint`-Konstruktors hat das folgende Format:

```
GradientPaint(x1, y1, color1, x2, y2, color2);
```

Der Punkt `x1,y1` ist der Ort, an dem der Verlauf mit der Farbe `color1` startet, und am Punkt `x2,y2` endet der Verlauf mit der Farbe `color2`.

Wenn Sie einen zyklischen Verlauf wollen, ist ein zusätzliches Argument am Ende der Argumentenliste nötig:

```
GradientPaint(x1,y1,color1,x2,y2,color2,true);
```

Das letzte Argument ist ein boolescher Wert, der für einen zyklischen Verlauf `true` sein muss. Für azyklische Verläufe ist dieses Argument `false`. Sie können es aber auch ganz weglassen – azyklische Verläufe sind das Standardverhalten.

Nachdem Sie ein `GradientPaint`-Objekt erzeugt haben, legen Sie es als das aktuelle `paint`-Attribut über die Methode `setPaint()` fest. Die folgenden Anweisungen erzeugen und wählen einen Verlauf:

```
GradientPaint pat = new GradientPaint(0f,0f,Color.white,
   100f,45f,Color.blue);
comp2D.setPaint(pat);
```

Alle folgenden Zeichenoperationen, die auf das `comp2D`-Objekt angewendet werden, verwenden dieses Füllmuster, bis ein anderes festgelegt wird.

Strichstärke festlegen

Wie Sie bereits gelernt haben, haben die Linien aller Nicht-2D-Zeichenoperationen eine Stärke von einem Pixel. Java2D bietet die Möglichkeit, die Stärke der Zeichenlinie zu variieren. Dazu verwenden Sie die Methode `setStroke()` mit einem `BasicStroke`-Objekt als Argument.

Ein einfacher `BasicStroke`-Konstruktor erwartet drei Argumente:

- Einen `float`-Wert, der die Linienstärke angibt – 1.0 ist der Standardwert
- Einen `int`-Wert, der die Art des Linienendes festlegt
- Einen `int`-Wert, der den Stil des Verbindungsstücks zwischen zwei Liniensegmenten festlegt

Als Argumente für den Stil des Linienendes und der Verbindungsstücke werden Klassen-Variablen von `BasicStroke` verwendet. Die Einstellung für den Stil des Linienendes *(Endcap)* bezieht sich auf Linienenden, die nicht mit anderen Linien verbunden sind. Der Stil der Verbindungsstücke *(Juncture)* wird dagegen auf Enden von Linien angewendet, die mit anderen Linien verbunden sind.

Mögliche Stile für Linienenden sind `CAP_BUTT`, wenn keine Abschlusspunkte verwendet werden sollen, `CAP_ROUND`, wenn an beiden Enden Kreise angezeigt werden sollen, und `CAP_SQUARE`, wenn Quadrate zum Einsatz kommen sollen. In Abbildung 12.12 sind die einzelnen Stile für die Linienenden dargestellt. Wie Sie sehen können, ist der einzige sichtbare Unterschied zwischen den Stilen `CAP_BUTT` und `CAP_SQUARE` der, dass die Linie bei `CAP_SQUARE` aufgrund des quadratischen Linienendes länger ist.

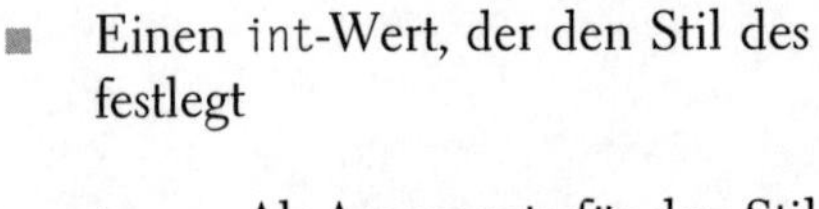

Abbildung 12.12: Stile der Linienenden

Die möglichen Stile für die Verbindungsstücke sind `JOIN_MITER`, um Segmente zu verbinden, indem deren äußere Ecken erweitert werden, `JOIN_ROUND`, um die Ecke zwischen zwei Segmenten abzurunden, und `JOIN_BEVEL`, um die Segmente mit einer geraden Linie zu verbinden. Abbildung 12.13 zeigt Beispiele für diese Verbindungsstile.

Abbildung 12.13: Verbindungsstile für Liniensegmente

Die folgenden Anweisungen erzeugen ein `BasicStoke`-Objekt und setzen es als aktuelle Linienattribute:

```
BasicStroke pen = BasicStroke(2.0f,
    BasicStroke.CAP_BUTT,
    BasicStroke.JOIN_ROUND);
comp2D.setStroke(pen);
```

Die Linie hat eine Breite von zwei Pixeln, keine Abschlusspunkte und abgerundete Verbingsstücke zwischen den Segmenten.

Objekte fürs Zeichnen erzeugen

Nachdem Sie ein `Graphics2D`-Objekt erzeugt und die Darstellungsattribute festgelegt haben, sind die letzten beiden Schritte, ein Objekt zu erstellen und dieses zu zeichnen.

Gezeichnete Objekte werden in Java2D erzeugt, indem man eine geometrische Form mit den Klassen des Paketes `java.awt.geom` erstellt. Sie können all das zeichnen, was Sie bereits zuvor in diesem Kapitel erstellt haben, inklusive Linien, Rechtecke, Ellipsen (Ovale), Bögen und Polygone.

Die Klasse `Graphics2D` verfügt nicht über unterschiedliche Methoden für die einzelnen Formen, die Sie zeichnen können. Stattdessen definieren Sie die Form und verwenden sie als Argument für die Methoden `draw()` oder `fill()`.

Linien

Linien werden mit der Klasse `Line2D.Float` erzeugt. Diese Klasse benötigt vier Argumente: die x,y-Koordinaten des einen Endpunktes, gefolgt von den x,y-Koordinaten des anderen Endpunktes. Ein Beispiel:

```
Line2D.Float ln = new Line2D.Float(60F,5F,13F,28F);
```

Diese Anweisung erzeugt eine Linie zwischen den Punkten 60,5 und 13,28. Beachten Sie, dass das `F` zu den Literalen gehört, die als Argumente übergeben werden – andernfalls würde der Compiler annehmen, dass es sich um Integer handelt.

Rechtecke

Rechtecke werden mit der Klasse `Rectangle2D.Float` oder `Rectangle2D.Double` erzeugt. Der Unterschied zwischen diesen beiden Klassen ist, dass die eine `float`-Argumente und die andere `double`-Argumente benötigt.

`Rectangle2D.Float` erwartet vier Argumente: die x-Koordinate, die y-Koordinate, die Breite und die Höhe. Im Folgenden ein Beispiel:

```
Rectangle2D.Float rc = new Rectangle2D.Float(10F,13F,40F,20F);
```

Dies erzeugt ein Rechteck bei 10,13, das eine Breite von 40 Pixeln und eine Höhe von 20 Pixeln hat.

Ellipsen

Ovale Objekte werden in Java2D als *Ellipsen* bezeichnet und mit der Klasse `Ellipse2D.Float` erstellt. Dafür sind vier Argumente nötig: die x-Koordinate, die y-Koordinate, die Breite und die Höhe.

Die folgende Anweisung erzeugt eine Ellipse bei 113,25 mit einer Breite von 22 Pixeln und einer Höhe von 40 Pixeln:

```
Ellipse2D.Float ee = new Ellipse2D.Float(113,25,22,40);
```

Bögen

Bögen werden mit der Klasse `Arc2D.Float` erzeugt. Dies funktioniert ganz ähnlich wie bei den Nicht-2D-Gegenstücken, nur dass es hier ein zusätzliches Feature gibt: Sie können angeben, wie der Bogen geschlossen wird.

`Arc2D.Float` erwartet sieben Argumente. Die ersten vier definieren die Ellipse, von der der Bogen ein Teil ist: die x-Koordinate, die y-Koordinate, die Breite und die Höhe. Die letzten drei Argumente sind der Startwinkel, die vom Bogen überstrichene Gradzahl und ein Integer, der festlegt, wie der Bogen geschlossen wird.

Der vom Bogen überstrichene Winkel wird im Gegenuhrzeigersinn mit positiven Zahlen angegeben.

Das letzte Argument verwendet eine von drei Klassenvariablen: `Arc2D.OPEN` für einen nicht geschlossenen Bogen, `Arc2D.CHORD`, um die Endpunkte des Bogens mit einer geraden Linie zu verbinden, und `Arc2D.PIE`, um die Endpunkte des Bogens mit dem Mittelpunkt der Ellipse zu verbinden, was ein Tortenstück ergibt. In Abbildung 12.14 werden die verschiedenen Stile gezeigt.

Abbildung 12.14:
Verschiedene Stile zum Schließen von Bögen

Der Stil `Arc2D.OPEN` lässt sich nicht auf gefüllte Bögen anwenden. Ein gefüllter Bogen, der den Stil `Arc2D.OPEN` verwendet, wird mit dem Stil `Arc2D.CHORD` geschlossen.

Die folgende Anweisung erzeugt ein `Arc2D.Float`-Objekt:

```
Arc2D.Float = new Arc2D.Float(27,22,42,30,33,90,Arc2D.PIE);
```

Dies erzeugt einen Bogen für ein Oval bei 27,22 mit einer Breite von 42 Pixeln und einer Höhe von 30 Pixeln. Der Bogen beginnt bei 33 Grad, überstreicht 90 Grad und wird wie ein Tortenstück geschlossen.

Polygone

Polygone werden unter Java2D erzeugt, indem man jeden einzelnen Schritt von einem Punkt eines Polygons zum nächsten definiert. Ein Polygon kann aus geraden Linien, quadratischen Kurven und Bézier-Kurven geformt werden.

Die einzelnen Schritte für die Erzeugung eines Polygons werden als `GeneralPath`-Objekt erstellt. Diese Klasse ist ebenfalls Bestandteil des Paketes `java.awt.geom`.

Ein `GeneralPath`-Objekt kann ohne Argumente erzeugt werden, wie das im Folgenden gezeigt wird:

```
GeneralPath polly = new GeneralPath();
```

Die Methode `moveTo()` von `GeneralPath` wird zur Erzeugung des ersten Punktes des Polygons verwendet. Die folgende Anweisung würde verwendet werden, wenn Sie das Polygon bei dem Punkt 5,0 beginnen lassen wollten:

```
polly.moveTo(5f, 0f);
```

Nachdem Sie den ersten Punkt erzeugt haben, verwenden Sie die Methode `lineTo()`, um Linien zu erzeugen, die bei einem neuen Punkt enden. Diese Methode benötigt zwei Argumente: die x- und y-Koordinate des neuen Punktes.

Die folgenden Anweisungen fügen dem `polly`-Objekt drei neue Linien hinzu:

```
polly.lineTo(205f, 0f);
polly.lineTo(205f, 90f);
polly.lineTo(5f, 90f);
```

Die Methoden `lineTo()` und `moveTo()` erwarten `float`-Argumente für die Angabe der Koordinaten.

Wenn Sie ein Polygon schließen wollen, verwenden Sie die Methode `closePath()`. Diese wird ohne Argumente aufgerufen, wie im folgenden gezeigt:

```
polly.closePath();
```

Diese Methode schließt ein Polygon, indem sie den aktuellen Punkt mit dem Punkt, der bei dem letzten Aufruf der `moveTo()`-Methode angegeben wurde, verbindet. Sie können ein Polygon auch ohne Aufruf dieser Methode schließen, indem Sie mit der `lineTo()`-Methode eine Linie zum Ausgangspunkt ziehen.

Sobald Sie ein offenes oder ein geschlossenes Polygon erzeugt haben, können Sie es wie jede andere Figur mit der `draw()`- oder der `fill()`-Methode zeichnen. Das `polly`-Objekt ist ein Rechteck mit den Punkten (5,0), (205,0), (205,90) und (5,90).

Objekte zeichnen

Nachdem Sie die Darstellungsattribute wie z.B. Farbe und Strichstärke festgelegt und ein Objekt, das gezeichnet werden soll, erstellt haben, sind Sie bereit, etwas in aller 2D-Pracht zu zeichnen.

Alle gezeichneten Objekte verwenden dieselbe Methode der Klasse `Graphics2D`: `draw()` für Umrisse und `fill()` für gefüllte Objekte. Beide erwarten als einziges Argument ein Objekt.

Strings werden unter Java2D mit der Methode `drawString()` ausgegeben. Diese erwartet drei Argumente: das auszugebende `String`-Objekt und dessen x,y-Koordinaten. Wie auch bei allen anderen Koordinaten in Java2D müssen hier Fließkommazahlen anstelle von Integern angegeben werden.

Ein Java2D-Beispiel

Etwas früher am heutigen Tag haben Sie eine Karte von Florida mit den Zeichenmethoden, die in der `Graphics`-Klasse zur Verfügung stehen, erstellt. Das nächste Projekt, das Sie erzeugen werden, stellt eine überarbeitete Version dieser Karte dar, die 2D-Zeichentechniken verwendet und das Programm als Applet implementiert.

Listing 12.5 beinhaltet das Map2D-Applet. Es ist ein längeres Programm, als das bei vielen anderen Programmen in diesem Buch der Fall ist, da 2D mehr Anweisungen benötigt, um Zeichenoperationen umzusetzen.

***Listing 12.5:** Der gesamte Quelltext von Map2D.java.*

```
import java.awt.*;
import java.awt.geom.*;

public class Map2D extends javax.swing.JApplet {
    public void paint(Graphics screen) {
        Graphics2D screen2D = (Graphics2D)screen;
        setBackground(Color.blue);
```

```
        // Wellen zeichnen
        screen2D.setColor(Color.white);
        BasicStroke pen = new BasicStroke(2F,
            BasicStroke.CAP_BUTT, BasicStroke.JOIN_ROUND);
        screen2D.setStroke(pen);
        for (int ax = 10; ax < 340; ax += 10)
            for (int ay = 30; ay < 340 ; ay += 10) {
                Arc2D.Float wave = new Arc2D.Float(ax, ay,
                    10, 10, 0, -180, Arc2D.OPEN);
                screen2D.draw(wave);
            }
        // Florida zeichnen
        GradientPaint gp = new GradientPaint(0F,0F,Color.green,
            50F,50F,Color.orange,true);
        screen2D.setPaint(gp);
        GeneralPath f1 = new GeneralPath();
        f1.moveTo(10F,12F);
        f1.lineTo(234F,15F);
        f1.lineTo(253F,25F);
        f1.lineTo(261F,71F);
        f1.lineTo(344F,209F);
        f1.lineTo(336F,278F);
        f1.lineTo(295F,310F);
        f1.lineTo(259F,274F);
        f1.lineTo(205F,188F);
        f1.lineTo(211F,171F);
        f1.lineTo(195F,174F);
        f1.lineTo(191F,118F);
        f1.lineTo(120F,56F);
        f1.lineTo(94F,68F);
        f1.lineTo(81F,49F);
        f1.lineTo(12F,37F);
        f1.closePath();
        screen2D.fill(f1);
        // Ellipsen zeichnen
        screen2D.setColor(Color.black);
        BasicStroke pen2 = new BasicStroke();
        screen2D.setStroke(pen2);
        Ellipse2D.Float e1 = new Ellipse2D.Float(235,140,15,15);
        Ellipse2D.Float e2 = new Ellipse2D.Float(225,130,15,15);
        Ellipse2D.Float e3 = new Ellipse2D.Float(245,130,15,15);
        screen2D.fill(e1);
        screen2D.fill(e2);
        screen2D.fill(e3);
    }
}
```

Um dieses Applet anzuzeigen, müssen Sie ein kurze HTML-Datei dafür erstellen (siehe Listing 12.6). Da dieses Applet Java-2-Klassen und -Methoden verwendet, kann es nur mit dem appletviewer oder einem Browser angezeigt werden, der diese Version der Sprache unterstützt (außer Sie modifizieren das HTML dergestalt, dass das Applet vom Java Plug-in geladen wird)

Listing 12.6: Der Text von Map2D.html.

```
1: <applet code="Map2D.class" height=370 width=350>
2: </applet>
```

Einige Anmerkungen zum Map2D-Applet:

- In Zeile 2 werden die Klassen des Paketes `java.awt.geom` importiert. Diese Anweisung ist nötig, da die Anweisung `import java.awt.*;` in Zeile 1 nur die Klassen des `java.awt`-Paketes, nicht aber dessen Unterpakete importiert.
- In Zeile 6 wird das `screen2D`-Objekt erzeugt, das für alle 2D-Zeichenoperationen verwendet wird. Es entsteht durch Casting des `Graphics`-Objekts, das das Applet-Fenster repräsentiert.
- In den Zeilen 10-12 wird ein `BasicStroke`-Objekt erzeugt, das eine Linie mit einer Stärke von zwei Pixeln repräsentiert. Anschließend wird dieses Objekt mit der Methode `setStroke()` von `Graphics2D` als aktuelles Linienattribut gesetzt.
- Die Zeilen 13-17 verwenden zwei verschachtelte `for`-Schleifen, die Wellen aus einzelnen Bögen erzeugen. Dieselbe Technik haben wir auch in der Map-Applikation verwendet. In Map2D sind es aber mehr Bögen, die das Applet-Fenster bedecken.
- In den Zeilen 20 und 21 wird ein Verlaufsfüllmuster von der Farbe Grün bei 0,0 hin zu Orange bei 50,50 erzeugt. Das letzte Argument des Konstruktors, `true`, sorgt dafür, dass das Füllmuster so oft wiederholt wird, bis ein Objekt gefüllt ist.
- In Zeile 22 wird das aktuelle Verlaufsfüllmuster mit der Methode `setPaint()` und dem Objekt `gp`, das gerade erzeugt wurde, gesetzt.
- In den Zeilen 23-41 wird das Polygon, das die Form von Florida hat, erzeugt und gezeichnet. Das Polygon wird mit dem wiederholten Verlauf von Grün nach Orange gefüllt, da dies das aktuell gewählte Füllmuster ist.
- In Zeile 43 wird die aktuelle Farbe auf Schwarz gesetzt. Dies ersetzt den Verlauf bei der nächsten Zeichenoperation, da auch Farben Füllmuster sind.
- In der Zeile 44 wird ein neues `BasicStroke`-Objekt ohne Argumente erzeugt, woraus die Standardlinie mit einer Breite von einem Pixel resultiert.
- In Zeile 45 wird die aktuelle Linienbreite auf das neue `BasicStroke`-Objekt `pen2` gesetzt.

- In den Zeilen 46-51 werden drei Ellipsen bei den Punkten (235,140), (225,130) und (245,130) erzeugt. Jede davon ist 15 Pixel breit und 15 Pixel hoch, d.h. es sind Kreise.

Abbildung 12.15 zeigt die Ausgabe des Map2D-Applets im `appletviewer`.

Abbildung 12.15: Das Map2D-Applet

12.9 Zusammenfassung

Sie verfügen nun über einige Tools, mit denen Sie das Erscheinungsbild eines Programms verbessern können. Sie können mit Linien, Rechtecken, Ellipsen, Polygonen, Schriften, Farben und Mustern auf einem Frame, einem Applet-Fenster oder einer anderen Komponente arbeiten, indem Sie Nicht-2D- und 2D-Klassen verwenden.

Bei Nicht-2D-Zeichenoperationen verwenden Sie Methoden der Klasse `Graphics`, mit Argumenten, die das zu zeichnende Objekt beschreiben.

Java2D verwendet für jede Zeichenoperation dieselben beiden Methoden – `draw()` und `fill()`. Unterschiedliche Objekte werden mit den Klassen aus dem Paket `java.awt.geom` erzeugt. Diese werden dann als Argumente für die Zeichenmethoden von `Graphics2D` verwendet.

Sie werden morgen noch mehr Gelegenheit zur Arbeit mit Multimedia erhalten. Diese Kunstlektionen behandeln Animation und die Anzeige von Bilddateien.

12.10 Fragen und Antworten

F *Ich will eine Textzeile ausgeben, in deren Mitte sich ein fett gedrucktes Wort befindet. Mir ist klar, dass ich zwei verschiedene* `Font`*-Objekte dafür brauche – eines für die normale Schrift und eines für die fette – und dass ich die aktuelle Schrift mittendrin umdefinieren muss. Das Problem ist nun, dass* `drawString()` *eine x- und eine y-Position für den Beginn eines jeden Strings benötigt, und ich kann nichts finden, mit dem ich mich auf die aktuelle Position beziehen könnte. Wie kann ich ermitteln, wo das fett gedruckte Wort starten soll?.*

A Die Darstellungsmöglichkeiten von Java für Text sind ziemlich primitiv. Java hat nichts in der Art eines aktuellen Punktes, sodass Sie selbst ermitteln müssen, wo sich das Ende des einen Strings befindet, um den nächsten String zu beginnen. Die Methode `stringWidth()` kann Ihnen bei diesem Problem helfen – sowohl, um die Länge des gerade ausgegebenen Strings zu ermitteln, als auch, um Leerraum danach einzufügen.

F *Mir ist nicht ganz klar, was das kleine »f« im heutigen Quelltext bedeutet. Es wird zu Koordinaten hinzugefügt, z.B. bei der Polly-Methode* `polly.moveTo(5f, 0f)`*. Warum wird das »f« für diese Koordinaten benutzt und für andere nicht, und warum wird anderswo ein großes »F« benutzt, z.B. bei der fl-Methode* `fl.moveTo(10F, 12F)`.

A F bzw. f geben an, dass die Zahl eine Fließkommazahl und nicht ein Integer ist. F und f sind austauschbar. Wenn Sie weder F noch f benutzen, geht der Java-Compiler davon aus, dass die Zahl ein Integer ist. Viele Methoden und Konstruktoren brauchen Fließkomma-Argumente, kommen aber auch mit Integern zurecht, weil Integer in Fließkommazahlen umgewandelt werden können, ohne den Wert zu ändern. Deswegen können Konstruktoren wie *`Arc2D.Float()`* Argumente wie 10 und 180 statt 10F und 180F benutzen.

12.11 Quiz

Überprüfen Sie den heutigen Stoff, indem Sie dieses Quiz mit drei Fragen beantworten.

Fragen

1. Welches Objekt ist notwendig, bevor Sie etwas in Java zeichnen können?

   (a) `Graphics` oder `Graphics2D`

   (b) `WindowListener`

   (c) `JFrame`

2. Welche der drei Schriften sollte man in einem Java-2-Programm nicht benutzen?

   (a) `serif`

   (b) `Courier`

   (c) `monospaced`

3. Auf was bezieht sich die Methode `getSize().width`?

   (a) Die Breite des Appletfensters

   (b) Die Breite des Framefensters

   (c) Die Breite jeder beliebigen grafischen Benutzerschnittstellen-Komponente

Antworten

1. a.
2. b. Wenn man spezielle Schriftnamen statt Schriftbeschreibungen wie `serif` oder `monospaced` einsetzt, begrenzt man die Flexibilität von Java, eine Schrift auf einer gegebenen Plattform auszuwählen.
3. c. Sie können die Methoden `getSize().width` und `getSize().height` mit jeder Komponente benutzen.

12.12 Übungen

Um Ihr Wissen über die heute behandelten Themen zu vertiefen, können Sie sich an folgenden Übungen versuchen:

- Erstellen Sie ein Applet, das einen Kreis zeichnet, wobei Radius, x,y-Position und Farbe durch Parameter festgelegt werden.
- Erzeugen Sie Version von `Map2D`, die als Applikation statt als Applet läuft.

Soweit einschlägig, finden Sie die Lösungen zu den Übungen auf der Webseite zum Buch: `http://www.java21days.com`.

Threads und Animation

Als Java 1995 verfügbar wurde, nutzten es Hunderte von Programmierern zur Erzeugung animierter Applets. Damals gab es keine andere Möglichkeit, Animation auf einer Webseite zu erzeugen – Browser unterstützten noch keine animierten GIFs und Shockwave, Flash und ActiveX gab es noch nicht. Java eignete sich hervorragend, um den Besuchern dynamischen Inhalt zu präsentieren.

Seitdem hat sich viel getan, doch Java bleibt eine der einfachsten Möglichkeiten, um animierten Inhalt (insbesondere bei komplexen Effekten) im und außerhalb des WWW zu präsentieren.

Animationen unter Java werden mithilfe des *Abstract Windowing Toolkit* (AWT), Swing und der Klasse `Thread` im Paket `java.lang` umgesetzt.

Heute lernen Sie, wie man die verschiedenen Teile von Java zusammenarbeiten lassen kann, um bewegte Bilder zu erzeugen und um Applets sowie Applikationen dynamisch zu aktualisieren. Im Einzelnen geht es dabei um folgende Themen:

- Wie Animationen unter Java funktionieren – die Methode `paint()` für Applets und die Methode `paintComponent()` für Applikationen, und wie man diese Methoden überschreibt.
- Threads – wie man Animation in einen eigenen Thread (einen Task, der getrennt von anderen Teilen Ihres Programms abläuft) setzt
- Bitmap-Bilder wie GIFs, JPEGs oder PNGs verwenden – wie man sie in ein Programm lädt, überprüft, ob sie komplett geladen sind und sie anzeigt.

13.1 Animationen unter Java erstellen

Sie haben schon Grafiken und Text gezeichnet, indem Sie die `paint()`-Methode in Applets bzw. die `paintComponent()`-Methode in Applikationen verwandten. Man benutzt diese Methoden, um etwas auf eine Komponente zu zeichnen, sooft die Schnittstelle eines Programms neu gezeichnet werden muss. Sie können die Methode `repaint()` einer Komponente aufrufen, damit sie neu gezeichnet wird.

In den meisten bisherigen Programmen zeichnen diese Paint-Methoden stets dasselbe – z.B. zeichnet das `Map2D`-Applet von gestern Florida stets in derselben Weise, wenn das Appletfenster neu gezeichnet wird.

Wenn Sie Animation erzeugen, zeichnen Sie die Komponente wie gewöhnlich mit ihrer Paint-Methode. Statt Inhalt zu erzeugen, der sich nicht ändert, müssen Sie eine Möglichkeit schaffen, dass die Paint-Methode jedes Mal etwas anderes zeichnet, wenn sie aufgerufen wird.

Beispielsweise schreibt die folgende `paint()`-Methode den String `"Look to the cookie!"` in ein Applet-Fenster:

```
public void paint(Graphics screen) {
    Graphics2D screen2D = (Graphics2D)screen;
    screen2D.drawString("Look to the Cookie!", 15, 50);
}
```

Die letzten beiden Argumente der `drawString()`-Methode des Graphics2D-Objekts sind die x-y-Koordinaten, die die Position des Strings im Appletfenster festlegen. Das folgende Beispiel wurde dahingehend modifiziert, dass Variablen für diese Argumente benutzt werden:

```
public void paint(Graphics screen) {
    Graphics2D screen2D = (Graphics2D)screen;
    screen2D.drawString("Look to the Cookie!", xPosition, yPosition);
}
```

Die Position, an die der String geschrieben wird, hängt von den Werten der Variablen `xPosition` und `yPosition` ab. Sie können diese Paint-Methode zur Animationserzeugung benutzen, wenn Sie diese Werte dynamisch verändern und dann das Appletfenster neu zeichnen.

Diese Technik kann für alle Animationen benutzt werden, egal ob Sie Text, Grafik, Bilddateien oder eine Kombination daraus zeichnen wollen.

Zeichnen und Neuzeichnen

Wie Sie bereits gelernt haben, wird die Paint-Methode einer Komponente automatisch aufgerufen, wenn ihr Ausgabebereich neu gezeichnet werden muss. Das passiert, wenn eine Komponente das erste Mal auf eine Schnittstelle geladen wird, sowie jedes Mal, wenn die Komponente verdeckt wurde – z.B. durch ein Dialogfenster – und dann wieder dargestellt werden muss.

Sie können das Ausgabesystem von Java bitten, das Fenster neu zu zeichnen, indem Sie die Methode `repaint()` aufrufen.

HINWEIS

Diese höfliche Ausdrucksform wurde hier aus einem ganz bestimmten Grund gewählt – `repaint()` stellt nämlich wirklich eher eine Bitte als ein Kommando dar. Das Ausgabesystem von Java erhält diese Anfrage und verarbeitet sie, sobald dies möglich ist. Sollten die `repaint()`-Anfragen schneller auflaufen, als Java diese verarbeiten kann, werden eventuell einige übersprungen. In den meisten Fällen ist die Verzögerung zwischen dem Aufruf von `repaint()` und der eigentlichen Aktualisierung des Fensters jedoch vernachlässigbar.

In einem Animationsprogramm werden die beiden folgenden Schritte oft wiederholt:

1. Das Programm verändert etwas, das sich auf das, was die Paint-Methode der Komponente zeichnet, auswirken wird.
2. Die Methode `repaint()` der Komponente wird aufgerufen.

Schritt 1 geschieht üblicherweise nicht in der Paint-Methode der Komponente – wenn wir uns Animation als eine Folge einzelner Frames vorstellen, dann kümmert sich `paint()` oder `paintComponent()` nur um den aktuellen Frame.

WARNUNG

Obwohl Sie die Methode `paint()` auch selbst aufrufen können, sollten Sie für alle Anfragen zum Zeichnen des Ausgabebereiches Aufrufe der Methode `repaint()` verwenden. Die `repaint()`-Methode ist leichter anzuwenden – sie benötigt kein `Graphics`-Objekt als Parameter, wie das bei `paint()` der Fall ist – und Sie kümmert sich um alles, was zur Aktualisierung des Anzeigebereiches nötig ist. Sie werden dies später am heutigen Tag sehen, wenn Sie `repaint()` verwenden, um eine Animationssequenz zu erstellen.

Eine Komponente animieren

Etliche Webseiten im Nachrichten- und Technologiebereich verwenden Java-Applets, um ein scrollendes Fenster mit aktuellen Schlagzeilen darzustellen.

Unser nächstes Projekt, die Applikation `Headlines`, stellt ein animiertes Panel mit einigen Schlagzeilen dar, die von unten im Panel nach oben steigen.

Die folgende Klassendefinition für `HeadlinePanel` erzeugt ein Stringarray mit Schlagzeilen und eine Integervariable:

```
class HeadlinePanel extends JPanel {
    String[] headlines = {
        "Grandmother of Eight Makes Hole in One",
        "Police Begin Campaign to Run Down Jaywalkers",
        "Dr. Ruth to Talk About Sex with Newspaper Editors",
        "Enraged Cow Injures Farmer with Axe "
    } ;
    int y = 76;
}
```

HINWEIS

Diese Schlagzeilen sind echt und wurden von Ciarán P. McCarthy vom Salesian English Centre in Celbridge, Irland gesammelt. Auf seiner Webseite `http://indigo.ie/~sdblang/personal/papers/headlines.htm` finden Sie die gesamte Liste.

Um etwas auf eine Komponente wie dieses Panel zu zeichnen, müssen Sie ihre `paintComponent(Grafik)`-Methode überschreiben, die ganz analog zur `paint(Grafik)`-Methode eines Applets ist.

Die folgende Methode schreibt alle Elemente des `headlines`-Arrays in die Komponente:

```
public void paintComponent(Graphics comp) {
    Graphics2D comp2D = (Graphics2D)comp;
    Font type = new Font("monospaced", Font.BOLD, 14);
    comp2D.setFont(type);
    comp2D.setColor(getBackground());
    comp2D.fillRect(0, 0, getSize().width, getSize().height);
    comp2D.setColor(Color.black);
    for (int i = 0; i < headlines.length; i++)
        comp2D.drawString(headlines[i], 5, y + (20 * i));
}
```

Diese Paint-Methode legt mithilfe der `y`-Instanzvariablen des Panels fest, wo die Schlagzeilen hingeschrieben werden. Diese Variable hat den Startwert 76. Wenn das Feld also zum ersten Mal dargestellt wird, erscheinen die Schlagzeilen an folgenden Positionen:

- »Grandmother of Eight Makes Hole in One« an Position (5, 76)
- »Police Begin Campaign to Run Down Jaywalkers« an Position (5, 96)
- »Dr. Ruth to Talk About Sex with Newspaper Editors« an Position (5, 116)
- »Enraged Cow Injures Farmer with Axe » an Position (5, 136)

Jetzt haben Sie ein Panel erstellt, das über eine Paint-Methode verfügt, mit der man Schlagzeilen an verschiedene Positionen schreiben kann. Wir müssen jetzt nur noch eine Möglichkeit schaffen, die Position der Schlagzeilen zu verändern, und dann `repaint()` aufrufen.

```
void scroll() {
    while (true) {
        y = y - 1;
        if (y < -75)
            y = 76;
        repaint();
        try {
            Thread.sleep(250);
        } catch (InterruptedException e) { }
    }
}
```

Die `while (true)`-Anweisung in der Methode `scroll()` stellt eine *unendliche Schleife* dar. In dieser Schleife wird der Wert der Variablen `y` um 1 verringert, und dann wird das Panel neu gezeichnet. Ist `y` kleiner als -75, dann wird es wieder auf den Anfangswert 76 gesetzt.

Der try-catch-Block beinhaltet einen Aufruf von Thread.sleep(), eine Klassenmethode, die Java für die angegebene Zahl von Millisekunden pausieren lässt. Damit lässt sich auf einfache Weise eine Animation verlangsamen.

HINWEIS: Der Aufruf von sleep() ist in einen try-catch-Block eingeschlossen, weil die Methode sleep() einen Fehler namens InterruptedException erzeugt, wenn im Java-Interpreter etwas geschehen sollte, das die Methode unterbricht. Am 16. Tag erfahren Sie mehr über Ausnahmen.

Sie können die HeadlinePanel-Komponente in jedes Applikations- oder Appletfenster integrieren und ihre scroll()-Methode aufrufen, um die Animation beginnen zu lassen. Listing 13.1 zeigt eine einfache Headlines-Applikation, die das Panel beinhaltet.

Listing 13.1: Der gesamte Quelltext von Headlines.java.

```
import java.awt.*;
import javax.swing.*;
import java.util.*;

public class Headlines extends JFrame {
    HeadlinePanel news = new HeadlinePanel();

    public Headlines() {
        super("Headlines");
        setSize(420, 100);
        setDefaultCloseOperation(JFrame.EXIT_ON_CLOSE);
        JPanel pane = new JPanel();
        pane.setLayout(new GridLayout(1, 1, 15, 15));
        pane.add(news);
        setContentPane(pane);
        show();
        news.scroll();
    }

    public static void main(String[] arguments) {
        Headlines head = new Headlines();
    }
}

class HeadlinePanel extends JPanel {
    String[] headlines = {
        "Grandmother of Eight Makes Hole in One",
        "Police Begin Campaign to Run Down Jaywalkers",
        "Dr. Ruth to Talk About Sex with Newspaper Editors",
        "Enraged Cow Injures Farmer with Axe "
    } ;
```

```
    int y = 76;

    void scroll() {
        while (true) {
            y = y - 1;
            if (y < -75)
                y = 76;
            repaint();
            try {
                Thread.sleep(250);
            } catch (InterruptedException e) { }
        }
    }

    public void paintComponent(Graphics comp) {
        Graphics2D comp2D = (Graphics2D)comp;
        Font type = new Font("monospaced", Font.BOLD, 14);
        comp2D.setFont(type);
        comp2D.setColor(getBackground());
        comp2D.fillRect(0, 0, getSize().width, getSize().height);
        comp2D.setColor(Color.black);
        for (int i = 0; i < headlines.length; i++)
            comp2D.drawString(headlines[i], 5, y + (20 * i));
    }

}
```

Die Verwendung der `HeadlinePanel`-Komponente in einem anderen Programm ist ziemlich unproblematisch – das Panel selbst erledigt alles außer dem Starten der Animation.

Das Feld zeichnet Schlagzeilen an Positionen mit negativen Koordinaten von (5,-1) bis (5,-75). Java zeichnet sogar dann Text und Bilder, wenn die (x,y)-Koordinaten außerhalb der Komponente liegen, und zeigt dann nur den Teil an, der in den sichtbaren Bereich der Komponente fällt. Die Applikation `Headlines` benutzt dieses Verhalten, um Schlagzeilen hinter der Oberkante des Fensters verschwinden zu lassen (und ebenso, um sie von unterhalb der Unterkante hochscrollen zu lassen).

Abbildung 13.1 zeigt die laufende Applikation.

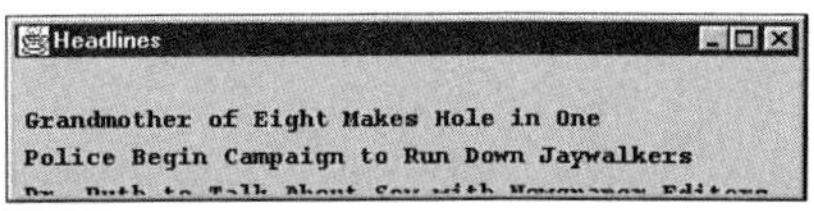

Abbildung 13.1: Die Applikation Headlines

Nach dem Aufruf der Methode `scroll()` sorgt die unendliche Schleife in dieser Methode dafür, dass die Animation bis zum Ende der Applikation (wenn also der Frame geschlossen wird) weiterläuft.

Animationen über Threads kontrollieren

Bei der Programmierung von Animationen muss man die Systemressourcen im Blick behalten. Es kostet viel Rechenleistung, wenn man zahlreiche Grafiken bewegt, insbesondere, falls man diese Grafiken eventuell auch noch verändert oder Kollisionen zwischen zwei sich bewegenden Objekten mitverfolgt.

Wenn Sie eine komplex animierte Komponente auf Ihre Benutzerschnittstelle setzen, kann es passieren, dass die Elemente der Schnittstelle nur noch langsam reagieren – Drop-Down-Listen brauchen eine Sekunde oder mehr zum Aufklappen, Klicks auf Buttons werden nur langsam erkannt, usw.

Animationen können wie andere Teile eines Javaprogramms, die viel Rechenpower kosten, getrennt vom Rest des Programms ablaufen, indem man ein Java-Feature namens Threads benutzt.

Neuer BEGRIFF

Ein *Thread* ist ein Teil eines Programms, der eingerichtet wird, um eigenständig zu laufen, während der Rest des Programms etwas anderes tut. Dies wird auch als *Multitasking* bezeichnet, da das Programm mehr als eine Aufgabe (engl. task) zur selben Zeit ausführen kann.

Threads sind ideal für alles, was viel Rechenzeit in Anspruch nimmt und kontinuierlich ausgeführt wird, wie z. B. die wiederholten Zeichenoperationen der Applikation `Headlines`, die in einer unendlichen Schleife Schlagzeilen schrieben.

Indem Sie die Arbeitslast der Animation in einen Thread packen, machen Sie den Weg dafür frei, dass sich der Rest des Programms mit anderen Dingen beschäftigen kann. Sie machen es auch für die Laufzeitumgebung des Applets einfacher, das Programm zu verarbeiten, da die gesamte intensive Arbeit in einem eigenen Thread isoliert ist.

Ein Programm mit Threads schreiben

Man implementiert Threads in Java mithilfe der Klasse `Thread` des Pakets `java.lang`. Sie haben bereits `sleep()`, eine ihrer Klassenmethoden, benutzt, um die Ausführung eines Programms anzuhalten.

Man kann Threads benutzen, indem man zeitintensives Verhalten in eine eigene Klasse packt. In der Applikation `Headlines` ist der Code für die Animation komplett in der `HeadlinePanel`-Klasse gesammelt, sodass hier bereits alles gut für den Gebrauch von Threads vorbereitet ist.

Um eine Klasse so zu modifizieren, dass sie Threads benutzt, muss die Klasse die Schnittstelle `Runnable` aus dem Paket `java.lang` implementieren. Dazu fügen Sie in die Deklaration der Klasse die Anweisung `implements`, gefolgt vom Namen der Schnittstelle, ein:

```
public class Cartoon extends JPanel implements Runnable {
    public void run() {
        // ...
    }
}
```

Wenn eine Klasse eine Schnittstelle implementiert, muss sie alle Methoden dieser Schnittstelle implementieren. Die Schnittstelle `Runnable` hat nur eine Methode, `run()`, die sich im vorherigen Beispiel auch findet. Wir sehen gleich, wie man diese Methode benutzt.

Der erste Schritt bei der Erzeugung eines Threads ist, eine Referenz auf ein Objekt der `Thread`-Klasse zu erzeugen:

```
Thread runner;
```

Diese Anweisung erzeugt eine Referenz auf einen Thread, doch noch wurde ihr kein `Thread`-Objekt zugewiesen. Threads werden erzeugt, indem der Konstruktor `Thread(`*`Objekt`*`)` aufgerufen wird. Ein nebenläufiges `Cartoon`-Objekt (also ein Objekt in einem Thread) würde mit folgender Anweisung erzeugt:

```
Cartoon toon = new Cartoon();
Thread toonThread = new Thread(toon);
```

Gute Orte, um Threads zu erzeugen, sind der Konstruktor für eine Applikation, der Konstruktor für eine Komponente (wie ein Panel) oder die `start()`-Methode eines Applets.

Ein Thread beginnt, wenn seine `start()`-Methode aufgerufen wird:

```
toonThread.start();
```

Sowohl Applets als auch Threads haben eine `start()`-Methode. Das kann zu Verwirrungen führen, wenn Sie ein Applet mit Threads programmieren wollen. Die beiden Methoden haben außer dem Namen nichts miteinander gemeinsam.

Die folgenden Anweisungen könnten in der Klassendefinition eines nebenläufigen Objekts stehen, um den Thread zu starten:

```
Thread runner;
if (runner == null) {
    runner = new Thread(this);
    runner.start();
}
```

Das Schlüsselwort `this` im Konstruktor `thread()` bezieht sich auf das Objekt, in dem sich diese Anweisungen befinden. Die Variable `runner` hat den Wert `null`, bevor ihr ein Objekt zugewiesen wird. Die `if`-Anweisung stellt also sicher, dass der Thread nur einmal gestartet wird.

Um einen Thread auszuführen, ruft man seine start()-Methode auf:

```
runner.start();
```

Der Aufruf der `start()`-Methode eines Threads führt zum Aufruf einer weiteren Methode – der `run()`-Methode, die in dem nebenläufigen Objekt präsent sein muss.

Die `run()`-Methode ist das Herz einer nebenläufigen Klasse. In einem Animationsprogramm würden in ihr z.B. die Veränderungen stehen, die das betreffen, was die Paint-Methode zeichnet. Bei unserer `Headlines`-Applikation müsste die Methode `scroll()` nur wenig angepasst werden, um als `run()`-Methode dienen zu können.

Ein Applet wird zu einem Programm mit Threads, indem `implements Runnable` eingebaut, ein mit dem Applet assoziiertes `Thread`-Objekt erzeugt und die `start()`-, `stop()`- und `run()`-Methoden des Applets benutzt werden.

13.2 Eine Uhr-Applikation mit Threads

Die Programmierung mit Threads erfordert viel Interaktion zwischen unterschiedlichen Objekten. Ein Praxisbeispiel sollte das Ganze klarer werden lassen.

Listing 13.2 zeigt Ihnen eine Applikation, die die aktuelle Zeit in einer Panelkomponente anzeigt. Die Animation, durch die das Feld regelmäßig erneuert wird, läuft in einem eigenen Thread.

Listing 13.2: Die gesamte Quelltext von DigitalClock.java.

```
import java.awt.*;
import javax.swing.*;
import java.util.*;

public class DigitalClock extends JFrame {
    WatchPanel watch = new WatchPanel();

    public DigitalClock() {
        super("Digital Clock");
        setSize(345, 60);
        setDefaultCloseOperation(JFrame.EXIT_ON_CLOSE);
        JPanel pane = new JPanel();
        pane.setLayout(new GridLayout(1, 1, 15, 15));
        pane.add(watch);
        setContentPane(pane);
        show();
    }

    public static void main(String[] arguments) {
        DigitalClock clock = new DigitalClock();
```

```
21:     }
22: }
23:
24: class WatchPanel extends JPanel implements Runnable {
25:     Thread runner;
26:
27:     WatchPanel() {
28:         if (runner == null) {
29:             runner = new Thread(this);
30:             runner.start();
31:         }
32:     }
33:
34:     public void run() {
35:         while (true) {
36:             repaint();
37:             try {
38:                 Thread.sleep(1000);
39:             } catch (InterruptedException e) { }
40:         }
41:     }
42:
43:     public void paintComponent(Graphics comp) {
44:         Graphics2D comp2D = (Graphics2D)comp;
45:         Font type = new Font("Serif", Font.BOLD, 24);
46:         comp2D.setFont(type);
47:         comp2D.setColor(getBackground());
48:         comp2D.fillRect(0, 0, getSize().width, getSize().height);
49:         GregorianCalendar day = new GregorianCalendar();
50:         String time = day.getTime().toString();
51:         comp2D.setColor(Color.black);
52:         comp2D.drawString(time, 5, 25);
53:     }
54: }
```

Die Abbildung 13.2 zeigt die Applikation `DigitalClock`.

*Abbildung 13.2:
Die Applikation DigitalClock.*

Würden Sie keine Threads in der Applikation `DigitalClock` benutzen, dann liefe die `while()`-Schleife in den Zeilen 35-40 im Standardthread von Java, der auch für die Darstellung des Bildschirms, den Umgang mit Benutzereingaben wie Mausklicks und die interne Verarbeitung zuständig ist. Eine solche Schleife kann mühelos den Hauptsystemthread an sich reißen und damit u.a. die Bildschirmdarstellung völlig ausbremsen.

Die Applikation `DigitalClock` stellt einen Frame dar, der nur eine Schnittstellenkomponente enthält, nämlich ein Panel-Objekt namens `WatchPanel`. In Zeilen 49-50 stellt die Methode `paintComponent()` die aktuelle Zeit dar, indem sie ein `GregorianCalendar`-Objekt erzeugt, die `getTime()`-Methode dieses Objekts aufruft und die Zeit danach als String darstellt.

Jedes Mal, wenn das Feld neu gezeichnet wird, zeigt es die aktuelle Zeit. Sie müssen außerhalb der Paint-Methode nichts ändern, damit das geschieht – das `day`-Objekt, das in Zeile 49 erzeugt wird, repräsentiert die Zeit im Moment der Erzeugung des Objekts.

Deswegen muss außerhalb der Paint-Methode nur ein Task stattfinden, damit die Animation läuft: Die Komponente muss häufig neu gezeichnet werden. Die `run()`-Methode in den Zeilen 34-41 erledigt dies. Sie wird automatisch aufgerufen, wenn ein Thread, der mit dem `WatchPanel`-Objekt assoziiert ist, gestartet wird.

Der `WatchPanel()`-Konstruktor in den Zeilen 27-32 erzeugt und startet den `WatchPanel`-Thread, indem er die `start()`-Methode des Threads aufruft. Dieser Thread läuft neben dem Rest der Applikation.

13.3 Einen Thread anhalten

Einen Thread anzuhalten, ist ein bisschen komplizierter, als ihn zu starten. Die Klasse `Thread` hat eine `stop()`-Methode, mit der man einen Thread anhalten kann, doch in Java 2 wurde sie für veraltet erklärt, da sie Instabilitäten in der Laufzeitumgebung erzeugt und schwer festzumachende Fehler hervorrufen kann.

Man kann einen Thread beispielsweise anhalten, indem man eine Schleife in der `run()`-Methode des Thread enden lässt, sobald sich der Wert einer Variable ändert, wie in diesem Beispiel:

```
public void run() {
    while (okToRun == true) {
        // ...
    }
}
```

Die Variable `okToRun` könnte eine Instanzvariable der Klasse des Threads sein. Sobald sie auf `false` abgeändert wird, endet die Schleife innerhalb der `run()`-Methode.

Eine andere Möglichkeit zur Beendigung eines Threads ist, nur solange innerhalb der `run()`-Methode die Schleife abzuarbeiten, wie der aktuell laufende Thread eine Variable hat, die ihn referenziert.

In den vorherigen Beispielen diente ein Thread-Objekt namens runner zur Aufnahme des aktuellen Thread.

Die Klassenmethode Thread.currentThread() kann in einem Thread aufgerufen werden, um eine Referenz auf den aktuellen Thread zu erhalten.

Die folgende run()-Methode läuft solange, wie runner und currentThread() sich auf dasselbe Objekt beziehen:

```
public void run() {
    Thread thisThread = Thread.currentThread();
    while (runner == thisThread) {
        // ...
    }
}
```

Wenn Sie eine solche Schleife verwenden, können Sie den Thread an beliebiger Stelle in der Klasse mit folgender Anweisung anhalten:

```
runner = null;
```

Diese Technik wird ihnen in der Applikation Checkers (Listing 13.3) demonstriert. Dieses Programm zeichnet einen sich bewegenden Damestein auf ein Feld, das in einem eigenen Thread animiert wird. Dieser Thread wird mithilfe von Buttons auf der Schnittstelle der Applikation gestartet und angehalten.

Listing 13.3: Der gesamte Quelltext von Checkers.java.

```
import java.awt.*;
import java.awt.event.*;
import javax.swing.*;

public class Checkers extends JFrame implements ActionListener {
    CheckersPanel checkers = new CheckersPanel();
    JButton startButton = new JButton("Start");
    JButton stopButton = new JButton("Stop");

    public Checkers() {
        super("Checkers");
        setSize(210, 170);
        setDefaultCloseOperation(JFrame.EXIT_ON_CLOSE);
        JPanel pane = new JPanel();
        BorderLayout border = new BorderLayout();
        pane.setLayout(border);
        pane.add(checkers, "Center");

        JPanel buttonPanel = new JPanel();
        startButton.addActionListener(this);
```

```
        buttonPanel.add(startButton);
        stopButton.addActionListener(this);
        stopButton.setEnabled(false);
        buttonPanel.add(stopButton);

        pane.add(buttonPanel, "South");
        setContentPane(pane);
        show();
    }

    public void actionPerformed(ActionEvent evt) {
        if (evt.getSource() == startButton) {
            checkers.playAnimation();
            startButton.setEnabled(false);
            stopButton.setEnabled(true);
        } else {
            checkers.stopAnimation();
            startButton.setEnabled(true);
            stopButton.setEnabled(false);
        }
    }

    public static void main(String[] arguments) {
        Checkers ck = new Checkers();
    }

}

class CheckersPanel extends JPanel implements Runnable {
    private Thread runner;
    int xPos = 5;
    int xMove = 4;

    void playAnimation() {
        if (runner == null); {
            runner = new Thread(this);
            runner.start();
        }
    }

    void stopAnimation() {
        if (runner != null); {
            runner = null;
        }
    }

```

```
    public void run() {
        Thread thisThread = Thread.currentThread();
        while (runner == thisThread) {
            xPos += xMove;
            if ((xPos > 105) | (xPos < 5))
                xMove *= -1;
            repaint();
            try {
                Thread.sleep(100);
            } catch (InterruptedException e) { }
        }
    }

    public void paintComponent(Graphics comp) {
        Graphics2D comp2D = (Graphics2D)comp;
        comp2D.setColor(Color.black);
        comp2D.fillRect(0, 0, 100, 100);
        comp2D.setColor(Color.white);
        comp2D.fillRect(100, 0, 100, 100);
        comp2D.setColor(Color.red);
        comp2D.fillOval(xPos, 5, 90, 90);
    }
}
```

Der größte Teil des Codes der Applikation `Checkers` benutzt Techniken, die Sie schon längst kennen. Dieses Programm erzeugt Animation mithilfe von Formen, die mit Java2D-Techniken gezeichnet werden – in einem `CheckersPanel`-Objekt werden ein schwarzes und ein weißes Feld unter einem roten Kreis gemalt, der einen Damestein darstellen soll.

Die Position des roten Damesteins hängt vom Wert der Instanzvariablen `xPos` von `CheckersPanel` ab. Diese Variable ändert ihren Wert innerhalb der `run()`-Methode des Panels.

Die `Checkers`-Klasse selbst ist ein Frame, der die Hauptschnittstelle der Applikation repräsentiert. Zwei Komponenten werden in den Inhaltsbereich des Frames gelegt: eine Komponente `CheckersPanel` und ein weiteres Panel namens `buttonPanel`. Dieses zweite Panel hat zwei Buttons, `startButton` und `stopButton`.

Wenn die Applikation ausgeführt wird (Abbildung 13.3), wird der Damestein über das Spielfeld gezogen, bewegt sich aber nicht. Die Animation kann gestartet bzw. gestoppt werden, indem die Buttons Start bzw. Stop geklickt werden.

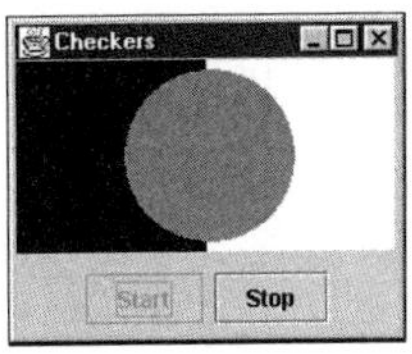

Abbildung 13.3: Die Applikation Checkers

Die Veränderung der `xPos`, die zur Animation führen, geschieht in der `run()`-Methode in den Zeilen 67-78. Diese Methode enthält eine `while`-Schleife, die solange weiterläuft, wie `runner` und `thisThread` sich auf denselben Thread beziehen.

Das Damestein-Panel hat zwei Methoden, um seinen Thread zu starten bzw. anzuhalten: `playAnimation()` in den Zeilen 54-59 und `stopAnimation()` in den Zeilen 61-65. Diese Methoden könnten ohne Aufwand in jedem nebenläufigen Objekt benutzt werden, um den Thread zu starten und anzuhalten.

13.4 Bilder laden und anzeigen

Der elementare Umgang mit Bildern wird unter Java von der Klasse `Image` geboten, die Teil des Paketes `java.awt` ist. `Image`-Objekte können Grafiken in drei Dateiformaten repräsentieren: `GIF`, `JPEG` und `PNG`.

Bildobjekte kann man nicht direkt erzeugen. Applets verfügen über etliche Methoden, um Bilddateien mithilfe des Dateinamens oder einer URL zu laden. Eine URL ist eine Adresse, die angibt, wo eine Bilddatei im Internet verfügbar ist. Applikationen können mithilfe von Klassenmethoden der `Toolkit`-Klasse, die Teil des Pakets `java.awt` ist, mit Bildern arbeiten.

Wenn Sie ein `Image`-Objekt haben, können Sie es in einer Komponente mithilfe von Methoden der Klassen `Graphics` und `Graphics2D` anzeigen.

Bilder laden

Um in einer Applikation eine Grafikdatei mit einem `Image`-Objekt zu assoziieren, rufen Sie die `createImage()`-Methode der Klasse `Toolkit` auf.

`Toolkit` ist eine Klasse, die hinter den Kulissen werkelt, um die Präsentation und Pflege einer grafischen Benutzerschnittstelle unter Java zu unterstützen. Sie können keine `Toolkit`-Objekte erzeugen, aber Sie können eines erhalten, wenn Sie die Klassenmethode `getDefaultToolkit()` aufrufen.

Die `Toolkit`-Klasse lädt Bilder mithilfe der folgenden Methoden:

- `getImage(`*`String`*`)` – Erzeugt ein `Image`-Objekt aus der Grafikdatei mit dem angegebenen Namen, der ein Dateiname (also z.B. `fillmore.jpg`) oder ein Pfadname sein kann (also z.B. `c:\whigs\fillmore.jpg`).
- `getImage(`*`URL`*`)` – Erzeugt ein `Image`-Objekt aus der Grafikdatei, die an der von der URL angegebenen Internetadresse liegt.

URL-Objekte werden genauer am 19. Tag behandelt.

Die folgenden Anweisungen erzeugen ein `Image`-Objekt, das mit der Datei `fillmore.jpg` assoziiert ist:

```
Toolkit kit = Toolkit.getDefaultToolkit();
back = kit.getImage("fillmore.jpg");
```

Die Klasse `JApplet` hat zwei Methoden, um Bilder zu laden:

- `getImage(URL)` – Erzeugt ein `Image`-Objekt aus der Grafikdatei an der angegebenen URL
- `getImage(URL, String)` – Erzeugt ein `Image`-Objekt aus einer Internetadresse, die sich aus der angegebene URL und dem Pfad zusammensetzt.

Wenn Sie `getCodeBase()` in einem Applet aufrufen, erhalten Sie ein URL-Objekt, das den Ordner repräsentiert, in dem die Klassendatei des Applets gespeichert ist. Wenn Sie dies als erstes Argument für `getImage(URL, String)` benutzen und die Grafikdatei im selben Ordner speichern, können Sie den Dateinamen als zweites Argument benutzen.

Nehmen wir einfach an, Sie hätten unter `http://www.naviseek.com/java21/java` ein Applet namens `Fillmore.class` gespeichert. In demselben Ordner findet sich auch noch die Datei `fillmore.jpg`. Um ein `Image`-Objekt zu erzeugen, das mit der Grafikdatei assoziiert ist, könnten Sie folgende Anweisung benutzen:

```
Image millard = getImage(getCodeBase(), "fillmore.jpg");
```

Eine andere Appletmethode namens `getDocumentBase()` gibt eine URL aus, die mit der Webpage assoziiert ist, die das Applet geladen hat.

Wenn Sie `getCodeBase()` oder `getDocumentBase()` benutzen, um ein Bild in ein Applet zu laden, funktioniert Ihr Applet auch dann weiterhin, wenn Sie es samt der ganzen Website auf einen anderen Webserver verschieben.

HINWEIS: Wenn Sie ein Java-Archiv (eine `.JAR`-Datei) verwenden, um Ihr Applet zum Benutzer zu bringen, können Sie Bilddateien und andere Datendateien in dieses Archiv packen. Diese Dateien werden aus dem Archiv zusammen mit den Klassendateien automatisch extrahiert.

Bilder zeichnen

Nachdem Sie ein Bild in ein `Image`-Objekt geladen haben, können Sie es in einer `paint()`- oder `paintComponent()`-Methode mit der Methode `drawImage()` der `Graphics2D`-Klasse anzeigen.

Um ein Bild anzuzeigen, rufen Sie die `drawImage()`-Methode mit vier Argumenten auf:

- Das Image-Objekt, das angezeigt werden soll
- Die x-Koordinate
- Die y-Koordinate
- Das Schlüsselwort this

Ist eine Grafikdatei in dem img-Objekt gespeichert, kann die folgende paintComponent()-Methode verwendet werden, um sie in einer Benutzerschnittstellenkomponente anzuzeigen:

```
public void paintComponent(Graphics comp) {
    Graphics2D comp2D = (Graphics2D) comp;
    comp2D.drawImage(img, 0, 0, this);
}
```

Die (x,y)-Koordinaten, die der drawImage()-Methode übergeben werden, sind mit den (x,y)-Koordinaten vergleichbar, die bei der Anzeige von Text oder Grafiken wie Polygonen, Kreisen oder Rechtecken verwendet werden. Der Punkt repräsentiert die linke obere Ecke des Bildes.

Um die (x,y)-Koordinaten der Stelle festzulegen, an der etwas in einer Komponente dargestellt werden soll, ist es oft hilfreich, die Dimensionen der Komponente zu kennen. Verwenden Sie getSize().height bzw. getSize().width, um Höhe bzw. Breite herauszufinden.

WARNUNG: Wenn Sie getHeight() bzw. getWidth() verwenden, dann achten Sie bitte unbedingt darauf, diese Methoden nicht aufzurufen, ehe nicht die Komponente erstellt und angezeigt wurde. Wenn Sie sie schon im Konstruktor der Komponente aufrufen, erhalten Sie nicht die Werten, die Sie erwartet haben.

Ein Wort zu Image-Observern

Das letzte Argument der drawImage()-Methode ist das Schlüsselwort this. Wie Sie sich erinnern werden, kann this innerhalb eines Objekts verwendet werden, um auf das Objekt selbst zu verweisen.

Mit dem Schlüsselwort this wird in der Methode drawImage() festgelegt, dass das Applet verfolgen kann, wie das Bild aus dem WWW heruntergeladen wird. Das Laden von Bildern wird über die ImageObserver-Schnittstelle verfolgt. Klassen, die diese Schnittstelle implementieren (wie z.B. JApplet), können den Ladefortgang eines Bildes verfolgen. Dies ist sehr nützlich, um in einem Programm während des Ladens von Grafikdateien eine Meldung wie »Bilder werden geladen ...« anzuzeigen.

Die vorhandene Unterstützung von ImageObserver sollte für einfache Anwendungen von Bildern in einem Applet ausreichend sein.

13.5 Aus Bildern Animationen erstellen

Wenn Sie Grafikdateien in `Image`-Objeke geladen haben, können Sie sie mit denselben Techniken animieren, mit denen Sie Texte, Kreise und andere Grafiken bewegen. Der größte Unterschied ist, dass Sie einen Weg finden müssen, damit das richtige Bild am richtigen Ort erscheint.

Am leichtesten versteht man die Animation von Bildern, indem man ein Beispiel durcharbeitet. Das nächste Projekt, eines der längsten des ganzen Buches, lässt einen Comic-Pinguin über einen Hintergrund aus Eisblöcken und Steinbarrieren marschieren.

Pixel Pete geht spazieren

In der Applikation `Pete` geht es um einen animierten Pinguin namens *Pixel Pete*, eine Figur aus dem Java-Spielapplet Iceblox von Karl Hörnell. Hörnell, der seine Spiele unter `http://www.javaonthebrain.com` veröffentlicht, ist einer der besten Javaspielprogrammierer überhaupt. Er wurde von Gamelan ausgezeichnet und hat Spiele für die Webseiten von Disney und anderer Großfirmen programmiert.

Tipp: Hörnell veröffentlicht den Quellcode, die Grafikdateien und die Entwicklerkommentare zu den meisten seiner Java-Applets auf seiner Webseite, die also ein idealer Einstieg für angehende Spielentwickler ist.

In diesem Beispiel werden wir sieben verschiedene Grafikdateien von Pixel Pete und seiner arktischen Umgebung benutzen. Die Animation, die in der `Pete`-Applikation entsteht, zeigt Pete, wie er von links nach rechts über das Feld läuft, anhält, um ein paar Mal zu blinzeln und zu winken, und dann weiter nach rechts läuft, bis er über den Rand des Feldes gelaufen ist. Die Animation ist in einer endlosen Schleife, sodass Pete pflichtbewusst immer wieder über die Schnittstelle der Applikation spazieren wird, bis Sie das Programm schließen.

Bilder zusammenstellen

Die `Pete`-Animation verwendet eine große Grafikdatei mit Petes Umgebung und sechs kleinere Dateien, die die verschiedenen Bewegungen darstellen, die Pete vollführen kann. Alle Dateien sind im GIF-Format, das hervorragend für kleine Grafiken geeignet ist, die große gleichfarbige Flächen haben. Für diesen Zweck eignen sich auch PNG-Grafiken.

Abbildung 13.4 zeigt die sechs Versionen von Pete, Abbildung 13.5 bildet die Umgebung ab.

Abbildung 13.4: Die sechs Bilder für Petes Marsch über ein Feld (vergrößert)

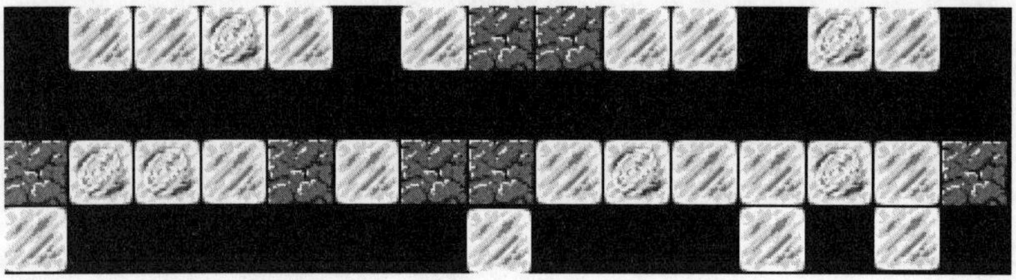

Abbildung 13.5: Die Welt, durch die Pete marschiert.

Sie müssen diese Grafikdateien auf Ihrer Platte haben, um dieses Projekt zu erstellen. Sie finden die Files auf der Webseite zum Buch `http://www.java21days.com`. Öffnen Sie die Seite von Tag 13 und laden Sie die folgenden Dateien in den Ordner herunter, in dem Sie die `Pete`-Applikation kompilieren wollen: `backdrop.gif`, `blink.gif`, `right1.gif`, `right2.gif`, `right3.gif`, `stop.gif` und `wave.gif`.

Organisieren und Laden der Bilder

Die Grundidee der `Pete`-Applikation ist, einen Satz Bilder zu nehmen und sie nacheinander darzustellen, sodass der Eindruck einer Bewegung entsteht. Der Pinguin wird sich von links nach rechts über die eis- und steinfreie Passage bewegen (vgl. Abbildung 13.5).

Eine Möglichkeit, um eine Animation aus Grafikdateien zu erzeugen, ist, die Bilder in einem Array von `Image`-Objekten zu speichern und mit einem Integer als Index festzulegen, welches Array-Element angezeigt werden soll.

Die `Pete`-Applikation wird als einfaches Grundgerüst für die Applikation und eine `PetePanel`-Komponente, in der die Animation stattfindet, organisiert. Das Panel wird in einem eigenen Thread ablaufen und ist so angelegt, dass es in Applets und andere grafische Benutzerschnittstellenprogramme integriert werden kann.

Die folgenden Instanzvariablen, die in der `PetePanel`-Klasse angelegt werden, speichern die Bilder und einen Integer, das das anzuzeigende Bild festlegt:

```
Thread runner;
Image petePics[] = new Image[6];
Image back;
int current = 0;
```

Zudem wird eine Thread-Variable namens runner deklariert, wird aber noch keinem Objekt zugeordnet. Diese Variable wird eine Referenz auf den Thread, der das Programm animiert, speichern.

Da Pete an verschiedenen Stellen des Feldes gezeichnet werden wird, sind die (x,y)-Koordinaten gleichfalls Instanzvariablen:

```
int x = -10;
int y = 30;
```

Die anfänglichen Koordinaten (-10,30) setzen Pete in die Nähe des linken Rands der Komponente, zeigen aber noch nichts von ihm an (Pete ist 30 Pixel breit). Es ist ein beliebter Trick von Animationsprogrammen, eine Figur außerhalb des Bildschirms zu stellen und sie dann in den sichtbaren Bereich zu bewegen.

Der Konstruktor für PetePanel erstellt Image-Objekte für alle sieben Grafikdateien und startet den Thread des Feldes:

```
PetePanel() {
    super();
    setBackground(Color.black);
    String peteSrc[] = {  "right1.gif", "right2.gif",
        "right3.gif", "stop.gif", "blink.gif",
        "wave.gif" } ;
    Toolkit kit = Toolkit.getDefaultToolkit();
    for (int i=0; i < petePics.length; i++) {
        petePics[i] = kit.getImage(peteSrc[i]);
    }
    back = kit.getImage("backdrop.gif");
    if (runner == null) {
        runner = new Thread(this);
        runner.start();
    }
}
```

Das Panel ist eine Subklasse von JPanel, wie die anderen Panels von heute. Die beiden ersten Anweisungen rufen seine Superklasse auf und setzen die Hintergrundfarbe des Feldes auf Schwarz.

Die Dateinamen für die Grafikfiles sind in einem String-Array gespeichert. Somit kann man mit einer Schleife durch das Array gehen und Image-Objekte für das petePics-Array erzeugen.

Das Toolkit-Objekt, das der Konstruktor erzeugt, findet in der for-Schleife Verwendung. Indem seine getImage(*String*)-Methode aufgerufen wird, können Sie das petePics-Array mit sechs Grafikdateien von Pete füllen. Das backdrop.gif-Bild wird separat in sein eigenes Image-Objekt back geladen.

Im Konstruktor muss dann nur noch ein runner-Thread erzeugt werden. Das geschieht, indem sein Konstruktor mit this als Argument aufgerufen wird. Durch this wird das aktuelle Objekt – also das PetePanel-Objekt – zum laufenden Thread.

Der Aufruf der start()-Methode dieses Threads führt zum Aufruf der run()-Methode des Panels. Um dessen Erstellung kümmern wir uns im nächsten Abschnitt.

Bilder animieren

Sobald die Bilder geladen sind, besteht der nächste Schritt darin, die Elemente zu animieren. Da wir es mit Threads zu tun haben, geschieht dies mit der run()-Methode.

In diesem Programm führt Pete fünf aufeinander folgende Aktionen aus:

- Er läuft von dem linken Panelrand ins Bild
- Er stoppt ungefähr in der Mitte und blinzelt
- Er winkt viermal
- Er geht weiter und verschwindet hinter dem rechten Rand des Panels
- Er verschnauft kurz hinter dem Panel, und wiederholt das Ganze von vorne

Die run()-Methode von PetePanel ruft Methoden für die einzelnen Aktionen auf, die Pete ausführen kann.

```
public void run() {
    while (true) {
        walk(-10, 275);
        look();
        blink(3);
        wave(4);
        walk(x, getSize().width + 10);
        pause(1500);
    }
}
```

Die Argumente der walk()-Methode geben die Start- und die Ziel-x-Koordinate von Petes Marsch an, das Argument von blink() legt fest, wie oft Pete zwinkert, und das wave()-Argument bestimmt, wie oft Pete winkt.

Der Aufruf von getSize() gibt ein Dimension-Objekt mit den beiden Instanzvariablen width und height zurück. Indem im zweiten Aufruf der walk()-Methode 10 zu width hinzuaddiert wird, wird die Endkoordinate von Petes Spaziergang auf 10 Pixel jenseits der rechten Seite des Feldes festgelegt.

Die pause()-Methode sorgt dafür, dass Pete eine bestimmte Zeit lang gar nichts tut. Pete wird währenddessen nicht sichtbar sein. Damit sorgt man für die Pause zwischen Petes Märschen.

Jede von Petes Aktivitäten hat ihre eigene Methode. Dies ermöglicht, einige der Aktionen wiederzubenutzen – so die beiden Aufrufe von walk() – und die Reihenfolge gegebenenfalls abzuändern. Sie könnten ferner die Liste von Petes Bewegungen erweitern, indem Sie neue Methoden hinzufügen und sie innerhalb der run()-Methode aufrufen.

Als erstes wird die Methode walk() erzeugt, die zwei Integer als Argumente erhält: start und end. Diese legen die x-Koordinate fest, an der Peter zu gehen anfängt bzw. aufhört. Indem Sie Argumente verwenden, machen Sie die Methode wiederbenutzbar. Hier ist der Anfangscode für den Methodenkörper:

```
void walk(int start, int end) {
  // usw.
}
```

Es gibt drei Bilder des gehenden Petes: petePics[0], petePics[1] und petePics[2].

Damit es so scheint, als würde Pete über das Fenster laufen, werden die Bilder nacheinander angezeigt. Gleichzeitig nimmt aber die x-Koordinate zu, sodass jedes Bild etwas weiter rechts gezeichnet wird als sein Vorgänger. Eine for-Schleife läuft zwischen den Werten von start und end und erhöht die x-Koordinate.

Der Integer current speichert, welches Bild im Moment anzuzeigen ist. Er wird bei jedem Durchgang der for-Schleife geändert.

Ein Aufruf von repaint() sorgt dafür, dass das von current angegebene Bild dargestellt wird (wie Sie bei der Erzeugung der Methode paintComponent() des Feldes sehen werden).

Als Letztes muss nur noch in der walk()-Methode, innerhalb der for-Schleife pausiert werden, bevor die einzelnen Geh-Bilder durch neue ersetzt werden.

Einige von Petes Bewegungsmethoden benötigen eine Pause, die als weitere Methode eingerichtet wird:

```
public void pause(int time) {
    try {
        Thread.sleep(time);
    } catch (InterruptedException e) {  }
}
```

Nachdem der Aufruf von pause() eingefügt ist, sieht die walk()-Methode folgendermaßen aus:

```
public void walk(int start, int end) {
    int showpic = 0;
    for (int i = start; i < end; i += 5) {
```

```
            x = i;
            // Bilder austauschen
            current = showpic;
            repaint();
            pause(150);
            showpic++;
            if (showpic > 2)
                showpic = 0;
        }
}
```

Der letzte Teil der for()-Anweisung inkrementiert die Schleife bei jedem Durchlauf um 5, was die Bilder jedes Mal um diese Distanz nach rechts setzt. Diese Zahl wurde, ganz wie die 150-Millisekunden-Pause beim `pause()`-Aufruf, durch Trial-and-Error bestimmt. Man muss sich einfach ansehen, was am besten aussieht, wenn die Animationssequenz läuft.

Sie haben gesehen, dass die `walk()`-Methode den Wert des aktuellen Bildes in der `current`-Variable speichert, ehe `repaint()` aufgerufen wird. Die `paintComponent()`-Methode des Panels erledigt die eigentliche Arbeit, d.h. sie zeigt das Bild an:

```
public void paintComponent(Graphics comp) {
    Graphics2D comp2D = (Graphics2D)comp;
    if (back != null)
        comp2D.drawImage(back, 0, 0, this);
    comp2D.setColor(Color.black);
    comp2D.fillRect(0, 30, 450, 30);
    if (petePics[current] != null)
        comp2D.drawImage(petePics[current], x, y, this);
}
```

In dieser Methode wird dreierlei gezeichnet:

1. Das Hintergrundbild `back`.
2. Ein schwarzes Rechteck, 450 Pixel breit auf 30 Pixel hoch, mit der linken oberen Ecke bei (0,30).
3. Das aktuelle `Pete`-Bild, `petePics[current]`

Dies wird von hinten nach vorn gezeichnet. Das schwarze Rechteck dient dazu, das letzte Bild von Pete zu löschen, das ansonsten weiter auf dem Feld stehen bliebe. Bevor eines der beiden `Image`-Objekte gezeichnet wird, vergewissert sich die Paint-Methode seiner Existenz, indem sie überprüft, ob es nicht gleich `null` ist.

HINWEIS: In frühen Versionen führte das Zeichnen mehrerer verschiedener Dinge in einer Paint-Methode dazu, dass die Grafiken flackerten. Die übliche Lösung dieses Problems war, alles in ein anderes `Image`-Objekt zu zeichnen, das nicht sichtbar war, und dann nur dieses `Image` in die Paint-Komponente zu zeichnen. Diese Technik heißt *Buffering*. Java 2 unterstützt sie innerhalb `paintComponent()` und `paint()` automatisch.

Petes zweite Aktion ist, sich zu wenden und den Betrachter direkt anzusehen. Das geschieht mit der look()-Methode:

```
public void look() {
    current = 3;
    repaint();
    pause(1000);
}
```

Indem current auf 3 gesetzt wird und dann repaint() aufgerufen wird, erscheint petePics[3].

Petes nächste Aktion ist Blinzeln. Diese Animation benötigt ein Umschalten zwischen zwei Bildern – petePics[4] und petePics[3]:

```
public void blink(int numtimes) {
    for (int i = numtimes; i > 0; i--) {
        current = 4;
        repaint();
        pause(200);
        current = 3;
        repaint();
        pause(1000);
    }
}
```

Die for-Schleife benutzt das Argument numtimes, das festlegt, wie oft die beiden Bilder dargestellt werden. So kann leicht verändert werden, wie oft Pete blinzeln soll.

Die letzte neue Aktivität für Pete ist Winken:

```
public void wave(int numtimes) {
    for (int i = numtimes; i > 0; i--) {
        current = 3;
        repaint();
        pause(600);
        current = 5;
        repaint();
        pause(1100);
    }
}
```

Der Code dieser Methode ist fast identisch mit dem der blink()-Methode. Sie benötigt ein Umschalten zwischen zwei Bildern, petePics[3] und petePics[5].

Die Applikation fertigstellen

Jetzt haben Sie eine PetePanel-Komponente, die zu einem Container wie einem Frame oder einem Appletfenster hinzugefügt werden kann.

Die Pete-Applikation erzeugt einen Frame und fügt nur eine Komponente hinzu, PetePanel. Listing 13.4 zeigt den kompletten Quelltext für dieses Projekt.

Listing 13.4: Der gesamte Quelltext von Pete.java.

```
import java.awt.*;
import javax.swing.*;
import java.util.*;

public class Pete extends JFrame {
    PetePanel pete = new PetePanel();

    public Pete() {
        super("Pixel Pete");
        setSize(452, 146);
        setDefaultCloseOperation(JFrame.EXIT_ON_CLOSE);
        JPanel pane = new JPanel();
        pane.setLayout(new GridLayout(1, 1, 15, 15));
        pane.add(pete);
        setContentPane(pane);
        show();
    }

    public static void main(String[] arguments) {
        Pete penguin = new Pete();
    }
}

class PetePanel extends JPanel implements Runnable {
    Thread runner;
    Image petePics[] = new Image[6];
    Image back;
    int current = 0;
    int x = -10;
    int y = 30;

    PetePanel() {
        super();
        setBackground(Color.black);
        String peteSrc[] = {  "right1.gif", "right2.gif",
            "right3.gif", "stop.gif", "blink.gif",
```

```
        "wave.gif" } ;
        Toolkit kit = Toolkit.getDefaultToolkit();
        for (int i=0; i < petePics.length; i++) {
            petePics[i] = kit.getImage(peteSrc[i]);
        }
        back = kit.getImage("backdrop.gif");
        if (runner == null) {
            runner = new Thread(this);
            runner.start();
        }
    }

    public void paintComponent(Graphics comp) {
        Graphics2D comp2D = (Graphics2D)comp;
        if (back != null)
            comp2D.drawImage(back, 0, 0, this);
        comp2D.setColor(Color.black);
        comp2D.fillRect(0, 30, 450, 30);
        if (petePics[current] != null)
            comp2D.drawImage(petePics[current], x, y, this);
    }

    public void run() {
        while (true) {
            walk(-10, 275);
            look();
            blink(3);
            wave(4);
            walk(x, getSize().width + 10);
            pause(1500);
        }
    }

    public void walk(int start, int end) {
        int showpic = 0;
        for (int i = start; i < end; i += 5) {
            x = i;
            // swap images
            current = showpic;
            repaint();
            pause(150);
            showpic++;
            if (showpic > 2)
                showpic = 0;
        }
    }
```

```
    public void blink(int numtimes) {
        for (int i = numtimes; i > 0; i--) {
            current = 4;
            repaint();
            pause(200);
            current = 3;
            repaint();
            pause(1000);
        }
    }

    public void wave(int numtimes) {
        for (int i = numtimes; i > 0; i--) {
            current = 3;
            repaint();
            pause(600);
            current = 5;
            repaint();
            pause(1100);
        }
    }

    public void look() {
        current = 3;
        repaint();
        pause(1000);
    }

    public void pause(int time) {
        try {
            Thread.sleep(time);
        } catch (InterruptedException e) { }
    }
}
```

Abbildung 13.6 zeigt die Applikation in Aktion.

Abbildung 13.6: Die Applikation Pete

Das Laden von Bildern nachprüfen

Wenn Sie sich die Pete-Applikation ansehen, könnte sich ein seltsamer Effekt einstellen, wenn Pete das erste Mal über das Panel läuft – er verschwindet kurz, ehe er von einem Bild zu einem anderen wechselt. Am meisten fällt das auf, wenn er anhält, um den Benutzer anzusehen und ihm zuzuwinken bzw. zuzublinzeln. Bei allen weiteren Durchläufen wird Pete fehlerfrei dargestellt.

Dass es zu diesem Verschwinden kommt, liegt an der Weise, in der Java Bilder lädt, wenn eine Methode wie getImage() aufgerufen wird. Im Gegensatz zu dem, was man erwarten würde, kommt der Aufruf von getImage() zurück, ehe das Bild wirklich geladen wurde. Stattdessen wird ein Thread gestartet, der das Bild lädt, und das Programm widmet sich anderen Tasks.

Wenn Sie versuchen, ein Image-Objekt zu zeichnen, ehe es geladen wurde, wird ein leeres Bild gezeichnet. Das geschieht immer dann, wenn Pete verschwindet – die Applikation versucht ein Bild zu zeichnen, das noch nicht geladen ist.

Sie können nachprüfen, ob Bilder fertig geladen wurden, indem Sie die Klasse MediaTracker im Paket java.awt verwenden. Ein MediaTracker-Objekt entsteht, indem man die Komponente angibt, in der das Bild letztendlich gezeichnet werden wird.

Innerhalb der Klasse PetePanel können Sie ein MediaTracker-Objekt erzeugen, das mit dem Panel folgendermaßen assoziiert ist:

```
MediaTracker track = new MediaTracker(this);
```

Um mit der Verfolgung eines Bilds zu beginnen, rufen Sie die Methode addImage(*Image*, *int*) des MediaTracker-Objekts auf. Das erste Argument ist das zu verfolgende Bild, das zweite ist eine Indexzahl Ihrer Wahl, die allerdings einmalig für dieses Bild sein sollte.

Nachdem Sie ein Bild zum track-Objekt hinzugefügt haben, lassen Sie das Programm (oder besser: einen Thread) warten, bis es geladen ist, indem Sie die waitForID(*int*)-Methode mit der Indexzahl des Bildes aufrufen.

Ein MediaTracker-Objekt kann mehrere Bilder verfolgen. Um zu warten, bis sie alle geladen sind, rufen Sie die waitForAll()-Methode auf.

Beide Bilder müssen vom selben try-catch-Block umschlossen sein, den wir heute für Aufrufe von Thread.sleep() benutzt haben.

Der folgende PetePanel()-Konstruktor ist dergestalt modifiziert worden, dass er wartet, bis alle Bilder geladen sind, bevor er den Thread erzeugt und die Animation beginnt:

```
PetePanel() {
    super();
    setBackground(Color.black);
    String peteSrc[] = {  "right1.gif", "right2.gif",
```

```
        "right3.gif", "stop.gif", "blink.gif",
        "wave.gif" } ;
    MediaTracker track = new MediaTracker(this);
    Toolkit kit = Toolkit.getDefaultToolkit();
    for (int i=0; i < petePics.length; i++) {
        petePics[i] = kit.getImage(peteSrc[i]);
        track.addImage(petePics[i], i);
    }
    back = kit.getImage("backdrop.gif");
    track.addImage(back, petePics.length);
    try {
        track.waitForAll();
    } catch (InterruptedException e) { }
    if (runner == null) {
        runner = new Thread(this);
        runner.start();
    }
}
```

13.6 Zusammenfassung

Animation gehört zu den unterhaltsamsten Dingen, die Sie mit Java anstellen können, doch es ist längst keine Stützsäule seines Erfolges mehr. Animation kann genutzt werden, um Information zu vermitteln, sich Aufmerksamkeit zu verschaffen und Spiele anzubieten.

Heute haben Sie gelernt, wie man Komponenten erzeugt, die Animationen mithilfe von Paint-Methoden erzeugen, die sich bei jedem Aufruf ändern können.

Da Animation viel Rechenlast verursachen kann, haben Sie gelernt, wie man sie in einen Thread setzt, der unabhängig vom Rest des Programms ausgeführt wird.

Java 2 erledigt viele Animationsaufgaben automatisch, die in früheren Versionen der Sprache speziellen Code erfordert haben. Dazu gehört Buffering, eine Technik, dank der mehrere Dinge in eine Komponente gezeichnet werden können, ohne dass es flackert.

Morgen geht unsere Tour durch die Multimedia-Klassen von Java weiter: Sie lernen, wie Sie Ihr Programm mit Sound ausstatten können.

13.7 Fragen und Antworten

F *Ich habe die* `Pete`*-Applikation kompiliert und ausgeführt. Dabei geschehen merkwürdige Dinge: Die Animation beginnt in der Mitte und lässt Einzelbilder aus. Es scheint, also ob nur einige Bilder geladen worden sind, wenn das Programm ausgeführt wird.*

A Ja, genau das ist der Fall. Da das Laden der Bilder das Bild nicht tatsächlich lädt, animiert das Programm sozusagen den leeren Bildschirm, während die Bilder noch geladen werden. Je nachdem, wie lange es dauert, die Bilder zu laden, scheint das Applet dann in der Mitte zu starten, zu ruckeln und überhaupt nicht zu funktionieren.

Für dieses Problem gibt es drei Lösungen. Die erste besteht darin, eine Animationsschleife zu verwenden (d.h. von vorne zu beginnen, sobald es angehalten wird). Irgendwann werden die Bilder dann geladen sein, und die Animation funktioniert korrekt. Als zweite Lösung, die allerdings nicht sehr gut ist, können Sie eine kleine Pause vor der Ausführung definieren, damit die Bilder geladen werden können, ehe die Animation ausgeführt wird. Die dritte und beste Möglichkeit ist, Image-Observer zu verwenden, mit deren Hilfe sich sicherstellen lässt, dass kein Bereich der Animation abgespielt wird, ehe nicht die notwendigen Bilder geladen sind. Nähere Erläuterungen hierzu erhalten Sie in der Dokumentation zur Schnittstelle `ImageObserver`.

F *Meine Applet- und meine Grafik-Dateien sind im selben Ordner wie die Webseite, die das Applet darstellt. Soll ich* `getCodeBase()` *oder* `getDocumentBase()` *benutzen, wenn ich die Bilder im Applet erzeuge?*

A Der Unterschied zwischen *`getDocumentBase()`* und *`getCodeBase()`* ist nur dann wichtig, wenn die Java-Klasse eines Applets in einem anderen Ordner liegt als die Webseite, in der das Applet eingebettet ist. Für das von Ihnen beschriebene Projekt erhalten Sie mit beiden Methodenaufrufen dasselbe Ergebnis.

13.8 Quiz

Überprüfen Sie den heutigen Stoff, indem Sie dieses Quiz mit drei Fragen beantworten.

Fragen

1. Welche Methoden muss eine Klasse enthalten, wenn sie die `Runnable`-Schnittstelle implementiert?

   (a) `start()`, `stop()` und `run()`

   (b) `actionPerformed()`

   (c) `run()`

2. Wie lässt man einen Thread beginnen, nachdem man ein Thread-Objekt erzeugt hat?

   (a) Man ruft die `start()`-Methode des Threads auf.

   (b) Das geschieht automatisch.

   (c) Man ruft die `run()`-Methode des Threads auf.

3. In welcher Reihenfolge muss man zeichnen, wenn eine `paint()`- oder `paintComponent()`-Methode etwas über ein Hintergrundbild zeichnen soll?

   (a) Egal.

   (b) Zuerst den Hintergrund zeichnen.

   (c) Den Hintergrund zuletzt zeichnen.

Antworten

1. c. Das sagt schon der Name der Schnittstelle `Runnable`.
2. a. Durch den Aufruf von `start()` wird die Methode `run()` des nebenläufigen Objekts aufgerufen.
3. b. Zeichnen Sie Text, Grafiken und Bilder von hinten nach vorne.

13.9 Übungen

Um Ihr Wissen über die heute behandelten Themen zu vertiefen, können Sie sich an folgenden Übungen versuchen:

- Erstellen Sie ein Applet, das die Pete-Animation exakt so darstellt, wie es die `Pete`-Applikation tut.
- Erzeugen Sie eine Ampelanimation, die Kreise und Rechtecke benutzt und in der die Ampel von Grün auf Gelb und Rot wechselt.

Soweit einschlägig, finden Sie die Lösungen zu den Übungen auf der Webseite zum Buch: `http://www.java21days.com`.

JavaSound

In den letzten sechs Tagen haben Sie an einer Sight-Seeing-Tour durchs Javaland teilgenommen. Alle Elemente, die ein Programm visuell attraktiv machen können – also die Benutzerschnittstelle, Grafiken, Bilder und Animation –, benutzt Klassen der Pakete Swing und Abstract Windowing Toolkit.

Zum Abschluss dieser Woche konzentrieren wir uns auf einen anderen Sinn – das Gehör. Java 2 unterstützt Sound einerseits über einige Appletmethoden, die seit dem Erscheinen der Sprache verfügbar waren, andererseits über eine umfangreiche neue Klassenbibliothek namens JavaSound.

Heute machen Sie Javaprogramme auf zwei verschiedene Arten hörbar:

Zuerst benutzen Sie Methoden der `Applet`-Klasse, der Superklasse aller Java-Applets. Sie können mit diesen Methoden Sounddateien in zahlreichen Formate, u.a. `WAV`, `AU` und `MIDI`, laden und abspielen.

Dann arbeiten Sie mit JavaSound, etlichen Paketen, mit denen Sie Sound abspielen, aufnehmen und bearbeiten können.

14.1 Klänge laden und verwenden

Java unterstützt das Abspielen von Sounddateien über die `Applet`-Klasse. Sie können einen Sound einmal oder wiederholt als Schleife abspielen.

Vor Java 2 wurde nur ein Klangformat unterstützt: 8 kHz Mono `AU` in Mu-Law-Codierung (benannt nach dem griechischen Buchstaben µ). Wenn Sie Sounds nutzen wollten, die in anderen Formaten wie `WAV` vorlagen, mussten Sie diese in das Mu-Law-`AU`-Format konvertieren, was oft mit einem Qualitätsverlust verbunden war.

Java 2 bietet eine weitaus umfassendere Audio-Unterstützung. Sie können digitalisierte Klänge in folgenden Formaten laden und abspielen: `AIFF`, `AU` und `WAV`. Zusätzlich werden drei Formate auf `MIDI`-Basis unterstützt: Typ 0 `MIDI`, Typ 1 `MIDI` und `RMF`. Die stark erweiterte Unterstützung von Sound kann mit Audio-Daten in 8- und 16 Bit, in Mono oder Stereo, und mit Sampling-Raten von 8 kHz bis 48 kHz umgehen.

Die einfachste Möglichkeit, einen Sound zu laden und abzuspielen, bietet die `play()`-Methode der Klasse `Applet`. Die `play()`-Methode ist der `getImage()`-Methode sehr ähnlich. Auch sie kann in folgenden beiden Formen verwendet werden:

- `play()` mit einem Argument, einem `URL`-Objekt: Lädt und spielt den an dieser URL angegebenen Audio-Clip ab.
- `play()` mit zwei Argumenten, einer Basis-URL und einer Pfadangabe: Lädt und spielt diese Audiodatei ab. Das erste Argument ist oft ein Aufruf von `getDocumentBase()` oder `getCodeBase()`, ganz wie bei `getImage()`.

Die folgende Anweisung beispielsweise lädt die Datei `zap.au` und spielt sie ab. Sie befindet sich im selben Verzeichnis wie das Applet:

```
play(getCodeBase(), "zap.au");
```

Die `play()`-Methode lädt die Klangdatei und spielt den Sound sobald wie möglich ab, nachdem der Aufruf erfolgt ist. Wenn das Soundfile nicht gefunden wird, erscheint keine Fehlermeldung, der Ton ist dann nur einfach nicht zu hören.

Um einen bestimmten Sound wiederholt abzuspielen, ihn zu starten und zu stoppen oder ihn wiederholt als Schleife abzuspielen, müssen Sie ihn in ein `AudioClip`-Objekt laden, indem Sie die Methode `getAudioClip()` des Applets benutzen. `AudioClip` ist Teil des Pakets `java.applet`, Sie müssen es also importieren, bevor Sie es in einem Programm benutzen können.

Die Methode `getAudioClip()` erhält ein oder zwei Argumente, ganz wie die Methode `play()`. Das erste (oder einzige Argument) ist ein URL-Argument, das die Sounddatei identifiziert, und das zweite ist eine Pfadangabe.

Die folgende Anweisung lädt eine Sounddatei in ein `clip`-Objekt:

```
AudioClip clip = getAudioClip(getCodeBase(), "audio/marimba.wav");
```

In diesem Beispiel beinhaltet der Dateiname eine Pfadangabe. `marimba.wav` wird also aus dem Unterordner `audio` geladen.

Die Methode `getAudioClip()` kann nur innerhalb eines Applets aufgerufen werden. In Java 2 können Applikationen Sounddateien mit `newAudioClip()` laden, eine Klassenmethode der Klasse `java.awt.Applet`. Das vorherige Beispiel würde für eine Applikation modifiziert so aussehen:

```
AudioClip clip = Applet.newAudioClip("audio/marimba.wav");
```

Nach der Erstellung eines `AudioClip`-Objekts können Sie die Methoden `play()` (spielt den Sound ab), `stop()` (hält das Abspielen an) und `loop()` (spielt wiederholt) aufrufen.

Wenn die Methoden `getAudioClip()` oder `newAudioClip()` die Sounddatei nicht finden können, die durch das Argument angegeben wird, ist der Wert des `AudioClip`-Objekts `null`. Wenn man versucht, ein `null`-Objekt abzuspielen, erhält man einen Fehler. Testen Sie dies also, ehe Sie ein `AudioClip`-Objekt benutzen.

Man kann mehrere Sounds gleichzeitig abspielen – sie werden während das Abspielens zusammengemixt.

Wenn Sie eine Soundschleife in einem Applet benutzen, wird die Klangdatei nicht automatisch angehalten, wenn der laufende Thread des Applets gestoppt wird. Wenn der Surfer zu einer anderen Seite wechselt, wird der Sound weiter abgespielt, was Ihnen sicher keine Freunde in der Internetgemeinde verschaffen wird.

Sie können dieses Problem lösen, indem Sie die `stop()`-Methode auf den Schleifensound dann anwenden, wenn der Thread des Applets gestoppt wird.

Listing 14.1 zeigt ein Applet, das zwei Klänge abspielt: einen Schleifensound namens `train.wav` und einen zweiten Sound namens `whistle.wav`, der alle fünf Sekunden wiedergegeben wird.

Listing 14.1: Der gesamte Quelltext von Looper.java.

```
import java.awt.*;
import java.applet.AudioClip;

public class Looper extends javax.swing.JApplet implements Runnable {
    AudioClip bgSound;
    AudioClip beep;
    Thread runner;

    public void init() {
        bgSound = getAudioClip(getCodeBase(),"train.wav");
        beep = getAudioClip(getCodeBase(), "whistle.wav");
    }

    public void start() {
         if (runner == null) {
             runner = new Thread(this);
             runner.start();
         }
    }

    public void stop() {
        if (runner != null) {
            if (bgSound != null)
                bgSound.stop();
            runner = null;
        }
    }

    public void run() {
        if (bgSound != null)
            bgSound.loop();
        Thread thisThread = Thread.currentThread();
        while (runner == thisThread) {
            try {
                Thread.sleep(9000);
                if (beep != null)
                    beep.play();
```

```
38:             } catch (InterruptedException e) { }
39:         }
40:     }
41:
42:     public void paint(Graphics screen) {
43:         Graphics2D screen2D = (Graphics2D)screen;
44:         screen2D.drawString("Playing Sounds ...", 10, 10);
45:     }
46: }
```

Um das Looper-Applet zu testen, erzeugen Sie eine Webseite mit einem Applet-Fenster beliebiger Größe. Die Audio-Dateien train.wav und whistle.wav finden Sie auf der Internetseite zum Buch (http://www.java21days.com). Kopieren Sie sie in den Ordner \J21work auf Ihrem System. Wenn Sie das Applet ausführen, ist ein String die einzige visuelle Ausgabe. Sie sollten jedoch zwei verschiedene Klänge hören, während das Applet läuft.

Die init()-Methode in den Zeilen 9 und 12 lädt die beiden Klangdateien. Hier wurde kein Versuch unternommen sicherzustellen, dass die Dateien auch tatsächlich wie erwartet geladen werden. Wenn sie nicht gefunden werden, erhalten die Instanzvariablen bgsound und beep den Wert null. Ein Test auf null-Werte in diesen Variablen erfolgt an anderer Stelle, bevor die Sounddateien benutzt werden, was in Zeilen 30 und 36 geschieht, wo die Methoden loop() und play() auf die AudioClip-Objekte angewendet werden.

Zeilen 23-24 stoppen die Soundschleife, wenn der Thread gestoppt wird.

14.2 JavaSound

Die neue Javaversion beinhaltet mehrere Pakete, die die Fähigkeiten der Sprache beim Abspielen und Erstellen von Sound stark erweitern.

JavaSound, das vor Java 2 Version 1.3 separat angeboten wurde, ist nun offiziell Teil der Java-Klassenbibliothek mit den folgenden Paketen:

- javax.sound.midi – Klassen zum Abspielen, Aufnehmen und Bearbeiten von MIDI-Sounddateien
- javax.sound.sampled – Klassen zum Abspielen, Aufnehmen und Mixen aufgenommener Audiodateien

Die JavaSound-Bibliothek unterstützt alle Audioformate, die in Applets und Applikationen abgespielt werden können: AIFF, AU, MIDI und WAV. Sie unterstützt zudem RMF-Dateien, ein Standard namens Rich Media Format.

MIDI-Dateien

Das Paket `javax.sound.midi` bietet umfassende Unterstützung für `MIDI`-Musikdateien. `MIDI` steht für Musical Instrument Digital Interface und ist ein Format, um Sound als eine Folge von Noten und Effekten zu speichern, die von den synthetisierten Instrumenten des Computers abgespielt werden sollen.

Im Gegensatz zu gesampelten Dateien, in denen echte Klänge für eine Computerreproduktion aufgenommen und digitalisiert wurden (z.B. `WAV` oder `AU`) ist `MIDI` näher an Musiknoten für einen Synthesizer als an einer echten Aufnahme. MIDI-Dateien sind gespeicherte Anweisungen für den MIDI-Sequencer, die ihm sagen, wie er Sound produzieren soll, welche synthetisierten Instrumente er benutzen soll usw. Der Klang einer MIDI-Datei hängt von der Qualität und der Zahl der Instrumente ab, die auf dem Computer oder dem Ausgabeinstrument zur Verfügung stehen.

`MIDI`-Dateien sind viel kleiner als aufgenommener Sound und sind nicht für die Wiedergabe von Stimmen und ähnlicher Klänge geeignet. Trotzdem wird `MIDI` aufgrund seiner Kompaktheit und seiner Klangeffekte vielfach benutzt – z.B. für Hintergrundmusik in Computerspielen, Popsongs im Muzak-Stil oder erste Präsentationen klassischer Kompositionen für Komponisten und Studenten.

`MIDI`-Dateien werden mit einem Sequencer abgespielt. Das ist entweder ein Gerät oder ein Programm, das eine Datenstruktur namens Sequenz abspielt. Eine Sequenz besteht aus einer oder mehreren Spuren, die jeweils eine Folge von zeitkodierten `MIDI`-Noten- und Effekt-Anweisungen beinhalten. Diese Anweisungen nennt man *Events*.

Jedem Element der `MIDI`-Präsentation entspricht eine Schnittstelle oder eine Klasse im Paket `javax.sound.midi`: die Schnittstelle `Sequencer` und die Klassen `Sequence`, `Track` und `MidiEvent`.

Zudem gibt es eine Klasse `MidiSystem`, durch die man auf die Computerressourcen zum Abspielen und Speichern von `MIDI`s zugreifen kann.

Eine MIDI-Datei abspielen

Um eine `MIDI`-Datei mit JavaSound abzuspielen, müssen Sie ein `Sequencer`-Objekt erstellen, das auf den `MIDI`-Fähigkeiten des jeweiligen Systems basiert.

Die Methode `getSequencer()` der Klasse `MidiSystem` gibt ein `Sequencer`-Objekt aus, das den Standardsequencer des Systems repräsentiert:

```
Sequencer midi = MidiSystem.getSequencer();
```

Die Klassenmethode erzeugt eine Ausnahme – ein Objekt, das einen Fehler anzeigt –, wenn der Sequencer aus irgendeinem Grunde nicht ansprechbar sein sollte. Es gibt dann eine `MidiUnavailableException`.

Gestern hatten Sie schon ein wenig mit Ausnahmen zu tun, als Sie Aufrufe von Thread.sleep() in try-catch-Blöcke einschlossen, weil die Methode eine Interrupted-Exception erzeugt, wenn sie unterbrochen wird.

Sie können sich um die Ausnahme, die getSequencer() erzeugt, mit folgendem Code kümmern:

```
try {
    Sequencer.midi = MidiSystem.getSequencer();
    // Code, um die MIDI-Sequenz abzuspielen ...
} catch (MidiUnavailableException exc) {
    System.out.println("Error: " + exc.getMessage());
}
```

Wenn der Sequencer in diesem Beispiel nicht verfügbar ist, wenn getSequencer() aufgerufen wird, macht das Programm mit der nächsten Anweisung innerhalb des try-Blocks weiter. Wenn auf den Sequencer aufgrund einer MidiUnavailableException nicht zugegriffen werden kann, führt das Programm den catch-Block aus und zeigt eine Fehlermeldung an.

Etliche Methoden und Konstruktoren, die beim Abspielen einer MIDI-Datei verwendet werden, erzeugen Ausnahmen. Statt sie jeweils einzeln in try-catch-Blöcke einzuschließen, ist es einfacher, alle möglichen Fehler aufzufangen, indem man Exception, die Superklasse aller Ausnahmen, in der catch-Anweisung benutzt.

```
try {
    Sequencer.midi = MidiSystem.getSequencer();
    // Code, um die MIDI-Sequenz abzuspielen ...
} catch (Exception exc) {
    System.out.println("Error: " + exc.getMessage());
}
```

Dieses Beispiel erledigt im catch-Block nicht nur MidiUnavailableException-Probleme. Wenn Sie zusätzliche Anweisungen zum Laden und Abspielen der MIDI-Sequenz in den try-Block setzen, führen alle Ausnahmen, die von diesen Anweisungen hervorgerufen werden, zur Abarbeitung des catch-Blocks. Ausnahmen werden am 16. Tag ausführlich behandelt.

Nachdem Sie ein Sequencer-Objekt erzeugt haben, das MIDI-Dateien abspielen kann, können Sie eine weitere Klassenmethode von MidiSystem aufrufen, um eine MIDI-Sequenz aus einer Datenquelle zu laden:

- getSequence(*Datei*) – lädt eine Sequenz aus der angegeben Datei
- getSequence(*URL*) – lädt eine Sequenz von der angegebenen Internetadresse
- getSequence(*Eingabestream*) – lädt eine Sequenz aus dem angegebenen Eingabestream, der aus einer Datei, einem Eingabegerät oder einem anderen Programm kommen kann

Um eine MIDI-Sequenz aus einer Datei zu laden, müssen Sie zuerst ein File-Objekt mithilfe des Dateinamens oder einer Referenz auf den Dateinamen und den Ordner erzeugen.

Wenn die Datei im selben Ordner wie Ihr Javaprogramm ist, dann können Sie es mit dem Konstruktor `File(String)` erzeugen. Die folgende Anweisung erzeugt ein File-Objekt für eine MIDI-Datei namens `nevermind.mid`:

```
File sound = new File ("nevermind.mid");
```

Sie können auch relative Dateipfade verwenden, die Unterordner beinhalten.

```
File sound = new File ("tunes/nevermind.mid");
```

Der File-Konstruktor erzeugt eine `NullPointerException`, wenn das Argument des Konstruktors einen `null`-Wert hat.

Nachdem Sie ein File-Objekt für die MIDI-Datei haben, können Sie `getSequence(Datei)` aufrufen, um eine Sequenz zu erzeugen:

```
File sound = new File("aboutagirl.mid");
Sequence seq = MidiSystem.getSequence(sound);
```

Falls alles klappt, wird die Klassenmethode `getSequence()` ein Sequence-Objekt zurückgeben. Wenn jedoch irgendetwas schief geht, können zwei verschiedene Fehler von der Methode erzeugt werden: `InvalidMidiDataException`, wenn das System nichts mit den MIDI-Daten anfangen kann (oder es sich gar nicht um MIDI-Daten handelt) und `IOException`, wenn die Datei-Eingabe unterbrochen wurde oder aus irgendeinem Grund nicht funktionierte.

Wenn Ihr Programm bis zu diesem Punkt ohne Fehler lief, dann haben Sie jetzt einen MIDI-Sequencer und eine Sequenz zum Abspielen. Jetzt können Sie die Datei abspielen – wenn Sie eine ganze MIDI-Datei abspielen wollen, brauchen Sie sich nicht um Spuren oder MIDI-Events kümmern.

Das Abspielen einer Sequenz geschieht in den folgenden Schritten:

- Aufruf der `open()`-Methode des Sequencers, damit sich das Gerät auf das Abspielen vorbereitet
- Aufruf der `start()`-Methode des Sequencers, um mit dem Abspielen der Sequenz zu beginnen
- Warten, bis die Sequenz zu Ende gespielt ist (oder der Benutzer das Abspielen auf irgendeine Art und Weise abgebrochen hat)
- Aufruf der `close()`-Methode des Sequencers, um das Gerät für andere Zwecke freizugeben

Von diesen Methoden erzeugt lediglich `open()` ein Ausnahme, nämlich `MidiUnavailableException`, falls der Sequencer nicht für das Abspielen vorbereitet werden kann.

Der Aufruf von `close()` hält den Sequencer an, selbst dann, wenn er im Augenblick eine oder mehrere Sequenzen abspielt. Sie können die Sequencer-Methode `isRunning()` (die einen `boolean` ausgibt) benutzen, um herauszufinden, ob er noch `MIDI`-Sequenzen abspielt (oder aufnimmt).

Das folgende Beispiel wendet diese Methode auf ein Sequencer-Objekt namens `playback` an, das eine Sequenz geladen hat:

```
playback.open();
playback.start();
while (playback.isRunning()) {
    try {
        Thread.sleep(1000);
    } catch (InterruptedException e) { }
}
playback.close();
```

Die `while`-Schleife sorgt dafür, dass der Sequencer nicht geschlossen wird, ehe die Sequenz vollständig abgespielt ist. Der Aufruf von `Thread.sleep()` innerhalb der Schleife verlangsamt sie, sodass `isRunning()` nur jede Sekunde (alle tausend Millisekunden) einmal überprüft wird – ansonsten würde das Programm viel Ressourcen damit verschwenden, jede Sekunde unzählig oft `isRunning()` aufzurufen.

Die Applikation `PlayMidi` in Listing 14.2 spielt eine `MIDI`-Sequenz aus einer Datei Ihres Systems ab. Die Applikation erzeugt einen Frame, in dem sich eine Benutzerschnittstellenkomponente namens `MidiPanel` befindet. Dieses Panel läuft in einem eigenen Thread und spielt die Datei ab.

Listing 14.2: Der gesamte Quelltext von PlayMidi.java.

```
import javax.swing.*;
import javax.sound.midi.*;
import java.awt.GridLayout;
import java.io.File;

public class PlayMidi extends JFrame {

    PlayMidi(String song) {
        super("Play MIDI Files");
        setSize(180, 100);
        setDefaultCloseOperation(JFrame.EXIT_ON_CLOSE);
        MidiPanel midi = new MidiPanel(song);
        JPanel pane = new JPanel();
        pane.add(midi);
        setContentPane(pane);
```

```
        show();
    }

    public static void main(String[] arguments) {
        if (arguments.length != 1) {
            System.out.println("Usage: java PlayMidi filename");
        } else {
            PlayMidi pm = new PlayMidi(arguments[0]);
        }
    }
}

class MidiPanel extends JPanel implements Runnable {
    Thread runner;
    JProgressBar progress = new JProgressBar();
    Sequence currentSound;
    Sequencer player;
    String songFile;

    MidiPanel(String song) {
        super();
        songFile = song;
        JLabel label = new JLabel("Playing file ...");
        setLayout(new GridLayout(2, 1));
        add(label);
        add(progress);
        if (runner == null) {
            runner = new Thread(this);
            runner.start();
        }
    }

    public void run() {
        try {
            File file = new File(songFile);
            currentSound = MidiSystem.getSequence(file);
            player = MidiSystem.getSequencer();
            player.open();
            player.setSequence(currentSound);
            progress.setMinimum(0);
            progress.setMaximum((int)player.getMicrosecondLength());
            player.start();
            while (player.isRunning()) {
                progress.setValue((int)player.getMicrosecondPosition());
                try {
                    Thread.sleep(1000);
```

```
62:                 } catch (InterruptedException e) { }
63:             }
64:             progress.setValue((int)player.getMicrosecondPosition());
65:             player.close();
66:         } catch (Exception ex) {
67:             System.out.println(ex.toString());
68:         }
69:     }
70: }
```

Sie müssen den Namen einer MIDI-Datei als Kommandozeilenargument angeben, wenn Sie diese Applikation ausführen. Wenn Sie kein MIDI-File haben, dann können Sie eins auf der Webseite zum Buch finden – `http://www.java21days.com` . Öffnen Sie dort die Seite zum Tag 14.

TIPP: Im Internet finden Sie Hunderte von großen MIDI-Sammlungen. Am besten gehen Sie zur Suchmaschine Google `http://www.google.de` und suchen mit dem Suchbegriffen `MIDI files`. Damit finden Sie im Handumdrehen umfangreiche MIDI-Archive.

Das folgende Kommando führt die Applikation mit einer MIDI-Datei namens `betsy.mid` aus. Das ist ein Folk-Song aus dem 19. Jahrhundert, »Sweet Betsy from Pike«, den Sie auch auf der Webseite zum Buch finden.

```
java PlayMidi betsy.mid
```

Abbildung 14.1 zeigt die Applikation mitten im Abspielen.

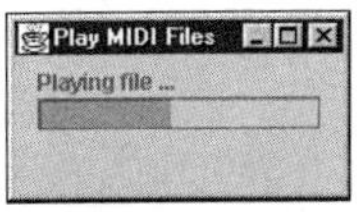

Abbildung 14.1:
Die PlayMidi-Applikation spielt eine MIDI-Datei ab.

Die Applikation bildet eine Fortschrittsanzeige ab, auf der man ablesen kann, wie viel von der Sequenz schon abgespielt wurde. Dies geschieht durch die Benutzerschnittstellenkomponente `JProgressBar` und zwei Sequencer-Methoden:

- `getMicrosecondLength()` – Die Gesamtlänge der derzeit geladenen Sequenz, als `long`-Wert in Millisekunden.
- `getMicrosecondPosition()` – Die Mikrosekunde, die die derzeitige Position in der Sequenz angibt, gleichfalls ein `long`-Wert.

Eine Mikrosekunde entspricht einer Millionstel-Sekunde. Mit diesen Methoden lässt sich der Fortschritt des `MIDI`-Abspielens also bemerkenswert genau messen.

Die Fortschrittsanzeige wird als Instanzvariable von `MidiPanel` in Zeile 30 erzeugt. Sie können zwar eine Fortschrittsanzeige mit einem Minimum und einem Maximum erzeugen, es gibt jedoch keine Möglichkeit, die Länge einer Sequenz vor ihrem Laden zu erfahren.

Das Minimum der Fortschrittsanzeige wird in Zeile 55 auf 0 gesetzt und das Maximum in Zeile 56 auf die Mikrosekundenlänge der Sequenz.

WARNUNG

Die Argumente `setMinimum()` und `setMaximum()` der Fortschrittsanzeige benötigen Integer als Argumente. Daher konvertiert die Applikation die Mikrosekundenwerte von `long` in `int`. Da dabei Informationen verloren gehen, funktioniert die Fortschrittsanzeige für Dateien mit mehr als 2,14 Milliarden Mikrosekunden nicht richtig. Das entspricht 35.6 Minuten.

Die Methode `run()` der Zeilen 48-69 von Listing 14.2 lädt den System-Sequencer und eine MIDI-Datei in eine Sequenz und spielt die Sequenz ab. Die `while`-Schleife in den Zeilen 58-63 benutzt die Methode `isRunning()` des Sequencers, um zu warten, bis die Datei fertig gespielt wurde, bevor irgendetwas anderes geschieht. Die Schleife aktualisiert auch die Fortschrittsanzeige, indem sie deren `setValue()`-Methode mit der aktuellen Mikrosekundenposition der Sequenz aufruft.

Wenn die Datei abgespielt und die `while`-Schleife beendet ist, wird die Mikrosekundenposition der Sequenz mit 0 angegeben, was in Zeile 64 dafür genutzt wird, um die Fortschrittsanzeige auf ihren Minimalwert zurückzusetzen.

14.3 Sounddateien bearbeiten

Bisher haben Sie JavaSound dazu benutzt, um Funktionalitäten zu benutzen, die schon in den Audiomethoden der `Applet`-Klasse zur Verfügung standen, welche neben den anderen unterstützten Formaten auch `MIDI`-Dateien abspielen kann.

Die Stärke der Alternative JavaSound wird dann offenbar, wenn Sie Ihre Sounddateien bearbeiten wollen. Mithilfe der JavaSound-Pakete können Sie zahlreiche Aspekte der Präsentation und Aufnahme von Audio-Dateien verändern.

Eine Eigenschaft, die man während des Abspielens einer `MIDI`-Datei verändern kann, ist ihr Tempo, also die Geschwindigkeit, in der sie abgespielt wird.

Um dies mit einem existenten `Sequencer`-Objekt zu tun, müssen Sie seine Methode `setTempoFactor(`*`float`*`)` aufrufen.

Tempo wird als Float-Wert ab 0,0 angegeben. Jede `MIDI`-Sequenz hat ihr eigenes, festgelegtes Tempo, das durch den Wert 1,0 repräsentiert wird. Ein Tempo von 0,5 ist halb so schnell, 2,0 doppelt so schnell, usw.

Um das aktuelle Tempo auszulesen, rufen Sie `getTempoFactor()` auf, das einen `float`-Wert zurückgibt.

Unser nächstes Projekt namens `MidiApplet` benutzt dieselbe Technik wie die `PlayMidi`-Applikation, um eine `MIDI`-Datei zu laden und abzuspielen – ein Panel wird angezeigt, das die `MIDI`-Datei in einem eigenen Thread abspielt. Die `MIDI`-Datei wird mithilfe eines `File`-Objekts geladen und mit den Sequencer-Methoden `open()`, `start()` und `close()` abgespielt.

Neu an diesem Projekt ist, dass die `MIDI`-Datei immer wieder abgespielt werden kann, nicht nur einmal.

Da dies ein Applet, keine Applikation ist, wird die abzuspielende MIDI-Datei als Parameter angegeben. Listing 14.3 beinhaltet ein mögliches HTML-Dokument, mit dem das Applet geladen werden könnte.

Listing 14.3: Der Text von MidiApplet.html.

```
<applet code="MidiApplet.class" height="100" width="250">
<param name="file" value="camptown.mid">
</applet>
```

Die `MIDI`-Datei für dieses Beispiel, eine `MIDI`-Version von *»Camptown Races«*, ist auf der Webseite zum Buch `http://www.java21days.com` auf der Seite für Tag 14 erhältlich. Natürlich können Sie auch jedes andere `MIDI`-File benutzen.

Das Projekt MidiApplet hat drei Benutzerschnittstellenkomponenten, mit denen Sie kontrollieren können, wie die Datei abgespielt wird: Play- und Stop-Buttons sowie eine Drop-Down-Liste, auf der man das Tempo auswählen kann.

Abbildung 14.2 zeigt, wie das Programm im `appletviewer` aussieht.

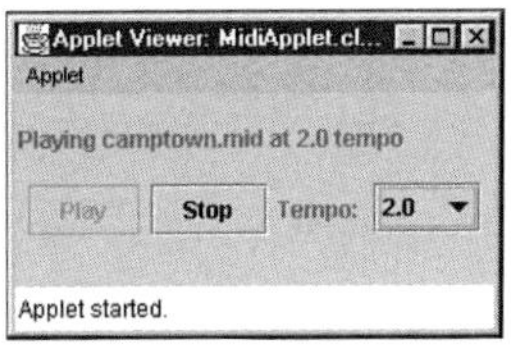

Abbildung 14.2:
Das Programm MidiApplet spielt »Camptown Races« ab

Da Applets einen Sound auch dann weiter im Browser abspielen, wenn der Besucher auf eine andere Seite surft, muss man manuell eine Möglichkeit schaffen, um das Abspielen zu beenden.

Wenn Sie Audio in einem eigenen Thread ausführen, dann können Sie die gleichen Techniken zum Threadstoppen benutzen, die Sie gestern bei den Animationen kennen gelernt haben – führen Sie den Thread in einem `Thread`-Objekt aus, lassen Sie eine Schleife laufen, solange dieses Objekt und `Thread.currentThread()` dasselbe Objekt repräsentieren, und setzen Sie den `runner` auf `null`, wenn Sie den Thread stoppen wollen.

Listing 14.4 enthält das Projekt `MidiApplet`. Die Länge des Programms erklärt sich in erster Linie aus der grafischen Benutzerschnittstelle und den Event-Handler-Methoden, um Eingaben des Benutzers empfangen zu können. Die JavaSound-Aspekte des Programms werden besprochen, nachdem Sie das Applet erstellt haben.

Listing 14.4: Der gesamte Quelltext von MidiApplet.java.

```
import javax.swing.*;
import java.awt.event.*;
import javax.sound.midi.*;
import java.awt.GridLayout;
import java.io.File;

public class MidiApplet extends javax.swing.JApplet {
    public void init() {
        JPanel pane = new JPanel();
        MidiPlayer midi = new MidiPlayer(getParameter("file"));
        pane.add(midi);
        setContentPane(pane);
    }
}

class MidiPlayer extends JPanel implements Runnable, ActionListener {

    Thread runner;
    JButton play = new JButton("Play");
    JButton stop = new JButton("Stop");
    JLabel message = new JLabel();
    JComboBox tempoBox = new JComboBox();
    float tempo = 1.0F;
    Sequence currentSound;
    Sequencer player;
    String songFile;

    MidiPlayer(String song) {
        super();
        songFile = song;
        play.addActionListener(this);
        stop.setEnabled(false);
        stop.addActionListener(this);
        for (float i = 0.25F; i < 7F; i += 0.25F)
            tempoBox.addItem("" + i);
        tempoBox.setSelectedItem("1.0");
        tempoBox.setEnabled(false);
        tempoBox.addActionListener(this);
```

```
        setLayout(new GridLayout(2, 1));
        add(message);
        JPanel buttons = new JPanel();
        JLabel tempoLabel = new JLabel("Tempo: ");
        buttons.add(play);
        buttons.add(stop);
        buttons.add(tempoLabel);
        buttons.add(tempoBox);
        add(buttons);
        if (songFile == null) {
            play.setEnabled(false);
        }
    }

    public void actionPerformed(ActionEvent evt) {
        if (evt.getSource() instanceof JButton) {
            if (evt.getSource() == play)
                play();
            else
                stop();
        } else {
            String item = (String)tempoBox.getSelectedItem();
            try {
                tempo = Float.parseFloat(item);
                player.setTempoFactor(tempo);
                message.setText("Playing " + songFile + " at "
                    + tempo + " tempo");
            } catch (NumberFormatException ex) {
                message.setText(ex.toString());
            }
        }
    }

    void play() {
        if (runner == null) {
            runner = new Thread(this);
            runner.start();
            play.setEnabled(false);
            stop.setEnabled(true);
            tempoBox.setEnabled(true);
        }
    }

    void stop() {
        if (runner != null) {
            runner = null;
```

```
 85:                stop.setEnabled(false);
 86:                play.setEnabled(true);
 87:                tempoBox.setEnabled(false);
 88:            }
 89:        }
 90:
 91:        public void run() {
 92:            try {
 93:                File song = new File(songFile);
 94:                currentSound = MidiSystem.getSequence(song);
 95:                player = MidiSystem.getSequencer();
 96:            } catch (Exception ex) {
 97:                message.setText(ex.toString());
 98:            }
 99:            Thread thisThread = Thread.currentThread();
100:            while (runner == thisThread) {
101:                try {
102:                    player.open();
103:                    player.setSequence(currentSound);
104:                    player.setTempoFactor(tempo);
105:                    player.start();
106:                    message.setText("Playing " + songFile + " at "
107:                        + tempo + " tempo");
108:                    while (player.isRunning() && runner != null) {
109:                        try {
110:                            Thread.sleep(1000);
111:                        } catch (InterruptedException e) { }
112:                    }
113:                    message.setText("");
114:                    player.close();
115:                } catch (Exception ex) {
116:                    message.setText(ex.toString());
117:                    break;
118:                }
119:            }
120:        }
121: }
```

Führen Sie `MidiApplet` aus, indem Sie es in einem HTML-Dokument mithilfe des `appletviewer` oder einem Webbrowser mit dem aktuellsten Java 2 Plug-in laden. Da weder Internet Explorer 5 noch Netscape Navigator 4 eine vollständige Java-2-Unterstützung bieten, können sie dieses Applet nicht ohne das Plug-in ausführen.

Das Tempo der MIDI-Datei wird über eine Drop-Down-Listenkomponente namens `tempoBox` gesteuert. Diese Komponente wird mit einer Reihe von Fließkommawerten zwischen 0.25 und 6.75 in den Zeilen 34-35 erzeugt. Die Methode `addItem(`*`Object`*`)` der Liste funktioniert nicht mit float-Werten. Deswegen werden letztere in Zeile 36 mit einem leeren String – Anführungszeichen ohne Text dazwischen – kombiniert. Dadurch wird das kombinierte Argument als Stringobjekt an addItem()geschickt.

Obwohl das Tempo mithilfe von tempoBox gesteuert werden kann, wird es in seiner eigenen Instanzvariable tempo gespeichert. Diese Variable wird in Zeile 23 mit einem Wert von 1.0, der Standardabspielgeschwindigkeit des Sequencers, initialisiert.

Wenn die Drop-Down-Liste, aus der der Besucher einen Wert auswählt, einen ActionListener assoziiert hat, dann wird die actionPerformed-Methode des Listeners aufgerufen.

Die Methode actionPerformed() in den Zeilen 53-70 erledigt alle drei Formen von möglichen Benutzereingaben:

- ein Klick auf den Play-Button führt zum Aufruf der play()-Methode
- ein Klick auf den Stop-Button führt zum Aufruf der stop()-Methode
- Wenn ein neuer Wert aus der Drop-Down-Liste ausgewählt wird, wird dieser Wert zum neuen Tempo.

Da alle Einträge in der tempoBox als Strings gespeichert werden, müssen Sie sie in Fließkomma-Werte konvertieren, bevor Sie mit ihnen das Tempo festlegen können.

Das lässt sich mit der Klassenmethode Float.parseFloat() erledigen, die ganz ähnlich wie die Methode Integer.parseInt() funktioniert, die wir in den letzten zwei Wochen mehrfach bei der Arbeit mit Integern benutzt haben.

Wie die andere Parse-Methode führt parseFloat() zu einem NumberFormatException-Fehler, wenn der String nicht in einen Fließkommawert umgewandelt werden kann.

HINWEIS

Bei der Erzeugung von tempoBox wurden nur solche Einträge vorgenommen, die sich problemlos in Fließkommawerte konvertieren ließen. Es ist also ausgeschlossen, dass eine NumberFormatException daraus resultieren kann, wenn mit dieser Komponente das Tempo festgelegt wird. Trotzdem erzwingt Java, dass man sich der Ausnahme in einem try-catch-Block annimmt.

Zeile 63 ruft die setTempoFactor()-Methode des Sequencers mit dem vom Besucher ausgewählten Tempo auf. Die Umsetzung erfolgt auf der Stelle, sodass Sie mit Modifikationen an der Wiedergabegeschwindigkeit mitunter psychedelische Effekte erzielen können.

Nachdem in der run()-Methode Sequencer und Sequenz erzeugt worden sind, lässt die while-Schleife in den Zeilen 100-119 den Song spielen, bis der Thread-Objekt-runner auf null gesetzt wird.

Eine zweite while-Schleife, die in diese verschachtelt ist, stellt sicher, dass der Sequencer nicht geschlossen wird, während der Song abgespielt wird. Diese Schleife in den Zeilen 108-112 unterscheidet sich etwas von derjenigen in der Applikation PlayMidi. Anstatt die Schleife durchlaufen zu lassen, solange player.isRunning() den Wert true ausgibt, müssen dieses Mal zwei Bedingungen erfüllt werden:

```
while (player.isRunning() && runner != null) {
   // Anweisungen in der Schleife
}
```

Der Und-Operator && lässt die Schleife nur dann weiter laufen, wenn beide Ausdrücke true sind. Würden Sie hier nicht den Wert von runner testen, würde der Thread die MIDI-Datei weiterspielen, bis der Song zu Ende ist, und nicht stoppen, wenn runner auf null gesetzt wird, was das Ende des Threads anzeigt.

Das Programm MidiApplet beendet den Thread nicht, wenn der Besucher auf eine fremde Webseite geht.

Da MidiPanel() eine stop()-Methode hat, die den Thread stoppt, können Sie die MIDI-Wiedergabe anhalten, sobald die Seite nicht mehr angesehen wird. Dafür sind zwei Schritte notwendig:

1. Erzeugen Sie eine Instanzvariable in MidiApplet für die Benutzerschnittstellenkomponente MidiPanel.
2. Überschreiben Sie die stop()-Methode des Applets, und benutzen Sie sie, um die stop()-Methode des Panels aufzurufen.

14.4 Zusammenfassung

Während der letzten beiden Tage haben Sie mit den dynamischen Multimedia-Features von Java gearbeitet.

Zu den Stärken der Java-Klassenbibliothek gehört, dass komplexe Programmieraufgaben wie die Programmierung einer Benutzerschnittstelle und Soundwiedergabe in einfach zu erstellende und gut benutzbare Klassen eingebaut sind. Sie können eine MIDI-Datei abspielen, die in Echtzeit verändert werden kann. Dazu brauchen Sie nur ein paar Objekte und Klassenmethoden, während im Hintergrund Dinge erledigt werden, deren Programmierung sehr schwierig wäre.

Heute haben Sie Sounds abgespielt, indem Sie sowohl sehr einfache als auch eher komplexe Techniken angewandt haben.

Wenn Sie nur ein Audio-File abspielen wollen, reicht es meist völlig aus, mit den Methoden getAudioClip() und newAudioClip() der Klasse Applet zu arbeiten.

Haben Sie komplexere Dinge mit dem Sound vor, etwa Geschwindigkeitsänderungen oder andere dynamische Veränderungen, können JavaSound-Pakete wie `javax.sound.midi` genutzt werden.

Während der dritten Woche des Buches werden Sie viele der komplexeren Features von Java kennenlernen, z.B. die Bearbeitung von Ausnahmen, File- und Daten-Ein- und -Ausgabe, Java und Datenbanken und JavaBeans.

14.5 Fragen und Antworten

F *In diesem Kapitel wurde die Methode* `getSequence(Eingabestream)` *erwähnt. Was ist denn ein Eingabestream, und wie werden sie mit Sounddateien benutzt?*

A Eingabestreams sind Objekte, die Daten einlesen, während diese von einer anderen Quelle versandt werden. Die Quelle kann alles mögliche sein, das Daten produziert: Dateien, serielle Ports, Server oder auch Objekte desselben Programms. Am 17. Tag wird ganz genau auf Streams eingegangen.

F *Was kann man denn sonst noch so mit JavaSound machen, außer den schon beschriebenen Dingen?*

A JavaSound ist eine Gruppe von Javapaketen, die in ihrer Komplexität Swing nahe kommt. Viele der Klassen benötigen komplexere Techniken zur Behandlung von Streams und Ausnahmen, die Sie erst nächste Woche kennen lernen werden. Mehr über JavaSound und was man damit anfangen kann, erfahren Sie bei Sun unter *http://java.sun.com/products/java-media/sound*. Sun bietet eine Java-Applikation namens Java Sound Demo, die einige der eindruckvollsten Features von JavaSound demonstriert: Sound abspielen, aufnehmen, MIDI-Synthese und programmierbare MIDI-Instrumente.

14.6 Quiz

Überprüfen Sie den heutigen Stoff, indem Sie dieses Quiz mit drei Fragen beantworten.

Fragen

1. Mit welcher `Applet`-Klassenmethode erzeugt man ein `AudioClip`-Projekt in einer Applikation?

   (a) `newAudioClip()`

   (b) `getAudioClip()`

   (c) `getSequence()`

2. Welche Klasse repräsentiert die `MIDI`-Ressourcen, die auf einem bestimmten Computer vorhanden sind?

   (a) Sequencer

   (b) MIDISystem

   (c) MIDIEvent

3. Wie viel Mikrosekunden dauert es, ein Dreiminuten-Ei zu kochen?

   (a) 180.000

   (b) 180.000.000

   (c) 180.000.000.000

Antworten

1. a. Es ist nicht sehr logisch, dass diese Methode Teil der Applet-Klasse ist, aber diese Merkwürdigkeit aus Java 1.0 ist auch in Java 2.0 noch enthalten.

2. b. Die Klasse `MIDISystem` wird benutzt, um Objekte zu erzeugen, die Sequencer, Synthesizer und andere Geräte, die für MIDI-Audio zuständig sind, zu repräsentieren.

3. b. Eine Million Mikrosekunden entsprechen einer Sekunde, also entsprechen 180 Millionen Mikrosekunden 180 Sekunden.

14.7 Übungen

Um Ihr Wissen über die heute behandelten Themen zu vertiefen, können Sie sich an folgenden Übungen versuchen:

- Erstellen Sie eine Applikation, die mit `newAudioClip()` ein Soundfile abspielt.
- Verändern Sie das Projekt `MidiApplet`, sodass man mehr als eine `MIDI`-Datei auf einer Webseite als Parameter angeben kann. Die Dateien werden dann der Reihe nach abgespielt.

Soweit einschlägig, finden Sie die Lösungen zu den Übungen auf der Webseite zum Buch: `http://www.java21days.com`.

Pakete, Schnittstellen und andere Klassenfeatures

Die dritte Woche dieses Kurses erweitert, was Sie bereits wissen. Sie könnten schon an dieser Stelle aufhören und funktionierende Programme entwickeln. Allerdings würden Ihnen einige der fortgeschritteneren Features, die die Stärke der Sprache ausmachen, fehlen.

Heute werden Sie Ihr Wissen über Klassen, und wie diese mit anderen Klassen in einem Programm interagieren, ausbauen. Die folgenden Themen werden behandelt:

- Kontrollieren des Zugriffs auf Methoden und Variablen einer Klasse von außen
- Klassen, Methoden und Variablen finalisieren – so schützen Sie Klassen vor dem Ableiten, Methoden vor dem Überschreiben und den Wert einer Variablen davor, verändert zu werden
- Erstellung von abstrakten Klassen und Methoden, um gemeinsame Verhaltensweisen in Superklassen zusammenzufassen
- Klassen in Pakete gruppieren
- Mit Schnittstellen Lücken in der Klassenhierarchie schließen

15.1 Modifier

Die Programmiertechniken, die Sie heute lernen, beinhalten verschiedene Strategien und Denkansätze zur Organisation von Klassen. Eine Sache haben jedoch all diese Techniken gemeinsam: Sie verwenden spezielle Schlüsselwörter von Java – die Modifier.

In der ersten Woche haben Sie gelernt, wie Sie in Java Klassen, Methoden und Variablen definieren. Modifier sind Schlüsselworte, die Sie den Definitionen hinzufügen, um deren Bedeutung zu verändern.

Java bietet eine große Auswahl an Modifiern an, darunter:

- Modifier für die Kontrolle des Zugriffs auf eine Klasse, Methode oder Variable: `public`, `protected` und `private`.
- Den Modifier `static`. Dieser erzeugt Klassenmethoden und -variablen.
- Den Modifier `final`. Dieser verhindert, dass Klassen abgeleitet und Methoden überschrieben werden können, und er macht Variablen zu Konstanten.
- Den Modifier `abstract`. Er dient der Erstellung abstrakter Klassen und Methoden.
- Die Modifier `synchronized` und `volatile`. Diese werden in Zusammenhang mit Threads verwendet.

Um einen Modifier zu verwenden, integrieren Sie das entsprechende Schlüsselwort in die Definition der Klasse, Methode oder Variablen, auf die Sie ihn anwenden wollen. Der

Modifier geht dem Rest der Anweisung voraus, wie dies in den folgenden Beispielen gezeigt wird:

```
public class MyApplet extends java.applet.Applet { ... }

private boolean offline;

static final double weeks = 9.5;

protected static final int MEANINGOFLIFE = 42;

public static void main(String[] arguments) { ... }
```

Wenn Sie mehr als einen Modifier in einer Anweisung verwenden, können Sie diese in beliebiger Reihenfolge angeben, solange alle Modifier vor dem Element stehen, auf das sie angewendet werden. Achten Sie darauf, den Rückgabetyp einer Methode – z.B. `void` – nicht wie einen Modifier zu behandeln.

Modifier sind optional – was Sie daran merken sollten, dass wir in den letzten zwei Wochen nur sehr wenige davon verwendet haben. Es gibt aber, wie Sie sehen werden, viele gute Gründe, sie zu verwenden.

15.2 Zugriffskontrolle für Methoden und Variablen

Die am häufigsten benutzten Modifier kontrollieren den Zugriff auf Methoden und Variablen. Sie heißen `public`, `private` und `protected`. Diese Modifier bestimmen, welche Variablen und Methoden einer Klasse für andere Klassen sichtbar sind.

Indem Sie die Zugriffskontrolle benutzen, können Sie kontrollieren, wie Ihre Klasse von anderen Klassen genutzt wird. Einige Variablen und Methoden sind nur innerhalb der Klasse selbst sinnvoll und sollten deshalb vor anderen Klassen versteckt werden, die sie unter Umständen beeinflussen könnten. Dieses Verfahren nennt sich Verkapselung: Ein Objekt kontrolliert, was die Außenwelt über es weiß und wie die Außenwelt mit ihm interagieren kann.

Neuer BEGRIFF

Verkapselung (engl. *Encapsulation*) ist der Prozess, Variablen einer Klasse so zu verbergen, dass sie von anderen Klassen weder gelesen noch verändert werden können. Die einzige Möglichkeit, diese Variablen zu verwenden, besteht darin, eventuell vorhandene Methoden der Klasse aufzurufen.

Java bietet vier Ebenen der Zugriffskontrolle : `public`, `private`, `protected` und eine Standardebene, die benutzt wird, wenn kein Modifier eingesetzt wird.

Der Standardzugriff

In den meisten Beispielen diesen Buches haben Sie keine bestimmte Zugriffskontrolle angegeben. Variablen und Methoden wurden mit Anweisungen wie den folgenden deklariert:

```
String singer = "Phil Harris";
boolean digThatCrazyBeat() {
    return true;
}
```

Eine Variable oder Methode, die ohne einen Modifier für die Zugriffskontrolle deklariert wird, ist für jede Klasse innerhalb desselben Pakets verfügbar. Sie haben bereits erfahren, dass die Klassen in der Klassenbibilothek von Java in Paketen organisiert sind. Das Paket `java.awt` ist eines davon – es bietet eine Reihe von Klassen mit Verhaltensweisen für das Abstract Windowing Toolkit von Java.

Jede Variable, die ohne Modifier deklariert wurde, kann von anderen Klassen in demselben Paket gelesen bzw. verändert werden. Jede Methode, die auf diese Art deklariert wurde, kann von jeder anderen Klasse in demselben Paket aufgerufen werden. Allerdings kann keine andere Klasse außerhalb des Pakets auf diese Elemente zugreifen.

Diese Form der Zugriffskontrolle kontrolliert nur wenig beim Zugriff. Wenn Sie sich darüber Gedanken machen, wie Ihre Klasse von anderen Klassen verwendet wird, werden Sie öfter einen der drei Modifier verwenden, als die standardmäßige Zugriffskontrolle zu akzeptieren.

HINWEIS

Dies wirft natürlich die Frage auf, in welchem Paket sich Ihre eigenen Klassen, die Sie bis zu diesem Zeitpunkt erstellt haben, befanden. Wie Sie später am heutigen Tag sehen werden, können Sie Ihre Klassen in ein Paket stecken, indem Sie die Anweisung `package` verwenden. Wenn Sie dies nicht tun, dann wird Ihre Klasse in ein namenloses Standardpaket gepackt, in dem sich alle anderen Klassen ohne explizite Paketzugehörigkeit befinden.

private

Um eine Methode oder Variable vollständig von der Benutzung durch andere Klassen auszuschließen, benutzt man den Modifier `private` . Nur innerhalb ihrer eigenen Klasse sind diese Methoden und Variablen sichtbar.

So kann eine private Instanzvariable nur von den Methoden ihrer eigenen Klasse benutzt werden, nicht aber von den Objekten irgendeiner anderen Klasse. Gleichermaßen können private Methoden von anderen Methoden in ihrer eigenen Klasse aufgerufen werden, aber von keinen anderen. Diese Einschränkungen wirken sich auch auf die Vererbung aus: Weder private Variablen noch private Methoden werden von Subklassen ererbt.

Es gibt zwei Situationen, in denen private Variablen äußerst nützlich sind:

- wenn anderen Klassen keinen Grund haben, eine bestimmte Variable zu benutzen
- wenn eine andere Klasse großes Durcheinander verursachen könnte, falls sie eine Variable in ungeeigneter Weise verändern würde

Stellen Sie sich eine Java-Klasse namens `SlotMachine` vor, die für eine Internetlotterie Bingo-Zahlen erzeugt. Eine Variable dieser Klasse namens `winRatio` legt die Zahl der Gewinner bzw. der Verlierer fest. Der finanzielle Überschuss unserer Internetseite hängt also direkt von dieser Variable ab. Würden andere Klassen diese Variable ändern, dann hätte dies massive Auswirkungen auf `SlotMachine`. Um dieses Szenario von vorneherein auszuschließen, erklären Sie `winRatio` zu `private`.

Die folgende Klasse verwendet private Zugriffskontrolle:

```
class Writer {
    private boolean writersBlock = true;
    private String mood;
    private int income = 0;

    private void getIdea(Inspiration in) {
        // ...
    }

    Manuscript createManuscript(int numDays, long numPages) {
        // ...
    }
}
```

In diesem Beispiel sind alle internen Daten der Klasse `writer` (also die Variablen `writersBlock`, `mood` und `income` sowie die Methode `getIdea()`) privat. Die einzige Methode, auf die von außerhalb der `writer`-Klasse zugegriffen werden kann, ist `createManuscript()`. `createManuscript()` ist die einzige Handlung, die andere Objekte vom `Writer`-Objekt anfordern können. Die Objekte `Editor` und `Publisher` hätten vermutlich gern eine direktere Möglichkeit, ein `Manuscript`-Objekt von `Writer` anzufordern, aber dafür fehlen ihnen die Zugriffsrechte.

Der Modifier `private` ist die Hauptmöglichkeit zur Selbstverkapselung eines Objekts. Sie können nur dann die Möglichkeiten der Benutzung einer Klasse begrenzen, wenn Sie `private` an vielen Stellen benutzen, um Variablen und Methoden zu verstecken. Eine andere Klasse kann die Variablen innerhalb einer Klasse verändern und ihre Methoden beliebig aufrufen, wenn Sie die Zugriffsmöglichkeiten nicht beschränken.

public

Manchmal ist es erforderlich, dass eine Methode oder Variable einer Klasse für jede andere Klasse, die sie benutzen will, frei verfügbar ist. Erinnern Sie sich an die Klassenvariable `black` der `Color`-Klasse? Diese Variable wird benutzt, wenn eine Klasse die Farbe schwarz benutzen will, weswegen `black` überhaupt keiner Zugriffskontrolle unterliegen sollte.

Klassenvariablen werden häufig als `public` erklärt. Als Beispiel könnte man sich eine Reihe von Variablen in einer Klasse `Football` denken, die die Zahl der Punkte bei Treffern beinhalten. Die Variable `TOUCHDOWN` wäre gleich 7, die Variable `FIELDGOAL` wäre gleich 3 usw. Diese Variablen müssen öffentlich (= `public`) sein, damit andere Klassen sie in Anweisungen wie den folgenden verwenden können:

```
if (position < 0) {
    System.out.println("Touchdown!");
    score = score + Football.TOUCHDOWN;
}
```

Der Modifier `public` macht eine Methode oder Variable für alle Klassen frei verfügbar. In jeder Applikation, die Sie bisher geschrieben haben, kam dieser Modifier in einer Anweisung wie der folgenden vor:

```
public static void main(String[] arguments) {
    // ...
}
```

Die `main()`-Methode einer Applikation muss `public` sein. Ansonsten könnte der Java-Interpreter sie nicht aufrufen, um die Klasse auszuführen.

Bei der Klassenvererbung werden alle öffentlichen Methoden und Variablen einer Klasse an die Subklassen vererbt.

protected

Die dritte Ebende der Zugriffskontrolle begrenzt den Zugriff auf eine Methode oder Variable auf folgende zwei Gruppen:

- Subklassen einer Klasse
- Andere Klassen im selben Paket

Dies geschieht mithilfe des Modifiers `protected`:

```
protected boolean outOfData = true;
```

Vielleicht fragen Sie sich, wodurch sich diese beiden Gruppen unterscheiden. Sind denn Subklassen nicht Teil desselben Pakets wie ihre Superklassen? Nicht immer. Ein Gegenbeispiel ist die Klasse `Applet`. Sie ist eine Unterklasse von `java.awt.Panel`, doch ist sie in ihrem eigenen Paket `java.applet`. Geschützter (= `protected`) Zugriff unterscheidet sich dadurch vom Standardzugriff, dass geschützte Variablen Subklassen zur Verfügung stehen, selbst wenn sie nicht im selben Paket sind.

Diese Ebene der Zugriffskontrolle ist nützlich, wenn Sie es einer Subklasse einfacher machen wollen, sich selbst zu implementieren. Ihre Klasse könnte eine Methode oder Variable nutzen, die der Klasse dabei hilft. Da eine Subklasse weitgehend dieselben Verhaltensweisen und Attribute erbt, könnte sie dasselbe zu tun haben. Geschützter Zugriff ermöglicht der Subklasse, eine Hilfsmethode oder Variable zu nutzen, verhindert aber gleichzeitig, dass eine nicht-verwandte Klasse darauf zugreift.

Nehmen wir als Beispiel eine Klasse namens `AudioPlayer`, die digitale Audiodateien abspielt. `AudioPlayer` hat eine Methode namens `openSpeaker()`, die als interne Methode auf die Hardware zugreift und die Lautsprecher für das Abspielen vorbereitet. `openSpeaker()` ist außerhalb der `AudioPlayer`-Klasse ohne Bedeutung, sodass man diese Methode auf den ersten Blick als privat einstufen könnte. Ein Ausschnitt aus `AudioPlayer` könnte folgendermaßen aussehen:

```
class AudioPlayer {

    private boolean openSpeaker(Speaker sp) {
        // Details der Implementierung
    }
}
```

Dieser Code funktioniert perfekt, sofern es keine Subklassen von `AudioPlayer` gibt. Was aber, wenn Sie die Klasse `StreamingAudioPlayer` als Subklasse von `AudioPlayer` programmieren? Diese Klasse bräuchte Zugriff auf die Methode `openSpeaker()`, um sie zu überschreiben und die Lautsprecher für das Streaming zu initialisieren. Sie wollen der Subklasse diesen Zugriff ermöglichen, dennoch soll die Methode nicht für jedes beliebige Objekt verfügbar sein (sie soll also nicht `public` werden).

Übersicht über die Zugriffskontrollebenen

Die Unterschiede zwischen den verschiedenen Arten des Zugriffsschutzes können sehr schnell verwirren, speziell im Fall von `protected`-Methoden und -Variablen. Tabelle 15.1 zeigt die Unterschiede zwischen der am wenigsten einschränkenden (`public`) bis zur restriktivsten (`private`) Form des Zugriffsschutzes:

Sichtbarkeit	public	Standardschutz	default	private
Innerhalb derselben Klasse	Ja	Ja	Ja	Ja
Von einer bel. Klasse im selben Paket	Ja	Ja	Ja	Nein
Von einer bel. Klasse außerhalb des Pakets	Ja	Nein	Nein	Nein
Von einer Subklasse im selben Paket	Ja	Ja	Ja	Nein
Von einer Subklasse außerhalb des Pakets	Ja	Ja	Nein	Nein

Tabelle 15.1: Die unterschiedlichen Ebenen des Zugriffsschutzes.

15.3 Zugriffskontrolle und Vererbung

Ein letzter Punkt, der bei der Zugriffskontrolle angesprochen werden muss, ist die Vererbung. Wenn Sie eine Subklasse erstellen und eine Methode überschreiben, dann müssen Sie die Zugriffskontrolle der Original-Methode beachten.

Sie werden sich vielleicht erinnern, dass die Applet-Methoden wie z. B. `init()` und `paint()` in Ihren eigenen Applets `public` sein mussten.

Als allgemeine Regel kann man folgendes sagen: Sie können eine Methode in Java nicht überschreiben und der neuen Methode eine stärkere Zugriffskontrolle als der Original-Methode zuweisen. Dagegen haben Sie die Möglichkeit, die Zugriffskontrolle zu lockern. Folgende Regeln gelten für ererbte Methoden:

- Methoden, die in einer Superklasse als `public` deklariert sind, müssen in allen Subklassen ebenfalls als `public` deklariert werden (aus diesem Grund sind die meisten der Methoden eines Applets `public`).
- Methoden, die in einer Superklasse als `protected` deklariert waren, müssen in der Subklasse entweder `protected` oder `public` sein; `private` ist nicht möglich.
- Methoden, die ohne Zugriffskontrolle deklariert wurden (es wurde kein Modifier verwendet), können in einer Subklasse mit einer strikteren Zugriffskontrolle versehen werden.

Methoden, die als `private` deklariert sind, werden nicht vererbt, sodass diese Regeln nicht greifen.

15.4 Accessor-Methoden

Oft hat man Instanzvariablen, bei denen die zu speichernden Werte strengen Regeln unterliegen. Ein Beispiel wäre die Variable `zipCode`. Ein ZIP-Code der USA muss, genau wie eine deutsche Postleitzahl, eine Zahl mit fünf Stellen sein.

Damit eine externe Klasse die Variable `zipCode` nicht verkehrt setzen kann, erklären Sie sie mit folgender Anweisung privat:

```
private int zipCode;
```

Was aber, wenn es für einen sinnvollen Programmablauf anderen Klassen möglich sein muss, die `zipCode`-Variable zu setzen? In dieser Situation können Sie anderen Klassen Zugriff auf eine private Variable geben, indem Sie innerhalb derselben Klasse wie `zipCode` eine Accessor-Methode verwenden.

Accessor-Methoden heißen deswegen so, weil sie Zugriff (engl.: Access) auf etwas erlauben, das ansonsten unerreichbar wäre. Indem Sie mit einer Methode den Zugriff auf eine private Variable ermöglichen, können Sie kontrollieren, wie die Variable genutzt wird. Im ZIP-Code-Beispiel könnte die Klasse verhindern, dass irgendjemand `zipCode` auf einen ungültigen Wert setzt.

Oft gibt es separate Accessor-Methoden, um eine Variable zu lesen und zu schreiben. Der Name von Lese-Methoden beginnt mit `get`, während der Name von Schreib-Methoden mit `set` beginnt, wie in `setZipCode(`*`int`*`)` und `getZipCode(`*`int`*`)`.

HINWEIS: Diese Konvention wird mit jeder Version von Java immer mehr zum Standard. Sie werden sich vielleicht daran erinnern, dass die Methode `size()` der Klasse `Dimension` in Java 2 in `getSize()` umbenannt wurde. Sie sollten diese Namenskonventionen auch für Ihre eigenen Accessor-Methoden verwenden, um Klassen verständlicher zu machen.

Der Zugriff auf Instanzvariablen mithilfe von Methoden ist eine geläufige Technik in objektorientierten Programmierung. Da dies verhindert, dass eine Klasse fehlerhaft benutzt wird, macht man so Klassen leichter wiederverwendbar.

15.5 Statische Variablen und Methoden

Den Modifier `static`, der am 6. Tag eingeführt wurde, haben Sie schon öfters benutzt. `static` dient dazu, Klassenmethoden und -variablen zu erzeugen, wie im folgenden Beispiel:

```
public class Circle {
      public static float pi = 3.14159265F;

      public float area(float r) {
      return pi * r * r;
      }
}
```

Klassenvariablen und -methoden werden mithilfe des Klassennamens, gefolgt von einem Punkt und dem Namen der Variablen oder der Methode, angesprochen, also z.B. `Color.black` oder `Circle.pi`. Sie können auch den Namen eines Objekts der Klasse verwenden, aber bei Klassenvariablen und -methoden ist es besser, den Klassennamen zu verwenden. Dies macht besser ersichtlich, welche Art von Variable oder Methode Sie benutzen. Instanzvariablen oder -methoden können nie über den Klassennamen angesprochen werden.

Die folgenden Anweisungen benutzen Klassenvariablen und -methoden:

```
float circumference = 2 * Circle.pi * getRadius();
float randomNumber = Math.random();
```

TIPP: Genauso wie bei Instanzvariablen kann es auch bei Klassenvariablen besser sein, sie als privat zu erklären und den Zugriff auf sie nur mit Accessor-Methoden zu ermöglichen.

Listing 15.1 zeigt eine Klasse namens `CountInstances`, die mithilfe von Klassen- und Instanzvariablen mitzählt, wie viele Instanzen dieser Klasse erzeugt werden:

Listing 15.1: Der gesamte Quelltext von CountInstances.java.

```
public class CountInstances {
    private static int numInstances = 0;

    protected static int getNumInstances() {
        return numInstances;
    }

    private static void addInstance() {
        numInstances++;
    }

    CountInstances() {
        CountInstances.addInstance();
    }

    public static void main(String arguments[]) {
        System.out.println("Starting with " +
```

```
18:             CountInstances.getNumInstances() + " instances");
19:         for (int  i = 0; i < 10; ++i)
20:             new CountInstances();
21:         System.out.println("Created " +
22:             CountInstances.getNumInstances() + " instances");
23:     }
24: }
```

Das Programm erzeugt folgende Ausgabe:

```
Started with 0 instances
Creates 10 instances
```

An diesem Beispiel gibt es einiges zu erklären. In Zeile 2 deklarieren Sie eine `private`-Klassenvariable (`numInstances`), die die Anzahl der Instanzen speichert. Es wird eine Klassenvariable (die Variable ist als `static` deklariert) verwendet, da die Anzahl der Instanzen für die Klasse als Gesamtes relevant ist und nicht für die einzelnen Instanzen. Sie ist außerdem `private`, sie befolgt also hinsichtlich der Accessor-Methoden dieselben Regeln wie eine private Instanzvariable.

Beachten Sie die Initialisierung von `numInstances` in derselben Zeile. Genauso wie eine Instanzvariable initialisiert wird, wenn deren Instanz erzeugt wird, wird eine Klassenvariable initialisiert, wenn ihre Klasse erzeugt wird. Die Initialisierung einer Klasse findet statt, bevor irgend etwas anderes mit der Klasse oder deren Instanzen geschehen kann.

In den Zeilen 4-6 erstellen Sie eine `get`-Methode (`getNumInstances()`) für die `private`-Klassenvariable, mit der man ihren Wert auslesen kann. Diese Methode ist als Klassenmethode deklariert, da sie zu einer Klassenvariablen gehört. Die Methode `getNumInstances()` ist als `protected` und nicht als `public` deklariert, da nur diese Klasse und vielleicht noch Subklassen davon an dem Wert interessiert sind. Anderen Klassen wird der Zugriff verwehrt.

Es gibt keine Accessor-Methode zum Setzen des Werts. Der Grund dafür ist, dass der Wert der Variablen nur dann inkrementiert werden soll, wenn eine neue Instanz erzeugt wird. Sie soll nicht auf einen beliebigen Wert gesetzt werden können. Deshalb erstellen Sie anstelle einer Accessor-Methode eine spezielle `private`-Methode mit dem Namen `addInstance()` in den Zeilen 8 – 10, die den Wert von `numInstances` um 1 inkrementiert.

In den Zeilen 12 – 14 befindet sich der Konstruktor dieser Klasse. Bekanntlich werden Konstruktoren aufgerufen, sobald ein neues Objekt erzeugt wird. Dies stellt den sinnvollsten Ort dar, um die Methode `addInstance()` aufzurufen und die Variable zu inkrementieren.

Dank der `main()`-Methode können Sie dieses Programm als Java-Applikation ausführen. Alle anderen Methoden können Sie mit dieser testen. In der `main()`-Methode erzeugen Sie 10 Instanzen der Klasse `CountInstances`. Anschließend wird der Wert der Klassenvariablen `numInstances` ausgegeben (der `10` sein sollte).

15.6 Finale Klassen, Methoden und Variablen

Der `final`-Modifier wird mit Klassen, Methoden und Variablen eingesetzt und zeigt an, dass sie nicht veränderlich sind. Er hat bei den Dingen, die final gemacht werden können, jeweils eine andere Bedeutung.

- Wird der `final`-Modifier auf eine Klasse angewandt, bedeutet das, dass von der Klasse keine Subklassen erstellt werden können.
- Wird der `final`-Modifier auf eine Methode angewandt, bedeutet das, dass die Methode von Subklassen nicht überschrieben werden kann.
- Wird der `final`-Modifier auf eine Variable angewandt, bedeutet das, dass der Wert der Variablen unveränderlich ist, sie also eine Konstante ist.

Variablen

Am 6. Tag hatten Sie schon mit finalen Variablen zu tun. Zumeist nennt man sie Konstanten, weil sich ihr Wert nicht verändert und daher konstant ist.

Bei Variablen wird neben dem `final`-Modifier häufig auch `static` eingesetzt, um eine Konstante zu einer Klassenvariablen zu machen. Wenn sich der Wert nie ändert, dann braucht auch nicht jedes Objekt in derselben Klasse ein eigenes Exemplar dieses Wertes haben. Jedes Objekt kann die Klassenvariable mit derselben Funktionalität aufrufen.

Die folgenden Anweisungen sind Beispiele für die Erklärung von Konstanten:

```
public static final int TOUCHDOWN = 7;
static final TITEL = "Captain";
```

In Java 2 kann jede Art von Variable final gemacht werden, sowohl Klassen- als auch Instanz- wie lokale Variablen. In Java 1.0 konnten lokale Variablen nicht final sein, aber dies änderte sich mit der Einführung der internen Klassen . Sie werden am Ende des heutigen Tages mehr über interne Klassen erfahren.

Methoden

`final`-Methoden können nicht in Subklassen überschrieben werden. Man erklärt sie mithilfe des `final`-Modifiers in der Klassendeklaration, wie im folgenden Beispiel:

```
public final void getSinature() {
    // ...
}
```

Meistens erklärt man eine Methode deswegen als final, damit die Klasse effizienter ablaufen kann. Wenn eine Java-Laufzeit-Umgebung wie der Java-Interpreter eine Methode ausführt, dann sucht er normalerweise erst die aktuelle Klasse ab, um die Methode zu finden, überprüft dann die Superklasse usw. die Klassenhierarchie hoch, bis die Methode gefunden ist. Dieser Prozess opfert etwas Geschwindigkeit am Altar der Flexibilität und des Entwicklungskomforts.

Wenn eine Methode dagegen final ist, kann der Compiler den ausführbaren Code der Methode direkt in jedes Programm setzen, das die Methode aufruft. Schließlich wird sich die Methode niemals dadurch ändern können, dass sie von einer Subklasse überschrieben wird.

Wenn Sie zum ersten Mal eine Klasse programmieren, werden Sie kaum `final` benutzen. Soll die Klasse aber flotter ausgeführt werden, dann können Sie ein paar Methoden final machen, um das Ganze zu beschleunigen. Damit wird die Möglichkeit einer Überschreibung durch eine Subklasse ausgeschlossen, seien Sie also vorsichtig, ob Sie dies wirklich wollen.

Die Java-Klassenbibliothek deklariert viele Methoden `final`, sodass sie schneller ausgeführt werden können, wenn Programme sie aufrufen.

HINWEIS

`private`-Methoden sind `final`, ohne dass man sie extra so deklarieren müsste, denn sie können nicht durch Subklassen überschrieben werden.

Klassen

Man finalisiert Klassen, indem man bei der Deklaration der Klasse den `final`-Modifier benutzt:

```
public final class ChatServer {
    // ...
}
```

Eine finale Klasse kann nicht durch eine andere Klasse abgeleitet werden. Wie bei finalen Methoden gewinnt man damit etwas Geschwindigkeit auf Kosten der Flexibilität.

Wenn Sie sich fragen, was Sie durch den Gebrauch finaler Klassen verlieren, dann haben Sie mit Sicherheit noch nicht versucht, irgendetwas in der Java-Klassenbibliothek abzuleiten. Viele der wichtigsten Klassen sind final, so `java.lang.String`, `java.lang.Math` und `java.net.InetAddress`. Wenn Sie eine Klasse erstellen wollen, die sich wie `String` verhält, aber einige Änderungen beinhaltet, dann können Sie nicht einfach `String` ableiten und nur die unterschiedlichen Verhaltensweisen deklarieren. Sie müssen bei null anfangen.

Alle Methoden in einer finalen Klasse sind automatisch selbst final, Sie können sich also die Modifier bei den Deklarationen sparen.

Da Klassen, die ihre Verhaltensweisen und Attribute an Subklassen vererben können, viel nützlicher sind, sollten Sie sich bei ihren Klassen ganz genau überlegen, ob der Nutzen von `final` wirklich die Einschränkungen aufwiegt.

15.7 abstract-Klassen und -Methoden

In einer Klassenhierarchie ist die Definition einer Klasse um so abstrakter, je höher die Klasse steht. Eine Klasse an der Spitze der Hierarchie kann nur das Verhalten und die Attribute bestimmen, die allen Klassen gemeinsam sind. Spezifischere Verhaltensweisen und Attribute werden erst weiter unten in der Hierarchie festgelegt.

Wenn Sie gemeinsame Verhaltensweisen und Attribute während der Definition einer Klassenhierarchie festmachen, werden Sie manchmal auf Klassen treffen, die niemals selbst instanziert werden müssen. Stattdessen dient eine solche Klasse als Platzhalter für Verhaltensweisen und Attribute, die ihre Subklassen gemein haben.

Diese Klassen nennt man abstrakte Klassen. Sie werden mit dem Modifier `abstract` erzeugt:

```
public abstract class Palette {
    // ...
}
```

Ein Beispiel für eine abstrakte Klasse ist `java.awt.Component`, die Superklasse aller AWT-Komponenten. Alle Komponenten erben von dieser Klasse, die Methoden und Variablen enthält, die alle brauchen können. Man kann jedoch in eine Benutzerschnittstelle keine »allgemeine« Komponente einfügen. Sie werden also nie in die Verlegenheit kommen, in einem Programm ein `Component`-Objekt erzeugen zu müssen.

Abstrakte Klassen können alles enthalten, was normale Klassen beinhalten können. Dies schließt auch Konstruktoren ein, denn für die Subklassen könnte es nützlich sein, diese Methoden zu erben. Abstrakte Klassen können abstrakte Methoden beinhalten, also Methodensignaturen ohne Implementierung. Diese Methoden sind in Subklassen der abstrakten Klasse implementiert. Abstrakte Methoden werden mit dem Modifier `abstract` deklariert. In einer nicht-abstrakten Klasse lassen sich keine abstrakten Methoden deklarieren. Wenn eine abstrakte Klasse nur abstrakte Methoden beinhaltet, sollte man stattdessen besser eine Schnittstelle benutzen. Darauf kommen wir heute noch zurück.

15.8 Pakete

Pakete sind, wie bereits einige Male erwähnt, eine Möglichkeit, Gruppen von Klassen zu organisieren. Ein Paket enthält eine beliebige Anzahl von Klassen, die durch ihren Zweck, ihre Ausrichtung oder durch Vererbung miteinander in Beziehung stehen.

Wenn Ihre Programme klein sind und nur eine beschränkte Anzahl von Klassen verwenden, fragen Sie sich eventuell, warum Sie sich überhaupt mit Paketen befassen sollen. Aber je mehr Sie in Java programmieren, desto mehr Klassen werden Sie verwenden. Und obwohl diese Klassen im einzelnen gut designt, leicht wiederverwendbar und gekapselt sind sowie spezielle Schnittstellen zu anderen Klassen haben, stehen Sie vor der Notwendigkeit, eine größere Organisationseinheit zu verwenden, die es ermöglicht, Ihre Pakete zu gruppieren.

Pakete sind aus den folgenden Gründen sinnvoll:

- Sie ermöglichen eine Organisation der Klassen in Einheiten. Genauso, wie Sie Ordner oder Verzeichnisse auf der Festplatte für die Verwaltung Ihrer Dateien und Anwendungen anlegen, können Sie mit Hilfe von Paketen Ihre Klassen in Gruppen verwalten und damit nur jene Elemente verwenden, die Sie für ein Programm benötigen.
- Pakete reduzieren das Problem eines Namenskonflikts. Je größer die Anzahl von Java-Klassen wird, desto wahrscheinlicher wird es, dass Sie denselben Namen für eine Klasse verwenden wie jemand anderes. Damit ist die Möglichkeit von Namenskonflikten und fehlerhaften Ergebnissen relativ hoch, wenn Sie mehrere Gruppen von Klassen in ein einziges Programm integrieren. Mit Paketen schließen Sie Verwechslungen zwischen Klassen desselben Namens aus, da diese in ihren jeweiligen Paketen »verborgen« sind.
- Pakete erlauben Ihnen, Klassen, Variablen und Methoden in größerem Umfang zu schützen, als dies auf der Basis von Klassen allein möglich wäre.
- Pakete lassen sich zur Identifikation von Klassen verwenden. Wenn Sie zum Beispiel für die Durchführung eines bestimmten Zwecks einen Satz von Klassen implementiert haben, könnten Sie ein Paket mit diesen Klassen durch einen eindeutigen Namen kennzeichnen, der Ihren Namen oder den Ihres Arbeitgebers enthält.

Obwohl ein Paket im allgemeinen aus einer Sammlung von Klassen besteht, können Pakete wiederum auch andere Pakete enthalten und damit eine Hierarchieform bilden, die der Vererbungshierarchie nicht unähnlich ist. Jede »Ebene« stellt dabei meist eine kleinere und noch spezifischere Gruppe von Klassen dar. Die Java-Klassenbibliothek selbst hat diese Struktur. Die oberste Ebene trägt den Namen `java`; die nächste Ebene enthält Namen wie `io`, `net`, `util` oder `awt`, die letzte und niedrigste Ebene enthält dann z.B. das Paket `image`.

HINWEIS

Nach der geltenden Konvention gibt die erste Ebene der Hierarchie den (global eindeutigen) Namen des Autors oder Eigentümers der Java-Pakete an. Die Klassen von Sun Microsystems beispielsweise, die nicht Teil der Java-Standardumgebung sind, beginnen alle mit dem Präfix `sun`. Klassen, die Netscape mit seiner Implementation mitliefert, sind im Paket `netscape` gesammelt. Das Standardpaket `java` bildet eine Ausnahme von dieser Regel, da es so grundlegend ist.

Pakete verwenden

Sie haben in diesem Buch bereits mehrfach Pakete verwendet. Jedesmal, wenn Sie den Befehl `import` benutzt oder wenn Sie sich anhand des kompletten Paketnamens (z.B. `java.awt.Color`) auf eine Klasse bezogen haben, haben Sie ein Paket verwendet.

Um eine Klasse zu verwenden, die in einem Paket enthalten ist, können Sie eine der drei folgenden Techniken verwenden:

- Wenn sich die gewünschte Klasse in `java.lang` (z.B. `System` oder `Date`) befindet, können Sie diese Klasse einfach benutzen, indem Sie sich auf den Namen dieser Klasse beziehen. Die `java.lang`-Klassen sind für Sie in allen Ihren Programmen automatisch verfügbar.
- Wenn sich die gewünschte Klasse in einem anderen Paket befindet, können Sie sich auf diese anhand des kompletten Namens, einschließlich des Paketnamens (z.B. `java.awt.Font`), beziehen.
- Bei häufig verwendeten Klassen aus anderen Paketen können Sie einzelne Klassen oder auch das gesamte Klassenpaket importieren. Sobald eine Klasse oder ein Paket importiert wurde, können Sie sich darauf beziehen, indem Sie den Namen der Klasse verwenden.

Wenn Sie nicht erklären, dass Ihre Klasse zu einem bestimmten Paket gehört, wird sie in ein namenloses Standardpaket gesteckt. Sie können sich dann überall im Code mit dem einfachen Klassennamen auf diese Klasse beziehen.

Komplette Paket- und Klassennamen

Um sich auf eine Klasse in einem anderen Paket zu beziehen, können Sie ihren kompletten Namen verwenden: Der Klassenname steht vor den Paketnamen. Sie müssen die Klassen oder Pakete nicht importieren, um sie auf diese Art zu verwenden.

```
java.awt.Font f = new java.awt.Font()
```

Wenn Sie eine Klasse in einem Programm nur ein- oder zweimal verwenden, sollten Sie den kompletten Namen angeben. Wenn Sie eine bestimmte Klasse jedoch häufig benötigen oder der Paketname selbst wirklich lang ist und viele Unterpakete enthält, lohnt es sich, diese Klasse zu importieren, um sich überflüssiges Tippen zu ersparen.

Der Befehl import

Sie können Klassen mit dem Befehl `import` importieren, wie Sie dies in den Beispielen dieses Buches bereits häufig getan haben. Mit der folgenden Eingabe importieren Sie eine einzelne Klasse:

```
import java.util.Vector;
```

oder Sie importieren ein komplettes Klassenpaket, indem Sie einen Stern * anstelle der einzelnen Klassennamen verwenden:

```
import java.awt.*
```

HINWEIS: Um technisch korrekt zu sein: Dieser Befehl importiert nicht alle Klassen in einem Paket – er importiert nur jene Klassen, die mit `public` als öffentlich erklärt wurden und selbst hierbei werden nur jene Klassen importiert, auf welche sich der Code selbst bezieht.

Beachten Sie, dass der Stern * bei `import` nicht wie derjenige benutzt wird, der Ihnen vielleicht von der Kommandozeile geläufig ist und mit dem man die Inhalte eines Verzeichnisses zusammenfasst oder mehrere Dateien auf einmal angibt. Wenn Sie z.B. den Inhalt des Verzeichnisses `classes/java/awt/*` auflisten lassen, enthält diese Liste alle `.class`-Dateien und Unterverzeichnisse wie `image` und `peer`. Wenn Sie jedoch `import java.awt.*` benutzen, werden alle öffentlichen Klassen in diesem Paket importiert, nicht aber Unterpakete wie `image` oder `peer`. Um alle Klassen einer komplexen Pakethierarchie zu importieren, müssen Sie jede Ebene dieser Hierarchie explizit manuell importieren. Sie können ferner keine unvollständigen Klassennamen angeben (z.B. `L*`, um alle Klassen zu importieren, die mit dem Buchstaben L beginnen). Sie können entweder alle Klassen in einem Paket importieren oder aber eine einzelne Klasse.

Die `import`-Anweisungen in Ihrer Klassendefinition sollten am Anfang der Datei stehen, vor allen Klassendefinitionen (aber nach der Paketerklärung – siehe den nächsten Abschnitt).

Empfiehlt es sich, die Klassen einzeln zu importieren oder sollten diese besser als Gruppe importiert werden? Dies hängt davon ab, wie verständlich Sie Ihren Code halten möchten. Wenn Sie eine Gruppe von Klassen importieren, wird dadurch das Programm nicht verlangsamt oder »aufgebläht«; es werden nur diejenigen Klassen geladen, die wirklich vom Code verwendet werden. Wenn Sie Pakete importieren, wird allerdings das Lesen des Codes für andere etwas komplizierter, denn es ist dann nicht mehr offensichtlich, woher die Klassen stammen. Ob Sie die Klassen einzeln oder als Pakete importieren, ist eine Frage des Programmierstils.

HINWEIS

Sollten Sie von C oder C++ kommen, dann glauben Sie vielleicht, dass der `import`-Befehl in Java so ähnlich wie `#include` arbeitet. Letzterer Befehl führt zu einem sehr langen Programm, das Quellcode aus einer anderen Datei übernimmt. Das ist nicht der Fall.Der `import`-Befehl teilt dem Java-Compiler lediglich mit, wo er eine Klasse finden kann. Dies vergrößert in keiner Weise den Umfang der Klasse.

Namenskonflikte

Nachdem Sie eine Klasse oder ein Paket von Klassen importiert haben, können Sie sich im allgemeinen auf eine Klasse einfach dadurch beziehen, dass Sie den Namen ohne Paket-Identifikation benutzen. »Im allgemeinen« deshalb, weil es einen Fall gibt, in dem man expliziter werden muss: Wenn es mehrere Klassen desselben Namens in unterschiedlichen Paketen gibt.

Im Folgenden finden Sie ein Beispiel. Angenommen, Sie importieren Klassen zweier Pakete:

```
import com.naviseek.web.*;
import com.prefect.http.*;
```

Innerhalb des Pakets `com.naviseek.web` ist eine Klasse `FTP`. Leider enthält auch das Paket `com.prefect.http` eine Klasse mit dem Namen `FTP`, die eine komplett andere Bedeutung und Implementation hat. Es fragt sich nun, auf welche Version von `FTP` sich Ihr Programm bezieht, wenn sich in Ihrem eigenen Programm folgende Code-Zeile findet:

```
FTP out = new FTP();
```

Die Antwort ist: Auf keine von beiden. Der Java-Compiler würde wegen des Namenskonflikts die Kompilierung des Programms verweigern. In diesem Fall müssten Sie sich, trotz der Tatsache, dass Sie beide Klassen importiert haben, auf die richtige `FTP`-Klasse mit dem vollständigen Paketnamen beziehen:

```
com.prefect.http.FTP out = new com.prefect.http.FTP();
```

Eine Anmerkung zu CLASSPATH und darüber, wo Klassen gespeichert sind

Damit Java eine Klasse verwenden kann, muss es diese im Dateisystem finden können. Andernfalls erhalten Sie eine Fehlermeldung, die besagt, dass die Klasse nicht existiert. Java verwendet zwei Elemente, um eine Klasse zu finden: den Namen des Pakets und die Verzeichnisse, die in der Variablen `CLASSPATH` aufgelistet sind (sofern Sie ein Windows- oder Solaris-System benutzen).

Zunächst zu den Paketnamen. Paketnamen haben ihre Entsprechung in den Verzeichnisnamen des Dateisystems, d.h. die Klasse `com.naviseek.Mapplet` ist im Verzeichnis `naviseek` zu finden, welches wiederum im Verzeichnis `com` liegt (also `com\naviseek\Mapplet.class`).

Java sucht nach diesen Verzeichnissen innerhalb derjenigen Verzeichnisse, die in der Variablen `CLASSPATH` aufgelistet sind. Wenn Sie sich an den 1. Tag erinnern, als Sie SDK installiert haben, wissen Sie noch, dass Sie eine Variable `CLASSPATH` eingerichtet haben, um auf die verschiedenen Positionen zu verweisen, an denen sich die Java-Klassen befinden. Falls kein `CLASSPATH` eingerichtet ist, sucht das SDK nur im aktuellen Ordner nach Klassen.

Wenn Java nach einer Klasse sucht, auf die Sie sich im Quellcode beziehen, wird nach dem Paket- und Klassennamen in jedem dieser Verzeichnisse gesucht und eine Fehlermeldung ausgegeben, falls die Klassendatei nicht gefunden werden kann. Die meisten Fehlermeldungen `class not found` gehen auf die Rechnung von falsch konfigurierten `CLASSPATH`-Variablen.

Eigene Pakete erstellen

Das Erstellen eigener Pakete ist nicht komplizierter als das Erstellen einer Klasse. Sie müssen drei grundlegende Schritte ausführen, die in den folgenden Abschnitten erläutert werden.

Einen Paketnamen wählen

Der erste Schritt besteht darin, einen Namen für das Paket auszuwählen. Welcher Name für ein Paket gewählt werden soll, hängt davon ab, wie Sie die darin befindlichen Klassen verwenden möchten. Eventuell möchten Sie dem Paket Ihren eigenen Namen geben, oder dieses nach einem bestimmten Teil des Java-Systems benennen, an dem Sie gearbeitet haben (z.B. `graphics` oder `messaging`). Wenn Sie beabsichtigen, Ihr Paket im Internet zu verbreiten oder als Teil eines kommerziellen Produkts zu vertreiben, sollten Sie einen Paketnamen wählen, der den Autor in einmaliger Weise kennzeichnet.

Sun empfiehlt, die Elemente des Internet-Domain-Namens zu vertauschen, um Pakete zu benennen. Hieße Ihre Internet-Domain z.B. `naviseek.com`, dann wäre Ihr Paketname `com.naviseek`. Sie sollten den Namen mit einem Element verlängern, das die Klassen des Pakets beschreibt, also z.B. `com.naviseek.canasta`.

HINWEIS: Sun weicht bei zwei seiner eigenen Java-Pakete von dieser Empfehlung ab – `java`, das Paket mit der Java-Klassenbibliothek, und `javax`, ein Paket, das die Klassenbibliothek ergänzt.

Die Grundidee ist, dass ein Paketname eindeutig sein sollte. Pakete können Klassen verbergen, deren Namen in Konflikt geraten, doch dies ist auch schon der letzte Schutzmechanismus. Es gibt keine Möglichkeit zu verhindern, dass Ihr Paket mit dem Paket eines anderen in Konflikt gerät, wenn Sie beide denselben Paketnamen verwenden.

Man beginnt Paketnamen gewöhnlich mit einem kleingeschriebenen Buchstaben, um sie von Klassennamen abzusetzen. So ist z.B. im vollständigen Namen der eingebauten `String`-Klasse, `java.lang.String`, der Paketname visuell sofort vom Klassennamen zu unterscheiden. Diese Konvention trägt dazu bei, Namenskonflikte zu reduzieren.

15.9 Eine Verzeichnisstruktur definieren

Der zweite Schritt für das Erstellen von Paketen besteht darin, eine Verzeichnisstruktur auf Ihrem Datenträger zu erstellen, die dem Paketnamen entspricht. Wenn das Paket nur einen Namen (`myPackage`) enthält, müssen Sie nur für diesen Namen ein Verzeichnis erstellen. Hat das Paket jedoch mehrere Teile, müssen Sie Unterordner erstellen. Für das Beispiel des Paketnamens `com.naviseek.canasta` müssen Sie das Verzeichnis `com` erstellen, ein Verzeichnis `naviseek` innerhalb von `com` und ein Verzeichnis `canasta` innerhalb von `naviseek`. Die Klassen- und Quelldateien können dann in das Verzeichnis `canasta` verschoben werden.

Klassen in ein Paket einfügen

Der letzte Schritt besteht darin, die Klasse in ein Pakete zu legen. Dies geschieht mit einer Anweisung in der Klassendatei, die vor allen benutzten `import`-Anweisungen stehen muss. Die `package`-Anweisung wird zusammen mit dem Paketnamen genutzt, wie im folgenden Beispiel:

```
package com.naviseek.canasta;
```

Es darf nur eine `package`-Anweisung gegeben werden. Sie muss in der ersten Codezeile der Quelldatei stehen, und zwar nach möglichen Kommentaren und Leerzeilen, doch vor den `import`-Deklarationen.

Wenn Sie einmal damit begonnen haben, Pakete zu verwenden, sollten Sie sicherstellen, dass alle Klassen zu irgendeinem Paket gehören. Das bewahrt Sie vor mancher Konfusion.

15.10 Pakete und Klassenschutz

Sie haben heute schon einiges über Zugriffs-Modifier für Methoden und Variablen erfahren. Sie können auch den Zugriff auf Klassen kontrollieren. Vermutlich ist Ihnen der `public`-Modifier bereits bei einigen Klassendeklarationen früherer Projekte aufgefallen.

Bei fehlendem Modifier verfügen Klassen über den Standardschutz, d.h. dass die Klasse allen anderen Klassen in diesem Paket zur Verfügung steht, aber außerhalb weder sichtbar noch verfügbar ist, nicht einmal für Subpakete. Sie lässt sich nicht anhand des Namens importieren oder referenzieren. Klassen mit Paketschutz sind innerhalb ihres Pakets versteckt.

Der Paketschutz tritt automatisch ein, wenn Sie eine Klasse so definieren, wie Sie dies bislang meist getan haben:

```
class TheHiddenClass extends AnotherHiddenClass {
    //...
}
```

Um eine Klasse auch außerhalb Ihres Pakets sichtbar und importierbar zu machen, können Sie sie für öffentlich erklären, indem Sie `public` in ihre Definition einfügen:

```
public class TheVisibleClass {
   // ...
}
```

Klassen, die mit `public` definiert sind, lassen sich von anderen Klassen außerhalb des Pakets importieren.

Beachten Sie, dass bei der Verwendung einer `import`-Anweisung mit einem Stern lediglich die öffentlichen Klassen aus diesem Paket importiert werden. Verborgene Klassen bleiben verborgen und können nur von Klassen innerhalb dieses Pakets verwendet werden.

Warum sollte man eine Klasse in einem Paket verbergen? Aus demselben Grund, aus dem Sie auch Variablen und Methoden innerhalb einer Klasse verbergen: Es könnte sich um Hilfsklassen oder Verhaltensweisen handeln, die ausschließlich für ihre Implementierung notwendig sind, oder Sie möchten die Schnittstelle Ihres Programms klein halten, um die Effekte größerer Veränderungen zu minimieren. Wenn Sie Ihre Klassen entwerfen, sollten Sie das gesamte Paket im Blick haben und entscheiden, welche Klassen `public` deklariert werden und welche Klassen verborgen sein sollen.

Schützen bedeutet nicht, dass man Klassen komplett versteckt, sondern dass man für eine gegebene Klasse festlegt, welche anderen Klassen, Variablen und Methoden sie nützen dürfen.

Zur Erstellung eines guten Pakets gehört auch die Definition eines kleinen, sauberen Satzes von `public`-Klassen und Methoden, die von anderen Klassen verwendet werden können. Diese sollten dann durch eine beliebige Zahl verborgener Hilfsklassen implementiert werden. Sie werden heute noch eine andere Verwendung von verborgenen Klassen kennen lernen.

15.11 Schnittstellen

Schnittstellen enthalten wie abstrakte Klassen und Methoden Vorlagen für Verhalten, das andere Klassen implementieren könnten. Schnittstellen bieten jedoch ein bei weitem größeres Spektrum an Funktionalität für Java und für das Klassen- und Objektdesign als abstrakte Klassen oder Methoden.

15.12 Das Problem der Einfachvererbung

Nach längeren Überlegungen und größerer praktischer Design-Erfahrung entdecken Sie vermutlich, dass die reine Simplizität der Klassenhierarchie einschränkend ist, insbesondere wenn Sie einige Verhaltensweisen verwenden, die von den Klassen in verschiedenen Verzweigungen desselben Baums verwendet werden.

Lassen Sie uns ein Beispiel betrachten, das das Problem verdeutlicht. Stellen Sie sich eine biologische Hierarchie vor, an deren Spitze `Animal` steht und direkt darunter die Klassen `Mammal` und `Bird`. Zur Definition eines Säugetiers gehört, lebend zu gebären und einen Pelz zu haben. Zu den Verhaltsweisen bzw. Eigenschaften eines Vogels gehört, einen Schnabel zu haben und Eier zu legen. So weit, so gut, nicht wahr? Was aber, wenn Sie für das Schnabeltier eine Klasse erzeugen wollen? Schnabeltiere haben bekanntlich Fell und Schnabel und legen auch noch Eier... Sie müssten Verhaltensweisen aus zwei Klassen kombinieren, um die Schabeltierklasse zu erzeugen. Nun haben aber Java-Klassen nur eine unmittelbare Superklasse, sodass es für dieses Problem keine triviale Lösung gibt.

Andere OOP-Sprachen besitzen das Konzept der Mehrfachvererbung, mit der sich solche Probleme lösen lassen. Bei mehrfacher Vererbung kann eine Klasse von mehr als einer Superklasse erben und das Verhalten und die Attribute von allen ihren Superklassen gleichzeitig übernehmen. Das Problem der Mehrfachvererbung besteht darin, dass eine Programmiersprache dadurch äußerst schwierig zu lernen, zu verwenden und zu implementieren wird. Aufrufe von Methoden und die Organisation der Klassenhierarchie werden bei einer Mehrfachvererbung deutlich komplizierter. Verwirrung und Konfusion ist dann Tür und Tor geöffnet. Weil Java explizit als einfache Programmiersprache konzipiert wurde, beschloss man, Mehrfachvererbung zugunsten Einfachvererbung auszuschließen.

Wie lässt sich also das Problem von allgemeinem Verhalten lösen, das nicht in den strengen Rahmen der Klassenhierarchie passt? Java verwendet eine weitere Hierarchie, die aber von der Hauptklassenhierarchie getrennt ist – eine Hierarchie für Klassen mit einmischbarem Verhalten. Wenn Sie dann eine neue Klasse erstellen, verfügt diese zwar über nur eine direkte Superklasse, kann aber verschiedenes Verhalten aus der anderen Hierarchie übernehmen. Diese andere Hierarchie ist die Schnittstellenhierarchie. Eine Java-Schnittstelle ist eine Sammlung von abstraktem Verhalten, das sich in jede beliebige Klasse mischen lässt, um dieser Klasse Verhalten hinzuzufügen, das von ihren Superklassen nicht geliefert wird. Eine Java-Schnittstelle enthält eigentlich nichts anderes als abstrakte Methodendeklarationen und Konstanten – es gibt weder Instanzvariablen noch Methodenimplementierungen.

Die Klassenbibliothek von Java implementiert und verwendet Schnittstellen, wann immer ein Verhalten von vielen verschiedenen Klassen implementiert werden soll. Sie werden eine der Schnittstellen der Java-Klassenhierarchie, `java.lang.Comparable`, heute noch nutzen.

15.13 Schnittstellen und Klassen

Klassen und Schnittstellen haben – trotz ihrer unterschiedlichen Definition – viele Gemeinsamkeiten. Schnittstellen werden ebenso wie Klassen in Quelldateien deklariert und mit dem Java-Compiler in `.class`-Dateien kompiliert. Und in den meisten Fällen können Sie überall dort, wo Sie Klassen benutzen (also als Datentyp für eine Variable, als Ergebnis eines Casting usw.), auch eine Schnittstelle verwenden.

Fast überall, wo in diesem Buch der Name einer Klasse steht, ließe er sich durch den Namen einer Schnittstelle ersetzen. Java-Programmierer sprechen häufig von »Klassen«, wenn sie eigentlich »Klassen oder Schnittstellen« meinen. Schnittstellen ergänzen und erweitern das Leistungsvermögen von Klassen. Sie entsprechen sich weitgehend. Einer der wenigen Unterschiede besteht darin, dass eine Schnittstelle nicht instanziert werden kann: `new` kann nur eine Instanz einer Klasse erstellen.

Schnittstellen implementieren und verwenden

Sie können zweierlei Dinge mit Schnittstellen anstellen: Sie können diese in Ihren eigenen Klassen benutzen oder eigene Schnittstellen definieren. Fangen wir mit Ersterem an:

Um eine Schnittstelle zu verwenden, benutzen Sie das Schlüsselwort `implements` als Teil der Klassendefinition:

```
public class AnimatedSign extends javax.swing.JApplet
   implements Runnable {
   //...
}
```

In diesem Beispiel ist `javax.swing.JApplet` die Superklasse, doch die Schnittstelle `Runnable` erweitert das von ihr implementierte Verhalten.

Da Schnittstellen nichts anderes als abstrakte Methoden-Deklarationen enthalten, müssen Sie diese Methoden dann in Ihre eigenen Klassen implementieren, indem Sie dieselben Methodensignaturen wie die Schnittstelle verwenden. Wenn Sie eine Schnittstelle implementieren, müssen alle darin enthaltenen Methoden implementiert werden – es geht nicht, dass Sie nur jene Methoden auswählen, die Sie benötigen. Indem Sie eine Schnittstelle implementieren, teilen Sie den Benutzern Ihrer Klasse mit, dass Sie die gesamte Schnittstelle unterstützen.

Nachdem Ihre Klasse eine Schnittstelle implementiert hat, können die Subklassen dieser Klasse die neuen Methoden erben (und diese überschreiben oder überladen), als wären sie in der Superklasse definiert. Wenn Ihre Klasse von einer Superklasse erbt, die eine bestimmte Schnittstelle implementiert, brauchen Sie das Schlüsselwort `implements` nicht in Ihre Klassendefinition einfügen.

Lassen Sie uns ein einfaches Beispiel verwenden und die neue Klasse `Orange` erstellen. Angenommen, Sie haben bereits die Klasse `Fruit` und eine Schnittstelle `Fruitlike`, die darstellt, was `Fruits` im allgemeinen tun können. Sie möchten zum einen, dass `Orange` eine `Fruit` ist, aber es soll auch ein kugelförmiges Objekt sein, das sich drehen und wenden lässt. Im folgenden sehen Sie, wie sich dies alles ausdrücken lässt (beachten Sie die Definitionen dieser Schnittstellen im Augenblick nicht; Sie erfahren später mehr darüber):

```
interface  Fruitlike {
    void  decay();
    void  squish();
    // ...
}

class  Fruit implements Fruitlike {
    private Color myColor;
    private int daysTilIRot;
    // ...
}

interface  Spherelike {
    void  toss();
    void  rotate();
    // ...
}
```

```
class  Orange extends Fruit implements Spherelike {
    . . . // toss() könnte squish() aufrufen
}
```

Die Klasse Orange muss nicht mit implements Fruitlike versehen werden, weil Fruit bereits darüber verfügt. Es gehört zu den Vorteilen dieser Struktur, dass Sie die Klasse Orange jederzeit von etwas anderem ableiten können (wenn z.B. plötzlich eine großartige Sphere-Klasse implementiert wird), und dennoch wird die Klasse Orange weiterhin beide Schnittstellen beinhalten:

```
class  Sphere implements Spherelike {     // von Object abgeleitet
    private float  radius;
    // ...
}

class  Orange extends Sphere implements Fruitlike {
    // ... Benutzer von Orange brauchen nichts von der Veränderung zu wissen!
}
```

Mehrere Schnittstellen implementieren

Im Gegensatz zur Einfachvererbung in der Klassenhierarchie können Sie beliebig viele Schnittstellen in Ihren eigenen Klassen implementieren. Die Klassen implementieren das kombinierte Verhalten aus allen Schnittstellen. Um mehrere Schnittstellen in einer Klasse zu implementieren, trennen Sie ihre Namen durch Kommata:

```
public class AnimatedSign extends javax.swing.JApplet
    implements Runnable, Observable {

    // ...
}
```

Aus der Implementierung mehrerer Schnittstellen können sich Komplikationen ergeben, wenn zwei verschiedene Schnittstellen jeweils dieselbe Methode definieren. Es gibt dann drei Möglichkeiten:

- Wenn die Methoden der beiden Schnittstellen identische Signaturen haben, implementieren Sie eine Methode in Ihrer Klasse. Diese Definition genügt beiden Schnittstellen.
- Wenn die Methoden über verschiedene Parameterlisten verfügen, ist es ein einfacher Fall von Methodenüberladung; Sie implementieren beide Methodensignaturen, und die beiden Definitionen bedienen die entsprechenden Schnittstellendefinitionen.
- Wenn die Methoden dieselbe Parameterliste haben, aber sich ihr Rückgabetyp unterscheidet, können Sie keine Methode erstellen, die beiden Anforderungen genügt (das

Überladen von Methoden funktioniert über die Parameterliste, nicht über den Rückgabetyp). In diesem Fall würde der Versuch, eine Klasse zu kompilieren, die beide Schnittstellen implementiert, einen Compiler-Fehler erzeugen. Wenn Sie dieses Problem haben, dann haben Ihre Schnittstellen Fehler im Design und sollten noch einmal gründlich überarbeitet werden.

Andere Verwendungen von Schnittstellen

Wie gesagt, können Sie beinahe überall anstelle einer Klasse auch eine Schnittstelle verwenden. Sie können also eine Variable als Schnittstellentyp deklarieren:

```
Runnable aRunnableObject = new MyAnimationClass()
```

Wenn eine Variable als Schnittstellentyp deklariert ist, bedeutet dies, dass von jedem Objekt, auf das sich die Variable bezieht, erwartet wird, dass es diese Schnittstelle implementiert – d.h. es wird davon ausgegangen, dass es alle Methoden versteht, die in der Schnittstelle spezifiziert sind. In unserem Beispiel wird also davon ausgegangen, dass Sie `aRunnableObject.run()` aufrufen können, weil `aRunnableObject` ein Objekt des Typs `Runnable` enthält.

Der springende Punkt, dass, obwohl von `aRunnableObject` eine `run()`-Methode erwartet wird, der Code bereits geschrieben werden kann, bevor entsprechende Klassen implementiert (oder gar erstellt) werden. In der traditionellen OOP ist man gezwungen, eine Klasse mit »Stub«-Implementierungen (leere Methoden oder Methoden, die nur Meldungen ausgeben) zu erstellen, um die gleiche Wirkung zu erzielen. Sie können Objekte auch in eine Schnittstelle casten, wie Sie Objekte in andere Klassen casten können. Kehren wir zur Definition der `Orange`-Klasse zurück, die sowohl die `Fruitlike`-Schnittstelle (durch ihre Superklasse `Fruit`) als auch die `Spherelike`-Schnittstelle implementiert. Hier können Sie Instanzen von `Orange` in beide Klassen und Schnittstellen casten:

```
Orange     anOrange    = new Orange();
Fruit      aFruit      = (Fruit)anOrange;
Fruitlike  aFruitlike  = (Fruitlike)anOrange;
Spherelike aSpherelike = (Spherelike)anOrange;

aFruit.decay();          // fruits decay()
aFruitlike.squish();     //  und squish()

aFruitlike.toss();       // Dinge, die Fruitlike implementieren,
                         // implementieren toss()nicht;
aSpherelike.toss()       // doch Dinge, die Spherelike implementieren,
                         // implementieren toss() schon
anOrange.decay();        // oranges können das alles
anOrange.squish();
anOrange.toss();
anOrange.rotate();
```

In diesem Beispiel wird eine Orange durch Deklarationen und Castings auf die Fähigkeiten einer Frucht bzw. Kugel eingeschränkt.

Schnittstellen werden zwar im allgemeinen dazu benutzt, um Verhalten (Methodensignaturen) in andere Klassen einzumischen, doch man kann mit ihnen auch allgemein nützliche Konstanten einmischen. Wenn also z.B. in einer Schnittstelle ein Satz von Konstanten definiert ist und mehrere Klassen diese Konstanten verwenden, könnten die Werte dieser Konstanten global geändert werden, ohne dass viele Klassen einzeln geändert werden müssten. Dies ist auch ein weiteres Beispiel dafür, wo sich durch die Verwendung von Schnittstellen zur Trennung von Design und Implementierung der Code verallgemeinern und einfacher gestalten lässt.

Schnittstellen definieren und ableiten

Wenn Sie einige Zeit mit Schnittstellen gearbeitet haben, besteht der nächste Schritt darin, eigene Schnittstellen zu definieren. Schnittstellen sind den Klassen sehr ähnlich: Sie werden beinahe in derselben Weise deklariert und könnten in einer Hierarchie angeordnet werden. Sie müssen jedoch bei der Deklaration von Schnittstellen ein paar Regeln beachten.

Neue Schnittstellen

Um eine neue Schnittstelle zu erstellen, deklarieren Sie sie folgendermaßen:

```
interface Growable {
    // ...
}
```

Dies ist im Grunde dasselbe wie eine Klassendefinition, wobei das Wort `interface` das Wort `class` ersetzt. Innerhalb der Schnittstellendefinition befinden sich Methoden und Konstanten. Die Methoden innerhalb einer Schnittstelle sind `public` und `abstract`. Sie können diese explizit als solche deklarieren, oder sie werden automatisch in `public`- und `abstract`-Methoden verwandelt, wenn sie ohne diese Modifier stehen. Eine Methode innerhalb einer Schnittstelle lässt sich nicht als `private` oder `protected` deklarieren. Im folgenden Beispiel finden Sie eine Schnittstelle `Growable`, die die eine ihrer beiden Methoden explizit als `public` und `abstract` deklariert (`growIt()`), während die andere ohne Modifier steht, im Endeffekt aber dieselben Eigenschaften erhält (`growItBigger()`).

```
public interface Growable {
    public abstract void growIt(); // explizit public und abstract
    void growItBigger();          //  effektiv public und abstract
}
```

Wie die abstrakten Methoden von Klassen haben auch Methoden innerhalb von Schnittstellen keinen Körper. Eine Schnittstelle ist Design in Reinform. Es gibt keine Implementierungen.

Neben den Methoden können Schnittstellen auch Variablen enthalten, aber diese Variablen müssen `public`, `static` und `final` (und somit als Konstanten) deklariert sein. Ebenso wie bei Methoden können Sie eine Variable explizit als `public`, `static` und `final` deklarieren oder sie werden implizit als solche definiert, wenn Sie diese Modifier nicht verwenden. Im folgenden finden Sie dieselbe `Growable`-Definition mit zwei neuen Variablen:

```
public interface Growable {
    public static final int increment = 10;
    long maxnum = 1000000;  // wird public, static und final

    public abstract void growIt(); // explizit public und abstract
    void growItBigger();           // effektiv public und abstract
}
```

Schnittstellen müssen entweder `public` oder Paket-Schutz haben, ganz wie Klassen. Beachten Sie jedoch, dass Schnittstellen ohne `public`-Modifier ihre Methoden nicht automatisch in `public` und `abstract` konvertieren und auch deren Konstanten nicht in `public` konvertiert werden. Eine nichtöffentliche Schnittstelle verfügt auch über nichtöffentliche Methoden und Konstanten, die sich nur von Klassen und anderen Schnittstellen desselben Pakets verwenden lassen.

Schnittstellen können wie Klassen zu einem Paket gehören. Schnittstellen können auch andere Schnittstellen und Klassen aus anderen Paketen importieren, ebenso wie dies bei Klassen möglich ist.

Methoden innerhalb von Schnittstellen

Zu Methoden innerhalb von Schnittstellen ist folgendes anzumerken: Diese Methoden sollten abstrakt sein und einer beliebigen Klasse zugeordnet werden können, aber wie lassen sich die Parameter für diese Methoden definieren? Sie wissen ja nicht, welche Klasse sie verwenden wird! Die Antwort liegt in der Tatsache, dass Sie einen Schnittstellennamen überall dort verwenden können, wo Sie einen Klassennamen benutzen. Indem Sie Ihre Methodenparameter als Schnittstellentypen definieren, erzeugen Sie Standardparameter, die sich allen Klassen zuweisen lassen, die diese Schnittstelle verwenden werden.

Als Beispiel dient die Schnittstelle `Fruitlike`, die Methoden (ohne Argumente) für `decay()` und `squish()` definiert. Es könnte auch eine Methode für `germinateSeeds()` geben, die ein Argument hat: die Frucht selbst. Welchem Typ sollte dieses Argument angehören? Es kann nicht einfach `Fruit` sein, weil es eine Klasse geben könnte, die `Fruitlike` ist (d.h., die die Schnittstelle `Fruitlike` implementiert), ohne aber eine Frucht zu sein. Die Lösung besteht darin, einfach das Argument als `Fruitlike` in der Schnittstelle zu deklarieren:

```
public interface Fruitlike {
    public abstract germinate(Fruitlike self) {
        // ...
    }
}
```

In der tatsächlichen Implementierung dieser Methode in einer Klasse können Sie das Standardargument `Fruitlike` nehmen und in das entsprechende Objekt casten:

```
public class Orange extends Fruit {

public germinate(Fruitlike self) {
    Orange theOrange = (Orange)self;
    // ...
    }
}
```

Schnittstellen ableiten

Schnittstellen kann man wie Klassen in einer Hierarchie organisieren. Wenn eine Schnittstelle von einer anderen Schnittstelle erbt, übernimmt diese »Subschnittstelle« alle Methodendefinitionen und Konstanten der »Superschnittstelle«. Um eine Schnittstelle abzuleiten, verwenden Sie das Schlüsselwort `extends` wie in einer Klassendefinition:

```
interface Fruitlike extends Foodlike {
    // ...
}
```

Beachten Sie, dass die Schnittstellenhierarchie im Gegensatz zur Klassenhierarchie kein Äquivalent für die `Object`-Klasse besitzt; diese Hierarchie endet nicht in irgendeinem Punkt. Schnittstellen können entweder ganz selbständig bestehen oder von anderen Schnittstellen abgeleitet sein.

Ein weiterer Unterschied zur Klassenhierarchie besteht darin, dass Mehrfachvererbung möglich ist. Eine einzelne Schnittstelle kann beliebig viele Schnittstellen ableiten (die durch Kommata im `extends`-Teil der Definition getrennt werden). Die neue Schnittstelle enthält dann eine Kombination aller Methoden und Konstanten der »Superschnittstellen«. Es folgt die Definition einer Schnittstelle namens `BusyInterface`, die von vielen anderen Schnittstellen erbt:

```
public interface BusyInterface extends Runnable, Growable, Fruitlike, Observable {
    // ...
}
```

Bei mehrfach erbenden Schnittstellen gelten dieselben Regeln für Namenskonflikte wie bei Klassen, die mehrere Schnittstellen verwenden. Methoden, bei denen sich lediglich der Rückgabetyp unterscheidet, erzeugen einen Compiler-Fehler.

Beispiel: Ein Online-Laden

Um alle heute durchgenommenen Themen zu exemplifizieren, betrachten wir die Applikation `Storefront`. Sie verwendet Pakete, Zugriffskontrolle, Schnittstellen und Verkapselung. Diese Applikation betreibt einen Online-Laden und erledigt dabei vor allem zwei Aufgaben:

- Sie berechnet den Verkaufspreis für die einzelnen Gegenstände auf der Grundlage des aktuellen Lagerbestands.
- Sie sortiert die Gegenstände nach dem Verkaufspreis.

Die Applikation `Storefront` besteht aus zwei Klassen, `Storefront` und `Item`. Diese beiden Klassen werden zu einem neuen Paket namens `com.prefect.ecommerce` zusammengefasst. Unsere erste Aufgabe wird also sein, auf Ihrem System eine Verzeichnisstruktur einzurichten, wo die Klassen dieses Pakets gespeichert werden können.

SDK 1.3 und andere Java-Entwicklungstools suchen Pakete in den Ordnern, die im `CLASSPATH` Ihres Systems gelistet sind. Der Paketname wird dabei auch berücksichtigt. Wenn also `c:\jdk1.3` Ihr `CLASSPATH` ist, dann könnten `Storefront.class` und `Item.class` in `c:\jdk1.3\com\prefect\ecommerce` gespeichert sein.

Sie könnten Ihre eigenen Pakete verwalten, indem Sie einen neuen Ordner für Pakete erstellen und dann eine Referenz auf diesen Ordner zu Ihrem `CLASSPATH` hinzufügen.

TIPP: Unter Windows 95 oder 98 kann der CLASSPATH in der Kommandozeile oder durch Bearbeiten von `AUTOEXEC.BAT` im Stammverzeichnis verändert werden. Weitere Hilfe zur Festlegung Ihres `CLASSPATH` finden Sie in der Appendix A.

Nachdem Sie den Ordner für die Paketdateien eingerichtet haben, erstellen Sie `Item.java` aus Listing 15.2.

Listing 15.2: Der gesamte Quelltext von Item.java.

```
package com.prefect.ecommerce;

import java.util.*;

public class Item implements Comparable {
    private String id;
    private String name;
    private double retail;
    private int quantity;
    private double price;

    Item(String idIn, String nameIn, String retailIn, String quanIn) {
```

```
        id = idIn;
        name = nameIn;
        retail = Double.parseDouble(retailIn);
        quantity = Integer.parseInt(quanIn);

        if (quantity > 400)
            price = retail * .5D;
        else if (quantity > 200)
            price = retail * .6D;
        else
            price = retail * .7D;
        price = Math.floor( price * 100 + .5 ) / 100;
    }

    public int compareTo(Object obj) {
        Item temp = (Item)obj;
        if (this.price < temp.price)
            return 1;
        else if (this.price > temp.price)
            return -1;
        return 0;
    }

    public String getId() {
        return id;
    }

    public String getName() {
        return name;
    }

    public double getRetail() {
        return retail;
    }

    public int getQuantity() {
        return quantity;
    }

    public double getPrice() {
        return price;
    }
}
```

Die Klasse `Item` ist eine Hilfsklasse, die ein Produkt, das vom Online-Laden verkauft wird, repräsentiert. Es gibt private Instanzvariablen für die Produktnummer, den Namen, den Lagerbestand (`quantity`), den empfohlenen Verkaufspreis und den tatsächlichen Verkaufspreis.

Da sämtliche Instanzvariablen dieser Klasse privat sind, kann keine andere Klasse ihre Werte verändern oder auch nur einsehen. Einfache Accessor-Methoden werden in den Zeilen 36-54 von Listing 15.2 erzeugt, damit andere Programme an diese Werte herankommen können. Jede Methode beginnt mit `get`, worauf der Name der Variable (mit großem Anfangsbuchstaben) folgt, wie es Standard in der Java-Klassenbibliothek ist. Beispielsweise gibt `getPrice()` einen `double` mit dem Wert von `price` zurück. Es gibt keine Methoden, um eine dieser Instanzvariablen zu setzen – das wird im Konstruktor dieser Klasse besorgt.

Zeile 1 legt fest, dass die Klasse `Item` Teil des Pakets `com.prefect.ecommerce` ist.

HINWEIS: `Prefect.com` ist die persönliche Domain eines der beiden Autoren. Damit folgt dieses Projekt denen Paket-Benennungskonventionen von Sun, indem mit der Toplevel-Domain begonnen wird (`com`), gefolgt von der Domain des Entwicklers (`prefect`) und einem Namen, der den Zweck des Pakets beschreibt (`ecommerce`).

Die Klasse `item` implementiert die Schnittstelle `Comparable` (Zeile 5), mit der man die Objekte einer Klasse sortieren kann. Diese Schnittstelle hat nur eine Methode, `compareTo(`*`Objekt`*`)`, die einen Integer zurückgibt.

Die Methode `compareTo()` vergleicht zwei Objekte einer Klasse: das aktuelle Objekt und ein anderes Objekt, das als Argument an die Methode übergeben wird. Der zurückgegebene Wert gibt die Sortierreihenfolge der Objekte dieser Klasse an:

- Falls das aktuelle Objekt vor das andere Objekt gehört: -1
- Falls das aktuelle Objekt hinter das andere Objekt gehört: 1
- Falls die beiden Objekte gleich sind: 0

Sie legen in der `compareTo()`-Methode fest, welche Instanzvariablen eines Objekts beim Sortieren beachtet werden sollen. Zeilen 27-34 überschreiben die `compareTo()`-Methode für die Klasse `Item` dergestalt, dass nach der `price`-Variablen sortiert wird. Die Gegenstände werden absteigend nach dem Preis sortiert.

Nachdem Sie die `Comparable`-Schnittstelle für ein Objekt implementiert haben, gibt es zwei Klassenmethoden, mit denen ein Array, eine verkettete Liste oder eine andere Sammlung dieser Objekte sortiert werden können. Sie werden das sehen, sobald `Storefront.class` erzeugt ist.

Der Konstruktor `Item()` in Zeilen 12-25 erwartet vier Stringobjekte als Argumente und verwendet sie, um die Instanzvariablen `id`, `name`, `retail` und `quantity` zu setzen. Die letzten beiden müssen aus Strings in numerische Werte mithilfe der Klassenmethoden `Double.parseDouble()` bzw. `Integer.parseInt()` umgewandelt werden.

Der Wert der Instanzvariablen `price` hängt davon ab, wieviel von dem fraglichen Gegenstand gerade auf Lager ist:

- Bei mehr als 400 Stück beträgt `price` 50% von `retail` (Zeilen 18-19)
- Bei 201-400 Stück ist `price` 60% von `retail` (Zeilen 20-21)
- Ansonsten ist `price` 70% von `retail` (Zeilen 22-23)

Zeile 24 rundet den Preis ab, sodass er zwei oder weniger Dezimalstellen hat. Ein Preis von 6.9999999999999999 Dollar würde so zu 6.99 Dollar gerundet werden. Die Methode `Math.floor()` rundet Dezimalzahlen zum nächstniedrigen Integer ab und gibt ihn als `double` zurück.

Nachdem Sie `Item.class` kompiliert haben, können Sie eine Klasse erzeugen, die den eigentlichen Laden repräsentiert. Erzeugen Sie aus Listing 15.3 `Storefront.java`.

Listing 15.3: Der gesamte Quelltext von Storefront.java.

```
 1: package com.prefect.ecommerce;
 2:
 3: import java.util.*;
 4:
 5: public class Storefront {
 6:     private LinkedList catalog = new LinkedList();
 7:
 8:     public void addItem(String id, String name, String price,
 9:         String quant) {
10:
11:         Item it = new Item(id, name, price, quant);
12:         catalog.add(it);
13:     }
14:
15:     public Item getItem(int i) {
16:         return (Item)catalog.get(i);
17:     }
18:
19:     public int getSize() {
20:         return catalog.size();
21:     }
22:
23:     public void sort() {
24:         Collections.sort(catalog);
25:     }
26: }
```

Die `Storefront.class` dient dazu, ein Produktlager in einem Online-Geschäft zu verwalten. Jedes Produkt ist ein `Item`-Objekt, und sie sind zusammen in einer `LinkedList`-Instanzvariablen namens `catalog` gespeichert (Zeile 6).

Die Methode `addItem()` in Zeilen 8-13 erzeugt ein neues `Item`-Objekt, das auf den vier übergebenen Argumenten basiert: der Produktnummer, dem Namen, dem Preis und dem Lagerbestand. Nach der Erzeugung des Objekts wird es in die verkettete Liste `catalog` durch einen Aufruf ihrer `add()`-Methode mit dem `Item`-Objekt als Argument aufgenommen.

Die Methoden `getItem()` und `getSize()` bieten eine Schnittstelle zu den Informationen, die in der privaten `catalog`-Variable gespeichert sind. Die Methode `getSize()` in den Zeilen 19-21 ruft die Methode `catalog.size()` auf, die die Zahl der Objekte zurückgibt, die in `catalog` gespeichert sind.

Da Objekte in verketteten Listen wie in Arrays oder anderen Datenstrukturen nummeriert sind, können Sie sich auf sie mit einer Indexzahl beziehen. Die Methode `getItem()` in den Zeilen 15-17 ruft `catalog.get()` mit einer Indexnummer als Argument auf und gibt das Objekt zurück, das an dieser Stelle in der verketteten Liste gespeichert ist.

Die Methode `sort()` in Zeilen 23-25 nutzt die Implementierung der Schnittstelle `Comparable` in der `Item`-Klasse. Die Klassenmethode `Collections.sort()` sortiert eine verkettete Liste oder andere Datenstrukturen nach der natürlichen Reihenfolge der enthaltenen Objekte, indem sie die `compareTo()`-Methode des Objekts aufruft, um diese Reihenfolge zu bestimmen.

Nachdem Sie die Klasse `Storefront` erzeugt haben, können Sie ein Programm erzeugen, das das `com.prefect.ecommerce`-Paket benutzt. Öffnen Sie den Ordner, in dem Sie die Programme aus diesem Buch speichern (also z.B. `\J21work`) und erstellen Sie `GiftShop.java` aus Listing 15.4

Listing 15.4: Der gesamte Quelltext von Giftshop.java.

```
import com.prefect.ecommerce.*;

public class GiftShop {
   public static void main(String[] arguments) {
         Storefront store = new Storefront();
         store.addItem("C01", "MUG", "9.99", "150");
         store.addItem("C02", "LG MUG", "12.99", "82");
         store.addItem("C03", "MOUSEPAD", "10.49", "800");
         store.addItem("D01", "T SHIRT", "16.99", "90");
         store.sort();

         for (int i = 0; i < store.getSize(); i++) {
             Item show = (Item)store.getItem(i);
             System.out.println("\nItem ID: " + show.getId() +
                 "\nName: " + show.getName() +
                 "\nRetail Price: $" + show.getRetail() +
                 "\nPrice: $" + show.getPrice() +
```

```
                    "\nQuantity: " + show.getQuantity());
            }
        }
}
```

Die Klasse `GiftShop` demonstriert alle Elemente der öffentlichen Schnittstelle von `Storefront` und `Item`. Sie können:

- einen Online-Laden erzeugen
- Produkte hinzufügen
- Produkte nach Verkaufspreis sortieren
- Informationen über Produkte als Liste ausgeben

HINWEIS: Wenn Sie `Item.class` und `Storefront.class` im selben Ordner wie `Giftshop.java` erzeugt haben, könnte das Kompilieren fehlschlagen, weil der Compiler `Item.class` und `Storefront.class` in Ihrem Paket-Ordner erwartet. Verschieben Sie diese Dateien nach `com\prefect\ecommerce` und kompilieren Sie `Giftshop.java` in einem anderen Ordner, z.B. `\J21work`.

Die Ausgabe des Programm sollte wie folgt aussehen:

```
Item ID: D01
Name: T SHIRT
Retail Price: $16.99
Price: $11.89
Quantity: 90

Item ID: C02
Name: LG MUG
Retail Price: $12.99
Price: $9.09
Quantity: 82

Item ID: C01
Name: MUG
Retail Price: $9.99
Price: $6.99
Quantity: 150

Item ID: C03
Name: MOUSEPAD
Retail Price: $10.49
Price: $5.25
Quantity: 800
```

Viele Details der Implementierung sind vor der Klasse `GiftShop` und anderen Klassen, die dieses Paket verwenden, verborgen.

Beispielsweise braucht es den Programmierer von `GiftShop` nicht zu interessieren, dass `Storefront` eine verkettete Liste zur Speicherung der Produktdaten benutzt. Wenn der Programmierer von `Storefront` später beschließen sollte, eine andere Datenstruktur zu verwenden, würde `GiftShop` unverändert weiter arbeiten, solange `getSize()` und `getItem()` die erwarteten Werte zurückgeben.

15.14 Interne Klassen

Alle Klassen, mit denen wir bislang gearbeitet haben, gehörten zu einem Paket, entweder weil Sie einen Paketnamen mit der `package`-Deklaration angaben oder weil das Standardpaket genutzt wurde. Klassen, die zu einem Paket gehören, werden *Top-Level-Klassen* genannt. Bei der Einführung von Java waren das die einzigen Klassen, die die Sprache unterstützte.

Ab Java 1.1 konnte man eine Klasse innerhalb einer Klasse definieren, als wäre Sie eine Methode oder eine Variable. Diese Typen von Klassen nennt man *interne Klassen*. Listing 15.5 zeigt Ihnen das `Inner`-Applet, das eine interne Klasse namens `BlueButton` benutzt, um klickbare Buttons anzuzeigen, deren standardmäßige Hintergrundfarbe blau ist.

Listing 15.5: Der gesamte Quelltext von Inner.java.

```
import java.awt.*;
import javax.swing.*;

public class Inner extends javax.swing.JApplet {
    JButton b1 = new JButton("One");
    BlueButton b2 = new BlueButton("Two");

    public void init() {
        Container pane = getContentPane();
        pane.setLayout(new FlowLayout());
        pane.add(b1);
        pane.add(b2);
    }

    class BlueButton extends JButton {
        BlueButton(String label) {
            super(label);
            this.setBackground(Color.blue);
        }
    }
}
```

Die Abbildung 15.1 wurde mit dem `appletviewer` erzeugt. Das Applet wurde in eine Webseite mit folgendem HTML-Code integriert:

```
<applet code="Inner.class" width="200" height="100">
</applet>
```

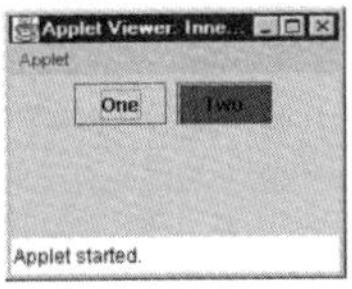

Abbildung 15.1: Das Inner-Applet

In diesem Beispiel unterscheidet sich die Klasse `BlueButton` nicht von einer Hilfsklasse, die sich in derselben Quelldatei befindet, in der auch die Hauptklasse des Programms ist. Der einzige Unterschied besteht darin, dass die Hilfsklasse innerhalb der Hauptklasse definiert ist, was einige Vorteile hat:

- Interne Klassen sind für alle anderen Klassen nicht sichtbar. D. h., Sie müssen sich keine Gedanken um Namenskonflikte zwischen dieser und anderen Klassen machen.
- Interne Klassen können auf Methoden und Variablen im Gültigkeitsbereich der Top-Level-Klasse zugreifen, auf die sie als eigenständige Klasse nicht zugreifen könnten.

In vielen Fällen ist eine interne Klasse eine kleine Klasse, die nur für eine sehr eingeschränkte Aufgabe zuständig ist. In dem `Inner`-Applet ist die Klasse `BlueButton` gut für die Implementierung als interne Klasse geeignet, da sie kaum komplexe Verhaltensweisen und Attribute enthält.

Der Name der internen Klasse ist mit dem Namen der Klasse verbunden, die die interne Klasse beinhaltet. Er wird bei der Kompilierung des Programms automatisch zugewiesen. Im `BlueButton`-Beispiel würde vom SDK der Name `Inner$BlueButton.class` vergeben.

Wenn Sie interne Klassen verwenden, müssen Sie unbedingt darauf achten, dass Sie alle `.class`-Dateien mitliefern, wenn Sie ein Programm verfügbar machen. Jede interne Klasse hat ihre eigene `.class`-Datei, und diese alle müssen zusammen mit der jeweiligen Top-Level-Klasse weitergegeben werden. Wenn Sie z.B. das `Inner`-Applet auf einer Webseite veröffentlichen wollten, dann müssten Sie sowohl die Datei `Inner.class` als auch die Datei `Inner$BlueButton.class` ins Netz stellen.

Interne Klassen scheinen nur auf den ersten Blick eine kleinere Erweiterung der Sprache Java zu sein; in Wirklichkeit stellen Sie eine wesentliche Veränderung der Sprache dar.

Die Regeln, die für den Gültigkeitsbereich einer internen Klasse gelten, decken sich fast mit denen für Variablen. Der Name einer internen Klasse ist außerhalb ihres Gültigkeitsbereichs nicht sichtbar, außer in einer vollständigen Namensangabe. Dies hilft bei der

Strukturierung von Klassen in einem Paket. Der Code einer internen Klasse kann einfache Namen der umgebenden Gültigkeitsbereiche verwenden. Das gilt auch für Klassen- und Instanzvariablen umgebender Klassen sowie für lokale Variablen umgebender Blöcke.

Es ist außerdem möglich, eine Top-Level-Klasse als ein *Static Member* einer anderen Top-Level-Klasse zu definieren. Anders als eine interne Klasse kann eine Top-Level-Klasse nicht direkt die Instanz-Variablen einer anderen Klasse verwenden. Die Möglichkeit, Klassen auf diese Art ineinander zu verschachteln, erlaubt es einer Top-Level-Klasse, einen paketartigen Rahmen für eine logisch verwandte Gruppe sekundärer Top-Level-Klassen zu bieten.

15.15 Zusammenfassung

Heute haben Sie gelernt, wie Sie ein Objekt verkapseln, indem Sie Zugriffskontrollmodifier für seine Methoden und Variablen verwenden. Sie haben auch gelernt, wie Sie die Modifier `static`, `final` und `abstract` bei Java-Klassen setzen und so Klassenhierarchien besser strukturieren können.

Sie haben ferner gelernt, wie Klassen in Paketen gruppiert werden können. Diese Gruppierungen helfen Ihnen dabei, Ihre Programme besser zu organisieren, und erlauben es Ihnen, Ihre Klassen mit den vielen anderen Java-Programmierern auszutauschen, die ihren Code öffentlich verfügbar machen.

Schließlich haben Sie noch gelernt, wie Sie Schnittstellen und interne Klassen implementieren, zwei Strukturen, die beim Entwurf einer Klassenhierarchie sehr hilfreich sind.

15.16 Fragen und Antworten

F *Verlangsamt nicht intensive Verwendung von Accessor-Methoden meinen Java-Code?*

A Nicht unbedingt. Je besser die Java-Compiler werden und je mehr Optimierungen sie erzeugen können, desto schneller machen sie die Accessor-Methoden. Wenn Sie sich aber über die Geschwindigkeit Sorgen machen, können Sie Accessor-Methoden `final` deklarieren. Sie sind dann normalerweise geschwindigkeitsmäßig mit dem direkten Zugriff auf Instanzvariablen vergleichbar.

F *Sofern ich die letzte Lektion richtig verstanden habe, scheinen* `final-abstract-` *bzw.* `private-abstract-`*Methoden oder -Klassen unsinnig zu sein. Sind sie überhaupt zulässig?*

A Nein, ganz recht, sind sie nicht. Sie führen zu Kompilierfehlern. Um überhaupt einen Sinn zu haben, müssen `abstract`-Methoden überschrieben und `abstract`-Klassen abgeleitet werden. Diese Operationen wären aber unmöglich, falls man gleichzeitig auch `private` oder `final` deklarieren würde.

15.17 Quiz

Überprüfen Sie den heutigen Stoff, indem Sie dieses Quiz mit drei Fragen beantworten.

Fragen

1. Welche Pakete werden automatisch in Ihre Java-Klassen importiert?

   (a) Keine

   (b) Die Klassen, die in den `CLASSPATH`-Ordnern gespeichert sind

   (c) Die Klassen im Paket `java.lang`

2. Was sollte gemäß der Konvention zur Benennung von Paketnamen der erste Bestandteil des Namens eines von Ihnen erstellten Pakets sein?

   (a) Ihr Name, gefolgt von einem Punkt

   (b) Ihre Top-Level-Internet-Domain, gefolgt von einem Punkt

   (c) Das Wort `java`, gefolgt von einem Punkt

3. Welche Zugriffsmodifier können Sie benutzen, wenn Sie eine Subklasse erzeugen und dann eine `public`-Methode überschreiben?

   (a) nur `public`

   (b) `public` oder `protected`

   (c) `public`, `protected` oder Standardzugriff

Antworten

1. c. Alle anderen Pakete müssen importiert werden, wenn Sie Kurznamen wie `LinkedList` statt der vollen Paket- und Klassennamen à la `java.util.LinkedList` benutzen wollen.

2. b. Diese Konvention geht davon aus, dass alle Java-Paketentwickler eine Internetdomain besitzen oder wenigstens auf eine solche Zugriff haben, sodass das Paket zum Download bereitgestellt werden kann.

3. a. Alle `public`-Methoden müssen in den Subklassen `public` bleiben.

15.18 Übungen

Um Ihr Wissen über die heute behandelten Themen zu vertiefen, können Sie sich an folgenden Übungen versuchen:

- Erstellen Sie eine modifizierte Version des `Storefront`-Projekts, das für jedes Produkt eine Variable `noDiscount` hat. Wenn diese Variable `true` ist, wird das Produkt zum empfohlenen Verkaufspreis verkauft.
- Erstellen Sie eine `ZipCode`-Klasse, die mit Zugriffskontrolle arbeitet, um sicherzustellen, dass die Instanzvariable `zipCode` stets einen fünfstelligen Wert hat.

Soweit einschlägig, finden Sie die Lösungen zu den Übungen auf der Webseite zum Buch: `http://www.java21days.com`.

Fehlerbehandlung und Sicherheit

Programmierer aller Sprachen bemühen sich, fehlerfreie Programme zu schreiben, Programme, die nie abstürzen, Programme, die jede Situation mit Eleganz behandeln und ungewöhnliche Situationen in den Griff bekommen, ohne dass der Benutzer überhaupt etwas merkt. Gute Vorsätze hin und her – solche Programme gibt es nicht.

In realen Programmen treten Fehler auf, weil entweder der Programmierer nicht an jede Situation gedacht hat, in die das Programm kommen kann (oder er hatte nicht die Zeit, das Programm ausgiebig genug zu testen), oder weil Situationen auftreten, die sich der Kontrolle des Programmierers entziehen – falsche Daten vom Benutzer, beschädigte Files, die nicht die richtigen Daten beinhalten, Geräte, die nicht antworten, Sonnenflecken, Gremlins, was auch immer.

In Java wird diese Art seltsamer Ereignisse, die Fehler in einem Programm auslösen können, als Ausnahmen (engl. *Exceptions*) bezeichnet. Java bietet einige Features, die sich mit Ausnahmen beschäftigen. Darunter sind die Folgenden:

- So behandeln Sie Ausnahmen in Ihrem Code und beheben mögliche Probleme elegant
- So teilen Sie Java und den Benutzern Ihrer Methoden mit, dass möglicherweise eine Ausnahme auftreten könnte
- So erzeugen Sie eigene Ausnahmen
- Wo die Einschränkungen in Ihrem Code liegen und wie Sie diesen dennoch mit Ausnahmen robuster gestalten können

Neben den Ausnahmen lernen Sie auch das System kennen, das mit Java 2 eingeführt wurde und es Applets ermöglicht, Dinge zu tun, die normalerweise Sicherheitsausnahmen verursachen würden.

16.1 Ausnahmen, nach der alten und verwirrenden Methode

In den meisten Programmiersprachen ist der Umgang mit Fehlern wesentlich anstrengender als der Umgang mit einem glatt laufenden Programm. Es können sehr verwirrende Anweisungsstrukturen nötig werden, um mit möglicherweise auftretenden Fehlern umzugehen (die Strukturen erinnern an die `if...else`- und `switch`-Blöcke in Java).

Betrachten Sie beispielsweise die folgenden Anweisungen, die eine Struktur zum Laden eines Files von der Festplatte bilden. Das Laden einer Datei kann aus verschiedenen Gründen problematisch sein – Festplattenfehler, Datei-nicht-gefunden-Fehler usw. Falls das Programm zum reibungslosen Funktionieren die Daten des Files braucht, muss es all diese Umstände in Betracht ziehen, ehe es weiter abgearbeitet wird.

Hier ist die Struktur einer möglichen Lösung:

```
int status = loadTextfile();
if (status != 1) {
    // etwas Ungewöhnliches geschah und wird nun beschrieben
    switch (status) {
        case 2:
            // Datei nicht gefunden
            break;
        case 3:
            // Festplattenfehler
            break;
        case 4:
            // Datei beschädigt
            break;
        default:
            // anderer Fehler
    }
} else {
    // Datei korrekt geladen, weiter im Programm
}
```

Dieser Code versucht eine Datei mittels des Aufrufs der Methode `loadTextfile()` (die an anderer Stelle des Programms definiert wurde) zu laden. Die Methode gibt einen Integer zurück, der angibt, ob die Datei korrekt geladen wurde (`status == 1`) oder ob ein Fehler auftrat (`status` hat einen anderen Wert als 1).

Je nach aufgetretenem Fehler versucht das Programm mit einer `switch`-Anweisung, das Problem zu lösen. Das Resultat ist ein umfangreicher Codeblock, in dem die wahrscheinlichste Variante – das File wurde erfolgreich geladen – inmitten des Fehlerbehandlungscode unterzugehen scheint. Und all das nur, um einen möglichen Fehler zu behandeln. Wenn an anderer Stelle des Programms noch andere Fehler auftreten können, dann brauchen Sie noch mehr ineinander geschobene `if...else`- und `switch-case`-Blöcke.

Fehlermanagment wird zu einem großen Problem, wenn Sie umfangreiche Programme schreiben. Verschiedene Programmierer verwenden unterschiedliche Spezialwerte für die Fehlerbehandlung und dokumentieren dies vielleicht nur miserabel oder auch gar nicht. Ihr Fehlermanagment in eigenen Programmen ist vielleicht uneinheitlich. Code zur Fehlerbehandlung macht oft die eigentliche Intention des Programms unklar, sodass der Code schwierig zu lesen und zu erweitern ist. Wenn Sie versuchen, nach diesem Verfahren mit Fehlern umzugehen, gibt es für den Compiler keine leichte Möglichkeit, die Konsistenz zu überprüfen, wie er z.B. checken kann, ob eine Methode mit den richtigen Argumenten aufgerufen wird.

Obwohl das letzte Beispiel Java-Syntax benutzt, brauchen Sie in Ihren Programmen nicht auf diese Art und Weise mit Fehlern umgehen. Die Sprache kennt eine bessere Möglichkeit, um mit Ausnahmezuständen in einem Programm umzugehen, und zwar durch den Einsatz einer Gruppe von Klassen namens Ausnahmen.

Ausnahmen (engl.: *Exceptions*) umfassen Fehler, die zum Absturz Ihres Programms führen würden, aber auch andere ungewöhnliche Situationen. Durch den Einsatz von Ausnahmen können Sie Fehlermanagment betreiben und sie sogar oft umschiffen.

Durch eine Kombination spezieller Sprachfeatures, die Überprüfung der Konsistenz während des Kompilierens und eine Reihe erweiterbarer Ausnahmeklassen kann mit Fehlern und anderen ungewöhnlichen Situationen in Java-Programmen viel leichter umgegangen werden.

Aufgrund dieser Features können Sie nun dem Verhalten und Design Ihrer Klassen, Ihrer Klassenhierarchie und Ihrem ganzen System eine neue Dimension hinzufügen. Ihre Klassen- und Schnittstellendefinitionen beschreiben, wie Ihr Programm sich unter optimalen Umständen verhält. Indem Sie Ausnahmenbehandlung ins Programmdesign übernehmen, können Sie genau festlegen, wie sich Ihr Programm in weniger optimalen Situationen verhält, und Sie können den Benutzern Ihrer Klassen mitteilen, was sie in diesen Fällen erwartet.

16.2 Java-Ausnahmen

Wenn Sie so weit in diesem Buch gekommen sind, dann ist es ziemlich wahrscheinlich, dass Sie es schon einmal mit einer Java-Ausnahme zu tun hatten – vielleicht haben Sie einen Methodennamen falsch geschrieben oder einen Fehler in Ihrem Code gemacht, der zu einem Problem führte. Vielleicht haben Sie versucht, ein Java-Applet, das in Version 2 geschrieben wurde, in einem Browser laufen zu lassen, der dies noch nicht unterstützt, und bekamen dann eine `Security Exception` in der Statuszeile des Browsers.

Vermutlich brach irgendein Programm mit zahlreichen mysteriösen Fehlermeldungen ab. Diese Fehler sind Ausnahmen. Jedes Mal, wenn ein Programm abbricht, wird eine Ausnahme *ausgeworfen* (engl.: *thrown*). Ausnahmen können vom System, von denen von Ihnen benutzten Klassen oder absichtlich in Ihren Programmen ausgeworfen werden.

Das Wort »auswerfen« ist durchaus passend, denn Ausnahmen können auch »aufgefangen« werden (zugegebenermaßen funktioniert das Wortspiel im Englischen etwas besser mit `throw` und `catch`). Wenn eine Ausnahme aufgefangen wird, dann wird mit der Ausnahmesituation so umgegangen, dass das Programm nicht abstürzt – dazu kommen wir noch. *Eine Ausnahme wurde ausgeworfen* ist Java-Jargon für *ein Fehler ist aufgetreten*.

Das Herzstück des Java-Ausnahmesystems ist die Ausnahme selbst. Ausnahmen unter Java sind echte Objekte – Instanzen von Klassen, die von der Klasse `Throwable` erben. Eine Instanz der Klasse `Throwable` wird erzeugt, sobald eine Ausnahme ausgeworfen wird.

`Throwable` hat zwei Subklassen: `Error` und `Exception`. Instanzen von `Error` sind interne Fehler in der Java-Laufzeit-Umgebung (der Virtual Machine). Diese Fehler sind genauso selten wie fatal. Sie können so gut wie nichts mit ihnen tun (sie also weder auffangen noch selbst auswerfen). Sie existieren gleichwohl, sodass Java sie benutzen kann, wenn Bedarf besteht.

Die Klasse `Exception` ist da schon interessanter. Subklassen von `Exception` zerfallen in zwei Hauptgruppen:

- Laufzeitausnahmen (Subklassen von `RuntimeException`) wie `ArrayIndexOutofBounds`, `SecurityException` oder `NullPointerException`
- andere Ausnahmen wie `EOFException` oder `MalformedURLException`

Laufzeitausnahmen passieren normalerweise aufgrund eines unsauberen Codes. Eine `ArrayIndexOutofBounds`-Ausnahme z.B. wird niemals ausgeworfen, falls Sie sorgfältig darauf achten, dass Ihr Code innerhalb der Grenzen des Arrays bleibt.Die `NullPointerException`-Ausnahme tritt nicht auf, außer man versucht, eine Variable zu benutzen, bevor ihr ein Objekt zugewiesen wurde.

Wenn Ihr Programm irgendwelche Laufzeitausnahmen verursacht, dann sollten Sie die zugrundeliegenden Probleme beseitigen, ehe Sie sich überhaupt nur Gedanken über Fehlermanagment machen.

Die letzte Gruppe von Ausnahmen sind am interessantesten, denn diese Ausnahmen melden, dass etwas sehr Merkwürdiges und Unkontrollierbares geschieht. Z. B. tritt eine `EOFException` auf, wenn Sie aus einer Datei lesen und die Datei endet, bevor Sie das erwarten. Eine `MalformedURLException` passiert, wenn eine URL nicht das richtige Format hat (vielleicht weil sie der Programmanwender falsch eingetippt hat). Diese Gruppe umfasst Ausnahmen, die Sie erstellen, um auf ungewöhnliche Situationen in Ihren Programmen hinzuweisen.

Ausnahmen sind wie andere Klassen in einer Hierarchie organisiert, wobei die `Exception`-Superklassen allgemeinere Fehler und die Subklassen spezifischere Fehler sind. Diese Gliederung wird dann wichtig für Sie, wenn Sie in Ihrem eigenen Code mit Ausnahmen umgehen.

Die meisten Ausnahmeklassen sind Teil des Pakets `java.lang` (so `Throwable`, `Exception` und `RuntimeException`). Viele andere Pakete definieren zusätzliche Ausnahmen, und diese Ausnahmen werden in der ganzen Klassenbibliothek benutzt. Beispielsweise definiert das Paket `java.io` eine allgemeine Ausnahmeklasse namens `IOException`, die nicht nur im Paket `java.io` für Ein- und Ausgabeausnahmen abgeleitet wird (`EOFException` und `FileNotFoundException`), sondern auch in den `java.net`-Klassen für Netzwerkausnahmen wie `MalformedURLException`.

16.3 Ausnahmenmanagement

Jetzt wissen Sie, was eine Ausnahme ist, aber wie gehen Sie damit in Ihrem Code um? Oft erzwingt der Java-Compiler Ausnahmenmanagement, wenn Sie Methoden benutzen, die Ausnahmen verwenden. Sie müssen auf diese Ausnahmen in Ihrem Code eingehen, oder das Kompilieren schlägt fehl. In diesem Abschnitt lernen Sie, wie die Konsistenz überprüft wird und wie die Schlüsselworte `try`, `catch` und `finally` benutzt werden.

Die Überprüfung der Konsistenz

Je mehr Sie mit den Java-Klassenbibliotheken arbeiten, desto wahrscheinlicher wird es, dass Sie einen Compilerfehler (eine Ausnahme!) wie den folgenden erhalten:

```
XMLParser.java:32: Exception java.lang.InterruptedException
must be caught or it must be declared in the throws clause
of this method.
```

Was soll das heißen? Unter Java kann eine Methode angeben, welche Art von Fehler sie möglicherweise auswirft. Beispielweise können Methoden, die Dateien lesen, theoretisch `IOException`-Fehler auswerfen. Man erklärt diese Methoden mit einem spezifischen Modifier, der potentielle Fehler angibt. Wenn Sie diese Methoden in Ihren eigenen Java-Programmen benutzen, müssen Sie Ihren Code gegen diese Ausnahmen schützen. Diese Regel wird vom Compiler selbst durchgesetzt, genauso wie der Compiler überprüft, ob Ihre Methoden die richtige Zahl von Argumenten erhalten und ob Ihre Variablentypen zu dem passen, was Sie ihnen zuweisen.

Warum gibt es diese Überprüfung? Sie sorgt dafür, dass Ihre Programme nicht so leicht abstürzen, denn Sie wissen schon von vornherein die Art von Ausnahmen, die die benutzten Methoden auswerfen könnten. Sie müssen nicht mehr die Dokumentation oder den Code eines zu benutzenden Objekts studieren, um sicherzugehen, dass Sie auf alle potentiellen Probleme eingegangen sind – Java übernimmt diesen Check für Sie. Wenn Sie Ihre Methoden so definieren, dass sie die möglicherweise ausgeworfenen Ausnahmen angeben, dann kann Java die Benutzer Ihrer Objekte dazu zwingen, sich um diese Fehler zu kümmern.

Codeschutz und Auffangen von Ausnahmen

Stellen Sie sich vor, dass Sie vergnügt gecodet haben und dann beim Test-Kompilieren eine Ausnahmemeldung erhalten. Diese besagt nun, dass Sie entweder den Fehler auffangen oder deklarieren müssen, dass Ihre Methode ihn auswirft. Schauen wir uns den ersten Fall an: Potentielle Ausnahmen auffangen.

Sie müssen zweierlei tun, um eine Ausnahme aufzufangen:

- Sie schützen den Code, der die Methode enthält, die eine Ausnahme auswerfen könnte, innerhalb eines `try`-Blocks
- Sie kümmern sich um die Ausnahme in einem `catch`-Block

`try` und `catch` bedeuten im Grunde Folgendes: »Versuche (*try*) dieses Codestück, das eine Ausnahme verursachen könnte. Funktioniert es, dann mach weiter mit dem Programm. Falls der Code nicht funktioniert, dann fange (*catch*) die Ausnahme auf und kümmere dich um sie.«

`try` und `catch` kennen Sie schon von Tag 13, als Sie mit Threads zu tun hatten. Dort benutzten Sie Code, um zwischen den einzelnen Frames der Animation zu pausieren:

```
try {
    Thread.sleep(1000);
} catch (InterruptedException e) { }
```

Allerdings ist Gebrauch von `try` und `catch` in diesem Beispiel nicht sehr elegant. Im Einzelnen geschieht Folgendes in diesen Anweisungen: Die `Thread.sleep()`-Klassenmethode könnte theoretisch eine Ausnahme vom Typ `InterruptedException` auswerfen, was bedeutet, dass der Thread aus irgendeinem Grund abgebrochen wurde.

Um dieser Ausnahme zu begegnen, wird ein Aufruf von `sleep()` in den `try`-Block gesetzt und ein zugehöriger `catch`-Block wird erstellt. Der `catch`-Block erhält alle `InterruptedException`-Objekte, die innerhalb des `try`-Blocks ausgeworfen werden.

Dieser Code ist deswegen ein schlechtes Beispiel für Ausnahmenmanagement, weil der `catch`-Bereich leer ist – sprich, Sie fangen zwar die Ausnahme auf, wenn Sie denn auftritt, aber Sie tun dann angesichts dieser Tatsache gar nichts. Außer bei den allereinfachsten Fällen (wie dem vorliegenden, wo die Ausnahme wirklich völlig egal ist) brauchen Sie Code innerhalb des `catch`-Blocks, der die Angelegenheit nach dem Auftreten der Ausnahme bereinigt.

Der Teil von `catch` innerhalb der Klammern gleicht der Argumentenliste einer Methodendefinition. Er beinhaltet die Ausnahmeklasse, die aufgefangen werden soll und einen Variablennamen (meist wird `e` benutzt). Sie können sich innerhalb des `catch`-Blocks auf dieses Ausnahmeobjekt beziehen.

Häufig ruft man die Methode `getMessage()` dieses Objekts auf. Diese Methode, die bei allen Ausnahmen verfügbar ist, gibt eine detaillierte Fehlermeldung aus.

Das folgende Beispiel ist eine überarbeitete Fassung der `try...catch`-Anweisung von Tag 9:

```
try {
    Thread.sleep(1000);
}  catch (InterruptedException e) {
    System.out.println("Error: " + e.getMessage());
}
```

Ein anderes Beispiel wäre das Filemanagment unter Java. Wenn ein Programm eine Datei ausliest, dann verwendet es nach aller Wahrscheinlichkeit eine der Ein-/Ausgabe-Streamklassen, die Sie am 17. Tag kennenlernen werden. Das Prinzip ist, dass man eine Verbindung zu einer Datei öffnet und dann mit der Methode `read()` Daten aus diesem File liest. Das kann zu etlichen Ausnahmen führen, z.B. zu Festplattenfehlern oder zu dem Versuch, mehr Daten zu lesen, als sich in der Datei befinden. In jedem dieser Fälle würde die Methode `read()` eine `IOException` auswerfen, die entweder zum Abbruch des Programms führen würde, wenn Sie die Ausnahme nicht auffangen, oder das Programm gleich ganz abstürzen ließe.

Wenn Sie Ihre `read()`-Methode in einen `try`-Block setzen, können Sie elegant mit dem Fehler im `catch`-Block umgehen. Entweder bringen Sie nach dem Fehler soweit alles in Ordnung und kehren zu einem sicheren Punkt zurück, oder Sie schaffen, das Programm notdürftig weiterlaufen zu lassen, oder, als ultima ratio, speichern Sie alles Notwenige und beenden das Programm.

Das folgende Beispiel versucht, aus einer Datei zu lesen und fängt auftretende Ausnahmen ab:

```
try {
    while (numBytes <= mybuffer.length) {
        myInputStream.read(myBuffer);
        numBytes++;
    }
}  catch (IOException e) {
    System.out.println("Oops! IO Exception -- only read " + numBytes);
    // weitere Fehlerbeseitigung
}
```

Die »weitere Fehlerbeseitigung« steht ganz in Ihrem Belieben. Sie können mit der partiellen Information im Programm weitermachen oder ein Dialogfenster öffnen, in dem der Benutzer eine neue Datei wählen kann.

Die bisherigen Beispiele fangen spezifische Ausnahmen auf. Da Ausnahmeklassen als Hierarchie organisiert sind und eine Subklasse überall verwendet werden kann, wo eine Superklasse erwartet wird, können Sie Ausnahmen gruppenweise innerhalb derselben `catch`-Anweisung auffangen.

Beispielsweise gibt es verschiedene Typen von `IOException`-Ausnahmen, wie z.B. `EOFException` und `FileNotFoundException`. Wenn Sie `IOException` auffangen, dann fangen Sie auch die Instanzen aller `IOException`-Subklassen auf.

Was aber, wenn Sie sehr verschiedene Arten von Ausnahmen auffangen wollen, die nicht durch Vererbung verwandt sind? Sie können mehrere `catch`-Blöcke für ein einfaches `try` benutzen, wie in diesem Beispiel:

```
try {
    // Code, der Ausnahmen verursachen könnte
}  catch (IOException e) {
    // IO-Ausnahmenbehandlung
}  catch (ClassNotFoundException e) {
    // Klasse-nicht-gefunden-Ausnahmenbehandlung
}  catch (InterruptedException e) {
    // InterruptedException-Behandlung
}
```

Bei mehreren `catch`-Blöcken wird der erste passende `catch`-Block ausgeführt und alle weiteren ignoriert.

Sie können unerwartete Probleme bekommen, wenn Sie eine `Exception`-Superklasse in einem `catch`-Block, gefolgt von einer oder mehreren ihrer Subklassen in ihren eigenen `catch`-Blöcken, verwenden. Ein Beispiel: Die Ein-/Ausgabe-Ausnahme `IOException` ist die Superklasse der File-Ende-Ausnahme `EOFException`. Wenn Sie einen `IOException`-Block über einen `EOFException`-Block setzen, wird die Subklasse niemals eine Ausnahme auffangen.

16.4 Die finally-Klausel

Nehmen wir an, es gibt eine Aktion, die Sie unbedingt ausführen müssen, egal was passiert, egal ob eine Ausnahme ausgeworfen wird oder nicht. Normalerweise ist das das Freigeben von externen Ressourcen, die beansprucht wurden, oder das Schließen einer Datei o. ä. Natürlich könnten Sie diese Aktion in einen `catch`-Block setzen und dann außerhalb wiederholen, aber damit würde der Code an zwei verschiedenen Stellen dupliziert werden. Setzen Sie stattdessen den Code innerhalb eines speziellen, optionalen Teils des `try...catch`-Blocks namens `finally`. Das folgende Beispiel zeigt die Struktur eines `try...catch...finally`-Blocks:

```
try {
    readTextfile();
}  catch (IOException e) {
    // IO-Fehlerbehandlung
}  finally {
   closeTextfile();
}
```

Die `finally`-Anweisung gibt es auch außerhalb der Fehlerbehandlung. Man kann sie auch zum Aufräumen nach `return`, `break` oder `continue` in Schleifen benutzen.

Listing 16.1 zeigt, wie eine finally-Anweisung innerhalb einer Methode benutzt werden kann.

Listing 16.1: Der gesamte Quelltext von HexRead.java.

```
1: class HexRead {
2:     String[] input = {  "000A110D1D260219 ",
3:         "78700F1318141E0C ",
4:         "6A197D45B0FFFFFF " } ;
5:
6:     public static void main(String[] arguments) {
7:         HexRead hex = new HexRead();
8:         for (int i = 0; i < hex.input.length; i++)
9:             hex.readLine(hex.input[i]);
10:    }
11:
12:    void readLine(String code) {
13:        try {
14:            for (int j = 0; j + 1 < code.length(); j += 2) {
15:                String sub = code.substring(j, j+2);
16:                int num = Integer.parseInt(sub, 16);
17:                if (num == 255)
18:                    return;
19:                System.out.print(num + " ");
20:            }
21:        } finally {
22:            System.out.println("**");
23:        }
24:        return;
25:    }
26: }
```

Die Ausgabe dieses Programms sieht folgendermaßen aus:

```
0 10 17 13 29 38 2 25 **
120 112 15 19 24 20 30 12 **
106 25 125 69 176 **
```

Die Applikation `HexRead` liest Sequenzen zweistelliger Hexadezimalzahlen und zeigt ihre Dezimalwerte an. Drei Sequenzen sind zu lesen:

```
000A110D1D260219
78700F1318141E0C
6A197D45B0FFFFFF
```

Wie Sie am dritten Tag gelernt haben, basiert das Hexadezimalsystem auf der 16, sodass einstellige Zahlen von `00` (dezimal 0) bis `0F` (dezimal 15) und zweistellige Zahlen von `10` (dezimal 16) bis `FF` (dezimal 255) reichen.

Zeile 15 liest zwei Zeichen aus `code` (dem String, der zur Methode `readLine()` geschickt worden war), indem die Methode `substring (`*`int, int`*`)` des Strings aufgerufen wird.

In der Methode `substring()` der Stringklasse wählen Sie einen Substring in einer etwas merkwürdigen Art aus. Das erste Argument gibt den Index des ersten Zeichens an, das Teil des Substrings sein soll, während das zweite Argument nicht etwa das letzte Zeichen angibt. Vielmehr gibt das zweite Argument den Index des letzten Zeichens plus 1 an.. Ein `substring(2, 5)`-Aufruf würde die Zeichen von Indexposition 2 bis Indexposition 4 eines Strings zurückgeben.

Der zwei Zeichen lange Substring enthält eine hexadezimale Zahl, die als `String` gespeichert ist. Die `Integer`-Klassenmethode `parseInt` kann mit einem zweiten Argument dazu benutzt werden, um diese Zahl in einen Integer umzuwandeln. Verwenden Sie `16` als Argument für eine hexadezimale Umwandlung (Basis 16), `8` für eine oktale Umwandlung (Basis 8) usw.

In der Applikation `HexRead` wird das hexadezimale `FF` benutzt, um das Ende einer Sequenz aufzufüllen; es soll nicht als Dezimalwert dargestellt werden. Dies wird dadurch erreicht, dass in den Zeilen 13-23 von Listing 16.1 ein `try-finally`-Block benutzt wird.

Der `try...finally`-Block führt zu einer Merkwürdigkeit, wenn auf die `return`-Anweisung in Zeile 18 getroffen wird. Man würde erwarten, dass `return` dazu führt, dass die Methode `readLine()` sofort verlassen wird.

Da die Anweisung im `finally`-Block sich innerhalb eines `try...finally`-Blocks befindet, wird sie ausgeführt, und zwar unabhängig davon, wie der `try`-Block verlassen wird. Der Text `"**"` wird am Ende der Dezimalwert-Zeile angezeigt.

16.5 Methoden deklarieren, die eventuell Ausnahmen auswerfen

In den vorherigen Beispielen haben Sie gelernt, wie man mittels Codeschutz und dem Auffangen eventueller Ausnahmen mit Methoden umgeht, die Ausnahmen auswerfen könnten. Der Java-Compiler sorgt dafür, dass Sie sich auf irgendeine Art und Weise um die Ausnahmen einer Methode gekümmert haben – doch woher wusste er überhaupt, auf welche Ausnahmen er Sie hinweisen musste?

Des Rätsels Lösung ist, dass die Methode in ihrer Signatur die Ausnahmen angibt, die sie auswerfen kann. Sie können diesen Mechanismus in Ihren eigenen Methoden benutzen – und das sollten Sie auch tun, damit andere Benutzer Ihrer Klassen auf die Fehler Acht geben, die Ihre Methoden auswerfen könnten.

Um anzugeben, dass eine Methode eine Ausnahme auswerfen könnte, benutzen Sie in der Methodendefinition eine Spezialklausel namens `throws`.

Die throws-Klausel

Um anzugeben, dass gewisser Code im Körper Ihrer Methode eine Ausnahme auswerfen könnte, fügen Sie einfach das Schlüsselwort `throws` nach der Signatur der Methode an (vor der geöffneten geschweiften Klammer) mit dem Namen oder den Namen der Ausnahme(n), die Ihre Methode auswerfen könnte:

```
public boolean myMethod (int x, int y) throws AnException {
    // ...
}
```

Falls Ihre Methode mehrere Ausnahmen auswerfen könnte, können Sie sie alle in die `throws`-Klausel packen, indem Sie sie mit Kommata trennen:

```
public boolean myOtherMethod (int x, int y)
    throws AnException, AnotherException, AThirdException {
        // ...
}
```

Wie bei `catch` können Sie die Superklasse einer Gruppe von Ausnahmen benutzen, um damit anzugeben, dass Ihre Methode jede beliebige Subklasse dieser Ausnahme auswerfen könnte:

```
public void YetAnotherMethod() throws IOException {
    // ...
}
```

Wohlgemerkt: Wenn Sie `throws` zu Ihrer Methodendefinition hinzufügen, dann bedeutet das bloß, dass die Methode diese Ausnahme auswerfen könnte, wenn irgendetwas schief geht, und nicht, dass sie das wirklich tun wird. Die `throws`-Klausel bietet lediglich Information über mögliche Ausnahmen und sorgt dafür, dass der Java-Compiler sicherstellt, dass andere Ihre Methode korrekt benutzen.

Stellen Sie sich vor, dass die allgemeine Beschreibung einer Methode ein Vertrag zwischen dem Ersteller der Methode (oder Klasse) und dem Benutzer der Methode ist. (Sie könnten dabei jede von beiden Rollen einnehmen.) Die Beschreibung der Methode gibt die Typen ihrer Argumente, ihre Rückgabewerte und die Semantik dessen an, was sie normalerweise tut. Indem Sie `throws` benutzen, geben Sie auch Informationen über die unnormalen Dingen, die die Methode tun kann. Dieser neue Vertragsteil hilft, alle Teile Ihres Programms, bei denen außergewöhnliche Zustände behandelt werden sollen, zu kennzeichnen, was groß angelegtes Programmierdesign vereinfacht.

Welche Ausnahmen sollten Sie auswerfen?

Wenn Sie sich entschieden haben festzulegen, dass Ihre Methode eine Ausnahme auswerfen könnte, müssen Sie festlegen, welche Ausnahmen sie auswerfen kann (und sie wirklich auswirft oder eine Methode aufruft, die sie auswirft – mehr dazu im nächsten Abschnitt).

Häufig ist das bereits aus der Struktur der Methode selbst ersichtlich. Wenn Sie Ihre eigenen Ausnahmen erzeugen und auswerfen, dann wissen Sie natürlich ganz genau, welche Ausnahmen ausgeworfen werden müssen.

Sie müssen nicht unbedingt alle möglichen Ausnahmen auflisten, die Ihre Methode auswerfen könnte. Manche Ausnahmen werden von der Laufzeit selbst erledigt und sind so gewöhnlich (nicht gewöhnlich an sich, sondern vielmehr so allgegenwärtig), dass sie nicht auf sie eingehen müssen. Insbesondere die Ausnahmen der Klassen `Error` und `RuntimeException` (und all ihre Unterklassen) müssen nicht in Ihrer `throws`-Klausel auftauchen. Sie erhalten eine Sonderbehandlung, da sie überall in einem Javaprogramm auftauchen können und normalerweise nicht von Ihnen, dem Programmierer, verursacht wurden. Ein gutes Beispiel ist der `OutOfMemoryError`, der zu jeder beliebigen Zeit, an jedem beliebigen Ort aus zahlreichen verschiedenen Gründen auftreten kann. Diese zwei Arten von Ausnahmen, um die Sie sich nicht weiter kümmern müssen, nennt man *implizite Ausnahmen*.

Implizite Ausnahmen sind Ausnahmen, die Subklassen von `RuntimeException` und `Error` sind. Implizite Ausnahme werden gewöhnlich von der Java-Laufzeit selbst ausgeworfen. Sie müssen nicht erklären, dass Ihre Methode sie auswirft.

Dennoch können Sie natürlich `Error` und `RuntimeException` in Ihrer `throws`-Klausel auflisten, wenn Sie wollen. Die Aufrufer Ihrer Methoden sind aber nicht gezwungen, darauf einzugehen. Nur nicht-Laufzeit-Ausnahmen müssen zwingend behandelt werden.

Alle anderen Ausnahmen nennt man *explizite Ausnahmen* und sind potentielle Kandidaten für die `throws`-Klausel Ihrer Methode.

Ausnahmen weiterreichen

Neben dem Erklären von Methoden, die Ausnahmen auswerfen, gibt es einen weiteren Fall, in dem Ihre Methodendefinitionen eine `throws`-Klausel beinhalten könnten, dann nämlich, wenn Sie eine Methode verwenden wollen, die eine Ausnahme auswirft, Sie diese Ausnahme aber weder auffangen noch sich mit ihr befassen wollen. Oft ist es besser, wenn die Methode, die Ihre Methode aufruft, sich um die Ausnahme kümmert, als dass Sie dies tun. Daran ist nichts verkehrt. Es kommt häufig vor, dass man sich nicht um eine Ausnahme kümmert, sondern sie zurück an die Methode übergibt, die die Ihrige aufrief. Es ist auf jeden Fall besser, Ausnahmen an aufrufende Methoden weiterzureichen, als sie aufzufangen und dann zu ignorieren.

Anstatt `try` und `catch` im Methodenkörper zu verwenden, können Sie Ihre Methode so mit einer `throws`-Klausel deklarieren, dass auch sie die Ausnahme auswirft. Es liegt dann in der Verantwortung der Methode, die Ihre Methode aufruft, sich um diese Ausnahme zu kümmern. Dies ist die andere Möglichkeit, den Java-Compiler zufrieden zu stellen, dass Sie sich um eine Methode ausreichend gekümmert haben. Sie können einen Code, der Zeichen aus einem Stream liest, auch so implementieren:

```
public void readFile(String filename) throws IOException {
    // hier wird die Datei geöffnet und der Stream initialisiert
    while (numBytes <= myBuffer.length) {
        myInputStream.read(myBuffer);
    numBytes;++
}
```

Dieses Beispiel ähnelt einem anderen, das wir uns heute schon angesehen haben. Die `read()`-Methode war so deklariert, dass sie eine `IOException` auswarf, um die Sie sich mit `try` und `catch` kümmerten. Nachdem Sie jedoch Ihre Methode so deklariert haben, dass Sie eine Ausnahme auswirft, können Sie im Körper dieser Methode andere Methoden verwenden, die gleichfalls diese Ausnahmen auswerfen, ohne dass Sie den Code schützen oder die Ausnahme auffangen müssten.

HINWEIS: Natürlich können Sie sich mit `try` und `catch` im Körper Ihrer Methode um andere Ausnahmen kümmern, nachdem Sie die Ausnahmen, die in der `throws`-Klausel enthalten sind, weitergereicht haben. Sie können sich sogar um die Ausnahme etwas kümmern, ehe Sie sie wiederum auswerfen, sodass sich die aufrufende Methode auch noch um sie kümmern muss. Im nächsten Abschnitt lernen Sie das Auswerfen von Methoden.

throws und Vererbung

Wenn Ihre Methodendefinition eine Methode in einer Superklasse überschreibt, die eine `throws`-Klausel beinhaltet, gibt es spezielle Regeln, wie Ihre überschriebende Methode mit `throws` umgeht. Im Gegensatz zu anderen Teilen der Methodensignatur, die gewisse Teile der zu überschreibenden Methode imitieren muss, braucht Ihre neue Methode nicht dieselbe Liste von Ausnahmen, die sich in der `throws`-Klausel fand.

Da es möglich ist, dass Ihre neue Methode besser mit Ausnahmen umgeht, als sie nur auszuwerfen, kann Ihre Methode theoretisch weniger Arten von Ausnahmen auswerfen. Sie kann sogar gar keine Ausnahmen auswerfen. Z. B. könnten Sie die beiden folgenden Klassendefinitionen haben, und alles würde perfekt funktionieren:

```
public class RadioPlay {
    public void startPlaying() throws SoundException {
        // ...
    }
}
public class StereoPlay extends RadioPlay {
    public void startPlaying() {
        // ...
    }
}
```

Umgekehrt geht das aber nicht: Die Methode der Subklasse kann nicht mehr Ausnahmen auswerfen (egal ob Ausnahmen verschiedener Typen oder allgemeinere Ausnahmeklassen) als die Methode der Superklasse.

16.6 Eigene Ausnahmen erzeugen und auswerfen

Bei jeder Ausnahme gibt es zwei Seiten: Die Seite, die die Ausnahme auswirft, und die Seite, die sie auffängt. Eine Ausnahme kann etliche Male zwischen verschiedenen Methoden weitergereicht werden, ehe sie aufgefangen wird, aber letztendlich wird sie aufgefangen und in irgendeiner Weise behandelt werden.

Wer führt das eigentliche Auswerfen durch? Woher kommen Ausnahmen? Viele Ausnahmen werden von der Javalaufzeit oder Methoden innerhalb der Javaklassen selbst ausgeworfen. Sie können jede Standardausnahme auswerfen, die die Javaklassenbibliotheken definieren, oder Sie können eigene Ausnahmen erzeugen und auswerfen. Dieser Abschnitt beschreibt all dies.

Ausnahmen auswerfen

Wenn Sie definieren, dass Ihre Methode eine Ausnahme auswirft, dann nutzt das den Benützern Ihrer Methode und dem Java-Compiler, der sicher stellt, dass man sich um alle Ihre Methoden kümmert – aber die Deklaration wirft in keiner Weise die Ausnahme aus, falls sie wirklich auftreten sollte. Das müssen Sie im Methodenkörper selbst erledigen.

Ausnahmen sind bekanntlich Instanzen einer Ausnahmeklasse, von denen viele in der Standard-Java-Klassenbibliothek definiert sind. Sie müssen eine neue Instanz einer Ausnahmeklasse erzeugen, um eine Ausnahme auszuwerfen. Wenn Sie diese Instanz haben, werfen Sie die Ausnahme mit der throw-Anweisung aus. Die einfachste Möglichkeit, eine Ausnahme auszuwerfen, sieht so aus:

```
NotInServiceException() nis = new NotInServiceException();
throw nis;
```

HINWEIS: Sie können nur Objekte auswerfen, die Subklassen von `Throwable` sind. Das ist ein Unterschied zu den Ausnahmen von C++, wo man Objekte jeder Art auswerfen kann.

Abhänging von der von Ihnen verwandten Ausnahmeklasse könnte der Konstruktor auch Argumente erwarten. Am häufigsten ist ein Stringargument, mit dem Sie das vorgefallene Problem genauer beschreiben können. Ein Beispiel:

```
NotInServiceException() nis = new
    NotInServiceException("Exception: Database Not in Service");
throw nis;
```

Nach dem Auswurf einer Ausnahme endet die Methode sofort, ohne weiteren Code auszuführen (außer dem Code innerhalb von `finally`, falls dieser Block existiert) und ohne einen Wert zurückzugeben. Falls die aufrufende Methode den Aufruf Ihrer Methode nicht mit `try` und `catch` umschließt, kann es durchaus passieren, dass die Ausführung des Programms abbricht, je nachdem, welche Ausnahme Sie ausgeworfen haben.

Ihre eigenen Ausnahmen erzeugen

Obwohl Sie für Ihre eigenen Methoden auf eine große Zahl von Ausnahmen in der Java-Klassenbibliothek zurückgreifen können, kann es dennoch vorkommen, dass Sie Ihre eigenen Ausnahmen erstellen müssen, um mit verschiedenen Fehlern umzugehen, die in Ihren Programmen auftauchen können. Gott sei dank ist die Erstellung neuer Ausnahmen ganz einfach.

Ihre neue Ausnahme sollte von einer anderen Ausnahme in der Java-Hierarchie erben. Ausnahmen, die von Benutzern erstellt wurden, sollten sämtlich der `Exception`-Hierarchie und nicht der `Error`-Hierarchie angehören, die für Fehler reserviert ist, in die die Java-Virtual-Machine verwickelt ist. Suchen Sie nach einer Ausnahme, die möglichst nahe an derjenigen ist, die Sie erstellen wollen. Beispielsweise wäre eine Ausnahme wegen eines falschen Dateiformats logischerweise eine `IOException`. Falls Sie keine Ausnahme finden, die mit Ihrer neuen Ausnahme eng verwandt ist, könnten Sie sich überlegen, von `Exception` zu erben, der Spitze der Ausnahmehierarchie für explizite Ausnahmen. (Implizite Ausnahmen, also die Subklassen von `Error` und `RuntimeException`, erben bekanntlich von `Throwable`.)

Ausnahmeklassen haben üblicherweise zwei Konstruktoren: Der erste hat keine Argumente, der zweite nur einen String als Argument. Im letzteren Fall sollten Sie `super()` im Konstruktor aufrufen, damit der String am richtigen Platz in der Ausnahme Verwendung findet.

Abgesehen von diesen drei Regeln sehen Ausnahmeklassen ganz wie andere Klassen aus. Sie können Sie in eigene Quelldateien stecken und Sie ganz normal wie andere Klassen kompilieren:

```
public class SunSpotException extends Exception {
    public SunSpotException() { }
    public SunSpotException(String msg) {
        super(msg);
    }
}
```

throws, try und throw kombinieren

Was nun, wenn Sie alle bislang erlernten Konzepte kombinieren wollen? Sie möchten auftretende Ausnahmen selbst in Ihrer Methode abhandeln, gleichzeitig möchten Sie aber auch die Ausnahme zurück an die aufrufende Methode weiterreichen. Nur mit `try` und `catch` kann man keine Ausnahme weiterreichen, und nur mit `throws` kann man sich nicht selbst um Ausnahmen kümmern. Wenn Sie sich sowohl selbst um die Ausnahme kümmern als sie auch an die aufrufende Methode weiterreichen wollen, müssen Sie alle drei Mechanismen benutzen: die `throws`-Klausel, die `try`-Anweisung und eine `throw`-Anweisung, um die Ausnahme explizit noch einmal auszuwerfen.

```
public void responsibleExceptionalMethod() throws IOException {
    MessageReader mr = new MessageReader();

    try {
        mr.loadHeader();
    } catch (IOException e) {
        // hier wird die Ein/Ausgabe-Ausnahme
        // behandelt
        throw e; // die Ausnahme nochmal auswerfen
    }
}
```

Das funktioniert deswegen, weil Ausnahmebehandlungen verschachtelt werden können. Sie kümmern sich um die Ausnahme, indem Sie geeignete Maßnahmen ergreifen, aber Sie entscheiden sich, dass sie zu wichtig ist, als dass man nicht einem Ausnahmebehandler, der Teil der aufrufenden Methode sein könnte, die Möglichkeit rauben dürfe, sich ebenfalls um sie zu kümmern. Ausnahmen wandern so die Pyramide über eine Reihe von Methodenaufrufen hoch (wobei die meisten Methoden sich gewöhnlich nicht um die Ausnahmen kümmern), bis schließlich das System selbst sich aller nicht aufgefangenen Ausnahmen annimmt, indem es Ihr Programm abbricht und eine Fehlermeldung ausgibt. Das macht nicht so viel aus in einem selbständigen Programm, aber das kann bei einem Applet den Browser abstürzen lassen. Die meisten Browser schützen sich selbst vor einer solchen Katastrophe, indem sie alle Ausnahmen eines Applets selbst auffangen, aber sicher ist sicher. Wenn Sie eine Ausnahme auffangen und mit ihr etwas Intelligentes anstellen können, dann sollten Sie das auch tun.

16.7 Wann man Ausnahmen benutzt, und wann nicht

Da das Auswerfen, Auffangen und Deklarieren von Ausnahmen ziemlich verwirrend sein kann, sei hier noch einmal kurz zusammengefasst, was man wann tut:

Wann man Ausnahmen benutzt

Sie können Folgendes tun, wenn Ihre Methode eine andere Methode, die eine `throws`-Klausel hat, aufruft:

- Sich um die Ausnahme mithilfe von `try`- und `catch`-Anweisungen kümmern
- Die Ausnahme die Aufrufkette hochreichen, indem Sie in Ihrer Methodendefinition auch eine `throws`-Klausel einfügen
- Beides, indem Sie die Ausnahme mit `catch` auffangen und mit `throw` explizit noch einmal auswerfen

Wenn eine Methode mehr als eine Ausnahme auswirft, dann können Sie diese Ausnahmen unterschiedlich behandeln. Z. B. könnten Sie einige Ausnahme auffangen, während Sie andere die Aufrufkette hochsteigen lassen.

Wenn Ihre Methode eigene Ausnahmen auswirft, sollten Sie dies durch die `throws`-Anweisung deklarieren. Falls Ihre Methode eine Superklassenmethode überschreibt, die eine `throws`-Anweisung hatte, dann können Sie dieselben Arten von Ausnahmen oder Subklassen dieser Ausnahmen auswerfen. Sie können jedoch keine anderen Ausnahmetypen auswerfen.

Wenn Ihre Methode mit einer `throws`-Klausel erklärt wurde, dann dürfen Sie nicht vergessen, diese Ausnahme auch wirklich im Körper der Methode durch eine `throw`-Anweisung auszuwerfen.

Wann man Ausnahmen nicht benutzt

Es gibt einige Fälle, in denen man Ausnahmen nicht benutzen sollte, obwohl es im ersten Moment nützlich erscheinen könnte.

Erstens sollten Sie auf Ausnahmen verzichten, wenn die Ausnahme etwas ist, das Sie erwarten und leicht durch einen einfachen Ausdruck vermeiden können. Z. B. könnten Sie mit einer `ArrayIndexOutofBounds`-Ausnahme arbeiten, wenn es um die Überschreitung des Arrayendes geht, doch eleganter ist, wenn Sie mit der `length`-Variable des Array von vornherein solche Probleme vermeiden.

Wenn Ihre Benutzer Daten als Integer eingeben sollen, dann ist eine Überprüfung, ob die Daten Integer sind, wesentlich besser, als eine Ausnahme auszuwerfen und diese dann zu behandeln.

Ausnahmen können Ihrem Java-Programm viel Performance kosten. Eine oder meherere Überprüfungen laufen wesentlich schneller als eine Ausnahmebehandlung und machen Ihr Programm effizienter. Ausnahmen sollten wirklich nur für echte Ausnahmefälle benutzt werden, die sich andernfalls Ihrer Kontrolle entziehen.

Leicht übertreibt man und erklärt in allen Methoden das Auswerfen aller denkbaren Ausnahmen. Das macht Ihren Code komplizierter und zwingt andere, die Ihren Code benutzen, alle Ausnahmen zu behandeln, die Ihre Methoden auswerfen könnten.

Wenn Sie es mit den Ausnahmen übertreiben, dann machen Sie allen Beteiligten mehr Arbeit. Egal, ob man wenig oder viel Ausnahmen auswirft, immer gibt es ein Problem: Je mehr Ausnahmen eine Methode auswerfen kann, desto schwieriger ist es, sie zu benutzen. Erklären Sie nur die Ausnahmen, die durchaus auch wirklich auftreten können und die auch zum generellen Design Ihrer Klassen passen.

Schlechter Stil bei der Benutzung von Ausnahmen

Wenn man zum ersten Mal Ausnahmen benutzt, könnte es einem in den Sinn kommen, sich an Compilerfehlern vorbeizumogeln, die daraus resultieren, dass man eine Methode mit `throws`-Anweisung benutzt. Es ist zwar erlaubt, eine leere `catch`-Klausel zu benutzen oder eine `throws`-Anweisung in Ihre eigene Methode zu setzen (und es gibt Gelegenheiten, wo beides sinnvoll ist), doch das absichtliche Beseiteschieben von Ausnahmen, ohne sie zu behandeln, macht die Tests, die der Javacompiler für Sie durchführt, zur Farce.

Das Java-Ausnahmensystem ist mit Bedacht so angelegt, dass Sie davor gewarnt werden, dass es zu einem Fehler kommen kann. Wenn Sie diese Warnungen ignorieren und sich an ihnen vorbeimogeln, können daraus Fehler entstehen, die Ihr Programm zum Absturz bringen – Fehler, die man mit wenigen Zeilen Code hätte aus der Welt schaffen können. Schlimmer noch ist es, wenn Sie `throws`-Anweisungen in Ihre Methoden einfügen, um Ausnahmen zu vermeiden. Die Benutzer Ihrer Methoden (Objekte weiter oben in der Aufrufkette) müssen sich dann um sie kümmern, wodurch Ihre Methoden schwieriger zu benutzen werden.

Compilerfehler wegen Ausnahmen sollen Sie dazu bringen, über diese Probleme nachzudenken. Nehmen Sie sich die Zeit und kümmern Sie sich um die Ausnahmen, die Ihren Code treffen könnten. Diese zusätzliche Sorgfalt wird reich belohnt, wenn Sie Ihre Klassen in späteren Projekten und immer größeren Programmen wieder benutzen. Selbstverständlich wurde die Java-Klassenbibliothek mit genau dieser Sorgfalt geschrieben. Das ist einer der Gründe, weswegen sie robust genug ist, um sie zur Konstruktion all Ihrer Java-Projekte einzusetzen.

16.8 Digitale Signaturen zur Identifikation von Applets

Die Strategie für Sicherheit von Java-Applets geht davon aus, dass Sie niemandem im World Wide Web trauen können. Diese Denkweise mag zynisch klingen, in der Praxis bedeutet sie folgendes: Die Java-Sicherheit geht davon aus, dass irgendjemand ein schädliches Applet schreiben könnte, deshalb verhindert sie, dass irgendetwas Schlimmes passieren kann. Deshalb wurden alle Funktionen der Sprache, die einen Missbrauch ermöglichen, zur Verwendung in Applets ausgeschlossen. Darunter fallen:

- Dateien auf dem Rechner, auf dem das Applet ausgeführt wird, lesen.
- Dateien auf dem Rechner, auf dem das Applet ausgeführt wird, schreiben.
- Informationen über eine Datei auf dem System auslesen.
- Eine Datei auf dem System löschen.
- Eine Netzwerkverbindung zu einem anderen Rechner als dem, der die Webseite, auf der sich das Applet befindet, geliefert hat.
- Ein Fenster anzeigen, das keine Warnung enthält, dass es sich um ein Fenster eines Applets handelt.

Java 2 bietet eine Möglichkeit an, wie sich alle Funktionen, die für Java-Anwendungen zur Verfügung stehen, auch für Applets einsetzen lassen, sofern sie von einem vertrauenswürdigen Applet-Hersteller stammen und eine digitale Signatur enthalten, welche die Authentizität bestätigen. Eine *digitale Signatur* ist eine oder mehrere verschlüsselte Dateien, die ein Programm begleiten und genau angeben, woher das Programm stammt. Das Dokument, das diese digitale Signatur repräsentiert, heißt *Zertifikat* (engl. *certificate*).

Damit ein Applet-Hersteller vertrauenswürdig sein kann, muss er seine Identität gegenüber einer Gruppe, die als Zertifizierungsautorität (engl. *certificate authority*) bezeichnet wird, verifizieren. Diese Gruppen sollten von den Applet-Herstellern unabhängig und als verlässlich bekannt sein. Momentan bieten die folgenden Firmen Authentifizierungsdienste in irgendeiner Form an:

- VeriSign – Der erste und am weitesten verbreitete Zertifizierungsdienst. Angeboten werden sowohl Microsoft- als auch Netscape-spezifische Authentifizierungen. `http://www.verisign.com`
- Thawte Certification – Eine neue Zertifizierungsautorität für Microsoft, Netscape und Test-Zertifikate. `http://www.thawte.com`

Andere Firmen bieten Zertifizierungsdienste für Kunden in bestimmten geografischen Gebieten an. Netscape listet die Zertifizierungsautoritäten, mit denen diese Firma zusammenarbeitet, unter der folgenden Web-Adresse auf:

`http://certs.netscape.com`

Benutzer, die wissen, wer ein Programm hergestellt hat, können dann selbst darüber entscheiden, ob sie dieser Firma bzw. diesem Programmierer vertrauen. Wer mit ActiveX-Steuerelementen vertraut ist, kennt dieses System. Denn genau so werden auch ActiveX-Steuerelemente im WWW zur Verfügung gestellt.

HINWEIS

Das hier beschriebene Sicherheitsmodell wurde offiziell von Sun eingeführt für den eigenen Browser HotJava und alle Browser mit voller Java-2-Unterstützung. Netscape und Microsoft haben jedoch eigene Sicherheitsmodelle ihre Browser eingebaut. Das heißt, ein Applet muss für jeden Browser, in dem es laufen soll, das entsprechende System implementieren. Glücklicherweise sind sich die Systeme ähnlich, sodass es einfach ist, die anderen zu verstehen, sobald man eines gemeistert hat.

Es ist ebenfalls möglich, Sicherheitsstufen zwischen absolut vertrauenswürdig (das Applet darf alles machen) und kein Vertrauen (das Applet darf nichts tun, was eventuell Schaden anrichten könnte) festzulegen. Java 2 ermöglicht dies über eine Reihe von Klassen, die als *Permissions* bezeichnet werden.

Applets unterliegen allen Einschränkungen, bis der Entwickler das Applet digital signiert und der Benutzer diesen Entwickler als vertrauenswürdig einstuft.

Ein Beispiel für eine digitale Signatur

Um das Prozedere für eine sichere Applet-Übertragung zu verdeutlichen, stellen wir uns folgendes Szenario vor: Der Entwickler eines Applets heißt *Fishhead Software*, es gibt eine Java-Industriegruppe namens *J-Signer* und einen Web-Benutzer namens *Gilbert*.

Fishhead Software bietet auf seiner Web-Site ein Applet-Spiel an, das High Scores und andere Informationen auf die Festplatte des Benutzers schreibt. Dies ist normalerweise nicht möglich, weil die Applet-Beschränkungen einen Zugriff auf die Festplatte des Benutzers ausschließen. Damit das Spiel dennoch gespielt werden kann, muss *Fishhead Software* das Applet mit einer digitalen Signatur versehen und von den Benutzern als vertrauenswürdiger Software-Hersteller eingestuft werden.

Dieser Vorgang wird in fünf Schritten ausgeführt:

1. *Fishhead Software* verwendet `keytool`, ein Tool aus dem SDK, das zwei verschlüsselte Dateien erstellt, die *öffentlicher Schlüssel* und *privater Schlüssel* heißen. Zusammen bilden beide Schlüssel eine elektronische »ID-Karte«, mit deren Hilfe sich der Hersteller identifizieren lässt. *Fishhead Software* stellt sicher, dass niemand auf den *privaten Schlüssel* Zugriff erhält. Der *öffentliche Schlüssel* kann und sollte jedem als partielle ID zugänglich gemacht werden.

2. *Fishhead Software* benötigt eine Instanz, die beglaubigen kann, wer die Firma ist. Es schickt seinen *öffentlichen Schlüssel* und eine beschreibende Datei über *Fishhead Software* an eine unabhängige Gruppe, der Java-Benutzer vermutlich trauen werden. Diese Gruppe heißt in unserem Beispiel *J-Signer*.

3. *J-Signer* überprüft *Fishhead Software* und den *öffentlichen Schlüssel*, um sicherzustellen, dass es sich um eine seriöse Software-Firma handelt, die wirklich diesen öffentlichen Schlüssel hat. Wenn *Fishhead Software* den Check übersteht, erstellt *J-Signer* eine neue verschlüsselte Datei, die Zertifikat genannt wird. Dieses Zertifikat wird an *Fishhead Software* zurückgeschickt.

4. *Fishhead* erstellt eine Java-Archivdatei für das Applet-Spiel und alle zugehörigen Dateien. Mit einem *öffentlichen Schlüssel*, einem *privaten Schlüssel* und dem Zertifikat kann *Fishhead Software* nun das Tool `jar` dazu verwenden, die Archivdatei mit einer digitalen Signatur zu versehen.

5. *Fishhead Software* platziert das signierte Archiv so auf der Web Site, dass es sich zusammen mit dem *öffentlichen Schlüssel* herunterladen lässt.

Damit hat *Fishhead Software* das Applet jedem verfügbar gemacht, der der Firma so weit vertraut, dass er das Applet über das Web ausführt. Eine dieser Personen, die sich dazu entschlossen haben, Fishhead zu vertrauen, ist der Web-Benutzer *Gilbert*. Er arbeitet mit einem Browser, der Java 2 unterstützt.

Seine Aktionen sind einfacher:

1. *Gilbert* ist klar, dass er das neue Applet-Spiel von *Fishhead* nicht benutzen kann, ohne die Firma als vertrauenswürdig einzustufen. Er lädt den *öffentlichen Schlüssel* von *Fishhead* herunter.

2. Er entscheidet, dass er *Fishhead Software* als eine vertrauenswürdige Firma einstufen kann. Gilbert benutzt ein weiteres SDK-Sicherheitstool namens `jarsigner` zusammen mit dem *öffentlichen Schlüssel* dazu, die Firma in seine Liste für sichere Hersteller aufzunehmen.

Gilbert kann das Applet-Spiel nun nach Herzenlust spielen. Je nach den Sicherheits-Permissions innerhalb des Applets kann es vermutlich lesen und schreiben, sowie weitere Netzwerkverbindungen öffnen und andere unsichere Dinge tun. Das heißt: Selbstverständlich kann dieses Spiel immer noch alle nur denkbaren Schäden auf seinem System anrichten, ebenso wie jede andere Software auch, die auf einem Computer installiert wird. Der Vorteil der digitalen Signatur besteht aber darin, dass der Benutzer weiß, welcher Programmierer das Spiel erstellt hat. Programmierer, die Viren verteilen möchten, werden wohl kaum eine Spur hinterlassen, die direkt zu ihrem Haus weist.

Vielleicht fragen Sie sich, warum es einen öffentlichen und einen privaten Schlüssel gibt? Wenn nur beide Schlüssel zusammen eine Firma identifizieren können, wie ist es dann möglich, dass der öffentliche Schlüssel allein zur Identifikation von *Fishhead* dient?

Ein öffentlicher und ein privater Schlüssel ergeben zusammen ein Set. Da nur beide zusammen *Fishhead Software* ganz identifizieren, sind beide Schlüssel nur der Firma selbst zugänglich, andernfalls könnte sich jemand anders als *Fishhead* ausgeben, und diese Täuschung wäre unmöglich zu erkennen. Indem *Fishhead* seinen privaten Schlüssel schützt, schützt es seine Identität und seine Reputation.

Die Prüfung, die *J-Signer* unter Verwendung des öffentlichen Schlüssels durchführt, stellt vor allem sicher, dass der öffentliche Schlüssel wirklich zu dieser Firma gehört. Da der öffentliche Schlüssel an jeden weitergegeben werden kann, stellt *Fishhead* diesen auf der Web-Site zur Verfügung. Als Teil des Zertifizierungsvorgangs kann *J-Signer* diesen herunterladen und mit jenem vergleichen, den es erhalten hat. Die Zertifizierungsgruppe agiert als eine Art Ersatz für den privaten Schlüssel und stellt sicher, dass der öffentliche Schlüssel legitim ist. Das herausgegebene Zertifikat ist mit dem öffentlichen Schlüssel verbunden, der nur zusammen mit dem privaten Schlüssel von *Fishhead* verwendet werden kann.

Jeder kann mit dem Tool `keytool` ein Zertifikat für einen öffentlichen Schlüssel herausgeben. *Fishhead* könnte sich das Zertifikat auch selbst ausstellen. Doch mit einem solchen Schritt würde die Glaubwürdigkeit deutlich herabgesetzt. Eine bekannte, unabhängige Zertifizierungsgruppe sorgt für Vertrauenswürdigkeit.

Alle Elemente zusammen bilden eine verlässliche digitale Signatur für ein Java-Archiv. Die Sun-Dokumentation zu `keytool`, `jarsigner`, Permissions und andere neue Sicherheitsfunktionen stehen unter folgender Web-Adresse zur Verfügung:

`http://java.sun.com/j2se/1.3/docs/guide/security`

Browserspezifische Signaturen

Als dieses Buch entstand, ließ sich ein Applet nur so signieren, dass man den Prozeduren folgte, die die Entwickler von Netscape und Microsoft für die eigenen Browser festgelegt haben. Sie müssen deren Tools verwenden und ein Applet nach beiden Prozeduren signieren, wenn Sie die Benutzer beider Browser erreichen wollen.

Um ein Applet für den Microsoft Internet Explorer zu signieren, ist Folgendes nötig:

- Eine digitale Microsoft-Authenticode-ID von einer Firma wie VeriSign oder Thawte – Firmen, die Ihre Identität verifizieren.
- Internet Explorer 4.0 oder höher.
- Die folgenden Tools aus dem Microsoft-Java-Software-Development-Kit: `cabarc.exe`, `chktrust.exe`, `signcode.exe` und die `.DLL`-Dateien `javasign.dll` und `signer.dll`. Dieses Kit ist bei Microsoft zum Download verfügbar unter der Adresse `http://www.microsoft.com/java/download.htm`.

Um ein Applet für den Netscape Navigator zu signieren, ist Folgendes nötig:

- Eine digitale Netscape-Object-Signing-Software-Publishing-ID, die von einer der Firmen, die unter `http://certs.netscape.com` aufgelistet sind, erhalten werden kann.
- Das Netscape-Signing-Tool. Dieses steht auf der Webseite mit der Adresse `http://developer.netscape.com/software/signedobj/jarpack.html` zur Verfügung. Das Signing-Tool bietet die Möglichkeit, ein Testzertifikat zu verwenden, bevor Sie eine digitale ID erhalten haben.

HINWEIS: Dokumentationsmaterial zur Anwendung dieser Tools finden Sie auf den Web-Sites, von denen Sie diese Tools herunterladen. Zusätzlich hat Daniel Griscom von Suitable Systems eine exzellente Informationsquelle für das Signieren von Java-Code unter der folgenden Web-Adresse zusammengestellt: `http://www.suitable.com/Doc_CodeSigning.shtml`

Sicherheitsrichtlinien

Vor Java 2 ging man davon aus, dass alle Applikationen als gänzlich vertrauenswürdig eingestuft werden und in der Lage sein sollten, alle Features der Sprache zu verwenden – dies war auch entsprechend in die Sprache integriert.

Um es einfacher zu gestalten, Applikationen zu erstellen, die in ihren Möglichkeiten eingeschränk sind, werden Applikationen inzwischen derselben Sicherheitsüberprüfung wie Applets unterzogen.

In der allgemeinen Praxis ändert dies nichts daran, wie Applikationen geschrieben und ausgeführt werden – die Applikationen, die Sie im Laufe des Buches erstellt haben, sollten keine sicherheitsbezogenen Ausnahmen verursacht haben, als Sie diese auf Ihrem System ausgeführt haben. Der Grund dafür ist, dass die Sicherheitsrichtlinien bei der Installation des SDK so liberal wie möglich angelegt wurden, sodass es der Applikation möglich ist, alle Features zu nutzen.

Die Sicherheitsrichtlinien werden in der Datei `java.policy` gespeichert. Diese Datei finden Sie in dem Unterordner `lib\security\` des Hauptordners der SDK-Installation. Diese Datei kann mit jedem Texteditor bearbeitet werden, obwohl Sie sie nicht verändern sollten, wenn Sie ihren Aufbau nicht vollständig verstehen. Sie können auch ein Tool mit grafischer Oberfläche zur Bearbeitung der Richtlinien verwenden. Dieses trägt den Namen `policytool` und ist Teil des SDK.

Einen Überblick über die Sicherheitsfeatures, die in Java 2 implementiert wurden, steht bei Sun auf der folgenden Webseite zur Verfügung:

```
http://java.sun.com/products/j2se/1.3/docs/guide/security/spec/security-
spec.doc.html
```

16.9 Zusammenfassung

Heute haben Sie gelernt, wie Sie mithilfe von Ausnahmen das Design und die Robustheit Ihrer Programme verbessern können. Ausnahmen erlauben Ihnen, potentielle Fehler in Ihren Programmen zu behandeln und die Verwender Ihrer Programme auf potentielle Fehler hinzuweisen. Mit der Verwendung von `try`, `catch` und `finally` können Sie Code schützen, der zu Ausnahmen führen könnte, die Ausnahmen, wenn sie denn auftreten, auffangen und behandeln, und Code ausführen, egal ob es zu einer Ausnahme kam oder nicht.

Die Behandlung von Ausnahmen ist nur die Hälfte der Miete – die andere Hälfte ist, selbst Ausnahmen zu erstellen und auszuwerfen. Heute haben Sie die `throws`-Klausel kennen gelernt, die den Verwendern einer Methode mitteilt, dass diese eine Ausnahme auswerfen könnte. `throws` kann auch dazu benutzt werden, eine Ausnahme von einem Methodenaufruf im Körper Ihrer Methode weiterzureichen.

Zusätzlich zu der Information, die die `throws`-Klausel bietet, haben Sie gelernt, wie man eigene Ausnahmen erzeugt und auswirft, was durch die Definition neuer Ausnahmeklassen und durch das Auswerfen von Instanzen aller Ausnahmeklassen durch `throw` geschieht.

Außerdem haben Sie heute die Grundlagen des Sicherheitsmodells von Java 2 kennen gelernt und erfahren, wie man die standardmäßigen Sicherheitseinschränkungen von Applets mit digitalen Signaturen umgehen kann.

16.10 Fragen und Antworten

F *Ich habe den Unterschied zwischen* `Exception`, `Error` *und* `RuntimeException` *immer noch nicht verstanden ...*

A `Errors` werden durch dynamisches Linken oder Probleme der virtuellen Maschine verursacht und sind deshalb für die meisten Programme auf einer zu niedrigen Ebene, als dass sie sich darum kümmeren könnten – oder als dass sie zu irgendetwas Hilfreichem in der Lage wären, wenn sie sich darum kümmern würden. `RuntimeExceptions` werden durch die normale Ausführung des Java-Code erzeugt. Sie spiegeln zwar gelegentlich eine Bedingung wider, die explizit gehandhabt werden kann, sind aber meist auf einen Programmierfehler zurückzuführen und sollen lediglich eine Fehlermeldung ausgeben, damit der Fehler aufgespürt werden kann. Ausnahmen, die nicht zu `RuntimeException` gehören (z.B. `IOException`), sind Bedingungen, die aufgrund ihrer Natur explizit durch einen robusten und gut durchdachten Code gehandhabt werden sollten. Die Java-Klassenbibliothek wurde nur unter Verwendung von einigen wenigen geschrieben, die jedoch extrem wichtig sind, um das System sicher und korrekt benutzen zu können. Der Compiler unterstützt Sie bei der Behandlung dieser Ausnahmen mithilfe der `throws`-Checks und -Einschränkungen.

F *Gibt es eine Möglichkeit, die straffen Einschränkungen, denen Methoden durch die* `throws`*-Klausel unterliegen, irgendwie zu umgehen?*

A Ja, die gibt es. Nehmen wir an, Sie haben lange genug nachgedacht und sind fest entschlossen, diese Einschränkung zu umgehen. Das ist fast nie der Fall, weil die richtige Lösung die ist, Ihre Methoden neu auszulegen, um die auszuwerfenden Ausnahmen entsprechend zu berücksichtigen. Wir stellen uns aber vor, dass Sie durch eine Systemklasse aus irgendeinem Grund in einer Zwangsjacke stecken. Ihre erste Lösung ist, von `RuntimeException` eine Subklasse für Ihre spezielle Ausnahme zu erstellen. Sie können damit nach Herzenslust Ausnahmen auswerfen, denn die `throws`-Klausel, die Sie belästigt hat, muss diese neue Ausnahme nicht enthalten. Müssen Sie viele solcher Ausnahmen unterbringen, besteht ein eleganter Ansatz darin, einige neue Ausnahmenschnittstellen in Ihre neuen `Runtime`-Klassen beizumischen. Welchen Teil dieser neuen Schnittstellen Sie mit `catch` auffangen wollen, steht Ihnen frei (keine der normalen `Runtime`-Ausnahmen muss aufgefangen werden), während eventuell übrige `Runtime`-Ausnahmen diese andernfalls lästige Standardmethode der Bibliothek durchlaufen können.

16.11 Quiz

Überprüfen Sie den heutigen Stoff, indem Sie dieses Quiz mit drei Fragen beantworten.

Fragen

1. Welches Schlüsselwort dient dazu, aus einem `try`-Block in den `finally`-Block zu springen?

   (a) `catch`

   (b) `return`

   (c) `while`

2. Welche Klasse sollte die Superklasse aller selbst erstellten Ausnahmen sein?

   (a) `Throwable`

   (b) `Error`

   (c) `Exception`

3. Angenommen, Sie wollen ein selbst erzeugtes Applet digital signieren. Was müssen Sie aus einer Quelle, der man allgemein Vertrauen schenkt, beziehen und können es sinnvollerweise nicht selbst erstellen?

   (a) einen öffentlichen Schlüssel

   (b) einen privaten Schlüssel

   (c) ein Zertifikat

Antworten

1. b.
2. c. `Throwable` und `Error` werden vor allem von Java selbst benutzt. Die Art von Fehler, auf die Sie in Ihren Programmen hinweisen sollen, gehören zur `Exception`-Kategorie.
3. c. Das Zertifikat muss von einer Gruppe ausgegeben werden, die Ihre Identität verifiziert und der die Öffentlichkeit, die Ihr Applet verwenden wird, vertraut.

16.12 Übungen

Um Ihr Wissen über die heute behandelten Themen zu vertiefen, können Sie sich an folgenden Übungen versuchen:

- Erstellen Sie eine modifizierte Version des `HexRead`-Applikation, die eine Pause von 10 Sekunden einlegt, wenn der Dezimalwert 25 gelesen wurde.
- Erstellen Sie eine Applikation, der ein Kommandozeilen-Argument übergeben wird und die dann feststellt, ob es sich dabei um einen Integer handelt oder nicht. Dies geschieht mit der `Integer.parseInt()`-Methode (Tag 6). Diese Methode wirft eine `NumberFormatException` aus.

Soweit einschlägig, finden Sie die Lösungen zu den Übungen auf der Webseite zum Buch: `http://www.java21days.com`.

Tag 17

Daten über Java-Streams verarbeiten

Viele Javaprogramme müssen mit irgendeiner Art von Datenquelle interagieren. Man kann auf vielerlei Art und Weise Informationen auf einem Computersystem speichern, z.B. als Dateien auf der Festplatte oder einer CD-ROM, als Seiten auf einer Internetpräsenz oder im RAM des Computers.

Man würde erwarten, dass diese verschiedenen Speichergeräte mit unterschiedlichen Techniken bedient würden. Gott sei Dank ist dem nicht so.

In Java erfolgt das Speichern wie Auslesen von Informationen über ein Kommunikationssystem namens *Streams*, das im `java.io`-Paket implementiert ist.

Heute lernen Sie, wie man Eingabestreams zum Lesen und Ausgabestreams zum Speichern von Information erzeugt. Sie werden sich im Einzelnen beschäftigen mit:

- Byte-Streams, die man für Bytes, Integer und andere einfache Datentypen benutzt
- Zeichen-Streams, die man für Textdateien und andere Textquellen benutzt

Sie können mit allen Daten in gleicher Weise umgehen, sobald Sie wissen, wie ein Eingabestream funktioniert, egal, ob die Daten von einer Diskette, aus dem Internet oder von einem anderen Programm kommen. Das Gleiche gilt mutatis mutandis für Ausgabestreams.

Streams sind leistungsfähige Mechanismen zum Umgang mit Daten, und die einschlägigen Klassen sind zudem nicht schwer zu implementieren.

17.1 Einführung in Streams

In Java werden alle Daten mit Streams geschrieben und gelesen. Streams tragen wie Wasserströmungen etwas von einem Ort zum anderen.

Neuer Begriff: Ein *Stream* ist ein Pfad, den Daten in einem Programm zurücklegen. Ein *Eingabestream* sendet Daten aus einer Quelle in ein Programm. Ein *Ausgabestream* sendet Daten aus einem Programm an ein Ziel.

Heute haben Sie es mit zwei Arten von Streams zu tun: Byte-Streams und Zeichen-Streams. *Byte-Streams* befördern Integer mit Werten zwischen 0 und 255. Ganz verschiedene Daten können im Byte-Format dargestellt werden, z.B. numerische Daten, ausführbare Programme, Internetverbindungen und Byte-Code – die Klassendateien, die eine Java Virtual Machine ausführen kann.

Man kann jede nur vorstellbare Art von Daten entweder mit individuellen Bytes oder einer Reihe von Bytes, die miteinander kombiniert sind, ausdrücken.

Neuer BEGRIFF

Zeichen-Streams sind ein spezieller Typ von Byte-Stream, der nur Textdaten verarbeitet. Sie unterscheiden sich deswegen von Byte-Streams, weil Javas Zeichensatz Unicode unterstützt. Dieser Standard umfasst viel mehr Zeichen, als man so ohne weiteres mit Bytes ausdrücken könnte.

Alle Arten von Daten, die mit Text zu tun haben, sollten Zeichen-Streams benutzen, so etwa Textdateien, Webseiten und andere gebräuchliche Textsorten.

Einen Stream verwenden

Egal, ob Sie einen Byte-Stream oder einen Zeichen-Stream verwenden: Die Prozedur, um sie zu verwenden, ist weitgehend identisch. Ehe wir uns die Einzelheiten der `java.io`-Klassen ansehen, gehen wir kurz den Prozess der Erstellung und der Verwendung von Streams durch.

Bei einem Eingabestream erstellt man zuerst ein Objekt, das mit der Datenquelle assoziiert ist. Wenn die Quelle beispielsweise eine Datei auf Ihrer Festplatte ist, könnte ein `FileInputStream`-Objekt mit dieser Datei assoziiert werden.

Wenn Sie dieses Streamobjekt haben, können Sie durch Verwendung einer der Methoden des Objekts Daten aus dem Stream lesen. `FileInputStream` hat eine `read()`-Methode, die ein aus der Datei gelesenes Byte zurückgibt.

Wenn Sie mit dem Lesen von Informationen aus diesem Stream fertig sind, rufen Sie die `close()`-Methode auf, um anzugeben, dass Sie fertig sind.

Bei einem Ausgabestream fangen Sie mit der Erstellung eines Objekts an, das mit dem Ziel der Daten assoziiert ist. Ein solches Objekt kann aus der `BufferedWriter`-Klasse erstellt werden, die einen effizienten Weg zur Erstellung von Textdateien darstellt.

Die `write()`-Methode ist der einfachste Weg, um Informationen an das Ziel des Ausgabestreams zu schicken. Beispielsweise kann eine `BufferedWriter-write()`-Methode einzelne Zeichen an einen Ausgabestream schicken.

Wie bei Eingabestreams ruft man die `close()`-Methode eines Ausgabestreams auf, wenn Sie keine weiteren Informationen senden wollen.

Einen Stream filtern

Die einfachste Weise, um einen Stream zu verwenden, ist, ihn zu erzeugen und dann seine Methoden aufzurufen, um Daten zu senden oder zu empfangen, je nachdem, ob es ein Ausgabe- oder Eingabestream ist.

Viele der Klassen, mit denen Sie es heute zu tun haben werden, erzielen bessere Ergebnisse, indem sie einen Filter mit einem Stream assoziierten, ehe sie Daten schreiben oder lesen.

Neuer BEGRIFF

Ein *Filter* ist ein Typ von Stream, der die Art verändert, in der mit einem existenten Stream umgegangen wird. Stellen Sie sich einen Bieberdamm über einem Bergfluss vor. Der Damm reguliert das Fließen des Wassers von oben nach unten. Der Damm ist eine Art Filter – würde man ihn entfernen, flösse das Wassser weit weniger reguliert.

Die Prozedur, um einen Filter auf einen Stream anzuwenden, sieht folgendermaßen aus:

- Erzeugen Sie einen Stream, der mit einer Datenquelle oder einem Datenziel assoziiert ist.
- Assoziieren Sie einen Filter mit diesem Stream.
- Lesen oder schreiben Sie Daten von diesem Filter statt vom ursprünglichen Stream.

Die Methoden, die Sie bei einem Filter aufrufen, sind dieselben Methoden wie bei einem Stream: Es gibt `read()`- und `write()`-Methoden, ganz wie bei einem ungefilterten Stream.

Man kann auch einen Filter mit einem anderen Filter assoziieren, sodass der folgende Pfad für eine Information möglich ist: Ein Eingabestream ist mit einer Textdatei assoziiert. Dieser Stream wird durch einen Spanisch-in-Englisch-Übersetzungsfilter gejagt, der dann durch einen Fluchfilter geschickt wird. Schließlich wird das Ganze an sein Ziel geschickt – einen Menschen, der den Text liest.

Wenn Ihnen das so abstrakt immer noch verwirrend erscheint, werden Sie in den nächsten Abschnitten viel Gelegenheit haben, dies in der Praxis zu erleben.

17.2 Byte-Streams

Alle Byte-Streams sind entweder Unterklassen von `InputStream` oder von `OutputStream`. Diese Klassen sind abstrakt, Sie können also keine Streams erzeugen, indem Sie direkt Objekte dieser Klassen erzeugen. Stattdessen erzeugen Sie Streams durch eine ihrer Unterklassen, wie den folgenden:

- `FileInputStream` und `FileOutputStream` – Byte-Streams, die in Dateien auf Festplatte, CD-ROM und anderen Speichermedien gespeichert sind.
- `DataInputStream` und `DataOutputStream` – ein gefilterter Byte-Stream, aus dem Daten wie Integer oder Fließkommazahlen gelesen werden können.

`InputStream` ist die Superklasse aller Eingabestreams.

Datei-Streams

Am meisten werden Sie mit Datei-Streams zu tun haben, mit denen man Daten mit Dateien auf Festplatten, CD-ROMs oder anderen Speichermedien, auf die man mit einem Ordnerpfad und einem Dateinamen zugreifen kann, austauscht.

An einen Datei-Ausgabestream sendet man Bytes, und von einem Datei-Eingabestream empfängt man Bytes.

Datei-Eingabestreams

Ein Datei-Eingabestream wird mit dem Konstruktor `FileInputStream(String)` erzeugt. Das *String*-Argument ist der Name der Datei. Sie können den Dateinamen mit einer Pfadangabe versehen, sodass die Datei auch in einem anderen Ordner als demjenigen liegen kann, in dem die ladende Klasse gespeichert ist. Die folgende Anweisung erzeugt einen Datei-Eingabestream von der Datei `scores.dat`:

```
FileInputStream fis = new FileInputStream("scores.dat");
```

Nachdem Sie einen Datei-Eingabestream erzeugt haben, können Sie durch einen Aufruf seiner `read()`-Methode Bytes aus ihm lesen. Diese Methode gibt einen Integer zurück, der das nächste Byte im Stream enthält. Wenn die Methode -1 zurückgibt, was kein möglicher Byte-Wert ist, so bedeutet das, dass das Ende des Datei-Streams erreicht ist.

Um mehr als ein Byte aus dem Stream zu lesen, können Sie seine `read(byte[], int, int)`-Methode aufrufen. Die Argumente dieser Methode sind wie folgt:

- ein Byte-Array, in dem die Daten gespeichert werden sollen
- das Element innerhalb des Arrays, in dem das erste Byte der Daten gespeichert werden soll
- die Zahl der Bytes, die gelesen werden sollen

Im Gegensatz zu anderen `read()`-Methoden gibt diese keine gelesenen Daten zurück. Stattdessen gibt sie einen Integer zurück, der die Zahl der gelesenen Bytes repräsentiert oder -1, wenn keine Bytes gelesen wurden, ehe das Ende des Streams erreicht war.

Die folgenden Anweisungen benutzen eine `while`-Schleife, um Daten in ein `FileInputStream`-Objekt namens `df` zu lesen:

```
int newByte = 0;
while (newByte != -1) {
    newByte = df.read();
    System.out.print(newByte + " ");
}
```

Diese Schleife liest die ganze durch `df` referenzierte Datei byteweise und zeigt alle Bytes durch Leerzeichen getrennt an. Sie gibt `-1` aus, wenn das Dateiende erreicht ist – Sie könnten dies problemlos mit einer `if`-Anweisung abfangen.

Die Applikation `ReadBytes` in Listing 17.1 benutzt eine ähnliche Technik, um einen Datei-Eingabestream zu lesen. Die `close()`-Methode des Eingabestreams wird benutzt, um den Stream zu schließen, sobald das letzte Byte der Datei gelesen wurde. Das ist notwendig, um Systemressourcen freizugeben, die der offenen Datei zugeordnet sind.

Listing 17.1: Der gesamte Quelltext von ReadByte.java.

```
 1: import java.io.*;
 2:
 3: public class ReadBytes {
 4:     public static void main(String[] arguments) {
 5:         try {
 6:             FileInputStream file = new
 7:                 FileInputStream("class.dat");
 8:             boolean eof = false;
 9:             int count = 0;
10:             while (!eof) {
11:                 int input = file.read();
12:                 System.out.print(input + " ");
13:                 if (input == -1)
14:                     eof = true;
15:                 else
16:                     count++;
17:             }
18:             file.close();
19:             System.out.println("\nBytes read: " + count);
20:         } catch (IOException e) {
21:             System.out.println("Error -- " + e.toString());
22:         }
23:     }
24: }
```

Wenn Sie dieses Programm ausführen, erhalten Sie folgende Fehlermeldung:

```
Error -- java.io.FileNotFoundException: class.dat (The system
cannot find the file specified).
```

Diese Fehlermeldung sieht wie die Art von Ausnahmen aus, die vom Compiler erzeugt werden, doch tatsächlich stammt sie aus dem `catch`-Block in den Zeilen 20-22 der `ReadBytes`-Applikation. Die Ausnahme wird in den Zeilen 6-7 ausgeworfen, weil die `class.dat`-Datei nicht gefunden werden kann.

Sie brauchen eine Datei mit Bytes, die gelesen werden soll. Das kann eine beliebige Datei sein – eine Möglichkeit wäre die Klassendatei des Programms, die die Bytecode-Befehle enthält, die die Java Virtual Machine ausführt. Erzeugen Sie diese Datei, indem Sie eine Kopie der `ReadBytes.class` anfertigen und die Kopie in `class.dat` umbenennen. `ReadBytes.class` selbst dürfen Sie nicht umbenennen, da das Programm ansonsten nicht läuft.

TIPP

Benutzer von Windows 95 und NT können `class.dat` mit der MS-DOS-Eingabeaufforderung erzeugen. Gehen Sie in den Ordner mit `ReadBytes.class` und geben Sie folgendes DOS-Kommando ein:

```
copy ReadBytes.class class.dat
```

UNIX-Benutzer können folgenden Befehl in die Kommandozeile tippen:

```
cp ReadBytes.class class.dat
```

Wenn Sie das Programm ausführen, wird jedes Byte von `class.dat` angezeigt. Am Ende wird die Gesamtzahl der Bytes ausgegeben. Wenn Sie `class.dat` mithilfe von `ReadBytes.class` erzeugt haben, sollten die letzten Zeilen der Ausgabe folgendermaßen aussehen:

```
101 109 46 111 117 116 46 112 114 105 110 116 108 110 40 34 92 110 66 121 116
101 115 32 114 101 97 100 58 32 34 32 43 32 99 111 117 110 116 41 59 13 10 32
32 32 32 32 32 32 32 125 32 99 97 116 99 104 32 40 73 79 69 120 99 101 112 116
105 111 110 32 101 41 32 123 13 10 32 32 32 32 32 32 32 32 32 32 32 32 83 121
115 116 101 109 46 111 117 116 46 112 114 105 110 116 108 110 40 34 69 114 114
111 114 32 45 45 32 34 32 43 32 101 46 116 111 83 116 114 105 110 103 40 41 41
59 13 10 32 32 32 32 32 32 32 32 125 13 10 32 32 32 32 125 13 10 125 13 10 -1
Bytes read: 717
```

Die Zahl der Bytes, die pro Zeile angezeigt werden, hängt von der Spaltenbreite ab, die Text auf Ihrem System einnehmen kann. Welche Bytes konkret angezeigt werden, hängt davon ab, welche Datei Sie zur Erstellung von `class.dat` benutzt haben.

Datei-Ausgabestreams

Ein Datei-Ausgabestream wird mit dem Konstruktor `FileOutputStream(`*`String`*`)` erzeugt. Die Verwendung entspricht ganz der des Konstruktors `FileInputStream(`*`String`*`)`, Sie können also den Dateinamen mit einer Pfadangabe versehen.

Sie müssen bei der Angabe einer Datei, in die ein Ausgabestream geschrieben werden soll, Vorsicht walten lassen. Entspricht der Dateiname einem existenten File, dann wird das Original gelöscht, sobald Daten in den Stream geschrieben werden.

Sie können einen Datei-Ausgabestream erzeugen, der Daten hinter das Ende eines existenten Files setzt, indem Sie den Konstruktor `FileOutputStream(`*`String, boolean`*`)` verwenden. Der String gibt die Datei an, und das boolesche Argument sollte `true` sein, damit Daten angehängt und nicht die existenten Daten überschrieben werden.

Die `write(int)`-Methode des Datei-Ausgabestreams wird benutzt, um Bytes in den Stream zu schreiben. Nachdem das letzte Byte in die Datei geschrieben wurde, wird der Stream durch seine `close()`-Methode geschlossen.

Um mehr als ein Byte zu schreiben, findet die `write(byte[], int, int)`-Methode Anwendung. Sie funktioniert ganz analog zur schon beschriebenen `read(byte[], int, int)`-Methode. Die Argumente dieser Methode sind der Byte-Array mit den auszugebenden Bytes, der Startpunkt im Array und die Zahl der zu schreibenden Bytes.

Die Applikation `WriteBytes` in Listing 17.2 schreibt ein Integer-Array in einem Datei-Ausgabestream.

Listing 17.2: Der gesamte Quelltext von WriteBytes.java.

```
 1: import java.io.*;
 2:
 3: public class WriteBytes {
 4:     public static void main(String[] arguments) {
 5:         int[] data = {  71, 73, 70, 56, 57, 97, 15, 0, 15, 0,
 6:             128, 0, 0, 255, 255, 255, 0, 0, 0, 44, 0, 0, 0,
 7:             0, 15, 0, 15, 0, 0, 2, 33, 132, 127, 161, 200,
 8:             185, 205, 84, 128, 241, 81, 35, 175, 155, 26,
 9:             228, 254, 105, 33, 102, 121, 165, 201, 145, 169,
10:             154, 142, 172, 116, 162, 240, 90, 197, 5, 0, 59 } ;
11:         try {
12:             FileOutputStream file = new
13:                 FileOutputStream("pic.gif");
14:             for (int i = 0; i < data.length; i++)
15:                 file.write(data[i]);
16:             file.close();
17:         } catch (IOException e) {
18:             System.out.println("Error -- " + e.toString());
19:         }
20:     }
21: }
```

Im Programm geschieht Folgendes:

- Zeilen 5-10: Ein Integer-Array namens `data` wird mit 66 Elementen erzeugt
- Zeilen 12-13: Ein Datei-Ausgabestream wird mit dem Namen `pic.gif` im selben Ordner wie die `WriteBytes.class`-Datei erzeugt
- Zeilen 14-15: Eine `for`-Schleife wird benutzt, um durch das `data`-Array zu laufen und die einzelnen Elemente in den Datei-Stream zu schreiben
- Zeile 16: Der Datei-Ausgabestream wird geschlossen

Nachdem Sie das Programm ausgeführt haben, können Sie die Datei `pic.gif` mit einem Browser oder Grafikprogramm ansehen. Es ist ein kleines Bildchen im GIF-Format (Abbildung 17.1).

Abbildung 17.1:
Die Datei pic.gif (vergrößert).

17.3 Einen Stream filtern

Neuer BEGRIFF

Gefilterte Streams (engl. *filtered streams*) sind Streams, die die Informationen, die durch einen existenten Stream laufen, modifizieren. Man erzeugt sie mit einer der Unterklassen `FilterInputStream` oder `FilterOutputStream`.

Diese Programme erledigen selbst keine Filterungen. Dafür haben sie Unterklassen wie `BufferInputStream` und `DataOutputStream`, die spezielle Filterungen vornehmen.

Byte-Filter

Information wird schneller übermittelt, wenn sie in großen Brocken verschickt werden kann, selbst dann, wenn diese großen Brocken schneller empfangen als verarbeitet werden.

Überlegen Sie sich, welche Art der Buchlektüre schneller ist:

- Sie leihen sich das ganze Buch von einem Freund und lesen es durch.
- Ihr Freund gibt Ihnen immer nur eine Seite des Buchs und rückt die nächste Seite nicht heraus, ehe Sie die vorherige durchgelesen haben.

Offensichtlich ist der erste Weg schneller und effizienter. Das lässt sich auf die gepufferten Streams von Java übertragen.

Neuer BEGRIFF

Ein *Puffer* (engl. *Buffer*) ist ein Speicher, in dem Daten aufbewahrt werden können, ehe sie von einem Programm gebraucht werden, das Daten liest oder schreibt. Durch die Verwendung eines Puffers können Sie an die Daten kommen, ohne dass Sie ständig auf die ursprüngliche Quelle der Daten zurückgreifen müssen.

Gepufferte Streams

Ein gepufferter Eingabestream füllt einen Puffer mit noch nicht verarbeiteten Daten. Wenn ein Programm diese Daten braucht, sieht es zuerst in den Puffer, ehe es auf die ursprüngliche Streamquelle zurückgreift. Das bringt viel Effizienz – einen Stream ohne Puffer verwenden, ist wie ein Buch zu lesen, das man seitenweise ausgehändigt bekommt. Wird ein solcher Stream aus irgendeinem Grund langsamer, wird jeder Zugriff auf den Stream langsamer.

Gepufferte Byte-Streams verwenden die Klassen `BufferedInputStream` und `BufferedOutputStream`.

Ein gepufferter Eingabestream wird mit einem der beiden folgenden Konstruktoren erzeugt:

- `BufferedInputStream(`*`InputStream`*`)` – erzeugt einen gepufferten Eingabestream für das angegebene *`InputStream`*-Objekt
- `BufferedInputStream(`*`InputStream, int`*`)` – erzeugt den angegebenen gepufferten *`InputStream`* mit einer Puffergröße von *`int`*.

Die einfachste Art, um Daten aus einem gepufferten Eingabestream zu lesen, ist, seine `read()`-Methode argumentenlos aufzurufen, die normalerweise einen Integer zwischen `0` und `255`, der das nächste Byte im Stream repräsentiert, zurückgibt. Wenn das Ende des Streams erreicht wurde und kein Byte mehr übergeben werden kann, wird `-1` zurückgegeben.

Sie können auch die `read(`*`byte[], int, int`*`)`-Methode benutzen, die Sie von anderen Eingabestreams kennen und die die Stream-Daten in ein Byte-Array lädt.

Ein gepufferter Ausgabestream wird mithilfe eines dieser beiden Konstruktoren erzeugt:

- `BufferedOutputStream(`*`OutputStream`*`)` – erzeugt einen gepufferten Ausgabestream für das angegebene *`OutputStream`*-Objekt
- `BufferedOutputStream(`*`OutputStream, int`*`)` – erzeugt den angegebenen gepufferten *`OutputStream`* mit einem Puffer der Größe *`int`*.

Die Methode `write(`*`int`*`)` des Ausgabestreams kann verwendet werden, um einzelne Bytes an den Stream zu schicken. Die Methode `write(`*`byte[], int, int`*`)` schickt eine Gruppe von Bytes aus dem angegebenen Byte-Array, wobei die Argumente das Byte-Array, der Startpunkt im Byte-Array und die Zahl der zu schreibenden Bytes sind.

Wenn die Daten an einen gepufferten Stream gerichtet sind, werden sie nicht an ihr Ziel geschickt, ehe der Stream voll ist oder die Methode `flush()` des gepufferten Streams aufgerufen wird.

Die Methode `write()` akzeptiert zwar einen Integer als Argument, doch sollte der Wert zwischen `0` und `255` sein. Wenn Sie eine Zahl über `255` angeben, dann wird der Rest nach einer Teilung durch `256` gespeichert. Sie können das ausprobieren, wenn Sie das Projekt ausführen, das wir später am heutigen Tag erstellen werden.

Das nächste Projekt, die Applikation `BufferDemo`, schreibt eine Serie von Bytes in einen gepufferten Ausgabestream, der mit einer Textdatei assoziiert ist. Der erste und der letzte Integer der Serie werden durch zwei Kommandozeilenargumente angegeben, wie in folgender Anweisung:

```
java BufferDemo 7 64
```

Nachdem in die Textdatei geschrieben wurde, erzeugt `BufferDemo` einen gepufferten Eingabestream aus der Datei und liest die Bytes wieder ein. Listing 17.3 enthält den Quellcode.

Listing 17.3: Der gesamte Quelltext von BufferDemo.java.

```
import java.io.*;

public class BufferDemo {
    public static void main(String[] arguments) {
        int start = 0;
        int finish = 255;
        if (arguments.length > 1) {
            start = Integer.parseInt(arguments[0]);
            finish = Integer.parseInt(arguments[1]);
        } else if (arguments.length > 0)
            start = Integer.parseInt(arguments[0]);
        ArgStream as = new ArgStream(start, finish);
        System.out.println("\nWriting: ");
        boolean success = as.writeStream();
        System.out.println("\nReading: ");
        boolean readSuccess = as.readStream();
    }
}

class ArgStream {
    int start = 0;
    int finish = 255;

    ArgStream(int st, int fin) {
```

```
        start = st;
        finish = fin;
    }

    boolean writeStream() {
        try {
            FileOutputStream file = new
                FileOutputStream("numbers.dat");
            BufferedOutputStream buff = new
                BufferedOutputStream(file);
            for (int out = start; out <= finish; out++) {
                buff.write(out);
                System.out.print(" " + out);
            }
            buff.close();
            return true;
        } catch (IOException e) {
            System.out.println("Exception: " + e.getMessage());
            return false;
        }
    }

    boolean readStream() {
        try {
            FileInputStream file = new
                FileInputStream("numbers.dat");
            BufferedInputStream buff = new
                BufferedInputStream(file);
            int in = 0;
            do {
                in = buff.read();
                if (in != -1)
                    System.out.print(" " + in);
            } while (in != -1);
            buff.close();
            return true;
        } catch (IOException e) {
            System.out.println("Exception: " + e.getMessage());
            return false;
        }
    }
}
```

Die Ausgabe des Programms hängt von den beiden Argumenten ab, die in der Kommandozeile angegeben wurden. Wenn Sie `java BufferDemo 4 13` eingeben, erhalten Sie folgende Ausgabe:

```
Writing:
 4 5 6 7 8 9 10 11 12 13
Reading:
 4 5 6 7 8 9 10 11 12 13
```

Diese Applikation besteht aus zwei Klassen: `BufferDemo` und einer Hilfsklasse namens `ArgStream`. `BufferDemo` liest die Werte der beiden Argumente aus, falls es sie gibt, und benutzt sie im Konstruktor `ArgStream()`.

Die Methode `writeStream()` von `ArgStream` wird in Zeile 14 aufgerufen, um eine Reihe von Bytes in einen gepufferten Ausgabestream zu schreiben. Die `readStream()`-Methode wird in Zeile 16 aufgerufen, um diese Bytes wieder einzulesen.

Obwohl `writeStream()` und `readStream()` die Daten in zwei entgegengesetzte Richtungen verschieben, sind sie weitgehend identisch. Sie haben folgendes Format:

- Der Dateiname `numbers.dat` wird benutzt, um einen Datei-Eingabe- oder Ausgabestream einzurichten.
- Mit dem Dateistream wird ein gepufferter Eingabe- oder Ausgabestream erzeugt.
- Die Methode `write()` des gepufferten Streams wird benutzt, um Daten zu senden, während mit der `read()`-Methode Daten empfangen werden.
- Der gepufferte Stream wird geschlossen.

Da Dateistreams und gepufferte Streams `IOExeption`-Objekte im Falle eines Fehlers auswerfen, sind alle Operationen, die auf diese Streams zugreifen, in einen entsprechenden `try-catch`-Block eingeschlossen.

TIPP

Die booleschen Rückgabewerte in `writeStream()` und `readStream()` geben an, ob die Streamoperation erfolgreich verlief. Sie werden in diesem Programm nicht verwendet, aber es ist guter Stil, Bescheid zu geben, wenn etwas schief lief.

Daten-Streams

Wenn Sie mit Daten arbeiten müssen, die nicht als Bytes oder Zeichen repräsentiert werden können, können Sie Daten-Eingabe- und -Ausgabestreams verwenden. Diese Streams filtern einen existenten Byte-Stream so, dass die folgenden primitiven Typen direkt aus dem Stream gelesen oder in ihn geschrieben werden können: `boolean`, `byte`, `double`, `float`, `int`, `long` und `short`.

Ein Daten-Eingabestream wird mit dem `DataInputStream(`*InputStream*`)`-Konstruktor erzeugt. Das Argument sollte ein existenter Eingabestream sein, z.B. ein gepufferter Eingabestream oder ein Datei-Eingabestream.

Umgekehrt hat ein Daten-Ausgabestream den Konstruktor `DataOutputStream(`*`OutputStream`*`)`, der den assoziierten Ausgabestream angibt.

Die folgende Liste nennt die Lese- und Schreib-Methoden, die sich auf Daten-Eingabe- bzw. Ausgabestreams beziehen:

- `readBoolean()`, `writeBoolean(`*`boolean`*`)`
- `readByte()`, `writeByte(`*`integer`*`)`
- `readDouble()`, `writeDouble(`*`double`*`)`
- `readFloat()`, `writeFloat(`*`float`*`)`
- `readInt()`, `writeInt(`*`int`*`)`
- `readLong()`, `writeLong(`*`long`*`)`
- `readShort()`, `writeShort(`*`int`*`)`

Die Eingabemethoden geben jeweils den primitiven Datentyp aus, der im Namen der Methode vorkommt. Z. B. gibt die `readFloat()`-Methode einen `float`-Wert zurück.

Es gibt auch die `readUnsignedByte()`- und `readUnsignedShort()`-Methoden, die vorzeichenlose Byte- und Short-Werte lesen. Diese Datentypen werden von Java nicht unterstützt, sodass sie als Integerwerte zurückgegeben werden.

HINWEIS

Vorzeichenlose Bytes haben Werte von `0` bis `255`. Das ist ein Unterschied zum Bytevariablentyp von Java, in dem Werte zwischen `-127` und `128` gespeichert werden. Genauso laufen die Werte eines vorzeichenlosen `short` von `0` bis `65535`, statt von `-32768` bis `32767` wie bei Java-`short`.

Nicht jede der verschiedenen Lese-Methoden eines Datei-Eingabestreams gibt einen Wert zurück, der als Indikator dafür dienen kann, dass das Ende des Streams erreicht wurde.

Alternativ können Sie warten, bis eine `EOFException` (*EOF* = end of file, Dateiende) ausgeworfen wird, was geschieht, sobald eine Lesemethode das Ende des Streams erreicht. Die Schleife, die die Daten liest, kann in einen `try`-Block eingeschlossen werden. Das zugehörige `catch`-Statement sollte sich nur um `EOFException`-Objekte kümmern. Sie können die Methode `close()`des Streams aufrufen und dann weitere Aufräumarbeiten im `catch`-Block erledigen.

Dies wird im nächsten Projekt gezeigt. Die Listings 17.4 und 17.5 enthalten zwei Programme, die Datenstreams benutzen. Die Applikation `WritePrimes` schreibt die ersten 400 Primzahlen als Integer in eine Datei namens `400primes.dat`. Die Applikation `ReadPrimes` liest die Integer aus dieser Datei und zeigt sie an.

Listing 17.4: Der gesamte Quelltext von WritePrimes.java.

```
import java.io.*;

class WritePrimes {
    public static void main(String[] arguments) {
        int[] primes = new int[400];
        int numPrimes = 0;
        // candidate: the number that might be prime
        int candidate = 2;
        while (numPrimes < 400) {
            if (isPrime(candidate)) {
                primes[numPrimes] = candidate;
                numPrimes++;
            }
            candidate++;
        }

        try {
            // Write output to disk
            FileOutputStream file = new
                FileOutputStream("400primes.dat");
            BufferedOutputStream buff = new
                BufferedOutputStream(file);
            DataOutputStream data = new
                DataOutputStream(buff);

            for (int i = 0; i < 400; i++)
               data.writeInt(primes[i]);
            data.close();
        } catch (IOException e) {
            System.out.println("Error -- " + e.toString());
        }
    }

    public static boolean isPrime(int checkNumber) {
        double root = Math.sqrt(checkNumber);
        for (int i = 2; i <= root; i++) {
            if (checkNumber % i == 0)
                return false;
        }
        return true;
    }
}
```

Listing 17.5: Der gesamte Quelltext von ReadPrimes.java.

```
import java.io.*;

class ReadPrimes {
    public static void main(String[] arguments) {
        try {
            FileInputStream file = new
                FileInputStream("400primes.dat");
            BufferedInputStream buff = new
                BufferedInputStream(file);
            DataInputStream data = new
                DataInputStream(buff);

            try {
                while (true) {
                    int in = data.readInt();
                    System.out.print(in + " ");
                }
            } catch (EOFException eof) {
                buff.close();
            }
        } catch (IOException e) {
            System.out.println("Error -- " + e.toString());
        }
    }
}
```

Den größten Teil der `WritePrimes`-Applikation nimmt der Code ein, der die ersten vierhundert Primzahlen findet. Sobald Sie das Integer-Array mit den ersten 400 Primzahlen haben, schreiben Sie es in den Zeilen 17-31 in einen Daten-Ausgabestream.

Diese Applikation ist ein Beispiel für das mehrfache Filtern eines Streams. Dieser Stream wird in drei Schritten erzeugt:

- Ein Datei-Ausgabestream, der mit einer Datei namens `400primes.dat` assoziiert ist, wird erzeugt.
- Ein neuer gepufferter Ausgabestream wird mit dem Datei-Stream assoziiert.
- Ein neuer Daten-Ausgabestream wird mit dem gepufferten Stream assoziiert.

Die Methode `writeInt()` des Datenstreams wird benutzt, um Primzahlen in die Datei zu schreiben.

Die Applikation `ReadPrimes` ist einfacher, weil sie nichts mit der Primzahlensuche zu tun hat – sie liest lediglich Integer aus einer Datei mithilfe eines Dateneingabestreams.

Zeilen 6-11 von `ReadPrimes` sind fast identisch mit Anweisungen in der Applikation `WritePrimes`, nur dass Eingabe- statt Ausgabeklassen Verwendung finden.

Der `try-catch`-Block, der sich um die `EOFException`-Objekte kümmert, befindet sich in den Zeilen 13-20. Das eigentliche Laden der Daten findet im `try`-Block statt.

Die Anweisung `while(true)` erzeugt eine endlose Schleife. Das macht nichts – es kommt automatisch zu einer `EOFException`, wenn während des Einlesen der Daten irgendwann das Ende des Streams erreicht wird. Die Methode `readInt()` in Zeile 15 liest Integer aus dem Stream.

Die letzten paar Ausgabezeilen der `ReadPrimes`-Applikation sollten bei Ihnen ungefähr so aussehen:

```
2137 2141 2143 2153 2161 2179 2203 2207 2213 2221 2237 2239 2243 22
51 2267 2269 2273 2281 2287 2293 2297 2309 2311 2333 2339 2341 2347
 2351 2357 2371 2377 2381 2383 2389 2393 2399 2411 2417 2423 2437 2
441 2447 2459 2467 2473 2477 2503 2521 2531 2539 2543 2549 2551 255
7 2579 2591 2593 2609 2617 2621 2633 2647 2657 2659 2663 2671 2677
2683 2687 2689 2693 2699 2707 2711 2713 2719 2729 2731 2741
```

17.4 Zeichen-Streams

Jetzt, wo Sie wissen, wie man mit Byte-Streams verfährt, besitzen Sie schon fast das ganze Wissen, um auch mit Zeichen-Streams umzugehen. Man verwendet Zeichen-Streams für alle Texte im ASCII-Zeichensatz oder in Unicode. Unicode ist ein internationaler Zeichensatz, der ASCII beinhaltet.

Beispiele für Dateien, bei denen man mit einem Zeichen-Stream arbeitet, sind reine Textdateien, HTML-Dokumente oder Java-Quelldateien.

Die Klassen, mit denen man diese Streams schreibt und liest, sind sämtlich Unterklassen von `Reader` und `Writer`. Diese sollten für alle Texteingaben benutzt werden, anstatt direkt Byte-Streams einzusetzen.

HINWEIS: Die Techniken zum Umgang mit Zeichen-Streams wurden nach Java 1.0 stark durch die Einführung der Klassen `Reader` und `Writer` und ihrer Unterklassen verbessert. Sie ermöglichen die Unterstützung von Unicode-Zeichen und einen besseren Umgang mit Text. Eine Java-1.0-Applet kann Zeichen mit den zuvor beschriebenen Byte-Stream-Klassen lesen.

Textdateien lesen

`FileReader` ist die wichtigste Klasse, die man benutzt, um Zeichen-Streams aus einer Datei zu lesen. Diese Klasse erbt von `InputStreamReader`, die einen Byte-Stream liest und die Bytes in Integerwerte umwandelt, die Unicode-Zeichen repräsentieren.

Ein Zeichen-Eingabestream wird mit einer Datei durch den Konstruktor `FileReader(`*`String`*`)` assoziiert. Der String gibt die Datei an, und er kann neben dem Dateinamen noch eine Pfadangabe umfassen.

Die folgende Anweisung erzeugt einen neuen `FileReader` namens `look` und assoziiert ihn mit einer Textdatei namens `index.html`:

```
FileReader look = new FileReader("index.html");
```

Wenn Sie einen `FileReader` haben, können Sie mit folgenden Methoden Zeichen aus der Datei lesen:

- `read()` gibt das nächste Zeichen im Stream als Integer zurück
- `read(`*`char[], int, int`*`)` schreibt Zeichen in das angegebene Zeichenarray mit dem angegebenen Startpunkt und der Zahl der zu lesenden Zeichen

Die zweite Methode funktioniert wie ähnliche Methoden für Byte-Eingabestream-Klassen. Statt das nächste Zeichen zurückzugeben, gibt sie entweder die Zahl der gelesenen Zeichen oder -1, falls keine Zeichen vor dem Erreichen des Streamendes gelesen werden konnten, zurück.

Die folgende Methode lädt eine Textdatei mit dem `Filereader`-Objekt `text` und zeigt seine Zeichen an:

```
FileReader text = new
    FileReader("readme.txt");
int inByte;
do {
    inByte = text.read();
    if (inByte != -1)
        System.out.print( (char)inByte );
} while (inByte != -1);
System.out.println("");
text.close();
```

Da die `read()`-Methode eines Zeichen-Streams einen Integer zurückgibt, müssen Sie diesen vor der Anzeige in ein Zeichen casten, in ein Array speichern oder mit ihm einen String erzeugen. Jedes Zeichen hat einen Zahlencode, der seine Position im Unicode-Zeichensatz angibt. Der aus dem Stream gelesene Integer entspricht diesem Zahlencode.

Um eine Textzeile auf einmal anstelle die Datei zeichenweise zu lesen, können Sie die `BufferedReader`-Klasse zusammen mit einem `FileReader` benutzen.

Die `BufferedReader`-Klasse liest einen Zeichen-Eingabestream und puffert ihn aus Effizienzgründen. Sie müssen ein existentes `Reader`-Objekt haben, um eine gepufferte Version erzeugen zu können. Mit den folgenden Konstruktoren kann ein `BufferedReader` erzeugt werden:

- `BufferedReader(`*`Reader`*`)` – Erzeugt einen gepufferten Zeichen-Stream, der mit dem angegebenen `Reader`-Objekt assoziiert ist, wie z.B. `FileReader`.
- `BufferedReader(`*`Reader, int`*`)` – Erzeugt einen gepufferten Zeichen-Stream, der mit dem angegebenen `Reader` und einem Puffer der Größe `int` assoziiert ist.

Ein gepufferter Zeichenstream kann mithilfe der Methoden `read()` und `read(`*`char[], int, int`*`)` gelesen werden, die für `FileReader` beschrieben wurden. Sie können mit `readLine()` eine Textzeile lesen.

Die Methode `readLine()` gibt ein String-Objekt zurück, das die nächste Textzeile des Streams enthält, wobei das oder die Zeichen, die das Zeilenende angeben, weggelassen werden. Wenn das Streamende erreicht ist, ist der Wert des zurückgegebenen String `null`.

Das Ende einer Zeile wird folgendermaßen erklärt:

- ein Zeilenvorschub-Zeichen (`'\n'`)
- ein Wagenrücklauf-Zeichen (`'\r'`)
- ein Wagenrücklauf, gefolgt von einem Zeilenvorschub

Das Projekt in Listing 17.6 ist eine Java-Applikation, die ihre eigene Quelldatei mit einem gepufferten Zeichen-Stream liest.

Listing 17.6: Der gesamte Quelltext von ReadSource.java.

```
import java.io.*;

public class ReadSource {
    public static void main(String[] arguments) {
        try {
            FileReader file = new
                FileReader("ReadSource.java");
            BufferedReader buff = new
                BufferedReader(file);
            boolean eof = false;
            while (!eof) {
                String line = buff.readLine();
                if (line == null)
                    eof = true;
                else
                    System.out.println(line);
```

```
17:             }
18:             buff.close();
19:         } catch (IOException e) {
20:             System.out.println("Error -- " + e.toString());
21:         }
22:     }
23: }
```

Von diesem Programm kennen Sie das meiste schon aus früheren Projekten des heutigen Tages:

- Zeilen 6-7: Eine Eingabequelle wird erzeugt – das `FileReader`-Objekt, das mit der Datei `ReadSource.java` assoziiert ist.
- Zeilen 8-9: Ein Puffer-Filter wird mit dieser Eingabequelle assoziiert – das `BufferedReader`-Objekt `buff`.
- Zeilen 11-17: Eine `readLine()`-Methode wird innerhalb einer `while`-Schleife benutzt, um die Textdatei zeilenweise zu lesen. Die Schleife endet, sobald die Methode den Wert `null` zurückgibt.

Die Ausgabe der Applikation `ReadSource` ist die Textdatei `ReadSource.java`.

Textdateien schreiben

Die Klasse `FileWriter` dient dazu, einen Zeichen-Stream in eine Datei zu schreiben. Sie ist eine Unterklasse von `OutputStreamWriter`, die Verhalten zur Umwandlung von Unicode-Zeichencodes in Bytes hat.

Es gibt zwei FileWriter-Konstruktoren: `FileWriter(`*`String`*`)` und `FileWriter(`*`String, boolean`*`)`. Der String gibt den Namen der Datei an, in die der Stream gelenkt werden soll, und kann auch einen Pfad beinhalten. Das optionale boolesche Argument muss `true` sein, wenn die Datei an eine existente Datei angehängt werden soll. Wie bei anderen streamschreibenden Klassen müssen Sie sorgfältig darauf achten, nicht aus Versehen ein bestehendes File zu überschreiben, wenn Sie Daten anhängen wollen.

Man kann drei Methoden von `FileWriter` benutzen, um Daten in einen Stream zu schreiben:

- `write(`*`int`*`)` – ein Zeichen schreiben
- `write(`*`char[], int, int`*`)` – Zeichen aus dem angegebenen Zeichenarray schreiben, wobei zusätzlich der Startpunkt und die Zahl der zu schreibenden Zeichen angegeben werden
- `write(`*`String, int, int`*`)` – Zeichen aus dem angegebenen String schreiben, wobei zusätzlich der Startpunkt und die Zahl der zu schreibenden Zeichen angegeben wird

Das folgende Beispiel schreibt einen Zeichenstream in eine Datei unter Verwendung der Klasse `FileWriter` und der Methode `write(int)`:

```
FileWriter letters = new FileWriter("alphabet.txt");
for (int i = 65; i < 91; i++)
    letters.write( (char)i );
letters.close();
```

Mit der `close()`-Methode wird der Stream geschlossen, nachdem alle Zeichen an die Zieldatei geschickt worden sind. Was folgt, ist die Datei `alphabet.txt`, die dieser Code erzeugt:

```
ABCDEFGHIJKLMNOPQRSTUVWXYZ
```

Die Klasse `BufferedWriter` kann benutzt werden, um einen gepufferten Zeichenstream zu schreiben. Die Objekte dieser Klasse werden mit den Konstruktoren `BufferedWriter(Writer)` oder `BufferedWriter(Writer, int)` erzeugt. Das Argument *`Writer`* kann eine beliebige Zeichen-Ausgabestream-Klasse sein, wie z.B. `FileWriter`. Das optionale zweite Argument ist ein Integer, der die Größe des zu benutzenden Puffers angibt.

`BufferedWriter` hat dieselben drei Ausgabemethoden wie `FileWriter`: `write(int)`, `write(char[], int, int)` und `write(String, int, int)`.

Eine weitere Ausgabemethode ist `newLine()`, die das (oder die) bevorzugte(n) Zeilenende-Zeichen der benutzten Plattform an das Programm sendet.

TIPP: Die verschiedenen Zeilenende-Markierungen können zu Konvertierungsproblemen führen, wenn Dateien von einem Betriebssystem zu einem anderen transferiert werden, wenn also z.B. ein Windows-95-Benutzer eine Datei auf einen Linux-Webserver hochlädt. Wenn Sie `newLine()` statt eines Literals wie `'\n'` benutzen, machen Sie ihr Programm viel besser zwischen verschiedenen Plattformen übertragbar.

Die Methode `close()` wird aufgerufen, um den gepufferten Zeichen-Stream zu schließen und sicherzustellen, dass alle gepufferten Daten an das Ziel des Streams geschickt wurden.

17.5 Dateien und Dateinnamenfilter

In allen bisherigen Beispielen wurde ein String benutzt, um auf die Datei zu verweisen, die in die Stream-Operation involviert war. Das reicht meist für ein Programm, das Dateien und Streams benutzt, doch wenn Sie Dateien kopieren, umbenennen und Ähnliches mit ihnen anstellen wollen, sollten Sie ein `File`-Objekt benutzen.

`File`, das ebenfalls Teil des Pakets `java.io` ist, repräsentiert eine Datei oder einen Pfad. Die folgenden `File`-Konstruktoren können benutzt werden:

- `File(String)` – erzeugt ein `File`-Objekt mit dem angegebenen Ordner – es ist kein Dateiname angegeben, also bezieht sich dies lediglich auf einen Ordner
- `File(String, String)` – erzeugt ein `File`-Objekt mit dem angegebenen Pfad und dem angegebenen Namen
- `File(File, String)` – erzeugt ein `File`-Objekt, dessen Pfad durch das angegebene `File` festgelegt wird und dessen Name durch den angegebenen `String` festgelegt werden.

Sie können mehrere Methoden auf ein `File`-Objekt anwenden.

Die Methode `exists()` gibt einen booleschen Wert zurück, der angibt, ob die Datei unter dem Namen und dem Pfad existiert, der bei der Erzeugung des `File`-Objekts angegeben wurde. Wenn die Datei existiert, können Sie mit der `length()`-Methode einen `long`-Integer erhalten, der die Größe der Datei in Bytes angibt.

Die Methode `renameTo(File)` benennt die Datei in den Namen um, der durch das `File`-Argument angegeben wird. Ein boolescher Wert wird zurückgegeben, der angibt, ob die Operation erfolgreich war.

Die Methoden `delete()` und `deleteOnExit()` werden aufgerufen, um eine Datei oder einen Ordner zu löschen. Die Methode `delete()` versucht ein sofortiges Löschen und gibt einen booleschen Wert zurück, der angibt, ob es geklappt hat. Die Methode `deleteOnExit()` wartet mit dem Löschversuch, bis der Rest des Programms abgeschlossen ist. Diese Methode gibt keinen Wert zurück – sie könnten mit der Information nichts anfangen –, und das Programm muss irgendwann beendet sein, damit sie funktionieren kann.

Die Methode `mkdir()` wird benutzt, um einen Ordner zu erzeugen, der durch das `File`-Objekt angegeben wird, als dessen Methode sie aufgerufen wird. Sie gibt einen booleschen Wert zurück, der angibt, ob alles geklappt hat. Es gibt keine entsprechende Methode zum Ordnerlöschen, weil man `delete()` sowohl für Ordner als auch für Dateien benutzen kann.

Wie bei allen Operationen mit Files ist bei diesen Methoden größte Sorgfalt angesagt, damit nicht die falschen Dateien oder Ordner gelöscht und damit keine Daten vernichtet werden. Es gibt keine Methode, um ein gelöschtes File oder Verzeichnis wieder herzustellen.

Alle diese Methoden werfen eine `SecurityException` aus, wenn das Programm nicht die nötige Sicherheitsstufe hat, um die fragliche Operation durchzuführen. Das sollte also in einem `try-catch`-Block oder einer `throws`-Klausel in der Methoden-Deklaration abgehandelt werden.

Das Programm von Listing 17.7 wandelt den ganzen Text einer Datei in Großbuchstaben um. Das File wird mittels eines gepufferten Eingabestreams zeichenweise eingelesen. Nachdem das Zeichen in einen Großbuchstaben umgewandelt worden ist, wird es mit einem gepufferten Ausgabestream in eine temporäre Datei geschickt. `File`-Objekte werden anstelle von Strings zur Angabe der involvierten Dateien benutzt, wodurch man die Dateien umbenennen und löschen kann.

Listing 17.7: Der gesamte Quelltext von AllCapsDemo.java.

```
import java.io.*;

public class AllCapsDemo {
    public static void main(String[] arguments) {
        AllCaps cap = new AllCaps(arguments[0]);
        cap.convert();
    }
}

class AllCaps {
    String sourceName;

    AllCaps(String sourceArg) {
        sourceName = sourceArg;
    }

    void convert() {
        try {
            // Create file objects
            File source = new File(sourceName);
            File temp = new File("cap" + sourceName + ".tmp");

            // Create input stream
            FileReader fr = new
                FileReader(source);
            BufferedReader in = new
                BufferedReader(fr);

            // Create output stream
            FileWriter fw = new
                FileWriter(temp);
            BufferedWriter out = new
                BufferedWriter(fw);

            boolean eof = false;
            int inChar = 0;
            do {
                inChar = in.read();
                if (inChar != -1) {
                    char outChar = Character.toUpperCase( (char)inChar );
                    out.write(outChar);
                } else
                    eof = true;
            } while (!eof);
            in.close();
            out.close();

```

```
                boolean deleted = source.delete();
                if (deleted)
                    temp.renameTo(source);
            } catch (IOException e) {
                System.out.println("Error -- " + e.toString());
            } catch (SecurityException se) {
                System.out.println("Error -- " + se.toString());
            }
        }
}
```

Nachdem Sie das Programm kompiliert haben, brauchen Sie ein Textfile, das sie komplett in Großbuchstaben umwandeln können. Sie können z.B. eine Kopie von `AllCapsDemo.java` erstellen und sie `TempFile.java` nennen.

Der Name des zu konvertierenden Files muss bei Ausführung von `AllCapsDemo` in der Kommandozeile angegeben werden:

```
java AllCapsDemo TempFile.java
```

Dieses Programm erzeugt keinerlei Ausgabe. Laden Sie die umgewandelte Datei in einen Texteditor, um das Ergebnis der Applikation zu sehen.

17.6 Zusammenfassung

Sie haben heute gelernt, mit Streams in zwei Richtungen zu arbeiten: Wie man mit einem Eingabestream Daten in ein Programm einliest und wie man mit einem Ausgabestream Daten aus einem Programm sendet.

Sie haben Byte-Streams für mehrere Arten nicht-textlicher Daten und Zeichenstreams für Text benutzt. Wir haben Filter mit Streams assoziiert, um die Art und Weise zu verändern, in der Informationen durch einen Stream weitergereicht wurden, oder um die Informationen selbst zu ändern.

Die Lektionen von heute decken die meisten Klassen des Pakets `java.io` ab, aber es gibt noch andere Arten von Streams, die Sie interessieren könnten. Sogenannte *Piped Streams* benutzt man, um Daten zwischen verschiedenen Threads auszutauschen, und *Byte-Array-Streams* können Programme mit dem Speicher des Computers verbinden.

Da die Streamklassen bei Java so eng zusammenhängen, besitzen Sie bereits größtenteils das Wissen, das Sie für diese anderen Stream-Typen brauchen. Die Konstruktoren sowie Lese- und Schreibmethoden sind weitgehend identisch.

Streams sind eine wichtige Ergänzung der Funktionalität Ihrer Javaprogramme, da sie eine Verbindung zu allen Arten von Daten herstellen, mit denen Sie arbeiten möchten.

Morgen werden Sie erfahren, wie Sie mit Streams auf die größte vorstellbare Datenquelle überhaupt zugreifen können: das Internet.

17.7 Fragen und Antworten

F *Ich benutze ein C-Programm, das eine Datei aus Integern und anderen Daten erstellt. Kann ich dieses File mit einem Java-Programm lesen?*

A Das geht schon, aber Sie müssen vorher überprüfen, ob Ihr C-Programm Integer in derselben Weise darstellt, wie dies ein Java-Programm tun würde. Wie Sie sich erinnern, können alle Daten als einzelnes Byte oder als Folge von Bytes dargestellt werden. Unter Java wird ein Integer dargestellt, indem man vier Bytes im bigendian-Format anordnet. Sie können den Integerwert errechnen, indem Sie die Bytes von links nach rechts kombinieren. Ein C-Programm auf einem Intel-PC dürfte Integer im little-endian-Format repräsentieren, d.h., dass die Bytes von rechts nach links angeordnet werden müssten, um das Ergebnis zu erhalten. Sie müssten sich mit Bit-Shifting befassen, um ein solches Datenfile zu verwenden.

F *Die Klasse* `FileWriter` *hat eine* `write(int)`*-Methode, mit der man ein Zeichen an eine Datei schickt. Sollte das nicht* `write(char)` *sein?*

A Die Datentypen `char` und `int` sind in mancherlei Hinsicht austauschbar – Sie können ein `int` in einer Methode benutzten, die `char` erwartet, und umgekehrt. Das ist möglich, da jedes Zeichen durch einen Zahlencode repräsentiert wird, der ein Integerwert ist. Wenn Sie die `write()`-Methode mit einem `int` aufrufen, gibt sie das Zeichen aus, das mit diesem Integerwert assoziiert ist. Wenn Sie eine `write()`-Methode aufrufen, können Sie einen `int`-Wert in einen `char`-Wert casten, um sicherzustellen, dass er wie intendiert verwendet wird.

17.8 Quiz

Überprüfen Sie den heutigen Stoff, indem Sie dieses Quiz mit drei Fragen beantworten.

Fragen

1. Was passiert, wenn Sie einen `FileOutputStream` mit einer Referenz auf ein existentes File erstellen?

   (a) Eine Ausnahme wird ausgeworfen.

   (b) Die Daten, die sie in den Stream schreiben, werden an die existente Datei angehängt.

   (c) Die existente Datei wird durch die Daten ersetzt, die Sie in den Stream schreiben.

2. Welche beiden primitiven Typen sind austauschbar, wenn Sie mit Streams arbeiten?

   (a) `byte` und `boolean`

   (b) `char` und `int`

   (c) `byte` und `char`

3. Wie lauten bei Java der Maximalwert einer `byte`-Variable und der Maximalwert eines vorzeichenlosen Bytes in einem Stream?

   (a) Jeweils 255

   (b) Jeweils 127

   (c) 127 für die `byte`-Variable und 255 für das vorzeichenlose Byte

Antworten

1. c. Darauf müssen Sie aufpassen, wenn Sie Ausgabestreams verwenden – es kann schnell geschehen, dass man existente Dateien löscht.

2. b. Da ein `char` Java-intern als Integerwert dargestellt wird, können Sie die beiden oft austauschbar in Methodenaufrufen und anderen Anweisungen benutzen.

3. c. Der primitive Datentyp `byte` hat Werte zwischen -128 und 127, während ein vorzeichenloses Byte Werte zwischen 0 und 255 annehmen kann.

17.9 Übungen

Um Ihr Wissen über die heute behandelten Themen zu vertiefen, können Sie sich an folgenden Übungen versuchen:

- Schreiben Sie eine modifizierte Version des `HexRead`-Programms von Tag 16, das zweistellige Hexadezimalsequenzen aus einer Textdatei liest und ihre dezimalen Äquivalente anzeigt.
- Schreiben Sie ein Programm, das eine Datei ausliest, um die Zahl ihrer Bytes festzustellen. Überschreiben Sie dann alle Bytes mit Nullen (0). Aus offensichtlichen Gründen sollten Sie dieses Programm nicht mit Files testen, die Sie behalten wollen – alle Daten werden unwiderbringlich gelöscht.

Soweit einschlägig, finden Sie die Lösungen zu den Übungen auf der Webseite zum Buch: `http://www.java21days.com`.

Objekt-Serialisation und Reflexion

Ein wesentliches Konzept objektorientierter Programmierung ist die Art und Weise, in der Daten repräsentiert werden. In einer objektorientierten Sprache wie Java repräsentiert ein Objekt zweierlei:

- Verhalten: das, was das Objekt tun kann
- Attribute: die Daten, die dieses Objekt von anderen Objekten unterscheiden

Dass Verhalten und Attribute kombiniert werden, ist ein großer Unterschied zu vielen anderen Programmiersprachen. Man hat ein Programm früher oft als eine Reihe von Instruktionen definiert, die Daten manipulieren. Die Daten selbst sind davon getrennt, wie das z.B. bei einer Textverarbeitung der Fall ist. Die meisten Textverarbeitungen gelten als Programme, die dazu benutzt werden, um Textdokumente zu erstellen und zu verändern.

Objektorientierte Programmierung und andere Techniken lassen die Scheidelinie zwischen Programm und Daten verschwimmen. Aktuelle Textverarbeitungen wie Microsoft Word und Lotus WordPro haben Programminstruktionen, die bestimmen, wie das Dokument formatiert, bearbeitet und angezeigt wird. Diese Instruktionen werden mit einem Dokument abgespeichert, und zwar zusammen mit dem Text und den Formatiercodes, die die Daten des Dokuments darstellen.

In ähnlicher Weise verbindet ein Objekt in einer Sprache wie Java Befehle (Verhalten) mit Daten (Attributen).

Heute lernen Sie drei Arten kennen, wie ein Javaprogramm davon profitieren kann:

- Objekt-Serialisation: die Möglichkeit, ein Objekt mit einem Stream zu lesen bzw. zu schreiben
- Reflexion: die Fähigkeit eines Objekts, Einzelheiten über ein anderes Objekt zu erfahren
- Remote method invocation – die Möglichkeit, ein anderes Objekt nach seinen Eigenschaften zu befragen und seine Methoden aufzurufen

18.1 Objekt-Serialisation

Java wickelt den Zugriff auf externe Daten mithilfe des Gebrauchs einer Klasse von Objekten namens *Streams* ab. Ein Stream ist ein Objekt, das Daten von einem Ort zu einem anderen schafft. Manche Streams tragen Information von einer Quelle in ein Javaprogramm. Andere gehen in die entgegengesetzte Richtung und tragen Daten aus einem Programm zu einem Ziel.

Ein Stream, der die Daten einer Webseite in das Array eines Javaprogramms einliest, ist ein Beispiel für die erste Gruppe. Ein Stream, der ein `String`-Array in eine Datei auf der Festplatte schreibt, ist ein Beispiel für die andere Gruppe.

Am 17. Tag haben wir zwei Typen von Streams kennen gelernt:

- *Byte-Streams*, die eine Serie von Integerwerten zwischen 0 und 255 lesen bzw. schreiben
- *Zeichen-Streams*, die textliche Daten lesen und schreiben

Diese Streams trennen die Daten von der Javaklasse, die mit ihnen arbeitet. Um die Daten später zu benutzen, müssen Sie die Daten durch einen Stream lesen und in eine Form konvertieren, die die Klasse benutzen kann, wie z.B. eine Reihe von Variablen und Objekten.

Eine dritte Art von Stream namens *Objekt-Streams* ermöglicht, Daten als Teil eines Objekts zu repräsentieren (und nicht als etwas, was außerhalb eines Objekts liegt).

Objekt-Streams sind wie Byte- oder Zeichen-Streams Teil des Pakets `java.io`. Wenn man mit ihnen arbeitet, kommen viele der Techniken zum Einsatz, die Sie am 17. Tag kennen gelernt haben.

Damit ein Objekt in ein Ziel wie eine Datei auf einer Festplatte gespeichert werden kann, muss es in eine serielle Form gebracht werden.

HINWEIS

Serielle Daten werden stückweise versandt, ganz wie eine Reihe von Autos auf einem Fließband. Vielleicht sagt Ihnen der *serielle* Anschluss etwas: Dort werden die Informationen als eine Serie von Bits nacheinander versandt. Eine andere Möglichkeit, Daten zu versenden, ist, dies *parallel* zu tun: Dann wird mehr als ein Element gleichzeitig transferiert.

Ein Objekt gibt an, dass man es mit Streams benutzen kann, indem es die `Serializable`-Schnittstelle implementiert. Diese Schnittstelle ist Teil des Pakets `java.io` und unterscheidet sich in einem wesentlichen Punkt von anderen Schnittstellen, die mit denen Sie schon zu tun hatten: Sie enthält keine Methoden, die implementierende Klassen übernehmen müssten. Der einzige Zweck von `Serializable` ist anzuzeigen, dass Objekte dieser Klasse in serieller Form gespeichert und ausgelesen werden können.

Objekte können auf die Festplatte eines Einzelplatzrechners oder aber über ein Netzwerk wie das Internet serialisiert werden, selbst wenn dabei verschiedene Betriebssysteme ins Spiel kommen. Sie können ein Objekt auf einem Windows-Computer erstellen, es an einen UNIX-Rechner serialisieren und es dann zurück auf den ursprünglichen Windows-Computer laden, ohne dass dabei irgendwelche Fehler entstehen würden. Java kommt mit den verschiedenen Formaten dieser Systeme zum Datenspeichern klar, wenn Objekte serialisiert werden.

Bei der Objekt-Serialisation spielt *Persistenz* eine Rolle – die Fähigkeit eines Objekts, außerhalb des Programms, das es erzeugte, zu existieren und zu funktionieren.

Normalerweise ist ein nicht-serialisiertes Objekt nicht persistent. Wenn das Programm abbricht, das das Objekt verwendet, endet die Existenz des Objekts.

Serialisation ermöglicht Persistenz, denn das gespeicherte Objekt dient weiterhin einem Zweck, selbst wenn kein Javaprogramm läuft. Das gespeicherte Objekt enthält Informationen, die in ein Programm geladen werden können, sodass das Objekt dann wieder existieren kann.

Wenn ein Objekt in serieller Form in einen Stream gespeichert wird, dann werden alle Objekte, auf die es Referenzen hat, ebenfalls gespeichert. Dadurch wird die Arbeit mit Serialisation leichter: Sie können einen Objekt-Stream erzeugen, der sich um zahlreiche Objekte gleichzeitig kümmert.

Sie können auch einige der Variablen des Objekts von der Serialisation ausschließen, womit man Speicherplatz spart oder sicherheitsrelevante Informationen von der Speicherung ausnimmt. Wie Sie noch sehen werden, geschieht dies durch die Verwendung des Modifiers `transient`.

Objekt-Ausgabestreams

Man schreibt ein Objekt in einen Stream mit der `ObjectOutputStream`-Klasse.

Ein Objekt-Ausgabestream wird mit dem `ObjectOutputStream(`*`OutputStream`*`)`-Konstruktor erzeugt. Das Argument für diesen Konstruktor kann Folgendes sein:

- ein Ausgabestream, der das Ziel repräsentiert, in das das Objekt in serieller Form gespeichert werden soll
- ein Filter, der mit dem Ausgabestream, der zum Ziel führt, assoziiert ist

Wie bei anderen Streams können Sie mehr als einen Filter zwischen den Ausgabestream und den Objekt-Ausgabestream setzen.

Der folgende Code erzeugt einen Ausgabestream und einen assoziierten Objekt-Ausgabestream:

```
FileOutputStream disk = new FileOutputStream(
    "SavedObject.dat");
ObjectOutputStream obj = new ObjectOutputStream(disk);
```

Der Objekt-Ausgabestream, der in diesem Beispiel erzeugt wurde, heisst `obj`. Die Methoden der `obj`-Klasse können benutzt werden, um serialisierbare Objekte und andere Informationen in eine Datei namens `SavedObject.dat` zu schreiben.

Nachdem Sie einen Objekt-Ausgabestream erzeugt haben, können Sie in ihn ein Objekt schreiben, indem Sie die `writeObject(`*`Object`*`)`-Methode des Streams aufrufen.

Die folgende Anweisung ruft diese Methode von `disk`, dem Stream aus dem letzten Beispiel, auf:

```
disk.writeObject(userData);
```

Diese Anweisung schreibt ein Objekt namens `userData` in den Objekt-Ausgabestream `disk`. Die von `userData` repräsentierte Klasse muss serialisierbar sein, damit dies klappt.

Ein Objekt-Ausgabestream kann auch zum Schreiben anderer Informationen benutzt werden, wenn Sie folgende Methoden einsetzen:

- `write(`*`int`*`)` – schreibt den angegebenen Integer in den Stream
- `write(`*`byte[]`*`)` – schreibt den angegebenen Byte-Array
- `write(`*`byte[], int, int`*`)` – schreibt einen Teil des angegebenen Byte-Arrays. Das zweite Argument gibt das erste zu schreibende Array-Element an, und das letzte Argument repräsentiert die Zahl der folgenden Elemente, die geschrieben werden sollen.
- `writeBoolean(`*`boolean`*`)` – schreibt den angegebenen *`boolean`*
- `writeByte(`*`int`*`)` – schreibt den angegebenen Integer als Bytewert
- `writeBytes(`*`string`*`)` – schreibt den angegebenen String als Serie von Bytes
- `writeChar(`*`int`*`)` – schreibt das angegebene Zeichen
- `writeChars(`*`String`*`)` – schreibt den angegebenen String als Serie von Zeichen
- `writeDouble(`*`double`*`)` – schreibt den angegebenen *`double`*
- `writeFloat(`*`float`*`)` – schreibt den angegebenen *`float`*
- `writeInt(`*`int`*`)` – schreibt den angegebenen *`int`*
- `writeLong(`*`long`*`)` – schreibt den angegebenen `long`
- `writeShort(`*`short`*`)` – schreibt den angegebenen *`short`*

Der Konstruktor `ObjectOutputStream` und alle Methoden, die Daten in einen Objekt-Ausgabestream schreiben, werfen `IOException`-Objekte aus. Um diese muss man sich in einem `try-catch`-Block oder mit einer `throws`-Klausel kümmern.

Listing 18.1 enthält eine Java-Applikation, die aus zwei Klassen besteht: `ObjectToDisk` und `Message`. Die Klasse `Message` repräsentiert eine Nachricht, die einer einem anderen schicken könnte, z.B. eine E-mail oder eine kurze Nachricht in einem privaten Chat. Die Klasse hat die Objekte `from` und `to`, in denen die Namen von Sender und Empfänger gespeichert werden, ein `now`-Objekt zur Speicherung eines `Date`-Werts, der die Sendezeit angibt, und ein `text`-Array mit String-Objekten, die die Nachricht selbst speichern. Es gibt ferner einen `int` namens `lineCount`, der die Zahl der Zeilen der Nachricht speichert.

Wenn man ein Programm entwirft, das elektronische Nachrichten übermittelt und empfängt, ist es sinnvoll, einen Stream zum Speichern dieser Nachrichten auf Festplatte zu benutzen. Die Information, die diese Nachricht darstellt, muss in irgendeiner Form gespeichert vorliegen, wenn sie von einem Ort zu einem anderen übermittelt wird. Unter Umständen muss sie auch gespeichert werden, bis der Empfänger sie lesen kann.

Man kann Nachrichten speichern, indem man jedes Nachrichtenelement einzeln in einen Byte- oder Zeichenstream schreibt. Im Beispiel der `Message`-Klasse könnten die Objekte `from` und `to` als Strings in einen Stream und das `text`-Objekt könnte als ein Array von Strings geschrieben werden. Das Objekt `now` macht etwas mehr Mühe, weil man ein `Date`-Objekt nicht so einfach in einen Zeichenstream schreiben kann. Aber es ließe sich natürlich umwandeln in eine Serie von Integerwerten, die jeden Teil des Datums repräsentieren: Stunde, Minute, Sekunde usw. Diese könnten dann in den Stream geschrieben werden.

Die Verwendung eines Objekt-Ausgabestreams macht es möglich, `Message`-Objekte abzuspeichern, ohne dass man sie erst in eine andere Form überführen müsste.

Die Klasse `ObjectToDisk` in Listing 18.1 erzeugt ein `Message`-Objekt, legt die Werte für seine Variablen fest und speichert es über einen Objekt-Ausgabestream in eine Datei namens `Message.obj`.

Listing 18.1: Der gesamte Quelltext von ObjectToDisk.java.

```
import java.io.*;
import java.util.*;

public class ObjectToDisk {
    public static void main(String[] arguments) {
        Message mess = new Message();
        String author = "Sam Wainwright, London";
        String recipient = "George Bailey, Bedford Falls";
        String[] letter = {  "Mr. Gower cabled you need cash. Stop.",
            "My office instructed to advance you up to twenty-five",
            "thousand dollars. Stop. Hee-haw and Merry Christmas." } ;
        Date now = new Date();
        mess.writeMessage(author, recipient, now, letter);
        try {
            FileOutputStream fo = new FileOutputStream(
                "Message.obj");
            ObjectOutputStream oo = new ObjectOutputStream(fo);
            oo.writeObject(mess);
            oo.close();
            System.out.println("Object created successfully.");
        }  catch (IOException e) {
            System.out.println("Error -- " + e.toString());
        }
    }
}

class Message implements Serializable {
```

```
    int lineCount;
    String from, to;
    Date when;
    String[] text;

    void writeMessage(String inFrom,
        String inTo,
        Date inWhen,
        String[] inText) {

        text = new String[inText.length];
        for (int i = 0; i < inText.length; i++)
            text[i] = inText[i];
        lineCount = inText.length;
        to = inTo;
        from = inFrom;
        when = inWhen;
    }
}
```

Sie sollten folgende Ausgabe sehen, nachdem Sie die Applikation `ObjectToDisk` kompiliert und ausgeführt haben:

```
Object created successfully.
```

Objekt-Eingabestreams

Man liest ein Objekt aus einem Stream mit der Klasse `ObjectInputStream`. Wie bei anderen Streams gilt, dass der Umgang mit einem Objekt-Eingabestream sehr dem mit dem analogen Ausgabestream entspricht. Der Hauptunterschied ist die Richtung des Datenflusses.

Ein Objekt-Eingabestream wird mit dem `ObjectInputStream(`*`InputStream`*`)`-Konstruktor erzeugt. Dieser Konstruktor wirft zwei Ausnahmen aus: `IOException` und `StreamCorruptionException`. `IOException`, die oft bei Streamklassen vorkommt, wird ausgeworfen, wenn während des Datentransfers irgendein Eingabe/Ausgabe-Fehler auftrat. `StreamCorruptionException` kommt nur bei Objekt-Streams vor und gibt an, dass die Daten im Stream kein serialisiertes Objekt darstellen.

Ein Objekt-Eingabestream kann aus einem Eingabestream oder einem gefilterten Stream erstellt werden.

Der folgende Code erzeugt einen Eingabestream und einen assoziierten Objekt-Eingabestream:

```
try {
    FileInputStream disk = new FileInputStream(
        "SavedObject.dat");
```

```
    ObjectInputStream obj = new ObjectInputStream(disk);
} catch (IOException ie) {
    System.out.println("IO error -- " + ie.toString());
} catch (StreamCorruptionException se) {
    System.out.println("Error - data not an object.");
}
```

Dieser Objekt-Eingabestream wird so aufgesetzt, dass er aus einem Objekt liest, das in einer Datei namens `SavedObject.dat` gespeichert ist. Wenn die Datei nicht existiert oder aus irgendeinem Grund nicht von der Platte gelesen werden kann, wird eine `IOException` ausgeworfen. Wenn die Datei kein serialisiertes Objekt ist, weist eine ausgeworfene `StreamCorruptionException` auf dieses Problem hin.

Man kann ein Objekt aus einem Objekt-Eingabestream mit der Methode `readObject()` lesen, die ein Objekt zurückgibt. Dieses Objekt kann sofort in die Klasse gecastet werden, in die es gehört, wie in folgendem Beispiel:

```
WorkData dd = (WorkData)disk.readObject();
```

Diese Anweisung liest ein Objekt aus dem Objekt-Stream `disk` und castet es in ein Objekt der Klasse `WorkData`. Neben `IOException` wirft diese Methode `OptionalDataException` und `ClassNotFoundException` aus.

`OptionalDataException` bedeutet, dass der Stream andere Daten als die Daten eines serialisierten Objekts enthält, was es unmöglich macht, aus dem Stream ein Objekt zu lesen.

`ClassNotFoundException` tritt auf, wenn das aus dem Stream ausgelesene Objekt zu einer Klasse gehört, die unauffindbar ist. Wenn Objekte serialisiert werden, wird die Klasse selbst nicht in den Stream gespeichert. Stattdessen wird der Name der Klasse in den Stream gespeichert, und der Java-Interpreter lädt die Klasse, sobald das Objekt aus dem Stream geladen ist.

Andere Arten von Informationen können aus einem Objekt-Eingabestream mit folgenden Methoden gelesen werden:

- `read()` – liest das nächste Byte aus dem Stream, das dann als `int` zurückgegeben wird
- `read(`*`byte[], int, int`*`)` – liest Bytes in den angegebenen Byte-Array. Das zweite Argument gibt das erste Array-Element an, in das ein Byte gespeichert werden soll, und das letzte Argument repräsentiert die Zahl der folgenden Elemente, die gelesen und im Array gespeichert werden sollen.
- `readBoolean()` – liest einen `boolean`-Wert aus dem Stream
- `readByte()` – liest einen `byte`-Wert aus dem Stream
- `readChar()` – liest einen `char`-Wert aus dem Stream
- `readDouble()` – liest einen `double`-Wert aus dem Stream

- readFloat() – liest einen float-Wert aus dem Stream
- readInt() – liest einen int-Wert aus dem Stream
- readLine() – liest einen String aus dem Stream
- readLong() – liest einen long-Wert aus dem Stream
- readShort() – liest einen short-Wert aus dem Stream
- readUnsignedByte() – liest einen vorzeichenlosen Byte-Wert und gibt ihn als int zurück
- readUnsignedShort()- liest einen vorzeichenlosen Short-Wert und gibt ihn als int zurück

Diese Methoden werfen jeweils eine IOException aus, wenn ein Eingabe/Ausgabe-Fehler aufritt, während der Stream gelesen wird.

Wenn ein Objekt durch Lesen eines Objekt-Streams erzeugt wird, wird es zur Gänze anhand der Variablen-und Objekt-Informationen erzeugt, die in diesem Stream gespeichert sind. Es erfolgt kein Konstruktoraufruf, um Variablen zu erzeugen und sie mit Anfangswerten zu initialisieren.

Listing 18.2 enthält eine Java-Applikation, die ein Objekt aus einem Stream ausliest und dann dessen Variablen im Standardausgabegerät anzeigt. Die ObjectFromDisk-Applikation lädt das Objekt, das in die Datei message.obj serialisiert worden ist.

Diese Klasse muss von dem Ordner aus ausgeführt werden, in dem auch message.obj gespeichert ist. Außerdem muss die Klasse Message entweder im selben Ordner sein oder aber in einem Ordner, der über die CLASSPATH-Ordner Ihres Systems zugänglich ist.

Listing 18.2: Der gesamte Quelltext von ObjectFromDisk.java.

```
import java.io.*;
import java.util.*;

public class ObjectFromDisk {
    public static void main(String[] arguments) {
        try {
            FileInputStream fi = new FileInputStream(
                "message.obj");
            ObjectInputStream oi = new ObjectInputStream(fi);
            Message mess = (Message) oi.readObject();
            System.out.println("Message:\n");
            System.out.println("From: " + mess.from);
            System.out.println("To: " + mess.to);
            System.out.println("Date: " + mess.when + "\n");
```

```
                for (int i = 0; i < mess.lineCount; i++)
                    System.out.println(mess.text[i]);
                oi.close();
            } catch (Exception e) {
                System.out.println("Error -- " + e.toString());
            }
        }
}
```

Die Ausgabe dieses Programms sieht wie folgt aus:

```
Message:

From: Sam Wainwright, London
To: George Bailey, Bedford Falls
Date: Thu Jun 22 15:09:01 EDT 2000

Mr. Gower cabled you need cash. Stop.
My office instructed to advance you up to twenty-five
thousand dollars. Stop. Hee-haw and Merry Christmas.
```

Transiente Variablen

Wenn Sie ein Objekt erzeugen, das serialisiert werden kann, müssen Sie sich Gedanken machen, ob alle Instanzvariablen des Objekts gespeichert werden sollten.

Manche Instanzvariablen müssen bei jedem Laden des Objekts ganz neu erstellt werden. Ein Beispiel wäre ein Objekt, das auf eine Datei oder einen Eingabestream verweist. Solch ein Objekt müsste neu erstellt werden, wenn es Teil eines serialisierten Objekts ist, das von einem Objekt-Stream geladen wurde. Es wäre also sinnlos, diese Information beim Serialisieren des Objekts mitzuspeichern.

Man sollte Variablen, die sicherheitsrelevante Informationen beinhalten, vom Serialisieren ausschließen. Wenn ein Passwort, das einen Zugang schützt, in einem Objekt gespeichert wird, steigt die Gefährdung des Passworts, wenn es in eine Datei serialisiert wird. Das Passwort könnte auch abgefangen werden, wenn es Teil eines Objekts ist, das über einen Stream innerhalb eines Netzwerks wiederhergestellt wird.

Ein dritter Grund, eine Variable nicht zu serialisieren, ist, Festplattenspeicherplatz zu sparen. Wenn Werte ohne Serialisation erstellt werden können, sollten Sie die Variable aus dem Prozess ausschließen.

Um eine Instanzvariable von der Serialisation auszuschließen, benutzen Sie den Modifier `transient`.

Dieser Modifier ist Teil der Anweisung, die die Variable erzeugt und geht der Klasse bzw. dem Datentyp der Variable voraus. Die folgende Anweisung erzeugt eine transiente Variable namens `limit`:

```
public transient int limit = 55;
```

18.2 Klassen und Methoden mit Reflexion inspizieren

Am 4. Tag haben Sie gelernt, wie man `Class`-Objekte erzeugt, die die Klasse repräsentieren, zu der ein Objekt gehört. Jedes Objekt in Java erbt die `getClass()`-Methode, die die Klasse oder Schnittstelle dieses Objekts identifiziert. Die folgende Anweisung erzeugt ein `Class`-Objekt namens `keyclass` auf der Grundlage eines Objekts, auf das mit der Variable `key` verwiesen wird:

```
Class keyClass = key.getClass();
```

Indem man die `getName()`-Methode eines `Class`-Objekts aufruft, kann man den Namen der Klasse herausfinden:

```
String keyName = keyClass.getName();
```

Diese Features sind Teil der Java-Unterstützung von *Reflexion*, einer Technik, die einer Java-Klasse – z. B. einem von Ihnen geschriebenen Programm – ermöglicht, Einzelheiten über andere Klassen zu erfahren.

Dank Reflexion kann ein Javaprogramm eine Klasse laden, von der es überhaupt nichts weiß, ihre Variablen, Methoden und Konstruktoren herausfinden und dann mit ihnen arbeiten.

Klassen inspizieren und erzeugen

Die Klasse `Class`, die Teil des Pakets `java.lang` ist, dient dazu, Klassen, Schnittstellen und sogar primitive Typen zu inspizieren und zu erzeugen.

Neben der Verwendung von `getClass()` können Sie `Class`-Objekte erzeugen, indem Sie .class an den Namen einer Klasse, einer Schnittstelle, eines Arrays oder eines primitiven Typs anhängen, wie in folgenden Beispielen:

```
Class keyClass = KeyClass.class;
Class thr = Throwable.class;
Class floater = float.class;
Class floatArray = float[].class;
```

Sie können Class-Objekte auch dadurch erstellen, dass Sie die Klassenmethode forName() mit einem Argument benutzen, nämlich einen String, der den Namen einer existenten Klasse enthält. Die folgende Anweisung erzeugt ein Class-Objekt, das ein JLabel repräsentiert, eine der Klassen des Pakets javax.swing:

```
Class lab = Class.forName("javax.swing.JLabel");
```

Die Methode forName() wirft eine ClassNotFoundException aus, wenn die angegebene Klasse nicht gefunden werden kann. Setzen Sie also forName() in einen try-catch-Block oder kümmern Sie sich auf andere Weise um diese mögliche Ausnahme.

Um einen String zu erhalten, der den Namen der durch das Class-Objekt repräsentierten Klasse enthält, müssen Sie getName() von diesem Objekt aufrufen. Bei Klassen und Schnittstellen beinhaltet dieser Name nicht nur den Namen der Klasse, sondern auch einen Verweis auf das Paket, zu dem sie gehört. Bei primitiven Typen entspricht der Name dem Namen des Typs (also z.B. int, float oder double).

Class-Objekte, die Arrays repräsentieren, verhalten sich ein bisschen anders, wenn ihre getName()-Methode aufgerufen wird. Der Name beginnt mit einer geöffneten eckigen Klammer [für jede Dimension des Arrays – float[] begänne mit [, int[][] mit [[, KeyClass[][][] mit [[[usw.

Wenn der Array primitiven Typs ist, ist der nächste Teil des Namens ein einzelnes Zeichen, das den Typ repräsentiert (vgl. Tabelle 18.1):

Zeichen	primitiver Typ
B	byte
C	char
D	double float
I	int
J	long
S	short
Z	boolean

Tabelle 18.1: Typidentifikationen für primitive Typen

Bei Objekt-Arrays folgt auf die eckige(n) Klammer(n) ein L und dann der Name der Klasse. Wenn Sie also z.B. getName() von einem String[][]-Array aufrufen, wäre das Ergebnis [[Ljava.lang.String.

Sie können mit der Class-Klasse auch neue Objekte erstellen. Rufen Sie die Methode newInstance() eines Class-Objekts auf, um das Objekt zu erzeugen, und casten Sie es in die richtige Klasse. Wenn Sie z.B. ein Class-Objekt namens thr haben, das die Schnittstelle Throwable repräsentiert, können Sie wie folgt ein neues Objekt erstellen:

```
Throwable thr2 = (Throwable)thr.newInstance();
```

Die Methode `newInstance()` wirft mehrere Ausnahmen aus:

- `IllegalAccessException`: Sie haben keinen Zugriff auf die Klasse. Entweder ist sie nicht public oder sie gehört zu einem anderen Paket.
- `IllegalAccessException`: Sie können kein neues Objekt erstellen, da die Klasse abstrakt ist.
- `SecurityViolation`: Sie haben nicht die Berechtigung, ein Objekt dieser Klasse zu erstellen.

Wenn `newInstance()` aufgerufen und keine Ausnahme ausgeworfen wird, wird das neue Objekt erzeugt, indem der Konstruktor der entsprechenden Klasse argumentenlos aufgerufen wird.

HINWEIS

Sie können diese Technik nicht benutzen, um ein neues Objekt zu erzeugen, das Argumente für seinen Konstruktor benötigt. Stattdessen müssen Sie eine `newInstance()`-Methode der Klasse `Constructor` benutzen, wie wir später am heutigen Tage noch sehen werden.

Mit den einzelnen Teilen der Klasse arbeiten

`Class` ist zwar Teil des Pakets `java.lang`, doch findet sich die Unterstützung für Reflexion hauptsächlich im Paket `java.lang.reflect`, das die folgenden Klassen umfasst:

- `Field` – verarbeitet und findet Informationen über Klassen- und Instanzvariablen
- `Method` – verarbeitet Klassen- und Instanzmethoden
- `Constructor` – verarbeitet Konstruktoren, die Spezialmethoden zur Erstellung neuer Instanzen von Klassen
- `Array` – verarbeitet Arrays
- `Modifier` – decodiert Modifier-Informationen zu Klassen, Variablen und Methoden (das wurde am 15. Tag behandelt)

Die Reflexionsklassen haben jeweils Methoden, um mit einem Element der Klasse zu arbeiten.

Ein `Method`-Objekt enthält Informationen über eine einzelne Methode in einer Klasse. Um sich über alle Methoden einer Klasse kundig zu machen, erzeugen Sie ein `Class`-Objekt für diese Klasse und rufen dann die `getDeclaredMethods()`-Methode dieses Objekts auf. Ein Array von `Method[]`-Objekten wird zurückgegeben, das alle Methoden in der Klasse repräsentiert, die nicht von einer Superklasse ererbt wurden. Falls dies auf keine Methode zutrifft, ist die Länge des Arrays `0`.

Die Klasse Method hat mehrere Instanzmethoden:

- getParameterTypes() – Diese Methode gibt einen Array von Class-Objekten zurück, die alle Argumente repräsentieren, die in der Signatur der Methode vorkommen.
- getReturnType() – Diese Methode gibt ein Class-Objekt zurück, das den Rückgabetyp der Methode repräsentiert, also, ob es eine Klasse oder ein primitiver Typ ist.
- getModifiers() – Diese Methode gibt einen int-Wert zurück, der die Modifier repräsentiert, die sich auf diese Methode beziehen, also ob sie public, private o. ä. ist.

Da die Methoden getParameterTypes() und getReturnType() Class-Objekte zurückgeben, können Sie die getName()-Methoden der einzelnen Objekte benutzen, um mehr über sie zu erfahren.

Die einfachste Art und Weise, um den von getModifiers() zurückgegeben int zu verwenden, ist, die Modifier-Klassenmethode toString() mit diesem Integer als Argument aufzurufen. Wenn Sie z.B. ein Method-Objekt namens current haben, können Sie seine Modifier mit folgendem Code anzeigen:

```
int mods = current.getModifiers();
System.out.println(Modifier.toString(mods));
```

Die Constructor-Klasse hat ein paar Methoden mit der Method-Klasse gemeinsam, so getModifiers() und getName(). Es fehlt getReturnType(), was nicht Wunder nimmt, denn schließlich haben Konstruktoren keine Rückgabetypen.

Um alle mit einem Class-Objekt assoziierten Konstruktoren auszulesen, rufen Sie die getConstructors()-Methode dieses Objekts auf. Ein Array von Constructor-Objekten wird zurückgegeben.

Um einen speziellen Konstruktor auszulesen, erzeugen Sie zunächst ein Array von Class-Objekten, das alle Argumente repräsentiert, die an den Konstruktor weitergegeben werden. Wenn das erledigt ist, rufen Sie getConstructors() mit diesem Class-Array als Argument auf.

Wenn Sie beispielsweise einen KeyClass(*String, int*)-Konstruktor haben, können Sie ein Constructor-Objekt, das ihn repräsentiert, folgendermaßen erzeugen:

```
Class kc = KeyClass.class;
Class[] cons = new Class[2];
cons[0] = String.class;
cons[1] = int.class;
Constructor c = kc.getConstructor(cons);
```

Die Methode getConstructor(*Class[]*) wirft eine NoSuchMethodException aus, wenn es keinen Konstruktor mit Argumenten gibt, die mit dem Class[]-Array übereinstimmen würden.

Wenn Sie ein Constructor-Objekt haben, können Sie seine newInstance(*Object[]*)-Methode aufrufen, um eine neue Instanz mithilfe dieses Konstruktors zu erzeugen.

Eine Klasse inspizieren

Um das ganze Material zusammenzufassen, folgt nun Listing 18.3, eine kurze Java-Applikation namens SeeMethods, die mit Reflexion die Methoden einer Klasse inspiziert.

Listing 18.3: Der gesamte Quelltext von SeeMethods.java.

```
import java.lang.reflect.*;

public class SeeMethods {
    public static void main(String[] arguments)  {
        Class inspect;
        try {
            if (arguments.length > 0)
                inspect = Class.forName(arguments[0]);
            else
                inspect = Class.forName("SeeMethods");
            Method[] methods = inspect.getDeclaredMethods();
            for (int i = 0; i < methods.length; i++) {
                Method methVal = methods[i];
                Class returnVal = methVal.getReturnType();
                int mods = methVal.getModifiers();
                String modVal = Modifier.toString(mods);
                Class[] paramVal = methVal.getParameterTypes();
                StringBuffer params = new StringBuffer();
                for (int j = 0; j < paramVal.length; j++) {
                    if (j > 0)
                        params.append(", ");
                    params.append(paramVal[j].getName());
                }
                System.out.println("Method: " + methVal.getName() + "()");
                System.out.println("Modifiers: " + modVal);
                System.out.println("Return Type: " + returnVal.getName());
                System.out.println("Parameters: " + params + "\n");
            }
        } catch (ClassNotFoundException c) {
            System.out.println(c.toString());
        }
    }
}
```

Die Applikation SeeMethods zeigt Informationen über die öffentlichen Methoden der Klasse an, die Sie in der Kommandozeile angeben (oder von SeeMethods selbst, wenn Sie keine Klasse angeben). Um dieses Programm auszuprobieren, geben Sie Folgendes in die Kommandozeile ein:

```
java SeeMethods java.util.Random
```

Wenn Sie diese Applikation mit `java.util.Random` ausführen, sieht die Ausgabe des Programms wie folgt aus:

```
Method: next()
Modifiers: protected synchronized
Return Type: int
Parameters: int

Method: nextDouble()
Modifiers: public
Return Type: double
Parameters:

Method: nextInt()
Modifiers: public
Return Type: int
Parameters: int

Method: nextInt()
Modifiers: public
Return Type: int
Parameters:

Method: setSeed()
Modifiers: public synchronized
Return Type: void
Parameters: long

Method: nextBytes()
Modifiers: public
Return Type: void
Parameters: [B

Method: nextLong()
Modifiers: public
Return Type: long
Parameters:

Method: nextBoolean()
Modifiers: public
Return Type: boolean
Parameters:

Method: nextFloat()
Modifiers: public
Return Type: float
Parameters:
```

```
Method: nextGaussian()
Modifiers: public synchronized
Return Type: double
Parameters:
```

Mithilfe von Reflexion kann die Applikation `SeeMethods` jede Methode einer Klasse erfahren.

In den Zeilen 7-10 der Applikation wird ein `Class`-Objekt erzeugt. Wenn bei der Ausführung von `SeeMethods` ein Klassenname als Kommandozeilenargument angegeben wurde, wird die `Class.forName()`-Methode mit diesem Argument aufgerufen. Ansonsten wird `SeeMethods` als Argument verwendet.

Nachdem das `Class`-Objekt erzeugt wurde, wird seine `getDeclaredMethods()`-Methode in Zeile 11 benutzt, um alle in dieser Klasse enthaltenen Methoden herauszufinden (mit Ausnahme der von Superklassen ererbten Methoden). Diese Methoden werden als Array von `Method`-Objekten gespeichert.

Die `for`-Schleife in Zeilen 12-28 geht durch alle Methoden in der Klasse und speichert ihren Rückgabewert, ihre Modifier sowie Argumente, und zeigt sie dann an.

Die Anzeige des Rückgabetyps ist ganz einfach: Die `getReturnType()`-Methoden der einzelnen Klassen werden je in einem `Class`-Objekt in Zeile 14 gespeichert, und die Namen der einzelnen Objekte werden in Zeile 26 angezeigt.

Wenn die `getModifiers()`-Methode einer Methode in Zeile 15 aufgerufen wird, wird ein Integer zurückgegeben, der alle Modifier repräsentiert, die bei dieser Methode eingesetzt werden. Die Klassenmethode `Modifier.toString()` erwartet einen Integer als Argument und gibt die Namen aller Modifier zurück, die damit assoziiert sind.

Die Zeilen 19-23 gehen durch das Array von `Class`-Objekten, die die Argumente, die mit einer Methode assoziiert sind, repräsentieren. Die Namen der einzelnen Argumente werden in Zeile 22 zu einem `StringBuffer`-Objekt namens `params` hinzugefügt.

Reflexion wird meistens von Tools wie Klassenbrowsern oder Debuggern benutzt, um damit mehr über die Klasse von Objekten zu erfahren, durch die gebrowst oder die debuggt wird. Man braucht sie auch für JavaBeans, bei denen die Fähigkeit eines Objekts, ein anderes Objekt zu fragen, was es tun kann (und es dann anzuweisen, etwas zu tun), bei der Erstellung großer Applikationen wichtig ist. Mehr über JavaBeans erfahren Sie am 20. Tag.

Reflexion ist eine fortgeschrittene Technik, die Sie vielleicht nicht so häufig in Ihren Programmen brauchen. Sie wird dann wichtig, wenn Sie mit Objekt-Serialisation, JavaBeans und anderen Programmen, die Zugriff auf Java-Klassen während der Laufzeit brauchen, arbeiten.

18.3 RMI (Remote Method Invocation)

RMI wird zur Erstellung von Java-Anwendungen benutzt, die mit anderen Java-Anwendungen über ein Netzwerk kommunizieren können. Um es genauer auszudrücken, ermöglicht RMI einer Java-Anwendung, Methoden und Zugriffsvariablen innerhalb anderer Java-Anwendungen, die in unterschiedlichen Java-Umgebungen oder auf unterschiedlichen Systemen laufen können, aufzurufen und über die Netzverbindung Objekte weiter- und zurückzugeben. RMI ist ein höher entwickelter Mechanismus zur Kommunikation zwischen verteilten Java-Objekten als eine einfache Socket-Verbindung es sein könnte, da der Mechanismus und die Protokolle, durch die Sie zwischen den Objekten kommunizieren, definiert und standardisiert sind. Sie können mit einem anderen Java-Programm mit RMI kommunizieren, ohne vorher das Protokoll zu kennen.

HINWEIS: Eine andere Form der Kommunikation zwischen Objekten nennt sich RPC (Remote Procedure Calls), mit der Sie über eine Netzverbindung in anderen Programmen Methoden aufrufen oder Verfahren ausführen können. Obwohl RPC und RMI viele Gemeinsamkeiten haben, besteht der Hauptunterschied darin, dass RPC nur Verfahrensaufrufe über die Leitung sendet, wobei die Argumente derart weitergeleitet oder beschrieben werden, dass sie auf jeder Seite rekonstruierbar sind. RMI dagegen tauscht Objekte über das Netz aus und eignet sich daher besser für ein vollkommen objektorientiert verteiltes Objektmodell.

Das RMI-Konzept könnte Visionen von auf der ganzen Welt fröhlich miteinander kommunizierenden Objekten aufkommen lassen, doch normalerweise wird RMI in einer traditionellen Client-Server-Situation benutzt: Eine Einzel-Server-Anwendung erhält Verbindungen und Anfragen von einer Anzahl Clients. RMI ist einfach der Mechanismus, der es Client und Server ermöglicht, miteinander zu kommunizieren.

Die RMI-Architektur

Die für RMI gesteckten Ziele waren, ein verteiltes Objektmodell in Java zu integrieren, ohne dabei die Sprache oder das bestehende Objektmodell auseinanderzureißen und die Interaktion mit einem Remote-Objekt so einfach wie mit einem lokalen zu gestalten. Einem Programmierer sollte Folgendes möglich sein:

- Remote-Objekte auf exakt dieselbe Weise wie lokale zu verwenden (sie Variablen zuweisen, sie als Argumente an Methoden weitergeben usw.).
- Methoden in Remote-Objekten auf dieselbe Weise aufzurufen, wie lokale Aufrufe erfolgen.

Darüber hinaus beinhaltet RMI einen höher entwickelten Mechanismus, um Methoden von Remote-Objekten aufzurufen, um ganze Objekte oder Teile von Objekten entweder mit Referenz oder mit Wert weiterzugeben sowie zusätzliche Ausnahmen für die Bearbeitung von Netzfehlern, die beim Durchführen von Remote-Operationen vorkommen können.

Zum Erreichen dieser Ziele besitzt RMI mehrere Ebenen, und ein einzelner Methodenaufruf durchläuft viele dieser Ebenen, um an seinen Bestimmungsort zu gelangen (siehe Abbildung 18.1). Es gibt drei Ebenen:

- Die Ebenen »Stubs« und »Skeletons« auf dem Client bzw. Server. Diese Ebenen agieren auf beiden Seiten als Stellvertreter-Objekte, indem Sie die »Remoteness« des Methodenaufrufs vor der eigentlichen Implementierungsklasse verbergen. Sie können also in Ihrer Client-Anwendung Remote-Methoden auf exakt dieselbe Art und Weise wie lokale Methoden aufrufen; das Stub-Objekt ist ein lokaler Stellvertreter für das Remote-Objekt.
- Die Ebene »Remote Reference Layer« ist für die Handhabung der Zusammenstellung eines Methodenaufrufs und seiner Parameter und Rückgabewerte für den Transport über das Netz zuständig.
- Die Transportebene, die eigentliche Netzverbindung von einem System zu einem anderen.

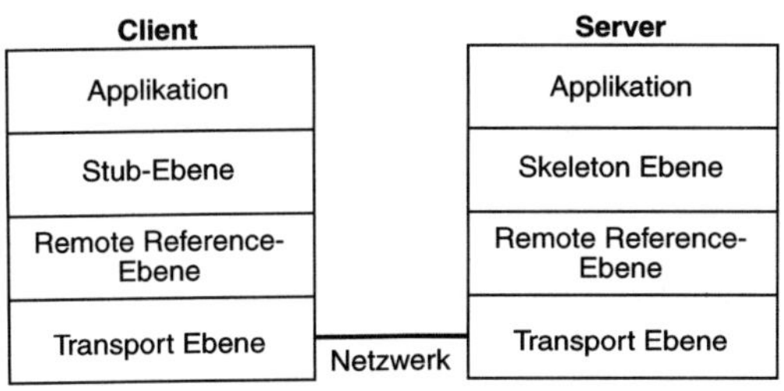

Abbildung 18.1: RMI-Ebenen

Weil man drei RMI-Ebenen hat, kann man die einzelnen Ebenen unabhängig voneinander kontrollieren und implementieren. Stubs und Skeletons ermöglichen es Client- und Server-Klassen, sich so zu verhalten, als ob die vorliegenden Objekte lokale seien, und genau dieselben Java-Spracheigenschaften zum Zugriff auf diese Objekte zu verwenden. Die Ebene Remote Reference Layer isoliert die Verarbeitung des Remote-Objekts in einer eigenen Ebene, die dann unabhängig von den Anwendungen, die von ihr abhängig sind, optimiert und reimplementiert werden kann. Schließlich wird die Ebene Network Transport Layer unabhängig von den beiden anderen benutzt, sodass Sie unterschiedliche Typen von Socket-Verbindungen für RMI benutzen können (TCP, UDP oder TCP mit einem anderen Protokoll wie beispielsweise SSL).

Wenn eine Client-Anwendung einen Remote Method Call durchführt, gelangt der Aufruf über Stub zu der Referenzebene, die die Argumente, falls erforderlich, zusammenstellt. Sie gibt den Aufruf dann über die Netzebene an den Server weiter, wo die serverseitige Referenzebene die Argumente auseinandernimmt und sie an Skeleton und dann an die Server-Implementierung weiterleitet. Die Ausgabewerte für den Aufruf der Methode machen dann den Weg in umgekehrter Reihenfolge zurück zur Client-Seite.

Das Zusammenstellen und Weitergeben von Methodenargumenten ist einer der interessanten Aspekte von RMI, da mithilfe von Serialisation Objekte in etwas konvertiert werden müssen, das über das Netz weitergegeben werden kann. Solange ein Objekt serialisiert werden kann, kann RMI es als einen Methodenparameter oder Ausgabewert benutzen.

Als Methodenparameter oder Rückgabewerte benutzte Java-Remote-Objekte werden wie lokale Objekte als Referenz übergeben. Andere Objekte werden allerdings kopiert. Beachten Sie, dass dieses Verhalten die Art und Weise, in der Sie Ihre Java-Programme schreiben, beeinflusst, wenn diese Programme Remote Method Calls benutzen – Sie können beispielsweise ein Array nicht als ein Argument an eine Remote-Methode weitergeben, das Array von dem Remote-Objekt ändern lassen und erwarten, dass die lokale Kopie modifiziert wird. Dies stellt einen Unterschied zur Verhaltensweise von lokalen Objekten dar, durch die alle Objekte als Referenzen weitergegeben werden.

RMI-Anwendungen erstellen

Um eine Anwendung zu erstellen, die RMI einsetzt, benutzen Sie die Klassen und Schnittstellen, die im Paket `java.rmi` definiert sind, wozu die folgenden gehören:

- `java.rmi.server` für serverseitige Klassen
- `java.rmi.registry`, das die Klassen zur Lokalisierung und Registrierung der RMI-Server auf dem lokalen System enthält
- `java.rmi.dgc` für Garbage-Collection von verteilten Objekten

Das `java.rmi`-Paket selbst enthält die allgemeinen RMI-Schnittstellen, -Klassen und -Ausnahmen.

Um eine RMI-basierte Client-Server-Anwendung zu implementieren, definieren Sie zuerst eine Schnittstelle, die alle Methoden, die Ihr Remote-Objekt unterstützen wird, enthält. Die Methoden in dieser Schnittstelle müssen alle eine `throws RemoteException`-Anweisung beinhalten, die etwaige Netzprobleme, die die Kommunikation zwischen Client und Server stören können, abdeckt.

Listing 18.4 zeigt Ihnen eine einfache Schnittstelle, die mit einem Remote-Objekt benutzt werden kann.

Listing 18.4: Der gesamte Quelltext von PiRemote.java.

```
package com.prefect.pi;

import java.rmi.*;

interface PiRemote extends Remote {
    double getPi() throws RemoteException;
}
```

Eine solche RMI-Schnittstelle muss Teil eines Pakets sein, damit sie für ein Remote-Client-Programm zugänglich ist.

Wenn man einen Paketnamen verwendet, werden Java-Compiler und -Interpreter heikler bezüglich der Lokation der Java- und Klassendateien eines Programms. Der Hauptordner eines Pakets sollte ein Ordner des `CLASSPATH` Ihres Systems sein. Jeder Teil eines Paketnamens dient zur Erstellung eines Unterordners. Wenn sich auf Ihrem System der Ordner `C:\jdk1.3` befindet, könnte die Datei `PiRemote.java` in einen Ordner namens `C:\jdk1.3\com\prefect\pi` gespeichert werden. Wenn Sie keinen Ordner haben, der so heisst wie das Paket, dann sollten Sie ihn erstellen.

Diese Schnittstelle tut überhaupt nichts und benötigt eine Klasse, die sie implementiert. Im Augenblick können Sie sie kompilieren, indem Sie das folgende Kommando von dem Ordner aus, in dem sich `PiRemote.java` befindet, eingeben:

```
javac PiRemote.java
```

Zwar ist bei der Kompilation der Datei der Paketname erforderlich, er ist es aber nicht bei der Kompilation der Schnittstelle.

Der nächste Schritt besteht in der Implementierung der Remote-Schnittstelle in einer serverseitigen Anwendung, die in der Regel die `UnicastRemoteObject`-Klasse ableitet. Innerhalb dieser Klasse können Sie die Methoden in der Remote-Schnittstelle implementieren und auch einen Security-Manager für diesen Server erstellen und installieren (damit sich nicht irgendwelche beliebigen Clients verbinden können und es keine unautorisierten Methodenaufrufe gibt). Sie können natürlich den Security-Manager derart konfigurieren, dass er verschiedene Operationen genehmigt oder nicht genehmigt. Die Java-Klassenbibliothek enthält eine Klasse namens `RMISecurityManager`, die für diesen Zweck eingesetzt werden kann.

In der Server-Anwendung »registrieren« Sie auch die Remote-Anwendung, die diese an einen Host und einen Port anbindet.

Listing 18.5 enthält eine Java-Serverapplikation, die die Schnittstelle `PiRemote` implementiert:

Listing 18.5: Der gesamte Quelltext von Pi.java.

```
 1: package com.prefect.pi;
 2:
 3: import java.net.*;
 4: import java.rmi.*;
 5: import java.rmi.registry.*;
 6: import java.rmi.server.*;
 7:
 8: public class Pi extends UnicastRemoteObject
 9:     implements PiRemote {
10:
11:     public double getPi() throws RemoteException {
12:         return Math.PI;
13:     }
14:
15:     public Pi() throws RemoteException {
16:     }
17:
18:     public static void main(String[] arguments) {
19:         System.setSecurityManager(new
20:             RMISecurityManager());
21:         try {
22:             Pi p = new Pi();
23:             Naming.bind("//Default:1010/Pi", p);
24:         } catch (Exception e) {
25:             System.out.println("Error -- " +
26:                 e.toString());
27:                 e.printStackTrace();
28:         }
29:     }
30: }
```

Im Aufruf der Methode `bind()` in Zeile 23 identifiziert der Text `Default:1010` den Computernamen und den Port für die RMI-Registrierung. Würden Sie diese Applikation von einem Webserver aus ausführen, würde `Default` durch eine URL ersetzt werden. Sie müssen `Default` in den Namen Ihres Computers umändern. Windows-95 und -98-Benutzer finden Ihren Systemnamen, indem sie auf Einstellungen, Systemsteuerung, Netzwerk klicken. Klicken Sie dann auf den Identifikationsreiter, um den Computernamen zu sehen.

Auf der Client-Seite implementieren Sie eine einfache Anwendung, die die Remote-Schnittstelle benutzt und Methoden in dieser Schnittstelle aufruft. Eine Klasse namens `Naming` (in `java.rmi`) ermöglicht dem Client eine transparente Verbindungsherstellung zum Server. Listing 18.6 zeigt Ihnen `OutputPi.java`.

Listing 18.6: Der gesamte Quelltext von OutputPi.java.

```
package com.prefect.pi;

import java.rmi.*;
import java.rmi.registry.*;

public class OutputPi {
    public static void main(String[] arguments) {
        System.setSecurityManager(
            new RMISecurityManager());
        try {
            PiRemote pr =
                (PiRemote)Naming.lookup(
                    "//Default:1010/Pi");
            for (int i = 0; i < 10; i++)
                System.out.println("Pi = " + pr.getPi());
        } catch (Exception e) {
            System.out.println("Error -- " + e.toString());
            e.printStackTrace();
        }
    }
}
```

Jetzt können Sie diese Programme mit dem Standard-Compiler von Java kompilieren, allerdings gibt es noch einen weiteren Schritt auszuführen: Benutzen Sie das Kommandozeilen-Programm `rmic` zur Erzeugung der Ebenen Stubs und Skeletons, damit RMI zwischen den beiden Seiten des Prozesses arbeiten kann.

Um die Stubs- und Skeleton-Dateien für dieses Projekt zu erzeugen, gehen Sie in den Ordner, der die Datei `Pi.class` enthält, und geben Sie das folgende Kommando ein:

```
rmic com.prefect.pi.Pi
```

Zwei Dateien werden erzeugt: `Pi_Stub.class` und `Pi_Skel.class`.

Das Programm `rmiregistry` wird schließlich dazu benutzt, die Server-Anwendung mit dem Netzwerk zu verbinden und es an einen Port anzubinden, sodass Remote-Verbindungen hergestellt werden können.

Das Programm `rmiregistry` funktioniert nicht korrekt, wenn sich die `Pi_Stub.class` und die `Pi_Skel.class` im `CLASSPATH` Ihres Systems befinden. Dies liegt daran, dass das Programm denkt, dass Sie keine Remote-Implementierungen dieser Dateien brauchen, wenn sie lokal gefunden werden können.

Am einfachsten lässt sich dieses Problem vermeiden, indem Sie `rmiregistry` ausführen, nachdem sie Ihren `CLASSPATH` kurzfristig abschalten. Dies kann man unter Windows 95 oder 98 erledigen, indem man eine neue MS-DOS-Eingabeaufforderung öffnet und das folgende Kommando eingibt:

```
set CLASSPATH=
```

Da die Applikationen von Client und Server den Port `1010` benutzen, müssen Sie das `rmiregistry`-Programm mit folgendem Kommando starten:

```
start rmiregistry 1010
```

Nachdem Sie die RMI-Registrierung gestartet haben, sollten Sie das Serverprogramm Pi ausführen. Weil diese Applikation Teil eines Pakets ist, müssen Sie ihren vollen Paketnamen angeben, wenn Sie die Applikation im Java-Interpreter ausführen.

Sie müssen auch angeben, wo die Klassendateien, die mit der Applikation assoziiert sind, gefunden werden können, und zwar auch für `Pi_Stub.class` und `Pi_Skel.class`. Dies geschieht dadurch, dass die `java.rmi.server.codebase`-Eigenschaft festgelegt wird.

Wenn die Klassendateien der Applikation unter `http://www.naviseek.com/java21/java/` gespeichert wären, könnte man mit folgendem Kommando die Applikation vom selben Ordner aus starten, der auch `Pi.class` enthält:

```
java -Djava.rmi.server.codebase=http://www.naviseek.com/java21/java/
?com.prefect.pi.Pi
```

Zuletzt wird das Clientprogramm `OutputPi` gestartet. Gehen Sie in den Ordner, der `OutputPi.class` enthält, und geben Sie Folgendes ein:

```
java com.prefect.pi.OutputPi
```

Das Programm erzeugt die folgende Ausgabe:

```
Pi = 3.141592653589793
Pi = 3.141592653589793
Pi = 3.141592653589793
Pi = 3.141592653589793
Pi = 3.141592653589793
Pi = 3.141592653589793
Pi = 3.141592653589793
Pi = 3.141592653589793
Pi = 3.141592653589793
Pi = 3.141592653589793
```

RMI und Sicherheit

Auf manchen Systemen erzeugt RMI Sicherheitsfehler, wenn Sie versuchen, die Programme `Pi` oder `OutputPi` zu starten.

Wenn Sie `AccessControlException`-Fehlermeldungen erhalten, die mit Aufrufen der Methoden `Naming.bind()` und `Naming.lookup()` zusammenhängen, müssen Sie Ihr System so konfigurieren, dass es diese RMI-Aufrufe korrekt ausführen kann.

Eine Möglichkeit bestünde darin, eine einfache Datei zu gestalten, die die laxest möglichen Sicherheitseinstellungen für Java enthält und diese Datei zur Festlegung der `java.security.policy`-Eigenschaft zu benutzen, wenn Sie `Pi` und `OutputPi` ausführen.

Listing 18.7 enthält eine Textdatei, die für diesen Zweck benutzt werden kann. Erzeugen Sie diese Datei mithilfe eines Texteditors und speichern Sie sie als `policy.txt` in denselben Ordner wie `OutputPi.class` und `Pi.class`.

Listing 18.7: Der gesamte Text von policy.txt.

```
grant {
    permission java.security.AllPermission;
    // alles wird erlaubt
} ;
```

Man benutzt derartige Sicherheitseinstellungsdateien, um Zugang zu Systemressourcen zu gewähren bzw. zu verwehren. In diesem Beispiel werden alle Erlaubnisse erteilt, was verhindert, dass der `AccessControlException`-Fehler auftritt, wenn Sie die RMI-Client- und -Server-Programme ausführen.

Die `-Djava.security.policy=policy.txt`-Option kann beim Java-Interpreter benutzt werden. Das folgende Beispiel zeigt, wie dies aussehen kann:

```
java -Djava.rmi.server.codebase=http://www.naviseek.com/java21/java/
?-Djava.security.policy=policy.txt com.prefect.pi.Pi

java -Djava.security.policy=policy.txt com.prefect.pi.OutputPi
```

18.4 Zusammenfassung

Java war immer schon eine netzwerkzentrierte Sprache, schließlich liefen schon seit Version 1.0 Applets in Browsern. Die heutigen Themen zeigen, wie sich die Sprache in zwei Richtungen ausweitet.

Objekt-Serialisation zeigt, dass mit Java erzeugte Objekte ein Leben nach dem des Javaprogramms selbst haben. Sie können Objekte in einem Programm erzeugen und sie auf ein Speichergerät wie eine Festplatte sichern, um sie später, lange nach dem Ende des ursprünglichen Programms, wiederherzustellen.

RMI zeigt, dass die Methodenaufrufe von Java über einen Computer hinaus reichen. Indem Sie die RMI-Techniken und -Kommandozeilen-Tools nutzen, können Sie Javaprogramme erzeugen, die mit anderen Programmen arbeiten können, egal wo sich diese befinden, ob nun in einem anderen Zimmer oder auf einem anderen Kontinent.

Beide Features können für ausgefeilte Netzwerkapplikationen benutzt werden, doch ist Objekt-Serialisation auch für viele andere Aufgaben nützlich. Schon in Ihren ersten Programmen werden Sie vielleicht darauf zurückgreifen; Persistenz ist eine gute Möglichkeit, um Elemente eines Programms für spätere Verwendung zu speichern.

18.5 Fragen und Antworten

F *Sind Objekt-Streams mit den `Writer`- und `Reader`-Klassen assoziiert, die man für den Umgang mit Zeichen-Streams braucht?*

A Die Klassen *`ObjectInputStream`* und *`ObjectOutputStream`* sind unabhängig von den Byte-Stream- und Zeichen-Stream-Superklassen im Paket *`java.io`*, obwohl sie ähnlich wie viele der Byte-Klassen funktionieren.

Es sollte keinen Anlass geben, `Writer`- oder `Reader`-Klassen in Verbindung mit Objekt-Streams zu verwenden, da Sie ja dasselbe mit den Objekt-Stream-Klassen und ihren Superklassen (*`InputStream`* *und* *`OutputStream`*) erledigen können.

F *Werden `private`-Variablen und -Objekte gespeichert, wenn sie Teil eines Objekts sind, das serialisiert wird?*

A Ja, sie werden abgespeichert. Wie Sie sich sicher noch erinnern, werden keine Konstruktoren aufgerufen, wenn ein Objekt mittels Serialisation in ein Programm geladen wird. Deswegen werden alle Variablen und Objekte, die nicht als *`transient`* erklärt wurden, abgespeichert, damit das Objekts nichts verliert, das für seine Funktion notwendig ist.

Das Abspeichern von *`private`*-Variablen und -Objekten mag unter bestimmten Umständen ein Sicherheitsrisiko darstellen, besonders, wenn die Variable zum Speichern eines Passworts oder anderer sensibler Daten dient. Die Verwendung von *`transient`* verhindert, dass eine Variable oder ein Objekt serialisiert wird.

18.6 Quiz

Überprüfen Sie den heutigen Stoff, indem Sie dieses Quiz mit drei Fragen beantworten.

Fragen

1. Was wird zurückgegeben, wenn Sie `getName()` eines `Class`-Objekts aufrufen, das einen `String[]`-Array repräsentiert?

   (a) `java.lang.String`

   (b) `[Ljava.lang.String`

   (c) `[java.lang.String`

2. Was ist Persistenz?

   (a) Die Fähigkeit eines Objekts weiterzuexistieren, nachdem das Programm, das es erzeugt hat, aufgehört hat zu laufen.

   (b) Ein wichtiges Konzept der Objekt-Serialisation.

   (c) Die Fähigkeit, sich durch 18 Tage eines Programmlehrbuchs zu beißen und immer noch entschlossen zu sein, diese Kapitelendefragen zu beantworten

3. Welche `Class`-Methode benutzt man, um ein neues `Class`-Objekt mithilfe eines Strings mit dem Namen der Klasse zu erzeugen?

   (a) `newInstance()`

   (b) `forName()`

   (c) `getName()`

Antworten

1. b. Die eckige Klammer gibt die Tiefe des Arrays an, das `L` gibt an, dass es ein Array mit Objekten ist, und der folgende Klassenname ist selbst erklärend.
2. a und b. Wenn Sie gewusst haben, dass das lateinische Fremdwort »Persistenz« auf gut Deutsch »Hartnäckigkeit« heisst, dann ist auch Antwort c korrekt!
3. b. Wenn die Klasse nicht gefunden wird, wird eine `ClassNotFoundException` ausgeworfen.

18.7 Übungen

Um Ihr Wissen über die heute behandelten Themen zu vertiefen, können Sie sich an folgenden Übungen versuchen:

- Benutzen Sie Reflexion, um ein Javaprogramm zu schreiben, das einen Klassennamen als Kommandozeilenargument erwartet und überprüft, ob es eine Applikation ist – alle Applikationen haben eine `main()`-Methode mit den Modifieren `public static`, `void` als Rückgabewert und `String[]` als einziges Argument.
- Erstellen Sie ein Programm, das ein neues Objekt mithilfe von `Class`-Objekten sowie der `newInstance()`-Methode erzeugt und es anschließend auf die Festplatte serialisiert.

Soweit einschlägig, finden Sie die Lösungen zu den Übungen auf der Webseite zum Buch: `http://www.java21days.com`.

Kommunikation über das Internet

Einer der Vorzüge von Java ist, wie sehr diese Sprache für das Internet geeignet ist. Wie Sie sich bestimmt vom ersten Tag her erinnern werden, wurde Java ursprünglich als Sprache zur Steuerung eines Netzes interaktiver Consumer-Geräte entwickelt. Das Verbinden von Maschinen war einer der Hauptzwecke der Sprache, als sie entworfen wurde, und das bleibt es auch heute noch.

Das Paket `java.net` ermöglicht über ein Netzwerk mit Ihren Java-Programmen zu kommunizieren. Das Paket bietet eine plattformübergreifende Abstraktionsebene für einfache Netzwerkoperationen, darunter Verbindung zu Dateien aufzubauen und diese zu übertragen. Dazu werden Standard-Web-Protokolle verwendet und elementare, Unix-artige Sockets erzeugt.

In Verbindung mit den Eingabe- und Ausgabestreams wird das Lesen und Schreiben von Dateien über ein Netzwerk genauso einfach, wie es das Schreiben und Lesen von Dateien auf einer lokalen Festplatte ist.

Heute werden Sie Java-Programme schreiben, die in der Lage sind, über ein Netzwerk zu kommunizieren. Außerdem werden Sie lernen, warum es bedeutend schwieriger ist, Netzwerkprogramme als Applets statt als Applikationen zu schreiben. Sie werden ein Programm erstellen, das ein Dokument über das World Wide Web laden kann, ein Programm, das einen beliebten Internetservice nachahmt, und ein Client/Server-Netzwerk-Programm.

19.1 Netzwerkprogrammierung in Java

Neuer BEGRIFF

Vernetzung (engl. *Networking*) ist die Eigenschaft verschiedener Computer, sich miteinander zu verbinden und untereinander Informationen auszutauschen.

Unter Java benutzt man zum Vernetzen die Klassen des Pakets `java.net`, das viele verschiedene Arten von Netzwerkoperationen unterstützt. Dazu gehört das Verbinden und der File-Austausch über HTTP und FTP sowie die Arbeit auf einer niedrigeren Ebene mit elementaren, Unix-artigen Sockets.

Am einfachsten kann man die Netzwerkfähigkeiten von Java mit Applikationen benutzen, da diese nicht denselben Standard-Sicherheitseinstellungen wie Applets unterworfen sind. Applets können sich mit keinem anderen Netzwerkcomputer als mit dem verbinden, der den Server hostet, von dem sie heruntergeladen wurden. Doch selbst mit dieser Einschränkung kann man viel erreichen und Informationen über das Internet lesen und verarbeiten.

Dieser Abschnitt beschreibt drei einfache Wege, wie Sie mit Systemen im Netz kommunizieren können:

- Eine Webseite oder eine andere Ressource mit einer URL von einem Applet aus laden
- die Verwendung der Socket-Klassen `Socket` und `ServerSocket`, die das Öffnen von Standard-Socket-Verbindungen zu Hosts und das Lesen und Schreiben über solche Verbindungen ermöglichen
- der Aufruf von `getInputStream()`, einer Methode, die eine Verbindung zu einer URL herstellt und das Einlesen von Daten über diese Verbindung ermöglicht

Links in Applets erstellen

Da Applets innerhalb von Browsern laufen, ist es oft nützlich, den Browser anzuweisen, eine neue Webseite zu laden.

Bevor Sie irgendetwas laden können, müssen Sie eine neue Instanz der Klasse `URL` erzeugen, die die Adresse der zu ladenden URL repräsentiert. *URL* steht für *Uniform Resource Locator* und bezeichnet die einmalige Adresse jedes Dokuments und jeder anderen Ressource, die über das Internet verfügbar ist.

`URL` ist Teil des Pakets `java.net`, weswegen Sie das Paket importieren oder die Klasse in Ihren Programmen mit vollem Namen ansprechen müssen.

Um ein neues `URL`-Objekt zu erzeugen, benutzen Sie einen der vier folgenden Konstruktoren:

- `URL(`*`String`*`)` erzeugt ein `URL`-Objekt aus einer vollständigen Internet-Adresse wie `http://www.naviseek.com/java21` oder `ftp://ftp.netscape.com`.
- `URL(`*`URL, String`*`)` erzeugt ein `URL`-Objekt aus der Basisadresse, die die übergebene `URL` liefert, und einem relativen Pfad, den der `String` darstellt. Bei der Angabe der Adresse können Sie `getDocumentBase()` für die URL der Seite mit Ihrem Applet oder `getCodeBase()` für die URL der Klassendatei des Applets aufrufen. Der relative Pfad wird an die Basisadresse angehängt.
- `URL(`*`String, String, int, String`*`)` erzeugt ein neues `URL`-Objekt aus einem Protokoll (wie z.B. »`http`« oder »`ftp`«), einem Host-Namen (wie `"www.naviseek.com"` oder `"ftp.netscape.com"`), Port-Nummer (`80` für HTTP) und einem Pfad- oder Dateinamen.
- `URL(`*`String, String, String`*`)` ist identisch mit dem vorherigen Konstruktor, nur dass die Port-Nummer fehlt.

Wenn Sie den `URL(`*`String`*`)`-Konstruktor benutzen, müssen Sie sich um `MalformedURLException`-Objekte kümmern. Eine Möglichkeit ist ein `try`-`catch`-Block wie der folgende:

```
try {
    URL load = new URL("http://www.mcp.com");
}  catch (MalformedURLException e) {
    System.out.println("Bad URL");
}
```

Wenn Sie Ihr `URL`-Objekt haben, übergeben Sie es dem Browser, indem Sie die `showDocument()`-Methode der `AppletContext`-Klasse in Ihrem Applet aufrufen. `AppletContext` ist eine Schnittstelle, die die Umgebung repräsentiert, indem ein Applet läuft – den Browser, die Seite, in die es eingebettet ist, und andere Applets auf derselben Seite.

Rufen Sie `getAppletContext()` in Ihrem Applet auf, um ein `AppletContext`-Objekt zu erhalten, dessen `showDocument(URL)`-Methode Sie dann aufrufen:

```
getAppletContext().showDocument(load);
```

Ein Browser, der ein Applet mit diesem Code enthält, wird das Dokument an dieser URL laden und anzeigen.

Listing 19.1 beinhaltet zwei Klassen: `WebMenu` und eine Hilfsklasse namens `WebButton`. Das `WebMenu`-Applet zeigt drei Buttons an, die Links zu Webseiten haben (Abbildung 19.1). Wenn man auf einen Button klickt, wird das Dokument von den Adressen geladen, auf die diese Buttons verweisen.

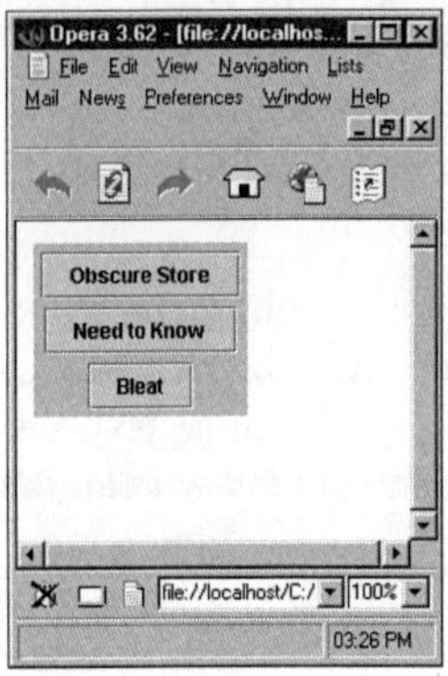

Abbildung 19.1: Das Applet WebMenu.

Listing 19.1: Der gesamte Quelltext von WebMenu.java.

```
import java.net.*;
import java.awt.event.*;
import javax.swing.*;

public class WebMenu extends JApplet implements ActionListener {
    WebButton[] choices = new WebButton[3];

```

```
    public void init() {
        choices[0] = new WebButton("Obscure Store",
            "http://www.obscurestore.com/");
        choices[1] = new WebButton("Need to Know",
            "http://www.ntk.net/");
        choices[2] = new WebButton("Bleat",
            "http://www.lileks.com/bleats");
        FlowLayout flo = new FlowLayout()
        getContentPane().setLayout(flo);
        for (int i = 0; i < choices.length; i++) {
            choices[i].addActionListener(this);
            getContentPane().add(choices[i]);
        }
    }

    public void actionPerformed(ActionEvent evt) {
        WebButton clicked = (WebButton)evt.getSource();
        try {
            URL load = new URL(clicked.address);
            getAppletContext().showDocument(load);
        } catch (MalformedURLException e) {
            showStatus("Bad URL:" + clicked.address);
        }
    }
}

class WebButton extends JButton {
    String address;

    WebButton(String iLabel, String iAddress) {
        super(iLabel);
        address = iAddress;
    }
}
```

Sie können dieses Applet testen, indem Sie folgenden Code in eine HTML-Seite einfügen:

```
<applet code="WebMenu.class" height="100" width="125">
</applet>
```

HINWEIS: Dieses Applet muss in einem Browser (nicht im `appletviewer`) geladen werden, damit die Buttons neue Seiten laden können. Da das Applet Event-Handling-Techniken benutzt, die nach Java 1.0 eingeführt wurden, sollten Sie eine aktuelle Version von Opera, Netscape oder Explorer zum Testen benutzen.

Dieses Projekt besteht aus zwei Klassen: `WebMenu`, das das Applet implementiert, und `WebButton`, einer Benutzerschnittstellenkomponente, die die `JButton`-Klasse ableitet, um eine Instanzvariable mit der Internet-Adresse hinzuzufügen.

Das Applet erzeugt drei `WebButton`-Instanzen (Zeilen 9-14) und speichert sie in einem Array. Jeder Button erhält einen Namen, der als Label benutzt wird, und eine Internet-Adresse, die als `String`, nicht als `URL` gespeichert wird. Zudem erhalten die einzelnen Buttons je einen `ActionListener`.

Aufgrund dieser Listeners wird die `actionPerformed()`-Methode in Zeilen 22-30 aufgerufen, wenn ein Knopf gedrückt wird. Die Methode stellt fest, welcher Button angeklickt wurde, und benutzt dann die `address`-Variable dieses Buttons zur Erzeugung eines neuen URL-Objekts. Sobald Sie das `URL`-Objekt haben, kann durch den Aufruf der `showDocument()`-Methode in Zeile 26 der Browser aufgefordert werden, diese Webseite ins aktuelle Fenster zu laden.

TIPP: Sie können eine URL auch in ein neues Browserfenster oder einen bestimmten Frame laden. Für ein neues Fenster rufen Sie `showDocument(URL, String)` mit `"_blank"` als zweitem Argument auf. Für einen Frame setzen Sie den Frame-Namen als zweites Argument ein.

Da die Webseiteninformation im Applet gespeichert ist, müssen Sie die Klasse erneut kompilieren, wenn Sie eine Adresse hinzufügen, wegnehmen oder ändern. Besser wäre es, die Namen der Internetseiten und die URLs als Parameter in einem HTML-Dokument zu speichern, was am 7. Tag erklärt wurde.

Öffnen von Web-Verbindungen

Wie Sie bei der Arbeit mit Applets gesehen haben, ist es nicht schwer, eine Internetseite oder sonst irgendetwas mit einer `URL` zu laden. Ist die betreffende Datei im Web gespeichert und über die üblichen URL-Formen (`http`, `ftp` usw.) zugänglich, können Sie die `URL`-Klasse benutzen, um die Datei in Ihrem Java-Programm zu verwenden.

Aus Sicherheitsgründen können Applets standardmäßig nur zu dem Host, von dem sie ursprünglich geladen wurden, Verbindungen herstellen. Das bedeutet beispielsweise bei einem Applet, das auf einem System namens `www.naviseek.com` gespeichert ist, dass Ihr Applet nur mit diesem Host (und dem gleichen Hostnamen) eine Verbindung herstellen kann. Befindet sich die Datei, die das Applet abrufen möchte, auf dem gleichen System, sind URL-Verbindungen die einfachste Möglichkeit, es auszulesen.

Diese Sicherheitseinschränkung wird die Art und Weise ändern, in der Sie Applets schreiben und testen. Da wir uns noch nicht mit Netzverbindungen beschäftigt haben, war es uns möglich, alle Tests auf der lokalen Platte durch einfaches Öffnen der HTML-Dateien oder mit dem `appletviewer` durchzuführen. Dies ist mit Applets, die Netzverbindungen öffnen, nicht möglich. Damit diese Applets richtig funktionieren, müssen Sie eines von zwei Dingen tun:

- Ihren Browser auf der gleichen Maschine laufen lassen, auf der Ihr Web-Server läuft. Wenn Sie keinen Zugriff auf Ihren Web-Server haben, besteht normalerweise die Möglichkeit, einen Web-Server auf Ihrer lokalen Maschine zu installieren und damit zu arbeiten.
- Zum Testen laden Sie jedes Mal Ihre Klasse und HTML-Dateien auf Ihren Web-Server. Starten Sie dann das Applet auf der Webseite, anstatt es lokal laufen zu lassen.

Sie werden es merken, wenn Ihr Applet und die Verbindung, die es öffnet, nicht auf dem gleichen Server sind. Bei dem Versuch, ein Applet oder eine Datei von unterschiedlichen Servern zu laden, erhalten Sie eine Sicherheitsausnahme und dazu zahlreiche andere Fehlermeldungen. Deswegen sollten Sie nach Möglichkeit mit Applikationen arbeiten, wenn Sie Internetverbindungen erstellen und Netz-Ressourcen benutzen.

Einen Stream über das Internet öffnen

Wie Sie am 17. Tag gelernt haben, gibt es verschiedene Möglichkeiten, um Informationen über einen Stream in Ihr Javaprogramm zu ziehen. Die zu benutzenden Klassen und Methoden hängen davon ab, um welche Information es geht und was Sie damit anstellen wollen.

Ressourcen, die Sie von Ihren Java-Programmen aus erreichen können, sind z.B. Textdokumente im WWW, egal, ob es sich um HTML-Dateien oder Nur-Text-Dateien handelt.

Sie können mit einem Prozess in vier Schritten ein Textdokument aus dem Netz laden und es zeilenweise lesen:

1. Erzeugen Sie ein `URL`-Objekt, das die WWW-Adresse der Ressource repräsentiert.
2. Erzeugen Sie ein `URLConnection`-Objekt, das diese URL lädt und eine Verbindung zur hostenden Seite herstellt.
3. Verwenden Sie die `getInputStream()`-Methode dieses `URLConnection`-Objekts, um einen `InputStreamReader` zu erzeugen, der einen Datenstream von dieser URL liest.
4. Verwenden Sie diesen `InputStreamReader`, um ein `BufferedReader`-Objekt zu erzeugen, das Zeichen aus einem Input-Stream lesen kann.

Es findet viel Interaktion zwischen Punkt A – dem Internetdokument – und Punkt B – Ihrem Java-Programm – statt. Mithilfe der URL wird eine URL-Verbindung hergestellt, mit deren Hilfe ein InputStreamReader erzeugt wird, mit dem wiederum ein gepufferter InputStreamReader erzeugt wird. Da mögliche Ausnahmen aufgefangen werden müssen, wird das Ganze noch etwas komplizierter.

Da dies alles wirklich etwas verwirrend ist, gehen wir am besten ein Beispielprogramm Schritt für Schritt durch. Die Applikation `GetFile` von Listing 19.2 verwendet diese

Technik, um eine Verbindung zu einer Webseite herzustellen und ein HTML-Dokument von dort zu lesen. Sobald das Dokument vollständig geladen ist, wird es in einem Textbereich dargestellt.

Listing 19.2: Der gesamte Quelltext von GetFile.java.

```
import javax.swing.*;
import java.awt.*;
import java.awt.event.*;
import java.net.*;
import java.io.*;

public class GetFile {
    public static void main(String[] arguments) {
        if (arguments.length == 1) {
            PageFrame page = new PageFrame(arguments[0]);
            page.show();
        } else
            System.out.println("Usage: java GetFile url");
    }
}

class PageFrame extends JFrame {
    JTextArea box = new JTextArea("Getting data ...");
    URL page;

    public PageFrame(String address) {
        super(address);
        setSize(600, 300);
        JScrollPane pane = new JScrollPane(box);
        getContentPane().add(pane);
        WindowListener l = new WindowAdapter() {
            public void windowClosing(WindowEvent evt) {
                System.exit(0);
            }
        } ;
        addWindowListener(l);

        try {
            page = new URL(address);
            getData(page);
        } catch (MalformedURLException e) {
            System.out.println("Bad URL: " + address);
        }
    }

```

```
41:     void getData(URL url) {
42:         URLConnection conn = null;
43:         InputStreamReader in;
44:         BufferedReader data;
45:         String line;
46:         StringBuffer buf = new StringBuffer();
47:         try {
48:             conn = this.page.openConnection();
49:             conn.connect();
50:             box.setText("Connection opened ...");
51:
52:             in = new InputStreamReader(conn.getInputStream());
53:             data = new BufferedReader(in);
54:
55:             box.setText("Reading data ...");
56:             while ((line = data.readLine()) != null)
57:                 buf.append(line + "\n");
58:
59:             box.setText(buf.toString());
60:         } catch (IOException e) {
61:             System.out.println("IO Error:" + e.getMessage());
62:         }
63:     }
64:
65: }
```

Um die GetFile-Applikation auszuführen, geben Sie eine URL als einziges Kommandozeilen-Argument an. Beispielsweise also:

```
java GetFile http://tycho.usno.navy.mil/cgi-bin/timer.pl
```

Jede beliebige URL kann eingesetzt werden – tippen Sie `http://www.mut.de` für die Webseite von Markt+Technik oder `http://random.yahoo.com/bin/ryl` für einen Zufallslink aus dem Yahoo-Bestand ein. Unser Beispiel lädt eine Seite von der offiziellen Zeitmessungssite des U.S. Naval Observatory (Abbildung 19.2).

Zwei Drittel von Listing 19.2 dienen dazu, das Grundgerüst der Applikation zu erstellen, eine Benutzerschnittstelle zu kreieren und ein gültiges `URL`-Objekt zu erzeugen. Neu in diesem Projekt ist die `getData()`-Methode der Zeilen 41-63, die Daten aus der Ressource an der URL lädt und diese in einem Textfeld anzeigt.

Zuerst werden drei Objekte initialisiert: `URLConnection`, `InputStreamReader` und `BufferedReader`. Diese werden zusammen eingesetzt, um Daten aus dem Internet in die Java-Applikation einzulesen. Ferner werden zwei Objekte erzeugt, in denen die Daten gespeichert werden, wenn sie ankommen – ein `String` und ein `StringBuffer`.

Zeilen 48-49 öffnen eine URL-Verbindung, damit ein Input-Stream über diese Verbindung laufen kann.

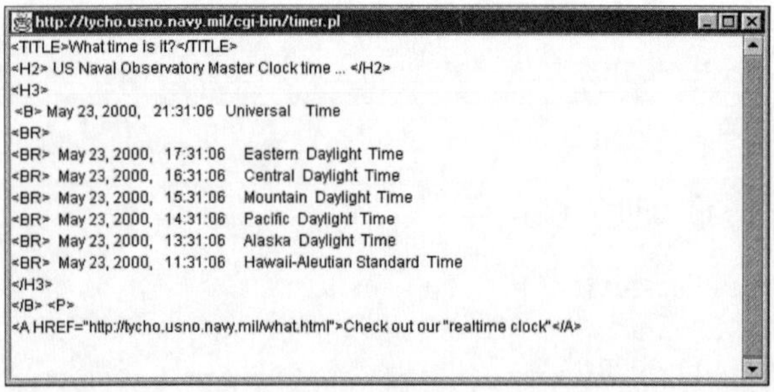

Abbildung 19.2: Die GetFile-Applikation.

Zeile 52 benutzt die `getInputStream()`-Methode dieser URL-Verbindung, um einen neuen InputStreamReader zu erzeugen.

Zeile 53 benutzt diesen InputStreamReader, um einen gepufferten InputStreamReader zu erzeugen – ein `BufferedReader`-Objekt namens `data`.

Wenn Sie den gepufferten Reader haben, können Sie mit seiner `readLine()`-Methode eine Textzeile aus dem Input-Stream lesen. Der gepufferte Reader lagert die Zeichen bei ihrem Eintreffen in einen Zwischenspeicher und holt sie heraus, sobald sie angefragt werden.

Die `while`-Schleife in den Zeilen 56-57 liest das Internet-Dokument zeilenweise und hängt jede Zeile an das `StringBuffer`-Objekt, das zur Aufnahme des Texts der Seite erzeugt wurde. Wir benutzen einen String-Buffer und keinen String, weil man einen String nicht zur Laufzeit in dieser Weise modifizieren kann.

Nachdem alle Daten gelesen sind, wandelt Zeile 59 den String-Buffer mit der `toString()`-Methode in einen String um und setzt dann das Ergebnis in das Textfeld des Programms, indem sie die `append(`*`String`*`)`-Methode der Komponente aufruft.

Sie haben sicher gemerkt, dass der Code, der die Netzwerk-Verbindung öffnet, aus der Datei liest und den String erzeugt, von einer `try-catch`-Anweisung umgeben ist. Falls Fehler während des Lesens oder der Verarbeitung der Datei auftreten, ermöglichen diese Anweisungen, auf Probleme zu reagieren, anstatt dass das ganze Programm abstürzt. (In diesem Fall bricht das Programm mit einer Fehlermeldung ab, da man nicht viel anderes tun kann, wenn die Applikation die Datei nicht lesen kann.) `try` und `catch` geben Ihnen die Fähigkeit, Fehler zu behandeln.

Sockets

Für Netzwerkapplikationen, die über das hinausgehen, was die Klassen `URL` und `URLconnection` bieten (z.B. für andere Protokolle oder allgemeinere Netzwerkapplikationen), verfügt Java über die Klassen `Socket` und `ServerSocket` als Abstraktion von standardmäßigen TCP-Socket-Programmiertechniken.

Java bietet ebenfalls Möglichkeiten der Verwendung von Datagram-Sockets (UDP, User Datagram Protocol), auf die hier allerdings nicht eingegangen werden soll. Wenn Sie sich für Datagramme interessieren, finden Sie entsprechende Informationenen in der Java-Dokumentation des `java.net`-Pakets.

Die `Socket`-Klasse bietet eine clientseitige Socket-Schnittstelle, die mit Unix-Standard-Sockets vergleichbar ist. Um eine Verbindung herzustellen, legen Sie eine neue Instanz von `Socket` an (wobei der *hostName* der Host ist, zu dem die Verbindung herzustellen ist, und *portNum* die Portnummer ist):

```
Socket connection = new Socket(hostName, portNum);
```

Nach der Erstellung eines Sockets sollten Sie seinen Timeout-Wert festlegen, der angibt, wie lange die Applikation warten wird, bis Daten eingehen. Dies geschieht durch Aufruf der `setSoTimeOut(`*int*`)`-Methode mit der abzuwartenden Zeit in Millisekunden als einzigem Argument:

```
connection.setSoTimeOut(50000);
```

Durch den Gebrauch dieser Methode warten alle Versuche, Daten aus dem Socket zu lesen, der durch `connection` repräsentiert wird, höchstens 50.000 Millisekunden (= 50 Sekunden). Wird das Timeout erreicht, wird eine `InterruptedIOException` ausgeworfen. Das ermöglicht Ihnen mithilfe eines `try-catch`-Blocks, entweder den Socket zu schließen oder noch einmal zu versuchen, aus ihm zu lesen.

Wenn Sie in einem Programm mit Sockets kein Timeout festlegen, kann es passieren, dass es komplett hängen bleibt, während es auf nicht ankommende Daten wartet.

Man vermeidet dieses Problem gewöhnlich dadurch, dass man Netzwerk-Operationen in einen eigenen Thread legt und sie separat vom Rest des Programms ablaufen lässt. Wie das bei Animationen funktioniert, wurde am 13. Tag erklärt.

Nachdem Sie den Socket geöffnet haben, können Sie Ein- und Ausgabestreams verwenden, um über diesen Socket zu lesen und zu schreiben:

```
BufferedInputStream bis = new
    BufferedInputStream(connection.getInputStream());
DataInputStream in = new DataInputStream(bis);

BufferedOutputStream bos = new
    BufferedOutputStream(connection.getOutputStream());
DataOutputStream out= new DataOutputStream(bos);
```

Da Sie keine Namen für diese Objekte brauchen – sie werden lediglich zur Erzeugung eines Streams oder eines Stream-Readers verwendet – kann man sich etwas Arbeit sparen, indem man mehrere Anweisungen kombiniert. Dieses Beispiel benutzt ein `Socket`-Objekt namens `sock`:

```
DataInputStream in = new DataInputStream(
   new BufferedInputStream(
   sock.getInputStream()));
```

Der Aufruf von `sock.getInputStream()` gibt einen Eingabestream zurück, der mit diesem Socket assoziiert ist. Dieser Stream wird zur Erzeugung eines `BufferedInputStream` verwendet, und der `BufferedInputStream` wiederum dient zur Erzeugung eines `DataInputStream`. Als Variablen bleiben nur `sock` und `in`, die noch gebraucht werden, während Sie Daten aus der Verbindung empfangen und wenn Sie sie danach schließen. Die Zwischenobjekte – ein `BufferedInputStream` und ein `InputStream` – werden nur einmal benötigt.

Wenn Sie mit dem Socket fertig sind, schließen Sie ihn mit der `close()`-Methode. Dies schliesst auch alle Ein- und Ausgabestreams, die Sie für diesen Socket eingerichtet haben. Also in unserem Beispiel:

```
connection.close();
```

Socketprogrammierung kann für zahlreiche Dienste benutzt werden, die über TCP/IP-Verbindungen laufen, z.B. Telnet, SMTP (E-mail), NNTP (Usenet) und Finger.

Dieser letzte Dienst, Finger, ist ein Protokol, mit dem man ein System über einen seiner User befragt. Wenn ein Systemadministrator einen Finger-Server aufsetzt, ermöglicht er einer Maschine mit Internetanschluss, Nachfragen bezüglich Userinformationen zu beantworten. Anwender können Informationen über sich bereitstellen, indem sie `.plan`-Dateien erstellen, die anderen übermittelt werden, wenn diese mit Finger anfragen.

Aufgrund von Sicherheitsbedenken ist Finger in letzter Zeit ungebräuchlich geworden. Doch vor der Einführung des WWW war Finger die häufigste Art und Weise, in der Internetbenutzer Informationen über sich und ihre Aktivitäten publik machten. Sie konnten Finger auf das Account eines Freundes an einer anderen Universität anwenden und so herausfinden, ob er online war, und sein aktuelles `.plan`-File lesen.

HINWEIS

Es gibt heute noch eine Community, die persönliche Nachrichten über Finger anstatt über eine Webseite oder eine Mailing-Liste verbreitet – die Spieleprogrammierer. Die GameFinger-Website, die als Gateway zwischen Web und Finger agiert, hat Links zu Hunderten dieser Nostalgiker: `http://finger.planetquake.com/`.

Die Applikation `Finger` ist ein rudimentärer Finger-Client und soll nur zur Übung der Socket-Programmierung dienen (Listing 19.3):

Listing 19.3: Der gesamte Quelltext von Finger.java.

```
import java.io.*;
import java.net.*;
import java.util.*;

public class Finger {
```

```
    public static void main(String[] arguments) {
        String user;
        String host;
        if ((arguments.length == 1) && (arguments[0].indexOf("@") > -1)) {
            StringTokenizer split = new StringTokenizer(arguments[0],
                "@");
            user = split.nextToken();
            host = split.nextToken();
        } else {
            System.out.println("Usage: java Finger user@host");
            return;
        }
        try {
            Socket digit = new Socket(host, 79);
            digit.setSoTimeout(20000);
            PrintStream out = new PrintStream(digit.getOutputStream());
            out.print(user + "\015\012");
            BufferedReader in = new BufferedReader(
                new InputStreamReader(digit.getInputStream()));
            boolean eof = false;
            while (!eof) {
                String line = in.readLine();
                if (line != null)
                    System.out.println(line);
                else
                    eof = true;
            }
            digit.close();
        } catch (IOException e) {
            System.out.println("IO Error:" + e.getMessage());
        }
    }
}
```

Wenn Sie eine Finger-Anfrage machen, müssen Sie einen Benutzernamen, gefolgt von einem @-Zeichen und dem Hostnamen, angeben, was dem Format einer E-mail-Adresse entspricht. Ein Beispiel aus dem realen Leben ist `romero@ionstorm.com`, die Finger-Adresse des Designers von Quake und Daikatana, John Romero. Sie können sein `.plan`-File anfordern, wenn Sie die Finger-Applikation wie folgt starten:

```
java Finger romero@ionstorm.com
```

Wenn `romero` einen Account auf dem `ionstorm.com`-Finger-Server hat, wird das Programm seine `.plan`-Datei ausgeben und vielleicht auch noch andere Informationen. Der Server gibt Ihnen auch Bescheid, falls der Benutzer nicht gefunden werden kann.

Die GameFinger-Seite hat Adressen anderer Spieldesigner mit `.plan`-Dateien, wie Kenn Hoekstra (`khoekstra@ravensoft.com`), Markus Mäki (`markus@remedy.fi`), Chris Hargrove (`chrish@finger.3drealms.com`) und Chris Norden (`cnorden@ionstorm.com`).

Die `Finger`-Applikation benutzt die `StringTokenizer`-Klasse, um eine Adresse im *Benutzer@Host*-Format in zwei `String`-Objekte zu zerlegen: `user` und `host` (Zeilen 10-13).

Die folgenden Socket-Aktivitäten finden statt:

- Zeilen 19-20: Ein neuer `Socket` wird erstellt. Dabei wird der Hostname und Port 79 (der traditionelle Finger-Port) benutzt, und ein Timeout von 20 Sekunden wird festgelegt.
- Zeile 21: Mit dem Socket wird ein `OutputStream` erzeugt, der ein neues `PrintStream`-Objekt versorgt.
- Zeile 22: Das Finger-Protokoll verlangt, dass der Benutzername durch den Socket geschickt wird, gefolgt von einem Wagenrücklauf (`\015`) und einem Zeilenvorschub (`\012`). Das geschieht durch Aufruf der `print()`-Methode des neuen `PrintStream`.
- Zeilen 23-24: Nachdem der Benutzername gesendet wurde, muss ein Eingabestream für den Socket erstellt werden, damit er Eingaben vom Finger-Server entgegennehmen kann. Ein `BufferedReader`-Stream namens `in` wird erzeugt, indem mehrere Stream-Erzeugungsanweisungen kombiniert werden. Dieser Stream ist besonders gut für Finger-Input geeignet, da er zeilenweise lesen kann.
- Zeilen 26-32: Das Programm liest in einer Schleife Zeilen aus dem gepufferten Reader. Das Ende der Ausgabe vom Server führt dazu, dass `in.readLine()` `null` zurückgibt, was die Schleife beendet.

Dieselben Techniken, mit denen über einen Socket mit einem Finger-Server kommuniziert wird, können benutzt werden, um Verbindungen zu anderen, wichtigeren Internetdiensten herzustellen. Sie könnten die Applikation in einen Telnet- oder Web-Client verwandeln, indem Sie in Zeile 19 den Port ändern und einige andere kleine Modifikationen vornehmen.

Socket-Server

Serverseitige Sockets funktionieren auf ähnliche Weise, mit Ausnahme der `accept()`-Methode. Ein Server-Socket richtet sich nach einem TCP-Port, um eine Client-Verbindung aufzubauen; wenn sich ein Client mit diesem Port verbindet, akzeptiert die `accept()`-Methode eine Verbindung von diesem Client. Durch Verwendung von Client- und Server-Sockets können Sie Applikationen entwickeln, die miteinander über das Netz kommunizieren.

Um einen Server-Socket zu erstellen und an einen Port anzubinden, legen Sie eine neue Instanz von `ServerSocket` mit der Portnummer an:

```
ServerSocket servo = new ServerSocket(8888);
```

Um diesen Port zu bedienen (und bei Anfrage eine Verbindung von Clients entgegenzunehmen), benutzen Sie die `accept()`-Methode:

```
servo.accept();
```

Sobald die Socket-Verbindung aufgebaut ist, können Sie Ein- und Ausgabestreams verwenden, um vom Client zu lesen und an ihn zu schreiben.

Im nächsten Abschnitt implementieren wie eine einfache Socket-basierte Anwendung.

Um das Verhalten der Socket-Klassen zu erweitern – beispielsweise um es Netzwerkverbindungen zu ermöglichen, über eine Firewall oder einen Proxy zu arbeiten –, können Sie die abstrakten Klassen `SocketImpl` und die Schnittstelle `SocketImplFactory` verwenden, um eine neue Transportebene der Socket-Implementierung zu erstellen. Dieses Design stimmt mit dem ursprünglichen Konzept für die Java-Socket-Klassen überein, nämlich diesen Klassen zu ermöglichen, auf fremde Systeme mit anderen Transportmechanismen portierbar zu sein. Das Problem dieses Mechanismus besteht darin, dass, während er in einfachen Fällen funktioniert, er nicht erlaubt, zusätzlich zu TCP noch andere Protokolle hinzuzufügen (z.B. einen Verschlüsselungsmechanismus wie SSL zu realisieren) oder mehrere Socket-Implementierungen zur Java-Laufzeit zu haben.

Deshalb wurden Sockets nach Java 1.0 so geändert, dass die Klassen `Socket` und `ServerSocket` nicht final und erweiterbar sind. Sie können jetzt Subklassen dieser Klassen erstellen, die entweder die Standard-Socket-Implementierung benutzen oder eine von Ihnen selbst kreierte. Dies gestaltet die Netzwerkfähigkeiten wesentlich flexibler.

Den Abschluss des Themas Netzwerkprogrammierung mit Java bildet das Beispiel eines Java-Programms, das die `Socket`-Klasse zur Realisierung einer einfachen netzbasierten Anwendung namens `TriviaServer` benutzt.

Die Applikation `TriviaServer` präsentiert ein Quiz mit mehreren vorgegebenen Antworten. Sie arbeitet folgendermaßen:

1. Das Server-Programm wartet auf die Herstellung einer Verbindung durch einen Client.
2. Wird die Verbindung von einem Client hergestellt, übermittelt der Server eine Frage an den Client und wartet auf die Reaktion.
3. Wenn der Client eine Antwort schickt, benachrichtigt der Server den Client, ob sie korrekt oder falsch war. Wenn sie falsch war, wird die korrekte Antwort ausgegeben.
4. Der Server fragt dann den Client, ob das Quiz weitergehen soll. Falls irgendeine Antwort außer `N` oder `n` empfangen wird, wird der Prozess wiederholt.

Eine Server-Applikation entwerfen

Im allgemeinen erweist es sich als zweckdienlich, einen ungefähren Entwurf anzufertigen, bevor Sie damit beginnen, in umfangreichem Maße Code zu produzieren. Schauen wir uns also zuerst einmal an, was wir für den `TriviaServer` und einen Client benötigen.

Serverseitig brauchen Sie ein Programm, das einen spezifischen Port der Hostmaschine hinsichtlich Client-Verbindungen überwacht. In diesem Projekt wurde willkürlich Port 4413 ausgewählt, aber man könnte jede beliebige Zahl zwischen 1024 und 65535 nehmen.

HINWEIS: Die Internet Assigned Numbers Authority kontrolliert die Verwendung der Ports 0 bis 1024. Ansprüche auf die höheren Ports sind informeller Natur. Wenn Sie eine Portnummer für Ihre eigene Client/Server-Applikation auswählen, sollten Sie sich kundig machen, welche Ports von anderen eingesetzt werden. Suchen Sie im Internet nach Erwähnungen des von Ihnen ausgewählten Ports. Sie können auch in Suchmaschinen mit den Suchbegriffen Registered Port Numbers oder Well-Known Port Numbers suchen, um Listen belegter Ports zu finden. Zudem finden Sie unter `http://www.sockets.com/services.htm` eine gute Übersicht zur Portverwendung.

Wird ein Client entdeckt, wählt der Server eine Zufallsfrage aus und übermittelt sie über diesen spezifischen Port an den Client. Dies beginnt einen Informationsaustausch zwischen Server und Client, bei dem der Server fast die ganze Arbeit erledigt.

Der ganze Job des Clients in unserem Projekt ist, eine Verbindung zum Server herzustellen, vom Server empfangene Nachrichten darzustellen, Eingaben vom Benutzer anzunehmen und diese Eingaben an den Server zu senden.

Es wäre kein großer Aufwand, einen Client für dieses Projekt zu entwickeln. Doch jede Telnet-Applikation kann als Client agieren, sofern sie zu einem beliebigen Port verbinden kann. Bei Windows ist eine Kommandozeilen-Applikation namens `telnet` enthalten, die Sie für diesen Zweck benutzen können.

Den Server implementieren

Hier die wichtigsten in der `TriviaServer`-Klasse definierten Instanzvariablen:

```
private static final int WAIT_FOR_CLIENT = 0;
private static final int WAIT_FOR_ANSWER = 1;
private static final int WAIT_FOR_CONFIRM = 2;
private String[] questions;
private String[] answers;
private Socket sock;
private int numQuestions;
private int num = 0;
private int state = WAIT_FOR_CLIENT;
private Random rand = new Random();
```

Die Variablen WAIT_FOR_CLIENT, WAIT_FOR_ANSWER und WAIT_FOR_CONFIRM sind Konstanten, die der Definition unterschiedlicher Status, in denen sich der Server befinden kann, dienen. Den Einsatz dieser Konstanten sehen Sie gleich. Die Frage- und Antwortvariablen sind Zeichenketten-Arrays zur Speicherung der Fragen und Antworten. Die sock-Instanzvariable überwacht die Server-Socket-Verbindung. numQuestions wird zur Speicherung der Gesamtanzahl der Fragen benutzt, während num die Nummer der aktuell gestellten Frage ist. Die state-Variable speichert den aktuellen Status des Servers wie von den drei Statuskonstanten (WAIT_FOR_CLIENT, WAIT_FOR_ANSWER und WAIT_FOR_CONFIRM) festgelegt. Und die rand-Variable wird dazu verwendet, zufällig Fragen auszuwählen.

Der TriviaServer-Konstruktor macht nicht viel, außer einen Socket, nicht einen DatagramSocket, zu erzeugen:

```
public TriviaServer() {
    super("TriviaServer");
    try {
        sock = new ServerSocket(4413);
        System.out.println("TriviaServer up and running ...");
    } catch (IOException e) {
        System.err.println("Error: couldn't create socket.");
        System.exit(1);
    }
}
```

Der größte Teil der Aktionen spielt sich in der run()-Methode ab:

```
public void run() {
    Socket client = null;

    // Frage- und Antwortdaten initialisieren
    if (!loadData()) {
        System.err.println("Error: couldn't initialize Q&A data.");
        return;
    }

    // Nach Clients suchen und Quizfragen stellen
    while (true) {
        // Wait for a client
        if (sock == null)
            return;
        try {
            client = sock.accept();
        } catch (IOException e) {
            System.err.println("Error: couldn't connect to client.");
            System.exit(1);
        }
```

```
        // Fragen und Antworten verarbeiten
        try {
            InputStreamReader isr = new InputStreamReader(
                client.getInputStream());
            BufferedReader is = new BufferedReader(isr);
            PrintWriter os = new PrintWriter(new
                BufferedOutputStream(client.getOutputStream()), false);
            String outLine;
            // Serveranfrage ausgeben
            outLine = processInput(null);
            os.println(outLine);
            os.flush();

            // Benutzereingabe verarbeiten und ausgeben
            while (true) {
                String inLine = is.readLine();
                if (inLine.length() > 0)
                    outLine = processInput(inLine);
                else
                    outLine = processInput("");
                os.println(outLine);
                os.flush();
                if (outLine.equals("Bye."))
                    break;
            }

            // Aufräumen
            os.close();
            is.close();
            client.close();
        } catch (Exception e) {
            System.err.println("Error: " + e);
            e.printStackTrace();
        }
    }
}
```

Durch den Aufruf von `loadData()` initialisiert die `run()`-Methode zunächst die Fragen und Antworten. Über die `loadData()`-Methode werden Sie gleich mehr erfahren. Danach wird eine Endlos-`while`-Schleife gestartet, die auf eine Client-Verbindung wartet.

Stellt ein Client die Verbindung her, werden die entsprechenden I/O-Streams erzeugt und die Kommunikation durch die `processInput()`-Methode verarbeitet. Diese Methode verarbeitet kontinuierlich Client-Antworten und sorgt für das Stellen neuer Fragen, bis der Benutzer keine weiteren Fragen mehr will. Dies wird vom Server durch Übermitteln der Zeichenkette `"Bye."` und durch Schließen der Streams und des Client-Socket bestätigt.

Die processInput()-Methode verfolgt den Server-Status und verwaltet die Logik des gesamten Fragen-/Antwortprozesses.

```
String processInput(String inStr) {
    String outStr = null;

    switch (state) {
        case WAIT_FOR_CLIENT:
            // Eine Frage stellen
            outStr = questions[num];
            state = WAIT_FOR_ANSWER;
            break;
        case WAIT_FOR_ANSWER:
            // Antwort überprüfen
            if (inStr.equalsIgnoreCase(answers[num]))
                outStr="\015\012That's correct! Want another (y/n)?";
            else
              outStr="\015\012Wrong, the correct answer is " + answers[num] +
                    ". Want another (y/n)?";
            state = WAIT_FOR_CONFIRM;
            break;
        case WAIT_FOR_CONFIRM:
            // Check, ob weitere Frage gewünscht
            if (!inStr.equalsIgnoreCase("N")) {
                num = Math.abs(rand.nextInt()) % questions.length;
                outStr = questions[num];
                state = WAIT_FOR_ANSWER;
            } else {
                outStr = "Bye.";
                state = WAIT_FOR_CLIENT;
            }
            break;
    }
    return outStr;
}
```

Als Erstes ist bei der processInput()-Methode die lokale Variable outStr zu beachten. Der Wert dieser Zeichenkette wird in der run()-Methode an den Client zurückgesandt, wenn processInput() antwortet. Beachten Sie also, wie processInput() die lokale Variable outStr benutzt, um Informationen an den Client zurückzuführen.

In TriviaServer stellt der Status WAIT_FOR_CLIENT den Server im Status untätig und auf eine Client-Verbindung wartend dar. Jedes case-Statement in der processInput()-Methode repräsentiert den Server in dem Status, den er gerade verlässt. Das case-Statement WAIT_FOR_CLIENT wird beispielsweise ausgeführt, wenn der Server den Status

WAIT_FOR_CLIENT gerade verlassen hat. Anders ausgedrückt: Ein Client hat gerade eine Verbindung zum Server hergestellt. Sobald dies geschieht, setzt der Server den Ausgabestring auf die aktuelle Frage und den Status auf WAIT_FOR_ANSWER.

Verlässt der Server den Status WAIT_FOR_ANSWER, bedeutet dies, dass der Client mit einer Antwort reagiert hat. processInput() vergleicht die Antwort des Clients mit der richtigen Antwort und setzt dementsprechend die Ausgabezeichenkette. Anschließend setzt diese Methode den Status auf WAIT_FOR_CONFIRM.

Im WAIT_FOR_CONFIRM-Status wartet der Server auf eine Bestätigungsantwort vom Client. In der Methode processInput() zeigt das case-Statement WAIT_FOR_CONFIRM an, dass der Server den Status verlässt, da der Client mit einer Bestätigung (ja oder nein) geantwortet hat. Hat der Client eine beliebige Antwort außer N oder n gegeben, wählt processInput() eine neue Frage aus und setzt den Status wieder auf WAIT_FOR_ANSWER. Andernfalls gibt der Server "Bye." an den Client aus und setzt den Status erneut auf WAIT_FOR_CLIENT, um auf eine neue Client-Verbindung zu warten.

Die Trivia-Fragen und -Antworten sind in einer Textdatei namens qna.txt gespeichert. Dies ist eine Liste von Fragen und Antworten, die abwechselnd aufeinanderfolgen. Zur Markierung des Endes einer Frage oder Antwort wird das Doppelkreuz # benutzt. Hier eine Auflistung der ersten zwei Fragen und Antworten in der Datei qna.txt:

```
Which one of the Smothers Brothers did Bill Cosby once punch out?
(a) Dick
(b) Tommy
(c) both#
b#

What's the nickname of Dallas Cowboys fullback Daryl Johnston?
(a) caribou
(b) moose
(c) elk#
b#
```

TIPP: Wenn Sie sich an dieses Format halten, können Sie Ihre eigenen Fragen und Antworten für dieses Quiz basteln. Ansonsten können Sie ein umfangreiches qna.txt-File von der Webseite zum Buch herunterladen. Besuchen Sie http://www.java21days.com, und gehen Sie dann auf die Seite zu Tag 19.

Die loadData()-Methode kümmert sich um das Lesen der Fragen und Antworten aus der Textdatei und deren Speicherung in getrennten String-Arrays:

```
private boolean loadData() {
    try {
        File inFile = new File("qna.txt");
        FileInputStream inStream = new FileInputStream(inFile);
        byte[] data = new byte[(int)inFile.length()];
```

```
        // Fragen und Antworten in ein Byte-Array einlesen
        if (inStream.read(data) <= 0) {
            System.err.println("Error: couldn't read q&a.");
            return false;
        }

        // Check, wie viele Frage/Antworte-Paare es gibt
        for (int i = 0; i < data.length; i++)
            if (data[i] == (byte)'#')
                numQuestions++;
        numQuestions /= 2;
        questions = new String[numQuestions];
        answers = new String[numQuestions];

        // Fragen und Antworten in String-Arrays parsen
        int start = 0, index = 0;
        boolean isQuestion = true;
        for (int i = 0; i < data.length; i++)
            if (data[i] == (byte)'#') {
                if (isQuestion) {
                    questions[index] = new String(data, start,
                        i - start);
                    isQuestion = false;
                } else {
                    answers[index] = new String(data, start,
                        i - start);
                    isQuestion = true;
                    index++;
                }
            start = i + 3;
        }
    } catch (FileNotFoundException e) {
        System.err.println("Exception: couldn't find the Q&A file.");
        return false;
    } catch (IOException e) {
        System.err.println("Exception: couldn't read the Q&A file.");
        return false;
    }
    return true;
}
```

Die `loadData()`-Methode verwendet zwei Arrays, um sie abwechselnd mit Zeichenketten aus der `qna.txt`-Datei zu füllen: Erst eine Frage, dann eine Antwort, jeweils im Wechsel, bis das Dateiende erreicht ist.

Die einzige in TriviaServer verbleibende Methode ist main(), die lediglich das server-Objekt erzeugt und es mit einem Aufruf seiner start()-Methode startet:

```
public static void main(String[] arguments) {
    TriviaServer server = new TriviaServer();
    server.start();
}
```

In Listing 19.4 finden Sie den vollständigen Quelltext der Server-Applikation.

Listing 19.4: Der gesamte Quelltext von TriviaServer.java.

```
import java.io.*;
import java.net.*;
import java.util.Random;

public class TriviaServer extends Thread {
    private static final int WAIT_FOR_CLIENT = 0;
    private static final int WAIT_FOR_ANSWER = 1;
    private static final int WAIT_FOR_CONFIRM = 2;
    private String[] questions;
    private String[] answers;
    private ServerSocket sock;
    private int numQuestions;
    private int num = 0;
    private int state = WAIT_FOR_CLIENT;
    private Random rand = new Random();

    public TriviaServer() {
        super("TriviaServer");
        try {
            sock = new ServerSocket(4413);
            System.out.println("TriviaServer up and running ...");
        } catch (IOException e) {
            System.err.println("Error: couldn't create socket.");
            System.exit(1);
        }
    }

    public static void main(String[] arguments) {
        TriviaServer server = new TriviaServer();
        server.start();
    }

    public void run() {
        Socket client = null;
```

```

        // Frage- und Antwortdaten initialisieren
        if (!loadData()) {
            System.err.println("Error: couldn't initialize Q&A data.");
            return;
        }

        // Nach Clients suchen und Quizfragen stellen
        while (true) {
            // Wait for a client
            if (sock == null)
                return;
            try {
                client = sock.accept();
            } catch (IOException e) {
                System.err.println("Error: couldn't connect to client.");
                System.exit(1);
            }

            // Fragen und Antworten verarbeiten
            try {
                InputStreamReader isr = new InputStreamReader(
                    client.getInputStream());
                BufferedReader is = new BufferedReader(isr);
                PrintWriter os = new PrintWriter(new
                   BufferedOutputStream(client.getOutputStream()), false);
                String outLine;

                // Serveranfrage ausgeben
                outLine = processInput(null);
                os.println(outLine);
                os.flush();

                // Benutzereingabe verarbeiten und ausgeben
                while (true) {
                    String inLine = is.readLine();
                    if (inLine.length() > 0)
                        outLine = processInput(inLine);
                    else
                        outLine = processInput("");
                    os.println(outLine);
                    os.flush();
                    if (outLine.equals("Bye."))
                        break;
                }

```

```
                // Aufräumen
                os.close();
                is.close();
                client.close();
            } catch (Exception e) {
                System.err.println("Error: " + e);
                e.printStackTrace();
            }
        }
    }

    private boolean loadData() {
        try {
            File inFile = new File("qna.txt");
            FileInputStream inStream = new FileInputStream(inFile);
            byte[] data = new byte[(int)inFile.length()];

            // Fragen und Antworten in ein Byte-Array einlesen
            if (inStream.read(data) <= 0) {
                System.err.println("Error: couldn't read q&a.");
                return false;
            }

            // Check, wie viele Frage/Antwort-Paare es gibt
            for (int i = 0; i < data.length; i++)
                if (data[i] == (byte)'#')
                    numQuestions++;
            numQuestions /= 2;
            questions = new String[numQuestions];
            answers = new String[numQuestions];

            // Fragen und Antworten in String-Arrays parsen
            int start = 0, index = 0;
            boolean isQuestion = true;
            for (int i = 0; i < data.length; i++)
                if (data[i] == (byte)'#') {
                    if (isQuestion) {
                        questions[index] = new String(data, start,
                            i - start);
                        isQuestion = false;
                    } else {
                        answers[index] = new String(data, start,
                            i - start);
                        isQuestion = true;
                        index++;
                    }
```

```
                start = i + 3;
            }
        } catch (FileNotFoundException e) {
            System.err.println("Exception: couldn't find the Q&A file.");
            return false;
        } catch (IOException e) {
            System.err.println("Exception: couldn't read the Q&A file.");
            return false;
        }
        return true;
    }

    String processInput(String inStr) {
        String outStr = null;

        switch (state) {
            case WAIT_FOR_CLIENT:
                // Eine Frage stellen
                outStr = questions[num];
                state = WAIT_FOR_ANSWER;
                break;

            case WAIT_FOR_ANSWER:
                // Antwort überprüfen
                if (inStr.equalsIgnoreCase(answers[num]))
                    outStr="\015\012That's correct! Want another (y/n)?";
                else
                    outStr="\015\012Wrong, the correct answer is "
                        + answers[num] +". Want another (y/n)?";
                state = WAIT_FOR_CONFIRM;
                break;

            case WAIT_FOR_CONFIRM:
                // Check, ob weitere Frage gewünscht
                if (!inStr.equalsIgnoreCase("N")) {
                    num = Math.abs(rand.nextInt()) % questions.length;
                    outStr = questions[num];
                    state = WAIT_FOR_ANSWER;
                } else {
                    outStr = "Bye.";
                    state = WAIT_FOR_CLIENT;
                }
                break;
        }
        return outStr;
```

```
172:        }
173: }
```

Den Server testen

Die TriviaServer-Applikation muss laufen, damit der Client sich mit dem Server verbinden kann. Dazu müssen Sie zuerst den Server starten:

```
java TriviaServer
```

Der Server wird nur eine Zeile ausgeben, wenn er erfolgreich läuft:

```
TriviaServer up and running ...
```

Wenn der Server läuft, können Sie sich mit ihm mithilfe eines Telnetprogramms verbinden. Bei Windows wird beispielsweise eines mitgeliefert.

Um `telnet` unter Windows zu starten, klicken Sie auf Start, dann Ausführen. Tippen Sie nun `telnet` in das Textfeld und drücken Sie auf Return. Ein Telnet-Fenster öffnet sich.

Sie stellen mit diesem Programm eine Telnet-Verbindung her, indem Sie das Menükommando Verbinden, Netzwerksystem wählen. Eine Dialogbox geht auf (Abbildung 19.3). Geben Sie localhost in Hostname-Feld ein, 4413 ins Portfeld und lassen Sie den vorgegebenen Wert vt100 im Terminaltypfeld.

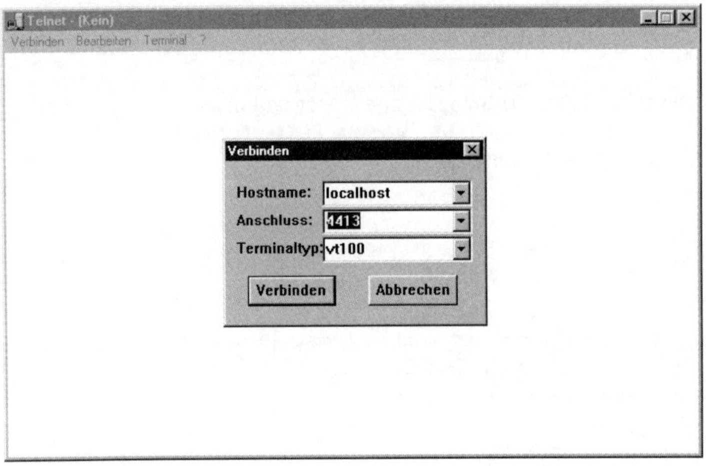

Abbildung 19.3: Eine telnet-Verbindung herstellen

Der Hostname localhost repräsentiert Ihren eigenen Computer, also die Maschine, auf der die Applikation läuft. Man kann dies zum Testen von Serverapplikatonen einsetzen, ehe man sie ins Internet stellt.

Je nach der Konfiguration von Internetverbindungen auf Ihrem System kann es sein, dass Sie erst eine Internetverbindung herstellen müssen, bevor eine erfolgreiche Socketverbindung zwischen dem Telnet-Client und der `TriviaServer`-Applikation hergestellt werden kann.

Wäre der Server auf einem anderen Computer mit Internetanschluss, würden Sie den Hostnamen des Computers oder seine IP-Adresse statt localhost eintragen.

Abbildung 19.4 zeigt eine Windows-`telnet`-Verbindung zur `TriviaServer`-Applikation.

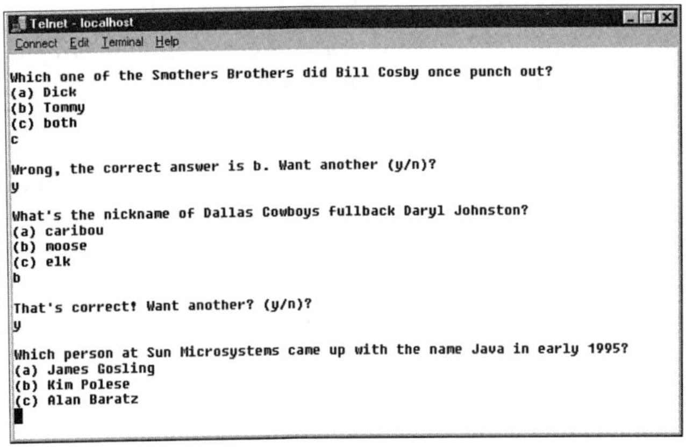

Abbildung 19.4: So sieht die TriviaServer-Verbindung aus Sicht des Clients aus.

19.2 Zusammenfassung

Die Netzwerkprogrammierung hat viele Anwendungen, die Sie in Ihren Programmen nutzen können. Sie haben es vielleicht nicht gemerkt, aber das `GetFile`-Projekt war ein sehr rudimentärer Web-Browser. Hier wurde über das Internet der Inhalt einer Text-Datei zu einem Java-Programm übertragen und dort angezeigt. Natürlich fehlt das HTML-Parsing, was aus einem Chaos von Markieranweisungen eine echte Webseite macht. Sun hat einen kompletten Web-Browser in Java geschrieben – HotJava.

Heute haben Sie gelernt, wie Sie URLs, URL-Verbindungen und Eingabestreams gemeinsam verwenden, um Daten aus dem World Wide Web in Ihre Programme zu bekommen.

Sie haben eine Socketapplikation erstellt, die die grundlegenden Elemente des Finger-Protokolls implementiert, eine Methode, um Benutzerinformationen im Internet einzuholen.

Sie haben auch gelernt, wie Client- und Server-Programme in Java geschrieben werden und wie ein Server-Programm Verbindungen mit Clients herstellt und Informationen mit ihnen austauscht.

19.3 Fragen und Antworten

F *Wie kann ich die Übertragung eines HTML-Formulars in einem Java-Applet nachahmen?*

A Derzeit ist das in Applets schwierig. Die beste (und einfachste) Möglichkeit ist die Verwendung der `GET`-Notation, um den Browser zu veranlassen, den Formularinhalt für Sie zu übermitteln.

HTML-Formulare können auf zwei Arten übermittelt werden: durch Verwendung der `GET`-Anfrage oder mit `POST`. Wenn Sie `GET` verwenden, werden die Informationen Ihres Formulars in der URL codiert. Das kann etwa so aussehen:

```
http://www.blah.com/cgi-bin/myscript?foo=1&bar=2&name=Laura
```

Da das Formular in der URL codiert ist, können Sie ein Java-Applet schreiben, das ein Formular simuliert, Eingaben vom Benutzer anfordern und dann ein neues `URL`-Objekt mit den Formulardaten erstellen. Dann geben Sie diese URL mit `getAppletContext()` und `showDocument()` an den Browser weiter. Der Browser übermittelt dann die Formularergebnisse für Sie. Bei einfachen Formularen genügt das.

F *Wie kann ich* `POST` *für die Formularübermittelung benutzen?*

A Sie müssen simulieren, was ein Browser macht, um Formulare mit `POST` übersenden zu können. Erzeugen Sie ein *`URL`*-Objekt für die Formularübermittlungsadresse, wie z.B. *`http://www.prefect.com/cgi/mail2rogers.cgi`*, und rufen Sie dann die *`openConnection()`*-Methode dieses Objekts auf, um ein *`URLConnection-Objekt`* zu erzeugen. Rufen Sie die *`setDoOutput()`*-Methode auf, um anzuzeigen, dass Sie Daten an diese URL senden wollen. Senden Sie dann eine Serie von Namen-Wert-Paaren mit den Daten an diese Verbindung, wobei das Und-Zeichen *`&`* als Trenner fungiert.

Das Formular `mail2rogers.cgi` ist z.B. ein CGI-Programm, das E-mail an einen der beiden Autoren dieses Buches, nämlich Rogers Cadenhead, schickt. Es übermittelt *name*, `subject`, `email`, `comments`, `who`, `rcode` und `scode`. Wenn Sie einen *`PrintWriter`*-Stream namens *pw* erstellen, der mit diesem CGI-Programm verbunden ist, können Sie mit folgender Anweisung Informationen verschicken:

```
pw.print("name=YourName&subject=Your+Book&email=you@yourdomain.com&"
    + "comments=Your+POST+example+works.+I+owe+you+$1,000&"
    + "who=preadm&rcode=2java21&scode=%2Fmailsent.html");
```

19.4 Quiz

Überprüfen Sie den heutigen Stoff, indem Sie dieses Quiz mit drei Fragen beantworten.

Fragen

1. Welche Netzwerkaktion ist in einem Applet mit Standardsicherheitseinstellungen nicht erlaubt?

   (a) Ein Grafik von dem hostenden Server laden

   (b) Eine Grafik von einem fremden Server laden

   (c) Eine Webseite von einem anderen Server in den Browser laden, der das Applet beinhaltet

2. Welches Programm fragt beim Finger-Protokoll Informationen über einen Benutzer an?

   (a) Der Client

   (b) Der Server

   (c) Beide können anfragen

3. Welche Methode benutzt man am besten, um Daten von einer Webseite in eine Java-Applikation zu laden?

   (a) Einen Socket erstellen und dann einen Eingabestream von diesem Socket erzeugen

   (b) Aus diesem Objekt eine URL und eine URLConnection erstellen

   (c) Die Seite mit der Applet-Methode `showDocument()` laden

Antworten

1. b. Applets können nur zu dem Computer Verbindungen herstellen, von dem sie selbst kamen.

2. a. Der Client fragt Informationen an und der Server schickt eine Antwort. So funktionieren traditionellerweise Client/Server-Applikationen. Manche Programme können allerdings gleichzeitig als Server und Client fungieren.

3. b. Socket-Verbindungen sind gut für Verbindungen auf einem sehr niedrigen Level, z.B. um ein neues Protokoll zu implementieren. Bei existierenden Protokollen wie HTTP gibt es besser geeignete Klassen – in diesem Fall `URL` und `URLConnection`.

19.5 Übungen

Um Ihr Wissen über die heute behandelten Themen zu vertiefen, können Sie sich an folgenden Übungen versuchen:

- Modifizieren Sie das `WebMenu`-Programm so, dass es 10 URLs erstellt, die mit `http://www.` beginnen und mit `.com` enden, und dazwischen drei zufällig gewählte Buchstaben oder Zahlen haben (also z.B. `http://www.mcp.com`, `http://www.cbs.com` oder `http://www.eod.com`). Benutzen Sie diese URLs für 10 `WebButton`-Objekte auf einem Applet.
- Erstellen Sie ein Programm, das Finger-Anfagen akzeptiert, nach einem `.plan`-File sucht, das zum angefragten Benutzernamen passt, und es, falls vorhanden, zurückschickt. Ansonsten soll das Programm `"user not found"` zurückschicken.

Soweit einschlägig, finden Sie die Lösungen zu den Übungen auf der Webseite zum Buch: `http://www.java21days.com`.

Tag 20

JavaBeans

Wie wir schon gesehen haben, ist einer der Hauptvorteile objektorientierter Programmierung, dass ein Objekt in verschiedenen Programmen benutzt werden kann. Wenn Sie ein Rechtschreibprüfungsobjekt für eine Textverarbeitung entwickelt haben, dann sollte dieses Objekt auch in einem E-mail-Programm funktionieren.

Sun hat dieses Prinzip mit der Einführung von JavaBeans ausgeweitet. Eine *JavaBean*, auch *Bean* genannt, ist ein Software-Objekt, das mit anderen Objekten gemäß genau festgelegten Richtlinien interagiert – der JavaBeans-Spezifikation. Indem diese Richtlinien befolgt werden, kann eine Bean ganz einfach mit anderen Objekten benutzt werden. Wenn Sie wissen, wie man gemäß dieser Richtlinien mit einer JavaBean arbeitet, wissen Sie, wie man mit allen arbeitet.

Ein weiterer Vorteil von JavaBeans wird klar, wenn Sie ein Programmierwerkzeug benutzen, das für Beans entwickelt wurde. Diese Entwicklungsumgebungen, z.B. auch das kostenlose JavaBeans Development Kit von Sun, ermöglichen es, schnell Java-Programme zu entwickeln, indem man existierende Beans verwendet und zwischen ihnen Beziehungen herstellt.

Heute schauen wir uns die folgenden Themen an:

- Erzeugung wieder benutzbarer Software-Objekte in Java
- Die Beziehung zwischen JavaBeans und der Java-Klassenbibliothek
- Die JavaBeans-API
- JavaBeans-Entwicklungswerkzeuge
- Das JavaBeans Development Kit
- Mit JavaBeans arbeiten
- Ein Applet mit JavaBeans erstellen

20.1 Wieder verwendbare Software-Komponenten

Ein Trend mit zunehmender Bedeutung bei der Software-Entwicklung ist die Verwendung wiederverwendbarer *Komponenten* – Elemente eines Programms, die mit mehr als einem Softwarepaket benutzt werden können.

Neuer BEGRIFF

Eine *Software-Komponente* ist ein Stück Software, das in einer diskreten, leicht wieder verwendbaren Struktur isoliert ist.

Wenn Sie die Teile eines Programmes so entwickeln, dass sie vollkommen selbstständig sind, sollte es möglich sein, diese Komponenten mit weitaus größerer Entwicklungseffizienz zu Programmen zusammenzubauen. Dieser Gedanke der Wiederverwendung sorgfältig isolierter Software wurde zu einem gewissen Maße dem Montagebandprinzip entliehen, das während der industriellen Revolution in den Vereinigten Staaten so populär wurde. Auf Software angewandt bedeutet das, einmalig zu Beginn kleine, wieder verwendbare Komponenten zu bauen und sie dann in höchstmöglichem Maße wieder zu verwenden und damit den gesamten Entwicklungsprozess zu rationalisieren.

Das vielleicht größte Problem, dem sich Komponenten-Software stellen musste, ist die große Vielzahl verschiedener Mikroprozessoren und Betriebssysteme. Es gab eine Reihe engagierter Versuche für Komponenten-Software, die aber immer auf ein spezifisches Betriebssystem limitiert waren. Die VBX- und OCX-Komponentenarchitekturen von Microsoft verzeichneten große Erfolge in der Welt der Intel-PCs, konnten aber wenig zum Schließen der Lücke zwischen PCs und anderen Betriebssystemtypen beitragen.

HINWEIS

Tatsächlich zielt die auf der OCX-Technologie basierende ActiveX-Technologie von Microsoft darauf ab, eine universelle Komponententechnologie bereitzustellen, die Kompatibilität für einen breiten Bereich von Plattformen bietet. Betrachtet man allerdings die Abhängigkeit des ActiveX von dem 32-Bit-Windows-Code, bleibt abzuwarten, wie Microsoft das Problem der Plattformabhängigkeit lösen will.

Einige verfügbare Komponententechnologien leiden zudem darunter, in einer spezifischen Programmiersprache oder für eine spezielle Umgebung entwickelt worden zu sein. So wie die Plattformabhängigkeit Komponenten zur Laufzeit verkrüppelt, führt die Limitierung der Komponentenentwicklung auf eine spezifische Programmiersprache oder Entwicklungsumgebung zur Verkrüpplung der Komponenten im Entwicklungsbereich. Software-Entwickler würden lieber selbst entscheiden, welche Sprache für eine bestimmte Aufgabe am besten geeignet ist. Genauso wollen sie die Entwicklungsumgebung benutzen, die am besten zur gestellten Aufgabe passt, anstatt gezwungen zu sein, aufgrund der Komponententechnologie eine bestimmte Umgebung verwenden zu müssen. Demnach muss sich jede realistische, auf lange Sicht ausgerichtete Komponententechnologie dem Problem der Plattform- und Sprachabhängigkeit stellen.

Java nahm eine wichtige Rolle dabei ein, plattformübergreifendes Entwickeln zu einer Realität zu machen. Es unterstützt Software-Komponenten-Entwicklung durch JavaBeans.

JavaBeans ist eine Architektur- und Plattform-unabhängige Gruppe von Klassen zur Erstellung und Benutzung von Java-Softwarekomponenten. Es benutzt die portable Java-Plattform, um eine Software-Komponenten-Lösung zu bieten.

Das Ziel von JavaBeans

JavaBeans wurde kompakt entworfen, weil Komponenten häufig in verteilten Umgebungen verwendet werden, in denen ganze Komponenten eventuell über eine Internet-Verbindung mit geringer Bandbreite übertragen werden. Der zweite Teil dieses Designziels bezieht sich auf die Leichtigkeit, mit der diese Komponenten erstellt und verwendet werden. Leicht verwendbare Komponenten kann man sich ziemlich mühelos vorstellen, aber die Erzeugung einer Komponentenarchitektur, die das Erstellen von Komponenten leicht gestaltet, ist eine völlig andere Sache.

Das zweite Hauptziel von JavaBeans ist vollständige Portabilität. Als Folge davon brauchen sich Entwickler keine Gedanken um die Einbeziehung plattformspezifischer Bibliotheken in Ihre Java-Applets zu machen.

Die bestehende Java-Architektur bietet bereits eine große Anzahl von Vorteilen, die leicht auf Komponenten anwendbar ist. Eine der wesentlichen (aber selten erwähnten) Eigenschaften von Java ist sein eingebauter Klassenerkennungsmechanismus, der dynamische Interaktionen zwischen Objekten ermöglicht. Daraus entsteht ein System, in dem sich Objekte unabhängig von ihrem Ursprung oder ihrer Entwicklungsgeschichte ineinander einbauen lassen. Dieser Mechanismus zur Klassenauffindung stellt nicht nur eine nette Eigenschaft von Java dar, sondern ist für jede Komponentenarchitektur eine notwendige Voraussetzung.

Neuer BEGRIFF

Darüber hinaus erhält JavaBeans aus der bestehenden Java-Funktionalität auch die *Persistenz*, d.h. die Fähigkeit eines Objektes, seinen internen Status zu speichern und wieder zu laden. Diese Persistenz erfolgt in JavaBeans automatisch durch die Verwendung des in Java bereits vorhandenen Serialisations-Mechanismus. Serialisation ist der Prozess, Informationen über ein Standardprotokoll zu speichern bzw. zu laden. Falls erforderlich, können Entwickler alternativ speziell angepasste Persistenz-Lösungen erstellen.

Obwohl kein Schlüsselelement der JavaBeans-Architektur, ist die Unterstützung für verteiltes Rechnen bei JavaBeans dennoch integriert. Entwickler von JavaBeans-Komponenten haben die Möglichkeit, das für ihre Bedürfnisse am besten geeignete Verfahren auszuwählen. Mit seiner Technologie der Remote Method Invocation (RMI) bietet Sun eine verteilte Rechenlösung, die aber den JavaBeans-Entwicklern keinesfalls die Hände bindet. Andere Lösungsmöglichkeiten sind z.B. CORBA (Common Object Request Broker Architecture) und Microsofts DCOM (Distributed Component Object Model).

Verteiltes Rechnen wurde säuberlich von JavaBeans abgetrennt, um die Struktur straff zu halten und gleichzeitig Entwicklern, die die entsprechende Unterstützung benötigen, eine breite Auswahl an Optionen zu bieten. Das letzte Designziel von JavaBeans behandelt Probleme der Entwurfszeit und die Art und Weise, wie Entwickler Applikationen unter Verwendung von JavaBeans-Komponenten erstellen.

Die Architektur von JavaBeans bietet Unterstützung für die Spezifizierung von Entwurfszeit-Eigenschaften und für eine erleichterte visuelle Bearbeitung von JavaBeans-Komponenten. Das hat zur Folge, dass Entwickler visuelle Werkzeuge zum nahtlosen Zusammenfügen und Modifizieren von JavaBeans-Komponenten einsetzen können, ganz ähnlich der Weise, in der visuelle PC-Werkzeuge mit Komponenten wie VBX- oder OCX-Controls arbeiten. Komponentenentwickler spezifizieren so die Art und Weise, in der die Komponenten in einer Entwicklungsumgebung zu verwenden und zu manipulieren sind.

Wie JavaBeans in Beziehung zu Java steht

Javas Objektorientiertheit gibt Objekten die Möglichkeit, in Verbindung miteinander zu arbeiten. Doch es gibt einige Regeln bzw. Standards zu beachten, die die Interaktion von Objekten regeln. Diese Regeln sind für eine robuste Software-Komponenten-Lösung notwendig, und sie werden durch JavaBeans festgelegt.

JavaBeans spezifiziert eine umfangreiche Reihe von Mechanismen für die Interaktion zwischen Objekten, zusammen mit allgemeinen, von den meisten Objekten zu unterstützende Aktionen wie Persistenz und Ereignisbehandlung. Es liefert auch den Rahmen, in dem diese Komponentenkommunikation stattfinden kann. Wichtiger noch ist die Tatsache, dass JavaBeans-Komponenten durch ein Standard-Set genau festgelegter Eigenschaften angepasst werden können.

JavaBeans-Komponenten sind nicht auf Benutzerschnittstellen-Objekte wie Buttons beschränkt. Sie können genauso einfach nicht-visuelle JavaBeans-Komponenten entwickeln, die zusammen mit anderen Komponenten Hintergrundfunktionen ausüben. Auf diese Weise vereinigt JavaBeans die Leistungsstärke visueller Java-Applets mit nicht-visuellen Java-Applikationen in einem durchgängigen Komponentengerüst.

Neuer BEGRIFF

Eine *nicht-visuelle Komponente* ist jede Komponente, die keine sichtbare Ausgabe hat. Wenn man bei Komponenten an Swing-Objekte wie Buttons und Menüs denkt, mag das ein wenig fremd erscheinen. Vergessen Sie nicht, dass eine Komponente einfach ein dicht gepacktes Programm ist und nicht unbedingt visuell sein muss. Ein gutes Beispiel für eine nicht-visuelle Komponente ist eine Timer-Komponente, die in bestimmten Abständen Ereignisse auslöst. Timer-Komponenten sind in anderen Komponenten- Entwicklungsumgebungen wie Microsoft Visual Basic sehr populär.

Dank visueller Werkzeuge können Sie eine Vielzahl von JavaBeans-Komponenten gemeinsam benutzen, ohne dass Sie irgendwelchen Code schreiben müssten. JavaBeans-Komponenten legen ihre eigenen Schnittstellen visuell dar und stellen damit eine Möglichkeit zur Bearbeitung ihrer Eigenschaften ohne Programmierung bereit. Des Weiteren können Sie mit der Verwendung eines visuellen Editors eine JavaBeans-Komponente in eine Anwendung einfügen, ohne dass Sie eine einzige Zeile Code schreiben müssen. Das ist eine vollständig neue Dimension der Flexibilität und Wiederverwendung, die mit Java allein bisher nicht möglich war.

Das JavaBeans-API

JavaBeans ist eine Programmierschnittstelle, was bedeutet, dass all seine Eigenschaften als Erweiterungen der Standard-Klassenbibliothek von Java realisiert werden. Die gesamte, von JavaBeans zur Verfügung gestellte Funktionalität ist im JavaBeans-API implementiert. Das JavaBeans-API selbst ist eine Reihe von kleineren APIs, die spezifischen Funktionen (Services) gewidmet sind. Die nachfolgende Liste zeigt wesentliche Komponentenservices im JavaBeans-API:

- Merging der grafischen Benutzeroberfläche
- Persistenz
- Ereignisbehandlung
- Introspektion
- Application Builder Support

Durch entsprechendes Verständnis dieser Services und wie sie arbeiten, bekommen Sie einen besseren Einblick in die Technologie von JavaBeans. Jeder dieser Services wird durch kleinere APIs implementiert, die im JavaBeans-API enthalten sind.

Die APIs für das Benutzerschnittstellen-Merging ermöglichen einer Komponente, ihre Elemente mit einem Container zu vereinigen. Die meisten Container haben Menüs und Werkzeugleisten, die zur Anzeige der von dieser Komponenten bereitgestellten Eigenschaften dienen. Die APIs für das Benutzerschnittstellen-Merging ermöglichen der Komponente, dem Menü und der Werkzeugleiste des Container-Dokuments Eigenschaften hinzuzufügen. Diese APIs definieren auch den Mechanismus, der ein Schnittstellen-Layout zwischen den Komponenten und ihren Containern erleichtert.

Die Persistenz-APIs spezifizieren den Mechanismus, mit dem Komponenten innerhalb des Kontexts eines Container-Dokumentes gespeichert und geladen werden können. Komponenten erben per Voreinstellung den automatischen, von Java bereitgestellten Serialisations-Mechanismus. Entwickler haben die Möglichkeit, Persistenz-Lösungen gemäß den speziellen Erfordernissen ihrer Komponenten zu entwerfen.

Die APIs zur Ereignisbehandlung spezifizieren eine ereignisgesteuerte Architektur, die die Wechselwirkung der Komponenten miteinander definiert. Java beinhaltet bereits ein leistungsstarkes Ereignisbehandlungsmodell, das als Grundlage für die Komponenten-APIs zur Ereignisbehandlung dient. Diese APIs sind entscheidend, wenn es darum geht, den Komponenten die Freiheit zu geben, in konsistenter Weise miteinander zu interagieren.

Die Introspektions-APIs definieren Techniken, die Komponenten dazu veranlassen, ihre interne Struktur zur Entwurfszeit direkt zur Verfügung zu stellen. Diese APIs ermöglichen Entwicklungstools, eine Komponente nach ihrem internen Status zu fragen, einschließlich der Schnittstellen, Methoden und Member-Variablen, aus denen die Komponente besteht.

Die APIs sind, basierend auf der Ebene, auf der sie benutzt werden, in zwei getrennte Abschnitte unterteilt. Die Introspektions-APIs der unteren Ebene ermöglichen beispielsweise Entwicklungswerkzeugen direkten Zugriff auf die Komponenteneigenschaften, also eine Funktion, die Sie nicht unbedingt in den Händen von Komponentenbenutzern sehen wollen. APIs der höheren Ebene verwenden APIs der unteren Ebene zur Bestimmung der Teile einer Komponente, die zur Änderung durch den Benutzer exportiert werden. Zwar müssen Entwicklungswerkzeuge Gebrauch von beiden Arten von APIs machen, doch verwenden sie die APIs der höheren Ebene nur dazu, um dem Benutzer Komponenteninformationen zu bieten.

Application-Builder-Support-APIs stellen den bei Entwurfszeit für Bearbeitung und Manipulation der Komponenten erforderlichen Overhead bereit. Diese APIs werden größtenteils von visuellen Entwicklungswerkzeugen eingesetzt, um ein visuelles Layout und die Veränderung von Komponenten während der Erstellung einer Anwendung zu ermöglichen. Der Teil einer Komponente, der die visuellen Bearbeitungsmöglichkeiten bereitstellt, wurde speziell so entworfen, dass er physisch von der Komponente selbst getrennt ist und somit dazu beiträgt, autonome Laufzeitkomponenten so kompakt wie möglich zu gestalten. In einer reinen Laufzeitumgebung werden Komponenten nur mit der erforderlichen Laufzeitkomponente übertragen. Entwickler, die lediglich den Entwurfszeitteil der Komponente benutzen wollen, können dies tun.

Die JavaBeans-Spezifikationen sind verfügbar auf der Java-Webseite unter:

`http://java.sun.com/j2se/1.3/docs/guide/beans/`

20.2 Entwicklungswerkzeuge

Am leichtesten versteht man JavaBeans, wenn man mit ihnen in einer Programmierumgebung arbeitet, die Bean-Entwicklung unterstützt.

Bean-Programmierung verlangt eine Umgebung mit einer ziemlich ausgefeilten grafischen Benutzerschnittstelle, denn viel Entwicklungsarbeit geht visuell von statten. In einer integrierten Entwicklungsumgebung wie Symantec Visual Café können Sie zwei Beans innerhalb einer Schnittstelle in Beziehung setzen, indem Sie mit der Maus eine Linie zwischen ihnen ziehen.

Die Werkzeuge des Software Development Kits werden fast ausschließlich von der Kommandozeile aus, ohne grafische Benutzerschnittstelle benutzt. Deswegen brauchen Sie ein anderes Programmiertool, um JavaBeans zu entwickeln. Die meisten kommerziellen Java-Entwicklungstools unterstützen JavaBeans, so Visual Café, Metrowerks CodeWarrior Professional, IBM Visual Age for Java und Borland JBuilder.

Wenn Sie sich auf die Suche nach einer integrierten Java-Entwicklungsumgebung mit JavaBeans-Support machen, sollten Sie genau darauf achten, ob sie Java 1.1, Java 2 SDK 1.2 oder die aktuelle Version Java 2 SDK 1.3 unterstützt.

Wenn Sie kein Entwicklungstool mit JavaBeans-Unterstützung haben, können Sie das kostenlose JavaBeans Development Kit von Sun benutzen.

Das JavaBeans Development Kit

Das JavaBeans Development Kit von Sun, auch BDK genannt, ist ein kostenloses Tool, das man benutzen kann, wenn keine andere Programmierumgebung mit Bean-Unterstützung zur Verfügung steht.

Wenn das in Ihren Ohren so klingt, als wollten wir das BDK schon von vorneherein schlecht machen, dann haben Sie unsere Intention richtig erkannt. Sun selbst sagt auf seiner Java-Webseite Folgendes: »Das BDK ist weder dafür gedacht, von Applikationsentwicklern benutzt zu werden, noch soll es eine echte Applikations-Entwicklungsumgebung darstellen. Applikations-Entwickler sollten statt dessen die verschiedenen Java-Entwicklungsumgebungen mit JavaBeans-Unterstützung in Betracht ziehen.«

Das BDK diente bei seiner Veröffentlichung einem ähnlichen Zweck wie das ursprüngliche Java Development Kit: Es sollte Programmierern einen Zugang zu der neuen Technologie geben, solange noch keine Alternative verfügbar war. Jetzt, da es zahlreiche Programmiertools mit JavaBeans-Unterstützung gibt, hat Sun wenig Interesse, die Funktionalität des BDK zu verbessern oder seine Performance zu erhöhen. Das BDK ist eigentlich nur zum Einstieg in die JavaBeans-Entwicklung brauchbar, und genau dafür wollen wir es heute einsetzen.

Das BDK ist für Windows und Solaris erhältlich. Es wurde mithilfe von Java entwickelt, sodass es auch eine plattformunabhängige Version gibt, die Sie auf anderen Plattformen mit Java-Unterstützung verwenden können. Die Download-Adresse lautet:

`http://sun.java.com/beans/software/bdk_download.html`

Sollte dieser Link nicht mehr funktionieren, gehen Sie bitte auf die Java-Hauptseite `http://java.sun.com`. Das JavaBeans Development Kit und andere Programmiertools finden Sie im »Products & APIs«-Bereich dieser Site.

Das BDK ist 2.4 MB groß. Man braucht mit einem alten 28.8kb-Modem also knapp 20 Minuten zum Herunterladen. Während Sie also auf das Ende des Downloads warten, können Sie gleich die Installationsanweisungen und Zusatzbemerkungen auf der BDK-Download-Seite lesen. Eventuell müssen Sie die Einstellungen des `CLASSPATH` Ihres Systems ändern, damit das BDK korrekt funktioniert.

Das BDK wird als einzelne ausführbare Datei übermittelt, die man zur Installation der Software starten muss.

WARNUNG: Derzeit schlägt das BDK-Installationsprogramm auf einem englischen Windows-Rechner `\Program Files\bdk1.1` als Installationspfad vor. Einige Java-Tools kommen nicht mit dem Leerzeichen im Ordnernamen klar, weswegen Sie einen anderen Installationspfad wählen sollten, etwa `\bdk1.1` oder `\jdk1.3\bdk1.1`.

Während der Installation müssen Sie die Java Virtual Machine auswählen, die das BDK benutzen soll. Nehmen Sie den Java-Interpreter, den Sie benutzt haben, um die Java-2-Programme dieses Buches auszuführen.

Das BDK umfasst folgende Teile:

- Die BeanBox – ein JavaBean-Container, mit dem man Beispiel- und von Ihnen erstellte Beans manipulieren kann
- Mehr als ein Dutzend Beispiel-Beans, z. B. die Juggler-Bean, die eine Jongleur-Animation darstellt, die Molecule-Bean, die das 3D-Modell eines Moleküls anzeigt, und OrangeButton, eine Benutzerschnittstellenkomponente
- den kompletten Java-Quelltext von BeanBox
- Makefiles – Konfigurationsskripten, mit denen das BDK wieder erstellt werden kann
- Eine Tutorial von Sun zu JavaBeans und der BeanBox

20.3 Mit JavaBeans arbeiten

Wenn Sie erst einmal mit JavaBeans in einer Entwicklungsumgebung wie dem BDK arbeiten, werden Sie schnell feststellen, wie sehr sie sich von Java-Klassen unterscheiden, die nicht als Beans entworfen wurden.

JavaBeans unterscheiden sich von anderen Klassen in einem wesentlichen Charakteristikum: Sie können mit einer Entwicklungsumgebung interagieren und laufen in ihr, als würde ein Benutzer sie ausführen. Anders herum kann die Entwicklungsumgebung direkt mit der JavaBean interagieren, ihre Methoden aufrufen und Werte für ihre Variablen festlegen.

Wenn Sie das BDK installiert haben, können Sie es in den folgenden Abschnitten benutzen, um mit existenten JavaBeans zu arbeiten und eine neue zu erstellen. Wenn nicht, lernen Sie trotzdem mehr darüber, wie JavaBeans in Verbindung mit einer Entwicklungsumgebung genutzt werden.

Bean-Container

Das AWT (Abstract Windowing Toolkit) und Swing benutzen *Container* – Benutzerschnittstellenkomponenten, die andere Komponenten beinhalten.

JavaBeans-Entwicklung findet in einem Bean-Container statt. Das BDK bringt die BeanBox mit, einen rudimentären Container, mit dem man Folgendes anstellen kann:

- eine Bean speichern
- eine gespeicherte Bean laden
- eine Bean in ein Fenster setzen, wo sie dann platziert werden kann
- Beans bewegen und größenmäßig verändern
- die Eigenschaften einer Bean bearbeiten
- eine Bean konfigurieren
- eine Bean assoziieren, die ein Ereignis mit einem Event-Handler erzeugt
- die Eigenschaften verschiedener Beans miteinander assoziieren
- eine Bean in ein Applet umwandeln
- neue Beans aus einem Java-Archiv (`jar`-Dateien) hinzufügen

Um die BeanBox-Applikation auszuführen, gehen Sie zu dem Ordner, in dem das BDK installiert wurde und öffnen den Unterordner `beanbox`. Dieser Unterordner enthält zwei Batch-Kommandodateien, mit denen die BeanBox ausgeführt werden kann: `run.bat` für Windows-Rechner und `run.sh` für Solaris-Systeme.

Diese Batch-Dateien laden die BeanBox-Applikation. Dabei wird der Java-Interpreter eingesetzt, den Sie während der BDK-Installation angegeben haben, was vermutlich der Java-2-Interpreter war. Es gehen vier Fenster auf, wie Abbildung 20.1 zeigt:

Das große Fenster ist das BeanBox-Composition-Fenster, das Beans arrangiert und die Assoziationen unter ihnen erzeugt.

Die beiden anderen Fenster oben sind das Werkzeugkasten-Fenster (links), das die JavaBeans auflistet, die für die Platzierung ins Composition-Fenster ausgewählt werden können, und ein Eigenschafts-Fenster (rechts), mit dem die Bean konfiguriert wird. Das vierte Fenster, rechts etwas weiter unten, ist das Methodenverfolgungs-Fenster, das Informationen darüber liefert, wie Komponenten in der BeanBox miteinander interagieren.

Die meiste Arbeit geschieht im Composition-Fenster, das man mit dem Hauptfenster eines Grafikprogramms wie Adobe Illustrator vergleichen kann. In diesem Fenster werden alle Beans platziert, neu arrangiert, aufgereiht und für die Bearbeitung ausgewählt.

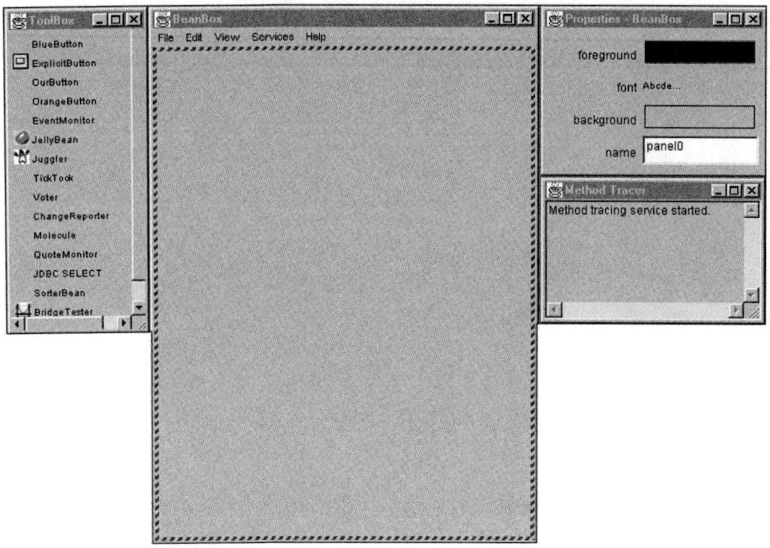

Abbildung 20.1: Die Fenster, die die BeanBox-Applikation darstellen.

Eine Bean platzieren

Um eine Bean in die BeanBox zu platzieren, muss sie zuerst im Werkzeugkasten-Fenster ausgewählt werden. Wenn Sie dies tun, verwandelt sich der Cursor in ein Fadenkreuz. Mit dem Fadenkreuz können Sie auf einen beliebigen Punkt im Composition-Fenster klicken, um die ausgewählte Art von Bean dorthin zu legen. Wenn Sie eine Bean platzieren, ist es nützlich, sie erst einmal in die Mitte des Composition-Fensters zu legen. Mit den Menükommandos Edit, Cut and Edit sowie Paste können Sie die Bean im Bedarfsfall bewegen. Sie können eine Bean auch bewegen, indem Sie den Cursor auf die Kante einer Bean stellen, bis der Cursor zu einem Kreuz von Richtungspfeilen wird. Sie können dann die Bean zu ihrem neuen Ort verschieben und müssen nur noch die Maus loslassen.

Versuchen Sie das gleich, indem Sie auf Juggler im Werkzeugkasten-Fenster klicken und dann irgendwo in die Mitte des Composition-Fensters klicken. Ein animierter, jonglierender Backenzahn erscheint im Hauptfenster (Abbildung 20.2). Sie erkennen den Jongleur natürlich – das ist kein Zahn, sondern Duke, das offizielle Maskottchen von Java. Und passenderweise jongliert er mit Riesenbohnen (engl. *bean*: Bohne).

Die gestreifte Linie um die Juggler-Bean in Abbildung 20.2 zeigt an, dass sie derzeit für die Bearbeitung ausgewählt ist. Sie können das BeanBox-Fenster auswählen, indem Sie auf eine beliebige Stelle außerhalb der Juggler-Bean klicken. Sie können dann wiederum die Juggler-Bean auswählen, indem Sie wieder auf sie klicken. Sie können eine Bean nur dann bearbeiten, kopieren, ausschneiden oder einfügen, wenn sie ausgewählt ist.

Abbildung 20.2:
Duke jongliert mit Riesenbohnen im Hauptfenster der Beanbox.

20.4 Die Eigenschaften einer Bean anpassen

Wenn eine Bean im Composition-Fenster der BeanBox ausgewählt wurde, werden ihre veränderlichen Eigenschaften, sofern es überhaupt welche gibt, im Eigenschaftsfenster angezeigt. Dieses Fenster wird für unser Beispiel in Abbildung 20.3 dargestellt.

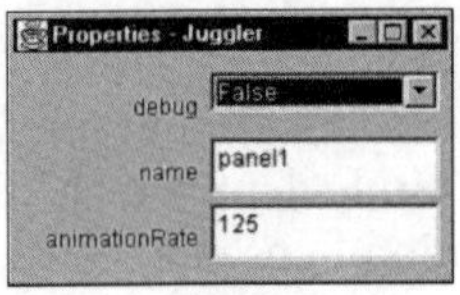

Abbildung 20.3:
Die veränderlichen Eigenschaften einer Bean im Eigenschaftsfenster.

Wie Abbildung 20.3 zeigt, hat die Juggler-Bean drei veränderliche Eigenschaften: `debug`, `animationRate` und `name`.

Verändert man die Eigenschaften einer JavaBean, spiegelt sich das in der Bean wieder. Geben Sie der `animationRate`-Eigenschaft der Juggler-Bean einen höheren, ganzzahligen Wert, gibt es eine längere Pause zwischen den einzelnen Frames der Animation. Wenn Sie die Eigenschaft verringern, beschleunigt sich die Animation.

Wenn Sie die `animationRate`-Eigenschaft verändern, ändert sich die Bean entsprechend, sobald Sie zu einer anderen Eigenschaft springen (wenn Sie also die Tab-Taste drücken oder auf den Wert einer anderen Eigenschaft klicken). Geben Sie Extremwerte wie `1` oder `1000` für die Animationsgeschwindigkeit ein, um das Ergebnis an der Juggler-Bean zu sehen.

Man richtet die veränderlichen Eigenschaften einer JavaBean durch öffentliche Methoden innerhalb der Bean ein. Jede Eigenschaft, die festgelegt werden kann, hat eine `set()`-Methode, deren ganzer Name dem Namen der Eigenschaft im Eigenschaftsfenster der BeanBox entspricht. Umgekehrt hat jede Eigenschaft, deren Wert gelesen werden kann, eine korrespondierende `get()`-Methode. Eine JavaBeans-Entwicklungsumgebung wie die

BeanBox findet diese Methoden mittels Reflexion und ermöglicht es Ihnen dann, diese Eigenschaften während der Entwurfszeit oder im laufenden Programm zu ändern.

Die `animationRate`-Eigenschaft der Juggler-Bean hat zwei Methoden, die folgendermaßen aussehen könnten:

```
public int getAnimationRate(){
    return animRate;
}

public void setAnimationRate(int newRate) {
    animRate = newRate;
}
```

In diesen beiden Methoden ist `animRate` eine private Variable, die die Pause zwischen den Frames der Jongleur-Animation festlegt.

Indem der Entwickler der Juggler-Bean die Präfixe `set` und `get` für diese Methodennamen benutzt hat, legte er fest, dass die `animationRate`-Eigenschaft innerhalb einer JavaBean-Entwicklungsumgebung wie der BeanBox modifiziert werden kann.

Wie alle Bean-Entwicklungstools, die gemäß den Standards von Sun arbeiten, ruft die BeanBox die öffentliche `get()`-Methode der Bean auf, um festzustellen, welche Eigenschaften ins Eigenschaftsfenster aufgenommen werden müssen. Wenn eine dieser Eigenschaften verändert wird, wird eine `set()`-Methode mit dem neuen Wert als Argument aufgerufen.

Der Entwickler einer Bean kann dieses Verhalten überschreiben, indem er eine `BeanInfo`-Klasse erstellt, die die Methoden, Eigenschaften, Ereignisse und anderes angibt, die innerhalb einer Bean-Entwicklungsumgebung zugänglich sein sollen.

TIPP: Eine Variable privat zu halten und sie mit `get()` und `set()` zu lesen und zu setzen, ist beim objektorientierten Programmieren immer ein gutes Prinzip, auch wenn Sie nicht gerade an einer JavaBean arbeiten. Man nennt dies *Verkapselung*. Damit lässt sich kontrollieren, inwieweit ein Objekt anderen Objekten zugänglich ist. Je stärker ein Objekt gekapselt ist, um so schwieriger wird es für andere Objekt, es missbräuchlich zu verwenden.

Beans interagieren lassen

Ein weiterer Zweck der BeanBox ist, Interaktionen zwischen verschiedenen Beans einzurichten.

Schauen wir uns an, wie das funktioniert. Setzen Sie zunächst zwei ExplicitButtons an beliebige Stelle ins Composition-Fenster der BeanBox. Wenn sie mit der Juggler-Bean oder untereinander überlappen, dann bewegen Sie sie etwas auseinander.

Um eine Bean zu bewegen, müssen Sie sie zuerst anklicken, damit die gestrichelte Linie um sie erscheint. Dann setzen Sie den Cursor auf die Unterkante der Bean, bis der Cursor zu einem Kreuz aus vier Pfeilen wird. Sobald dies geschehen ist, ziehen Sie die Bean an ihren neuen Ort. Abbildung 20.4 zeigt zwei Buttons an der Unterkante der Juggler-Bean.

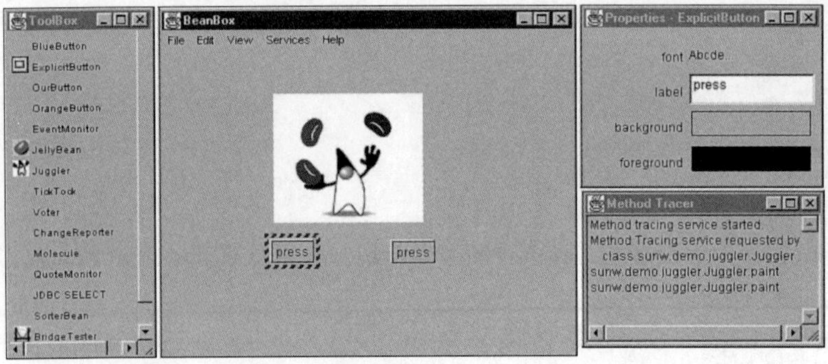

Abbildung 20.4: Zwei ExplicitButton-Beans und eine Juggler-Bean im Hauptfenster der BeanBox.

ExplicitButton-Beans ähneln den JButton-Komponenten, die Sie in grafischen Benutzerschnittstellen verwendet haben. Sie haben eine Hintergrundfarbe, eine Vordergrundfarbe und ein Textlabel mit wählbaren Schriften.

Nach der Platzierung der Buttons geben Sie dem einen das Label »Stop!« und ändern Sie seine Hintergrundfarbe auf Rot. Geben Sie dem anderen das Label »Go!« und ändern Sie seine Hintergrundfarbe auf Grün.

Um das Label eines Buttons zu ändern, klicken Sie auf den Button in der BeanBox und bearbeiten Sie dann das Label-Textfeld im Eigenschaftsfenster. Um die Hintergrundfarbe zu ändern, klicken Sie auf das Feld neben dem Label Background im Eigenschaftsfenster. Ein Color-Editor-Dialog geht auf und ermöglicht Ihnen, eine Farbe durch Eingabe numerischer Werte für rot, grün und blau oder durch Verwendung eines Listenfeldes zu wählen. Die durchgeführten Veränderungen werden sofort in der Bean widergespiegelt.

Mittlerweile sollte der Zweck der beiden Knöpfe klar sein: Der eine hält die Animation an, der andere startet sie. Damit das so geschieht, müssen Sie eine Beziehung zwischen den Buttons und der Juggler-Bean herstellen.

Zuerst wählen Sie die Bean aus, die irgendetwas verursachen soll. In unserem Beispiel wäre das einer der beiden ExplicitButtons. Wenn man einen der beiden anklickt, dann soll etwas mit der Juggler-Bean geschehen.

Nachdem Sie die Bean ausgewählt haben, wählen Sie das Menükommano Edit, Events, button push, actionPerformed. Eine rote Linie verbindet den Knopf und den Cursor, wie Abbildung 20.5 zeigt.

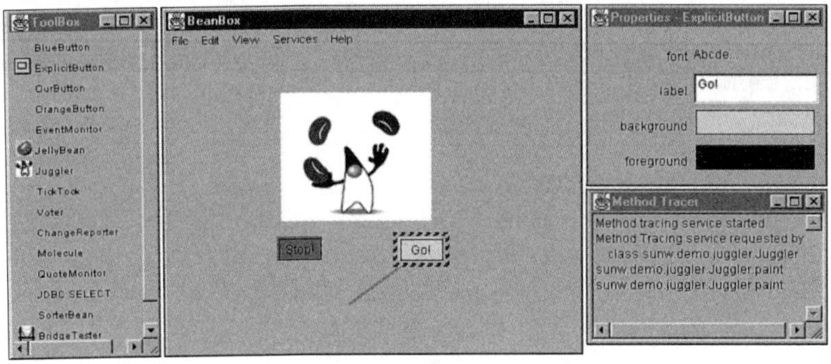

Abbildung 20.5: Eine Ereignis-Assoziation zwischen zwei Beans herstellen.

Diese rote Linie soll die ExplicitButton-Bean mit der Juggler-Bean verbinden. Ziehen Sie die Linie zur Juggler-Bean und klicken Sie dann, um die Assoziation zwischen den beiden Beans herzustellen.

Ist die Assoziation eingerichtet, sehen Sie ein EventTargetDialog-Fenster, das die Methoden der Ziel-Bean auflistet (Abbildung 20.6). Die ausgewählte Methode wird dann automatisch aufgerufen, wenn der spezifizierte ExplicitButton ein `actionPerformed`-Ereignis ausgibt. (Dieses Ereignis tritt auf, wenn der Button angeklickt wird oder wenn die Return-Taste betätigt wird, während der Eingabefokus der Schnittstelle auf dem Button liegt.)

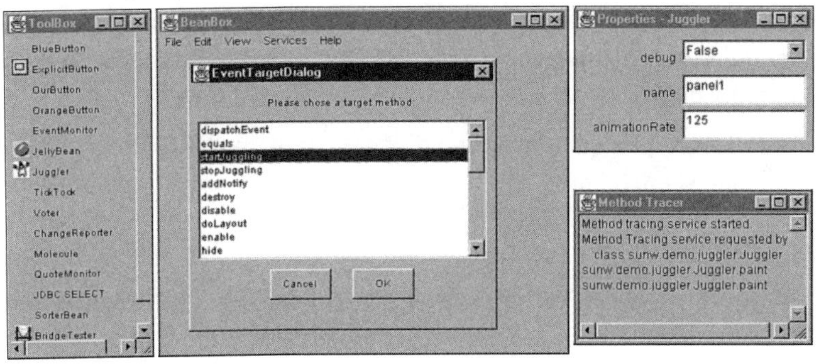

Abbildung 20.6: Eine aufzurufende Methode im EventTargetDialog auswählen.

Die Juggler-Bean hat zwei Methoden, um die Jongleur-Animation anzuhalten bzw. zu starten. Sie heißen `stopJuggling()` bzw. `startJuggling()`. Indem der Entwickler des Juggler solches Verhalten in eigene Methoden separiert hat, ermöglicht er, dass diese Methoden bei der Interaktion zwischen verschiedenen Beans eingesetzt werden können. Es gehört zu den größten Aufgaben bei der JavaBeans-Entwicklung, die Methoden einer Bean derartig zu organisieren, um so viele Interaktionen wie nötig anzubieten.

Der Stopp-Button sollte mit der `stopJuggling()`-Methode des Juggler-Bean assoziiert werden, der Go-Button sollte mit der `startJuggling()`-Methode assoziiert werden.

Indem Sie diese Interaktion zwischen drei JavaBeans eingerichtet haben, haben Sie ein einfaches, aber voll funktionierendes Java-Programm geschaffen, das eine Animation anzeigen, starten und stoppen kann.

Ein JavaBeans-Programm erzeugen

Wenn Sie eine oder mehrere JavaBeans auf eine gemeinsame Schnittstelle gesetzt, ihre Eigenschaften angepasst und Interaktionen zwischen ihnen eingerichtet haben, haben Sie ein Java-Programm erzeugt.

Um ein Projekt in der BeanBox abzuspeichern, benutzen Sie das Kommando File, Save. Damit können Sie die folgenden Informationen in einer Datei speichern:

- die Beans, wie sie gerade konfiguriert sind
- das Arrangement der Beans
- die Größe des Fensters, in dem sich die Beans befinden
- die Interaktion zwischen den Beans

Damit wird das Projekt aber nicht als Java-Programm abgespeichert, das außerhalb der BeanBox lauffähig wäre. Um ein Projekt in ausführbarer Form abzuspeichern, benutzen Sie File, MakeApplet. Dieses Kommando erfordert zweierlei: einen Namen für die Hauptklassendatei des Applets und einen Namen für das `jar`-Archiv, in dem alle für das Applet nötigen Dateien gespeichert werden, so die Klassendateien und andere Daten.

Nachdem Sie diese Namen angegeben haben, wird ein Applet samt einer Beispiel-HTML-Seite zum Laden erzeugt. Die HTML-Datei wird in denselben Ordner gelegt, in dem sich die `jar`-Datei des Archivs befindet. Sie können die Seite mit dem `appletviewer` oder einem Browser mit Java-2-Unterstützung laden.

Diese Applets werden mithilfe von `jar`-Dateien weitergegeben, die das Applet selbst und alle darin befindlichen Beans beinhalten. Listing 20.1 enthält den Applet-Tag, den die BeanBox für das Applet erzeugt hat, das `JugglingFool` getauft wurde.

Listing 20.1: Der von der BeanBox erzeugte Applet-Tag

```
<html>
<head>
<title>Test page for JugglingFool as an APPLET</Title>
</head>
<body>
<h1>Test for JugglingFool as an APPLET</h1>
This is an example of the use of the generated
JugglingFool applet.  Notice the Applet tag requires several
```

```
archives, one per JAR used in building the Applet
<p>
<applet
    archive="./JugglingFool.jar,./support.jar
        ,./buttons.jar
        ,./juggler.jar
    "
    code="JugglingFool"
    width=382
    height=513
>
Trouble instantiating applet JugglingFool!!
</applet>
```

Abbildung 20.7 zeigt die Jongleur-Animation, wie sie im `appletviewer` läuft.

Abbildung 20.7:
Ein JavaBeans-Applet, das im appletviewer läuft

Die Größe des Appletfensters wird durch die Größe des Composition-Fensters der BeanBox festgelegt. Um die Größe des Fensters zu verändern, wählen Sie es an, in dem Sie auf eine beliebige Stelle im Fenster, an der keine Bean ist, klicken, und dann seine Größe ändern, als wäre es eine Bean.

Mit anderen JavaBeans arbeiten

Software-Entwicklung auf Basis vorgefertigter Komponenten ist eine Form von *Rapid Application Development* (RAD), was sich als »Schnelle Anwendungsentwicklung« übersetzen ließe. RAD benutzt man oft, um eine lauffähige Version einer Software als Demonstration oder Prototyp zu erzeugen.

Ein häufiges Beispiel für RAD ist, dass man mit Microsoft Visual Basic den Prototyp eines Visual C++ Programms erzeugt. Die flinke grafische Benutzerschnittstelle ist eine der Stärken von Visual Basic, das damit besser für Protoypenerzeugung geeignet ist als das komplexere Visual C++.

JavaBeans machen RAD unter Java leicht. Ein Programmierer kann im Nu ein lauffähiges Programm aus existierenden JavaBeans-Komponenten zusammenschustern.

Sun und andere Entwickler stellen Hunderte von JavaBeans zur Verfügung. Sie werden u.a. an folgenden Adressen fündig:

- Gamelan, das Verzeichnis von Developer.com für Java-Ressourcen:

`http://gamelan.earthweb.com`

- Der Developer Tools Guide des Magazins JavaWorld:

`http://www.javaworld.com/javaworld/tools`

- die JavaBeans-Homepage von Sun:

`http://java.sun.com/beans`

Beans sind in `jar`-Archive gepackt. Wenn Sie eine Bean heruntergeladen haben und wollen, dass sie im Werkzeugkasten-Fenster erscheint, müssen Sie das `jar`-Archiv der Bean in den `jars`-Ordner des BDK speichern. Dieser Ordner kann in dem Ordner gefunden werden, in dem das BDK auf Ihrem System installiert wurde – wenn Sie das BDK nach `c:\bdk1.1` installiert haben, dann müssen Sie die `jar`-Datei nach `c:\bdk1.1\jars` speichern.

20.5 Zusammenfassung

In Kombination mit einer integrierten Entwicklungsumgebung ermöglichen JavaBeans Rapid Application Development von Java-Programmen.

Heute haben Sie die grundlegenden Prinzipien wieder benutzbarer Komponenten kennen gelernt und erfahren, wie diese Prinzipien in Java verwirklicht sind. Wir haben diese Ideen in die Praxis umgesetzt und gesehen, wie das JavaBeans Development Kit (BDK) von Sun benutzt werden kann, um mit existierenden Beans zu arbeiten, Verbindungen zwischen ihnen herzustellen und komplette Javaprogramme zu erzeugen.

Um eigene Programme mit JavaBeans zu erzeugen, müssen Sie sich ein besseres Entwicklungstool als das BDK aussuchen. Doch mit dem BDK können Sie immerhin einen Eindruck gewinnen, inwieweit sich Beans für Ihre Programmieraufgaben eignen.

Sie sollten die JavaBeans-Ressourcen im Internet nutzen. Viele der im Netz verfügbaren Beans erfüllen Aufgaben, die Sie in Ihren eigenen Programmen behandeln wollen. Mit der Benutzung von Beans können Sie sich viele Teile sparen, bei denen Sie sonst bei null beginnen müssten.

20.6 Fragen und Antworten

F *Wird das JavaBeans Development Kit zu einem echten Bean-Programmiertool ausgebaut werden?*

> **A** Derzeit gibt Sun weiterhin an, dass das BDK für das Testen von Beans und als Referenz, wie Beans in einer Entwicklungsumgebung verwendet werden sollten, intendiert ist. Demnach scheint es so, als ob professionelle Programmiertools wie Visual Café und andere wohl die beste Wahl für JavaBeans-Entwickler bleiben.

F *Im Juggler-Beispiel steht die Eigenschaft* `animationRate` *mit kleinem »a«, doch die Methoden heißen* `setAnimtationRate()` *bzw.* `getAnimationRate()`, *jeweils mit großem »A«. Warum ist das so?*

> **A** Das liegt an den unterschiedlichen Benennungskonventionen: Alle Variablen und Methodennamen beginnen mit einem Kleinbuchstaben, und alle Wörter außer dem ersten in einer Variable beginnen mit einem Großbuchstaben.

20.7 Quiz

Überprüfen Sie den heutigen Stoff, indem Sie dieses Quiz mit drei Fragen beantworten.

Fragen

1. Angenommen, Sie entwickeln eine Bean, die eine `getWindowHeight()`-Methode, die einen Integer ausgibt, sowie eine `setWindowHeight(int.)`-Methode hat. Welche Eigenschaft erscheint in einer Bean-Entwicklungsumgebung?

   (a) `WindowHeight`

   (b) `windowHeight`

   (c) Gar nichts, wenn Sie nichts explizit in einer `BeanInfo`-Datei angeben

2. Wann kann man die Eigenschaften einer Bean ändern?

   (a) Zur Entwurfzeit

   (b) Zur Laufzeit

   (c) Zu beiden Zeiten

3. Wie ändern Sie die Größe eines Applets, das mithilfe des BDK erzeugt wurde?

   (a) Bearbeiten Sie das HTML, das das BDK nach der Erzeugung des Applets generierte

   (b) Bearbeiten Sie eine Eigenschaft der Beanbox

   (c) Ändern Sie die Größe der BeanBox, ehe Sie das Applet erzeugen

Antworten

1. b. Allerdings können Sie auch die `BeanInfo`-Datei benutzen, um zu verhindern, dass `windowHeight` als Eigenschaft in der Bean-Entwicklungsumgebung auftaucht.
2. c. Wie Sie beim Juggler-Beispiel gesehen haben, laufen Beans sogar, während sie entworfen werden.
3. c. Jedoch ist Antwort a auch richtig, denn Sie können natürlich auch das HTML direkt bearbeiten und die Attribute `HEIGHT` und `WIDTH` des `APPLET`-Tags ändern.

20.8 Übungen

Um Ihr Wissen über die heute behandelten Themen zu vertiefen, können Sie sich an folgenden Übungen versuchen:

- Laden Sie bei Gamelan eine Bean herunter und verwenden Sie sie in der BeanBox.
- Fügen Sie eine TickTock-Bean zum Juggler-Projekt hinzu. Eine TickTock-Bean lässt etwas in bestimmten Zeitintervallen geschehen. Experimentieren Sie mit der Bean herum. Sie soll die Juggler-Bean alle 30 Sekunden neu starten.

Soweit einschlägig, finden Sie die Lösungen zu den Übungen auf der Webseite zum Buch: `http://www.java21days.com`.

Java Database Connectivity und Datenstrukturen

Fast jedes Javaprogramm hat irgendwie mit Daten zu tun. Bislang haben Sie primitive Typen, Objekte, Arrays und verkettete Listen zur Repräsentation von Daten benutzt, aber es gibt bessere Möglichkeiten, wenn Sie kompliziertere Programme entwickeln.

Heute beenden wir unsere dreiwöchige Rundreise im Javaland, indem wir mit Daten in ausgefeilterer Art und Weise umgehen.

Wir beginnen, indem wir die Java Database Connectivity (JDBC) erkunden. Das ist eine Klassenbibliothek, die Javaprogramme mit relationalen Datenbanken verbindet, wie sie von Microsoft, Sybase, Oracle, Informix und anderen Herstellern entwickelt wurden. Indem man einen Treiber als Brücke zur Datenbankquelle benutzt, kann man direkt von Java aus Daten speichern und auslesen.

Danach sehen wir uns an, wie Daten intern in Java repräsentiert werden, und arbeiten mit neuen Datenstrukturen, die Arrays und verkettete Listen ergänzen.

Heute geht es um Datenstrukturen und Database Connectivity, und dabei werden im Einzelnen die folgenden Themen behandelt:

- JDBC-Treiber benutzen, um mit verschiedenen relationalen Datenbanken zu arbeiten
- auf eine Datenbank mit Structured Query Language (SQL) zugreifen
- durch die Einträge manövrieren, die aus einer SQL-Datenbank-Operation resultieren
- eine JDBC-Datenquelle einrichten
- mit Stacks, Bit Sets, Hash-Tabellen und anderen Datenstrukturen arbeiten
- Klassen erzeugen, die die `Iterator`-Schnittstelle implementieren

Am Ende des heutigen Tages haben Sie ein wesentlich größeres Arsenal an Möglichkeiten, um in Ihren Programmen mit Daten zu arbeiten.

21.1 Java Database Connectivity

Java Database Connectivity (JDBC) ist eine Gruppe von Klassen, mit denen Client/Server-Datenbankapplikationen unter Java erstellt werden können. Client/Server-Software verbindet einen Benutzer von Information mit einem Lieferanten dieser Informationen. Dies ist eine der üblichsten Formen der Programmierung. Sie kommt jedesmal zum Einsatz, wenn Sie im Internet unterwegs sind: Ein Clientprogramm namens Browser fordert Webseiten, Bilddateien und andere Dokumente mittels einer URL (*Uniform Resource Locator*) an. Verschiedene Serverprogramme liefern dem Client die gewünschten Informationen, falls sie gefunden werden können.

Datenbank-Programmierer müssen mit der Tatsache kämpfen, dass sehr viele verschiedene Datenbank-Formate in Gebrauch sind, die jeweils eine eigene, proprietäre Methode des Datenzugriffs haben. Um den Gebrauch relationaler Datenbanken zu vereinfachen, wurde eine Standardsprache namens SQL (*Structured Query Language*) eingeführt. Dank dieser Sprache erübrigt sich, für jedes Datenbankformat eine eigene Sprache für Datenanfragen zu erlernen.

In der Datenbankprogrammierung heißt die Anforderung von Einträgen in einer Datenbank *Anfrage*, engl. *Query*. Wenn Sie SQL benutzen, können Sie komplexe Anfragen an eine Datenbank senden und die gesuchten Einträge in einer beliebigen, von Ihnen angegebenen Reihenfolge erhalten.

Als Beispiel stellen wir uns einen Datenbank-Programmierer bei einer Kreditgesellschaft vor, der eine Liste der säumigsten Zahler erstellen soll. Der Programmierer könnte SQL benutzen, um bei einer Datenbank nach allen Einträgen anzufragen, bei denen die letzte Zahlung mehr als 180 Tage her ist und der geschuldete Betrag höher als 0,00 DM ist. Mit SQL kann auch die Reihenfolge festgelegt werden, in der die Einträge zurückgegeben werden. Der Programmierer könnte die Einträge also geordnet nach Kundennummer, Name, geschuldetem Betrag oder nach jedem anderen Feld der Kredit-Datenbank zurück erhalten.

All dies ist mit SQL möglich. Der Programmier müsste sich nicht um die proprietären Sprachen kümmern, die die populären Datenbanken benutzen.

HINWEIS

SQL wird von vielen Datenbankformaten unterstützt, sodass Sie theoretisch dieselben SQL-Kommandos für jedes Datenbanktool mit Unterstützung dieser Sprache einsetzen können sollten. Trotzdem kann es notwendig werden, dass Sie ein paar Sonderkommandos eines speziellen Datenbankformats lernen müssen, selbst wenn Sie mit SQL zugreifen.

SQL ist der Industriestandard für den Zugriff auf relationale Datenbanken. JDBC unterstützt SQL, was Entwicklern ermöglicht, zahlreiche Datenbankformate zu nutzen, ohne sich um die Besonderheiten der zugrundeliegenden Datenbank kümmern zu müssen. Es ermöglicht ferner den Gebrauch von Datenbankanfragen, die für ein Datenbankformat spezifisch sind.

Die Art des Datenbank-Zugriffs der JDBC-Klassenbibliothek mittels SQL ist vergleichbar mit existenten Datenbank-Entwicklungstechniken, sodass die Kommunikation mit einer SQL-Datenbank über JDBC sich nicht sehr von der über traditionelle Datenbanktools unterscheidet. Javaprogrammierer, die sich bereits mit Datenbanken auskennen, können sofort mit JDBC loslegen. Das JDBC-API wurde bereits weitgehend von den großen Firmen berücksichtigt. Einige Firmen, die Entwicklungstools erstellen, haben Unterstützung für JDBC in ihren Entwicklungsprodukten angekündigt.

Die JDBC-Bibliothek hat Klassen für die einzelnen Aufgaben, die sich beim Umgang mit Datenbanken stellen:

- eine Verbindung zu einer Datenbank herstellen
- eine Anweisung mittels SQL erstellen
- diese SQL-Anfrage in der Datenbank ausführen
- die resultierenden Einträge ansehen

Diese JDBC-Klassen sind sämtlich Teil des `java.sql`-Pakets von Java 2.

Datenbank-Treiber

Javaprogramme, die JDBC-Klassen verwenden, können dem üblichen Programmiermodell folgen, SQL-Anweisungen zu geben und die resultierenden Daten zu verarbeiten. Das Format der Datenbank und die Plattform, auf der sie erstellt wurde, sind dabei egal.

Diese Plattform- und Datenbank-Unabhängigkeit wird in einem Javaprogramm durch einen Treiber-Manager ermöglicht. Die Klassen der JDBC-Klassenbibliothek sind weitgehend von Treiber-Managern abhängig, die sich darum kümmern, welche Treiber für den Zugriff auf Datenbank-Einträge notwendig sind. Sie brauchen einen eigenen Treiber für jedes Datenbankformat, das in einem Programm benutzt wird. Manchmal braucht man sogar mehrere Treiber für verschiedene Versionen desselben Formats.

JDBC-Datenbanktreiber sind entweder komplett in Java geschrieben oder sind mithilfe nativer Methoden implementiert, um Java-Applikationen mit existenten Datenbank-Zugriffsbibliotheken zu verbinden.

JDBC hat einen Treiber, der JDBC mit einem anderen Datenbank-Connectivity-Standard namens ODBC verbindet.

Die JDBC-ODBC-Brücke

ODBC, Microsofts Schnittstelle zu SQL-Datenbanken, wird auf einem Windows-System vom ODBC-Datenquellen-Administrator verwaltet. Man führt ihn aus, indem man Start, Einstellungen, Systemsteuerung, ODBC Datenquellen wählt. Der Administrator fügt ODBC-Treiber hinzu, konfiguriert Treiber, damit sie mit speziellen Datenbankdateien funktionieren, und loggt die SQL-Benutzung. Abbildung 21.1 zeigt den ODBC-Datenquellen-Administrator auf einem Windows-System.

In Abbildung 21.1 listet das Dialogfeld namens Drivers alle ODBC-Treiber im System auf. Einige Treiber sind spezifisch für das Datenbank-Format einer bestimmten Firma, so z.B. der Microsoft-Access-Treiber. Andere Treiber arbeiten mit einem Server, der auf SQL selbst abgestimmt ist, so der INTERSOLV-SQLServer-Treiber.

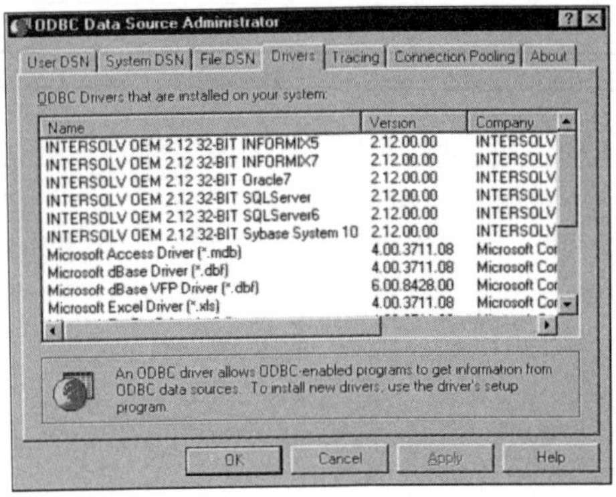

Abbildung 21.1: Der ODBC-Datenquellen-Administrator auf einem Windows-System.

Die JDBC-ODBC-Brücke ermöglicht JDBC-Treibern, als ODBC-Treiber benutzt zu werden, indem JDBC-Methodenaufrufe in ODBC-Funktionsaufrufe konvertiert werden.

Die Verwendung der JDBC-ODBC-Brücke erfordert dreierlei:

- den JDBC-ODBC-Brücken-Treiber von Java 2: `sun.jdbc.odbc.JdbcOdbcDriver`
- einen ODBC-Treiber
- eine ODBC-Datenquelle, die mit dem Treiber durch eine Software wie dem ODBC-Datenquellen-Administrator assoziiert wurde

ODBC-Datenquellen können innerhalb bestimmter Datenbankprogramme aufgesetzt werden. Wenn z.B. in Lotus Approach eine neue Datenbank-Datei erzeugt wird, hat man die Option, sie mit einem ODBC-Treiber zu assoziieren.

Eine ODBC-Datenquelle muss einen kurzen, deskriptiven Namen erhalten. Dieser Name wird in Javaprogrammen benutzt, wenn eine Verbindung zu der Datenbank, auf die sich die Quelle bezieht, hergestellt wird.

Wenn unter Windows ein ODBC-Treiber ausgewählt und eine Datenbank erzeugt wurde, erscheinen sie im ODBC-Datenquellen-Administrator. Abbildung 21.2 zeigt ein solches Beispiel, eine Datenquelle namens `World Energy`.

Die Abbildung 21.2 zeigt, dass die Datenquelle `World Energy` mit einem Microsoft-Access-Treiber assoziiert ist.

HINWEIS: Microsoft Access hat ODBC-Treiber, mit denen man eine Verbindung mit einer Access-Datenbank-Datei herstellen kann. Die meisten Windows-Datenbank-Programme kommen mit einem oder mehreren ODBC-Treibern, die diesem Format entsprechen.

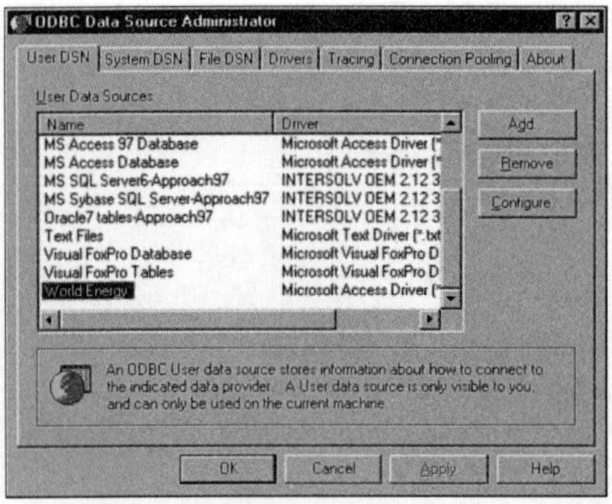

Abbildung 21.2:
Eine Auflistung von Datenquellen im ODBC-Datenquellen-Administrator.

Eine Verbindung mit einer ODBC-Datenquelle herstellen

Unser erstes Projekt heute ist eine Java-Applikation, die mit der JDBC-ODBC-Brücke eine Verbindung zu einer Microsoft-Access-Datei herstellt.

Die Access-Datei für dieses Projekt heißt `world20.mdb` und ist eine Datenbank mit weltweiten Energiestatistiken, die von der U.S. Energy Information Administration publiziert wird. Die Kohletabelle dieser Datenbank hat folgende Felder:

- `Country`
- `Year`
- `Anthracite Production`

Diese Datenbank finden Sie auf der Webseite zum Buch, `http://www.java21days.com`.

Um diese Datenbank verwenden zu können, brauchen Sie einen ODBC-Treiber mit Microsoft-Access-Unterstützung auf Ihrem System. Mithilfe des ODBC-Datenquellen-Administrators (oder eines vergleichbaren Programms, wenn Sie kein Windows-System benutzen) müssen Sie eine neue ODBC-Datenquelle erstellen, die mit `world20.mdb` assoziiert ist.

Je nachdem, welche ODBC-Treiber auf Ihrem System vorhanden sind, können weitere Einrichtungsarbeiten nötig sein. Konsultieren Sie dazu die Dokumentation des ODBC-Treibers.

WARNUNG: Dieser Aspekt der JDBC-ODBC-Brücken-Programmierung macht oft mehr Schwierigkeiten als die Verwendung der JDBC-Klassenbibliothek in einem Programm. Eventuell müssen Sie einen ODBC-Treiber installieren und mehr über seine Benutzung herausfinden, ehe Sie sich an die Erstellung einer JDBC-ODBC-Applikation machen können.

Nachdem Sie `world20.mdb` heruntergeladen oder eine andere Datenbank aufgetrieben haben, die mit den ODBC-Treibern Ihres Systems kompatibel ist, müssen Sie als letzten vorbereitenden Schritt eine Datenquelle erstellen, die mit der Datenbank assoziiert ist. Im Gegensatz zu andern I/O-Klassen von Java verwendet JDBC keinen Dateinamen, um ein Datenfile zu identifizieren. Stattdessen wird ein Tool wie der ODBC-Datenquellen-Administrator benutzt, um die ODBC-Datenquelle zu benennen und den Dateiordner anzugeben, wo sie gefunden werden kann.

Im ODBC-Datenquellen-Administrator klicken Sie auf den Reiter Benutzer-DSN, um eine Liste derzeit verfügbarer Datenquellen zu erhalten. Um eine neue hinzuzufügen, die mit `world20.mdb` (oder Ihrer eigenen Datenbank) assoziiert ist, klicken Sie auf Hinzufügen ..., wählen einen ODBC-Treiber und klicken dann auf Fertigstellen.

Es öffnet sich ein Setup-Fenster, in dem Sie einen Namen, eine kurze Beschreibung und andere Informationen zu dieser Datenbank angeben können. Klicken Sie auf Auswählen ..., um die Datenbankdatei zu suchen und auszuwählen.

Abbildung 21.3 zeigt das Setup-Fenster, mit dem `world20.mdb` als Datenquelle im ODBC-Datenquellen-Administrator eingerichtet wird.

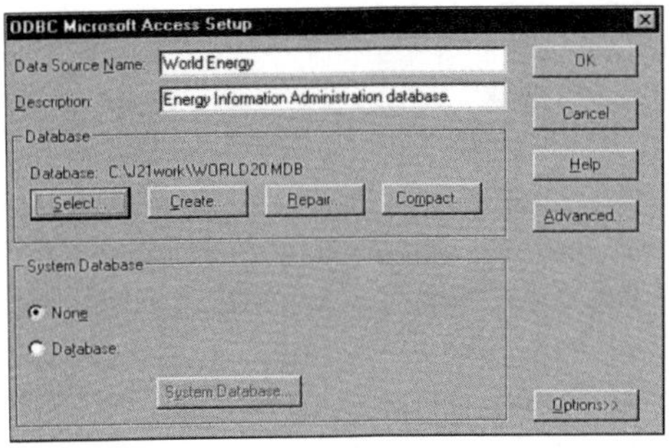

Abbildung 21.3: Das Treiber-Setup-Fenster.

Nachdem eine Datenbank mit einer ODBC-Datenquelle assoziiert wurde, ist es nicht schwierig, mit ihr in einem Javaprogramm zu arbeiten, wenn man sich mit SQL auskennt.

Die erste Aufgabe in einem JDBC-Programm ist, den (oder die) Treiber zu laden, mit denen die Verbindung zur Datenquelle hergestellt wird. Ein Treiber wird mit der Methode `Class.forName(String)`-Methode geladen. `Class`, Teil des Pakets `java.lang`, lädt Klassen in den Java-Interpreter. Die `forName(String)`-Methode lädt die Klasse, die durch den String angegeben wird. Diese Methode kann eine `ClassNotFoundException` auswerfen.

Alle Programme, die eine ODBC-Datenquelle benutzen, verwenden `sun.jdbc.odbc.JdbcOdbcDriver`, der JDBC-ODBC-Brücken-Treiber von Java 2. Um diese Klasse in einen Java-Interpreter zu laden, braucht man folgende Anweisung:

```
Class.forName("sun.jdbc.odbc.JdbcOdbcDriver");
```

Wenn der Treiber geladen ist, können Sie mit der `DriverManager`-Klasse im Paket `java.sql` eine Verbindung zur Datenquelle herstellen:

Die Methode getConnection(*String*, *String*, *String*) von DriverManager kann benutzt werden, um die Verbindung aufzusetzen. Sie gibt ein Connection-Objekt zurück, das eine aktive Datenverbindung repräsentiert.

Die drei Argumente dieser Methode sind:

- ein Name, der die Datenquelle und die Art der Datenbank-Connectivity repräsentiert
- ein Benutzername
- ein Passwort

Die letzten beiden Punkte sind nur notwendig, wenn die Datenbank mit einem Benutzernamen und einem Passwort geschützt ist. Wenn nicht, können diese Argumente leere Strings sein ("").

Dem Namen der Datenquelle geht der Text jdbc:odbc: voraus, wenn die JDBC-ODBC-Brücke benutzt wird. So wird die Art der benutzen Datenbank-Connectivity angegeben.

Mit der folgenden Anweisung wird eine Verbindung zu einer Datenquelle namens Payroll mit dem Benutzernamen Doc und dem Passwort Notnow hergestellt:

```
Connection payday = DriverManager.getConnection(
    "jdbc:odbc:Payroll", "Doc", "Notnow");
```

Die getConnection()-Methode wirft wie alle Methoden einer Datenquelle eine SQLException aus, wenn irgendetwas während der Verwendung der Datenquelle schief läuft. SQL hat eigene Fehlermeldungen, die als Teil des SQLException-Objekts weitergeleitet werden.

Eine SQL-Anweisung wird unter Java als Statement-Objekt repräsentiert. Statement ist eine Schnittstelle, kann also nicht direkt abgeleitet werden. Es wird von der createStatement()-Methode eines Connection-Objekts zurückgegeben:

```
Statement lookSee = payday.CreateStatement();
```

Wenn Sie ein Statement-Objekt haben, können Sie damit eine SQL-Anfrage durchführen, indem Sie die executeQuery(*String*)-Methode des Objekts aufrufen. Das String-Argument ist eine SQL-Anfrage in der Syntax dieser Sprache. Um komplizierte Dinge mit SQL zu machen, müssen Sie SQL lernen, aber viel von dieser Sprache bekommen Sie schon mit, wenn Sie sich ein paar Beispiele näher ansehen.

Dies ist ein Beispiel für eine SQL-Anfrage, die man bei der Kohle-Tabelle von world20.mdb benutzen könnte:

```
SELECT Country, Year, Anthracite Production FROM Coal
    WHERE (Country Is Not Null) ORDER BY Year
```

Diese SQL-Anfrage holt aus der Datenbank bestimmte Felder aller Einträge, in denen das Country-Feld ungleich Null ist. Die zurückgegebenen Einträge werden nach dem Country-Feld sortiert, sodass Afghanistan vor Burkina Faso stünde.

Wenn die SQL-Anfrage richtig formuliert wurde, gibt die `executeQuery()`-Methode ein `ResultSet`-Objekt zurück, in dem sich alle aus der Datenquelle geholten Einträge befinden.

Wenn `executeQuery()` ein `ResultSet` zurückgibt, ist es auf den ersten geholten Eintrag positioniert. Mit den folgenden Methoden von `ResultSet` lassen sich Informationen aus dem aktuellen Eintrag ziehen:

- `getDate(`*`String`*`)` – gibt den `Date`-Wert zurück, der im angegebenen Feld gespeichert ist
- `getDouble(`*`String`*`)` – gibt den `double`-Wert zurück, der im angegebenen Feld gespeichert ist
- `getFloat(`*`String`*`)` - gibt den `float`-Wert zurück, der im angegebenen Feld gespeichert ist
- `getInt(`*`String`*`)` – gibt den `int`-Wert zurück, der im angegebenen Feld gespeichert ist
- `getLong(`*`String`*`)` – gibt den `long`-Wert zurück, der im angegebenen Feld gespeichert ist
- `getString(`*`String`*`)` – gibt den `String` zurück, der im angegebenen Feld gespeichert ist

Das sind nur die einfachsten Methoden der Schnittstelle `ResultSet`. Welche Methoden Sie verwenden müssen, hängt von Form ab, die die Felddaten bei der Erstellung der Datenbank hatten.

Sie können auch einen Integer statt eines Strings als Argument für diese Methoden benutzen, also z.B. `getString(5)`. Der Integer gibt an, welches Feld ausgelesen werden soll (1 für das erste Feld, 2 für das zweite Feld usw.).

Wenn es zu einem Datenbank-Fehler kommt, während Sie Informationen aus einem `ResultSet` auslesen wollen, wird eine `SQLException` ausgeworfen. Sie können mehr über den Fehler erfahren, wenn Sie die `getSQLState()`- und die `getErrorCode()`-Methoden dieser Ausnahme aufrufen.

Nachdem Sie die benötigten Informationen aus einem Eintrag gezogen haben, können Sie zum nächsten Eintrag gehen, indem Sie die `next()`-Methode des `ResultSet`-Objekts aufrufen. Diese Methode gibt den booleschen Wert `false` zurück, wenn man versucht, über das Ende eines `ResultSet` zu gehen.

Man kann sich ferner mit folgenden Methoden durch die Einträge eines `ResultSets` bewegen:

- `afterLast()` – bewegt sich auf die Stelle unmittelbar nach dem letzten Eintrag des Sets
- `beforeFirst()` – bewegt sich auf die Stelle unmittelbar vor dem ersten Eintrag des Sets
- `first()` – bewegt sich zum ersten Eintrag des Sets
- `last()` – bewegt sich zum letzten Eintrag des Sets
- `previous()` – bewegt sich zum vorherigen Eintrag des Sets

Mit der Ausnahme von `afterLast()` und `beforeFirst()` geben diese Methoden ein boolesches `false` aus, wenn an dieser Position des Sets kein Eintrag ist.

Wenn Sie mit der Verbindung zu einer Datenquelle fertig sind, schließen Sie sie mit einem argumentenlosen Aufruf der `close()`-Methode der Verbindung.

Listing 21.1 zeigt die Applikation `CoalTotals`, die die JDBC-ODBC-Brücke und eine SQL-Anweisung verwendet, um einige Einträge aus einer Datenbank zu lesen. Vier Felder werden aus jedem Eintrag ausgelesen, den die SQL-Anweisung angibt: `FIPS`, `County`, `Year` und `Anthracite Production`. Das Ergebnis-Set ist nach dem `Year`-Feld geordnet, und die Felder werden im Standardausgabegerät angezeigt.

Listing 21.1: Der gesamte Quelltext von CoalTotals.java.

```
import java.sql.*;

public class CoalTotals {
    public static void main(String[] arguments) {
        String data = "jdbc:odbc:World Energy";
        try {
            Class.forName("sun.jdbc.odbc.JdbcOdbcDriver");
            Connection conn = DriverManager.getConnection(
                data, "", "");
            Statement st = conn.createStatement();
            ResultSet rec = st.executeQuery(
                "SELECT * " +
                "FROM Coal " +
                "WHERE " +
                "(Country='" + arguments[0] + "') " +
                "ORDER BY Year");
            System.out.println("FIPS\ tCOUNTRY\ tYEAR\ t" +
                "ANTHRACITE PRODUCTION");
            while(rec.next()) {
                System.out.println(rec.getString(1) +  "\ t"
                        + rec.getString(2) + "\ t"
                        + rec.getString(3) + "\ t"
                        + rec.getString(4));
            }
            st.close();
        } catch (SQLException s) {
            System.out.println("SQL Error: " + s.toString() + " "
                + s.getErrorCode() + " " + s.getSQLState());
        } catch (Exception e) {
            System.out.println("Error: " + e.toString()
                + e.getMessage());
        }
    }
}
```

Das Programm wird mit einem einzelnen Argument ausgeführt, das das `Country`-Feld in der Datenbankform angibt, aus dem die Einträge zu lesen sind. Würde man die Applikation mit dem Argument `Poland` ausführen, sähe der Output der Beispieldatenbank folgendermaßen aus:

```
FIPS  COUNTRY   YEAR   ANTHRACITE PRODUCTION
PL    Poland    1990   0.0
PL    Poland    1991   0.0
PL    Poland    1992   0.0
PL    Poland    1993   174.165194805424
PL    Poland    1994   242.50849909616
PL    Poland    1995   304.237935229728
PL    Poland    1996   308.64718066784
PL    Poland    1997   319.67029426312
PL    Poland    1998   319.67029426312
```

Starten Sie das Programm mit anderen Ländern, die Anthrazit herstellen, also z.B. Frankreich (engl. France), Swaziland oder Neuseeland (engl. New Zealand). Bei Ländern mit einem Leerzeichen im Namen dürfen Sie die Anführungszeichen um den Namen in der Kommandozeile nicht vergessen.

JDBC-Treiber

Die Erstellung eines Programms, das einen JDBC-Treiber benutzt, ähnelt weitgehend der Erstellung eines Programms, das die JDBC-ODBC-Brücke verwendet.

Als erstes müssen Sie einen JDBC-Treiber auftreiben und installieren. Sun liefert keinen JDBC-Treiber bei Java 2 mit, aber mehr als ein Dutzend Firmen verkaufen solche Treiber oder bundeln sie mit anderen Produkten, so Informix, Oracle, Symantec, IBM und Sybase. Eine Liste der derzeit verfügbaren JDBC-Treiber finden Sie auf der JDBC-Seite von Sun unter `http://java.sun.com/products/jdbc/jdbc.drivers.html`.

Einige Treiber kann man zum Testen herunterladen. Einen davon, JDataConnect Server von NetDirect, können Sie für das heutige Projekt verwenden. Sie können den JDataConnect Server unter `http://www.j-netdirect.com` zum Testen herunterladen.

Die Schritte zum Aufsetzen einer Datenquelle für JDBC sind dieselben wie bei JDBC-ODBC:

- Erzeugung der Datenbank
- Assoziation der Datenbank mit dem JDBC-Treiber
- Erzeugung einer Datenquelle – hier kann es nötig werden, ein Datenbankformat, einen Datenbankserver, einen Benutzernamen und ein Passwort zu wählen.

Der JDataConnectServer von NetDirect verwendet den ODBC-Datenquellen-Administrator, um eine neue Datenquelle zu erzeugen, die mit einer Datenbank assoziiert ist.

Listing 21.2 ist eine Java-Applikation, die den JDataConnect-JDBC-Treiber benutzt, um auf eine Datenbankdatei namens `People.mdb` zuzugreifen. Diese Datenbank ist ein Microsoft-Access-File mit den Adressen von amerikanischen Präsidenten.

Listing 21.2: Die gesamte Quelltext von Presidents.java.

```
1: import java.sql.*;
2:
3: public class Presidents {
4:     public static void main(String[] arguments) {
6:         String data = "jdbc:JDataConnect://localhost:1150/Presidents";
7:         try {
8:             Class.forName("JData2_0.sql.$Driver");
09:            Connection conn = DriverManager.getConnection(
10:                data, "", "");
11:            Statement st = conn.createStatement();
12:            ResultSet rec = st.executeQuery(
13:                "SELECT NAME, ADDRESS1, ADDRESS2, PHONE, E-MAIL " +
14:                "FROM People.mdb Contacts " +
15:                "ORDER BY NAME");
16:            while(rec.next()) {
17:                System.out.println(rec.getString("NAME") +  "\n"
18:                    + rec.getString("ADDRESS1") + "\n"
19:                    + rec.getString("ADDRESS2") + "\n"
20:                    + rec.getString("PHONE") + "\n"
21:                    + rec.getString("E-MAIL") + "\n");
22:            }
23:            st.close();
24:        }  catch (Exception e) {
25:            System.out.println("Error -- " + e.toString());
26:        }
27:    }
28: }
```

Damit dieses Programm funktioniert, muss zuerst der JDataConnect Server gestartet werden. Die Referenz auf `localhost:1150` in Zeile 6 bezieht sich auf den Server – `localhost` ist ein Ersatz für den Namen Ihres Computers und `1150` ist die Standard-Portnummer, auf der der JDataConnect Server läuft.

Der JDataConnect Server kann dazu benutzt werden, um auf Internetserver zuzugreifen. Man kann also `localhost` durch eine Internetadresse ersetzen, z.B. durch `db.naviseek.com:1150`, wenn ein JDataConnect Server an diesem Ort und auf diesem Port laufen würde.

Zeile 6 erzeugt die Datenbankadresse, die benutzt wird, wenn ein `Connection`-Objekt erzeugt wird, das die Verbindung zur Datenquelle `Presidents` herstellt. Diese Adresse umfasst mehr Informationen als diejenige beim JDBC-ODBC-Brückenserver:

```
jdbc:JDataConnect://localhost:1150/Presidents
```

Zeile 8 der Applikation `Presidents` lädt den JDBC-Treiber, der Teil des JDataConnect Servers ist:

```
JData2_0.sql.$Driver
```

Die Firma, die den JDBC-Treiber liefert, stellt Ihnen die Konfigurationsinformationen für die Datenquelle und den Treiber zur Verfügung. Die Datenbankadresse kann sich bei verschiedenen JDBC-Treiberimplementierungen unterscheiden. Es sollte aber stets eine Referenz zu einem Server, ein Datenbankformat und den Namen der Datenquelle geben.

Falls die `People.mdb`-Datenbank existiert und der JDBC-Treiber korrekt eingerichtet wurde, sollte die Ausgabe der `Presidents`-Applikation ungefähr so aussehen (je nach den Einträgen in der Datenbank):

```
Gerald Ford
Box 927
Rancho Mirage, CA 92270
(734) 741-2218
library@fordlib.nara.gov

Jimmy Carter
Carter Presidential Center
1 Copenhill, Atlanta, GA 30307
(404) 727-7611
carterweb@emory.edu

Ronald Reagan
11000 Wilshire Blvd.
Los Angeles, CA 90024
library@reagan.nara.gov

George Bush
Box 79798
Houston, TX 77279
(409) 260-9552


Bill Clinton
White House, 1600 Pennsylvania Ave.
Washington, DC 20500
(202) 456-1414
president@whitehouse.gov
```

21.2 Datenstrukturen

Viele Javaprogramme benötigen eine Möglichkeit, Daten innerhalb einer Klasse zu speichern und zu manipulieren. Bislang haben Sie zwei Strukturen verwendet, um Daten zu speichern und wieder auszulesen: Arrays und verkettete Listen. Doch oft sind für spezielle Programmieraufgaben andere Optionen besser geeignet als Arrays oder Listen.

Ein gutes Verständnis von Datenstrukturen und ihren Einsatzgebiete wird Ihnen bei der Javaprogrammierung stets von Nutzen sein.

Neben primitiven Datentypen sind Arrays die einfachsten Datenstrukturen, die Java unterstützt. Ein Array ist einfach eine Reihe von Datenelementen desselben primitiven Typs oder von Objekten beliebiger Klasse. Es wird als einzelne Einheit behandelt, ganz wie man einen primitiven Datentyp behandelt, enthält aber etliche Elemente, auf die einzeln zugegriffen werden kann. Arrays sind nützlich, wenn Sie verwandte Informationen speichern und auf sie zugreifen wollen.

Die schlimme Einschränkung von Arrays ist, dass man ihre Größe nicht verändern kann, um sie an mehr oder weniger Elemente anzupassen. D. h., einem Array, das schon voll ist, können Sie keine neuen Elemente hinzufügen. Da verkettete Listen und Vektoren diese Einschränkung nicht haben, können diese Objekte als Alternative benutzt werden.

Die Java-Klassenbibliothek bietet im Paket `java.util` eine Reihe von Datenstrukturen, die Ihnen bei der Organisation und Manipulation von Daten mehr Flexibilität ermöglichen.

HINWEIS: Im Gegensatz zu den Datenstrukturen des `java.util`-Pakets gelten Arrays als solche Kernkomponente von Java, dass sie in der Sprache selbst implementiert sind. Daher können Sie Arrays benutzen, ohne irgendwelche Pakete importieren zu müssen.

21.3 Java-Datenstrukturen

Die Datenstrukturen des Pakets `java.util` sind sehr nützlich und erfüllen eine große Zahl von Funktionen. Diese Datenstrukturen bestehen aus der Schnittstelle `Iterator`, der Schnittstelle `Map` und Klassen wie den folgenden:

- `BitSet`
- `Vector`
- `Stack`
- `Hashtable`

Diese Datenstrukturen bieten jeweils einen Weg, um Informationen in einer genau festgelegten Art und Weise zu speichen und sie wieder auszulesen. Die Schnittstelle `Iterator` ist selbst keine Datenstruktur, sondern gibt die Möglichkeit, aufeinanderfolgende Elemente aus einer Datenstruktur auszulesen. Z. B. definiert Iterator eine Methode namens next(), die das nächste Element in einer Datenstruktur holt, die mehrere Elemente umfasst.

HINWEIS: Iterator ist eine erweiterte und verbesserte Verrsion der Schnittstelle Enumeration und kam in Java 2 hinzu. Zwar wird Enumeration immer noch unterstützt, aber Iterator hat einfachere Methodennamen und erlaubt, einzelne Einträge zu entfernen.

Die BitSet-Klasse implementiert eine Gruppe von Bits oder Flags, die einzeln gesetzt oder gelöscht werden können. Diese Klasse eignet sich dazu, um eine Reihe von booleschen Werten zu speichern. Sie weisen jedem Wert ein Bit zu und setzen bzw. löschen es.

Neuer BEGRIFF: Ein *Flag* ist ein boolescher Wert, der einen von mehreren an/aus-Status in einem Programm repräsentiert.

Die Vector-Klasse ähnelt einem traditionellen Java-Array, kann aber wachsen, um neue Elemente aufzunehmen. Wie bei einem Array wird auf die Elemente eines Vector-Objekts mit einem Index zugegriffen. Das Schöne an der Vector-Klasse ist, dass Sie sich bei der Erstellung auf keine bestimmte Größe festlegen müssen. Ein Vektor wächst oder schrumpft automatisch.

Die Stack-Klasse implementiert einen Stapel von Elementen mit dem Prinzip: Zuletzt rein, zuerst raus. Sie können sich einen Stack gegenständlich als hohen Stapel von Elementen vorstellen. Wenn Sie ein neues Element hinzufügen, kommt es oben auf alle anderen. Wenn Sie ein Element vom Stapel nehmen, kommt es von ganz oben. Anders gesagt: Das Element, das Sie dem Stack zuletzt hinzugefügt haben, bekommen Sie als Erstes zurück. Dieses Element wird komplett aus dem Stack entfernt. Dies ist ein Unterschied zu Strukturen wie Arrays, wo die Elemente stets verfügbar bleiben.

Die Dictionary-Klasse ist eine abstrakte Klasse, die eine Datenstruktur zur Verknüpfung von Keys mit Werten definiert. Das ist nützlich, wenn Sie auf Daten durch einen speziellen Key und nicht durch einen Integer-Index zugreifen wollen. Da die Dictionary-Klasse abstrakt ist, bietet sie nur den Rahmen für eine Datenstruktur mit Key-Map, nicht aber eine spezielle Implementierung.

Neuer BEGRIFF: Ein *Key* ist ein Identifikationsmittel, um einen Wert in einer Datenstruktur zu referenzieren oder nachzusehen.

Eine Implementierung einer Datenstruktur mit Key-Map ist in der Hashtable-Klasse gegeben, die Daten gemäß einer benutzerdefinierten Key-Struktur organisiert. Z. B. könnten in einer Adresslisten-Hashtabelle Daten gemäß einem Key wie der PLZ statt der Personennamen gespeichert und sortiert werden. Die spezielle Bedeutung der Keys in einer Hashtabelle hängt davon ab, wie die Tabelle benutzt wird und welche Daten sie enthält.

Der nächste Abschnitt erläutert die Datenstrukturen des `java.util`-Pakets genauer.

Iterator

Die `Iterator`-Schnittstelle bietet eine standardisierte Möglichkeit, um durch eine Liste von Elementen in einer definierten Abfolge zu iterieren, was für viele Datenstrukturen Routine ist. Sie können die Schnittstelle nicht außerhalb einer speziellen Datenstruktur benutzen, aber das Verständnis der `Iterator`-Schnittstelle hilft Ihnen, andere Java-Datenstrukturen zu verstehen.

Folgende Methoden werden in der `Iterator`-Schnittstelle definiert:

```
public boolean hasNext();

public Object next();

public void remove();
```

Die `hasNext()`-Methode bringt in Erfahrung, ob die Struktur noch weitere Elemente umfasst. Typischerweise ruft man diese Methode auf, um zu sehen, ob man weiter durch die Struktur iterieren kann. Beispielsweise kann man `hasNext()` im Bedingungssatz einer `while`-Schleife aufrufen, die durch eine Liste iteriert.

Die `next()`-Methode liest das nächste Element einer Struktur aus. Wenn es keine Elemente mehr gibt, wirft `next()` eine `NoSuchElementException` aus. Um diese Ausnahme zu vermeiden, verwenden Sie `hasNext()` zusammen mit `next()`, um sicherzustellen, dass es ein weiteres Element zum Auslesen gibt.

Die folgende `while`-Schleife iteriert mit diesen beiden Methoden durch ein Datenstrukturobjekt namens `users`, das die `Iterator`-Schnittstelle implementiert:

```
while (users.hasNext()) {
    Object ob = users.next();
    System.out.println(ob);
}
```

Dieser Beispielcode zeigt den Inhalt aller Listeneinträge mithilfe der Methoden `hasNext()` und `next()` an.

Da `Iterator` eine Schnittstelle ist, können Sie es nicht direkt als Datenstruktur verwenden. Stattdessen kann man die durch `Iterator` definierten Methoden im Kontext einer anderen Datenstruktur verwenden. Diese Architektur hat den Vorteil, dass sie eine konsistente Schnittstelle für viele Standarddatenstrukturen bietet, wodurch man sie leichter erlernen und benutzen kann.

Bit Sets

Die `BitSet`-Klasse kommt zum Einsatz, wenn Sie eine Gruppe boolescher Flags repräsentieren wollen. Das Schöne an der `BitSet`-Klasse ist, dass Sie einzelne Bits zum Speichern boolescher Werte benutzen können und sich den Stress sparen, Bitwerte mit Bitoperationen auslesen zu müssen. Sie referenzieren die einzelnen Bits einfach mit einem Index. Ein weiteres nützliches Feature ist, dass ein BitSet automatisch wächst, um die vom Programm benötigte Zahl von Bits zu repräsentieren. Abbildung 21.4 zeigt die logische Organisation einer BitSet-Datenstruktur.

Index	0	1	2	3
Wert	Boolean0	Boolean1	Boolean2	Boolean3

Abbildung 21.4: Die logische Organisation einer BitSet-Datenstruktur

Z. B. können Sie `BitSet` als Objekt mit einer Anzahl von Attributen benutzen, die leicht mit booleschen Werten abgebildet werden können. Da auf einzelne Bits in einem Bit Set über einen Index zugegriffen wird, können Sie jedes einzelne Attribut als konstanten Indexwert definieren:

```
class SomeBits {
    public static final int READABLE = 0;
    public static final int WRITEABLE = 1;
    public static final int STREAMABLE = 2;
    public static final int FLEXIBLE = 3;
}
```

Wie Sie sehen, erhalten die Attribute steigende Werte, beginnend bei 0. Sie können diese Werte benutzen, um die entsprechenden Bits in einem Bit Set auszulesen und zu setzen. Aber zunächst müssen Sie das `BitSet`-Objekt erzeugen:

```
BitSet bits = new BitSet();
```

Dieser Konstruktor erzeugt ein Bit Set ohne spezifizierte Größe. Sie können auch ein Bit Set mit angegebener Größe erzeugen:

```
BitSet bits = new BitSet(4);
```

Dies erzeugt ein BitSet mit vier booleschen Bitfeldern. Unabhängig vom benutzten Konstruktor stehen alle Bits in neuen Bit Sets zunächst auf `false`. Ist ein Bit Set erst einmal erzeugt, können Sie die Bits problemlos mit den Methoden `set()` und `clear()` zusammen mit den definierten Bitkonstanten setzen und löschen:

```
bits.set(SomeBits.WRITEABLE);
bits.set(SomeBits.STREAMABLE);
bits.set(SomeBits.FLEXIBLE);
bits.clear(SomeBits.WRITEABLE);
```

Durch diesen Code werden die Attribute `WRITEABLE`, `STREAMABLE` und `FLEXIBLE` gesetzt, und dann wird das `WRITEABLE`-Bit gelöscht. Es wird stets der komplette Name für jedes Attribut genutzt, da die Attribute in der `SomeBits`-Klasse als statisch deklariert wurden.

Sie können den Wert einzelner Bits in einem Bit Set mit der `get()`-Methode auslesen:

```
boolean canIWrite = bits.get(SomeBits.WRITEABLE);
```

Sie können herausfinden, wie viele Bits durch ein Bit Set repräsentiert werden, indem Sie die `size()`-Methode verwenden:

```
int numBits = bits.size();
```

Die `BitSet`-Klasse bietet weitere Methoden, um Vergleiche und Bitoperationen in Bit Sets durchzuführen, wie z.B. `AND`, `OR` oder `XOR`. Diese Methoden erwarten jeweils ein `BitSet`-Objekt als einziges Argument.

Vektoren

Die `Vector`-Klasse implementiert ein erweiterbares Array von Objekten. Da `Vector`-Klasse sich im Bedarfsfall für weitere Elemente erweitert, muss sie entscheiden können, wann und wie sehr sie wächst, wenn neue Elemente hinzugefügt werden. Sie können nach der Erzeugung diesen Aspekt von Vektoren mühelos kontrollieren.

Bevor wir hier weiter einsteigen, sehen wir uns an, wie man einen einfachen Vektor erzeugt:

```
Vector v = new Vector();
```

Dieser Konstruktor erzeugt einen Standardvektor ohne Elemente. Alle Vektoren sind nach ihrer Erzeugung erst einmal leer. Eines der Attribute, das festlegt, wie der Vektor seine Größe verändert, ist seine Startkapazität (die Zahl der Elemente, für die er standardmäßig Speicherplatz bereitstellt).

Neuer BEGRIFF

Die *Größe* (engl. *size*) eines Vektors ist die Zahl der Elemente, die gerade in ihm gespeichert sind.

Neuer BEGRIFF

Die *Kapazität* eines Vektors ist die Menge Speicherplatz, die zur Speicherung von Elementen zur Verfügung gestellt wird. Sie ist stets größer oder gleich der Größe des Vektors.

Der folgende Code zeigt, wie man einen Vektor mit festgelegter Kapazität erzeugt:

```
Vector v = new Vector(25);
```

Dieser Vektor stellt genug Speicherplatz für 25 Elemente zur Verfügung. Sobald 25 Elemente hinzugefügt worden sind, muss der Vektor entscheiden, wie er sich für die

Annahme weiterer Elemente ausdehnt. Sie können den Wert, um den der Vektor wachsen soll, mit einem anderen Vector-Konstruktor festlegen:

```
Vector v = new Vector(25, 5);
```

Dieser Vektor hat eine Anfangsgröße von 25 Elementen und vergrößert sich in Schritten von fünf Elementen, wenn mehr als 25 Elemente ihm hinzugefügt worden sind. Der Vektor springt also zu einer Größe von 30 Elementen, dann zu 35 usw. Ein geringerer Wachstumswert führt zu größerer Speicherzuweisungseffizienz auf Kosten von mehr Rechenpower, da ja mehr Speicherzuweisungen stattfinden. Ein größerer Wachstumswert führt zu weniger Speicherzuweisungen, aber es wird Speicherplatz verschwendet, wenn Sie nicht den ganzen, zusätzlich erzeugten Speicher nutzen.

Sie können nicht einfach eckige Klammern [] benutzen, um auf die Elemente eines Vektors zuzugreifen, wie Sie das bei einem Array tun würden. Sie müssen in der Vector-Klasse definierte Methoden benutzen. Benutzen Sie die add()-Methode, um einem Vektor ein Element hinzuzufügen, wie in folgendem Beispiel:

```
v.add("Watson");
v.add("Palmer");
v.add("Nicklaus");
```

Dieser Code zeigt, wie man einem Vektor Strings hinzufügt. Um den zuletzt hinzugefügten String auszulesen, benutzen Sie die lastElement()-Methode:

```
String s = (String)v.lastElement();
```

Sie müssen den Ausgabewert von lastElement() casten, weil die Vector-Klasse mit der Object-Klasse arbeitet. Obwohl lastElement() durchaus seinen Nutzen hat, werden Sie vermutlich mehr mit der get()-Methode anfangen können, mit der Sie ein Vektorelement durch einen Index auslesen können.

So funktioniert die get()-Methode:

```
String s1 = (String)v.get(0);
String s2 = (String)v.get(2);
```

Da Vektoren nullbasiert sind, liest der erste Aufruf von get() den String "Watson" und der zweite Aufruf den String "Nicklaus" auf. So, wie Sie ein Element an einer bestimmten Indexstelle auslesen können, können Sie auch Elemente an einer bestimmten Indexstelle hinzufügen oder löschen, und zwar mit den Methoden add() und remove():

```
v.add(1, "Hogan");
v.add(0, "Jones");
v.remove(3);
```

Der erste Aufruf von add() fügt ein Element an Indexstelle 1 ein, zwischen die Strings "Watson" und "Palmer". Die Strings "Palmer" und "Nicklaus" werden im Vektor um ein Element nach oben verschoben, um für den eingesetzen "Hogan"-String Platz zu schaffen. Der zweite Aufruf von add() fügt ein Element an die Indexstelle 0 ein, was der Anfang des Vektors ist. Alle existenten Elemente werden im Vektor um eine Stelle verschoben, um für den eingesetzten "Jones"-String Platz zu schaffen. Jetzt sieht der Inhalt des Vektors folgendermaßen aus:

- "Jones"
- "Watson"
- "Hogan"
- "Palmer"
- "Nicklaus"

Der Aufruf von `remove()` entfernt das Element an Indexstelle 3, also den String `"Palmer"`. Der resultierende Vektor besteht aus den folgenden Strings:

- "Jones"
- "Watson"
- "Hogan"
- "Nicklaus"

Mit der `set()`-Methode kann man ein bestimmtes Element ändern:

```
v.set(1, "Woods");
```

Diese Methode ersetzt den String `"Watson"` durch den String `"Woods"`, was zu folgendem Vektor führt:

- "Jones"
- "Woods"
- "Hogan"
- "Nicklaus"

Wenn Sie alle Elemente eines Vektors auf einmal löschen wollen, benutzen Sie die `clear()`-Methode:

```
v.clear();
```

Die Vektorklasse bietet auch Methoden, um mit den Elementen ohne Indizes umzugehen. Diese Methoden durchsuchen den Vektor nach einem bestimmten Element. Die erste dieser Suchmethoden ist die Methode `contains()`, die überprüft, ob ein bestimmtes Element in diesem Vektor ist:

```
boolean isThere = v.contains("O'Meara");
```

Eine andere Methode, die so arbeitet, ist die `indexOf()`-Methode, die die Indexzahl eines angegebenen Elements sucht:

```
int i = v.indexOf("Nicklaus");
```

Die `indexOf()`-Methode gibt die Indexzahl des fraglichen Elements aus, wenn es im Vektor ist, oder `-1`, wenn nicht. Die `removeElement()`-Methode funktioniert ähnlich. Sie entfernt ein direkt angegebenes Element:

```
v.removeElement("Woods");
```

Wenn Sie sequentiell mit allen Elementen des Vektors arbeiten wollen, können Sie die `iterator()`-Methode benutzen, die eine Liste von Elementen ausgibt, durch die Sie iterieren können:

```
Iterator it = v.iterator();
```

Wie Sie heute schon gelernt haben, kann man mit einem Iterator sequentiell Elemente durchgehen. In unserem Beispiel können Sie mit der `it`-Liste mithilfe der Methoden der `Iterator`-Schnittstelle arbeiten.

Irgendwann wollen Sie mit der Größe eines Vektors arbeiten. Gott sei Dank bietet die `Vector`-Klasse einige Methoden, um die Größe eines Vektors in Erfahrung zu bringen und zu modifizieren. Die `size()`-Methode stellt fest, wie viele Elemente sich im Vektor befinden:

```
int size = v.size();
```

Um die Größe eines Vektors explizit festzulegen, benutzen Sie die `setSize()`-Methode:

```
v.setSize(10);
```

Die `setSize()`-Methode dehnt den Vektor auf die angegebene Größe aus oder schneidet ihn auf sie zurecht. Wenn der Vektor ausgedehnt wird, werden Null-Elemente als neu hinzugefügte Elemente eingesetzt. Wenn der Vektor abgeschnitten wird, werden alle Elemente mit Indexstellen jenseits der angegebenen Größe gelöscht.

Wie gesagt, haben Vektoren zwei verschiedene Größenattribute, Größe und Kapazität. Die Größe ist die Zahl der Elemente im Vektor, die Kapazität ist die Menge Speicherplatz, die für die Speicherung aller Elemente bereitgestellt wird. Die Kapazität ist stets größer als oder gleich der Größe. Sie können erzwingen, dass die Kapazität exakt der Größe entspricht, indem Sie die Methode `trimToSize()` verwenden:

```
v.trimToSize();
```

Sie können die Kapazität mit der `capacity()`-Methode auslesen:

```
int capacity = v.capacity();
```

Stacks

Stacks sind eine klassiche Datenstruktur, die man für Informationen verwendet, auf die in einer bestimmten Reihenfolge zugegriffen wird. Die `Stack`-Klasse ist als last-in-first-out (LIFO)-Stack implementiert. Das heißt, dass das zuletzt dem Stack hinzugefügte Element das erste ist, das wieder entfernt wird. Abbildung 21.5 zeigt die logische Organisation eines Stacks.

Sie fragen sich vielleicht, warum die Nummern der Elemente nicht mit ihren Positionen ab der Spitze des Stapels übereinstimmen. Vergessen Sie nicht, dass Elemente an der Spitze hinzugefügt werden. `Element0` am Boden kam also als erstes in den Stack. `Element3` ganz oben dagegen wurde als letztes Element hinzugefügt. Da `Element3` ganz oben auf dem Stapel liegt, wird es als Erstes entfernt werden.

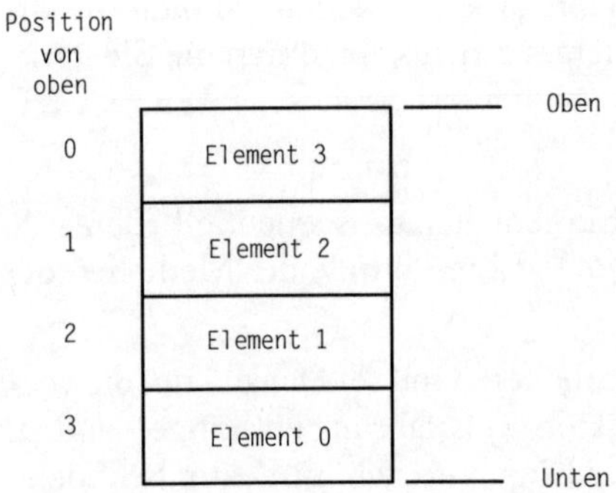

Abbildung 21.5:
Die logische Organisation einer Stack-Datenstruktur

Die `Stack`-Klasse hat nur einen Konstruktor, der einen leeren Stack erzeugt. Die Verwendung sieht so aus:

```
Stack s = new Stack();
```

Sie fügen mit der `push()`-Methode einem Stack neue Elemente hinzu. Dadurch wird ein Element ganz oben auf den Stapel gelegt:

```
s.push("One");
s.push("Two");
s.push("Three");
s.push("Four");
s.push("Five");
s.push("Six");
```

Dieser Code legt sechs Strings auf den Stack, wobei der letzte String (`"Six"`) ganz oben zu liegen kommt. Sie nehmen mit der `pop()`-Methode Elemente wieder vom Stapel:

```
String s1 = (String)s.pop();
String s2 = (String)s.pop();
```

Dieser Code nimmt die letzten beiden Strings vom Stack und belässt dort also die ersten vier. Dieser Code hat zum Ergebnis, dass die Variable `s1` den String `"Six"` enthält und `s2` den String `"Five"`.

Wenn Sie das oberste Element des Stacks auslesen wollen, ohne es aber vom Stack zu nehmen, können Sie dies mit der `peek()`-Methode tun:

```
String s3 = (String)s.peek();
```

Dieser Aufruf von `peek()` gibt den String `"Four"` zurück, belässt aber den String im Stack. Sie können mit der `search()`-Methode nach einem Element im Stack suchen.

```
int i = s.search("Two");
```

Die search()-Methode gibt den Abstand des Elements von der Stack-Spitze zurück, falls es gefunden wurde, wenn nicht, -1. In unserem Fall ist der String "Two" das dritte Element von oben, sodass die search()-Methode 2 zurückgibt (nullbasiert).

Wie alle Java-Datenstrukturen, die mit Indizes oder Listen zu tun haben, meldet die Stack-Klasse Elementpositionen mit der Basis 0. Das heißt, dass das oberste Element eines Stacks die Position 0 hat und dass z.B. das vierte Element die Position 3 einnimmt.

Es gibt nur noch eine weitere Methode in der Stack-Klasse, empty(), die in Erfahrung bringt, ob ein Stack leer ist:

```
boolean isEmpty = s.empty();
```

Zwar kann man mit der Stack-Klasse weniger anfangen als mit der Vector-Klasse, aber sie stellt die Funktionalität für eine sehr häufige und gut eingeführte Datenstruktur zur Verfügung.

Map

Die Schnittstelle Map definiert den Rahmen für die Implementierung einer grundsätzlichen Datenstruktur mit Key-Map. Sie können das Key-Map-Prinzip mit der Hashtable-Klasse, die die Schnittstelle Map implementiert, oder mit einer eigenen Klasse, die diese Schnittstelle benutzt, in die Praxis umsetzen. Im nächsten Abschnitt erfahren Sie mehr über die Hashtable-Klasse.

Die Schnittstelle Map definiert eine Möglichkeit, um Informationen gemäß einem Key zu speichern und auszulesen. Dies ähnelt in gewisser Weise der Vector-Klasse, in der auf Elemente mit einem Index zugegriffen wird, der eine spezielle Art von Key ist. Allerdings können Keys in der Map-Schnittstelle alles mögliche sein. Sie können eigene Klassen erzeugen, die als Keys benutzt werden, um auf Daten in einem Dictionary zuzugreifen und sie zu manipulieren. Abbildung 21.6 zeigt, wie Keys den Daten in einem Dictionary zugeordnet sind.

Die Map-Schnittstelle hat eine Reihe von Methoden, um mit den Daten eines Dictionarys zu arbeiten. Implementierende Klassen müssen alle diese Methoden implementieren. Die Methoden put und get werden benutzt, um Objekte in ein Dictionary zu legen und wieder herauszuholen. Wenn look eine Klasse ist, die die Map-Schnittstelle implementiert, dann zeigt der folgende Code, wie man mithilfe der put()-Methode Elemente hinzufügt:

```
look.put("small", new Rectangle(0, 0, 5, 5));
look.put("medium", new Rectangle(0, 0, 15, 15));
look.put("large", new Rectangle(0, 0, 25, 25));
```

Dieser Code fügt einem Dictionary drei Rechtecke hinzu und benützt Strings als Keys. Um ein Element auszulesen, benutzen Sie die Methode get() und geben den entsprechenden Key an:

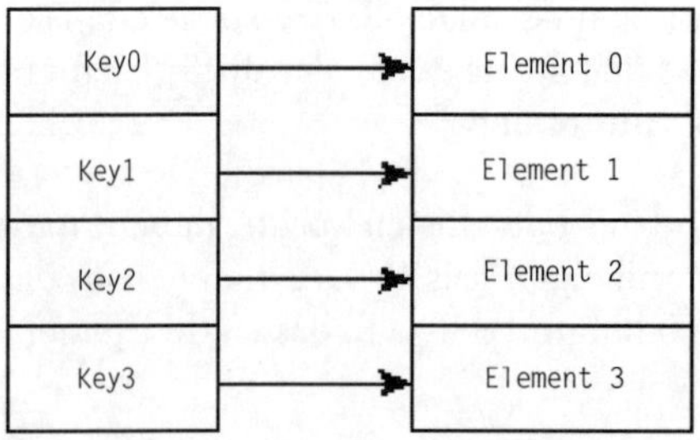

Abbildung 21.6: Die logische Organisation einer Datenstruktur mit Key-Map.

```
Rectangle r = (Rectangle)look.get("medium");
```

Sie können auch ein Element anhand des Keys mithilfe der `remove()`-Methode entfernen:

```
look.remove("large");
```

Sie können mit der `size()`-Methode herausfinden, wie viele Elemente sich in einer Struktur befinden, ganz, wie dies bei der `Vector`-Klasse funktioniert:

```
int size = look.size();
```

Sie können gleichfalls überprüfen, ob die Struktur leer ist. Dafür gibt es die Methode `isEmpty()`:

```
boolean isEmpty = look.isEmpty();I~data structures;dictionaries>
```

Hashtabellen

Die Klasse `Hashtable` wird von `Dictionary` abgeleitet, implementiert die Schnittstelle `Map` und bietet eine vollständige Implementation einer Datenstruktur mit Key-Map. Hashtabellen ermöglichen Ihnen, Daten anhand eines Schlüssels zu speichern, und ihre Effizienz bemisst sich an ihrem Ladefaktor. Der *Ladefaktor* (engl. *load factor*) ist eine Zahl zwischen 0.0 und 1.0, die angibt, wie und wann eine Hashtabelle Speicher für mehr Elemente zur Verfügung stellt.

Wie Vektoren haben Hashtabellen eine Kapazität, d.h. eine Menge zugewiesenen Speicherplatzes. Hashtabellen weisen Speicher zu, indem sie die aktuelle Größe der Tabelle mit dem Produkt aus Kapazität und Ladefaktor vergleichen. Wenn die Größe der Hashtabelle größer als das Produkt ist, vergrößert die Tabelle ihre Kapazität durch einen Rehash.

Ladefaktoren, die näher an 1.0 sind, resultieren in einer effizienteren Speicherverwendung auf Kosten ein längeren Suchzeit je Element. Dagegen führen Ladefaktoren nahe 0.0 zu effizienterem Suchen, tendieren aber zu verschwenderischem Umgang mit Speicher. Wenn Sie den Ladefaktor Ihrer Hashtabellen festlegen, müssen Sie sich Gedanken darüber machen, wie Sie die jeweilige Hashtabelle verwenden wollen und ob Ihre Priorität Performance oder effiziente Speicherverwaltung heißt.

Sie können Hashtabellen auf drei Arten erstellen. Der erste Konstruktor erzeugt eine Standard-Hashtabelle:

```
Hashtable hash = new Hashtable();
```

Der zweite Konstruktor erzeugt eine Hashtabelle mit einer festgelegten Anfangskapazität:

```
Hashtable hash = new Hashtable(20);
```

Der dritte Konstruktor schließlich erzeugt eine Hashtabelle mit festgelegter Anfangskapazität und Ladefaktor:

```
Hashtable hash = new Hashtable (20, 0.75F);
```

Alle abstrakten Methoden, die in `Map` definiert sind, sind in der `Hashtable`-Klasse implementiert. Zusätzlich implementiert die Hashtable-Klasse einige andere, die spezielle Funktionen von Hashtabellen unterstützen. Eine dieser Methoden ist `clear()`, die alle Keys und Elemente aus einer Hashtabelle entfernt:

```
hash.clear();
```

Die Methode `contains()` überprüft, ob ein Objekt in einer Hashtabelle gespeichert ist. Diese Methode sucht in einer Hashtabelle nach einem Objektwert, nicht nach einem Key. Der folgende Code demonstriert die Verwendung von `contains()`:

```
boolean isThere = hash.contains(new Rectangle(0, 0, 5, 5));
```

Ähnlich wie `contains()` durchsucht die Methode `containsKey()` eine Hashtabelle, basiert aber auf einem Key, nicht auf einem Wert:

```
boolean isThere = hash.containsKey("Small");
```

Wie schon erwähnt, führt eine Hashtabelle einen Rehash durch, sobald sie erkennt, dass sie ihre Größe erweitern muss. Sie können einen manuellen Rehash durch Aufruf der Methode `rehash()` erzwingen:

```
hash.rehash();
```

Der praktische Nutzen einer Hashtabelle besteht darin, Daten zu repräsentieren, die nach Werten zu durchsuchen oder zu referenzieren zu viel Zeit kosten würde. Mit anderen Worten: Hashtabellen sind häufig dann nützlich, wenn Sie es mit komplexen Daten zu tun haben und es wesentlich effizienter ist, auf die Daten mit einem Key zuzugreifen als die Datenobjekte selbst zu vergleichen.

Außerdem errechnen Hashtabellen typischerweise einen Key für Elemente, den man Hashcode nennt. So kann ein String einen Integer-Hashcode haben, der ausschließlich zur Repräsentation dieses Strings berechnet wurde. Wenn eine Reihe von Strings in einer Hashtabelle gespeichert wird, kann die Tabelle auf die Strings mithilfe der Integer-Hashcodes zugreifen und muss nicht den Inhalt der Strings selbst benutzen. Dies führt zu wesentlich effizienteren Such- und Auslesefähigkeiten.

Neuer BEGRIFF: Ein *Hashcode* ist ein errechneter Schlüssel, der jedes Element in einer Hashtabelle eindeutig identifiziert.

Die Technik, Hashcodes zum Speichern und Referenzieren von Objekten zu benutzen, wird im Javasystem überall massiv eingesetzt. Die Mutter aller Klassen, `Object`, definiert eine `hashCode()`-Methode, die in den meisten Standardjavaklassen überschrieben wird. Jede Klasse mit einer `hashCode()`-Methode kann effizient in einer Hashtabelle gespeichert und ausgelesen werden. Eine solche Klasse muss auch die `equals()`-Methode implementieren, mit der man feststellen kann, ob zwei Objekte identisch sind. Die Methode `equals()` führt gewöhnlich einfach einen Vergleich aller Variablen durch, die in der Klasse definiert sind.

Hashtabellen sind eine extrem leistungsfähige Datenstruktur, die sicherlich in Ihren Programmen Verwendung findet, wenn diese große Mengen an Daten manipulieren. Aus der Tatsache, dass Hashtabellen über die `Object`-Klasse so breit in der Java-Klassenbibliothek unterstützt werden, können Sie schließen, wie wichtig sie für die Javaprogrammierung sind.

21.4 Zusammenfassung

Heute haben Sie gelernt, wie man mit existierenden Daten arbeitet, die in verbreiteten Datenbankformaten wie Microsoft Access, MySQL oder xBASE gespeichert sind. Indem Sie entweder Java Database Connectivity (JDBC) oder eine Kombination aus JDBC und ODBC benutzen, können Sie existente Datenspeicherungslösungen in Ihre Javaprogramme einbauen.

Sie haben auch einige Methode erlernt, um mit Daten zu arbeiten, die noch nicht existieren, indem Sie Datenstrukturen verwenden, die flexibler sind als Arrays oder verkettete Listen.

Diese Standard-Datenstrukturen bieten eine Reihe von Optionen, die viele praktische Programmierszenarios abdecken.

In der Bonuswoche dieser Ausgabe haben Sie die Möglichkeit, mit weiteren Aspekten der Sprache zu arbeiten, z. B. Swing-Accessibility, JavaServer Pages, Servlets und dem Java-Debugger.

Dieses Buch hat eine offizielle Webseite: http://www.java21pro.com. Dort finden Sie Antworten auf häufig gestellte Fragen, alle Quelltexte des Buches, Corrigenda und Zusatzmaterialien.

21.5 Fragen und Antworten

F *Kann der JDBC-ODBC-Brückentreiber in einem Applet benutzt werden?*

A Die Standardsicherheitseinstellungen für Applets erlauben die Verwendung der JDBC-ODBC-Brücke nicht, da die ODBC-Seite der Brücke nativen Code, nicht Java verwendet. Nativer Code kann nicht den für Java geltenden Sicherheitseinstellungen unterworfen werden, sodass die Sicherheit des Codes nicht überprüft werden kann.

JDBC-Treiber, die komplett in Java implementiert sind, können in Applets benutzt werden und haben zudem den Vorteil, dass keinerlei Konfiguration auf dem Client-Computer nötig ist.

F *Warum sollte man Hashcode benutzen?*

A Die Berechnung eines Hashcodes für komplexe Daten ist wichtig, um den Aufwand für die Suche nach den Daten zu verringern. Der Hashcode ermöglicht, eine große Menge an Daten an einem Punkt anzusprechen, statt den anstrengenden Job auf sich zu nehmen, nach den Daten selbst zu suchen. Das kann die Performance stark erhöhen.

F *Wodurch unterscheiden sich verkettete Listen von Vektoren hinsichtlich der Speicherung individueller Elemente?*

A Vektoren verwalten den Speicherbedarf aller Elemente, indem sie eine bestimmte Menge Speicher bei der Erzeugung bereitstellen. Wenn ein Vektor wächst, weist er genug Speicher für die existente Datenmenge und die neuen Daten zu und kopiert dann alles in den neuen Raum. Selbst wenn ein Vektor nur Referenzen auf Objekte beinhaltet, muss er dennoch Speicher zur Aufnahme der Referenzen bereitstellen. Verkettete Listen verwalten überhaupt keinen Speicher für die Elemente in der Liste, abgesehen von den Referenzen zu den Anfangs- und Endelementen.

21.6 Quiz

Überprüfen Sie den heutigen Stoff, indem Sie dieses Quiz mit drei Fragen beantworten.

Fragen

1. Was repräsentiert das `Statement`-Objekt in einem Datenbankprogramm?

   (a) eine Verbindung zu einer Datenbank

   (b) eine Datenbankanfrage in SQL

   (c) eine Datenquelle

2. Welche Art von Treiber ist nicht Teil von Java 2 SDK 1.3?

   (a) ein JDBC-Treiber

   (b) ein JDBC-ODBC-Treiber

   (c) beide

3. Welche der folgenden Datenstrukturen kann nach ihrer Erzeugung nicht wachsen?

   (a) Vektoren

   (b) Arrays

   (c) Verkettete Listen

Antworten

1. b. Diese Klasse, Teil des Pakets `java.sql`, repräsentiert eine SQL-Anweisung.
2. a. Viele relationale Datenbankprogramme haben JDBC-Treiber, aber derzeit hat das SDK keinen eigenen.
3. b.

21.7 Übungen

Um Ihr Wissen über die heute behandelten Themen zu vertiefen, können Sie sich an folgenden Übungen versuchen:

- Modifizieren Sie die Applikation `CoalTotals` so, dass Sie Felder aus der Tabelle mit der Öl- statt der Kohle-Gesamtförderung ziehen.
- Erzeugen Sie eine Applikation, die einen Vektor benutzt, um neue KFZ-Kennzeichen auszugeben, und Anfragen auf schon vergebene Kennzeichen nicht zulässt.

Soweit einschlägig, finden Sie die Lösungen zu den Übungen auf der Webseite zum Buch: `http://www.java21days.com`.

Bonuswoche

BONUSWOCHE

Bonustag 22

Das Software Development Kit

In diesem Buch wird durchgehend das Software Development Kit (SDK) benutzt, um Javaprogramme zu erstellen, zu kompilieren und auszuführen.

Die Tools, aus denen sich das SDK zusammensetzt, besitzen zahlreiche Features, die viele Programmierer nie genauer ansehen. Vielleicht gibt es auch ein paar Tools, die Ihnen völlig unbekannt sind.

Diese Appendix behandelt Features des SDK, dank derer Sie zuverlässigere, besser getestete und schneller laufende Javaprogramme schreiben können.

Die folgenden Themen werden behandelt:

- Java-Applikationen mit dem Interpreter ausführen
- Programme mit dem Compiler kompilieren
- Java-Applets im `appletviewer` ausführen
- Dokumentationen mit dem Dokumentationstool erstellen
- Mit dem Debugger Fehler eliminieren und die Performance überwachen
- Mit Interpreter und `appletviewer` die Systemeigenschaften festlegen

22.1 Ein Überblick über das SDK

Es gibt einige Dutzend Softwarepakete, mit denen man Javaprogramme erstellen kann, aber die größte Verbreitung hat nach wie vor das Software Development Kit (SDK) von Sun Microsystems. Das SDK ist ein Paket von Kommandozeilentools, mit denen man Software in Java entwickeln kann.

Es gibt zwei Hauptgründe für die Beliebtheit des SDK:

- Es ist kostenlos. Jeder kann es gratis von der offiziellen Java-Seite von Sun, `http://java.sun.com`, herunterladen.
- Es ist am aktuellsten. Sobald Sun ein neues Java-Release herausbringt, sind die ersten Tools, die diese Version unterstützen, die im SDK.

Das SDK benutzt die Kommandozeile, die auf Windows-95- bzw. -98-Systemen auch MS-DOS-Eingabeaufforderung und auf Windows-NT- bzw. -2000-Systemen auch Konsole genannt wird. Die Kommandos werden mit der Tastatur eingetippt, wie im folgenden Beispiel:

```
javac VideoBook.java
```

Dieses Kommando kompiliert ein Javaprogramm namens `VideoBook.java` mit dem SDK-Compiler. Dieses Kommando besteht aus zwei Elementen: dem Namen des SDK-Compilers, `javac`, und dem Namen des zu kompilierenden Programms, `VideoBook.java`. Ein Leerzeichen trennt diese beiden Elemente.

Jedes SDK-Kommando steht in diesem Format: der Name des Tools, gefolgt von einem oder mehreren Elementen, die angeben, was das Tool tun soll. Diese Elemente nennt man *Argumente*.

Ein Beispiel:

```
java VideoBook add VHS "Bad Influence"
```

Dieses Kommando veranlasst den Java-Interpreter, eine Klassendatei namens `VideoBook` auszuführen und ihr drei Kommandozeilenargumente zu übergeben: die Strings `add`, `VHS` und `Bad Influence`.

HINWEIS

Haben Sie gedacht, es seien vier Kommandozeilen-Argumente, weil zwischen `Bad` und `Influence` ein Leerzeichen steht? Aufgrund der Anführungszeichen um `"Bad Influence"` wird dies als *ein* Kommandozeilen-Argument angesehen, nicht als zwei. Dies ermöglicht, dass man Leerzeichen benutzen kann.

Manche Argumente bestimmen, wie ein SDK-Tool funktionieren soll. Diese Argumente haben ein Minus vorangestellt und werden *Optionen* genannt.

Das folgende Kommando ist ein Beispiel für den Gebrauch einer Option:

```
java -version
```

Dieses Kommando sagt dem Java-Interpreter, dass er seine Versionsnummer anzeigen soll, anstatt wie sonst eine Klassendatei auszuführen. Damit kann man herausfinden, ob das SDK auf Ihrem System richtig konfiguriert ist. Hier folgt ein Beispiel für die Ausgabe auf einem System mit SDK 1.3.0:

```
java version "1.3.0"
Java(TM) 2 Runtime Environment, Standard Edition (build1.3.0)
Java HotSpot(TM) Client VM (build 1.3.0, mixed mode)
```

Manchmal kann man Optionen mit weiteren Argumenten kombinieren. Wenn Sie eine Java-Klasse kompilieren, die veraltete Methoden einsetzt, erhalten Sie mehr Informationen zu diesen Methoden, wenn Sie die Option `-deprecation` bei der Kompilation der Klasse verwenden:

```
javac -deprecation OldVideoBook.java
```

22.2 Der Interpreter java

Der Java-Interpreter `java` wird benutzt, um Java-Applikationen von der Kommandozeile aus zu starten. Er erwartet als Argument den Namen der auszuführenden Klassendatei, wie in folgendem Beispiel:

```
java BidMonitor
```

Alle Java-Klassendateien enden auf `.class`. Aber diese Erweiterung wird beim Gebrauch des Interpreters stets weggelassen.

Die Klasse, die der Java-Interpreter lädt, muss eine `main()`-Methode im folgenden Format haben:

```
public static void main(String[] arguments) {
    // hier ist die Methode
}
```

Ganz einfache Javaprogramme kommen mit nur einer Klasse aus, derjenigen, die die `main()`-Methode enthält. Ansonsten lädt der Interpreter automatisch alle anderen benötigten Klassen.

Der Java-Interpreter führt Bytecode aus – kompilierte Befehle, die eine Java Virtual Machine ausführen kann. Liegt ein Javaprogramm als `.class`-Datei im Bytecode vor, kann es ohne Veränderung von verschiedenen Interpretern ausgeführt werden. Wenn Sie ein Java-2-Programm kompiliert haben, sollte es zu jedem Interpreter mit voller Java-2-Unterstützung kompatibel sein.

HINWEIS: Übrigens ist Java nicht die einzige Sprache, mit der man Java-Bytecode erzeugen kann. NetRexx, JPython und einige andere Sprachen kompilieren mit ihren spezifischen Compilern zu `.class`-Dateien mit ausführbarem Bytecode. Sie finden unter `http://grunge.cs.tu-berlin.de/~tolk/vmlanguages.html` eine Liste solcher Sprachen.

Sie können auf zwei Arten die Klassendatei angeben, die der Java-Interpreter ausführen soll. Gehört die Klasse zu keinem Paket, können Sie sie durch Angabe ihres Namens ausführen, wie beim `BidMonitor`-Beispiel und allen anderen Beispielen dieses Buchs. Ist die Klasse Teil eines Pakets, müssen Sie die Klasse mit ihrem vollen Paket- und Klassennamen angeben.

Nehmen wir als Beispiel die Klasse `SellItem`, die Teil des Pakets `com.prefect.auction` ist. Um diese Applikation auszuführen, müssten Sie das folgende Kommando benutzen:

```
java com.prefect.auction.SellItem
```

Jedes Element des Paketnamens steht für einen Unterordner. Der Java-Interpreter wird die Datei `SellItem.class` an mehreren Stellen suchen:

- im `com\prefect\auction`-Unterordner des Ordners, in dem das `java`-Kommando gegeben wurde. (Wurde das Kommando von `C:\J21work` aus gegeben, würde die `SellItem.class`-Datei erfolgreich ausgeführt werden, wenn sie sich im Ordner `C:\J21work\com\prefect\auction` befände.)
- in den `com\prefect\auction`-Unterordnern aller Ordner, die in `CLASSPATH` vorkommen

Wenn Sie Ihre eigenen Pakete erstellen, dann machen Sie sich das Leben etwas einfacher, wenn Sie einen neuerstellten Ordner wie `C:\javapackages` o. ä. zum `CLASSPATH` hinzufügen, der als Stammordner für alle erstellten Pakete dient. Erstellen Sie dann Unterordner, die dem Namen des Pakets entsprechen, und legen Sie die Klassendateien des Pakets in den richtigen Unterordner.

22.3 Der Compiler javac

Der Java-Compiler `javac` wandelt Java-Quelltext in eine oder mehrere Klassendateien um, die aus Bytecode bestehen und die der Java-Interpreter ausführen kann.

Java-Quelltext wird in Dateien mit der Endung `.java` gespeichert. Solche Dateien können mit jedem beliebigen Editor oder Textverarbeitungsprogramm erzeugt werden, der bzw. das ein Dokument als Text ohne Formatierung speichern kann. Dieses Format hat bei unterschiedlichen Texteditoren verschiedene Namen, heißt aber oft Text, Nur-Text, ASCII-Text, DOS-Text o. ä.

Eine Java-Quelltextdatei kann mehr als eine Klasse beinhalten, aber nur eine dieser Klassen kann als `public` erklärt werden. Eine Quelltextdatei kann überhaupt keine `public`-Klasse beinhalten, wenn gewünscht. Dies ist bei Applets aufgrund der Vererbungsregeln nicht möglich.

Wenn die Quelltextdatei eine als `public` erklärte Klasse beinhaltet, muss der Name der Datei dem Namen der Klasse entsprechen. Beispielsweise muss der Quelltext einer `public`-Klasse namens `BuyItem` in einer Datei namens `BuyItem.java` gespeichert werden.

Um eine Datei zu kompilieren, führen Sie `javac` mit dem Dateinamen als Argument aus, wie in folgendem Beispiel:

```
javac BidMonitor.java
```

Sie können mehrere Quelldateien gleichzeitig kompilieren, indem Sie die einzelnen Dateinamen als Argumente hintereinanderstellen, wie in diesem Beispiel:

```
javac BidMonitor.java SellItem.java
```

Sie können auch Jokerzeichen wie `*` oder `?` benutzen. Mit dem folgenden Kommando kompilieren Sie alle `.java`-Dateien in einem Ordner:

```
javac *.java
```

Wenn Sie eine oder mehrere Java-Quellcodedateien kompilieren, wird eine eigene .class-Datei für jede Java-Klasse erzeugt, die erfolgreich kompiliert werden konnte.

HINWEIS: Wenn man ein Java-Applet ins Internet stellt, passiert es schnell, dass man einige der .class-Dateien, aus denen das Applet besteht, vergisst. Mit dem Tool jar können Sie alle Dateien des Applets zu einer einzigen Datei, einem Archiv, zusammenfassen, was an Tag 7 näher erklärt wird.

Eine der Optionen des Tools javac ist –deprecation, womit Sie mehr über die veralteten Methoden herausfinden können, die in einem Javaprogramm benutzt werden. Normalerweise gibt der Compiler nur eine einzige Warnmeldung aus, wenn ihm in einem Programm veraltete Methoden unterkommen. Die Option -deprecation sorgt dafür, dass der Compiler jede einzelne Methode ausgibt, die für veraltet erklärt wurde. Ein Beispiel:

```
javac -deprecation SellItem.java
```

Wenn Ihnen die Geschwindigkeit eines Javaprogramms wichtiger ist als die Größe seiner Klassendateien, dann kompilieren Sie den Quellcode mit der Option -O. Dies erzeugt Klassendateien, die auf Performance optimiert sind. Methoden, die statisch, final oder privat sind, können *inline* kompiliert werden, was die Klassendatei größer macht, aber die Ausführung der Methoden beschleunigt.

Normalerweise ist der Java-Compiler nicht sehr mitteilsam. Wenn der Quelltext erfolreich kompiliert wurde und sich keine veralteten Methoden fanden, erhalten Sie keinerlei Ausgabe vom Compiler. Keine Nachrichten sind hier also gute Nachrichten.

Wenn Sie jedoch gerne mehr darüber wissen möchten, was javac so treibt, während es den Quellcode kompiliert, dann müssen Sie die Option -verbose benutzen. In seiner geschwätzigen Version teilt Ihnen der Compiler mit, wieviel Zeit verschiedene Funktionen brauchen, welche Klassen geladen werden und wie viel Zeit insgesamt benötigt wird.

22.4 Der Browser appletviewer

Der Java-Applettester appletviewer wird benutzt, um Javaprogramme auszuführen, die einen Browser benötigen und in eine HTML-Seite eingebettet sind.

appletviewer erwartet ein HTML-Dokument als Kommandozeilen-Argument, wie in folgendem Beispiel:

```
appletviewer NewAuctions.html
```

Wenn der appletviewer eine HTML-Seite geladen hat, beginnen alle Applets dieses Dokuments jeweils in einem eigenen Fenster zu laufen. Die Größe dieser Fenster hängt ab von den Attributen HEIGHT und WIDTH, die im HTML-Tag des jeweiligen Applets festgelegt wurden.

Im Gegensatz zu einem echten Browser kann der `appletviewer` die HTML-Seiten selbst nicht anzeigen. Wenn Sie sich das Layout des Applets im Verhältnis zu den anderen Inhalten des Dokuments ansehen wollen, müssen Sie einen javafähigen Browser wie Netscape oder Explorer benutzen.

Zum Zeitpunkt der Niederschrift dieses Buches unterstützten weder Netscape noch Explorer Java-2-Applets. In Zusammenspiel mit dem Java Plug-in von Sun kann man mit beiden Browsern Java-2-Applets ausführen, wenn die HTML-Seite, in die das Applet eingebettet ist, auf das Plug-in hin angepasst ist. Sie können das Plug-in von der Webseite von Sun unter `http://java.sun.com/products/plugin` herunterladen. Der `appletviewer` des SDK ist das einzige Tool, das Java-2-Applets auf HTML-Seiten ausführen kann, die nicht auf die Verwendung des Plug-ins eingerichtet sind.

Die Benutzung des `appletviewer` ist an sich ziemlich unkompliziert, aber einige der Menüoptionen, die während der Ausführung eines Applets möglich sind, könnten Ihnen unklar sein. Abbildung 22.1 zeigt die Optionen, die das Pull-Down-Menü Applet des `appletviewer` bietet.

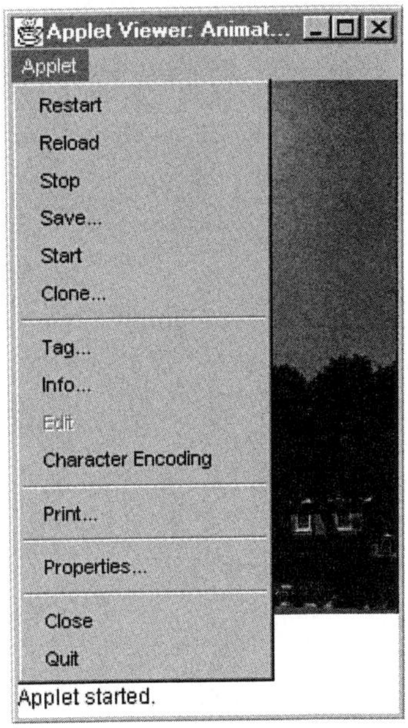

Abbildung 22.1:
Das Pull-Down-Menü Applet des `appletviewer`.

Es gibt folgende Menüoptionen:

- Mit »Restart« bzw. »Reload« beginnt man die Ausführung des Applets von vorne. Der Unterschied zwischen diesen beiden Optionen ist, dass »Restart« das Applet nicht neu lädt, bevor es wieder startet, während »Reload« genau dies tut. Die Option »Reload« funktioniert genauso, als würde man den `appletviewer` schließen und ihn dann wieder mit derselben HTML-Seite öffnen.

- Mit den Optionen »Start« und »Stop« ruft man direkt die Methoden `start()` und `stop()` des Applets auf.
- »Clone« erzeugt eine Kopie desselben Applets, die in einem eigenen Fenster zu laufen beginnt
- »Tag« zeigt den `<APPLET>`-Tag des Programms an zusammen mit den `<PARAM>`-Tags, die das Applet konfigurieren, sofern sie überhaupt vorhanden sind.

Eine weitere Option des Pull-Down-Menüs Applet ist »Info«, die die Methoden `getAppletInfo()` und `getParameterInfo()` des Applets aufruft. Man kann diese Methoden implementieren, um Informationen über das Applet und die verwendbaren Parameter zu geben. Die Methode `getAppletInfo()` sollte einen String zurückgeben, der das Applet beschreibt. Die Methode `getParameterInfo()` sollte einen Array von String-Arrays zurückgeben, die Name, Typ und Beschreibung aller Parameter beinhalten.

Listing 22.1 zeigt Ihnen ein Applet, das die Verwendung dieser Methoden demonstriert.

Listing 22.1: C.1: Der gesamte Quelltext von AppInfo.java.

```
import java.awt.Graphics;

public class AppInfo extends java.applet.Applet {
    String name, date;
    int version;

    public String getAppletInfo() {
        String response = "This applet demonstrates the "
            + "use of the Applet's Info feature.";
        return response;
    }

    public String[][] getParameterInfo() {
        String[] p1 = {  "Name", "String", "Programmer's name" } ;
        String[] p2 = {  "Date", "String", "Today's date" } ;
        String[] p3 = {  "Version", "int", "Version number" } ;
        String[][] response = {  p1, p2, p3 } ;
        return response;
    }

    public void init() {
        name = getParameter("Name");
        date = getParameter("Date");
```

```
24:         String versText = getParameter("Version");
25:         if (versText != null)
26:             version = Integer.parseInt(versText);
28:     }
29:
30:     public void paint(Graphics screen) {
31:         screen.drawString("Name: " + name, 5, 50);
32:         screen.drawString("Date: " + date, 5, 100);
33:         screen.drawString("Version: " + version, 5, 150);
34:     }
35: }
```

Die Hauptfunktion dieses Applets ist die Ausgabe dreier Parameter: `Name`, `Date` und `Version`. Die `getAppletInfo()`-Methode gibt folgenden String aus:

```
This applet demonstrates the use of the Applet's Info feature.
```

Die `getParameterInfo()`-Methode wird Ihnen kompliziert vorkommen, wenn Sie noch nicht mit mehrdimensionalen Arrays gearbeitet haben. Im Einzelnen geschieht Folgendes:

- Zeile 13 definiert den Rückgabetyp der Methode als zweidimensionales Array von `String`-Objekten
- Zeile 14 erzeugt ein Array von `String`-Objekten mit drei Elementen: `"Name"`, `"String"` und `"Programmer's Name"`. Diese Elemente beschreiben einen der Parameter, der für das `AppInfo`-Applet definiert werden kann. Sie beschreiben die Bezeichnung des Parameters (`Name` in diesem Fall), den Datentyp, den der Parameter speichern soll (einen String) und eine Beschreibung des Parameters (`"Programmer's Name"`). Das dreielementige Array wird im Objekt `p1` gespeichert.
- Zeilen 15-16 definieren zwei weitere String-Arrays für die Parameter `Date` und `Version`
- Zeile 17 speichert im Objekt `response` ein Array, das drei String-Arrays enthält: `p1`, `p2` und `p3`.
- Zeile 18 verwendet das Objekt `response` als Rückgabewert der Methode

Listing 22.2 ist eine HTML-Seite, mit der man das `AppInfo`-Applet laden kann.

Listing 22.2: Der Text von AppInfo.html.

```
<applet code="AppInfo.class" height=200 width=170>
<param name="Name" value="Rogers Cadenhead">
<param name="Date" value="04/07/00">
<param name="Version" value="2">
</applet>
```

Abbildung 22.2 zeigt das laufende Applet im `appletviewer`, und Abbildung 22.3 ist ein Screenshot des Dialogfensters, das sich öffnet, wenn die Menüoption »Info« des `appletviewers` angewählt wird.

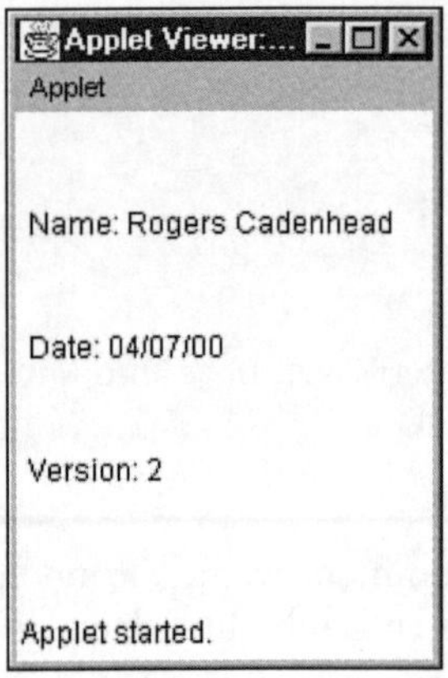

Abbildung 22.2:
Das Applet `AppInfo` *im* `appletviewer`

Diese Features setzen einen Browser voraus, der dem Benutzer diese Informationen irgendwie zugänglich macht. Der `appletviewer` erledigt dies mit der Menüoption »Info«, doch echte Browser wie der Internet Explorer bieten derzeit nichts Vergleichbares.

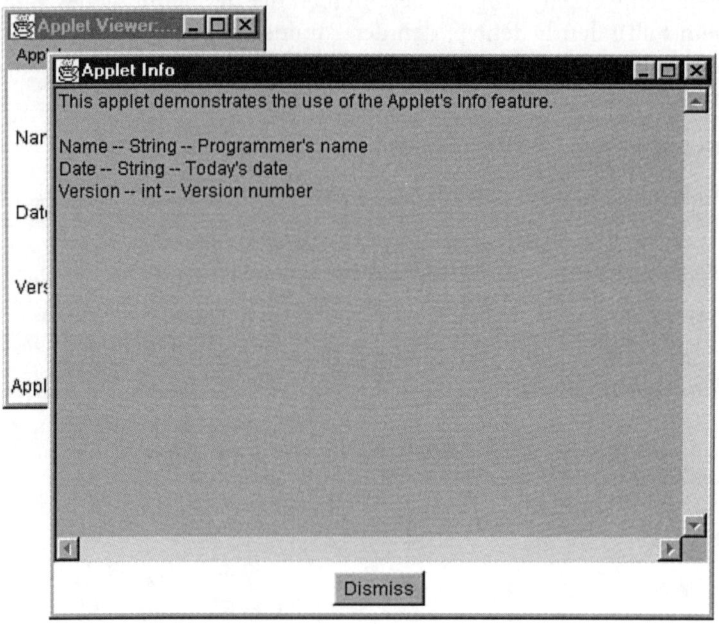

Abbildung 22.3:
Das Info-Dialogfenster des Applets `AppInfo`

22.5 Das Dokumentationstool javadoc

Der Java-Dokumentationsersteller javadoc erwartet eine .java-Quelltextdatei oder einen Paketnamen als Eingabe und erstellt eine detaillierte Dokumentation in HTML.

Damit javadoc eine komplette Dokumentation zu einem Programm erstellen kann, müssen besondere Kommentaranweisungen im Quelltext des Programms verwendet werden. Die Beispielprogramme in diesem Buch verwenden //, /* und */ im Quelltext, um Kommentare zu erzeugen. *Kommentare* sind Informationen für Menschen, die das Programm zu verstehen versuchen.

Java hat aber zudem eine strukturiertere Form von Kommentar. Diese kann vom Tool javadoc gelesen werden. Dieser Kommentar wird benutzt, um Programmelemente wie Klassen, Variablen, Objekte oder Methoden zu beschreiben. Er hat folgendes Format:

```
/** A descriptive sentence or paragraph.
 * @tag1 Description of this tag.
 * @tag2 Description of this tag.
 */
```

Ein Java-Dokumentationskommentar sollte unmittelbar vor dem zu dokumentierenden Programmelement stehen und dieses knapp erläutern. Steht der Kommentar etwa vor einer class-Anweisung, dann sollte er beispielsweise den Zweck der Klasse erklären.

Neben dem Beschreibungstext kann das Programmelement mit weiteren Marken dokumentiert werden. Diese Marken, *Tags* genannt, stehen hinter einem Klammeraffen @. Auf sie folgt ein Leerzeichen und ein Beschreibungssatz oder -absatz.

Listing 22.3 enthält eine ausführlich dokumentierte Version des Applets AppInfo, die AppInfo2 heißt. Die folgenden Tags werden in diesem Programm benutzt:

- @author – Der Autor des Programms. Dieses Tag kann nur bei der Dokumentation einer Klasse benutzt werden und wird nur dann nicht ignoriert, wenn bei der Ausführung von javadoc die Option -author Verwendung findet.
- @version text – Die Versionsnummer des Programms. Auch dieses Tag ist auf die Dokumentation einer Klasse beschränkt. Es wird ignoriert, wenn javadoc nicht mit der Option -version ausgeführt wird.
- @return text – Die Variable oder das Objekt, das von der dokumentierten Methode zurückgegeben wird.
- @serial text – Eine Beschreibung des Datentyps und der möglichen Werte einer Variable oder eines Objekts, das serialisiert werden kann. Sie erfahren am 18. Tag mehr über Serialisation.

Listing 22.3: Der gesamte Quelltext von AppInfo2.java.

```
import java.awt.Graphics;

/** This class creates displays the values of three parameters:
  * Name, Date and Version.
  * @author <a href="http://www.naviseek.com/java21">Rogers Cadenhead</a>
  * @version 2.0
 */
public class AppInfo2 extends java.applet.Applet {
    /**
      * @serial The programmer's name.
    */
    String name;
    /**
      * @serial The current date.
    */
    String date;
    /**
      * @serial The program's version number.
    */
    int version;

    /**
      * This method describes the applet for any browsing tool that
      * request information out the program.
      * @return A String describing the applet.
     */
    public String getAppletInfo() {
        String response = "This applet demonstrates the "
            + "use of the Applet's Info feature.";
        return response;
    }

    /**
      * This method describes the parameters that the applet can take
      * for any browsing tool that requests this information.
      * @return An array of String[] objects for each parameter.
     */
    public String[][] getParameterInfo() {
        String[] p1 = {  "Name", "String", "Programmer's name" } ;
        String[] p2 = {  "Date", "String", "Today's date" } ;
        String[] p3 = {  "Version", "int", "Version number" } ;
        String[][] response = {  p1, p2, p3 } ;
        return response;
    }
```

```

    /**
     * This method is called when the applet is first initialized.
     */
    public void init() {
        name = getParameter("Name");
        date = getParameter("Date");
        String versText = getParameter("Version");
        if (versText != null)
            version = Integer.parseInt(versText);
    }

    /**
     * This method is called when the applet's display window is
     * being repainted.
     */
    public void paint(Graphics screen) {
        screen.drawString("Name: " + name, 5, 50);
        screen.drawString("Date: " + date, 5, 100);
        screen.drawString("Version: " + version, 5, 150);
    }
}
```

Mit dem folgenden Kommando ließe sich anhand der Quelltextdatei `AppInfo2.java` eine HTML-Dokumentation erstellen:

```
javadoc -author -version AppInfo2.java
```

Das Java-Dokumentationstool erzeugt mehrere HTML-Seiten, die im selben Order wie `AppInfo2.java` gespeichert werden. Diese Seiten dokumentieren das Programm in derselben Weise, wie die offizielle Dokumentation von Sun die Sprache Java dokumentiert.

Sie finden die offizielle Dokumentation von Java 2 SDK 1.3 und der Java-Klassenbibliotheken unter `http://java.sun.com/products/JDK/1.3/docs/`.

Um die Dokumentation einzusehen, die `javadoc` für `AppInfo2` erstellt hat, laden Sie die neu erzeugte HTML-Seite `index.html` mit Ihrem Browser. Abbildung 22.4 zeigt diese Seite im Internet Explorer.

Das Tool `javadoc` erzeugt extensiv verlinkte HTML-Seiten. Navigieren Sie durch diese Seiten, um zu sehen, wo die Informationen aus den Dokumentationskommentaren und -tags erscheinen.

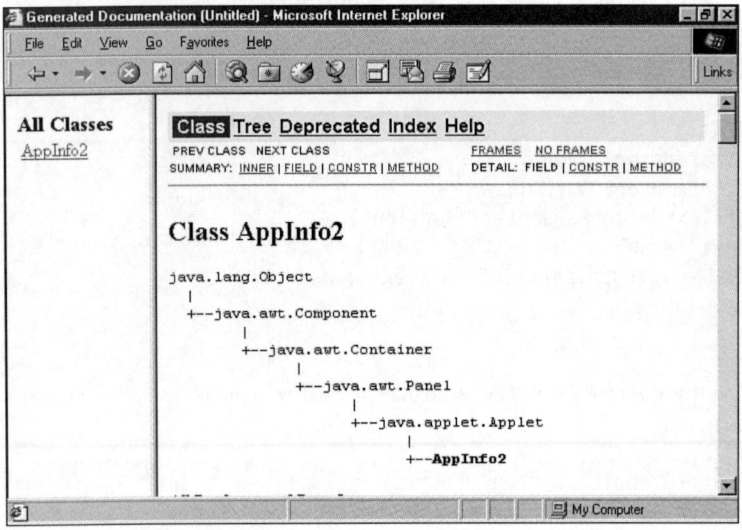

Abbildung 22.4: Die Java-Dokumentation für das Programm `AppInfo2`

Wenn Sie sich mit HTML-Programmierung auskennen, können Sie HTML-Tags wie `<A>`, `<TT>` oder `<B>` in Ihren Dokumentationskommentaren benutzen. Zeile 5 des Programms `AppInfo2` benutzt den Tag `<A>`, um den Text `"Rogers Cadenhead"` in einen Link zu verwandeln, der auf die offizielle Internetseite zum Buch verweist.

Das Tool `javadoc` kann auch zur Dokumentation eines ganzen Pakets verwendet werden, Sie müssen nur den Paketnamen als Kommandozeilenargument angeben. Es werden HTML-Dateien für jede `.java`-Datei im Paket erstellt sowie eine zusätzliche HTML-Datei, die das Paket aufschlüsselt.

Wenn Sie wollen, dass die Java-Dokumentation nicht im vorgegebenen Ordner erstellt wird, müssen Sie die Option `-d`, gefolgt von einem Leerzeichen und einem Ordnernamen, benutzen.

Das folgende Kommando erzeugt eine Java-Dokumentation für `AppInfo2` in einem Ordner namens `C:\JavaDocs\`:

```
javadoc -author -version -d C:\JavaDocs\ AppInfo2.java
```

Die folgende Liste erläutert die anderen Tags, die Sie in Java-Dokumentationskommentaren verwenden können:

- `@deprecated text` – Eine Bemerkung, dass diese Klasse, Methode, Objekt oder Variable für veraltet erklärt wurde. Dies führt dazu, dass der Compiler `javac` eine Veraltungswarnung ausgibt, wenn dieses Feature in einem Programm verwendet wird, das kompiliert wird.

- `@exception class description` – Dieses Tag wird mit Methoden verwendet, die Ausnahmen auswerfen. Es dokumentiert den Klassennamen der Ausnahme und beschreibt sie.
- `@param name description` – Dieses Tag wird mit Methoden benutzt. Es dokumentiert den Namen eines Arguments und beschreibt die Werte, die das Argument haben kann.
- `@see class` – Der Name einer anderen Klasse, aus dem ein Link auf die Java-Dokumentation dieser Klasse gemacht wird. Dieses Tag kann unbeschränkt in Kommentaren verwendet werden.
- `@see class#method` – Der Name der Methode einer anderen Klasse, aus dem ein Link auf die Dokumentation dieser Methode gemacht wird. Dieses Tag kann unbeschränkt benutzt werden.
- `@since text` – Eine Bemerkung darüber, wann eine Methode oder ein Feature zu ihrer bzw. seiner Klassenbibliothek hinzugefügt wurde.

22.6 Der Debugger jdb

Der Java-Debugger `jdb` ist ein ausgereiftes Werkzeug, mit dem Sie Bugs in Ihren Javaprogrammen aufspüren und eliminieren können. Sie können mit seiner Hilfe auch mehr darüber mitbekommen, was hinter den Kulissen im Java-Interpreter vorgeht, während ein Programm läuft. Er besitzt zahlreiche Features, von denen manche weit jenseits der Bedürfnisse eines Javanovizen angesiedelt sind.

Um ein Javaprogramm zu debuggen, müssen Sie nicht unbedingt den Debugger benutzen. Das wird Sie nicht überraschen, vor allem dann nicht, wenn Sie selbst ein paar Javaprogramme während der Lektüre des vorliegenden Buchs erstellt haben. Wenn der Java-Compiler einen Fehler anzeigt, lädt man normalerweise den Quelltext mit einem Editor, geht in die in der Fehlermeldung genannte Zeile und sucht dort nach dem Problem. Dieser verhasste Kompilieren-Fluchen-Suchen-Ausbessern-Zyklus wiederholt sich solange, bis das Programm anstandslos kompiliert wird.

Wenn Sie schon ein Weilchen mit dieser Debugging-Methode gearbeitet haben, denken Sie vielleicht, dass der Debugger überflüssig ist, da man ihn nicht unbedingt braucht und er so kompliziert und schwer zu bedienen ist.

Das stimmt, wenn Sie es mit Problemen zu tun haben, die Compiler-Fehler verursachen. Viele dieser Probleme sind Kleinigkeiten wie ein falsch platzierter Strichpunkt, eine geschweifte Klammer, die nie geschlossen wird, oder der Versuch, den falschen Datentyp als Argument einer Methode zu verwenden. Suchen Sie jedoch nach logischen Fehlern – subtilere Bugs, trotz derer das Programm kompiliert und ausgeführt werden kann – ist der Debugger ein unschätzbares Hilfsmittel.

Der Java-Debugger weist zwei Features auf, die äußerst nützlich sind, wenn Sie einen Bug suchen, der auf andere Art nicht gefunden werden kann: Abarbeitung in Einzelschritten und Breakpoints. Die *Abarbeitung in Einzelschritten* lässt ein Javaprogramm nach jeder ausgeführten Codezeile pausieren. *Breakpoints* sind Punkte, an denen die Abarbeitung des Programms aussetzt. Wenn man den Java-Debugger verwendet, kann man diese Breakpoints mit speziellen Codezeilen, Methodenaufrufen und aufgefangenen Ausnahmen auslösen.

Der Java-Debugger führt ein Programm aus, indem er eine Version des Java-Interpreters benutzt, die er unter seiner vollständigen Kontrolle hat.

Wenn Sie den Java-Debugger benutzen wollen, sollten Sie das Programm mit der Option `-g` kompilieren, wodurch zusätzliche Informationen in die Klassendatei geschrieben werden. Diese Informationen erleichtern das Debuggen beträchtlich. Auf keinen Fall sollten Sie die Option `-O` verwenden, denn die Optimierungstechniken könnten zu einer Klassendatei führen, die nicht direkt dem Quelltext des Programms entspricht.

Applikationen debuggen

Wenn Sie eine Applikation debuggen, kann das Tool `jdb` mit einer Java-Klasse als Argument ausgeführt werden. Dies zeigt das folgende Kommando:

```
jdb WriteBytes
```

Dieses Beispiel führt den Debugger mit `WriteBytes.class` aus, einer Applikation, die Sie auf der offiziellen Internetseite zum Buch `http://www.java21days.com` finden. Gehen Sie auf diese Site, suchen Sie die Seite zu Kapitel 22 und speichern Sie die Dateien `WriteBytes.class` und `WriteBytes.java` in den Ordner, von dem aus Sie den Debugger ausführen.

Die Applikation `WriteBytes` schreibt eine Reihe von Bytes auf die Festplatte und produziert so die Datei `pic.gif`.

Der Debugger lädt dieses Programm zwar, beginnt aber nicht mit seiner Ausführung. Stattdessen gibt er folgendes aus:

```
Initializing jdb...
>
```

Man steuert den Debugger, indem man Kommandos in die > Eingabeaufforderung tippt.

Um in einem Programm einen Breakpoint festzulegen, benutzt man die Kommandos `stop in` oder `stop at`. Das Kommando `stop in` setzt einen Breakpoint in der ersten Zeile einer bestimmten Methode einer Klasse. Sie geben die Namen von Klasse und Methode als Argument an das Kommando, wie in folgendem Beispiel:

```
stop in SellItem.SetPrice
```

Dieses Kommando setzt einen Breakpoint in die erste Zeile der Methode `SetPrice`. Wie Sie sehen, stehen nach dem Methodennamen weder die runden Klammern noch irgendwelche Argumente.

Das Kommando `stop at` setzt einen Breakpoint an eine bestimmte Zeile einer Klasse. Sie geben die Klasse und die Zeilennummer als Argumente an das Kommando, wie in folgendem Beispiel:

```
stop at WriteBytes:14
```

Wenn Sie dies mit der `WriteBytes`-Klasse ausprobieren, erhalten Sie folgende Ausgabe nach Eingabe des Kommandos:

```
breakpoint set at WriteBytes:14
```

Sie können so viele Breakpoints in eine Klasse setzen, wie Sie wollen. Um die bereits gesetzten Breakpoints zu sehen, verwenden Sie das Kommano `clear` ohne Argumente. Das Kommando `clear` listet die gegenwärtigen Breakpoints nach Zeilennummer, nicht nach Methodenname auf, selbst wenn sie mit dem Kommando `stop in` gesetzt wurden.

Indem Sie `clear` mit einem Klassennamen und einer Zeilennummer als Argument verwenden, können Sie einen Breakpoint entfernen. Wenn sich die hypothetische `SellItem.SetPrice`-Methode in Zeile 215 von `SellItem` befand, könnten Sie diesen Breakpoint mit folgendem Kommando entfernen:

```
clear SellItem:215
```

Im Debugger können Sie die Ausführung eines Programms mit dem Kommando `run` starten. Der Debugger zeigt folgendes an, wenn Sie mit der Ausführung der `WriteBytes`-Klasse anfangen:

```
run WriteBytes
running...
main[1]
Breakpoint hit: WriteBytes.main(WriteBytes:14)
```

Sobald Sie einen Breakpoint in der Klasse `WriteBytes` erreicht haben, können Sie mit folgenden Kommandos herumexperimentieren:

- `list` – Dies zeigt den Quellcode der Zeile, in der die Ausführung abbrach, und ihrer Nachbarzeilen an. Dafür muss die `.java`-Datei der Klasse, in der der Breakpoint erreicht wurde, zugänglich sein. `WriteBytes.java` muss sich also entweder im aktuellen Ordner oder in einem der Ordner des `CLASSPATH` befinden.
- `locals` – Listet die Werte der lokalen Variablen auf, die gerade benutzt oder bald definiert werden.
- `print text` – Gibt den Wert der Variablen, des Objekts oder des Arrayelements aus, das mit `text` angegeben wird.

- step – Führt die nächste Zeile aus und stoppt dann wieder.
- cont – Setzt das Programm an der Stelle fort, an der es angehalten wurde.
- !! – Wiederholt das letzte Debugger-Kommando.

Nachdem Sie diese Kommandos in der Applikation ausprobiert haben, können Sie die Ausführung des Programms fortsetzen, indem Sie den Breakpoint entfernen und dann das Kommando cont benutzen. Mit dem Kommando exit beenden Sie das Debugging.

Die Applikation WriteBytes erzeugt eine Datei namens pic.gif. Sie können sich davon überzeugen, dass diese Datei korrekt erstellt wurde, indem Sie sie in einen Browser oder in ein Bildbearbeitungsprogramm laden. Sie sehen ein kleines »J« in Schwarz und Weiß.

Nachdem Sie die Fehler in einem Programm beseitigt haben, sollten Sie nicht vergessen, es erneut ohne die Option -g zu kompilieren.

Applets debuggen

Man kann ein Applet nicht mit jdb debuggen. Stattdessen steht Ihnen die -debug-Option des appletviewer zur Verfügung. Ein Beispiel sähe so aus:

```
appletviewer -debug AppInfo.html
```

Dies lädt den Java-Debugger, und sobald Sie ein Kommando wie run benutzen, startet auch der appletviewer. Spielen Sie dieses Beispiel nach, um zu sehen, wie diese Tools zusammenarbeiten.

Bevor Sie mit dem Kommando run das Applet ausführen, setzen Sie einen Breakpoint in die erste Zeile der getAppletInfo()-Methode. Das geht mit folgendem Kommando:

```
stop in AppInfo.getAppletInfo
```

Während der Ausführung des Applets wird der Breakpoint nicht erreicht, ehe Sie nicht den Aufruf der getAppletInfo()-Methode veranlassen. Dies geschieht, indem Sie Applet, Info aus dem Menü des appletviewer auswählen.

Weitere Debugging-Kommandos

Mit den Features, die Sie bereits kennen, können Sie den Debugger ein Programm anhalten lassen und sich ansehen, was geschieht. Das sollte zumeist ausreichen. Aber der Debugger kennt noch viele andere Kommandos. Erwähnenswert sind z. B.:

- up – Bewegt den Stack-Frame nach oben, sodass Sie mit locals und print das Programm zu dem Zeitpunkt untersuchen können, an dem die aktuelle Methode noch nicht aufgerufen war.

- `down` – Bewegt den Stack-Frame nach unten, um das Programm nach dem Methodenaufruf zu untersuchen.

Es kommt in Javaprogrammen häufig vor, dass eine Kette von Methoden aufgerufen wird. Die eine Methode ruft die nächste auf, die wieder eine andere Methode aufruft usw. Jedesmal, wenn eine Methode aufgerufen wird, verfolgt Java alle Objekte und Variablen in diesem Gültigkeitsbereich, indem es sie sammelt. Diese Gruppierung heißt *Stack* (dt.: »Stapel«), als würden diese Objekte wie ein Karten-Talon gestapelt. Die einzelnen Stacks, die während der Ausführung eines Programms existieren, nennt man den *Stack-Frame*.

Indem man `up` und `down` zusammen mit Kommandos wie `locals` einsetzt, lässt sich besser verstehen, wie der Code, der eine Methode aufruft, mit ihr interagiert.

Beim Debuggen stehen Ihnen außerdem folgende Kommandos zur Verfügung:

- `classes` – Listet die augenblicklich im Speicher befindlichen Klassen auf.
- `methods` – Listet die Methoden einer Klasse auf.
- `memory` – Zeigt den Gesamtspeicher und den augenblicklich ungenutzten Speicher an.
- `threads` – Listet die derzeit ablaufenden Threads auf.

Das Kommando `threads` nummeriert die Threads durch. Sie können diese Nummern zusammen mit dem Kommando `suspend` benutzen, um einen Thread anzuhalten, also z.B. `suspend 1`. Man lässt einen Thread weiterlaufen, indem man das Kommando `resume`, gefolgt von seiner Nummer, benutzt.

Eine weitere Möglichkeit, um in einem Javaprogramm einen Breakpoint festzulegen, ist das Kommando `catch text`, das die Ausführung anhält, sobald eine Ausnahme der Klasse `text` aufgefangen wird.

Sie können eine Ausnahme auch ignorieren lassen, indem Sie das Kommando `ignore text` benutzen, wobei `text` für die Klasse der Ausnahme steht.

22.7 Die Systemeigenschaften festlegen

Ein weitgehend unbekanntes Feature des SDK ist, dass die Kommandozeilenoption `-D` die Performance der Java-Klassenbibliothek beinflussen kann.

Wenn Sie vor Java mit anderen Programmiersprachen zu tun hatten, kennen Sie vielleicht Umgebungsvariablen, die Informationen über das Betriebssystem bieten, unter dem das Programm läuft. Ein Beispiel ist `CLASSPATH`, das angibt, in welchen Ordnern der Java-Interpreter nach Klassendateien suchen soll.

Da verschiedene Betriebssysteme unterschiedliche Namen für ihre Umgebungsvariablen benutzen, können sie von einem Javaprogramm nicht direkt gelesen werden. Dafür besitzt Java eine Reihe von Systemeigenschaften, die auf jeder Plattform mit Java-Implementierung vorhanden sind.

Mit einigen Eigenschaften kann man nur Informationen erhalten. Die folgenden Systemeigenschaften sollten bei jeder Java-Implementierung vorhanden sein:

- `java.version` – Der Versionsnummer des Java-Interpreters.
- `java.vendor` – Ein String, der den Hersteller des Java-Interpreters bezeichnet.
- `os.name` – Das Betriebssystem.
- `os.version` – Die Versionsnummer des Betriebssystems.

Andere Eigenschaften wirken sich darauf aus, was die Java-Klassenbibliothek genau macht, wenn sie in einem Javaprogramm benutzt wird. Ein Beispiel hierfür wäre die Eigenschaft `java2d.font.usePlatformFont`. Wenn diese Eigenschaft `true` ist, verwendet Java den Java-1.1-Stil der Schriftdarstellung und nicht das System, das in Nachfolgeversionen der Sprache eingesetzt wird. Diese Eigenschaft wurde bei einer Beta-Version von Java 1.2 sehr wichtig, in der es einige Bugs bei der Verarbeitung von Schriften durch den `appletviewer` gab.

Eigenschaften legt man in der Kommandozeile fest, indem man die `-D`-Option, gefolgt vom Namen der Eigenschaft, einem Gleichheitszeichen und dem neuen Wert der Eigenschaft, benutzt. Ein Beispiel:

```
java -Djava2.dfont.usePlatformFont=true Auctioneer
```

In diesem Beispiel hätte die Verwendung der Systemeigenschaft zur Folge, dass die Applikation `Auctioneer` die Schriften im 1.1-Stil benutzen würde.

Sie können auch eigene Eigenschaften festlegen und sie durch die Methode `getProperty()` der Klasse `System` lesen, die Teil des Pakets `java.lang` ist.

Listing 22.4 bietet Ihnen den Quelltext eines einfachen Programms, das den Wert einer benutzererstellten Eigenschaft anzeigt.

Listing 22.4: Der gesamte Quelltext von ItemProp.java.

```
class ItemProp {
    public static void main(String[] arguments) {
        String n = System.getProperty("item.name");
        System.out.println("The item is named " + n);
    }
}
```

Wenn Sie das Programm ausführen, ohne die `item.name`-Eigenschaft in der Kommandozeile festzulegen, dann erhalten Sie folgende Ausgabe:

```
The item is named null
```

Die Eigenschaft `item.name` kann mit der `-D`-Option festgelegt werden, also z. B.:

```
java -Ditem.name="Microsoft Bob" ItemProp
```

Die Ausgabe wäre dann:

```
The item is named Microsoft Bob
```

Die `-D`-Option ist eine Option des Java-Interpreters. Um sie mit dem `appletviewer` einsetzen zu können, müssen Sie dem `-D` ein `-J` voranstellen. Das folgende Kommando zeigt Ihnen, wie dies aussehen könnte:

```
appletviewer -J-Djava2d.font.usePlatformFont=true AuctionSite.html
```

Dies würde den `appletviewer` veranlassen, für alle Applets auf der Webseite `AuctionSite.html` Schriften im Java-1.1-Stil zu benutzen.

22.8 Zusammenfassung

Heute wurden mehrere Features des SDK erläutert, die immer wichtiger für Sie werden, je tiefer Sie in Java eintauchen:

- die Verwendung des Java-Debugger mit Applets und Applikationen
- die Erstellung einer optimierten Version einer kompilierten Klasse
- die Erstellung von Applet-Methoden, die dem Browser auf Anfrage Informationen mitteilen können
- die Verwendung des Java-Dokumentationstools, um eine Klasse, ihre Methoden und andere Aspekte eines Programms ausführlich zu beschreiben

Diese SDK-Features wurden während der 21 Tage des Buchs nicht notwendig, da die Beispielprogramme sehr einfach gehalten waren. Es mag kompliziert sein, eine Swing-Applikation zu entwickeln oder zum ersten Mal mit Threads und Streams zu arbeiten, doch Ihre größte Herausforderung liegt noch vor Ihnen: Die Integration dieser und ähnlicher Konzepte in größere und komplexere Javaprogramme.

In komplexeren Projekten werden Tools wie `javadoc` und der Debugger absolut unverzichtbar.

Wenn es zu einem Fehler kommt, weil zwei Klassen nicht korrekt miteinander interagieren oder weil sich ähnlich subtile logische Fehler in Ihren Code eingeschlichen haben, dann ist der Debugger die erste Wahl, um die Probleme dingfest zu machen und sie auszuräumen.

Wenn Sie eine ganze Klassenbibliothek erstellen, kann man mit `javadoc` diese Klassen dokumentieren und zeigen, wie diese sich untereinander verhalten.

22.9 Fragen und Antworten

F *Die offizielle Java-Dokumentation ist voll langer Absätze, die Klassen und Methoden beschreiben. Wie kann man so etwas selbst mit* `javadoc` *erstellen?*

A Im Java-Dokumentationstool gibt es keine Beschränkung für die Länge einer Beschreibung. Meist sind die Beschreibungen zwar nur einen Satz oder zwei lang, doch wenn nötig, kann man sie durchaus länger gestalten. Beenden Sie die Beschreibung mit einem Punkt, dem sofort eine neue Zeile mit irgendeinem Tag oder dem Kommentarende folgt.

F *Muss ich alles in meinen Javaklassen dokumentieren, wenn ich vorhabe, das* `javadoc`*-Tool zu verwenden?*

A Das Java-Dokumentationstool funktioniert, egal wie viele oder wie wenige Kommentare sie setzen. Die Entscheidung, welche Elemente eines Programms dokumentiert werden müssen, liegt bei Ihnen. Normalerweise sollten Sie die Klasse und alle Methoden, Variablen und Objekte beschreiben, die nicht vor anderen Klassen verborgen sind.

Das Tool `javadoc` gibt eine Warnung aus, wenn ein serialisierbares Objekt oder eine Variable definiert wird, ohne dass es einen Java-Dokumentationskommentar dazu gibt.

22.10 Quiz

Überprüfen Sie den heutigen Stoff, indem Sie dieses Quiz mit drei Fragen beantworten.

Fragen

1. Wieviele Klassen können sich in einer Java-Quelltextdatei befinden?

   (a) genau eine `public`-Klasse

   (b) entweder keine oder eine `public`-Klasse

   (c) beliebig viele `public`-Klassen

2. Mit welchem Kommando kann man den Quellcode um einen Breakpoint einsehen, auf den man innerhalb des Java-Debuggers gestoßen ist?

   (a) `locals`

   (b) `list`

   (c) `cont`

3. Mit welcher Kommandozeilenoption legt man eine Eigenschaft bei der Ausführung einer Java-Applikation fest?

   (a) `-D`

   (b) `-G`

   (c) `-CLASSPATH`

Antworten

1. b. Wenn es überhaupt eine `public`-Klasse gibt, dann muss es die einzige `public`-Klasse der Datei sein.

2. b. Das Kommando `list`.

3. a. Auf die Option `-D` folgt der Name der Eigenschaft, ein Gleichheitszeichen (»=«) und der Wert der Eigenschaft, also z. B. `-Ditem.font=Courier`.

22.11 Übungen

Um Ihr Wissen über die heute behandelten Themen zu vertiefen, können Sie sich an folgenden Übungen versuchen:

- Erzeugen Sie eine Applikation, die die Zahl der Zeilen einer Textdatei abzählt, aber nur dann die einzelnen Zeilen der Datei ausgibt, wenn eine Eigenschaft `display.verbose` auf `true` steht.
- Fügen Sie einem der Übungsprojekte der vorhergehenden Kapitel Kommentare im `javadoc`-Stil hinzu und erzeugen Sie dann mit `javadoc` eine Dokumentation für dieses Projekt.

Bonustag 23

Programmierumgebungen für Java

Man kann zwar durchaus mit dem Java 2 Software Development Kit Javaprogramme schreiben, kompilieren und debuggen, doch verglichen mit den besten kommerziellen Paketen für Java-Entwickler erscheint es arg primitiv.

Oft kann man Javaprogramme schneller und effizienter erstellen, wenn man ein Paket von Tools verwendet, das man IDE, *Integrated Development Environment,* nennt.

Eine IDE ist Software für Computerprogrammierung, die verschiedene Entwicklerwerkzeuge zu einem Paket zusammenfasst. Solche Werkzeuge sind z. B. ein Quelltexteditor, ein Compiler, ein Interpreter, ein Debugger usw.

Heute sehen wir uns zwei der beliebtesten IDEs für Javaprogrammierer genauer an:

- Borland JBuilder 4
- WebGain VisualCafé 4.1

23.1 IDEs für Java

Alle Tools des Software Development Kits werden über die Kommandozeile benutzt (also die MS-DOS-Eingabeaufforderung eines Windows-Computers). Man führt diese Tools aus, indem man den Namen des Programms, gefolgt von einem oder mehreren Argumenten, eintippt.

Ein Vorteil einer IDE ist, dass man Javaprogramme erstellen, kompilieren und testen kann, ohne jemals die Kommandozeile benutzen zu müssen.

Eine IDE integriert alle erforderlichen Werkzeuge in eine grafische Umgebung wie Microsoft Windows oder Apple MacOS. Die Tools ergänzen sich bei der Erstellung eines Programms gegenseitig.

Die meisten professionellen IDEs unterstützen drag-and-drop, cut-and-paste, mehrfache Fenster und andere grafische Features. Wenn das alles vernünftig funktioniert, sollte das Programmieren schneller und effektiver von der Hand gehen, als wenn man sich mit einem rudimentären Tool wie dem Software Development Kit herumschlagen würde. Auch das Debuggen müsste flotter klappen.

Viele IDEs unterstützen auch *Rapid Application Development,* auch als RAD bekannt. RAD ist eine Strategie, um die Programmentwicklung stark zu beschleunigen, indem Tools zur Erstellung einer grafischen Benutzerschnittstelle (und zu anderen Zwecken) zur Verfügung gestellt werden. Wenn die Werbung verspricht, man könne mit einem Produkt »Javaprogramme erstellen, ohne eine einzige Codezeile einzutippen«, dann sind damit RAD-Features gemeint.

Die meisten Javaprogrammierumgebungen benutzen RAD-Tools vor allem für das Design der Benutzerschnittstelle und verwenden Javacode zur Behandlung von Benutzerereignissen. In Borland JBuilder 4 kann man einen anklickbaren Button auf einen Frame legen und sofort eine `actionPerformed()`-Methode öffnen, um Aktionsereignisse zu behandeln, die durch das Anklicken dieses Buttons ausgelöst werden. Die IDE kümmert sich um die Implementierung der Ereignisbehandlungsschnittstelle und die Einrichtung der Listeners.

In den letzten fünf Jahren wurden mehr als 50 verschiedene Java-Entwicklerumgebungen auf den Markt gebracht. Heute lernen Sie zwei davon kennen, die sich großer Beliebtheit bei Javaprogrammierern erfreuen und von ihren Herstellern hervorragend upgedated werden.

So wählt man ein Entwicklerpaket aus

Bei der Auswahl einer IDE für Ihre eigenen Programmieraufgaben können viele Details eine Rolle spielen. Stellen Sie sich daher folgende Fragen:

- Spielt das Design der grafischen Benutzerschnittstelle eine große Rolle bei Ihren Programmen?
- Wie wichtig ist es Ihnen, ob Ihr Programm auf verschiedenen Computersystemen lauffähig ist? Oder reicht es Ihnen, dass es explizit auf einem Windows-Rechner, einem Mac oder irgendeinem anderen System läuft?
- Haben Sie schon Erfahrungen mit anderen IDEs?
- Wollen Sie neben Java auch andere Programmiersprachen einsetzen?

Tools für das Design einer grafischen Benutzerschnittstelle

Mit dem anhaltenden Erfolg von Microsoft Windows und Apple MacOS erwarten die meisten Computerbenutzer heute, dass auf ihren Maschinen ein Betriebssystem mit Fenstern und einer grafischen Schnittstelle läuft. Die Software soll die Eingabe via Maus und andere Standardfeatures wie größenmäßig veränderliche Fenster sowie drag-and-drop unterstützen. Diese Erwartungen zwingen bei der Software-Entwicklung zu einem besonderen Augenmerk auf das Design der Benutzerschnittstelle.

Ähnlich wichtig ist das Schnittstellendesign, wenn es um die Wahl einer IDE geht. Die verfügbaren Java-IDEs gehen auf verschiedene Weise an das Schnittstellendesign und andere wichtige Features, die beim Schnittstellendesign nützlich sind, heran. Viele Schnittstellen-Entwicklertools können automatisch Java-Code erstellen, der Benutzerereignisse behandelt. Visual-Basic-Programmierern wird das vertraut vorkommen, denn die IDE dieser Sprache ermöglicht schnelles Design und Programmierung der Schnittstelle.

Die meisten Schnittstellen-Tools funktionieren so ähnlich wie Malprogramme. Die Elemente für die Benutzerschnittstelle befinden sich auf einer Palette und können direkt auf eine Arbeitsfläche abgelegt werden. Die meisten Komponenten stammen aus den Java-Pakten Swing und Abstract Windowing Toolkit. Der Hersteller der IDE kann natürlich auch ein paar neue Komponenten hinzufügen. Z. B. bietet die Standard Edition von WebGain VisualCafé zehn neue Multimedia-AWT-Komponenten, die Sound abspielen, Bilder anzeigen und animierte Sequenzen wie ein Feuerwerk abspielen können.

Vollständig portierbare Javaprogramme erstellen

Ein weiteres wichtiges Kriterium ist, inwieweit die einzelnen IDEs dem Java-Versprechen der Plattform-Unabhängigkeit treu bleiben. Manche Entwicklungsumgebungen unterscheiden sich in dieser Hinsicht in keiner Weise vom Software Development Kit – sie erzeugen Programme, die in allen Java-Implementierungen vollständig verwendbar sind. Manche IDEs (auch die beiden, die wir uns näher ansehen wollen) können so konfiguriert werden, dass sie SDK-1.3-Tools wie den Compiler und den Interpreter hinter den Kulissen einsetzen.

Fast alle IDEs sind so entworfen, dass sie Ihnen helfen, portierbare, plattform-unabhängige Programme zu erstellen. Eine wichtige Ausnahme ist Visual J++, ein integriertes Entwicklertool für Javaprogrammierer, das nicht mehr vertrieben wird. Diese IDE bot Features, die sich nur auf Microsoft-Windows-Systemen fanden und mit denen andere Plattformen nicht zurecht kamen. Wenn ein mit J++ entwickeltes Programm irgendwelche Windows-spezifischen Features benutzte, war es nicht »100%ig reines Java« und konnte auf anderen Systemen mit Java-Interpreter zu Problemen führen.

Obwohl die Plattformunabhängigkeit bei Java eine so große Rolle spielt, sind die meisten IDEs selbst nicht völlig plattformunabhängig, sogar wenn sie in Java erstellt sind. Die Entwicklungsumgebungen sind immer nur für spezielle Plattformen erhältlich, was in erster Linie daran liegt, dass sie nativen Code verwenden, der aus Teilen von Javaprogrammen besteht, die in anderen Sprachen wie C++ oder C erstellt sind.

Erfahrungen mit anderen IDEs

Was bei Entwicklungsumgebungen oft vergessen wird, ist die Tatsache, dass viele dieser Tools großes Vorwissen und lange Erfahrung voraussetzen, damit sie vernünftig benutzt werden können. Eine IDE wird kaum Ihre Programmierqualitäten verbessern können, wenn Sie nicht in der Lage sind, mit der IDE umzugehen.

Für die meisten Leute werden IDEs die kompliziertesten Programme sein, die sie überhaupt benutzen. Da so viel Funktionalität in ein einziges Programm gestopft werden muss, haben IDEs oft Fenster mit mehreren Dokumenten, Werkzeugleisten mit Reitern, zahllose Konfigurationsoptionen und andere komplizierte Features.

Programmiernovizen können von der Komplexität mancher IDEs überfordert werden, zumal dann, wenn sie sich auch noch mit dem Erlernen einer neuen Programmiersprache herumschlagen müssen. Daher sollte die IDE, die Sie sich aussuchen, zu Ihrem Vorwissen als Programmierer und IDE-Benutzer passen.

Eine IDE für mehr als eine Sprache benutzen

Wenn Sie bei der Software-Entwicklung mehr als eine Sprache einsetzen, sollten Sie bei der IDE-Wahl berücksichtigen, ob man sie mit mehreren Sprachen verwenden kann. MetroWerks CodeWarrior ist eines der besten Beispiele für eine Entwicklungsumgebung, die für die Programmierung in mehreren Sprachen ausgelegt ist. Sie unterstützt Java-, C-und C++-Entwicklung auf Macintosh, Windows, Linux und sogar der Sony Playstation!

Ein Vorteil einer IDE, die mehrere Sprachen unterstützt, ist, dass man nicht für jede Sprache eine andere IDE erlernen muss. (Selbstverständlich ist keine IDE auf Anhieb schnell erlernbar.) Ein weiteres Plus ist, dass man Java-Anweisungen und native, nicht-Java-Methoden mit demselben Tool schreiben kann.

23.2 Eine IDE bewerten

Eine IDE sollte Sie zu einem besseren Programmierer machen, und die Entwicklung sollte leichter fallen oder zumindest mehr Spass machen. Wenn Sie sich die heute beschriebenen Produkte ansehen, können Sie festlegen, welche Features einer bestimmten IDE Sie brauchen könnten. Natürlich können Sie auch das Software Development Kit verwenden und es durch separate Schnittstellen-Builder, Ihre Lieblingstextverarbeitung und andere Software aufbohren.

HINWEIS: Wenn Sie sich (wie in diesem Kapitel) Testversionen mehrerer verschiedener IDEs aus dem Internet herunterladen, könnte es Probleme geben, da die einzelnen IDEs an Ihrem System herumkonfigurieren. Viele Java-Entwicklungstools verwenden Umgebungsvariablen wie `CLASSPATH` oder `PATH`, die verstellt sein könnten, wenn sie bereits durch eine andere IDE konfiguriert wurden. Ehe Sie die Testversion einer IDE aufspielen, sollten Sie alle anderen IDEs deinstallieren, die sich auf Ihrem System befinden.

Borland JBuilder

Seit ihrer Gründung im Jahr 1983 hat die Firma Borland aus Scottsville in Kalifornien einige der erfolgreichsten Tools für C-, C++-, Pascal- und Assemblerprogrammierung produziert. Eines dieser Werkzeuge ist Borland Delphi, eine objektorientierte Erweiterung von Pascal, mit der man Programme für Microsoft Windows mittels Rapid Application Development erstellen kann.

1997 brachte Borland JBuilder, eine IDE für Javaprogrammierung, auf den Markt. Mit dieser Software, die derzeit in der vierten Version vorliegt, können Javaprogramme in verschiedenen Windows-, Linux- und Solarisumgebungen erstellt werden.

JBuilder bietet eine vollständige Unterstützung von Java 2 SDK 1.3, sodass man damit die Beispielprogramme in diesem Buch erzeugen, kompilieren und ausführen kann. Wenn Sie etwas mit einer früheren Version von Java erstellen wollen, können Sie JBuilder so konfigurieren, dass eine ältere Version des SDK verwendet wird.

JBuilder funktioniert mit Windows 98, NT und 2000 sowie verschiedenen Linux-Distributionen wie Red Hat 6.2, Mandrake 6 oder SuSE Linux 6.3 (oder späteren Versionen dieser Distributionen). Mit JBuilder erstellte Programme laufen auf jedem System, das Java unterstützt.

Wie viele andere Programmiertools kann man JBuilder in verschiedenen Versionen kaufen:

- JBuilder 4 Foundation, eine Einsteigerversion für ca. 100 Mark
- JBuilder 4 Professional, eine Version für gut 2.300 Mark, die zusätzlich Features zum Speichern und Auslesen von Daten bietet
- JBuilder 4 Enterprise, für knapp 7.000 Mark, das eine sehr weitgehende Unterstützung für die Java-Entwicklung bietet

Bei allen JBuilder-4-Versionen sind die Benutzerschnittstelle und die Kernfeatures identisch.

Die Foundation-Version bietet alle Standard-Java-Klassenbibliotheken, so auch alle Klassen, die Sie während der letzten 22 Tage kennen gelernt haben. Sie können grafische Benutzerschnittstellen mit Komponenten aus Swing und dem Abstract Windowing Toolkit erstellen, und Sie können auf vorgefertigte JavaBeans zurückgreifen. Die Professional-Version hat zusätzlich Tools, mit denen man leichter Javaprogramme entwickelt, die Daten speichern und auslesen sollen. Sie können sich mittels JDBC oder ODBC mit einer Datenbank verbinden, mithilfe von SQL-Anfragen Daten auslesen und mit allen wichtigeren Datenbankservern auf dem Markt arbeiten. Zusätzlich gibt es Unterstützung für Remote Method Invocation, für die Entwicklung von JavaBeans und für Servlets.

Java-Servlets sind Applikationen, die auf einem Webserver laufen und CGI-Programmen, PHP und anderen Tools ähneln, mit denen man interaktiv Webseiten generiert. Verschiedene Entwicklungstools erlauben das Erstellen, Austesten und Einsetzen von Servlets. Wir werden sie uns am 26. Tag genauer ansehen.

Das bei JBuilder Professional mitgelieferte Tool Archive Builder macht es einfacher, Java-Applets ins Internet zu setzen. Nachdem Sie Ihr Applet fertigprogrammiert und ausgetest haben, packt der Archive Builder alle Klassendateien und alle vom Applet sonst benötigten Dateien in eine einzige Java-Archivdatei (JAR).

Es gibt auch Unterstützung zur Erstellung einer einzelnen JAR-Datei, die alles enthält, was man braucht, um eine Java-Applikation von der Kommandozeile aus auszuführen.

Wenn Sie Ihre Javaprogramme anderen zur Verfügung stellen wollen, so machen Sie sich das Leben wesentlich einfacher, wenn Sie die Professional-Version von JBuilder benutzen. Da die JAR-Erstellung automatisiert ist, vermeiden Sie Fehler wie das Vergessen einer Klassendatei oder das Speichern einer Klasse in den falschen Ordner.

Die Enterprise-Version bietet Unterstützung für einige der herausragendsten Technologien, die Javaprogrammierern überhaupt zur Verfügung stehen:

- Enterprise JavaBeans, Komponenten, die man bei der Client-Server-Programmierung einstetzt
- Extensible Markup Language (XML), ein beliebter Standard, um verschiedene Arten von Daten in einem selbstdokumentierenden, leicht zu benutzenden Format darzustellen
- JavaServer Pages, eine Web-Technologie, um Java-Quelltext in WWW-Dokumente einzubetten, der dann von einem Webserver interpretiert wird
- Common Object Request Broker Architecture (CORBA), ein Standard für Objekte, die in verschiedenen Sprachen erstellt wurden und in einer Client-Server-Umgebung miteinander kommunizieren sollen

JBuilder erkunden

Bei JBuilder Foundation fehlen zwar jede Menge praktischer Features der beiden teureren Versionen, es sollte aber ausreichen, um Java zu lernen und die Pakete zu verwenden, aus denen sich Java 2 zusammensetzt.

Die Foundation-Version bietet auch ein Tool zum Design der Benutzerschnittstelle, Projektmanagment und ein eingebautes Hilfssystem, das JBuilder und Java 2 dokumentiert.

JBuilder 4 Foundation kann man als Download unter `http://shop.borland.com` kaufen. Zum Zeitpunkt der Drucklegung dieses Buchs konnte man unter `http://www.borland.com/jbuilder/` eine Testversion herunterladen.

Abbildung 23.1 zeigt, wie mit JBuilder ein Javaprogramm bearbeitet wird.

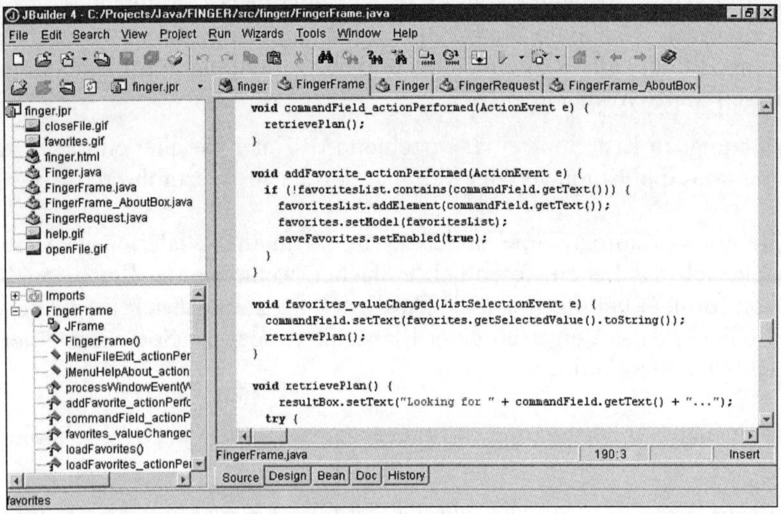

Abbildung 23.1: Hier wird ein Javaprogramm mit JBuilder 4 Foundation bearbeitet.

In Abbildung 23.1 wird der Quelltext einer Javaklasse bearbeitet, die `FingerFrame` heißt. Der Quelltext-Editor von JBuilder bietet einige Features, die es leichter machen, Programme zu schreiben.

Wenn man Quelltext bearbeitet, verwendet JBuilder unterschiedliche Farben für Kommentare, Argumente und Java-Schlüsselwörter wie `void`, `if` oder `true`.

JBuilder bietet auch eine einfache Möglichkeit, zueinander gehörige geschweifte Klammern {} innerhalb eines Programms zu finden. Dazu muss man nur den Cursor links einer geschweiften Klammer positionieren und Alt+[drücken, woraufhin der Cursor zur zugehörigen anderen Klammer springt.

Während Sie Anweisungen in den Quelltexteditor tippen, kommt es vor, dass JBuilder ein Pop-up-Dialogfenster mit Dokumentation zu dem, was Sie gerade eingeben, anzeigt.

Dieses Feature ist Teil eines Hilfssystems namens CodeInsight und wird aktiviert, wenn Sie den Namen eines Objekts (oder einer Klasse) eingeben und einen Punkt folgen lassen. JBuilder erkennt, dass Sie den Namen einer Variablen oder einer Methode eines Objekts eintippen wollen und lässt ein Dialogfenster mit der relevanten Dokumentation erscheinen.

Abbildung 23.2 zeigt ein CodeInsight-Dialogfenster.

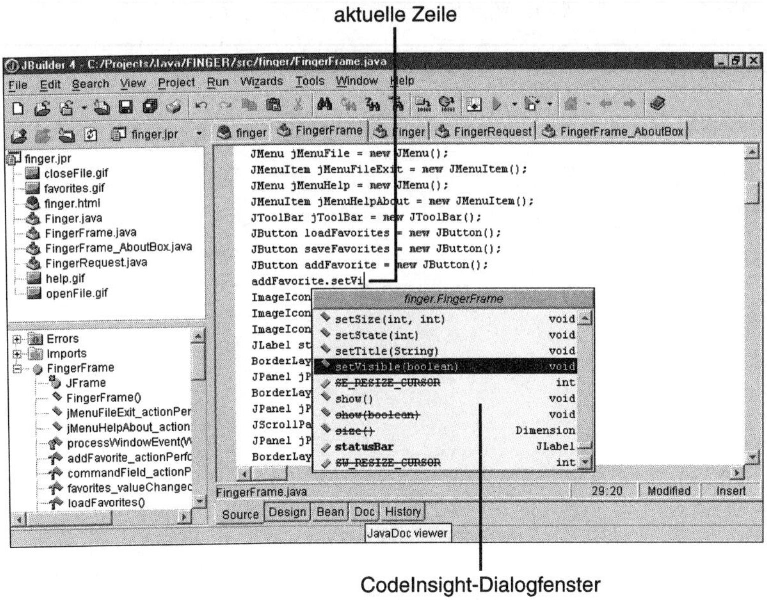

Abbildung 23.2: So sieht die bei JBuilder eingebaute Java-Dokumentation aus

Schon während der Programmierer den Text `addFavorite.setVi` eintippt, versteht JBuilder, dass dies der Anfang eines Aufrufs einer Methode eines `JButton`-Objekts namens `addFavorite` ist. Daraufhin wird eine Liste von `JButton`-Methoden mit den erwarteten Argumenten im CodeInsight-Dialogfenster angezeigt. Ein Methodenaufruf ist hervorgehoben – `setVisible(boolean)`. Würde der Programmierer die Eingabetaste drücken, würde die hervorgehobene Methode einfach in den Quelltext übernommen, ohne dass er sie eintippen müsste.

JBuilder beinhaltet CodeInsight-Dokumentation für Klassen, Fehler, Ausdrücke und andere Aspekte von Java – leider finden sich manche dieser Features aber nur in der Professional- bzw. Enterprise-Version. Man kann dank JBuilder den Quelltext in einem solchen Editor erstellen, von den Projektmanagementfeatures profitieren und mittels der Menü-Kommandos die Javaprogramme kompilieren und ausführen.

Die wirkliche Stärke von JBuilder ist aber der User Interface Designer, mit dem man visuell eine Schnittstelle erzeugen und Benutzerereignisse behandeln kann. Abbildung 23.3 zeigt die Entwicklung einer Benutzerschnittstelle mit JBuilder.

Um eine Benutzerschnittstelle zu entwerfen, wählt man Swing- oder Abstract-Windowing-Toolkit-Komponenten aus einer Werkzeugleiste aus und klickt dann auf die Stelle im Container, wohin die Komponente gesetzt werden soll.

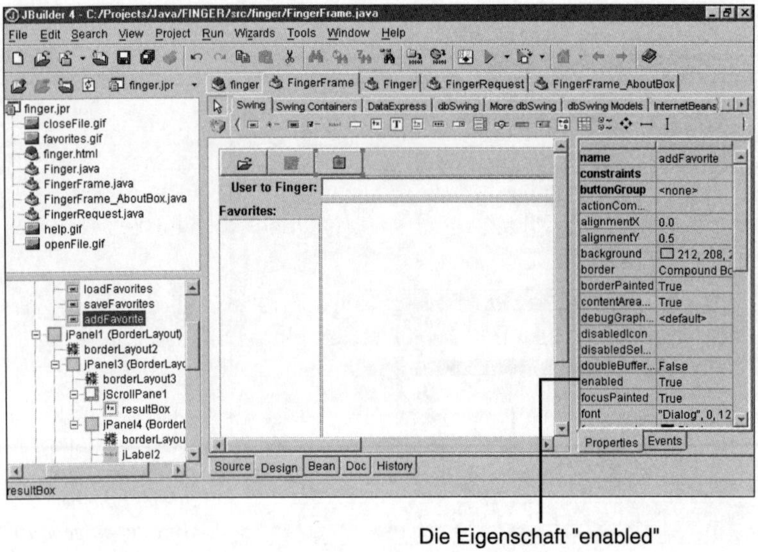

Abbildung 23.3: Das Design einer Benutzerschnittstelle mit JBuilder

Man kann die folgenden Dinge tun, ohne irgendwelchen Javacode zu schreiben:

- den Layout-Manager eines Containers ändern
- einem Container Komponenten hinzufügen
- Komponenten neu anordnen
- das Textlabel einer Komponente oder den Standard-Text-Wert definieren
- Größe, Farben und Schrift einer Komponente ändern
- eine Komponente an- oder abschalten

Während Sie eine Schnittstelle entwerfen, baut JBuilder Java-Anweisungen in Ihr Programm ein, die Ihr Design implementieren. Die Entwicklungsumgebung kann dieselben Komponenten, Layout-Manager und Ereignisbehandlungsklassen verwenden, die Sie in den letzten drei Wochen kennen gelernt haben.

In Abbildung 23.3 wurde ein Button namens `addFavorite` für die Bearbeitung ausgewählt. Das führt dazu, dass seine Eigenschaften in einem Fenster neben dem Interface Designer angezeigt werden. Eine dieser Eigenschaften, `enabled`, legt fest, ob der Button Benutzereingaben empfangen kann. Sie hat in Abbildung 23.3 den Wert `True`, was heißt, dass er angeklickt werden kann.

Um diese Eigenschaft zu ändern, müsste der Programmierer nur das Wort `True` doppelklicken. Daraufhin erscheint eine Liste, in der der Wert auf `False` verändert werden kann.

Das hat zur Folge, dass JBuilder folgende Anweisung in dem Teil des Programms ergänzt, in dem der `addFavorite`-Button eingerichtet wird:

```
addFavorite.setEnabled(false);
```

Diese Java-Anweisung kann im Quelltext-Editor bearbeitet werden. Wenn Sie den Methodenaufruf auf `setEnabled(true)` setzen, erkennt JBuilder diese Änderung, sobald Sie das nächste Mal den Schnittstellendesigner verwenden. Sie büßen keinerlei Flexibilität ein, wenn Sie eine Schnittstelle visuell erstellen, anstatt sie im Quelltexteditor per Hand zu coden.

Der JBuilder-Schnittstellendesigner erleichtert ferner die Ereignisbehandlung. Wenn Sie eine Komponente in der Benutzerschnittstelle doppelklicken, öffnen Sie den Quelltexteditor und können damit anfangen, eine Ereignisbehandlungsmethode zu erstellen.

Stellen wir uns als Beispiel vor, dass ein Programmierer beschließt, eine Ereignisbehandlungsmethode einer `JButton`-Komponente hinzuzufügen, indem er sie doppelklickt. Daraufhin geschehen die folgenden Dinge:

- Die Klasse wird so verändert, dass sie Aktionsereignisse unterstützt.
- Der Knopf wird als `ActionListener` registriert.
- Der Klasse wird eine neue, leere Methode `actionPerformed(ActionEvent)` hinzugefügt.
- Der Quelltexteditor wird in der Mitte der neuen Methode geöffnet.

Sie müssen sich keine Gedanken darüber machen, Listener zu registrieren oder Schnittstellen für die Ereignisbehandlung zu implementieren – JBuilder erledigt diese Aufgaben automatisch.

Wenn Sie ein Javaprogramm in JBuilder kompilieren und ausführen, werden hinter den Kulissen der Java-2-Interpreter und -Compiler verwendet. Alle auftretenden Fehler werden in einem Fenster mit Reitern angezeigt, wie es Abbildung 23.4 zeigt.

Das Fehlerfenster in Abbildung 23.4 zeigt einen Fehler an:

```
"FingerFrame.java": Error #: 300 : method retrievePlane() not found in class
finger.FingerFrame at line 180, column 5
```

Wenn man diese Nachricht anklickt, öffnet JBuilder den Quelltexteditor in Zeile 180 – die Stelle, an der der Java-Compiler mit einem Fehler abbrach.

JBuilder unterstützt auch Breakpoints, Step-Kommandos und andere Debug-Techniken. Leider bietet die Foundation-Version im Vergleich zu den anderen Editionen nur einen kleinen Bruchteil dieser Features.

Wie bei den meisten IDEs kann die Verwendung des JBuilders eine Herausforderung für Programmiernovizen sein. Selbst in der abgespeckten Foundation-Version hat die JBuilder-Schnittstelle mehr als 300 Menükommandos, Werkzeugleistenbuttons und Fenster mit Reitern.

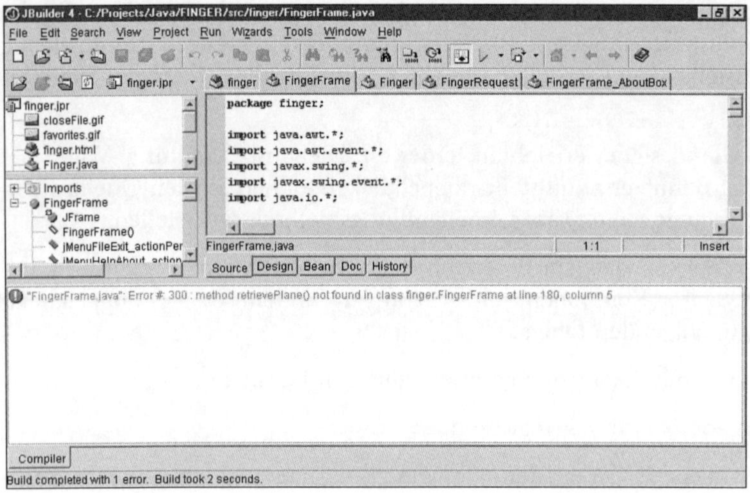

Abbildung 23.4: Ein Javaprogramm wird in JBuilder debuggt.

Zu den schwierigeren Dingen bei JBuilder gehört das Arrangement von Komponenten mithilfe des Benutzerschnittstellen-Designers. Es kann schnell konfus werden, wenn man Komponenten und Container platziert. Manchmal verschwindet eine Komponente, wenn man eine neue Komponente in denselben Bereich legt.

Wenn man eine Komponente im Schnittstellendesigner nicht sehen kann, kann man sie nur über die Strukturpane bearbeiten. Das ist ein Fenster, das die Container und die darin enthaltenen Komponenten auflistet. Man kann im Benutzerschnittstellendesigner Komponenten mittels drag-and-drop bewegen, aber nicht in der Strukturpane. Daher es ist nervig, Komponenten zu bewegen, die falsch arrangiert wurden – man muss die Komponente selektieren, sie in die Zwischenablage ausschneiden, die neue Lokation anwählen, und sie dann wieder einfügen.

Wenn man sich erst einmal an derlei JBuilder-Tricks gewöhnt hat, kann man mit diesem Softwarepaket die eigenen Java-Programmierprojekte beschleunigen. In dieser Programmierumgebung kann man Javaprogramme deutlich schneller als mit dem SDK erzeugen und debuggen, vor allem, wenn diese Programme eine grafische Benutzerschnittstelle haben.

Während der Vorbereitung zu diesem Kapitel wurde die Windows-Version von JBuilder 4 Foundation durchgecheckt, und ihre Performance war eindrucksvoll. SunSoft Java Workshop und andere frühe Java-Entwicklungsumgebungen waren auf Windows-Systemen lahm, doch bei JBuilder sieht das ganz anders aus.

Alles in allem kann die Qualität von JBuilder 4 mit der der besten Microsoft-Entwicklungsumgebungen wie Visual C++ oder Visual Basic verglichen werden. Die Professsional-Version ist besser als die Foundation-Version für Profi-Programmierung und Großprojekte geeignet. Man sollte sich auf der Suche nach der richtigen Entwicklungsumgebung ruhig beide Editionen einmal ansehen.

23.3 WebGain VisualCafé

1995 brachte Symantec Café auf den Markt, die erste IDE für Java. Dieses Produkt, das stark auf Symantec C++ basiert, beinhaltete Tools aus dem Java-1.0-Software-Development-Kit sowie einen eigenen Compiler, Schnittstellendesigner und Debugger.

Die folgenden Versionen des Programmpakets hießen dann VisualCafé, um die besonderen Qualitäten des Produkts im Bereich des Designs der grafischen Benutzerschnittstelle und des Rapid Application Developments zu betonen.

März 2000 verkaufte Symantec seinen Unternehmensbereich Internettools an eine Investorengruppe, die ihn als neue Firma namens WebGain ausgliederte. Der Hauptfokus von WebGain liegt auf der Weiterentwicklung von VisualCafé, das nach wie vor eine der beliebtesten Entwicklungsumgebungen für Java ist.

VisualCafé, das derzeit in der Version 4.1 vorliegt, kann auf Windows-Systemen zur Java-Entwicklung eingesetzt werden. Es gibt drei verschiedene Editionen:

- VisualCafé Standard Edition, eine Einsteigerversion für ca. 230 Mark
- VisualCafé Expert Edition, eine erweiterte Version für knapp 2.000 Mark, die zusätzlich Datenbankzugriff und die Möglichkeit, Javaprogramme zu .EXE-Dateien zu kompilieren, umfasst
- VisualCafé Enterprise Edition, die Vollversion für knapp 7.000 Mark, die die Entwicklung von Enterprise JavaBeans und Servlet-Programmierung unterstützt

Version 4.1 der VisualCafé Standard Edition unterstützt die Standard-Java-Klassenbibliotheken und hat einen eingebauten Just-in-Time-Compiler mit Java-2-SDK-1.2-Unterstützung. Die Expert- und Enterprise-Editionen können auf andere SDK-Compiler konfiguriert werden, sodass eine volle Unterstützung von SDK 1.3 möglich ist.

HINWEIS

Die Verpackung von VisualCafé 4.1 Standard Edition verspricht SDK-1.3-Unterstützung, aber es scheint keine Möglichkeit zu bestehen, die Software so zu konfigurieren, dass sie den SDK-1.3-Compiler benutzt.

Die Expert Edition bietet zusätzlich Datenbank-Unterstützung und die Erzeugung von ausführbaren Windowsprogrammen und von *dynamic link libraries* (DLLs). Man kann mittels JDBC und SQL auf Datenbanken zugreifen und Daten auslesen, und sie beinhaltet auch SQL-Beans, um den Datenzugriff zu vereinfachen.

Zusätzlich zu den Windows-Features kann die Expert Edition Javaprogramme zu einzelnen JAR-Dateien zusammenfassen, sodass Software leicht verfügbar gemacht werden kann.

Die Enterprise Edition bietet zusätzlich noch Folgendes:

- Die Möglichkeit, Java-Servlets zu erzeugen, zu debuggen und auszuführen. Servlets sind Programme, die interaktiv auf einem Webserver laufen.
- Unterstützung für die Erzeugung und die Benutzung von Enterprise JavaBeans, die in komplizierteren Client-Server-Umgebungen Einsatz finden, z. B. bei E-Commerce und finanziellen Transaktionen.
- Integration mit dem WebLogic Application Server.

VisualCafé erkunden

VisualCafé Standard Edition ist wie die meisten Einsteigerversionen von IDEs auf die Kernfeatures abgespeckt: die Erstellung, Kompilierung und Ausführung von Programmen. Die Standard Edition unterstützt alle Klassen der Java-2-Klassenbibliothek, so auch die Pakete von Swing und dem Abstract Windowing Toolkit.

Wie der Name schon vermuten lässt, ermöglicht die Software das visuelle Design einer grafischen Benutzerschnittstelle. Ferner bietet sie Projektmanagement und kontextsensitive Hilfe für VisualCafé und Java 2.

WebGain verkauft die Standard Edition zusammen mit einer dreihundertseitigen Anleitung über die Webseite `http://shop.webgain.com`. Man kann das Programm aber auch kostenlos als Testversion unter `http://www.webgain.com/` herunterladen.

Sie können sich die Schnittstelle von VisualCafé in Abbildung 23.5 ansehen.

In Abbildung 23.5 wird eine Textfeldkomponente auf einem Frame im Form Designer des Softwarepakets bearbeitet. Die Eigenschaften der Komponente wie Name, Vordergrundfarbe und vorgegebener Text, werden im Fenster »Property List« angezeigt.

Sie können diese Eigenschaften bearbeiten, indem Sie auf die Werte neben dem Namen doppelklicken. VisualCafé zeigt ein Textfenster, eine Listenbox oder sonst irgendetwas an, in dem sie die Änderung vornehmen können.

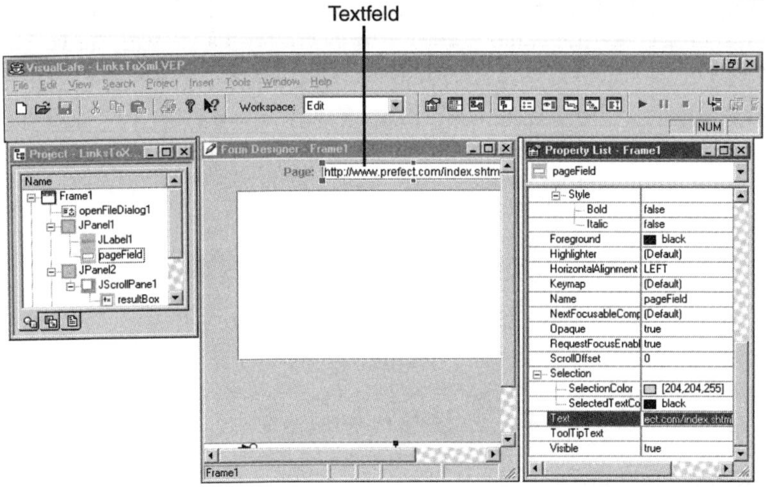

Abbildung 23.5: Hier wird ein Javaprogramm in WebGain VisualCafé 4.1 bearbeitet.

Wenn Sie eine Komponente der grafischen Benutzerschnittstelle bearbeiten, ändert VisualCafé den Quellcode des Programms entsprechend. Beispielsweise heißt die Komponente in Abbildung 23.5 `pageField`. Würden Sie mit VisualCafé die `ToolTipText`-Eigenschaft der Komponente auf »Name of the Web Page« setzen und dann den Quellcode des Programms untersuchen, dann fänden Sie folgende Anweisung:

```
pageField.setToolTipText("Name of the Web Page");
```

Änderungen im Form Designer finden automatisch ihren Niederschlag im Quelltext. Und umgekehrt – wenn Sie den Quellcode ändern, sieht man das auch im Form Designer.

Wenn Sie den vom Form Designer erzeugten Quellcode modifizieren, müssen Sie unbedingt dieselben Programmiertechniken wie VisualCafé benutzen. Eine grafische Benutzerschnittstelle, die in dieser Umgebung erstellt wurde, enthält im Quellcode eine englische Warnung, die auf Deutsch wie folgt lauten würde: »Um den Code zu modifizieren, benutzen Sie lediglich Code-Syntax, die der entspricht, die VisualCafé erzeugen kann; ansonsten kann VisualCafé Ihre Java-Datei möglicherweise nicht mehr in seiner grafischen Umgebung öffnen.«

Der Quelltexteditor von VisualCafé hat einige Features, die ihn über allgemeine Texteditoren wie Windows Edit heben. Die Elemente eines Javaprogramms – Kommentare, Schlüsselwörter, Klassennamen, Methodenaufrufe und Literale – werden in verschiedenfarbigem Text angezeigt. So lassen sich Fehler leichter dingfest machen. Wenn Sie z. B. einen mehrzeiligen Kommentar mit »/*« beginnen und dann das »*/« am Ende vergessen, wird der Rest des Programms darunter in grüner Schrift angezeigt.

Wenn Sie einen Methodenaufruf, einen Paketnamen oder andere Teile einer Java-Anweisung eintippen, zeigt VisualCafé ein Hilfsmenü an, wenn es erraten kann, was Sie vorhaben. Dieses Feature können Sie in Abbildung 23.6 sehen.

Wenn die Methode eines Objekts in der aktuellen Zeile aufgerufen wird, listet VisualCafé die Methoden auf, die dieses Objekt unterstützt. Die Argumente der einzelnen Methoden werden angezeigt.

Dieses Feature ähnelt CodeInsight, einem Teil des kontextsensitiven Hilfssystems von JBuilder 4 Foundation. Beide IDEs bieten viele gleiche Features, die aber unterschiedlich organisiert sind.

Abbildung 23.6: Die eingebaute Java-Dokumentation von VisualCafé

Um in VisualCafé die Ereignisbehandlung einzurichten, klicken Sie doppelt auf die Komponente, die ein Ereignis auslösen soll, und wählen dann die Ereignisbehandlungsmethode aus. Der Quellcode-Editor geht auf, und Ihr Cursor findet sich in der Mitte der neu hinzugefügten Zeile. Sie müssen keine Listeners mit der Komponente assoziieren oder irgendwelche Schnittstellen implementieren – das geschieht automatisch.

Bei der Erstellung der grafischen Schnittstelle eines Programms geschieht es leicht, dass man eine Komponente in den falschen Container legt. Wenn Sie bei der Platzierung der Komponenten nicht mehr ganz durchblicken, können Sie mit dem Project-Fenster kontrollieren, wo die einzelnen Teile liegen.

Das Project-Fenster, das Sie in Abbildung 23.7 sehen können, listet alle Klassen im Projekt auf sowie die darin enthaltenen Komponenten, falls die Klasse eine Benutzerschnittstelle hat.

In Abbildung 23.7 heißt eine der im Project-Fenster aufgeführten Komponenten `resultBox`, ein Swing-Textbereich. Wie Sie von Tag 8 wissen, muss sich ein Textbereich in einer

Scroll-Pane befinden, damit er scrollbar ist. Das Project-Fenster zeigt, dass `resultBox` einer Komponente `JScrollPane1` hinzugefügt wurde, die ihrerseits einer Komponente `JPanel2` hinzugefügt wurde.

Einer der Vorteile von VisualCafé gegenüber JBuilder ist, dass drag-and-drop im Project-Fenster unterstützt wird. Wenn eine Komponente nicht im richtigen Container ist, können Sie sie leicht an die richtige Stelle bewegen.

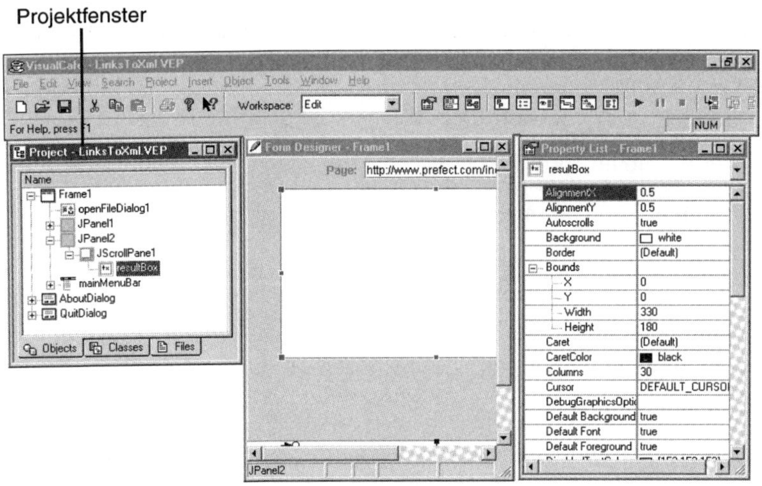

Abbildung 23.7: So kann man die Organisation einer grafischen Benutzerschnittstelle überblicken

WebGain VisualCafé ist eine komplexe IDE und ist deswegen für blutige Anfänger, die gerade erst Java lernen, nicht unbedingt optimal.

Die Fähigkeiten des Softwarepakets sind mit denen von JBuilder vergleichbar, es ist aber bei Aufgaben wie dem Öffnen und Schließen von Menüs, dem Kompilieren eines Programms und dem Ausführen etwas langsamer.

VisualCafé Standard Edition reicht für einfache Java-Projekte wie diejenigen, die Sie bis zu diesem Punkt mit diesem Buch in Angriff genommen haben. Wenn Sie schwierigere Programmierprojekte angehen oder Ihre Javafertigkeiten beruflich nutzen wollen, ist die Anschaffung der Professional Edition sinnvoll. Die Möglichkeit, unter Windows ausführbare Programme (also .EXE-Dateien) zu erstellen, findet sich in keiner Version von JBuilder 4, und das ist einer der größten Stärken von VisualCafé.

Die Standard und Professional Editions von VisualCafé unterstützen nicht so viele neue Java-verwandte Technologien wie JBuilder. Zwei der wichtigsten Auslassungen sind Features für XML-Daten und JavaServer Pages.

WebGain VisualCafé ist eine eindrucksvolle Entwicklungsumgebung, der ihr Alter gut steht. Tausende von Programmierern haben zur Qualität der Software mit Bugmeldungen,

Featurevorschlägen und informellen Diskussionen im Usenet und im WWW beigetragen.

Diese Software wird nach aller Wahrscheinlichkeit in Zukunft massiv von ihren Entwicklern unterstützt werden, denn die Gründer von WebGain hatten so großes Vertrauen zu diesem Paket, dass sie um es herum eine Firma aufbauten.

23.4 Zusammenfassung

Eine integrierte Entwicklungsumgebung (IDE) kann Ihre Produktivität als Javaprogrammier massiv erhöhen. Um aber so weit zu kommen, müssen Sie erst Folgendes meistern:

- die Klassen und anderen Dateien, aus denen das Javaprojekt besteht, organisieren
- eine IDE so konfigurieren, dass sie mit dem richtigen Compiler und anderen Tools arbeitet
- eine grafische Benutzerschnittstelle visuell entwerfen, indem Sie eine Maus in einer Zeigen-und-Klicken-Umgebung einsetzen
- lernen, wie man all die Werkzeugleisten, Fenster mit Reitern, Menü-Kommandos und andere Features der IDE-Schnittstelle verwendet

Die beiden Java-Entwicklungsumgebungen, die wir uns heute angesehen haben, Borland JBuilder und WebGain VisualCafé, sind seit Jahren bei Softwareentwicklern erfolgreich. Keines der beiden Pakete kann aufgrund seiner Komplexität Anfängern empfohlen werden, aber sie stellen hervorragende Optionen für Programmierer dar, die über die Kommandozeilentools des Java 2 Software Development Kits hinausgelangen wollen.

23.5 Fragen und Antworten

F *Was wurde aus SunSoft Java WorkShop?*

A Sun Microsystems brachte zwei Versionen der Java-WorkShop-IDE zwischen 1996 und 1998 auf den Markt. Version 1.0 hatte eine einfache, WWW-ähnliche Schnittstelle und sollte einfacher für Java-Anfänger bedienbar sein, war aber auf Windows-Systemen zu langsam und fand nie größere Verbreitung. Version 2.0 besaß eine Schnittstelle, die der von VisualCafé und anderen IDEs ähnelte, doch musste Sun das Produkt aufgrund der schlechten Verkaufszahlen aus dem Angebot nehmen.

F *Keines der Projekte, an denen ich arbeite, braucht eine grafische Benutzerschnittstelle. Habe ich trotzdem Vorteile, wenn ich eine IDE verwende?*

A Sie würden von Borland JBuilder oder VisualCafé profitieren, denn beide haben robuste Quelltexteditoren mit eingebauten Hilfsfeatures, mit denen man sich viel Zeit sparen kann. Sollten Sie kein fotografisches Gedächtnis besitzen, werden Sie ab und zu die Dokumentation zur Java-Klassenbibliothek einsehen, wenn Ihnen gerade nicht der Name und die Argumente einer Methode, der Name eines Pakets oder eine ähnliche Kleinigkeit einfallen will. Die Editoren beider IDEs versuchen zu erraten, was Sie gerade eintippen, und zeigen ein Fenster an, das Ihrem Gedächtnis auf die Sprünge helfen wird.

Ein weiteres Feature beider Programme, mit dem man Zeit spart, ist das Fehlerfenster. Wenn Ihr Programm eine Fehlermeldung erzeugt, können Sie auf diese Nachricht klicken, um den Quelltexteditor an der Anweisung zu öffnen, die den Fehler auslöste. Das ist eine dramatische Verbesserung im Vergleich zur Behandlung von Fehlern, die von Java-Interpreter und -Compiler in der Kommandozeile angezeigt werden.

23.6 Quiz

Überprüfen Sie den heutigen Stoff, indem Sie dieses Quiz mit drei Fragen beantworten.

Fragen

1. Wofür stehen die drei Buchstaben RAD?

   (a) Read Access Database

   (b) Rapid Application Development

   (c) Reliable Application Development

2. Welche IDE unterstützt die Entwicklung in mehreren Programmiersprachen?

   (a) Borland JBuilder

   (b) VisualCafé

   (c) MetroWerks CodeWarrior

3. Wie heißen Javaprogramme, die auf einem Webserver laufen?

   (a) Servlets

   (b) Service Application

   (c) CGI-Skripten

Antworten

1. b. Rapid Application Development, die Fähigkeit, ein Programm schnell dank eines visuellen Benutzerschnittstellendesigners und verwandter Tools zu erstellen.
2. c. MetroWerks CodeWarrior unterstützt die gleichzeitige Programmierung in Java, C und C++. Damit lassen sich auf einfache Weise Javaprogramme schreiben, die nativen C++-Code beinhalten.
3. a. Servlets.

23.7 Übungen

Um Ihr Wissen über die heute behandelten Themen zu vertiefen, können Sie sich an folgenden Übungen versuchen:

- Laden Sie sich die Demoversion des Borland JBuilder 4 Foundation herunter, und schreiben Sie damit die `ChangeTitle`-Applikation von Tag 11 neu.
- Tun Sie dasselbe mit der kostenlosen Version des WebGain VisualCafé 4.1 Standard Edition.

Soweit einschlägig, finden Sie die Lösungen zu den Übungen auf der Webseite zum Buch: `http://www.java21pro.com`.

Bonustag 24

Java-1.0-Applets erstellen

Als Java im Jahr 1995 auf den Markt kam, wurde es rasch in die beiden beliebtesten Browser, Netscape Navigator und Microsoft Internet Explorer, integriert. Die Browserentwickler lieferten ihre eigenen, eingebauten Java-Interpreter mit, mit denen Applets, die in Webseiten eingebettet waren, geladen und ausgeführt werden konnten.

Auf diese Weise kamen die meisten zum ersten Mal mit Java in Kontakt, und dies war ein bedeutender Grund für den Erfolg der Sprache. Zu dieser Zeit gab es keinen anderen interaktiven Inhalt im Netz. In den ersten beiden Jahren der Existenz von Java lernten mehrere hunderttausend Menschen diese Sprache, um Applets entwickeln zu können.

Leider ist Java 1.0 die einzige Version der Sprache, die heute als eingebautes Feature von Webbrowsern unterstützt wird. Dies zwingt viele Programmierer zu einer kleinen Zeitreise, wenn sie Applets programmieren wollen: Dort dürfen sie nur 1.0-Techniken verwenden, um die größtmögliche Menge an Java-Benutzern zu erreichen.

Heute lernen Sie, wie man Applets schreibt, die voll kompatibel zu Java 1.0 sind, wobei u. a. folgende Themen behandelt werden:

- Erstellung von Applets
- Text und Formen in ein Applet-Fenster zeichnen
- Eine grafische Benutzerschnittstelle für ein Applet entwerfen
- Komponenten auf einem Applet anordnen
- Benutzerereignisse in einem Applet behandeln

24.1 Java-1.0-Programmierung

Wenn eine neue Version einer Programmiersprache erscheint, kommen gewöhnlich alle vorherigen Versionen rasch außer Gebrauch. Die technologische Entwicklung schreitet rasch voran, und es gibt immer gute Gründe dafür, um auf dem Laufenden zu bleiben, neuste Techniken einzusetzen und von Verbesserungen zu profitieren.

Java ist heute zehnmal so umfassend wie Java 1.0 im Jahr 1995, gemessen an der Zahl der Klassen und Schnittstellen. Die ursprüngliche Java-Version war nicht sehr groß angelegt, mit weniger als 170 Klassen, und es war schwer vorherzusagen, wie sie auf verschiedenen Plattformen laufen würde. Sie war zudem ziemlich langsam, besonders wenn Programme zahlreiche Objekte erzeugten.

Diese Defizite bereiteten Java-Programmierern eine Menge Arbeit, und man sollte eigentlich glauben, dass die erste Version dieser Sprache heutzutage völlig vergessen sei. Doch dem ist nicht so, und das liegt daran, dass Java 1.0 die einzige Version der Sprache ist, die vollständig vom Microsoft Internet Explorer und dem Netscape Navigator unterstützt wird, die von mehr als 90 Prozent der Surfer eingesetzt werden.

Auf der Sun-Website findet sich eine vollständige Dokumentation der Java-1.0-Klassenbibliothek, und zwar unter dem Link `http://java.sun.com/products/jdk/1.0.2/api/`.

Ein Applet erzeugen

Java-1.0-Applets sind Subklassen der Klasse `Applet`, die ihrerseits Teil des Pakets `java.applet` ist. Ihr Verhalten entspricht weitgehend dem der Swing-Applets. Der Lebenszyklus eines Applets verläuft gemäß der folgenden vier öffentlichen Methoden:

- Die Methode `init()` wird sofort aufgerufen, wenn das Applet das erste Mal geladen wird, und in ihr finden alle nötigen Initialisationsmaßnahmen statt.
- Die Methode `start()` wird nach `init()` sowie bei jedem weiteren Besuch auf der Webseite mit dem Applet aufgerufen.
- Die Methode `stop()` wird in dem Moment aufgerufen, in dem die Webseite mit dem Applet durch eine andere Seite ersetzt wird.
- Die Methode `destroy()` wird unmittelbar vor dem Schließen des Browser, in dem das Applet läuft, aufgerufen.

Applets haben auch dieselben Methoden, um Paramter auszulesen (`getParameter(String)`), ein Bild über eine URL zu laden (`getImage(URL, String)`), und um die CodeBase- sowie DocumentBase-Ordner eines Applets herauszufinden (`getCodeBase()` und `getDocumentBase()`).

Der wichtigste Unterschied zwischen Java 1.0 und Swing ist, wie ein Applet als Container für Benutzerschnittstellenkomponenten fungiert. Java 1.0 unterstützt keine Content-Panes – man fügt dem Container direkt Komponenten hinzu, indem man eine der `add()`-Methoden des Containers aufruft.

Beispielsweise besitzt Java 1.0 eine Komponente `Button`, die mit einer Anweisung wie der folgenden erzeugt werden kann:

```
Button exit = new Button("Exit Program");
```

Sie könnten diesen Button einem Applet hinzufügen, indem Sie seine `add()`-Methode mit dem Button als Argument aufrufen:

```
add(exit);
```

Man legt den Layout-Manager eines Appletfensters mithilfe von Klassen im Paket `java.awt` fest, das Teil des Abstract Windowing Toolkit ist. Die Klassen `BorderLayout`, `CardLayout`, `FlowLayout`, `GridLayout` und `GridBagLayout` stehen zur Anordnung von Komponenten zur Verfügung.

Der Standard-Layout-Manager eines Applets ist FlowLayout. Um etwas anderes auszuwählen, rufen Sie die `setLayout()`-Methode des Applets mit einem anderen Layout-Manager als Argument auf. Die folgenden Anweisungen erzeugen ein `BorderLayout`-Objekt und machen es zum Layout-Manager eines Applets:

```
BorderLayout border = new BorderLayout();
setLayout(border);
```

Layout-Manager funktionieren bei Java 1.0 und Swing bis auf eine wichtige Ausnahme identisch. Wenn man unter Java 1.0 eine Komponente einem Container mit BorderLayout hinzufügt, ruft man die `add(String, Component)`-Methode des Containers auf, wobei die Position der Komponente (»North«, »South«, »East«, »West« oder »Center«) das erste Argument darstellt. Bei Swing ist die Reihenfolge umgekehrt.

In Java 1.0 bringt man die Größe eines Applets oder irgendeiner Komponente in Erfahrung, indem man seine bzw. ihre `size()`-Methode aufruft (bei Swing heißt die entsprechende Methode `getSize()`).

Zurückgegeben wird ein Dimension-Objekt, das mit zwei Integervariablen `height` und `width` die aktuellen Ausmaße des Applets angibt.

Um in einem Applet Text oder eine Animation darzustellen, überschreibt man die Methode `paint(Graphics)`. Das `Graphics`-Objekt repräsentiert die Anzeigefläche des Applets. Dieses Objekt erlaubt dieselben String-, Bild- und Polygon-Zeichenmethoden, die Sie am 12. Tag kennengelernt haben.

Listing 24.1 zeigt Ihnen ein Java-1.0-Applet, das ein Pluszeichen ungefähr in die Mitte des Appletfensters zeichnet.

Listing 24.1: Der komplette Quelltext von Crosshair.java

```
import java.awt.*;

public class CrossHair extends java.applet.Applet {
    String mark = "+";

    public void paint(Graphics screen) {
        Dimension appletWindow = size();
        int height = appletWindow.height;
        int width = appletWindow.width;
        screen.drawString(mark, width/2, height/2);
    }
}
```

Sie können die Klassendatei dieses Applets mit dem SDK-1.3-Compiler kompilieren. Wenn Sie dies tun, erhalten Sie folgende Meldung:

```
Note: CrossHair.java users or overrides a deprecated API.
Note: Recompile with -deprecation for details.
```

Das erinnert zwar sehr an eine Fehlermeldung, doch hat der Java-Compiler die Datei dennoch erfolgreich zu `Crosshair.class` kompiliert. An die Warnung »deprecated API« werden Sie sich schnell gewöhnen, wenn Sie Java-1.0-Applets mit dem SDK-1.3-Compiler kompilieren. Sie bedeutet, dass eine oder mehrere Methoden in Ihrem Programm durch bessere Methoden ersetzt wurden.

Um mehr Informationen über die Veraltungswarnung zu erhalten, müssen Sie mit der Kommandozeilenoption `-deprecation` kompilieren:

```
java -deprecation CrossHair.java
```

Der Java-Compiler zeigt die Zeile oder Zeilen an, die veraltete Methoden benutzt bzw. benutzen.

In Listing 24.1 löst Zeile 7 diese Warnung aus, denn hier wird die `size()`-Methode des Applets aufgerufen. Nach Java 1.0 führte Sun die Methode `getSize()` ein, die exakt dasselbe tut.

Wenn Sie Java-1.0-Applets schreiben, müssen Sie Veraltungswarnungen einfach ignorieren. Die empfehlenswerteren Methoden wie `getSize()` wurden nach 1.0 eingeführt und werden zumeist nicht vom eingebauten Java-Interpreter des Internet Explorers und des Netscape Navigators unterstützt.

Listing 24.2 zeigt Ihnen den HTML-Code für eine Webseite, die das Applet `CrossHair` enthält.

Listing 24.2: Der komplette Text von Crosshair.html

```
<applet code="CrossHair.class" width="200" height="130">
</applet>
```

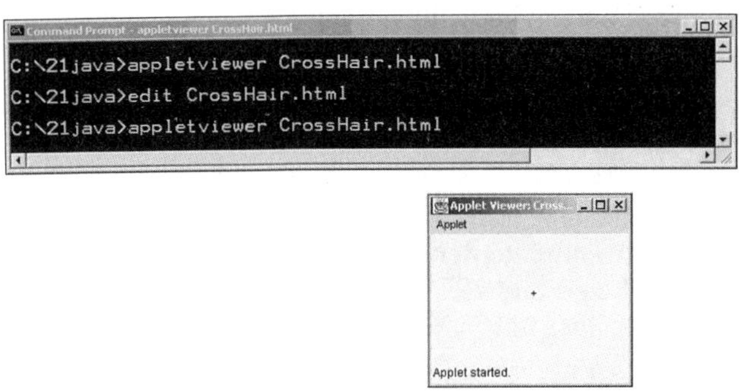

Abbildung 24.1: Das Applet Crosshair im Appletviewer.

Sie können sich dieses Applet in jedem Browser oder dem Appletviewer (wie in Abb. 24.1) ansehen. Wenn Sie den Appletviewer benutzen, können Sie die Größe des Appletfensters verändern und dabei beobachten, wie das Fadenkreuz sich jeweils wieder in die Mitte rückt.

Innerhalb eines Applets zeichnen

In der `paint()`-Methode eines Applets unterstützt Java 1.0 nur eine Klasse zum Zeichnen: `Graphics`, das Teil des Pakets `java.awt` ist.

Die Klasse `Graphics` repräsentiert eine Umgebung, in die Grafik und Text gezeichnet werden kann. In einem Applet repräsentiert ein `Graphics`-Objekt ein Appletfenster. Es gibt in der Klasse Methoden für alle Formen, die Sie mit Java 1.0 zeichnen können. Abgesehen von Linien können alle diese Formen entweder als Umriss gezeichnet oder mit einer Farbe ausgefüllt werden.

Methoden zum Zeichnen von Formen beginnen entweder mit dem Word `draw` oder `fill`, gefolgt vom Namen der Form. Die `draw`-Methoden dienen zum Zeichnen eines Umrisses, während die `fill`-Methoden gefüllte Formen zeichnen.

Strings, Linien und Rechtecke

Strings werden exakt wie bei Swing gezeichnet. Rufen Sie die Methode `drawString (String, x, y)` auf und geben Sie dabei den String und die x-y-Koordinaten an, an denen er dargestellt werden soll.

Um eine Linie zu zeichnen, müssen Sie die `drawLine(int, int, int, int)`-Methode aufrufen. Die ersten beiden Argumente sind die x-y-Koordinaten des einen Endpunkts, die anderen beiden die x-y-Koordinaten des anderen Endpunkts.

Java 1.0 unterstützt keine variable Linienbreite – alle Linien sind genau einen Pixel breit. Rufen Sie daher entweder `drawRect(int, int, int, int)` oder `fillRect(int, int, int, int)` mit vier Argumenten auf: die x-y-Koordinate der linken oberen Ecke des Rechtecks und seine Breite sowie Höhe.

Jede Zeichenoperation muss in einer Farbe erfolgen, die Sie mit einem Aufruf der Methode `setColor(Color)` festlegen können. Die Klasse `Color` hat 13 Klassenvariablen: `black`, `blue`, `cyan`, `darkGrey`, `gray`, `green`, `lightGray`, `magenta`, `orange`, `pink`, `red`, `white` und `yellow`. Sie können selbst ein Color-Objekt erstellen, indem Sie den Konstruktor `Color(int, int, int)` aufrufen. Die drei Argumente stehen dabei für den Rot-, Grün- bzw. Blau-Anteil, ausgedrückt als Integer zwischen 0 und 255.

Ovale

Mit den Methoden `drawOval()` und `fillOval()` zeichnet man Ovale und Ellipsen. Man gibt die Lokation und die Größe eines Ovals an, indem man ein unsichtbares Rechteck beschreibt, in welches das Oval einbeschrieben ist.

Um ein Oval zu zeichnen, übergeben Sie der `drawOval()`- oder der `fillOval()`-Methode vier Argumente:

- die x-Koordinate des Umrechtecks
- die y-Koordinate des Umrechtecks
- die Breite des Umrechtecks
- die Höhe des Umrechtecks

Wenn Höhe und Breite des Umrechtecks identisch sind, dann ist das Oval ein Kreis. Ansonsten ist es eine Ellipse.

Listing 24.3 demonstriert Ihnen ein Java-Applet, das ein Gitternetz mit einem Linienabstand von 20 Pixeln zeichnet, und in das dann eine Ellipse eingezeichnet wird, deren Umrechteck bei (20,20) sitzt und das 160 breit wie hoch ist.

Listing 24.3: Der komplette Quelltext von Oval.java.

```
import java.awt.*;

public class Oval extends java.applet.Applet {
    public void paint(Graphics screen) {
        setBackground(Color.white);
        screen.setColor(Color.black);
        for (int i = 0; i <= 200; i += 20) {
            screen.drawLine(0, i, 200, i);
            screen.drawLine(i, 0, i, 200);
        }
        screen.setColor(Color.red);
        screen.fillOval(30, 30, 160, 160);
    }
}
```

Listing 24.4 bietet das HTML für eine Webseite, die das Applet anzeigt.

Listing 24.4: Der komplette Text von Oval.html

```
<applet code="Oval.class" height="205" width="205">
</applet>
```

Abbildung 24.2 zeigt zwei Applets auf einer Webseite im Internet Explorer 5 an. Das Applet links ist das `Oval`-Applet, das rechts ist dasselbe Applet mit einer kleinen Änderung: An der Stelle, an der sich das Umrechteck des Ovals befindet, wird ein sichtbares Rechteck eingezeichnet.

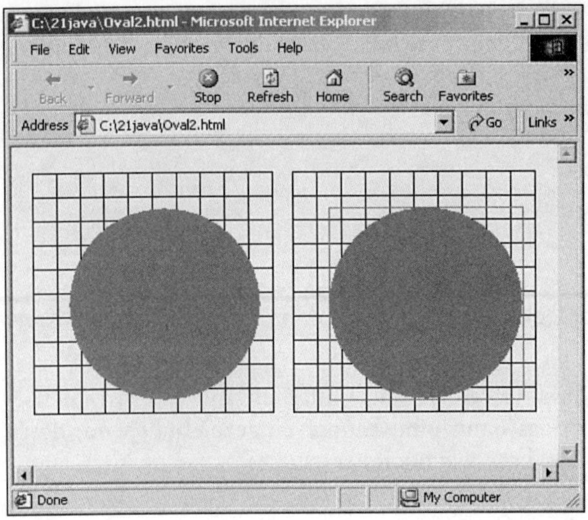

Abbildung 24.2: Das Applet Oval und eine modifizierte Version laufen im Internet Explorer 5.

Bögen

Bögen werden wie Ovale gezeichnet, nur dass mit zwei zusätzlichen Argumenten angegeben wird, wo der Bogen beginnt bzw. endet. Diese Argumente stellen Winkel in einem Kreis dar.

Die Methoden `drawArc()` und `fillArc()` erwarten sechs Integerargumente, und zwar:

- die x-Koordinate des Umrechtecks des Bogens
- die y-Koordinate des Umrechtecks
- die Breite des Umrechtecks
- die Höhe des Umrechtecks
- den Startpunkt des Bogens, in Grad
- die Zahl der zu überstreichenden Grade, im Gegenuhrzeigersinn

Polygone

Der erste Schritt, um ein Polygon zu zeichen, besteht darin, ein `Polygon`-Objekt zu erzeugen. Diese Klasse ist Teil des Pakets `java.awt` und verfügt über Integervariablen, um alle (x,y)-Punktpaare des Polygons zu speichern.

Man kann ein Polygon erstellen, indem man mit einem leeren Polygon beginnt und dann die Punkte der Reihe nach hinzufügt. Erzeugen Sie mit dem Konstruktor `Polygon()` ein leeres Polygon, und fügen sie dann mit Aufrufen seiner `addPoint(int, int)`-Methode die einzelnen Punkte über die x-y-Koordinate hinzu.

Nachdem Sie das Polygon erzeugt haben, zeichnen Sie es, indem Sie eine der beiden Methoden `drawPolygon(Polygon)` bzw. `fillPolygon(Polygon)` eines `Graphics`-Objects aufrufen.

Listing 24.5 demonstriert eine Java-1.0-Version des Projekts Map2D von Tag 12.

Listing 24.5: Der komplette Quelltext von Map.java.

```
import java.awt.*;

public class Map extends java.applet.Applet {
    public void paint(Graphics screen) {
        setBackground(Color.blue);
        // Draw waves
        screen.setColor(Color.white);
        for (int ax = 10; ax < 340; ax += 10)
            for (int ay = 30; ay < 340 ; ay += 10) {
                screen.drawArc(ax, ay, 10, 10, 0, -180);
            }
        // Draw Florida
        screen.setColor(Color.green);
        Polygon fl = new Polygon();
        fl.addPoint(10, 12);
        fl.addPoint(234, 15);
        fl.addPoint(253, 25);
        fl.addPoint(261, 71);
        fl.addPoint(344, 209);
        fl.addPoint(336, 278);
        fl.addPoint(295, 310);
        fl.addPoint(259, 274);
        fl.addPoint(205, 188);
        fl.addPoint(211, 171);
        fl.addPoint(195, 174);
        fl.addPoint(191, 118);
        fl.addPoint(120, 56);
```

```
        fl.addPoint(94, 68);
        fl.addPoint(81, 49);
        fl.addPoint(12, 37);
        screen.fillPolygon(fl);
        // Draw ovals
        screen.setColor(Color.black);
        screen.fillOval(235, 140, 15, 15);
        screen.fillOval(225, 130, 15, 15);
        screen.fillOval(245, 130, 15, 15);
    }
}
```

Das Applet Map unterstützt keine Swing-Features wie Farbverläufe oder unterschiedliche Zeichenstiftgröße. Listing 24.6 bietet das HTML für eine Webseite, die das Applet anzeigt. Das laufende Applet zeigt Abbildung 24.3.

Listing 24.6: Der komplette Text von Map.html.

```
<applet code="Map.class" height="370" width="350">
</applet>
```

Abbildung 24.3: Das Applet Map im Appletviewer

Eine grafische Benutzerschnittstelle erstellen

In Java 1.0 implementiert man eine grafische Benutzerschnittstelle mit dem Abstract Windowing Toolkit. Die Schnittstellenklassen des Toolkits finden sich im Paket `java.awt`.

Alle Schnittstellenelemente des Abstract Windowing Toolkit wurden als Swingklassen weitergeführt und funktionieren teilweise identisch. Man kann Java-1.0-Komponenten mit den folgenden Klassen erzeugen: `Button`, `Canvas`, `Checkbox`, `Choice`, `Label`, `List`, `Scrollbar`, `TextArea` und `TextField`. Zusätzlich gibt es einige Klassen, um Menüs und Menükommandos zu erzeugen: `CheckboxMenuItem`, `Menu`, `MenuBar` und `MenuItem`.

Um eine Benutzerschnittstelle zu entwerfen, erzeugen Sie Komponenten und legen sie in einen Container: `Applet`, `Frame`, `Panel` oder `Window`. Ferner existieren zwei besondere Container mit speziellen eingebauten Komponenten: `Dialog` und `FileDialog`.

Bevor man einem Container Komponenten hinzufügt, lässt sich das Layout bestimmen, indem man die Methode `setLayout(LayoutManager)` des Containers aufruft. Sie können fünf Layout-Manager benutzen: `BorderLayout`, `CardLayout`, `FlowLayout`, `GridLayout` und `GridBagLayout`. Sie funktionieren sämtlich wie ihre Swing-Entsprechungen.

Buttons und Textkomponenten erstellen

Vier Komponenten des Abstract Windowing Toolkit dienen dazu, Text anzuzeigen oder einfache Eingaben des Besuchers zu empfangen: Buttons, Labels, Textfelder und Textbereiche.

Mit folgenden Konstruktoren können diese Komponenten erzeugt werden:

- `Button(String)`: Erzeugt einen anklickbaren Button mit dem angegebenen String als Label.
- `Label(String)`: Erzeugt Text mit dem angegebenen String. Labels dienen meist dazu, um den Zweck anderer Komponenten anzugeben oder um Hilfe zur Benutzung einer grafische Schnittstelle zu bieten.
- `TextField(int)`: Erzeugt ein einzeiliges Texteingabefeld, wobei das Argument die Zahl der darstellbaren Zeichen im Feld angibt.
- `TextArea(int, int)`: Erzeugt einen mehrzeiligen Texteingabebereich. Das erste Argument gibt die Zahl der Zeilen an, die der Bereich darstellen soll. Das zweite Argument spezifiziert die Zahl der Zeichen, die pro Zeile angezeigt werden sollen.

Sie können den Text dieser Komponenten ändern, während das Programm läuft. Um den Text eines Labels, eines Textfeldes oder eines Textbereichs festzulegen, müssen Sie die `setText(String)`-Methode der Komponente aufrufen, wobei der Text als Argument übergeben wird. Bei einem Button ruft man seine setLabel(String)-Methode auf. Es gibt auch Methoden, um die aktuellen Texte dieser Komponenten auszulesen: getText() für Labels, Textfelder und Textbereiche, sowie getLabel() für Buttons.

Man kann die Fähigkeit einer Komponente, Eingaben zu empfangen, an- und abschalten. Standardmäßig können alle Komponenten Eingaben empfangen. Um dies zu ändern, ruft man die enable(Boolean)-Methode der Komponente mit dem Argument false auf. Um dies zurückzuändern, müssen Sie nur die enable()-Methode ohne Argumente aufrufen.

Textfelder bieten zudem ein Feature, um den Text zu verbergen, den Besucher in das Feld eintippen. Dies benützt man zur Abfrage sensitiver Informationen (also z. B. ein Passwort). Um dies einzurichten, rufen Sie die Methode setEchoCharacter(char) der Komponente auf, wobei das verdeckende Zeichen als Argument übergeben wird. Das folgende Beispiel erzeugt ein Textfeld, bei dem Sternchen die echte Eingabe verdecken:

```
TextField password = new TextField(20);
password.setEchoCharacter('*');
```

Komponenten mit mehreren Einträgen und Scrollleisten erzeugen

Es gibt drei Komponenten im Abstract Windowing Toolkit, mit denen ein Besucher einen oder mehrere Punkte aus einer Liste auswählen kann: Choice, CheckBox und List.

Die Komponente Choice ist ein Pop-Up-Menü, in dem der Besucher einen Eintrag auswählen kann. Um diese Komponente zu erzeugen, rufen Sie den Konstruktor Choice() ohne Argumente auf, und fügen Sie dann mit Aufrufen der Methode addItem() der Komponente die einzelnen Einträge ein. Die folgenden Anweisungen erzeugen eine Liste mit drei Einträgen:

```
Choice title = new Choice();
title.addItem("Mr.");
title.addItem("Mrs.");
title.addItem("Ms.");
```

Um herauszufinden, was nun der Besucher innerhalb einer Choice-Komponente ausgewählt hat, rufen Sie deren getSelectedItem()-Methode auf, die einen String mit dem Text des Eintrags zurückgibt.

Eine List-Komponente ist eine Pull-Down-Liste, die mehrere Einträge gleichzeitig darstellen und mehr als einen Eintrag als Eingabe akzeptieren kann.

Um eine List-Komponente zu erzeugen, rufen Sie den Konstruktor List(int, Boolean) auf. Das erste Argument gibt an, wie viele Einträge gleichzeitig dargestellt werden sollen. Das zweite Argument legt fest, ob mehr als ein Eintrag ausgewählt werden darf:

```
List party = new List(5, false);
party.addItem("Democrat");
party.addItem("Green");
party.addItem("Libertarian");
party.addItem("Reform");
party.addItem("Republican");
```

Wenn lediglich ein Eintrag ausgewählt werden durfte, können Sie die `getSelectedItem()`-Methode der Liste aufrufen, um herauszufinden, welcher selektiert wurde – ein String wird zurückgegeben.

Wenn mehr als ein Eintrag ausgewählt werden darf, rufen Sie die `getSelectedItems()`-Methode auf, die ein String-Array mit allen ausgewählten Einträgen zurückgibt.

Bei der Komponente Checkbox kann der Benutzer eine von zwei Optionen wählen. Das kann man gut für Ja/Nein, an/aus oder richtig/falsch nutzen. Außerdem kann man aus Checkboxen Gruppen bilden, wobei dann immer nur eine Checkbox gleichzeitig aktiviert sein kann.

Um eine einzelne Checkbox zu erzeugen, rufen Sie den Konstruktor `Checkbox(String)` auf. Der als Argument übergebene String ermöglicht Ihnen, die Checkbox zu beschriften, sodass ihr Zweck ersichtlich wird.

Wenn die Checkbox standardmäßig angehakt sein soll, müssen Sie die `setState(Boolean)`-Methode der Komponente mit `true` als Argument aufrufen. Die folgende Anweisung erzeugt eine `Checkbox`:

```
Checkbox florida = new Checkbox("Florida resident");
```

Die Klasse `CheckboxGroup` dient dazu, mehrere Checkboxen zu einer Gruppe zusammenzufassen, wobei dann immer nur eine gleichzeitig aktiviert sein kann. Rufen Sie dazu den Konstruktor `CheckboxGroup()` ohne Argumente auf. Mit der Methode `add(Checkbox)` der Gruppe können Sie dann der Gruppe eine Checkbox hinzufügen.

Nachdem Sie der Gruppe alle Checkboxen hinzugefügt haben, legen Sie die Gruppe als Ganzes in einen Container und nicht die Checkboxen einzeln.

Um herauszufinden, welche Checkbox einer Gruppe aktiviert ist, rufen Sie die `getCurrent()`-Methode der Gruppe auf. Entweder wird eine `Checkbox` zurückgegeben, die die selektierte Checkbox repräsentiert, oder aber `null`, wenn gar keine Checkbox selektiert ist.

Verwenden Sie die Komponente `Scrollbar`, um einen numerischen Wert durch das Bewegen einer Scrollleiste auszuwählen. Diese Leiste kann entweder horizontal oder vertikal sein. Die Scrollleiste kann von einem Minimal- zu einem Maximalwert bewegt werden, was die Eingabe auf einen angegebenen Bereich beschränkt.

Um dies zu erzeugen, rufen Sie den Konstruktor `Scrollbar(int, int, int, int, int)` auf. Die fünf Argumente sind Integer, die Folgendes repräsentieren:

- Die Orientierung der Scrollleiste, definiert durch die Klassenvariablen `Scrollbar.HORIZONTAL` bzw. `Scrollbar.VERTICAL`.
- Der Anfangswert der Scollleiste
- Die Menge der Scrollleiste, die durch die *Bubble* repräsentiert wird – das ist das Kästchen, das man alternativ zum Scrollen herumbewegen kann
- Der Minimalwert der Scrollleiste
- Der Maximalwert der Scrollleiste

Die folgende Anweisung erzeugt eine horizontale Scrollleiste, die wertmäßig von 1 bis 100 gehen kann und einen Anfangswert von 10 hat:

```
Scrollbar percentage = new Scrollbar(Scrollbar.HORIZONTAL,
    10, 15, 1, 100);
```

In eine Schnittstelle zeichnen

Die Klasse `Canvas` repräsentiert einen Bereich auf einer Schnittstelle, in den etwas gezeichnet oder auf dem etwas dargestellt werden kann. Das ähnelt einem Panel, allerdings kann ein Canvas nicht als Container fungieren.

Um diese Klasse zu benutzen, erzeugen Sie eine Unterklasse von Canvas, das die `paint(Graphics)`-Methode überschreibt. Diese Methode dient demselben Zweck wie die `paint()`-Methode eines Applets – man zeichnet damit alle Bilder oder Formen, die man im Bereich der Komponente darstellen will.

Listing 24.7 demonstriert `Plot`, ein Java-Applet, das eine grafische Benutzerschnittstelle mit Canvas und Labelkomponenten hat.

Listing 24.7: Der komplette Quelltext von Plot.java

```
import java.awt.*;

public class Plot extends java.applet.Applet {
    Label statLabel = new Label("Current Statistics:");
    Graph stats = new Graph();

    public void init() {
        BorderLayout border = new BorderLayout();
        setLayout(border);
        add("North", statLabel);
        add("Center", stats);
    }
```

```
13: }
14:
15: class Graph extends java.awt.Canvas {
16:     int[] point = {  1, 10, 3, 5, 8, 7, 2, 2, 5, 9 } ;
17:
18:     public void paint(Graphics screen) {
19:         for (int i = 0; i < 10; i++) {
20:             Color blueHue = new Color(0, 0, 255 - (i*20));
21:             screen.setColor(blueHue);
22:             screen.fillRect(20, i * 20, point[i] * 20, 17);
23:         }
24:     }
25: }
```

Listing 24.8 zeigt den HTML-Code, mit dem man das Applet Plot auf einer Webseite darstellen kann. Dieses Applet zeigt zehn Leisten in einem Graph an, die die Zahlen von 1 bis 10 repräsentieren. Jede Leiste ist in einer anderen Blauschattierung dargestellt, was in den Zeilen 20-21 des Programms erledigt wird. Abbildung 24.4 zeigt das laufende Applet im Internet Explorer 5.

Listing 24.8: Der komplette Text vom Plot.html

```
<applet code="Plot.class" width="260" height="240">
</applet>
```

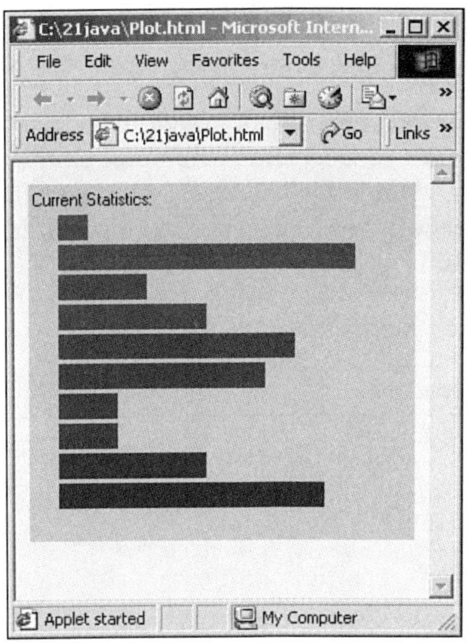

Abbildung 24.4:
Das Applet Plot im Internet Explorer 5

Das Applet `Plot` zeichnet Rechtecke innerhalb des Canvas. Sie können auch Bilddateien anzeigen, die in Java 1.0 durch `Image` repräsentiert werden, einer Klasse des Pakets `java.awt`.

Um ein Bild in ein Applet zu zeichnen, muss sich dieses auf demselben Server wie das Applet befinden. Um sich Scherereien zu ersparen, empfiehlt es sich, das Bild in denselben Ordner wie die Klassendateien des Applets zu speichern.

Ehe Sie ein Bild anzeigen können, müssen Sie es in das Applet laden. Dazu rufen Sie die Methode `getImage(URL, String)` des Applets mit zwei Argumenten auf: einem Aufruf der Methode `getCodeBase()` des Applets und dem Dateinamen der Grafik. Ein Image-Objekt wird zurückgegeben, das die Grafik enthält.

Die Methode `getCodeBase()` gibt ein URL-Objekt zurück, das die WWW-Adresse des Applets repräsentiert. Das ist die flexibelste Methode, die Bilder einer Datei zu laden, denn so können Sie mit dem Applet im Internet auf einen neuen Server umziehen, ohne das Programm verändern zu müssen.

Sobald Sie das Bild geladen haben, können Sie es innerhalb der `paint()`-Methode der Canvas-Komponente darstellen. Um ein Bild darzustellen, rufen Sie die Methode `drawImage (Image, int, int, ImageObserver)` der Klasse `Graphics` auf. Die vier Argumente repräsentieren im Einzelnen:

- das anzuzeigende Bild
- die x- und y-Koordinaten, an denen sich die Ecke links oben des Bildes befinden soll
- das Objekt, das benachrichtigt werden soll, sobald das Bild fertig geladen ist

Das letzte Argument bezieht sich auf `ImageObserver`, eine Schnittstelle des Pakets `java.awt.image` von Java 1.0. Sie ist nützlich, wenn man genau wissen will, wann ein Bild fertig geladen wurde. Wenn Sie das nicht interessiert, können Sie für dieses Argument einfach das Schlüsselwort `this` einsetzen. Das Schlüsselwort `this` bezieht sich stets auf das aktuelle Objekt – also hier auf den Canvas, der das Bild enthält.

Listing 24.9 demonstriert ein Applet, das eine Grafikdatei anzeigt.

Listing 24.9: Der komplette Quelltext von Picture.java

```
import java.awt.*;

public class Picture extends java.applet.Applet {
    Image searchImage;

    public void init() {
        searchImage = getImage(getCodeBase(), "faulkner.jpg");
```

```
8:     }
9:
10:    public void paint(Graphics screen) {
11:        screen.drawImage(searchImage, 0, 0, this);
12:    }
13: }
```

Java 1.0 unterstützt die Anzeige von Grafiken in den Formaten GIF und JPEG. Die Namen solcher Grafikdateien enden für gewöhnlich auf `.gif`, `.jpg` oder `.jpeg`. Sie können das Applet `Picture` mit jedem beliebigen Bild testen, sofern Sie nur in Zeile 7 den Namen Ihrer Grafikdatei einsetzen.

Die Bilddatei in Listing 24.9, `faulkner.jpg`, ist ein Portrait des amerikanischen Schriftstellers und Literaturnobelpreisträgers William Faulkner von Creative Americans, einer Sammlung von Bildern des Fotografen Carl Van Vechten, die sich in der Library of Congress befinden. Sie können die Bilddatei auf der Webseite zum Buch `http://www.java21pro.com` herunterladen. Sie finden die Datei auf der Seite zu Tag 24.

Listing 24.10 zeigt das HTML für ein Webseite, die das `Picture`-Applet enthält, und Abbildung 24.5 zeigt das Applet.

Abbildung 24.5:
Das Applet Picture im Appletviewer

Listing 24.10: Der komplette Quelltext von Picture.html

```
<applet code="Picture.class" width="277" height="386">
</applet>
```

Auf der Seite American Memory, die von der Library of Congress publiziert wird, sind mehr als 1.300 Fotografien, die Carl Van Vechten zwischen 1932 und 1964 aufnahm, online zugänglich. Wenn Sie mehr von ihm sehen möchten, besuchen Sie doch `http://memory.loc.gov/ammem/vvhtml/vvhome.html`.

Benutzerereignisse behandeln

Java 1.0 benutzt nicht die Ereignisbehandlungstechniken, die Sie in der aktuellen Version der Sprache eingesetzt haben. Statt Ereignisbehandlungsschnittstellen zu implementieren und Komponenten Listeners hinzuzufügen, erhalten Sie Benutzerereignisse über ererbte Methoden, die in einem Applet und allen anderen Abstract-Windowing-Toolkit-Komponenten zur Verfügung stehen.

Die folgenden Methoden erben alle Benutzerschnittstellen-Komponenten von der Klasse `Component`:

- `action(Event, Object)` – eine Methode, die aufgerufen wird, wenn die Komponente ein Aktionsereignis erzeugt
- `gotFocus(Event, Object)` und `lostFocus(Event, Object)` – Methoden, die aufgerufen werden, wenn die Komponente den Input-Fokus erhält bzw. verliert
- `keyDown(Event, int)` und `keyUp(Event, int)` – Methoden, die aufgerufen werden, wenn eine Taste gedrückt bzw. losgelassen wird
- `mouseDown(Event, int, int)` und `mouseUp(Event, int, int)` – Methoden, die aufgerufen werden, wenn ein Mausknopf gedrückt bzw. losgelassen wird
- `mouseEnter(Event, int, int)` und `mouseExit(Event, int, int)` – Methoden, die aufgerufen werden, wenn die Maus das erste Mal auf eine Komponente bewegt wird bzw. sie zum ersten Mal verlässt
- `mouseDrag(Event, int, int)` – eine Methode, die aufgerufen wird, wenn eine Maus über eine Komponente bewegt wird und ein Knopf dabei gedrückt ist
- `mouseMove(Event, int, int)` – eine Methode, die aufgerufen wird, wenn eine Maus sich über eine Komponente bewegt, ohne dass dabei ein Knopf gedrückt ist

Diese Methoden geben jeweils einen `Boolean`-Wert zurück. Benutzerereignisse entstehen in Java 1.0 in der Komponente, die das Ereignis auslöste, und können an den Container geschickt werden, in dem sich die Komponente befindet.

Wenn Sie eine Ereignisbehandlungsmethode überschreiben und Sie in dieser Methode Benutzerereignisse vollständig behandeln, geben Sie den `Boolean`-Wert `true` zurück. Ansonsten geben Sie `false` zurück, damit Sie zur weiteren Behandlung an den Container weitergereicht werden.

Ein Applet kann dazu benutzt werden, alle Ereignisse zu empfangen, die von den darin liegenden Komponenten erzeugt wurden. Dazu müssen Sie das `Event`-Objekt als Argument an alle diese Methoden übergeben. Die Klasse `Event`, Teil des Pakets `java.awt`, beinhaltet eine Instanzvariable namens `target`, die die Komponente repräsentiert, die das Ereignis auslöste.

Die Methoden `keyDown()` und `keyUp()` erwarten ein `int`-Argument, das den Integerwert des Zeichens angibt, auf das sich das Ereignis bezieht.

Die Methoden zur Behandlung von Mausereignissen erwarten zwei Integer als Argumente. Sie stellen die x-y-Koordinaten der Maus dar zu dem Zeitpunkt, zu dem das Ereignis geschah. (0,0) ist die linke obere Ecke der Komponente, die dasselbe Koordinatensystem für das Zeichnen von Grafik und Text benutzt.

Listing 24.11 zeigt Ihnen ein Applet, das mehrere Ereignisbehandlungsmethoden überschreibt, um Eingaben vom Benutzer abfragen zu können. Das Applet draw zeigt ein Bild aus einer Grafikdatei und erlaubt dem Benutzer, auf dem Bild herumzukritzeln, indem er mit der Maus klickt oder mit gedrückten Mausknopf die Maus bewegt. Ein »Erase«-Button löscht das gesamte Gekritzel des Benutzers.

Listing 24.11: Der komplette Quelltext von Draw.java

```
import java.awt.*;

public class Draw extends java.applet.Applet {
    Button erase = new Button("Erase");
    DrawPanel canvas;

    public void init() {
        canvas = new DrawPanel(getImage(getCodeBase(), "faulkner.jpg"));
        BorderLayout bord = new BorderLayout();
        setLayout(bord);
        add(canvas, "Center");
        Panel commandPanel = new Panel();
        commandPanel.add(erase);
        add(commandPanel, "South");
    }

    public boolean action(Event evt, Object obj) {
        if (evt.target == erase) {
            canvas.numPoints = -1;
```

```
            canvas.repaint();
        }
        return true;
    }
}

class DrawPanel extends Panel {
    Image picture;
    int[] drawX = new int[1000];
    int[] drawY = new int[1000];
    int numPoints = -1;

    DrawPanel(Image inputImage) {
        picture = inputImage;
    }

    public void paint(Graphics screen) {
        screen.drawImage(picture, 0, 0, this);
        screen.setColor(Color.black);
        for (int i = 0; i <= numPoints; i++) {
            screen.fillOval(drawX[i]-3, drawY[i]-3, 6, 6);
        }
    }

    public void update(Graphics screen) {
        paint(screen);
    }

    public boolean mouseDown(Event evt, int x, int y) {
        if (numPoints < 1000) {
            numPoints++;
            drawX[numPoints] = x;
            drawY[numPoints] = y;
        }
        repaint();
        return true;
    }

    public boolean mouseDrag(Event evt, int x, int y) {
        mouseDown(evt, x, y);
        return true;
    }
}
```

Listing 24.12 enthält das HTML für eine Webseite, die dieses Applet anzeigt, das Sie schließlich in Abbildung 24.6 ansehen können.

Listing 24.12: Der komplette Text von Draw.html

```
<applet code="Draw.class" width="277" height="386">
</applet>
```

Abbildung 24.6:
Das Applet Draw im Internet Explorer 5

Das Applet `Draw` benutzt dasselbe `faulkner.jpg`, das wir schon aus dem Applet `Picture` kennen. Sie können jede beliebige Grafik im GIF- oder JPEG-Format einsetzen, solange Sie nur Zeile 8 von Listing 24.11 entsprechend anpassen und die Datei im selben Ordner wie die Klassendateien des Applets speichern.

Das Programm besteht aus einer Appletklasse und `DrawPanel`, einer Subklasse von `Panel`, die das Bild und sowie Verhalten, um darauf mit der Maus zu zeichnen, enthält.

Die Klasse `DrawPanel` beinhaltet vier Instanzvariablen:

- `picture`, ein `Image`-Objekt, das die Grafikdatei enthält, die im Panel angezeigt wird
- `numPoints`, ein Integer, der die Punkte mitzählt, die auf das Bild gezeichnet wurden
- `drawX`, ein Integer-Array, das die x-Koordinaten aller Punkte enthält
- `drawY`, ein Integer-Array, das die y-Koordinaten aller Punkte enthält

Alle Grafiken werden in der `paint()`-Methode des Panels gezeichnet, ganz wie dies bei jeder Komponente einer Benutzerschnittstelle geschieht. Das Bild wird bei jedem Aufruf dieser Methode gezeichnet, gefolgt von jedem Punkt, der auf das Bild gesetzt wurde.

Die Methode `update()` in Zeilen 44-46 demonstriert eine sehr verbreitete Technik, um das Flackern in einem Java-1.0-Applet zu eliminieren. Diese Methode ist von `Applet` ererbt, und ihre eigentliche Funktion besteht darin, alles in einem Appletfenster zu löschen, wann immer dieses neu gezeichnet wird. Diese Methode wird überschrieben, sodass sie die Methode `paint()` aufruft, ohne irgendetwas zu löschen. Damit verhindert man, dass beim Setzen eines jeden neuen Punktes das ganze Applet zu flackert.

Die Methode `mouseDown()` in den Zeilen 48-56 behandelt alle Benutzerereignisse, die auftreten, wenn die Maus auf dem Panel klickt. Die x-y-Koordinate des Klicks wird den Arrays `drawX` und `drawY` hinzugefügt, `numPoints` wird um 1 inkrementiert, und die Methode `repaint()` wird aufgerufen, sodass der neue Punkt angezeigt wird, nachdem er gezeichnet wurde.

HINWEIS: Der Aufruf von `repaint()` garantiert nicht, dass `paint()` vom Java-Interpreter, der das Applet ausführt, aufgerufen wird. Vielmehr ist `repaint()` eine Anfrage, dass das Applet neu gezeichnet werden möge, und manchmal kommt es vor, dass solche Anfragen ignoriert werden. Das geschieht üblicherweise dann, wenn der Interpreter nicht so schnell neuzeichnen kann, wie die Anfragen eintreffen. Dieses Problem tritt unter Java 1.0 öfter auf als in neueren Versionen der Sprache.

Die Ereignisbehandlungsmethode `mouseDown()` kann nur Mausklicks verarbeiten. Wenn ein Besucher mit der Maus klickt und mit gehaltendem Mausknopf die Maus an eine andere Stelle bewegt, wird die Methode `mouseDown()` lediglich einmal aufgerufen – an der x-y-Position des Klicks.

Die Methode `mouseDrag()` in den Zeilen 58-61 behandelt solche Fälle, in denen man die Maus mit gedrückter Maustaste bewegt (engl. *drags*). Da sie jedesmal aufgerufen wird, wenn die Maus mit gedrückter Taste bewegt wird, können Sie damit sämtliche x-y-Positionen auslesen, die die Maus passiert, während sie sich von einer Stelle zu einer anderen bewegt.

Es gibt weiteres Ereignisbehandlungsverhalten in der Klasse `Draw`, die das Appletfenster repräsentiert. Das Applet enthält dreierlei: ein `DrawPanel`-Objekt, einen Button namens `erase` und ein Panel, das den Button enthält.

Der Button `erase` erzeugt ein Aktionsereignis, wenn er geklickt wird. Dieses wird dann in den Zeilen 17-23 behandelt. Diese Methode stellt sicher, dass die Komponente, die das Ereignis auslöste, der erase-Button ist. Wenn dem so ist, wird die numPoints-Variable des `DrawPanel`-Objekts auf -1 gesetzt, was alle Punkte eliminiert, die auf das Panel gekritzelt wurden. Die Methode `repaint()` des Panels wird dann aufgerufen, sodass es ohne die Punkte neu gezeichnet wird.

24.2 Zusammenfassung

Wer Java 1.0 lernt, nachdem er schon eine aktuellere Version dieser Sprache kennen gelernt hat, wird von dessen Einfachheit überrascht sein. Man kann sich durchaus mit allen Klassen und Schnittstellen der Java-1.0-Klassenbibliothek vertraut machen – das sind nicht ganz 170 –, doch selbst die besten Programmiercracks würden an ihre Grenzen stoßen, versuchten sie dasselbe mit Java 2.

Die geringe Komplexität von Java 1.0 zeigt sich im Mangel an Optionen beim Entwurf einer grafischen Benutzerschnittstelle. Die meisten Programmierer, die Java 1.0 für Applets verwenden, benutzen eigene Schnittstellenkomponenten und solche von anderen Programmierern, denn die Sprache ist schlichtweg lückenhaft.

Wenn Sie sich an ein ernsthaftes Applet-Programmierprojekt in Java 1.0 machen, dann sollten Sie zunächst nach Benutzerschnittstellenkomponenten und anderen Klassen suchen, die bereits fremde Programmierer geschrieben haben. Sofern Sie diese in Ihrem Projekt verwenden können, sparen Sie sich viel Zeit. Zwei wichtige Ressourcen im Internet sind der Java Applet Ratings Service, `http://www.jars.com`, und das JavaWorld Magazine, `http://www.javaworld.com`.

24.3 Fragen und Antworten

F *Mein Java-Applet funktioniert wunderbar im Internet Explorer, stürzt aber im Netscape Navigator ab. Gemäß dem Java-Prinzip »einmal geschrieben, überall lauffähig« sollte es doch in beiden Browsern gleichermaßen funktionieren?*

A Eine der bitteren Wahrheiten, die Java-1.0-Programmierer akzeptieren müssen, lautet, dass Browser Java in ihren eingebauten Interpretern verschieden implementieren. Es gibt Bugs, Ungereimtheiten bei der Benutzerschnittstelle und andere

Probleme, die sie nur dadurch lösen können, indem Sie ihr Applet mit möglichst vielen Browsern in möglichst vielen Versionen testen.

Einige Programmierer testen ihre Applets zuerst in Netscape Navigator Versionen 3 und 4, und zwar deshalb, weil deren Java-Interpreter am ehesten Probleme haben dürfte, ein Applet korrekt auszuführen.

Auf eines dürfen Sie sich bei Java 1.0 niemals verlassen, und zwar auf das Testen im Appletviewer. Er führt Applets viel besser aus als jeder Browserinterpreter, denn er unterstützt Java vollständig und ist frei von den größeren Bugs und Ungereimtheiten, die ihnen immer wieder unterkommen, wenn Sie Applets in einem Browser ausführen.

24.4 Quiz

Überprüfen Sie den heutigen Stoff, indem Sie dieses Quiz mit drei Fragen beantworten.

Fragen

1. Mit welcher Methode findet man unter Java 1.0 die Größe eines Appletfensters heraus?

   (a) `getSize()`

   (b) `size()`

   (c) `width()`

2. Sollte man in Java-1.0-Applets veraltete Methoden verwenden?

   (a) Nein, denn sie wurden durch bessere Techniken ersetzt.

   (b) Ja, denn bei Java 1.0 hat man keine andere Wahl.

   (a) Die kann man ohnehin nicht benutzen.

3. Welche Komponente kann man verwenden, wenn man drei Einträge aus einer zwölf Einträge langen Liste auswählen will?

   (a) `List`

   (b) `Choice`

   (c) `TextArea`

Antworten

1. b. Die Methode `size()` findet in Java 1.0 Verwendung. Diese Methode wurde in späteren Versionen von Java in `getSize()` umbenannt.
2. b. Veraltungswarnungen interessieren nur Programmierer, die aktuellere Versionen der Sprache einsetzen. Wer ausschließlich Java 1.0 in einem Applet verwenden will, dem bleibt keine andere Wahl, als veraltete Methoden trotz der Warnungen zu verwenden.
3. a. Die Komponente `List` kann so konfiguriert werden, dass man in ihr mehrere Einträge auswählen kann.

24.5 Übungen

Um Ihr Wissen über die heute behandelten Themen zu vertiefen, können Sie sich an folgenden Übungen versuchen:

- Schreiben Sie ein Java-1.0-Applet mit einer grafischen Benutzerschnittstelle, das Namen, Adresse, Stadt, Bundesstaat und ZIP-Code von einem Besucher abfrägt. Begrenzen Sie die Staaten auf fünf benachbarte, z. B. »FL«, »GA«, »AL«, »SC« und »NC«. Natürlich können Sie auch dasselbe mit deutschen Postleitzahlen und Bundesländern versuchen – nur dürfen Sie dann keine genau passende Musterlösung auf der Website zum Buch erwarten.
- Schreiben Sie das Expiration-Applet von Tag 7 auf Java 1.0 um.

Soweit einschlägig, finden Sie die Lösungen zu den Übungen auf der Webseite zum Buch: `http://www.java21pro.com`.

Bonustag 25

Accessibility

Von allen Verbesserungen durch Java 2 sind diejenigen an der Benutzerschnittstelle die umfassendsten. Die Einführung von Swing, Java 2D und verwandter Klassenbibliotheken erlauben eine stark verbesserte Interaktion zwischen Benutzer und Javaprogramm.

Eine der bemerkenswertesten Entwicklungen war, wie Javaprogramme auf Menschen eingehen, die Hilfe brauchen, um mit ihren Computern interagieren zu können. Die Accessibility-Klassen, die Java 2 standardmäßig beigegeben wurden, ermöglichen es Javaprogrammen, mit Blindenschrift-Terminals, Vorlesegeräten und Spracherkennungssystemen zusammenzuarbeiten. Diese Klassen bieten zudem Features, die jedem nutzen, der eine unter Swing entworfene Schnittstelle in einem Javaprogramm verwendet.

Die folgenden Themen werden heute behandelt:

- Tastatur-Shortcuts in einem Programm benutzen
- ToolTips einrichten, um zu dokumentieren, wofür einzelne Schnittstellenkomponenten dienen
- Labels mit den Komponenten, die sie beschreiben, assoziieren
- den Namen und Zweck einer Komponente beschreiben
- die Schnittstelle `Accessible` implementieren

25.1 Programme zugänglicher machen

Die Java-Accessibility-Klassen ermöglichen Javaprogrammen, von zahlreichen Eingabegeräten neben Maus und Tastatur bedient zu werden:

- Vorlesegeräte, die mit einem Sprachgenerator das vorlesen, was der Bildschirm anzeigt
- Bildschirmvergrößerer, die Teile des Monitorbildschirms bis auf das 16fache vergrößern
- Software-Tastaturen, die Spracherkennungs- und Wortvorhersage-Features verwenden, um damit Menschen zu helfen, die nicht auf einer Tastatur tippen können

Damit solcherlei Geräte funktionieren, muss die Software entweder direkt mit ihnen zusammenarbeiten (wie ein Browser, der eigens für sehbehinderte Menschen geschrieben wurde) oder aber Features beinhalten, die mit Hilfstechnologie kompatibel sind.

Ein Javaprogramm, das die Accessibility-Klassen verwendet, funktioniert auch ohne Hilfsgeräte. Vielmehr werden einfach zusätzliche Fähigkeiten für diejenigen, die sie brauchen, eingebaut. Diese Fähigkeiten erlauben den Computereinsatz auch an anderen Orten wie dem Schreibtisch, was immer wichtiger wird, da Java in Embedded-Devices wie Personal Information Managers oder Kiosks Verwendung findet.

Ein Beispiel auf Accessibility-Homepage von Sun ist ein Armaturenbrettcomputer in einem Auto. Dank Accessibility könnte man die E-Mails mittels Sprachkommandos und -ausgabe abfragen. Wenn Sie schon mal jemand gesehen haben, der beim Autofahren Make-Up auflegt oder eine viergängige Brotzeit verschlingt, dann sollten Sie den Bedarf an alternativen Eingabegeräten nachvollziehen können.

Die Accessibility-Homepage findet sich derzeit unter `http://java.sun.com/products/jfc/accessibility/doc/`. Neben der Dokumentation zu den Accessibility-Klassen und einer Liste von FAQs findet sich auf der Seite eine Beschreibung der generellen Haltung von Sun gegenüber dieser Technologie und eine Reihe von Accessibility-Utilities, die Sie ausführen können.

Die Accessibility-Klassen sind Teil der Java-Foundation-Klassenbibliothek, Sie arbeiten also mit Swing, wenn Sie solche Programme schreiben wollen. Eines der Swing-Features, das in den Bereich der Java Accessibility gehört, ist das austauschbare Look-and-Feel. Dies wurde am 9. Tag bereits beleuchtet.

Austauschbares Look-and-Feel verändert das Aussehen einer Java-Schnittstelle, ohne dass das Programm irgendwie geändert werden müsste. An Tag 9 haben wir dies nur zu kosmetischen Zwecken genutzt, als wir das Aussehen von Schnittstellenkomponenten so änderten, dass sie im Windows- oder Metal-Stil erschienen. Doch könnte man dies nutzen, um Hilfstechnologien zu unterstützen. Z. B. müsste man die komplette Erscheinung und Funktionalität einer Schnittstelle überarbeiten, damit sie problemlos mit einem Vorlesegerät zusammenarbeiten könnte.

Die Accessibility-Klassen

Java Accessibility spielt in drei verschiedenen Bereichen eine Rolle:

- das Paket `javax.accessibility`
- Methoden in Swing-Klassen, die Accessibility-Features beinhalten
- eine Reihe von Accessibility-Utilities, die Hersteller von Hilfstechnologien benutzen können

Mit dem Paket `javax.accessibility` legt man fest, auf welche Weise eine Java-Schnittstellenkomponente mit einem Hilfsgerät kommuniziert. Swing-Komponenten implementieren diese Funktionalität bereits, weswegen Sie mit den Accessibility-Klassen nicht direkt arbeiten müssen, wenn Sie lediglich Standard-Benutzerschnittstellenkomponenten verwenden. Sobald Sie aber eigene, neue Benutzerschnittstellenkomponenten entwerfen, arbeiten Sie mit diesem Paket, um die Accessibility gewährleisten.

Die wichtigste Klasse des Pakets `javax.accessibility` ist die Schnittstelle `Accessible`. Eine Benutzerschnittstellenkomponente muss `Accessible` implementieren, damit sie zu Hilfsgeräten kompatibel ist.

Diese Schnittstelle hat eine Methode, `getAccessibleContext()`, die ein `AccessibleContext`-Objekt zurückgibt.

Die Klasse `AccessibleContext` beschreibt die notwendigen Informationen, die ein Object mit Accessibility anderen Klassen zur Verfügung stellt. Dazu gehört der Name des Objekts, die Beschreibung seines Zwecks, die Funktion in der Schnittstelle und der aktuelle Status.

Accessibility bei einer Swing-Komponente

Abbildung 25.1 zeigt eine Java-Applikation mit einer Combobox, in der ein Beruf aus sechs Auswahlmöglichkeiten gewählt werden kann.

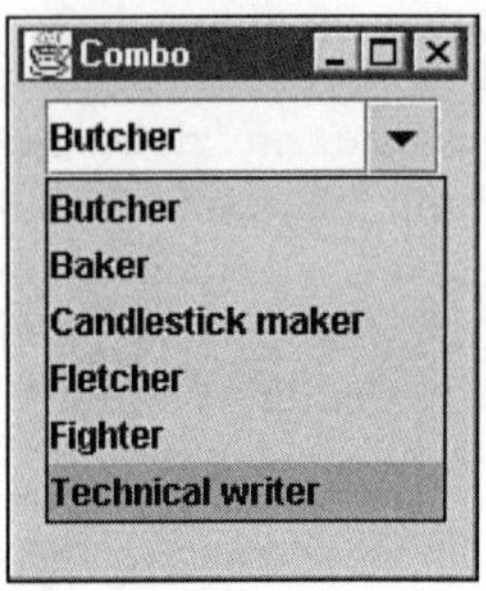

Abbildung 25.1: Die Applikation Combo

Diese Applikation benutzt die Swing-Komponente `JComboBox`, sodass sie bereits über ein wenig eingebaute Accessibility verfügt. Z. B. können Sie den Pop-up-Status der Box umschalten. Wenn sie aufgeklappt ist, sind alle sechs Auswahlmöglichkeiten sichtbar, wie Abbildung 25.1 zeigt. Wenn Sie nicht aufgeklappt ist, dann sieht man nur die aktuelle Auswahl.

Listing 25.1 demonstriert Ihnen die Combo-Applikation.

Listing 25.1: Der komplette Quelltext von Combo.java

```
import java.awt.*;
import javax.swing.*;
import java.awt.event.*;
import javax.accessibility.*;

public class Combo extends JFrame {
    JComboBox job = new JComboBox();
```

```

    public Combo() {
        super("Combo");
        setSize(160, 190);
        setDefaultCloseOperation(JFrame.EXIT_ON_CLOSE);
        Container pane = getContentPane();
        FlowLayout flo = new FlowLayout();
        job.addItem("Butcher");
        job.addItem("Baker");
        job.addItem("Candlestick maker");
        job.addItem("Fletcher");
        job.addItem("Fighter");
        job.addItem("Technical writer");
        job.setEditable(true);
        AccessibleContext ac = job.getAccessibleContext();
        ac.setAccessibleDescription(
           "Select a profession from a combo box.");
        ac.setAccessibleName("Profession");
        pane.setLayout(flo);
        pane.add(job);
        setContentPane(pane);
        setVisible(true);
        ComboSpy spy = new ComboSpy(job);
    }

    public static void main(String[] arguments) {
        Combo app = new Combo();
    }
}
```

Alle `JComboBox`-Objekte geben Informationen hinsichtlich der Funktion und möglichen Aktionen der Objekte an die Accessibility-Klassen weiter. Ein Objekt mit Accessibility kann ferner einen Namen und eine Beschreibung übermitteln. Diese beiden Punkte können bei Comboboxen nicht standardmäßig übermittelt werden, weil sie vom jeweiligen Einsatzzweck der Komponente abhängen.

Sie geben mit einem zweischrittigen Prozess eine Beschreibung zu einer Swing-Komponente:

1. Besorgen Sie sich das mit der Komponente assoziierte `AccessibleContent`-Objekt, indem Sie die `getAccessibleContext()`-Methode der Komponente aufrufen.
2. Rufen Sie die Methode `setAccessibleDescription(String)` dieses Objekts auf. Das Stringargument stellt dabei die textliche Beschreibung der Komponente dar.

Hier wird beispielsweise die Beschreibung eines `JButton`-Objekts festgelegt:

```
JButton quit = new JButton("Quit");
quit.getAccessibleContext().setAccessibleDescription(
    "When you click this button, the program terminates.");
```

Die Methode `setAccessibleName(String)` funktioniert analog zur `setAccessibleDescription(String)`. Man kann damit einer Komponente einen Namen geben, der ihren Zweck kurz und bündig beschreibt. »Quit Button« wäre etwa ein passender Name für das quit-Objekt des letzten Beispiels. Das nächste Beispiel legt den Namen eines Textfeldes `nm` auf `"Name Field"` fest:

```
JTextField nm = new JTextField();
nm.getAccessibleContext().setAccessibleName("Name Field");
```

Um Hilfsgeräte zu unterstützen, sollten Sie für jede Komponente, die nicht schon ohnehin mit einem String gelabelt ist, einen Accessibility-Namen festlegen. Eine `JButton`-Komponente hat gewöhnlich ein Textlabel, das den Button beschreibt. Dieses Label wird als Name benutzt, außer er wird explizit anders durch `setAccessibleName()` festgelegt.

Ähnlich sollte für jede Komponente, die keinen ToolTip hat, eine Beschreibung festgelegt werden. *ToolTips* werden angezeigt, wenn man die Maus einen Moment lang auf einer Komponente stehen lässt. Wir sehen Sie uns im nächsten Abschnitt genauer an.

Accessibility-Name und -Beschreibung der Combobox der Combo-Applikation werden in den Zeilen 22-25 von Listing 25.1 festgelegt.

In Zeile 30 der Applikation findet sich folgende Anweisung:

```
ComboSpy spy = new ComboSpy(job);
```

Dies erzeugt ein neues `ComboSpy`-Objekt. Listing 25.2 enthält den Quellcode dieser Klasse. Die Klasse »spioniert« die `Combo`-Applikation aus und verwendet verschiedene `AccessibleContext`-Methoden, um mehr über die Combobox der Applikation herauszufinden und verändert sogar die Combobox.

Um die `Combo`-Applikation auszuprobieren, kompilieren Sie `ComboSpy` und tippen dann folgendes in die Kommandozeile ein:

```
java Combo
```

Die Klasse `ComboSpy` implementiert die Schnittstelle `Runnable` und läuft in einem eigenen Thread, unabhängig von der `Combo`-Klasse.

In den Zeilen 18-19 erzeugt `ComboSpy` ein `AccessibleContext`-Objekt, das mit `profession` assoziiert ist, ein Objekt, das sich auf die Combobox der `Combo`-Applikation bezieht. Dieses `AccessibleContext`-Objekt enthält alle Accessibility-Informationen über die Komponente.

Name und Beschreibung der Combobox sind als Strings verfügbar, die von den Methoden `getAccessibleName()` und `getAccessibleDescription()` der `AccessibleContext`-Klasse zurückgegeben werden.

Swing-Comboboxen unterstützen ferner die Schnittstelle `AccessibleAction`, mit der man die Aktionen herausfinden kann, die stattfinden können, wenn die Combobox manipuliert wird.

Die Zeilen 30-31 erzeugen ein `AccessibleAction`-Objekt, das mit der Combobox assoziiert ist.

Ehe Sie herausfinden können, welche Aktionen mit einer Komponente mit Accessibility assoziiert sind, müssen Sie zunächst mit der Methode `getAccessibleActionCount()` klären, wieviele Aktionen es überhaupt gibt. Diese Methode gibt den Wert als Integer zurück, wie Zeile 32 zeigt.

Die Methode `getAccessibleActionDescription(int)`-Methode fordert die Textbeschreibung der einzelnen Aktionen an. Zeilen 33-35 bilden eine Schleife, in der die möglichen Aktionen der Comboboxen durchgegangen und jeweils angezeigt werden.

Bislang waren in diesem Programm alle Kommunikationswege eingleisig: Die `ComboSpy`-Klasse empfing Informationen über die Combobox.

Man kann aber auch mit Accessibility-Features eine Benutzerschnittstellenkomponente kontrollieren. Alle Benutzerschnittstellenkomponenten, die Accessibility-Aktionen unterstützen, lassen sich über die Methode `doAccessibleAction(int)` manipulieren. Das Integerargument repräsentiert die Aktion, die durchgeführt werden soll.

Zeile 37 benutzt `doAccessibleAction()`, um die erste Aktion auszuführen, die die Combobox durchführen kann. Mit einem `try-catch`-Block würde eine `IllegalComponentStateException` aufgefangen, die dann auftritt, wenn eine Accessibility-Aktion einer Komponente durchgeführt wird, die gar nicht mehr sichtbar ist.

Wenn Sie die Combo-Applikation ausführen, sollte die Ausgabe der `ComboSpy`-Klasse ungefähr wie folgt aussehen:

```
Name: Profession
Description: Select a profession from a combo box.
Role: Combo box
ActionDescription: togglePopup
ActionDescription: togglePopup
ActionDescription: togglePopup
ActionDescription: togglePopup
ActionDescription: togglePopup
ActionDescription: togglePopup
```

Die letzte Zeile der Ausgabe wird so oft wiederholt, wie `ComboSpy` die Durchführung der `togglePopup`-Aktion der Combobox veranlasst.

Indem die togglePopup-Aktion wiederholt aufgerufen wird, lässt die ComboSpy-Klasse die ComboBox-Liste selbsttätig erscheinen und verschwinden. Wenn Sie Javaprogrammierer kennen, die noch nichts von Accessibility gehört haben, dann können Sie sie mit dieser Technik an Poltergeister im Computer glauben lassen!

HINWEIS Diese Technik findet auch außerhalb des Übernatürlichen sinnvolle Einsatzgebiete. Man kann damit Programme schreiben, die eine grafische Benutzerschnittstelle testen, indem sie ihren Einsatz simulieren und alle möglichen Optionen anwählen.

Zahlreiche Swing-Komponenten haben Standardfeatures, die von einer Accessibility-Klasse benutzt werden, um mehr Informationen über die Komponente herauszufinden.

Sie haben bereits dann einer Komponente mehr Accessibilty gegeben, wenn Sie eines der folgenden Dinge getan haben:

- mit der Methode `super(String)` einer Fenster- oder Frame-Klasse Text in die Titelleiste der Komponente geschrieben
- Text auf einen Button oder Label gelegt
- andere Features verwendet haben, mit denen der Zweck einer Komponente selbsterklärender wurde

25.2 Accessibility-Features verwenden

`JButton`, `JLabel`, `JFrame` und alle anderen Swing-Komponenten besitzen eingebaute Accessibility-Unterstützung, sodass viel Arbeit für die Unterstützung von Hilfsgeräten bereits automatisch erledigt wird.

Es gibt andere Dinge, die man tun kann, um Programme zugänglicher zu machen, und zwar sowohl für Benutzer mit unterschiedlichen Behinderungen als auch für solche, die mit Maus und Tastatur eine Benutzerschnittstelle verstehen wollen. Dazu gehört u. a.:

- Verwenden Sie ToolTips (das ist Text, der bei einer Komponente erscheint, wenn man den Mauszeiger einen Augenblick über ihr ruhen lässt)
- Verwenden Sie Shortcuts (das sind Tastenkombinationen, die das Gleiche bewirken wie ein Klick auf eine Komponente)
- Jedesmal, wenn ein Label eine andere Komponente beschreibt, sollten Sie die `setLabelFor(Object)`-Methode der Komponente verwenden, um die Beziehung anzugeben.

- Wenn eine Komponente durch ein ImageIcon-Objekt und nicht durch ein Textlabel identifiziert wird, verwenden Sie die `setDescription()`-Methode der Komponente, um eine textliche Beschreibung beizufügen.

Außerdem sollten Sie Komponenten, die logisch zueinander gehören, mit Containern in Gruppen zusammenfassen. Wenn man z. B. mit drei Buttons ein Animationsapplet startet, stoppt und anhält, dann können Sie sie miteinander assoziieren, indem Sie sie in denselben `JPanel`-Container legen.

Tastatur-Shortcuts

Ein *Shortcut* (die Amerikaner nennen das auch *keyboard mnemonic* oder *key accelerator*) ist eine Tastenkombination, mit der eine Benutzerschnittstellenkomponente kontrolliert werden kann.

Tastatur-Shortcuts simulieren Mausaktionen, die genaue Technik hängt vom benutzten Betriebssystem ab. Unter Windows 95, 98 oder Me benutzt man einen Shortcut, indem man die Alt-Taste zusammen mit einer anderen Taste drückt.

Man legt Shortcuts fest, indem man die `setMnemonic(`*char*`)`-Methode der Komponente, die der Shortcut kontrollieren soll, aufruft. Das `char`-Argument ist die Taste, die als Teil des Shortcuts dient. Das folgende Beispiel erzeugt ein `JButton`-Objekt und assoziiert das Zeichen `'i'` mit dem Button:

```
JButton infoButton = new JButton("Information");
infoButton.setMnemonic('i');
```

Wenn man Alt+I drückt, dann wird die Komponente `infoButton` angeklickt.

Wenn man einen Shortcut für eine Komponente mit Textlabel festlegt, dann sollte die Taste nach Möglichkeit im Text des Labels vorkommen. Denn in diesem Fall wird das Zeichen im Label unterstrichen.

Abbildung 25.2 zeigt verschiedene Kommandobuttons, die mit Tastatur-Shortcuts assoziiert sind.

ToolTips

Eine weitere Möglichkeit, um ein Programm benutzerfreundlicher zu machen, besteht in der Verwendung von ToolTips.

Ein ToolTip beschreibt den Zweck einer Komponente. Wenn man den Umgang mit einem neuen Programm von Grund auf erlernen muss, dann sind ToolTips eine sehr große Hilfe.

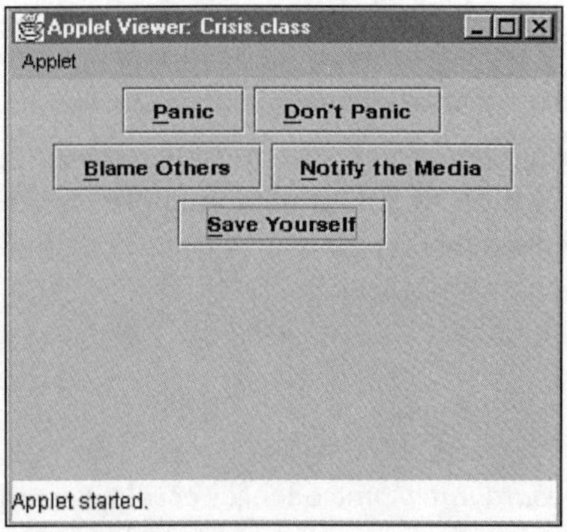

Abbildung 25.2: Kommandobuttons mit unterstrichenen Tastatur-Shortcuts

Um für eine Komponente einen ToolTip festzulegen, müssen Sie die `setToolTipText(String)`-Methode der Komponente aufrufen. Der String sollte eine prägnante Beschreibung des Zwecks der Komponente darstellen.

Das folgende Beispiel erzeugt eine `JScrollBar`-Komponente und assoziiert einen ToolTip mit ihr:

```
JScrollBar speed = new JScrollBar();
speed.setToolTipText("Move to set animation speed");
```

Der Text eines ToolTips darf nur eine Zeile lang sein, sodass das Newline-Zeichen (`'\n'`), mit dem man theoretisch einen Text über mehrere Zeilen umbrechen könnte, nicht erlaubt ist.

Wenn für eine Komponente mit ToolTip ein Shortcut existiert, dann wird der Shortcut zusammen mit dem ToolTip angezeigt.

Abbildung 25.3 zeigt mehrere Kommandobuttons, die mit Shortcuts versehen sind.

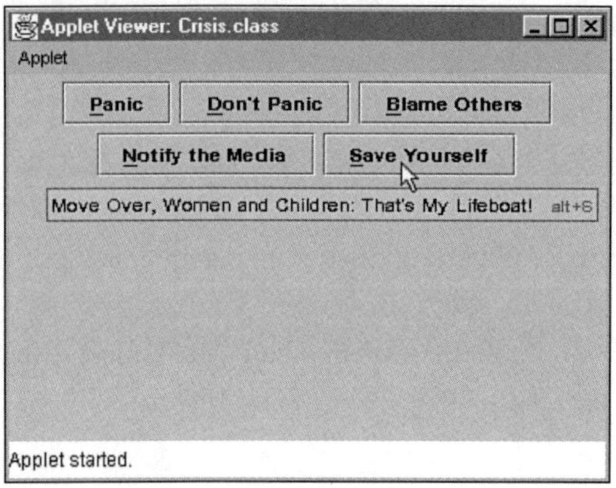

Abbildung 25.3: Ein ToolTip für einen Kommandobutton

Labels mit Komponenten assoziieren

Der Zweck mancher Komponenten in einer Benutzerschnittstelle ist ziemlich offensichtlich. Wenn z. B. auf einem anklickbaren Button »Programm beenden« steht, dann dient er zum Beenden des Programms.

Bei anderen Komponenten ist das nicht ganz so offensichtlich, z. B. bei einer `JTextField`- oder eine `JTextArea`-Komponente. Diese benötigen für gewöhnlich ein Text- oder Bildlabel, das den Zweck der Texteingabekomponente angibt.

Die Methode `setLabelFor(Object)` informiert Hilfsgeräte über das Verhältnis zwischen Label und Komponente. Diese Methode wird bei der Komponente aufgerufen, die gelabelt wird. Das einzelne `Object`-Argument sollte die Komponente sein, die als Label dient.

Wenn Sie dieses Verhältnis mit der `setLabelFor()`-Methode herstellen, dann funktioniert ein Tastatur-Shortcut für das Label bei der Komponente, die es identifiziert.

Das folgende Beispiel erzeugt ein gelabeltes Textfeld:

```
JTextField name = new JTextField(20);
JLabel nameLabel = new JLabel("Enter Your Name:");
nameLabel.setMnemonic('n');
name.setLabelFor(nameLabel);
```

25.3 PageDate, eine Applikation mit Accessibility

Das letzte Projekt für heute ist `PageData`, eine Java-Applikation, die etliche der Accessibility-Features unterstützt, die Sie heute kennen gelernt haben. Bei dieser Applikation können Sie eine WWW-Adresse eintippen und Informationen über das Dokument und den Webserver, auf dem es liegt, erhalten. Das Programm sieht zwar auf dem ersten Blick etwas umfangreich aus, doch hauptsächlich besteht es aus Swing- und Netzwerk-Features, die in der zweiten und dritten Woche durchgenommen wurden. Ein neues Konzept in dieser Applikation ist die Methode `getHeaderField(String)` der `java.net.URLConnection`-Klasse. Diese Information fordert Informationen über den Webserver an, der Informationen via das `URLConnection`-Objekt verschickt. Das HTTP-Protokoll, gemäß dem ein Server mit anderen Programmen kommuniziert, beinhaltet eine Reihe von Details, die den Server sowie das gelieferte Dokument beschreiben und ähnliche Informationen liefern. Diese Details heißen jeweils *Header*, ganz wie man auch die Kopfzeile (engl. header) eines Dokuments dazu benutzen kann, es zu beschreiben.

Ein Beispiel für einen HTTP-Header ist »Server«, der die Software benennt, die auf dem Server läuft. Man fragt diese Information an, indem man `getHeaderField("Server")` aufruft. Das folgende Beispiel fordert diese Information von einem `URLConnection`-Objekt namens `pipe` an und speichert sie in einem String namens `serv`:

```
String serv = pipe.getHeaderField("Server");
```

Wenn der Server so konfiguriert wurde, dass der diese Information übermitteln kann, wird sie als String zurückgegeben. Ansonsten ist der Rückgabewert `null`.

Das Programm `PageData` geht folgendermaßen auf Hilfsgeräte ein:

- Die Methode `super()` gibt dem Hauptframe der Applikation den Titel Page Data.
- Jeder Button wird mit einem Text gelabelt, der seinen Zweck angibt.
- Mit der `setLabelFor()`-Methode werden Label mit den Textfeldern assoziiert.
- Für jeden Kommandobutton werden ToolTips und Shortcuts festgelegt.

Listing 25.3 enthält den kompletten Quelltext für dieses Projekt.

Listing 25.2: Der komplette Quelltext von PageData.java

```
import java.awt.*;
import java.awt.event.*;
import java.net.*;
import java.io.*;
import javax.swing.*;

public class PageData extends JFrame implements ActionListener,
    Runnable {

    Thread runner;
    String[] headers = {  "Content-Length", "Content-Type",
        "Date", "Public", "Expires", "Last-Modified",
        "Server" } ;

    URL page;
    JTextField url;
    JLabel[] headerLabel = new JLabel[7];
    JTextField[] header = new JTextField[7];
    JButton readPage, clearPage, quitLoading;
    JLabel status;

    public PageData() {
        super("Page Data");
        setDefaultCloseOperation(JFrame.EXIT_ON_CLOSE);
        JPanel pane = new JPanel();
        pane.setLayout(new GridLayout(10, 1));

```

```
        JPanel first = new JPanel();
        first.setLayout(new FlowLayout(FlowLayout.RIGHT));
        JLabel urlLabel = new JLabel("URL:");
        url = new JTextField(22);
        urlLabel.setLabelFor(url);
        first.add(urlLabel);
        first.add(url);
        pane.add(first);

        JPanel second = new JPanel();
        second.setLayout(new FlowLayout());
        readPage = new JButton("Read Page");
        clearPage = new JButton("Clear Fields");
        quitLoading = new JButton("Quit Loading");
        readPage.setMnemonic('r');
        clearPage.setMnemonic('c');
        quitLoading.setMnemonic('q');
        readPage.setToolTipText("Begin Loading the Web Page");
        clearPage.setToolTipText("Clear All Header Fields Below");
        quitLoading.setToolTipText("Quit Trying to Load the Web Page");
        readPage.setEnabled(true);
        clearPage.setEnabled(false);
        quitLoading.setEnabled(false);
        readPage.addActionListener(this);
        clearPage.addActionListener(this);
        quitLoading.addActionListener(this);
        second.add(readPage);
        second.add(clearPage);
        second.add(quitLoading);
        pane.add(second);

        JPanel[] row = new JPanel[7];
        for (int i = 0; i < 7; i++) {
            row[i] = new JPanel();
            row[i].setLayout(new FlowLayout(FlowLayout.RIGHT));
            headerLabel[i] = new JLabel(headers[i]+":");
            header[i] = new JTextField(22);
            headerLabel[i].setLabelFor(header[i]);
            row[i].add(headerLabel[i]);
            row[i].add(header[i]);
            pane.add(row[i]);
        }

        JPanel last = new JPanel();
        last.setLayout(new FlowLayout(FlowLayout.LEFT));
        status = new JLabel("Enter a URL address to check.");
```

```
        last.add(status);
        pane.add(last);

        setContentPane(pane);
    }

    public void actionPerformed(ActionEvent evt) {
        Object source = evt.getSource();
        if (source == readPage) {
            try {
                page = new URL(url.getText());
                if (runner == null) {
                    runner = new Thread(this);
                    runner.start();
                }
                quitLoading.setEnabled(true);
                readPage.setEnabled(false);
            }
            catch (MalformedURLException e) {
                status.setText("Bad URL: " + page);
            }
        } else if (source == clearPage) {
            for (int i = 0; i < 7; i++)
                header[i].setText("");
            quitLoading.setEnabled(false);
            readPage.setEnabled(true);
            clearPage.setEnabled(false);
        } else if (source == quitLoading) {
            runner = null;
            url.setText("");
            quitLoading.setEnabled(false);
            readPage.setEnabled(true);
            clearPage.setEnabled(false);
        }
    }

    public void run() {
        URLConnection conn = null;
        try {
            conn = this.page.openConnection();
            conn.connect();
            status.setText("Connection opened ...");
            for (int i = 0; i < 7; i++)
                header[i].setText(conn.getHeaderField(headers[i]));
            quitLoading.setEnabled(false);
            clearPage.setEnabled(true);
```

```
                status.setText("Done");
                runner = null;
            }
            catch (IOException e) {
                status.setText("IO Error:" + e.getMessage());
            }
        }

        public static void main(String[] arguments) {
            PageData frame = new PageData();
            frame.pack();
            frame.setVisible(true);
        }
    }
```

Die Applikation `PageData` erfordert eine offene Internetverbindung, Sie müssen sich also bei Ihrem Internetprovider einwählen, ehe Sie die Applikation im Java-Interpreter ausführen.

Die ToolTips, selektiv angeschalteten Komponenten und anderen Features sollten dieses Programm leicht erlernbar machen. Wenn die von Ihnen eingebene WWW-Adresse nicht geladen werden kann, sollten Sie den Button »Quit Loading« benutzen, um den Verbindungsversuch abzubrechen. Das Programm ist hartnäckig und würde nicht aufgeben, ehe Sie dies nicht explizit verlangen.

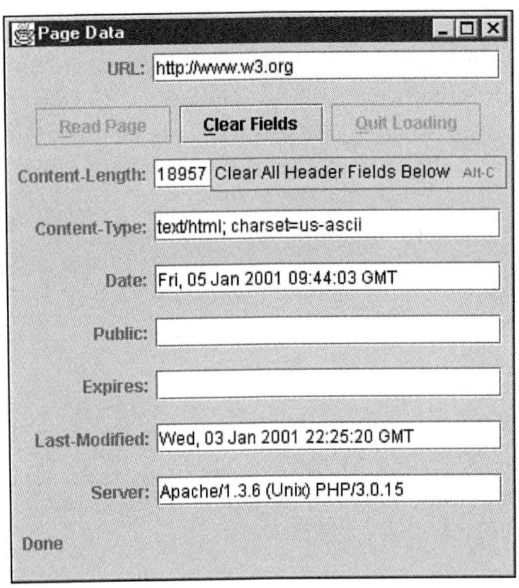

Abbildung 25.4:
Ein ToolTip für einen Kommandobutton

Abbildung 25.4 zeigt die Applikation PageData, nachdem sie bereits Informationen über eine WWW-Seite ausgelesen hat. Eine ToolTip, der zu dem Button »Clear Fields« gehört ist sichtbar, weil der Mauszeiger direkt über der Komponente mehrere Sekunden unbeweglich stand.

25.4 Zusammenfassung

Während der letzten 15 Jahre wandelten sich Computerschnittstellen von »Tipp-und-Lies« zu »Zeig-und Klick«. Die textbasierten Umgebungen von Betriebssystemen wie MS-DOS wurden durch fensterbasierte Plattformen von Firmen wie Microsoft, Apple oder Be abgelöst.

Dieser Umbruch war für die meisten Computerbenutzer von großem Vorteil, da die heutige Software dank der allgegenwärtigen grafischen Benutzerschnittstellen viel leichter zu erlernen und benutzen ist. (Ein paar Außenseiter – ich zum Beispiel – denken mit großer Wehmut zurück, als DOS, CP/M und UNIX die Computerwelt beherrschten, aber wir sind definitiv in der Minderheit.)

Der Druck, fensterbasierte Umgebungen zu benutzen, bereitet aber Entwicklern große Probleme, die ihre Programme möglichst für alle Menschen nutzbar machen möchten. Wie Sun auf seiner Accessibility-Homepage schreibt, leben allein in den Vereinigten Staaten von Amerika mehr als 40 Millionen Menschen mit verschiedenen Behinderungen.

Dank Swing und der Accessibility-Klassen kann sich Java 2 dieser Herausforderung stellen. Wenn Sie ToolTips, Shortcuts, textliche Komponenten und die Klassen des Pakets `javax.accessibility` verwenden, können Sie dafür sorgen, dass Ihre Javaprogramme mit Hilfstechnologien wie Vorlesegeräten, Blindenschriftterminals und sprachein- und -ausgabebasierten Systemen zusammenarbeiten.

Diese Features helfen allen Benutzern Ihrer Programme, weil die Benutzerschnittstelle in jedem Fall leichter zu erlernen und zu bedienen sein wird.

25.5 Fragen und Antworten

F *Was ist der Unterschied zwischen den Accessibility-Klassen von Sun und denen, die Microsoft im Rahmen seiner Active-Accessibility-Technologie anbietet?*

A Microsoft nahm zwar an den frühen Planungen für die Accessibility-Klassen von Sun teil, beschloss dann aber doch, vor dem Erscheinen von Java 2 eine eigene Accessibility-Lösung zu implementieren. Der Hauptunterschied zwischen den beiden Lösungen liegt in der Kompatibilität. Die Accessibility-Features von Sun sind komplett in Java implementiert und funktionieren deshalb auf jeder Plattform mit Java-Unterstützung. Active Accessibility unterstützt lediglich Windows-32-Bit-Versionen und ist mit Windows-Features verknüpft, die auf anderen Betriebssystemen nicht verfügbar sind (dies gilt z. B. für Online-Hilfsdateien).

F *Wo kann ich mehr über Hilfsgeräte und austauschbare Look-and-Feels mit Accessibility-Unterstützung lernen?*

A Zum Zeitpunkt der Drucklegung dieses Buchs betrieb Sun eine Accessibility-Homepage unter `http://java.sun.com/products/jfc/accessibility/doc/`. Diese Seite bietet nicht nur Hilfe zu den heute beschriebenen Klassen und Features, sondern beschreibt auch allgemein Fortschritte in der Computer-Hilfstechnologie.

25.6 Quiz

Überprüfen Sie den heutigen Stoff, indem Sie dieses Quiz mit drei Fragen beantworten.

Fragen

1. Was wird angezeigt, wenn Sie den Mauszeiger kurze Zeit unbewegt über einer Swing-Komponente belassen?

   (a) das Label der Komponente

   (b) der ToolTip der Komponente

   (c) der Name der Komponente

2. Angenommen, ein Programm unterstützt Accessibility. Welche der folgenden Aussagen trifft dann zu?

   (a) Das Programm setzt zwingend Hilfstechnologien wie ein Vorlesegerät voraus.

   (b) Das Programm bietet zusätzliche Unterstützung für Hilfstechnologien.

   (c) Das Programm kann von Hilfstechnologien nicht genutzt werden.

3. Wie gibt man an, dass eine Komponente als Label für eine andere Komponente dient?

   (a) Man ruft die Methode `setLabelFor(Component)` der Labelkomponente auf.

   (b) Man legt beide Komponenten in denselben Container.

   (c) Man legt einen Shortcut für die Labelkomponente fest.

Antworten

1. b. Der Text des ToolTips wird angezeigt, sofern ein solcher für die Komponente überhaupt festgelegt wurde.

2. a. Wenn ein Javaprogrammierer Accessibility unterstützt, dann macht er seine Software leichter für jemanden benutzbar, der sie zusammen mit Hilfstechnologien einsetzen will.

3. a. Rufen Sie `setLabelFor(Component)` mit der zu labelnden Komponente als Argument auf.

25.7 Übungen

Um Ihr Wissen über die heute behandelten Themen zu vertiefen, können Sie sich an folgenden Übungen versuchen:

- Fügen Sie einem Programm, das an einem früheren Tag dieses Buchs erstellt wurde, ToolTips und Shortcuts hinzu.
- Schreiben Sie eine Swing-Applikation, die Namen und Adresse eines Besuchers abfrägt und in einer Datei speichert. Sorgen Sie mit Accessibility-Features dafür, dass die Applikation komplett ohne Maus benutzt werden kann.

Soweit einschlägig, finden Sie die Lösungen zu den Übungen auf der Webseite zum Buch: `http://www.java21pro.com`.

Bonustag 26

Servlets

Java hat sich über Applets, die auf Webseiten laufen, und Applikationen, die auf Clients laufen, hinausentwickelt. Servlets – das sind Applikationen, die auf einem Server laufen, der mit dem WWW verbunden ist – werden für Java-Entwickler zunehmend wichtiger.

Servlets nutzen Java im Web, ohne dass die engen Sicherheitsvorkehrungen getroffen werden müssten, die für Applets gelten. Sie laufen auf einem Server, nicht auf dem Computer des Besuchers, und können daher Features der Sprache nutzen. Man verwendet sie zur Erstellung von Webapplikationen – Programme, die Informationen sammeln und sie als Seiten im WWW präsentieren.

Heute beschäftigen wir uns mit folgenden Themen:

- wie sich Servlets von Applikationen und Applets unterscheiden
- wie ein Webserver Servlets ausführt
- wie man Servlets als Teil von Apache und anderen Webservern ausführt
- wie man Daten aus einem Webseitenformular ausliest
- wie man Cookies speichert und ausliest
- wie man mit Servlets Web-Content dynamisch generiert

26.1 Servlets im WWW

Servlets wurden zwar so entworfen, dass man sie mit verschiedenen Internet-Diensten verwenden kann, doch konzentrieren sich Sun und andere Servlet-Entwickler auf den Servlet-Einsatz im WWW.

Java-Servlets werden von einem WWW-Server ausgeführt, der über einen Interpreter mit Unterstützung für die Java-Servlet-Spezifikation verfügt. Diesen Interpreter nennt man auch *Servlet Engine*, und er ist so optimiert, dass er möglichst ressourcenschonend Servlets auf dem Webserver ausführt.

Servlets dienen demselben Zweck wie Programme, die über das *Common Gateway Interface* (CGI) implementiert sind. Dabei handelt es sich um ein Protokoll für die Erstellung von Programmen, die Informationen über einen Webserver versenden und empfangen. Im WWW gibt es CGI-Programmierung eigentlich immer schon. Die meisten CGI-Programme, die man auch CGI-Skripten nennt, sind in Sprachen wie Perl, Python, C oder C++ erstellt.

Sie haben bei Ihren Surfsessions mit Sicherheit schon Hunderte von CGI-Programmen genutzt. Man benutzt CGI für die folgenden Einsatzgebiete:

- Daten aus einem Formular auf einer Webseite auslesen
- Informationen aus Feldern einer URL auslesen
- Programme auf dem Computer ausführen, auf dem der Webserver läuft
- Konfigurationsinformationen über die einzelnen Besucher einer Webseite speichern und auslesen – dieses Feature ist allgemein als »Cookies« bekannt
- Daten an den Besucher zurückschicken, und zwar in Form eines HTML-Dokuments, einer GIF-Datei oder in einem anderen üblichen Format

Servlets können alle diese Aufgaben erfüllen, und beherrschen zudem Verhalten, das mit den meisten CGI-Skriptsprachen nur mit größter Schwierigkeit zu implementieren wäre.

Servlets bieten vollständige Unterstützung für *Sessions*, mit denen man genau verfolgen kann, wie sich ein Besucher über die verschiedenen Teile der Website bewegt und im Verlaufe der Zeit Fenster öffnet bzw. schließt. Servlets können auch über ein Standardinterface direkt mit dem Webserver kommunizieren. Sofern der Server Java-Servlets unterstützt, kann er Informationen mit diesen Programmen austauschen.

Java-Servlets haben dieselben Portabilitätsvorteile wie die Sprache selbst. Die offizielle Sun-Implementierung von Servlets geschah zwar in Zusammenarbeit mit den Schöpfern von Apache, doch auch andere Server-Entwickler haben Tools zur Unterstützung von Java-Servlets herausgebracht, so IBM WebSphere Application Server, BEA WebLogic und der Microsoft Internet Information Server.

Servlets sind zudem speicherschonend. Wenn zehn Besucher dasselbe CGI-Skript gleichzeitig nutzen, dann hat ein Webserver zehnmal dasselbe Skript im Speicher. Wenn zehn Besucher ein Java-Servlet verwenden, wird dieses Servlet dagegen nur einmal in den Speicher geladen, und dieses Servlet richtet einfach für jeden Besucher einen neuen Thread ein.

Unterstützung für Servlets

Sun Microsystems unterstützt Java-Servlets über Tomcat, das von Sun Microsystems und der Apache Software Foundation (die Gruppe, die sich um Apache kümmert) entwickelt wurde. Tomcat vereinigt Java-Servlets und eine verwandte Technologie namens JavaServer Pages, die wir uns morgen näher ansehen werden.

Tomcat umfasst zwei Java-Klassenbibliotheken, `javax.servlet` und `javax.servlet.http`, sowie Software, die dem Apache Servlet-Funktionalität gibt. Ferner gibt es einen selbständigen Servlet-Interpreter, mit dem Sie Servlets testen können, ehe Sie sie im Internet verfügbar machen.

Auf folgenden zwei Websites können Sie mehr über Tomcat erfahren:

- Die Java-Servlet-Site von Sun: `http://java.sun.com/products/servlet/`
- Die Tomcat-Site von Apache: `http://jakarta.apache.org/tomcat`

Damit Sie Servlets verwenden können, brauchen Sie einen Webserver, der diese Programme unterstützt. Wenn Sie einen Apache betreiben und sich soweit auskennen, dass sie dessen Funktionalität erweitern können, dann installieren Sie einfach Tomcat-Unterstützung. Unter Umständen verfügt Ihr Webserver oder Web-Applicationserver bereits über Servlet-Unterstützung.

Wenn Ihnen kein Server zur Verfügung steht, Sie aber dennoch gerne mit der Servlet-Entwicklung anfangen möchten, dann sollten Sie sich an einen kommerziellen Webhoster wenden, der Java-Servlet-Unterstützung im Programm hat. Solche Firmen haben bereits Tomcat installiert und so eingerichtet, dass es mit ihren Servern zusammenarbeitet, sodass Sie sich nur noch um die Erstellung und Kompilierung von Servlets kümmern müssen.

Das Open Directory Project listet mehr als ein Dutzend Firmen auf, die integriertes Servlet-Hosting anbieten. Gehen Sie auf `http://www.dmoz.org` und suchen Sie nach »servlet hosting«.

HINWEIS: Die Firma Motivational Marketing Associates bietet Java-Servlet-Hosting auf einem Apache-Webserver und wurde für die Erstellung dieses Kapitels genutzt. Sie können sich ihr Angebot im Einzelnen unter `http://www.mmaweb.com` ansehen.

Da Servlets von ganz unterschiedlichen Webservern unterstützt werden, können wir heute auf den Installationsprozess nicht näher eingehen.

Um Servlets auf Ihrem Computer kompilieren zu können, müssen Sie die beiden Java-Servlet-Paket `javax.servlet` und `javax.servlet.http` installiert haben. Diese Pakete sind nicht Teil der Java-Klassenbibliothek, die als Teil von Java 2 SDK 1.3 mitgeliefert wird. Zum Zeitpunkt der Drucklegung dieses Buchs war die aktuelle Version dieser Pakete Tomcat Version 3.2.1. Um dies herunterzuladen, gehen Sie auf die Java-Servlet-Site `http://java.sun.com/products/servlet/` und klicken Sie auf den Download-Link.

HINWEIS: Möglicherweise können Sie auch den direkten Link benutzen, nämlich `http://java.sun.com/products/servlet/download.html`, um die Servlet-Pakete herunterzuladen, doch leider verändert Sun ziemlich regelmäßig den Aufbau seiner Java-Site.

Derzeit sind diese Pakete als ZIP-Dateien hinterlegt, die Sie erst mit WinZIP oder einem ähnlichen Programm dekomprimieren müssen. Beim Entpackungsvorgang müssen Sie unbedingt die Option anwählen, mit der die im Archiv existierenden Ordnernamen übernommen werden.

Tomcat Version 3.2.1 beinhaltet alle Klassendateien der beiden Pakete, Javadoc-Dokumentation für die Klassen und eine JAR-Datei, die ebenfalls alle Klassen enthält. Dieses Java-Archiv heißt `servlet.jar`, und es wird in einen `lib`-Unterordner installiert. Tragen Sie diese Datei in den `CLASSPATH` Ihres Computers ein.

26.2 Servlets entwickeln

Servlets werden wie jede andere Java-Applikation erzeugt und kompiliert. Sie können sie mit dem Java-Compiler von SDK 1.3 kompilieren, wenn der Compiler die Pakete `javax.servlet` und `javax.servlet.http` finden kann.

Um ein Servlet zu erzeugen, leiten Sie die Klasse `HttpServlet` ab, die Teil des Pakets `javax.servlet` ist. Diese Klasse besitzt Methoden, die den Lebenszyklus eines Servlets repräsentieren, und solche, die Informationen von dem Webserver einholen, auf dem das Servlet läuft.

Die Methode `init(ServletConfig)` wird automatisch aufgerufen, wenn ein Webserver das erste Mal ein Servlet online stellt, um eine Besucheranfrage zu beantworten. Wie bereits erwähnt, kann ein einziges Servlet mehrere Anfragen von verschiedenen Besuchern bearbeiten. Die `init()`-Methode wird lediglich einmal aufgerufen, und zwar dann, wenn das Servlet online geht. Ist das Servlet bereits online, wenn eine weitere Anfrage eingeht, dann wird die `init()`-Methode nicht nochmal aufgerufen.

Die Methode `init()` hat ein Argument – `ServletConfig`, eine Schnittstelle im Paket `javax.servlet`, die Methoden besitzt, um mehr über die Umgebung herauszufinden, in der das Servlet läuft.

Die Methode `destroy()` wird aufgerufen, wenn der Webserver das Servlet vom Netz nimmt. Ganz wie bei der `init()`-Methode geschieht dies nur einmal, und zwar dann, wenn alle Besucher ihre Informationen vom Servlet erhalten haben. Wenn dies nicht innerhalb eines festgelegten Zeitraums geschieht, wird `destroy()` automatisch aufgerufen. Damit wird verhindert, dass sich ein Servlet aufhängt, während es darauf wartet, Informationen mit einem Besucher auszutauschen.

Eines der Haupteinsatzgebiete eines Servlets ist, Informationen von einem Besucher einzuholen und irgendeine Antwort darauf zu liefern. Man sammelt mithilfe eines Formulars Informationen von Besuchern. Ein *Formular* ist eine Gruppe von Textfeldern, Radiobuttons, Textbereichen, Buttons und anderen Eingabefeldern auf einer WWW-Seite.

Abbildung 26.1 zeigt ein Webformular auf einer Seite, die im Microsoft Internet Explorer 5 dargestellt wird.

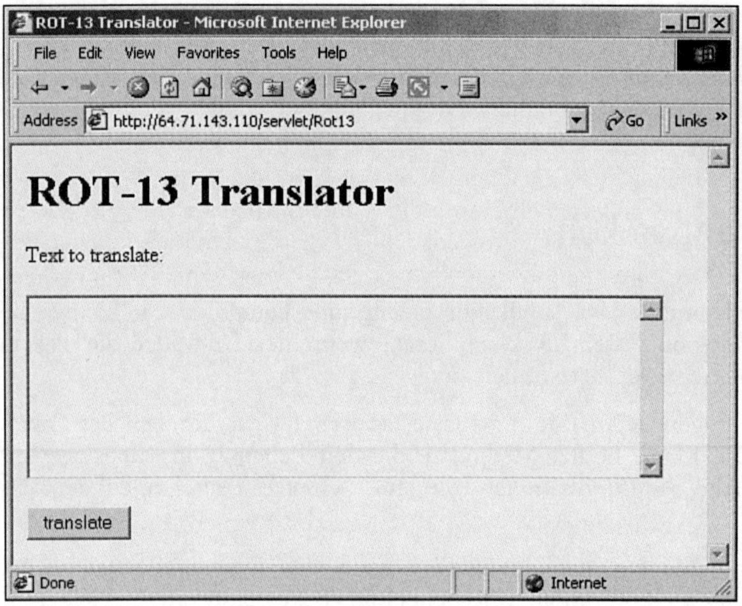

Abbildung 26.1: Informationen mit einem Webformular erfassen.

Das Formular von Abbildung 26.1 enthält zwei Felder: einen Textbereich und einen anklickbaren Button mit dem Label »translate«. Das HTML für diese Seite würde wie folgt lauten:

```
<html>
<body>
<head><title>ROT-13 Translator</title></head>
<h1>ROT-13 Translator</h1>
<p>Text to translate:
<form action="Rot13" method="POST">
<textarea name="text" ROWS=8 COLS=55>
</textarea>
<p><input type="submit" value="translate">
</form>
</body>
</html>
```

Das Formular wird von den HTML-Tags `<form>` und `</form>` umschlossen. Jedes Feld im Formular wird von eigenen Tags repräsentiert: `<textarea>` und `</textarea>` für den Textbereich und `<input>` für den »translate«-Button. Der Textbereich erhält einen Namen, nämlich `text`.

Web-Servlets setzen eine grundlegende HTML-Kenntnis bei Ihnen voraus, denn die einzige Benutzerschnittstelle für ein Servlet ist eine WWW-Seite, die in einem Browser läuft. Ein gutes HTML-Buch wäre »HTML in 21 Tagen« von Denise Tyler und Laura Lemay.

Die einzelnen Felder eines Formulars speichern Informationen, die an einen Webserver übermittelt und dann an ein Servlet geschickt werden können. Browser kommunizieren mit Servern über das Hypertext Transfer Protocol (HTTP). Formulardaten können mit zwei verschiedenen HTTP-Kommandos an einen Server geschickt werden: `GET` und `POST`.

Wenn eine Webseite `GET` oder `POST` an einen Server schickt, muss der Name des Programms, das sich um die Anfrage kümmern soll, als Webadresse, auch Uniform Resource Locator (URL) genannt, angegeben werden.

Das `GET`-Kommando hängt sämtliche Daten an das Ende einer URL, also z. B.:

```
http://www.java21pro.com/servlets/beep?number=5551220&repeat=no
```

Das `POST`-Kommando schickt die Formulardaten als einen Header, der getrennt von der URL übermittelt wird. Dies wird im allgemeinen vorgezogen und ist sogar unerlässlich, wenn im Formular vertrauliche Informationen abgefragt werden.

Servlets reagieren auf beide Kommandos mit Methoden, die aus der Klasse `HttpServlet` ererbt sind: `doGet(HttpServletRequest, HttpServletResponse)` und `doPost(HttpServletRequest, HttpServletResponse)`. Diese Methoden werfen zwei Arten von Ausnahmen aus: `ServletException`, das Teil des Pakets `javax.servlet` ist, und `IOException`, eine Ausnahme des Standard-`java.io`-Pakets, bei der es um Ein- und Ausgabestreams geht.

Innerhalb von Java funktionieren beide Methoden identisch, weswegen es bei Servlet-Programmieren üblich ist, mit der einen Methode die andere aufzurufen, also so:

```
public void doGet(HttpServletRequest request,
    HttpServletResponse response) throws ServletException, IOException {

    doPost(request, response);
}
```

Die Methoden `doGet()` und `doPost()` haben zwei Argumente: ein `HttpServletRequest`-Objekt und ein `HttpServletResponse`-Objekt. Diese Objekte gehören zu Klassen im Paket `javax.servlet.http`. Ein Servlet erhält Informationen darüber, wie es ausgeführt wurde, indem es Methoden der Klasse `HttpServletRequest` aufruft. Wenn z. B. ein WWW-Formular an ein Servlet übermittelt wird, dann wird jedes Feld des Formulars von der Klasse `HttpServletRequest` als String gespeichert.

Sie können diese Felder in einem Servlet auslesen, indem Sie die `getParameter(`*`String`*`)`-Methode mit dem Namen des Feldes als Argument aufrufen. Diese Methode gibt `null` zurück, wenn kein Feld mit diesem Namen existiert.

Ein Servlet kommuniziert mit dem Besucher, indem es ein HTML-Dokument, eine Bilddatei oder eine andere Art von Information zurückschickt, mit der ein Browser etwas anfangen kann. Es sendet diese Informationen, indem es Methoden der Klassen `HttpServletResponse` aufruft.

Wenn Sie eine Antwort vorbereiten, müssen Sie als erstes festlegen, welche Art von Information das Servlet an den Browser schicken soll. Rufen Sie die Methode `setContentType(String)` mit dem Informationstyp als Argument auf.

Am häufigsten nehmen Antworten die Form von HTML an, was man mit dem Aufruf von `setContentType("text/html")` festlegen würde. Man kann Antworten auch als Text (`"text/plain"`), Grafikdateien (`"image/gif"`, `"image/jpeg"`) oder applikationsspezifische Formate wie `"application/msword"` zurücksenden.

Um Daten an einen Browser zu übermitteln, erzeugen Sie einen Servlet-Ausgabestream, der mit dem Browser assoziiert ist, und rufen dann die `println(String)`-Methode dieses Streams auf. Servlet-Ausgabestreams werden durch die Klasse `ServletOutputStream` repräsentiert, die Teil des Pakets `javax.servlet` ist. Sie können einen dieser Streams erhalten, indem Sie die Methode `getOutputStream()` der Klasse `HttpServletResponse` aufrufen.

Das folgende Beispiel erzeugt einen Servlet-Ausgabestream aus einem `HttpServletResponse`-Objekt namens `response` und schickt eine kurze Webseite an diesen Stream:

```
ServletOutputStream out = response.getOutputStream();
out.println("<html>");
out.println("<body>");
out.println("<h1>Hello World!</h1>");
out.println("</body>");
out.println("</html>");
```

Listing 26.1 demonstriert Ihnen ein Java-Servlet, das Daten aus dem Formular bezieht, das Ihnen Abbildung 26.1 zeigte.

Listing 26.1: Der komplette Quelltext von Rot13.java

```
import java.io.*;

import javax.servlet.*;
import javax.servlet.http.*;

public class Rot13 extends HttpServlet {

    public void doPost(HttpServletRequest req, HttpServletResponse res)
        throws ServletException, IOException {

        String text = req.getParameter("text");
        String translation = translate(text);
```

```
        res.setContentType("text/html");
        ServletOutputStream out = res.getOutputStream();
        out.println("<html>");
        out.println("<body>");
        out.println("<head><title>ROT-13 Translator</title></head>");
        out.println("<h1>ROT-13 Translator</h1>");
        out.println("<p>Text to translate:");
        out.println("<form action=\ "Rot13\ " method=\ "POST\ ">");
        out.println("<textarea name=\ "text\ " ROWS=8 COLS=55>");
        out.println(translation);
        out.println("</textarea>");
        out.println("<p><input type=\ "submit\ " value=\ "translate\ ">");
        out.println("</form>");
        out.println("</body>");
        out.println("</html>");
    }

    public void doGet(HttpServletRequest req, HttpServletResponse res)
        throws ServletException, IOException {

        doPost(req, res);
    }

    String translate(String input) {
        StringBuffer output = new StringBuffer();
        if (input != null) {
            for (int i = 0; i < input.length(); i++) {
                char inChar = input.charAt(i);
                if ((inChar >= 'A') & (inChar <= 'Z')) {
                    inChar += 13;
                    if (inChar > 'Z')
                        inChar -= 26;
                }
                if ((inChar >= 'a') & (inChar <= 'z')) {
                    inChar += 13;
                    if (inChar > 'z')
                        inChar -= 26;
                }
                output.append(inChar);
            }
        }
        return output.toString();
    }
}
```

Speichern Sie dieses Servlet, und kompilieren Sie es mit dem Java-Compiler.

Das `Rot13`-Servlet empfängt Text aus einem WWW-Formular, übersetzt ihn mithilfe von ROT-13 und zeigt das Ergebnis dann in einem neuen WWW-Formular an. ROT-13 ist eine ganz einfache Technologie zur Textverschlüsselung, bei der Buchstaben untereinander vertauscht werden. Jeder Buchstabe wird durch den Buchstaben ersetzt, der genau 13 Stellen im Alphabet weiter ist. A wird zu N, N wird zu A, B wird zu O, O wird zu B, C wird zu P, P wird zu C usw.

Da die ROT-13-Verschlüsselung kindisch einfach zu dekodieren ist, benutzt man sie nicht zur Geheimhaltung wichtiger Informationen. Stattdessen begegnet sie hin und wieder in Internet-Diskussionsforen wie Usenet-Newsgroups. Wenn z. B. jemand in einer Kino-Newsgroup einen »Spoiler« postet (also einen Beitrag, in dem erzählt wird, wie ein Film ausgeht), könnte er ihn ROT-13-kodiert posten, damit niemand den Text aus Versehen liest.

HINWEIS: Wollen Sie ein großes Geheimnis aus dem Film Soylent Green von 1973 wissen? Dann dekodieren Sie folgenden ROT-13-Text: Onyq jreqra fvr haf jvr Ivruu mhrpugra! Qh zhffg nyyr jneara haq rf vuara fntra! Fblyrag terra jveq nhf Zrafpura trznpug! Qh zhffg rf vuara fntra! Fblyrag terra vfg Zrafpu!

Um das ROT-13-Servlet zugänglich zu machen, müssen Sie seine Klassendateien in einem Ordner auf ihrem Webserver platzieren, der für Servlets bestimmt wurde. Bei einem Apache mit Tomcat finden sich Servlets häufig in einem `WEB-INF/classes`-Unterordner des Haupt-WWW-Ordners. (Wenn also `/htdocs` das Stammverzeichnis Ihrer Website ist, würden Servlets nach `/htdocs/WEB-INF/classes` gehören).

Man führt ein Servlet aus, indem man seine URL, also z. B. `http://www.cadenhead.org/servlet/Rot13`, in die Adresszeile des Browsers tippt. Ersetzen Sie den ersten Teil der URL mit dem Namen oder der IP-Adresse Ihres Webservers.

Sie können ein funktionierendes ROT-13-Servlet auf der Webseite zum Buch ausprobieren – besuchen Sie `http://www.java21pro.com` und öffnen Sie die Seite zu Tag 26.

26.3 Cookies

Viele Websites lassen sich so anpassen, dass sie Informationen über Besucher und die Features, die sie auf der Site sehen wollen, sammeln. Diese Anpassung wird durch ein Browserfeature namens *Cookies* ermöglicht. Dabei handelt es sich um winzige Dateien, in denen Informationen gespeichert werden, die sich eine Website über einen Besucher merken möchte, z. B. seinen Benutzernamen, die Zahl seiner Besuche usw. Diese Dateien werden auf dem Computer des Besuchers gespeichert. Eine Website kann nur die Cookies auf dem Rechner eines Besuchers lesen, die sie selbst erzeugt hat.

Aufgrund von Privacy-Bedenken können die meisten Browser so konfiguriert werden, dass sie sämtliche Cookies ablehnen oder zuerst um Erlaubnis fragen, ehe eine Site einen Cookie erzeugen darf. Die Voreinstellung der meisten Browser ist es, alle Cookies anzunehmen.

Mit Servlets können Sie leicht Cookies erzeugen und auslesen, während der Besucher das Programm ablaufen lässt. Cookies werden durch die Klasse `Cookie` im Paket `javax.servlet.http` unterstützt.

Um ein Cookie zu erzeugen, rufen Sie den Konstruktor `Cookie(String, String)` auf. Das erste Argument ist der Name, den Sie dem Cookie geben wollen, und das zweite der Wert des Cookie.

Ein möglicher Einsatzzweck für ein Cookie wäre mitzuzählen, wie oft jemand das Servlet geladen hat. Die folgende Anweisung erzeugt ein Cookie namens `visits` und gibt ihm den Startwert 1:

```
Cookie visitCookie = new Cookie("visits", "1");
```

Wenn Sie ein Cookie erzeugen, müssen Sie festlegen, wie lange es auf dem Computer des Besuchers gültig bleiben soll. Cookies können eine Stunde, einen Tag, ein Jahr oder eine beliebige Zeitspanne dazwischen gültig bleiben. Sobald ein Cookie ungültig geworden ist, löscht es der Browser automatisch.

Rufen Sie die Methode `setMaxAge(int)` auf, um festlegen, wieviel Zeit in Sekunden das Cookie gültig bleiben soll. Wenn Sie einen negativen Wert angeben, bleibt das Cookie nur solange gültig, wie der Besucher seinen Browser geöffnet hält. Wenn Sie 0 als Wert angeben, wird das Cookie nicht auf dem Computer des Besuchers gespeichert.

HINWEIS: Der Sinn eines Cookies mit maximaler Verweildauer von 0 ist der, den Browser anzuweisen, ein Cookie zu löschen, falls bereits eines existiert.

Cookies werden zusammen mit den Daten, die der Browser anzeigt, an den Benutzercomputer übermittelt. Um ein Cookie abzuschicken, rufen Sie die Methode `addCookie(Cookie)` eines `HttpServletResponse`-Objekts auf.

Sie können mehr als ein Cookie abschicken. Wenn Cookies auf einem Benutzercomputer gespeichert werden, werden sie mit der URL der Website oder des Programms assoziiert, das das Cookie erzeugt hat. Sie können mehrere verschiedene Cookies mit derselben URL assoziieren.

Wenn ein Browser eine URL anfrägt, überprüft er, ob er Cookies hat, die mit dieser URL assoziiert sind. Wenn ja, schickt er sie mit der Anfrage mit.

In einem Servlet rufen Sie die Methode `getCookies()` eines `HttpServletRequest`-Objekts auf, um ein Array von Cookie-Objekten zu erhalten. Sie können die Methoden `getName()`

und getValue() der einzelnen Cookies aufrufen, um Informationen über die Cookies zu erhalten und etwas mit den Daten anzufangen.

Listing 26.2 demonstriert SetColor, ein Servlet, bei dem der Besucher die Hintergrundfarbe der Seite mit dem Servlet festlegen kann. Die Farbe wird in einem Cookie namens color gespeichert, und das Servlet frägt jedesmal, wenn es geladen wird, beim Browser nach diesem Cookie.

Listing 26.2: Der komplette Quelltext von SetColor.java

```
import java.io.*;

import javax.servlet.*;
import javax.servlet.http.*;

public class SetColor extends HttpServlet {

    public void doPost(HttpServletRequest req, HttpServletResponse res)
throws ServletException, IOException {

        String pageColor;
        String colorParameter = req.getParameter("color");
        if (colorParameter != null) {
            Cookie colorCookie = new Cookie("color", colorParameter);
            colorCookie.setMaxAge(31536000);
            res.addCookie(colorCookie);
            pageColor = colorParameter;
        }  else {
            pageColor = retrieveColor(req.getCookies());
        }
        ServletOutputStream out = res.getOutputStream();
        res.setContentType("text/html");
        out.println("<html>");
        out.println("<body bgcolor=\ "" + pageColor + "\ ">");
        out.println("<head><title>The U.S. Constitution</title></head>");
        out.println("<h1>The U.S. Constitution</h1>");
        displayFile("constitution.html", out);
        out.println("<h5>Choose a new color</h5>");
        out.println("<form action=\ "SetColor\ " method=\ "POST\ ">");
        out.println("<input type=\ "text\ " name=\ "color\ " value=\ "" +
           pageColor + "\ " SIZE=40>");
        out.println("<p><input type=\ "submit\ " value=\ "Change Color\ ">");
        out.println("</form>");
        out.println("</body>");
        out.println("</html>");
    }
```

```
37:
38:     public void doGet(HttpServletRequest req, HttpServletResponse res)
39:         throws ServletException, IOException {
40:
41:         doPost(req, res);
42:     }
43:
44:     String retrieveColor(Cookie[] cookies) {
45:         String inColor = "#FFFFFF";
46:         for (int i = 0; i < cookies.length; i++) {
47:             String cookieName = cookies[i].getName();
48:             if (cookieName.equals("color")) {
49:                 inColor = cookies[i].getValue();
50:             }
51:         }
52:         return inColor;
53:     }
54:
55:     void displayFile(String pageName, ServletOutputStream out) {
56:         try {
57:             ServletContext servletContext = getServletContext();
58:         String filename = servletContext.getRealPath(pageName);
59:             FileReader file = new FileReader(filename);
60:             BufferedReader buff = new BufferedReader(file);
61:             boolean eof = false;
62:             while (!eof) {
63:                 String line = buff.readLine();
64:                 if (line == null)
65:                   eof = true;
66:                 else
67:                   out.println(line);
68:             }
69:             buff.close();
70:         }  catch (IOException e) {
71:             log("Error -- " + e.toString());
72:         }
73:     }
74: }
```

Das Servlet `SetColor` zeigt den Inhalt einer HTML-Datei zusammen mit dem Rest der Seite an. Dieses Beispiel verwendet `constitution.html`, die Verfassung der USA in HTML. Sie können diese Datei auf der Website zum Buch `http://www.java21pro.com` bei Tag 26 herunterladen. Sie können natürlich genauso gut jede andere HTML-Datei verwenden, solange Sie die Zeilen 25-27 des Programms entsprechend anpassen.

Nachdem Sie das Servlet kompiliert haben und es auf Ihren Server in das Servlets-Verzeichnis gelegt haben, können Sie es starten, indem Sie die URL des Servlets in einen Browser tippen, also z. B. `http://www.cadenhead.org/servlet/SetColor`.

Abbildung 26.2 zeigt das untere Ende der Seite, die das Servlet anzeigt.

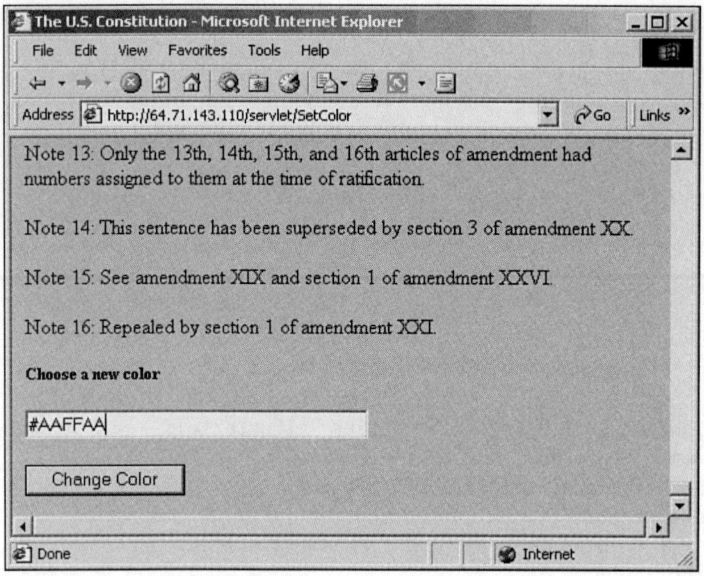

Abbildung 26.2: Eine vom Servlet SetColor erzeugte Webseite

Um die Hintergrundfarbe der Seite zu ändern, geben Sie einen neuen Wert im Textfeld »Choose a new color« ein, und klicken Sie auf den »Change Color«-Button.

Farben werden als #-Zeichen, gefolgt von drei zweistelligen Hexadezimalzahlen (bei Abbildung 26.2 sind es die Zahlen AA, FF und AA) angegeben. Diese Zahlen repräsentieren den Rot-, Grün- und Blauanteil der Farbe, wobei die Werte von einem Minimum 00 bis zu einem Maximum FF gehen können. Wenn Sie sich mit Hexadezimalzahlen nicht auskennen, können Sie folgende Werte beim Austesten des Servlets einsetzen:

- `#FF0000`: Rot
- `#00FF00`: Grün
- `#0000FF`: Blau
- `#FFAAAA`: Hellrot
- `#AAFFAA`: Hellgrün
- `#AAAAFF`: Hellblau
- `#FFCC66`: Karamellfarben

26.4 Zusammenfassung

Hauptzweck der Klassen in den Paketen `javax.servlet` und `javax.servlet.http` ist der Austausch von Informationen mit einem WWW-Server. Java-Servlet stellen eine Alternative zum Common Gateway Interface dar, die übliche Art und Weise, um mit Programmiersprachen Informationen im WWW einzuholen und Daten auszugeben. Da Servlets (abgesehen von einer grafischen Benutzerschnittstelle) alle Features der Sprache Java nutzen können, kann man damit hochkomplexe Webapplikationen erstellen.

Servlets sind heute bei Online-Shops im Einsatz, wo sie Bestellungen von Kunden aufnehmen, Produktdatenbanken auslesen und Rechnungsdaten erfassen. Mit Servlets werden auch Diskussionsforen, Content-Management-Systeme und viele andere Arten dynamisch generierter Websites betrieben.

Morgen sehen wir uns die andere Hälfte von Tomcat an: JavaServer Pages.

26.5 Fragen und Antworten

F *Kann man ein Java-Applet mit einem Servlet kommunizieren lassen?*

A Wenn Sie wollen, dass das Applet weiterläuft, nachdem es den Server kontaktiert hat, dann muss das Servlet auf demselben Rechner sein wie die Webseite mit dem Applet. Aus Sicherheitsgründen dürfen Applets keine Netzwerkverbindungen zu irgendeinem anderen Rechner herstellen als dem, auf dem sie gehostet werden.

Wenn ein Applet ein Servlet laden soll, können Sie die `getAppletContext()`-Methode des Applets aufrufen, um ein `AppletContext`-Objekt zu erhalten. Rufen Sie dann die `showDocument(URL)`-Methode des Objekts auf, wobei die URL des Servlets als Argument eingesetzt wird.

26.6 Quiz

Überprüfen Sie den heutigen Stoff, indem Sie dieses Quiz mit drei Fragen beantworten.

Fragen

1. Wenn ein Servlet gleichzeitig von fünf verschiedenen Surfern benutzt wird, wie oft wird dann die `init()`-Methode des Servlets aufgerufen?

   (a) 5

   (b) 1

   (c) 0-1

2. Welche Technologie ist *nicht* Teil von Tomcat?

   (a) Java-Servlets

   (b) JavaServer Pages

   (c) Java API für die XML-Verarbeitung

3. Wenn Daten von einem Formular an eine Webseite übermittelt werden und diese dann in der Adresszeile des Browsers als Teil der URL auftauchen, welches Kommando wurde dann gegeben?

   (a) `GET`

   (b) `POST`

   (c) `HEAD`

Antworten

1. c. Die `init()`-Methode wird aufgerufen, wenn der WWW-Server das Applet zum ersten Mal lädt. Dies kann geschehen sein, ehe irgendeiner der fünf Besucher das Servlet anforderte. Daher kann `init()` einmal oder keinmal aufgerufen worden sein.

2. c. Java API für die XML-Verarbeitung.

3. A. Das `GET`-Kommando kodiert Formularfelder in die URL und schickt dann diese URL an den Browser.

26.7 Übungen

Um Ihr Wissen über die heute behandelten Themen zu vertiefen, können Sie sich an folgenden Übungen versuchen:

- Erstellen Sie eine modifizierte Version des Servlets `SetColor`, in der man auch die Textfarbe der Seite verstellen kann.
- Erzeugen Sie ein Servlet, das die Daten, die in ein Formular eingegeben werden, als Datei speichert.

Soweit einschlägig, finden Sie die Lösungen zu den Übungen auf der Webseite zum Buch: `http://www.java21pro.com`.

Bonustag 27

JavaServer Pages

Mit Servlets kann man auf einfache Weise HTML-Text dynamisch generieren und so Seiten erzeugen, die sich gemäß Besuchereingaben und -daten ändern. Dagegen sind Servlets nicht ideal zur Erzeugung von HTML-Text, der sich nie ändert, denn es ist eine ziemlich mühselige Angelegenheit, mithilfe von Java-Anweisungen HTML auszugeben.

Servlets erfordern zudem die Dienste eines Javaprogrammierers, wann immer sich das HTML ändern soll. Das Servlet muss bearbeitet, neuerlich kompiliert und wieder ins Internet hochgeladen werden. Wenige Firmen werden solch eine Aufgabe einem Nichtprogrammierer übergeben wollen.

Die Lösung dieses Problems heißt JavaServer Pages, die Dokumente erzeugen, die statisches HTML mit der Ausgabe von Servlets und Elementen von Java wie Ausdrücken und Java-Anweisungen mischen.

Heute sehen wir uns die folgenden Themen näher an:

- Wie WWW-Server JavaServer Pages unterstützen
- Wie man eine JavaServer Page erzeugt
- Wie man Servlet-Variablen auf einer Seite benutzt
- Wie man Java-Ausdrücke auf einer Seite benutzt
- Wie man Java-Anweisungen auf einer Seite benutzt
- Wie man ein Servlet auf einer Seite aufruft

27.1 JavaServer Pages

Wie Sie schon gestern erfahren haben, ist JavaServer Pages Teil der Tomcat-Spezifikation von Sun Microsystems und der Apache Software Foundation. JavaServer Pages sind eine Ergänzung, nicht eine Konkurrenz zu Servlets. Sie erleichtern es, zwei Arten von WWW-Content zu trennen:

- statischer Content – Die Bereiche einer WWW-Seite, die sich nicht ändern, wie z. B. die Beschreibung der einzelnen Produkte eines Online-Shops.
- dynamischer Content – Die Bereiche einer WWW-Seite, die von einem Servlet generiert werden, z. B. die Preis- und Verfügbarkeitsdaten für die einzelnen Produkte, die sich je nach Verkaufszahlen der Produkte ändern können.

Wenn Sie nur Servlets bei einem solchen Projekt verwenden, wird es ziemlich umständlich, kleinere Änderungen wie die Korrektur von Tippfehlern, die Umformulierung eines Absatzes oder eine Veränderung der Seitendarstellung durch Anpassung der HTML-Tags durchzuführen. Jede Veränderung erzwingt eine Bearbeitung, Kompilierung, ein Testen und Hochladen des Servlets.

Mit JavaServer Pages können Sie den statischen Content einer Webseite in ein HTML-Dokument legen und Servlets von innerhalb dieses Dokuments aus aufrufen. Sie können auch andere Teile der Sprache Java auf einer Seite nutzen, z. B. Ausdrücke, `if-then`-Blöcke und Variablen. Ein WWW-Server mit Tomcat-Unterstützung weiß, wie diese Seiten zu lesen sind und wie er den enthaltenen Java-Code auszuführen hat. Er erzeugt daraus ein HTML-Dokument ganz so, als hätten Sie für die ganze Aufgabe ein Servlet geschrieben. Und technisch gesehen, erledigt JavaServer Pages wirklich alles mit Servlets.

Sie erzeugen eine JavaServer Page ganz so, wie Sie ein HTML-Dokument erstellen würden – mit einem Texteditor oder einem Webdesignerprogramm wie Microsoft FrontPage 2002 oder Macromedia Dreamweaver. Wenn Sie die Seite abspeichern, benutzen Sie die Dateierweiterung `.jsp`, um anzugeben, dass es sich um eine JavaServer Page und nicht um ein HTML-Dokument handelt. Danach kann die Seite auf einem WWW-Server wie ein HTML-Dokument publiziert werden (allerdings muss der Server Tomcat unterstützen).

Wenn ein Besucher zum ersten Mal die JavaServer Page anfordert, kompiliert der Webserver ein neues Servlet, das die Seite repräsentiert. Dieses Servlet kombiniert alles, das in die Seite gesteckt wurde:

- mit HTML ausgezeichneter Text
- Aufrufe von Java-Servlets
- Java-Ausdrücke und -Anweisungen
- spezielle JavaServer-Pages-Variablen

Eine JavaServer Page schreiben

Eine JavaServer Page besteht aus drei Arten von Elementen, die jeweils ihr eigenes Auszeichnungs-Tag haben, das HTML ähnelt:

- Scriptlets – Java-Anweisungen, die nach dem Laden der Seite ausgeführt werden. Diese Anweisungen sind jeweils von den Tags `<%` und `%>` umgeben.
- Ausdrücke – Java-Ausdrücke, die bewertet werden und Ausgaben generieren, die auf der Seite angezeigt werden. Sie sind von den Tags `<%=` und `%>` umgeben.
- Deklarationen – Anweisungen, um Instanzvariablen zu erzeugen und andere Aufgaben zu erledigen, die für die Präsentation der Seite erforderlich sind. Sie sind von den Tags `<%!` und `%>` umgeben.

Ausdrücke

Listing 27.1 zeigt Ihnen eine JavaServer Page mit einem Ausdruck, einen Aufruf des Konstruktors `java.util.Date()`. Dieser Konstruktor erzeugt einen String mit der aktuellen Zeit und dem gegenwärtigen Datum. Geben Sie diese Datei mit einem beliebigen Texteditor ein, der Dateien als Nur-Text speichern kann. (Der Editor, mit dem Sie die Java-Quelltext-Dateien erzeugt haben, ist auch für diesen Zweck geeignet.)

Listing** 27.1: **Der komplette Quelltext von time.jsp

```
<html>
<head>
<title>Clock</title>
</head>
<body>
<h1 align="Center">
<%= new java.util.Date() %>
</h1>
</body>
</html>
```

Nachdem Sie diese Datei abgespeichert haben, laden Sie sie auf Ihren Webserver in das Verzeichnis mit den anderen Webseiten hoch. Im Gegensatz zu Java-Servlets, die in einem Ordner sein müssen, der für Servlets ausgewiesen ist, können JavaServer Pages in einem beliebigen Verzeichnis liegen, das vom Internet aus zugänglich ist.

Wenn Sie die URL der Seite zum ersten Mal laden, kompiliert der Webserver die JavaServer Page zu einem Servlet. Deswegen lädt die Seite nur langsam, aber dies wiederholt sich nicht, denn der Server behält das Servlet für alle weiteren eventuellen Anfragen.

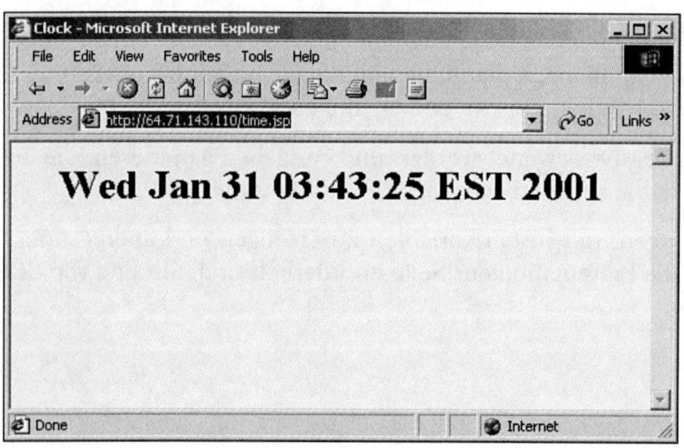

Abbildung 27.1: Ein Ausdruck in einer JavaServer Page

Die Ausgabe von `time.jsp` können Sie in Abbildung 27.1 sehen.

Wenn eine JavaServer Page einen Ausdruck beinhaltet, wird er bewertet, um einen Wert zu erzeugen, und auf der Seite angezeigt. Wenn der Ausdruck bei jeder Ausführung einen anderen Wert generiert, wie dies bei `time.jsp` der Fall ist, dann spiegelt sich dies bei der Seite wieder, wann immer sie im Browser geladen wird.

Es gibt einige Servlet-Variablen, auf die Sie sich in Ausdrücken und anderen Elementen einer JavaServer Page beziehen können:

- `application` – Der Servlet-Kontext, über den mit dem Webserver kommuniziert wird.
- `config` – Das Servlet-Konfigurationsobjekt, mit dem man feststellt, wie das Servlet initialisiert wurde.
- `out` – Der Servlet-Ausgabestream.
- `request` – Die HTTP-Servlet-Anfrage
- `response` – Die HTTP-Servlet-Antwort
- `session` – Die aktuelle HTTP-Session

Jede dieser Variablen bezieht sich auf ein Objekt, mit dem sie gestern gearbeitet haben. Sie können dieselben Methoden, die in einem Servlet zur Verfügung stehen, auch von innerhalb einer JavaServer Page aufrufen.

Die nächste Seite, die wir erstellen, heißt `environment.jsp` und zeigt, wie die Variable `request` auf einer Seite benutzt werden kann. Diese Variable repräsentiert ein Objekt der `HttpServletRequest`-Klasse, und Sie können die `getHeader(String)`-Methode des Objekts aufrufen, um HTTP-Header anzufordern, die die Anfrage detaillierter beschreiben. Siehe Listing 27.2.

***Listing 27.2:** Der komplette Quelltext von environment.jsp*

```
<html>
<head>
<title>Environment Variables</title>
</head>
<body>
<ul>
<li>Accept: <%= request.getHeader("Accept") %>
<li>Accept-Encoding: <%= request.getHeader("Accept-Encoding") %>
<li>Connection: <%= request.getHeader("Connection") %>
<li>Content-Length: <%= request.getHeader("Content-Length") %>
<li>Content-Type: <%= request.getHeader("Content-Type") %>
<li>Cookie: <%= request.getHeader("Cookie") %>
<li>Host: <%= request.getHeader("Host") %>
```

```
14: <li>Referer: <%= request.getHeader("Referer") %>
15: <li>User-Agent: <%= request.getHeader("User-Agent") %>
16: </ul>
17: </body>
18: </html>
```

In den Zeilen 7-15 der Seite `environment.jsp` besteht jede Zeile aus einem Aufruf von `getHeader()`, der einen anderen HTTP-Anfrage-Header ausliest. Ein Beispiel einer Ausgabe sehen Sie in Abbildung 27.2. Die für die einzelnen Header ausgebenen Werte hängen von Ihrem Webserver und dem benutzten Browser ab. Sie werden also bei User-Agent, Referer und anderen Headern ganz andere Werte sehen.

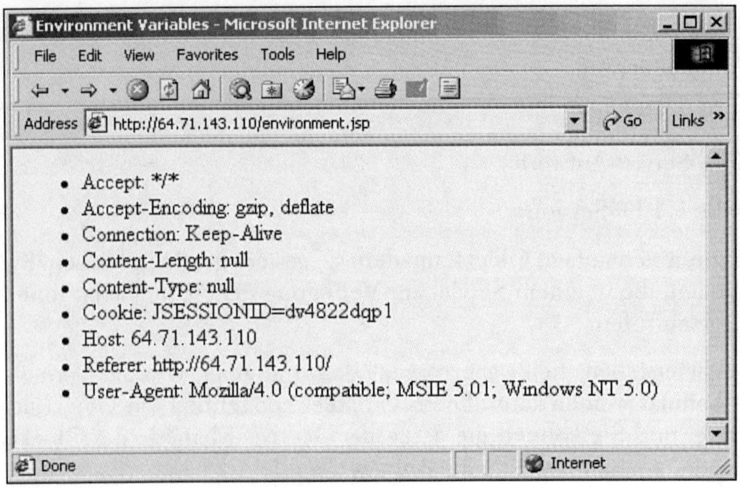

Abbildung 27.2: Servlet-Variablen auf einer JavaServer Page.

Scriptlets

Sie können auch Java-Anweisungen auf Ihrer JavaServer Page benutzen – Methoden aufrufen, Variablen Werte zuweisen, bedingte Anweisungen erstellen usw. Diese Anweisungen beginnen mit dem Tag `<%` und enden mit dem Tag `%>`. Innerhalb dieser Tags kann mehr als eine Anweisung stehen.

Anweisungen, die innerhalb einer JavaServer Page stehen, nennt man *Scriptlets*. Sie können alle Servlet-Variablen benutzen, die Sie bei den Ausdrücken kennengelernt haben.

Listing 27.3 demonstriert Ihnen `shopforbooks.jsp`, eine Webseite, die eine Liste von Büchern anzeigt, wobei von jedem Buch ein Link zu der entsprechenden Angebotsseite eines Online-Buchladens wegführt.

WOCHE 1	**Tag 1**	**Tag 2**	**Tag 3**	**Tag 4**	**Tag 5**	**Tag 6**	**Tag 7**
	Eine allgemeine Einführung und Erstellung der ersten Java-Applikation.	Grundlegende Konzepte der objektorientierten Programmierung, wie sie für Java gelten.	Einzelheiten über die einfachsten Java-Bausteine: Datentypen, Variablen und Ausdrücke wie Arithmetik oder Vergleiche.	Arbeiten mit Objekten: Erstellung, Zugriff auf Variablen, Aufruf der Methoden sowie Vergleich und Kopie. Erster Umgang mit den Java-Klassenbibliotheken.	Kennenlernen von Arrays, bedingten Anweisungen, Schleifen und verketteten Listen.	Ausführlich: Erzeugung von Klassen, die grundlegenden Bausteine aller Java-Programme.	Grundlagen zu Applets: ihre Erzeugung und der Unterschied zu Applikationen, Nutzung des Java-Plug-ins für verschiedene Browser.
WOCHE 2	**Tag 8**	**Tag 9**	**Tag 10**	**Tag 11**	**Tag 12**	**Tag 13**	**Tag 14**
	Erster von vier Tagen des Schnellkurses in visueller Programmierung. Mit Swing, einer Gruppe von Klassen, wird eine grafische Benutzerschnittstelle erstellt.	Mehr als ein Dutzend grafischer Schnittstellenkomponenten wie Buttons, Textfelder, Regler, Scrollende Textbereiche und Icons.	Elegantes Aussehen: die Verwendung von Layout-Managern, einer Gruppe von Klassen, die festlegen, wie Komponenten angeordnet werden.	Abschluss der Behandlung von Swing mit den Event-Handler-Klassen, die ein Programm auf Benutzereingaben antworten lassen.	Erklärung der neuen Java2D-Klassen und wie man Formen und Zeichen auf eine Benutzerschnittstellenkomponente zeichnet.	Erstellung multimedialer Programme, die mit Formen, Grafikdateien und Animatiossequenzen arbeiten. Außerdem erste Erfahrungen mit Multithreading, um mehrere Tasks gleichzeitig zu erledigen.	Ergänzung einer weiteren Multimediaebene durch Sound Mit der Klassenbibliothek JavaSound können Sounds abgespielt, aufgenommen und gemischt werden.
WOCHE 3	**Tag 15**	**Tag 16**	**Tag 17**	**Tag 18**	**Tag 19**	**Tag 20**	**Tag 21**
	Ab hier geht es um fortgeschrittene Themen wie z.B. Java Beans und Java Database Connectivity. Als Erstes werden Pakete, Schnittstellen und andere Klassenfeatures behandelt.	Fehler, Warnungen und andere nicht normale Zustände. Außerdem: Java und Sicherheit.	Ein- und Ausgabe über Streams, eine Reihe von Klassen, die Datei- und Netzwerkzugriff der Datenbehandlung ermöglichen.	Erklärung der Objekt-Serialisation, mit der man Objekte existieren lassen kann, selbst wenn kein Programm läuft.	Streams: Programme für die Kommunikation mit dem Internet sowie Socket-Programmierung und der Umgang mit URLs.	Der Tag der Java Beans. Rapid-Applications-Techniken nicht nur für Visual Basic.	Datenverarbeitung in Java: Java Database Connectivity und JDBC-ODBC sowie elegantere Datenstrukturen wie Vektoren, Stacks und Maps.
	Bonustag 1	**Bonustag 2**	**Bonustag 3**	**Bonustag 4**	**Bonustag 5**	**Bonustag 6**	**Bonustag 7**
	Noch mal die einzelnen Tools des Java 2 Software Development Kits. Ein besonders wichtiges Tool ist dabei der JDB, der Java-Debugger.	Nähere Betrachtung integrierter Entwicklungsumgebungen. Im Detail: WegGain Visual Café und Borland JBuilder	Erstellung von Java-Applets, die möglichst viele Surfer erreichen sollen.	Das Swing-Element Accessibility-Klassen für Java-Programme, die mit Hilfstechnologien wie z.B. Vorlesegeräten oder Blindenschriftterminals zusammenarbeiten.	Erster von zwei Tagen zur serverseitigen Java-Programmierung: Java-Servlets, Applikationen, die unter Verwendung der Tomcat-API eingesetzt werden.	Java Server Pages ermöglichen es, Java-Servlets und die von Ihnen erzeugten Daten in Web-Dokumente zu integrieren.	Die Java-API für XML-Verarbeitung, eine Klassenbibliothek für die Arbeit mit XML, dem Standard für die portierbare Repräsentation von Daten.

Listing 27.3: Der komplette Quelltext von shopforbooks.jsp

```
<html>
<head>
<title>Shop for Books</title>
</head>
<body>
<h2 align="Left">Favorite Books</h2>
<%
String[] bookTitle = {  "Catch-22", "Something Happened",
    "Good as Gold" } ;
String[] isbn = {  "0684833395", "0684841215", "0684839741" } ;
String amazonLink = "http://www.amazon.com/exec/obidos/ASIN/";
String bnLink = "http://shop.bn.com/booksearch/isbnInquiry.asp?isbn=";

String store = request.getParameter("store");
if (store == null) {
    store = "Amazon";
}
for (int i = 0; i < bookTitle.length; i++) {
    if (store.equals("Amazon"))
        out.println("<li><a href=\ "" + amazonLink + isbn[i] + "\ ">" +
            bookTitle[i] + "</a>");
    else
        out.println("<li><a href=\ "" + bnLink + isbn[i] + "\ ">" +
            bookTitle[i] + "</a>");
}
%>
<p>Preferred Bookstore:
<form action="shopforbooks.jsp" method="POST">
<p><input type="radio" value="Amazon" <%= (store.equals("Amazon") ? " checked" : "") %>
name="store"> Amazon.Com
<p><input type="radio" value="BN" <%= (store.equals("BN") ? " checked" : "") %>
name="store"> Barnes & Noble
<p><input type="submit" value="Change Store">
</form>
</body>
</html>
```

Diese JavaServer Page beinhaltet ein Formular am Ende der Seite, mit dem der Besucher den Buchladen auswählen kann, bei dem er einkaufen möchte.

In Zeile 28 wird das Formular an die URL der JavaServer Page geschickt. Da diese Seiten in Wirklichkeit Servlets sind, können Sie auch Formulardaten empfangen, die über `POST` bzw. `GET` verschickt werden.

Diese Seite speichert im Feld `store` `"Amazon"`, wenn Amazon.com der ausgewählte Laden ist, und `"BN"`, wenn es Barnes & Noble sein sollte.

Wenn Sie diese Serverpage testen, sollten Sie darauf achten, wie die Radiobuttons des Formulars stets zum ausgewählten Laden passen. Dies geschieht aufgrund der Ausdrücke in den Zeilen 29 und 31. Hier ist einer der Ausdrücke:

```
<%= (store.equals("Amazon") ? " checked" : "") %>
```

Dieser Ausdruck verwendet den ternären Operator mit der Bedingung `store.equals("Amazon")`. Wenn diese Bedingung wahr ist, ist das Wort `"checked"` der Wert des Ausdrucks. Ansonsten ist der Wert ein leerer String (`""`).

Der Wert von Ausdrücken wird als Teil der JavaServer Page dargestellt. Abbildung 27.3 zeigt Ihnen, wie diese Seite in einem Browser aussehen würde:

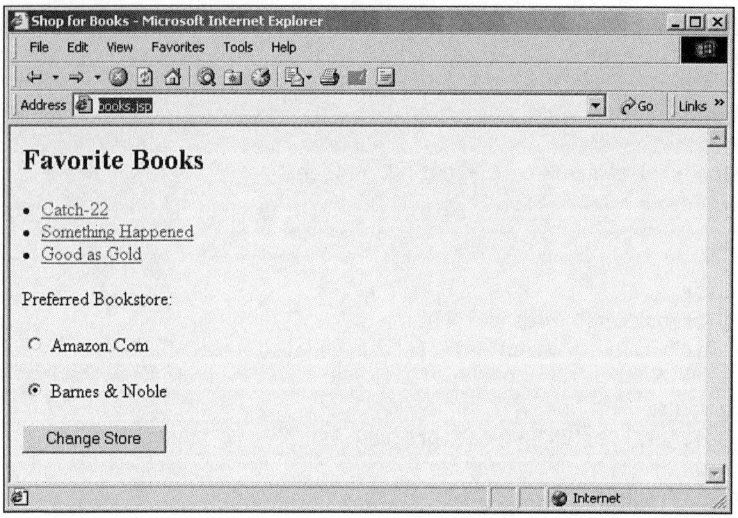

Abbildung 27.3: Dynamischer Content mithilfe von Scriptlets

Deklarationen

Das letzte Element, das Sie in eine JavaServer Page einfügen können, ist eine Deklaration, also eine Anweisung, die eine Variable oder Methode festlegt, die dann auf der Seite definiert wird, wenn sie zu einem Servlet kompiliert wird. Dieses Feature findet vor allem in Verbindung mit Ausdrücken und Servlets Verwendung.

Deklarationen sind von den Tags <%! und %> umgeben, wie im folgenden Beispiel:

```
<%! boolean noCookie = true %>
<%! String userName = "New user" %>
```

Diese Deklarationen erzeugen zwei Instanzvariablen: `noCookie` und `userName`. Wenn die JavaServer Page zu einem Servlet kompiliert wird, werden diese Variablen zu einem Teil der Definition dieser Klasse.

Listing 27.4 zeigt Ihnen eine JavaServer Page, die eine Deklaration zur Einrichtung eines Counters benutzt:

Listing 27.4: Der komplette Quelltext von counter.jsp

```
 1: <html>
 2: <head>
 3: <title>Counter Example</title>
 4: </head>
 5: <body>
 6: <h1>JSP Stats</h1>
 7: <%! Counter visits; %>
 8: <%! int count; %>
 9:
10: <%
11: visits = new Counter(application.getRealPath("counter.dat"));
12: count = visits.getCount() + 1;
13: %>
14:
15: <p>This page has been loaded <%= count %> times.
16:
17: <% visits.setCount(count); %>
18: </body>
19: </html>
```

Bevor Sie diese Seite austesten können, müssen Sie eine Hilfsklasse erzeugen, die von den Anweisungen in den Zeilen 7, 11, 12 und 17 dieser Seite aufgerufen wird.

Die Klasse `Counter` in Listing 27.5 stellt einen Webcounter dar, der die einzelnen Besuche auf der Seite mitzählt.

Listing 27.5: Der komplette Quelltext von Counter.java

```
import java.io.*;
import java.util.*;

public class Counter {
    private int count;
    private String filepath;
```

```

    public Counter(String inFilepath) {
        count = 0;
        filepath = inFilepath;
    }

    public int getCount() {
        try {
            File countFile = new File(filepath);
            FileReader file = new FileReader(countFile);
            BufferedReader buff = new BufferedReader(file);
            String current = buff.readLine();
            count = Integer.parseInt(current);
            buff.close();
        } catch (IOException e) {
            // do nothing
        } catch (NumberFormatException nfe) {
            // do nothing
        }
        return count;
    }

    public void setCount(int newCount) {
        count = newCount;
        try {
            File countFile = new File(filepath);
            FileWriter file = new FileWriter(countFile);
            BufferedWriter buff = new BufferedWriter(file);
            String output = "" + newCount;
            buff.write(output, 0, output.length());
            buff.close();
        } catch (IOException e) {
            // do nothing
        }
    }
}
```

Kompilieren Sie diese Klasse, und speichern Sie sie im selben Ordner auf Ihrem Webserver wie die Java-Servlets, die Sie gestern erzeugt haben. Die Klasse `Counter` ist zwar kein Servlet, aber Tomcat sucht in diesem Ordner nach Klassen, auf die innerhalb einer JavaServer Page verwiesen wird.

Die Klasse `counter` lädt einen Integerwert aus einer Datei namens `counter.dat` auf dem Webserver. Die Methode `getCount()` lädt den aktuellen Wert des Counters, während die Methode `setCount(int)` den aktuellen Wert festlegt. Nachdem der Wert festgelegt wurde, wird er in die Datei gespeichert, damit der Counter weiterhin fortlaufend inkrementiert werden kann.

Abbildung 27.4 zeigt `counter.jsp`, wie es gleichzeitig in zwei Browserfenstern geladen ist. Das illustriert, wie dieselbe Counterdatei von beiden Seiten benutzt wird.

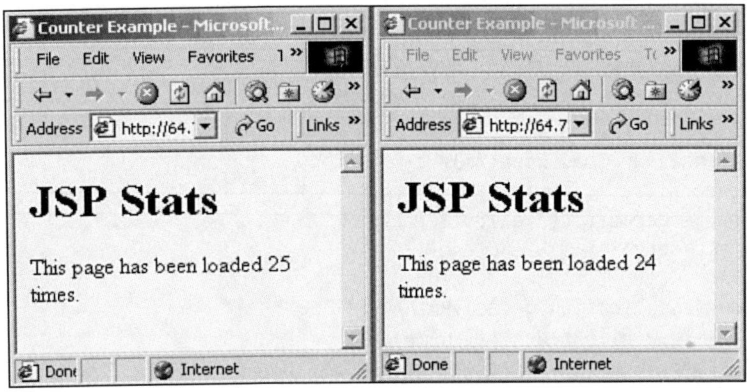

Abbildung 27.4: Ein Servlet zählt die Seitenbesuche mit.

Eine Webapplikation erstellen

Indem Sie Java-Klassen, -Servlets und JavaServer Pages kombinieren, können Sie interaktive Webapplikationen erstellen – Sites, die ihren Content dynamisch generieren und so direkt auf Besuchereingaben eingehen können.

Wann immer Sie in einem Online-Shop wie Amazon.com einkaufen oder eine Internet-Datenbank wie die Internet Movie Database (IMDB) benutzen, verwenden Sie eine Webapplikation.

Damit Sie sehen können, wie verschiedene Aspekte der Java-Technologie im Web zusammenarbeiten können, wollen wir zusammen ein Gästebuch erzeugen, eine Webapplikation also, mit der Besucher eine Nachricht für den Besitzer der Site hinterlassen können.

Das Gästebuch-Projekt besteht aus drei Teilen:

- `guestbook.jsp`, eine JavaServer Page, die Gästebucheinträge aus einer Textdatei auf dem Webserver anzeigt und ein Formular bereitstellt, in dem Besucher neue Einträge vornehmen können
- `guestbookpost.jsp`, eine JavaServer Page, die einen neuen Gästebucheintrag in die Datei speichert
- `Guestbook.java`, eine Klasse, die dazu dient, bestimmte Zeichen auszufiltern, ehe sie ins Gästebuch gespeichert werden

Die JavaServer Pages in diesem Projekt machen intensiven Gebrauch von Scriptlets und Ausdrücken. Listing 27.6 enthält den Quelltext für `guestbook.jsp`.

Listing 27.6: Der komplette Quelltext von guestbook.jsp

```
<%@ page import="java.util.*,java.io.*" %>
<html>
<head>
<title>Visitors Who Signed our Guestbook</title>
</head>
<body>
<h3>Visitors Who Signed our Guestbook</h3>
<%
String id = request.getParameter("id");
boolean noSignatures = true;
try {
    String filename = application.getRealPath(id + ".gbf");
    FileReader file = new FileReader(filename);
    BufferedReader buff = new BufferedReader(file);
    boolean eof = false;
    while (!eof) {
        String entry = buff.readLine();
        if (entry == null)
            eof = true;
        else {
            StringTokenizer entryData = new StringTokenizer(entry, "^");
            String name = (String) entryData.nextElement();
            String email = (String) entryData.nextElement();
            String url = (String) entryData.nextElement();
            String entryDate = (String) entryData.nextElement();
            String ip = (String) entryData.nextElement();
            String comments = (String) entryData.nextElement();
            out.print("<p>From: " + name);
            if (!email.equals("None"))
                out.println(" <" + email + "><br>");
            else
                out.println("<br>");
            if (!url.equals("None"))
                out.println("Home Page: <a href=\ "" + url + "\ ">" + url + "</a><br>");
            out.println("Date: " + entryDate + "<br>");
            out.println("IP: " + ip);
            out.println("<blockquote>");
            out.println("<p>" + comments);
            out.println("</blockquote>");
            noSignatures = false;
        }
    }
    buff.close();
```

```
} catch (IOException e) {
    out.println("<p>This guestbook could not be read because of an error.");
    log("Guestbook Error: " + e.toString());
}
if (noSignatures)
    out.println("<p>No one has signed our guestbook yet.");
%>
<h3>Sign Our Guestbook</h3>
<form method="POST" action="guestbookpost.jsp">
  <table border="0" cellpadding="5" cellspacing="0" width="100%">
    <tr>
      <td width="15%" valign="top" align="right">Your Name:</td>
      <td width="50%"><input type="text" name="name" size="40"></td>
    </tr>
    <tr>
      <td width="15%" valign="top" align="right">Your E-mail Address:</td>
      <td width="50%"><input type="text" name="email" size="40"></td>
    </tr>
    <tr>
      <td width="15%" valign="top" align="right">Your Home Page:</td>
      <td width="50%"><input type="text" name="url" size="40"></td>
    </tr>
    <tr>
      <td width="15%" valign="top" align="right">Your Comments:</td>
      <td width="50%"><textarea rows="6" name="comments" cols="40">
</textarea></td>
    </tr>
  </table>
  <p align="center"><input type="submit" value="Submit" name="B1">
  <input type="reset" value="Reset" name="Reset"></p>
<input type="hidden" name="id" value="<%= id %>">
</form>
</body>
</html>
```

Speichern Sie diese Seite in einem Ordner, der Seiten enthalten kann, auf Ihrem Webserver mit Tomcat-Unterstützung. Sie können dieses Listing ausprobieren, bevor Sie sonst irgendetwas in diesem Projekt erledigen, soferne Sie eine leere Gästebuch-Datei haben.

Um diese Datei zu erzeugen, speichern Sie eine leere Textdatei auf Ihrem System, der sie den Namen `cinema.gbf` geben. Auf dem Webserver muss sie im selben Verzeichnis wie `guestbook.jsp` liegen.

Wenn Sie diese JavaServer Page laden, müssen Sie einen Parameter angeben, der die ID des zu ladenden Gästebuchs festlegt, wie in dieser URL:

```
http://www.java21pro.com/guestbook.jsp?id=cinema
```

Der Servername und der Ordner hängen davon ab, wohin Sie `guestbook.jsp` hochgeladen haben.

Abbildung 27.5 zeigt Ihnen, wie das Gästebuch aussehen sollte, wenn Ihre JavaServer Page erfolgreich kompiliert wurde und sie versucht, den Inhalt der Datei `cinema.gbf` darzustellen.

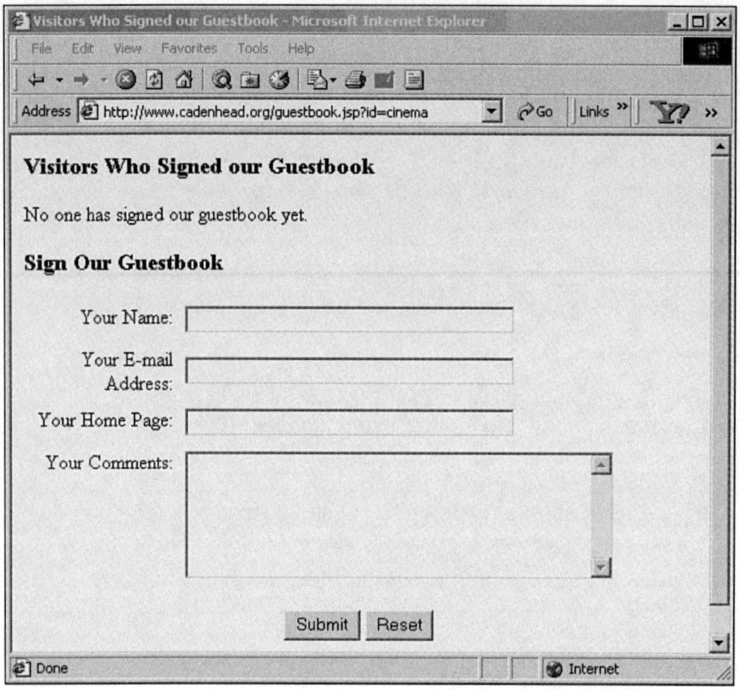

Abbildung 27.5: Die Seite guestbook.jsp

Die Gästebuchdatei speichert jeden Gästebucheintrag in einer eigenen Zeile, wobei ein Caret (^) als Trenner zwischen den einzelnen Feldern des Eintrags dient. Der Besucher kann Name, E-Mail-Adresse, Homepage-Adresse und einen Kommentar hinterlassen. Zwei weitere Dinge werden bei jedem Eintrag gespeichert: Erstellungsdatum und -zeit sowie die IP-Adresse des Besuchers.

Der folgende Text ist ein Beispiel für eine Gästebuchdatei, das zwei Einträge umfasst:

```
John Smith^jsmith@prefect.com^http://www.tvguide.com^Thu Feb 22
01:19:27 EST 2001^65.80.105.19^Your Web site is great.
D. James^deejay@naviseek.com^http://www.imdb.com^ Thu Feb
22 01:19:53 EST 2001^165.40.10.18^Thanks for the information.
```

Als nächste JavaServer Page muss `guestbookpost.jsp` erstellt werden. Sie ergänzt das Gästebuch um neue Einträge, die Besucher hinterlassen haben. (Siehe Listing 27.7).

Listing 27.7: Der komplette Quelltext von guestbookpost.jsp

```
<%@ page import="java.util.*,java.io.*" %>
<html>
<head>
<title>Thank You For Signing Our Guestbook</title>
</head>
<body>
<h3>Thank You For Signing Our Guestbook</h3>
<%
String id = request.getParameter("id");
String[] entryFields = {  "name", "email", "url", "comments" } ;
String[] entry = new String[4];
for (int i = 0; i < entryFields.length; i++) {
    entry[i] = Guestbook.filterString(request.getParameter(entryFields[i]));
}
Date now = new Date();
String entryDate = now.toString();
String ip = request.getRemoteAddr();
%>

<p>Your entry looks like this:
<p>From: <%= entry[0] %><%= (!entry[1].equals("None") ? "<"+entry[1]+">" :
➥"") %><br>
<% if (!entry[2].equals("None")) {  %>
Home Page: <a href="<%= entry[2] %>"><%= entry[2] %></a><br>
<% }  %>
Date: <%= entryDate %><br>
IP: <%= ip %>
<blockquote>
<p><%= entry[3] %>
</blockquote>

<%
try {
    boolean append = true;
    String filename = application.getRealPath(id + ".gbf");
    FileWriter fw = new FileWriter(filename, append);
    BufferedWriter fileOut = new BufferedWriter(fw);
    String newEntry = entry[0] + "^" + entry[1] + "^" + entry[2] + "^"
        + entryDate + "^" + ip + "^" + entry[3];
    fileOut.write(newEntry, 0, newEntry.length());
    fileOut.newLine();
    fileOut.close();
}  catch (IOException e) {
    out.println("<p>This guestbook could not be updated because of an
➥error.");
```

```
    log("Guestbook Error: " + e.toString());
}
%>

<p><a href="guestbook.jsp?id=<%= id %>">View the Guestbook</a>
</body>

</html>
```

Die JavaServer Page guestbookpost.jsp sammelt die Daten eines Webformulars, entfernt die Zeichen, die nicht ins Gästebuch eingetragen werden können, und speichert das Ganze als Textdatei.

Jedes Gästebuch hat eine eigene Datei, mit einem Namen, der mit dem ID-Parameter des Buchs beginnt und mit der Dateinamenerweiterung `.gbf` endet. Wenn das Gästebuch die ID `cinema` hat, lautet der Dateiname `cinema.gbf`.

Wie andere JavaServer Pages in dieser Webapplikation kann `guestbookpost.jsp` in jedem beliebigen Ordner auf Ihrem Webserver gespeichert werden, in dem HTML-Dokumente liegen können. Hier speichern Sie bitte die Seite in denselben Ordner wie `guestbook.jsp` und `cinema.gbf`.

Ehe Sie die Guestbookpost-Applikation ausprobieren können, müssen Sie eine Java-Klasse erstellen, die dazu dient, einige unerwünschte Zeichen aus den Gästebucheinträgen auszufiltern, ehe sie in die Datei geschrieben werden. Es gibt aufgrund der Art und Weise, wie die Gästebucheinträge in der Datei gespeichert werden, drei verbotene Zeichen:

- Das Caret (^)
- Wagenrücklauf (Return), das in Java den Integerwert 13 hat
- Zeilenvorschub (Linefeed), das den Integerwert 10 hat

Um diese Zeichen zu entfernen, ehe sie ins Gästebuch gespeichert werden, erstellen wir eine Hilfsklasse namens `Guestbook`. Diese Klasse hat eine statische Methode namens `filterString(String)`, die diese drei Zeichen aus einem String entfernt.

Listing 27.8 enthält den Quellcode dieser Klasse.

***Listing 27.8:** Der komplette Quelltext von Guestbook.java*

```
public class Guestbook {
    public static String filterString(String input) {
        input = replaceText(input, '^', ' ');
        input = replaceText(input, (char)13, ' ');
        input = replaceText(input, (char)10, ' ');
        return input;
    }
```

```
8:
9:      private static String replaceText(String inString, char oldChar,
10:         char newChar) {
11:
12:         while (inString.indexOf(oldChar) != -1) {
13:             int oldPosition = inString.indexOf(oldChar);
14:             StringBuffer data = new StringBuffer(inString);
15:             data.setCharAt(oldPosition, newChar);
16:             inString = data.toString();
17:         }
18:         return inString;
19:     }
20: }
```

Die Methode `replaceText()` in Zeilen 9-19 von Listing 27.8 erledigt den größten Teil der Arbeit in der Klasse. Sie erwartet drei Argumente:

- einen String, in dem sich möglicherweise die unerwünschten Zeichen befinden
- ein Zeichen, das entfernt werden soll
- ein Zeichen, das an die Stelle des entfernten treten soll

Wenn Sie die `Guestbook`-Klasse kompiliert haben, speichern Sie sie an dieselben Stelle auf Ihrem Webserver, wo sich auch die Servlets befinden. Auf einem Apache mit Tomcat wäre der Ordner wahrscheinlich `/WEB-INF/classes` oder `/htdocs/WEB-INF/classes`.

Um die JavaServer Page `guestbookpost.jsp` zu testen, öffnen Sie die Seite, die die Gästebucheinträge darstellt, wobei Sie wiederum den Parameter `cinema` benutzen. Also etwa:

```
http://www.java21pro.com/guestbook.jsp?id=cinema
```

Wenn Sie dem Gästebuch einen Eintrag hinzufügen und auf »Submit« klicken, sollten Sie eine Seite sehen, die ungefähr so wie Abbildung 27.6 aussieht.

Machen Sie weiter und erzeugen Sie ein paar Gästebucheinträge, um zu sehen, wie sie im Gästebuch angezeigt werden. Abbildung 27.7 zeigt das fertige Produkt: ein Gästebuch, das Sie auf Ihren eigenen Websites benutzen können.

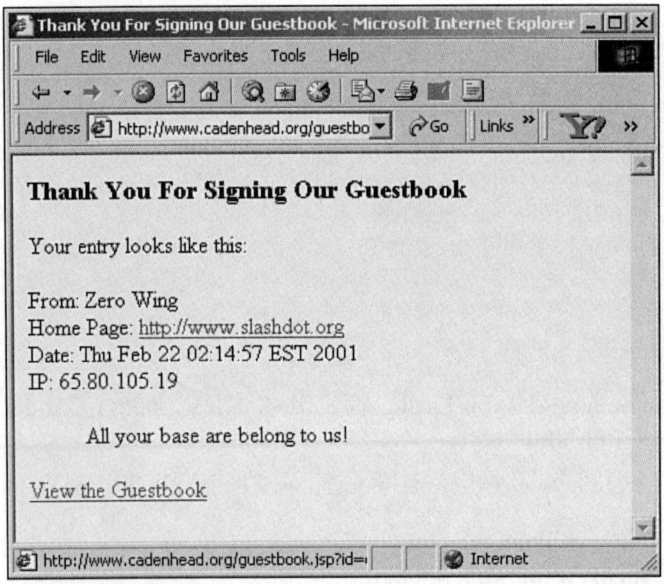

Abbildung 27.6: Ein Eintrag wurde ins Gästebuch aufgenommen

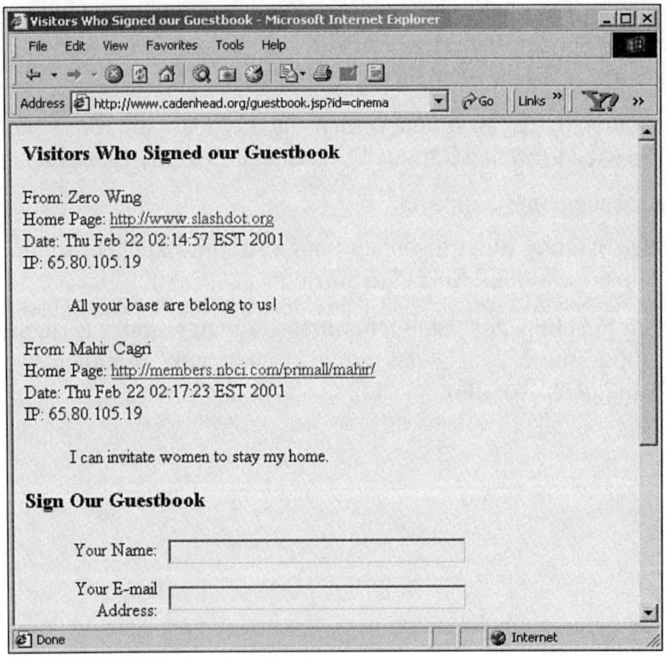

Abbildung 27.7: So sieht die Webapplikation Guestbook nun aus

27.2 Zusammenfassung

Nunmehr können Sie Java auf dreierlei Weisen im WWW benutzen: als Applet, als Servlet oder als JavaServer Page.

Sofern Sie einen Webserver mit Tomcat-Unterstützung haben, sind JavaServer Pages der einfachste Weg, um Java auf Ihren eigenen Websites arbeiten zu lassen. Indem Sie Ausdrücke, Anweisungen und Deklarationen benutzen, können Sie Javaprogramme auf JavaServer Pages schreiben, ohne jemals ein Programm kompilieren, eine Website layouten, ein Interface entwerfen oder Klassendateien online stellen zu müssen.

JavaServer Pages sind eine effeziente Möglichkeit, um statischen Content auf Webseiten von dynamischem Content zu trennen, der von Servlets für diese Seiten erzeugt wird. Diese Technik macht es leicht, Text und Präsentation auf einer Website zu modifizieren, ohne dass man das Servlet oder andere Klassen, die die Seite benutzt, anpassen müsste.

27.3 Fragen und Antworten

F *Warum brauchen Servlets und JavaServer Pages die Methode* `getRealPath()`, *um festzustellen, wo sich eine Datei auf dem Webserver befindet? Kann man denn die Datei nicht im selben Ordner wie das Servlet speichern und den Dateinamen benutzen, ohne einen Pfad anzugeben?*

A Tomcat unterstützt keine relativen Dateinamen innerhalb von Servlets und JavaServer Pages. Sie müssen die exakte Position einer Datei auf einem Webserver kennen, um Daten aus dieser Datei lesen oder in sie schreiben zu können. Da Ihnen diese Informationen nicht immer von Webhostern übermittelt werden, besitzt die Schnittstelle `ServletContext` die Methode `getRealPath()`. Diese Methode frägt den Webserver nach dem kompletten Pfad der Datei. Einer der größten Vorteile von Tomcat im Vergleich zu CGI-Skripten ist, dass Sie direkt mit dem Server kommunizieren können.

Im Beispiel `counter.jsp` von heute wurde die Datei `counter.dat` in denselben Ordner wie `counter.jsp` gespeichert. Tomcat speichert Dateien nicht in denselben Ordner wie Servlets.

F *Ich schreibe gerade eine Java-Webapplikation, die die Java-API für XML-Verarbeitung benutzt. Wie kann ich denn diese Klassen auf einer JavaServer Page zugänglich machen?*

A Als erstes müssen Sie die Klassen der Java-API für XML-Verarbeitung auf Ihrem Webserver installieren. Sie sollten in dasselbe Unterverzeichnis des Hauptordners gespeichert werden, in dem sich auch die Servlets befinden. Wenn dieser Ordner etwa /htdocs/WEB_INF/classes ist, dann sollte das Paket javax.xml.parsers nach /htdocs/WEB-INF/classes/javax/xml/parsers.

Nachdem Sie sämtliche Pakete auf Ihrem Server installiert haben, können Sie sie in Ihre Seite importieren, indem Sie eine derartige Anweisung benützen:

<%@ page import=»javax.xml.parsers.*« %>

27.4 Quiz

Überprüfen Sie den heutigen Stoff, indem Sie dieses Quiz mit drei Fragen beantworten.

Fragen

1. Auf welche Klasse in `javax.servlets.http` bezieht sich eine `request`-Variable, die Sie auf einer JavaServer Page sehen?

   (a) `HttpServletResponse`

   (b) `HttpServletRequest`

   (c) `ServletContext`

2. Welche Tools brauchen Sie auf Ihrem Computer, um eine JavaServer Page zu erstellen?

   (a) einen Java-Interpreter und -Compiler

   (b) Java-Interpreter und -Compiler sowie den Appletviewer

   (c) nichts von alledem

3. Welche Elemente von JavaServer Pages verwenden die Tags `<%=` und `%>`?

   (a) Deklarationen

   (b) Ausdrücke

   (c) Anweisungen

Antworten

1. b. `HttpServletRequest`.

2. c. Sie brauchen bloß einen Texteditor. Wenn Sie die Seite ins Netz stellen, wird sie von Tomcat zu einem Servlet kompiliert und dann ausgeführt.

3. b. Der Ausdruck innerhalb der Tags wird bewertet und dann wird sein Wert auf der Seite an der Position des Ausdrucks angezeigt.

27.5 Übungen

Um Ihr Wissen über die heute behandelten Themen zu vertiefen, können Sie sich an folgenden Übungen versuchen:

- Erstellen Sie eine Version des Servlets `SetColor` von gestern, das JavaServer Pages anstelle eines Servlets benutzt.
- Schreiben Sie eine JavaServer Page, die eine Begrüßung für Benutzer des Internet Explorer ausgibt und eine andere für alle anderen.

Soweit einschlägig, finden Sie die Lösungen zu den Übungen auf der Webseite zum Buch: `http://www.java21pro.com`.

Bonustag 28

XML-Dateien lesen

Eine der Hauptstärken von Java ist, dass damit geschriebene Programme auf verschiedenen Betriebssystemen unmodifiziert lauffähig sind. Diese Portabilität ist in der heutigen Computerlandschaft ein großer Pluspunkt, wo Windows, Linux, MacOS und ein halbes Dutzend anderer Betriebssysteme sich weiter Verbreitung erfreuen und viele Programmierer mit mehreren Systemen arbeiten müssen.

Rund 18 Monate nach dem Erscheinen von Java stand auch ein portabler Standard für Daten zur Verfügung: XML, was für *Extensible Markup Language* steht. XML macht Daten völlig portierbar. Sie können von verschiedenen Programmen auf verschiedenen Betriebssystemen gelesen werden, ohne dass es zu Kompatibilitätsproblemen kommt.

Heute sehen wir uns XML näher an und kommen dabei im Einzelnen auf folgende Dinge zu sprechen:

- wie Daten als XML dargestellt werden
- warum XML so nützlich ist, um Daten zu speichern
- wie man XML benutzt, um ein neues Datenformat zu erzeugen
- wie man die Elemente eines neuen Formats dokumentiert
- wie man XML-Daten mithilfe von Java liest

28.1 XML verwenden

XML ist ein Format, um Daten zu speichern und zu organisieren, das von den Programmen, die mit den Daten arbeiten, unabhängig ist. In XML vorliegende Daten sind aus verschiedenen Gründen leichter wieder verwendbar.

Erstens sind die Daten auf standardisierte Art und Weise strukturiert, sodass alle Programme darauf lesend und schreibend zugreifen können, solange sie XML unterstützen. Wenn Sie eine XML-Datei erstellen, die die Angestellten-Datenbank Ihrer Firma darstellt, dann stehen Ihnen mehrere Dutzend XML-Parser zur Verfügung, mit denen Sie die Datei lesen und verstehen können.

Das gilt, und zwar unabhängig davon, welche Informationen Sie über Ihre Angestellten erfassen. Wenn Ihre Datenbank nur Name, ID-Nummer und das derzeitige Gehalt speichert, können die XML-Parser die Datenbank lesen. Wenn 25 weitere Dinge gespeichert werden, wie Geburtstag, Blutgruppe oder Haarfarbe, dann können Parser sie genauso gut lesen.

Zweitens sind die Daten selbstdokumentierend, sodass man den Zweck einer Datei relativ leicht verstehen kann, indem man sie sich einfach in einem Texteditor ansieht. Jeder, der

Ihre XML-Angestelltendatenbank öffnet, sollte Struktur und Inhalt jedes Angestellteneintrags ohne jedwede Hilfe von Ihrer Seite verstehen können.

Das wird mit Listing 28.1 augenfällig, das eine XML-Datei enthält.

Listing 28.1: Der komplette Text von collection.librml

```
1: <?xml version="1.0"?>
 2: <!DOCTYPE Library SYSTEM "librml.dtd">
 3: <Library>
 4:    <Book>
 5:       <Author>Joseph Heller</Author>
 6:       <Title>Catch-22</Title>
 7:       <PublicationDate edition="Trade" isbn="0684833395">09/1996
</PublicationDate>
 8:       <Publisher>Simon and Schuster</Publisher>
 9:       <Subject>Fiction</Subject>
10:       <Review>heller-catch22.html</Review>
11:    </Book>
12:    <Book>
13:       <Author>Kurt Vonnegut</Author>
14:       <Title>Slaughterhouse-Five</Title>
15:       <PublicationDate edition="Paperback" isbn="0440180295">12/1991
</PublicationDate>
16:       <Publisher>Dell</Publisher>
17:       <Subject>Fiction</Subject>
18:    </Book>
19: </Library>
```

Tippen Sie diesen Text mit einer Textverarbeitung oder einem Editor ein und speichern Sie ihn als Nur-Text mit den Namen `collection.librml`. (Alternativ können Sie auch einfach die Datei auf der Website zum Buch `http://www.java21pro.com` auf der Seite zu Tag 28 herunterladen).

Könnten Sie sagen, was die Daten darstellen? Die Tags `?xml` und `!DOCTYPE` am Anfang sind vielleicht unverständlich, doch der Rest ist unzweifelhaft irgendeine Bücherdatenbank.

Das Tag `?xml` in der ersten Zeile der Datei hat ein Attribut namens version, das den Wert 1.0 hat. Jede XML-Datei muss mit einem solchen `?xml`-Tag beginnen.

Daten in XML sind von Tag-Elementen umgeben, die die Daten beschreiben. Anfangstags beginnen mit dem Zeichen <, gefolgt vom Namen des Tags und einem >-Zeichen. End-Tags beginnen mit den Zeichen </ gefolgt vom Namen und dem Zeichen >. In Listing 28.1 ist z. B. <Book> in Zeile 12 ein Anfangstag und </Book> in Zeile 18 ein Endtag. Alles dazwischen wird als Wert dieses Elements angesehen.

Tags können in andere Tags verschachtelt werden, was eine Hierarchie von XML-Daten erzeugt, die Beziehungen innerhalb der Daten aufzeigt. In Listing 28.1 ist alles zwischen Zeilen 13 und 17 verwandt – jedes Tag definiert etwas über dasselbe Buch.

XML unterstützt auch Tag-Elemente, die durch ein einfaches Tag, nicht ein Paar Tags, definiert sind. Solche Tags beginnen mit dem Zeichen < gefolgt vom Namen des Tags und den Zeichen />. Z. B. könnte es in der Buchdatenbank einen Tag <outOfPrint/> geben, der angibt, dass das Buch vergriffen ist.

Tag-Elemente können ferner Attribute haben, die aus zusätzlichen Daten bestehen, die die restlichen Daten, die zum Tag gehören, ergänzen. Attribute werden mit einem Anfangstag-Element definiert. Auf die Bezeichnung des Attributs folgt ein Gleichheitszeichen und Text in Anführungszeichen. In Zeile 7 von Listing 28.1 hat das Tag `PublicationDate` zwei Attribute: `edition` mit dem Wert `"Trade"` und `isbn` mit dem Wert `"0684833395"`.

XML fördert die Erstellung von Daten, die man selbst dann verstehen und benutzen kann, wenn dem Benutzer weder Dokumentation noch das Programm zur Verfügung steht, mit dem die Daten erstellt wurden.

Indem XML wohlgeformte (*well-formed*, d. h. bestimmten Ansprüchen genügende) Auszeichnungen fordert, vereinfacht es die Aufgabe, Programme zu schreiben, die mit den Daten arbeiten sollen.

Ein Hauptgrund für die Entwicklung von XML im Jahr 1996 waren die Inkonsequenzen bei HTML. Das ist eine sehr beliebte Weise, Daten Benutzern zu präsentieren, doch Browser wurden stets so entworfen, dass sie eine inkonsequente Benutzung von HTML-Tags tolerierten. Web-Designer können zahllose Regeln für richtiges HTML (die vom World Wide Web Consortium definiert werden) brechen, und dennoch werden ihre Seiten von Browsern wie dem Netscape Navigator korrekt angezeigt. Millionen von Menschen stellen Internetseiten online, ohne sich sonderlich um korrektes HTML zu scheren. Sie testen ihre Seiten, um sicher zu gehen, dass man sie in Browsern sehen kann, aber es ist ihnen völlig egal, ob sie gemäß aller HTML-Regeln strukturiert sind.

HINWEIS

Das World Wide Web Consortium wurde vom Web-Erfinder Tim Berners-Lee gegründet und ist die Gruppe, die HTML entwickelt hat und die Standardversion der Sprache definiert und fortentwickelt. Sollten Sie sich näher dafür interessieren, dann besuchen Sie die Website des Consortiums `http://www.w3.org`. Wenn Sie eine Webseite darauf abklopfen lassen wollen, ob sie allen Regeln von Standard-HTML entspricht, dann besuchen Sie `http://validator.w3.org`.

Es gibt im WWW großen Bedarf nach Programmen, die Daten von Webseiten sammeln und mit den Diensten, die über das Internet angeboten werden, interagieren. Man kann dabei beispielsweise an E-Commerce-Shoppingagenten denken, die Preise und Verfügbarkeit von verschiedenen Online-Shops anfordern und den Kunden so einfache Preisvergleiche ermöglichen. Die Entwickler solcher Dienste bekamen schnell die Inkonsequenzen zu spüren, mit denen unter HTML Web-Content organisiert ist. Selbst dann, wenn Sie endlich ein Programm geschrieben haben, das sich durch die Auszeichnungstags einer Seite kämpft, um Informationen auszulesen, können Sie wieder von vorne anfangen, wenn der Shop sein Design verändern sollte.

Einen XML-Dialekt entwerfen

Man nennt zwar XML eine Sprache und vergleicht es mit HTML, doch in Wahrheit ist es eine Sache mit viel größerem Rahmen. XML ist eine Auszeichnungssprache, die definiert, wie man eine Auszeichnungssprache definiert.

Das ist eine merkwürdige Unterscheidung und klingt wie das Zeug, das einem in Philosophiebüchern unterkommt. Dennoch ist es wichtig, dieses Konzept zu verstehen, weil es erklärt, wie man mit XML so verschiedene Daten wie Krankenkassenansprüche, Ahnentafeln, Zeitungsartikel oder Moleküle definieren kann.

Das »X« in XML steht für Extensible (erweiterbar), und bezieht sich darauf, dass man Daten für eigene Zwecke organisieren kann. Daten, die gemäß der Regeln von XML organisiert sind, können alles mögliche repräsentieren:

- Ein Programmierer bei einer Telemarketing-Firma kann XML benutzen, um Daten über die einzelnen Anrufe zu speichern, wobei Zeitpunkt des Anrufs, die Telefonnummer, der Operator und das Ergebnis erfasst werden.
- Ein genervter Privatier kann XML benutzen, um die lästigen Telemarketing-Anrufe zu erfassen, wobei Zeitpunkt des Anrufs, Firma und angepriesenes Produkt gespeichert werden.
- Eine Programmierer im staatlichen Auftrag kann XML benutzen, um Beschwerden über Telemarketing-Firmen zu erfassen, wobei Name der Firma und Zahl der Beschwerden gespeichert werden.

Bei jedem dieser Beispiele wird mit XML eine neue Sprache definiert, die einem speziellen Zweck entspricht. Man könnte zwar von XML-Sprachen sprechen, aber im Allgemeinen benutzt man die Ausdrücke XML-Dialekte oder XML-Dokumenttypen.

Wenn ein neuer XML-Dialekt erstellt wird, ist die formale Weise, ihn zu dokumentieren, die Erstellung einer Dokumenttyp-Definiton (DTD). Sie legt die Regeln fest, denen die Daten folgen müssen, um in diesem Dialekt als wohlgeformt (*well-formed*) formuliert gelten zu dürfen.

Listing 28.2 enthält die DTD für die Bücherdatenbank, die wir schon gesehen haben.

Listing 28.2: Der komplette Text von librml.dtd

```
<!ELEMENT Library (Book?)+ >
<!ELEMENT Book (Author?, Title, PublicationDate?, Publisher?, Subject?, Review?)* >
<!ELEMENT Author (#PCDATA)>
<!ELEMENT Title (#PCDATA)>
<!ELEMENT PublicationDate (#PCDATA)>
<!ATTLIST PublicationDate edition CDATA "" isbn CDATA "">
<!ELEMENT Publisher (#PCDATA)>
<!ELEMENT Subject (#PCDATA)>
<!ELEMENT Review (#PCDATA)>
```

In Listing 28.1 enthielt die XML-Datei folgende Zeile:

```
<!DOCTYPE Library SYSTEM "librml.dtd">
```

Der Tag `!DOCTYPE` wird benutzt, um die für die Daten gültige DTD anzugeben. Wenn eine DTD zur Verfügung steht, können viele XML-Tools XML lesen, das für diese DTD erstellt wurde und entscheiden, ob die Daten allen Regeln korrekt folgen. Wenn nicht, erscheint eine Fehlermeldung mit Verweis auf die fehlerhafte Zeile. Diesen Prozess nennt man *XML-Validierung*.

Bei der Arbeit mit XML werden Ihnen auch Daten begegnen, die als XML strukturiert sind, aber nicht mithilfe einer DTD definiert wurden. Diese Daten können geparst werden (soweit sie wohlgeformt sind), sodass sie in ein Programm eingelesen und weiterverarbeitet werden können, aber Sie können nicht Ihre Gültigkeit überprüfen, um sicherzustellen, dass sie korrekt nach den Regeln ihres Dialekts organisiert sind.

Um eine Vorstellung zu erhalten, was für XML-Dialekte erstellt wurden, sollten Sie die Website Schema.net `http://www.schema.net` besuchen. Dort gibt es ein Verzeichnis von XML-Dialekten, das Naturwissenschaft, Handel, Multimedia, Internet und viele andere Bereiche abdeckt.

28.2 XML mit Java verarbeiten

Sun Microsystems hat bekanntgegeben, dass man XML als Standardteil der Java-Klassenbibliothek unterstützen wolle, doch zum Zeitpunkt der Drucklegung dieses Buchs war es noch nicht so weit.

Sun unterstützt XML über das *Java Application Programming Interface for XML Processing*, eine Reihe von Java-Klassen (derzeit in Version 1.1), um XML-Daten zu lesen, zu schreiben und zu verändern. Um mehr über diese Klassen herauszufinden und um sie von der Sun-Website herunterzuladen, besuchen Sie `http://java.sun.com/xml/`.

Gegenwärtig steht die Java-API für XML-Verarbeitung als drei Klassenbibliotheken zur Verfügung, die in JAR-Dateien gepackt sind: `crimson.jar`, `jaxp.jar` und `xalan.jar`. Ferner gibt es Beispiel-XML-Dateien, Beispielprogramme und Webseiten, die die Klassen in der API dokumentieren.

Folgen Sie den Anweisungen für den Download und die Installation der API, wobei Sie darauf achten müssen, den `CLASSPATH` Ihres Systems so zu modifizieren, dass er Verweise auf alle benutzten JAR-Dateien enthält. Der Interpreter und der Compiler setzen zwingend voraus, dass der `CLASSPATH` Verweise auf die JAR-Dateien der XML-Verarbeitungs-API beinhaltet.

Die Java-API für XML-Verarbeitung umfasst neun Pakete:

- `javax.xml.parsers`
- `javax.xml.transform`
- `javax.xml.transform.dom`
- `javax.xml.transform.sax`
- `javax.xml.transform.stream`
- `org.w3c.dom`
- `org.xml.sax`
- `org.xml.sax.ent`
- `org.xml.sax.helpers`

Das Paket `javax.xml.parsers` ist das Tor zu den anderen Paketen. Man benutzt die Klassen dieses Pakets, um XML-Daten zu parsen und zu validieren, wobei zwei verschiedene Techniken zum Einsatz kommen: die *Simple API for XML* (SAX) und das *Document Object Model* (DOM).

Bevor wir uns mit noch mehr TLAs (*Three-letter acronyms*, also zu gut Deutsch: dreibuchstabige Abkürzungen) verzetteln, wollen wir uns lieber ansehen, wie man SAX mit dem Paket `javax.xml.parsers` einsetzt und wie XML-Parsing in Aktion aussieht.

Eine XML-Datei lesen

Wie Sie am 17. Tag gelernt haben, müssen Sie eine Reihe von Stream- oder Reader-Objekten festlegen, die zusammenarbeiten, um eine Datei unter Java von der Festplatte zu lesen. Um z. B. einen gepufferten Byte-Stream aus einer Datei zu lesen, erzeugt man mithilfe eines `File`-Objekts ein `FileInputStream`-Objekt, mit dem wiederum ein `BufferedInputStream` erzeugt wird.

Um mit SAX und dem Paket `javax.xml.parsers` eine XML-Datei zu lesen, braucht man dieselbe Art von Beziehung zwischen Klassen. Als erstes erzeugen Sie ein `SAXParser`-

Factory-Objekt, indem Sie die Klassenmethode `SAXParserFactory.newInstance()` aufrufen, wie in dieser Anweisung:

```
SAXParserFactory factory = SAXParserFactory.newInstance();
```

Der Zweck einer SAX-ParserFactory ist es, einen SAX-Parser gemäß Ihrer Angaben zu erzeugen. Eine Spezifikation ist, ob der SAX-Parser das XML mit einem DTD validieren soll. Um Validierung zu unterstützen, rufen Sie die Methode `setValidating(Boolean)` der ParserFactory mit dem Argument `true` auf:

```
factory.setValidating(true);
```

Nachdem Sie die Factory so eingestellt haben, dass sie den gewünschten Parser produziert, rufen Sie die `newSaxParser()`-Methode der Factory auf, um ein `SAXParser`-Objekt zu erzeugen:

```
SAXParser sax = factory.newSAXParser();
```

Diese Methode erzeugt eine `ParserConfigurationException`, wenn die Factory keinen Parser erzeugen kann, der Ihren Spezifikationen entspricht. Daher müssen Sie in der Methode, in der `newSaxParser()` aufgerufen wird, einen `try-catch`-Block oder eine `throws`-Anweisung einrichten

Der SAX-Parser kann XML-Daten aus Dateien, Eingabestreams und anderen Quellen lesen. Um aus einer Datei zu lesen, wird die Methode `parse(File, DefaultHandler)` des Parsers aufgerufen. Diese Methode wirft zwei Arten von Ausnahmen aus: `IOException`, wenn während des Lesens der Datei ein Fehler auftritt; und `SAXException`, wenn der SAX-Parser während des Parsens der Daten Schwierigkeiten hat.

`SAXException` ist eine Klasse im Paket `org.xml.sax`. Dies ist eines der drei Pakete, das die XML-Industriegruppe XML.Org erstellt hat und das Teil der Java-API für XML-Verarbeitung ist. Diese Ausnahme ist die Superklasse aller SAX-Ausnahmen. Sie können die Methode `getMessage()` des Ausnahmeobjekts in einem `catch`-Block aufrufen, um sich mehr Informationen über das Problem anzusehen, das zur Ausnahme führte.

Das zweite Argument der Methode `parse()` ist ein Objekt der Klasse `DefaultHandler`, Teil des Pakets `org.xml.sax.helpers`. Die Klasse `DefaultHandler` ist eine Klasse, die nichts weiter tut, als vier Schnittstellen des Pakets `org.xml.sax` zu implementieren: `ContentHandler`, `DTDHandler`, `EntityResolver` und `ErrorHandler`. Diese vier Schnittstellen werden von Klassen implementiert, die benachrichtigt werden wollen, wenn besondere Ereignisse beim Lesen von XML-Daten durch die `parse()`-Methode auftreten.

Um alle diese Schnittstellen zu implementieren, umfasst die Klasse `DefaultHandler` die folgenden Methoden:

- `startDocument()` – Der Parser hat den Anfang der XML-Daten erreicht.
- `endDocument()` – Der Parser hat das Ende der XML-Daten erreicht.

- `startElement(String, String, String, Attributes)` – Der Parser hat ein Start-Tagelement gelesen.
- `characters(char[], int, int)` – Der Parser hat Zeichendaten gelesen, die sich zwischen einem Anfangs- und einem End-Tag befinden.
- `endElement(String, String, String)` – Der Parser hat ein End-Tagelement gelesen.

Jede dieser Methoden wirft `SAXException`-Ausnahmen aus.

Um mit den geparsten XML-Daten etwas anfangen zu können, erzeugen Sie eine Subklasse von `DefaultHandler`, die die Methoden überschreibt, um die Sie sich kümmern wollen.

XML-Tags zählen

Listing 28.3 zeigt Ihnen `CountTag`, eine Java-Applikation, die mitzählt, wie oft ein Anfangs-Tagelement in einer XML-Datei vorkommt. Sie geben den Dateinamen und das Tag als Kommandozeilen-Argumente an, sodass Sie dieses Programm mit jeder XML-Datei verwenden können, die Sie inspizieren möchten.

Listing 28.3: Der komplette Text von CountTag.java

```
import javax.xml.parsers.*;
import org.xml.sax.*;
import org.xml.sax.helpers.*;
import java.io.*;

public class CountTag extends DefaultHandler {

    public static void main(String[] arguments) {
        if (arguments.length > 1) {
            CountTag ct = new CountTag(arguments[0], arguments[1]);
        } else {
            System.out.println("Usage: java CountTag filename tagName");
        }
    }

    CountTag(String xmlFile, String tagName) {
        File input = new File(xmlFile);
        SAXParserFactory factory = SAXParserFactory.newInstance();
        factory.setValidating(false);
        try {
            SAXParser sax = factory.newSAXParser();
            CountTagHandler cth = new CountTagHandler(tagName);
            sax.parse(input, cth);
```

```
                System.out.println("The " + cth.tag + " tag appears "
                    + cth.count + " times.");
            } catch (ParserConfigurationException pce) {
                System.out.println("Could not create that parser.");
                System.out.println(pce.getMessage());
            } catch (SAXException se) {
                System.out.println("Problem with the SAX parser.");
                System.out.println(se.getMessage());
            } catch (IOException ioe) {
                System.out.println("Error reading file.");
                System.out.println(ioe.getMessage());
            }
    }
}

class CountTagHandler extends DefaultHandler {
    String tag;
    int count = 0;

    CountTagHandler(String tagName) {
        super();
        tag = tagName;
    }

    public void startElement(String uri, String localName,
        String qName, Attributes attributes) {

        if (localName.equals(tag))
            count++;
    }
}
```

Zwei Klassen werden in Listing 28.3 definiert: `CountTag`, das einen SAX-Parser erzeugt und ihn veranlasst, in ein `File`-Objekt zu parsen, sowie `CountTagHandler`, das Tags zählt.

Diese Applikation besitzt eine Hilfsklasse namens `CountTagHandler`, die eine Subklasse von `DefaultHandler` ist. Um mitzuzählen, wie oft ein Anfangs-Tag in einer XML-Datei vorkommt, wird die Methode `startElement(String, String, String, Attributes)` überschrieben.

Wenn ein SAX-Parser `startElement()` aufruft, bieten die Argumente der Methode Informationen über das Tag:

- Das erste Argument ist die URL (Uniform Resource Indicator) des Tags.
- Das zweite Argument ist der qualifizierte Name des Tags.
- Das dritte Argument ist der lokale Name des Tags.

- Das vierte Argument ist ein `Attributes`-Objekt, das Informationen über die Attribute beinhaltet, die mit dem Tag assoziiert sind.

URL und qualifizierter Name eines Tags beziehen sich auf XML-Namensräume, die derzeit nicht in der Java-API für XML-Verarbeitung unterstützt werden. Namensräume ermöglichen es, XML-Tags und -Attribute auf eine Weise zu identifizieren, die im ganzen Internet eindeutig ist, sodass nicht zwei verschiedene Tags über dieselbe URL und denselben qualifizieren Namen zugänglich sein können.

Der einzige Name, nach dem die Klasse `CountTagHandler` sucht, ist der lokale Name des Tags. In einer XML-Datei, die keine Namensräume benutzt, ist der lokale Name der Text, der zwischen den Zeichen < und > des Tags steht.

Wenn sich die Klasse `CountTag.class` im selben Ordner wie `collection.librml` befindet, dann können Sie sie mit dem folgenden Kommando ausführen:

```
java CountTag collection.librml Book
```

Die Ausgabe dieser Applikation sollte so aussehen:

```
The Book tag appears 2 times.
```

Die Applikation `CountTag` benutzt einen nicht-validierenden Parser, sodass Sie sie mit jeder XML-Datei auf Ihrem System ausprobieren können. Wenn Sie zum Testen lieber eine etwas längere Datei benutzen möchten, so finden Sie auf der Website zum Buch `http://www.java21pro.com` auf der Seite zu Tag 28 die Datei `history.opml`.

HINWEIS: Outliner Processor Markup Language (OPML) ist ein XML-Dialekt, der von UserLand Software erstellt wurde und der Informationen repräsentiert, die als Outline gespeichert wurden. Unter `http://www.opml.org` können Sie mehr über diesen Dialekt herausfinden.

XML-Daten lesen

Wenn Sie mit einer Subklasse von `DefaultHandler` arbeiten, können Sie die Anfangs-Tags mitzählen, indem Sie die Methode `startElement()` überschreiben. Wenn ein Parser einen Anfangs-Tag findet, dann wissen Sie nichts über die Daten, die dem Tag folgen. Wenn Sie Daten aus einer XML-Datei lesen wollen, müssen Sie noch ein paar Methoden überschreiben, die von `DefaultHandler` ererbt sind.

Daten von einem XML-Tag auszulesen, ist ein Prozess in drei Schritten:

1. Überschreiben Sie die Methode `startElement()`, um mitzubekommen, wann ein neues Anfangs-Tag geparst wird.
2. Überschreiben Sie die Methode `characters()`, um herausfinden, was das Tag beinhaltet.

3. Überschreiben Sie die Methode `endElement()`, um mitzubekommen, wann das End-Tag erreicht wird.

Ein Parser ruft die Methode `characters(char[], int, int)` auf, wenn ein Tag Zeichen-Daten enthält – mit anderen Worten, Text. Das erste Argument ist ein Zeichenarray, in dem die Daten gespeichert sind.

Jedoch verwenden Sie nicht das ganze Zeichen-Array. Die Daten innerhalb des Tags befinden sich in einem Teilbereich des Arrays. Das zweite Argument von `characters()` gibt das erste Element des Arrays an, von dem ab Daten zu lesen sind, und das dritte Argument gibt die Zahl der zu lesenden Zeichen an.

Die folgende `characters()`-Methode benutzt Zeichendaten, um ein `String`-Objekt zu erzeugen, und zeigt es dann an:

```
public void characters(char[] text, int first, int length) {
    String data = new String(text, first, length);
    System.out.println(data);
}
```

Ein Parser ruft die Methode `endElement(String, String, String)` auf, wenn ein End-Tag erreicht ist. Die drei Argumente der Methode sind dieselben wie die ersten drei Argumente der `startElement()`-Methode – die URL, der qualifizierte Name und der lokale Name des Tags.

Der SAX-Parser sieht </ und > nicht als Teil des Namens des Tags an. Wenn der Parser ein End-Tag namens `</Source>` liest, ruft er die `endElement()`-Methode mit `Source` als drittem Argument auf.

Die letzten beiden Methoden, die Sie in einer `DefaultHandler`-Subklasse überschreiben könnten, sind `startDocument()` und `endDocument()`, die keine Argumente erwarten.

XML-Daten validieren

Das letzte Projekt von heute ist `ReadLibrary`, eine Java-Applikation, die die XML-Datei liest, die mit dem bereits vorgestellten Dialekt erstellt wurde – das Buchdatenbank-Format, das in der Datei `collection.librml` benutzt und in der Datei `librml.dtd` definiert wurde.

Da für diesen Dialekt eine DTD zur Verfügung steht, sollte der SAX-Parser, den Sie mit einem `SAXParserFactory`-Objekt erzeugen, validieren. Dies geschieht, indem man die Methode `setValidating(Boolean)` der Factory mit dem Argument `true` aufruft.

HINWEIS: Die Unterstützung für validierende Parser ist in der Version 1.1 der Java-API für XML-Verarbeitung noch in den Kinderschuhen. Der SAX-Parser, den Sie in diesem Projekt verwenden, validiert vielleicht nicht, aber die Applikation wird nichtsdestotrotz funktionieren und die gewünschte Ausgabe liefern.

Das Projekt `ReadLibrary` ist ziemlich ähnlich wie das letzte Projekt aufgebaut – es gibt eine Applikationshauptklasse namens `ReadLibrary.class`, eine Hilfsklasse namens `LibraryHandler.class` und eine Hilfsklasse namens `Book.class`.

Die Klasse `ReadLibrary` lädt eine Datei, die durch ein Kommandozeilenargument angegeben wird, erzeugt einen SAX-Parser und weist ihn an, die Datei zu parsen.

Die Klasse `LibraryHandler`, eine Subklasse von `DefaultHandler`, enthält die Methoden, mit denen man verfolgt, was der Parser treibt, und an verschiedenen Stellen des XML-Parsing-Prozesses eingreifen kann.

Wenn Sie XML-Daten mit SAX lesen, muss die Methode `characters()` das letzte Anfangs-Tag, das vom Parser gelesen wurde, kennen. Ansonsten gibt es keine Möglichkeit herauszufinden, welches Tag die Daten enthält. Um dies im Auge behalten zu können, besitzt die Klasse `LibraryHandler` eine Instanzvariable namens `currentActivity`, die die derzeitige Parsing-Aktivität als Integerwert speichert.

Der Integerwert, den `currentActivity` erhält, ist eine von sieben Klassenvariablen, die in den folgenden Anweisungen definiert werden:

```
static int READING_TITLE = 1;
static int READING_AUTHOR = 2;
static int READING_PUBLISHER = 3;
static int READING_PUBLICATION_DATE = 4;
static int READING_SUBJECT = 5;
static int READING_REVIEW = 6;
static int READING_NOTHING = 0;
```

Wenn man Klassenvariablen für Integerwerte benutzt, erleichtert man Programmierern das Verständnis und minimiert das Risiko, dass falsche Werte in einer Anweisung benutzt werden.

Die Klasse `LibraryHandler` hat ferner eine Variable namens `libraryBook`, die eine Instanz der Klasse `Book` ist. Hier sehen Sie die Anweisungen, aus denen sich diese Klasse zusammensetzt:

```
class Book {
    String title;
    String author;
    String publisher;
    String publicationDate;
    String edition;
    String isbn;
    String subject;
    String review;
}
```

Die Klasse Book speichert die verschiedenen Elemente der einzelnen Bibliotheksbücher, wie sie gerade aus der XML-Datei gelesen werden.

Innerhalb der Methode startElement() wird der lokale Name eines Tags in der Variable localName gespeichert. Die folgende Anweisung wird in der Methode benutzt:

```
if (localName.equals("Title"))
    currentActivity = READING_TITLE;
```

Diese Anweisung setzt die Variable currentActivity auf den Wert der Klassenvariable READING_FILE, wenn der SAX-Parser auf den Tag <Title> stößt.

Wenn Zeichendaten in der Methode characters() empfangen wurden, wird die Variable currentActivity benutzt, um herauszufinden, welcher Tag die Daten beinhaltet. Die folgenden Anweisungen kommen in der Methode vor:

```
String value = new String(ch, start, length);
if (currentActivity == READING_TITLE)
    libraryBook.title = value;
```

Die erste Anweisung erzeugt einen String namens value, der die Zeichendaten innerhalb des Tags beinhaltet. Wenn der Parser gerade das Titel-Tag liest, dann wird value der title-Variable des Objekts libraryBook zugewiesen.

Als letztes müssen Sie sich in der Klasse LibraryHandler noch darum kümmern, dass die Informationen über die einzelnen Bücher anzeigt werden, wenn jeweils die XML-Daten geparst wurden. Dies erfolgt in der Methode endElement(), die den lokalen Namen jedes End-Tags in einer Variable namens localName speichert. Wenn localName gleich "Book" ist, hat der Parser das </BOOK>-Tag in der XML-Datei erreicht. Dieses Tag bedeutet, dass es keine weiteren Informationen über das aktuelle Buch vorliegen.

Die folgende Anweisung erscheint in der Methode:

```
if (localName.equals("Book"))
System.out.println("\ nTitle: " + libraryBook.title);
```

Listing 28.4 enthält den vollständigen Quelltext der Applikation ReadLibrary

Listing 28.4: Der komplette Quelltext von ReadLibrary.java

```
import javax.xml.parsers.*;
import org.xml.sax.*;
import org.xml.sax.helpers.*;
import java.io.*;

public class ReadLibrary extends DefaultHandler {

    public static void main(String[] arguments) {
        if (arguments.length > 0) {
```

```
            ReadLibrary read = new ReadLibrary(arguments[0]);
        } else {
            System.out.println("Usage: java ReadLibrary filename");
        }
    }

    ReadLibrary(String libFile) {
        File input = new File(libFile);
        SAXParserFactory factory = SAXParserFactory.newInstance();
        factory.setValidating(true);
        try {
            SAXParser sax = factory.newSAXParser();
            sax.parse(input, new LibraryHandler() );
        } catch (ParserConfigurationException pce) {
            System.out.println("Could not create that parser.");
            System.out.println(pce.getMessage());
        } catch (SAXException se) {
            System.out.println("Problem with the SAX parser.");
            System.out.println(se.getMessage());
        } catch (IOException ioe) {
            System.out.println("Error reading file.");
            System.out.println(ioe.getMessage());
        }
    }
}

class LibraryHandler extends DefaultHandler {
    static int READING_TITLE = 1;
    static int READING_AUTHOR = 2;
    static int READING_PUBLISHER = 3;
    static int READING_PUBLICATION_DATE = 4;
    static int READING_SUBJECT = 5;
    static int READING_REVIEW = 6;
    static int READING_NOTHING = 0;
    int currentActivity = READING_NOTHING;
    Book libraryBook = new Book();

    LibraryHandler() {
        super();
    }

    public void startElement(String uri, String localName,
        String qName, Attributes attributes) {

        if (localName.equals("Title"))
            currentActivity = READING_TITLE;
```

```
        else if (localName.equals("Author"))
            currentActivity = READING_AUTHOR;
        else if (localName.equals("Publisher"))
            currentActivity = READING_PUBLISHER;
        else if (localName.equals("PublicationDate"))
            currentActivity = READING_PUBLICATION_DATE;
        else if (localName.equals("Subject"))
            currentActivity = READING_SUBJECT;
        else if (localName.equals("Review"))
            currentActivity = READING_REVIEW;

        if (currentActivity == READING_PUBLICATION_DATE) {
            libraryBook.isbn = attributes.getValue("isbn");
            libraryBook.edition = attributes.getValue("edition");
        }
    }

    public void characters(char[] ch, int start, int length) {
        String value = new String(ch, start, length);
        if (currentActivity == READING_TITLE)
            libraryBook.title = value;
        if (currentActivity == READING_AUTHOR)
            libraryBook.author = value;
        if (currentActivity == READING_PUBLISHER)
            libraryBook.publisher = value;
        if (currentActivity == READING_PUBLICATION_DATE)
            libraryBook.publicationDate = value;
        if (currentActivity == READING_SUBJECT)
            libraryBook.subject = value;
        if (currentActivity == READING_REVIEW)
            libraryBook.review = value;
    }

    public void endElement(String uri, String localName, String qName) {
        if (localName.equals("Book")) {
            System.out.println("\ nTitle: " + libraryBook.title);
            System.out.println("Author: " + libraryBook.author);
            System.out.println("Publisher: " + libraryBook.publisher);
            System.out.println("Publication Date: "
                + libraryBook.publicationDate);
            System.out.println("Edition: " + libraryBook.edition);
            System.out.println("ISBN: " + libraryBook.isbn);
            System.out.println("Review: " + libraryBook.review);
            libraryBook = new Book();
        }
    }
```

```
}

class Book {
    String title;
    String author;
    String publisher;
    String publicationDate;
    String edition;
    String isbn;
    String subject;
    String review;
}
```

Die Applikation `ReadLibrary` liest eine XML-Datei, die den Bibliotheksbuch-Dialekt benutzt, den Ihnen die Listings 28.1 und 28.2 demonstriert haben. Um die Datei `collection.librml` mit der Applikation zu lesen, geben Sie Folgendes in der Kommandozeile ein:

```
java ReadLibrary collection.librml
```

Das Programm gibt dann Folgendes aus:

```
Title: Catch-22
Author: Joseph Heller
Publisher: Simon and Schuster
Publication Date: 09/1996
Edition: Trade
ISBN: 0684833395
Review: heller-catch22.html

Title: Slaughterhouse-Five
Author: Kurt Vonnegut
Publisher: Dell
Publication Date: 12/1991
Edition: Paperback
ISBN: 0440180295
Review: null
```

28.3 Zusammenfassung

In vielerlei Hinsicht ist XML das Daten-Äquivalent zu Java. Es befreit Daten von der Software, mit der sie erstellt wurden, und dem Betriebssystem, auf dem die Software lief, ganz wie Java Software von einem bestimmten Betriebssystem loslöst.

Heute haben Sie die Grundlagen von XML kennengelernt und erfahren, wie man die Java-API für XML-Verarbeitung verwendet, um Daten aus einer XML-Datei auszulesen. Um

XML-Daten unter Java zu schreiben, braucht man diese API gar nicht. Sie können XML-Dateien einfach dadurch erzeugen, dass Sie Strings in eine Datei, einen Ausgabestream oder ein anderes Medium schreiben.

Einer der größten Vorteil bei der Repräsentation von Daten mittels XML ist Ihre Sicherheit, an die Daten stets heranzukommen, z. B. wenn Sie sie irgendwann aus irgendeinem Grund in eine relationale Datenbank, eine MySQL-Datenbank oder sonstwohin verschieben wollen.

Sie können auch XML in anderen Formen übertragen (z. B. in HTML), indem Sie verschiedene Technologien benutzen, sowohl unter Java als auch mittels Tools, die in anderen Sprachen entwickelt wurden.

28.4 Fragen und Antworten

F *Warum heißt die Extensible Markup Language eigentlich XML und nicht EML?*

A Keiner der Schöpfer der Sprache scheint seine Gründe niedergelegt zu haben, weswegen man XML wählte. Die communis opinio in der XML-Gemeinde ist, dass man sich deswegen für XML entschied, weil es »toller klingt« als EML. Bevor sie loskichern, sollten Sie daran denken, dass Sun Microsystems denselben Kriterien folgte, als es Java als Namen für seine Programmsprache wählte und sich dabei gegen technische Abkürzungen wie DNA oder WRL entschied.

Möglicherweise wollten die Schöpfer von XML auch eine Verwechslung mit einer relativ unbekannten Programmiersprache namens EML (Extended Machine Language) vermeiden.

28.5 Quiz

Überprüfen Sie den heutigen Stoff, indem Sie dieses Quiz mit drei Fragen beantworten.

Fragen

1. Angenommen, in einem Dokument sind alle Anfangs-Tagelemente, End-Tagelemente und andere Auszeichnungen konsequent angewendet; mit welchen Adjektiv könnte man das Dokument am besten beschreiben?

   (a) validierend

   (b) persistent

   (c) wohlgeformt

2. Mit welcher Klasse im Paket `javax.xml.parsers` erzeugt man SAX-Parser?

   (a) `SAXParserFactory`

   (b) `SAXParser`

   (c) `DefaultHandler`

3. Welcher der drei folgenden Vorschläge wäre ein akzeptables End-Tagelement in XML?

   (a) `</Category>`

   (b) `<Category/>`

   (c) `<Category>`

Antworten

1. c. Damit Daten als XML angesehen werden können, müssen sie wohlgeformt sein.

2. a. Die Klasse `SAXParserFactory` wird benutzt, um einen SAX-Parser gemäß Ihrer Spezifikationen zu erzeugen.

3. a. Jedes End-Tagelement muss ein Name sein, der von den Zeichen </ und > umgeben ist. (`<Category/>` wäre nur als Tag-Element, das keine Daten umschließt, akzeptabel.)

28.6 Übungen

Um Ihr Wissen über die heute behandelten Themen zu vertiefen, können Sie sich an folgenden Übungen versuchen:

- Erstellen Sie eine XML-Datei, die die Fragen und Antworten des Projekts `TriviaServer` von Tag 19 enthält.
- Erzeugen Sie eine modifizierte Version von `TriviaServer`, die die Fragen und Antworten aus dieser XML-Datei lädt.

Soweit einschlägig, finden Sie die Lösungen zu den Übungen auf der Webseite zum Buch: `http://www.java21days.com`.

A

Die Konfiguration des Software Development Kit

Das Java 2 Software Development Kit (SDK 1.3) besteht aus einer Reihe von kommandozeilenorientierten Tools, die zur Erstellung, Kompilierung und zur Ausführung von Javaprogrammen verwendet werden.

Diese Appendix erklärt, wie man die Kommandozeile benutzt und wie man möglicherweise auftretende SDK-Konfigurationsfehler beseitigt.

Wenn Sie das SDK noch nicht installiert haben, dann tun Sie dies bitte, ehe Sie diese Appendix lesen. Die Installation wird am 1. Tag erklärt.

A.1 Die Verwendung einer Kommandozeilen-Schnittstelle

Das Java Software Development Kit erfordert die Benutzung einer Kommandozeile, um Javaprogramme zu kompilieren oder auszuführen und um andere Aufgaben zu erledigen.

Eine Kommandozeile ermöglicht, einen Computer vollständig durch das Eintippen von Kommandos mit der Tastatur zu steuern, also ohne Maus.

Heutzutage erfordern sehr wenige Windows-Programme den Gebrauch der Kommandozeile. Um unter Windows 98 oder 95 an die Kommandozeile zu kommen, klicken Sie auf Start, wählen dann Programme und die MS-DOS-Eingabeaufforderung, wie Sie dies in Abbildung A.1 sehen. Bei Windows NT oder 2000 klicken Sie auf Start, Programme, Zubehör, Eingabeaufforderung. Ein neues Fenster öffnet sich, in das Sie Kommandos eingeben können.

Die Kommandozeile von Windows verwendet MS-DOS, das Microsoft-Betriebssystem vor der Einführung von Windows. MS-DOS hat viele Funktionen mit Windows gemeinsam: Dateien und Ordner kopieren, verschieben und löschen; Programme ausführen; Festplatten überprüfen und reparieren; Disketten formatieren usw.

Wenn Sie Start, Programme und MS-DOS-Eingabeaufforderung unter Windows 95/98 benutzen, öffnet sich ein neues Fenster, in dem Sie MS-DOS-Kommandos verwenden können. Sie sehen dieses Fenster in Abbildung A.2.

Im MS-DOS-Eingabeaufforderungsfenster blinkt ein Cursor in der Kommandozeile, wenn MS-DOS bereit ist, ein von Ihnen mit der Tastatur eingetipptes Kommando zu empfangen. In Abbildung A.2 ist `C:\WINDOWS>` die Kommandozeile.

Da man mit MS-DOS Dateien löschen und sogar ganze Festplatten formatieren kann, sollten Sie ein bisschen über dieses Betriebssystem Bescheid wissen, ehe Sie mit den Kommandos herumexperimentieren. Wenn Sie mehr wissen wollen, sollten Sie sich das MS-DOS 6.2-Kompendium von Hans C. Nieder anschauen.

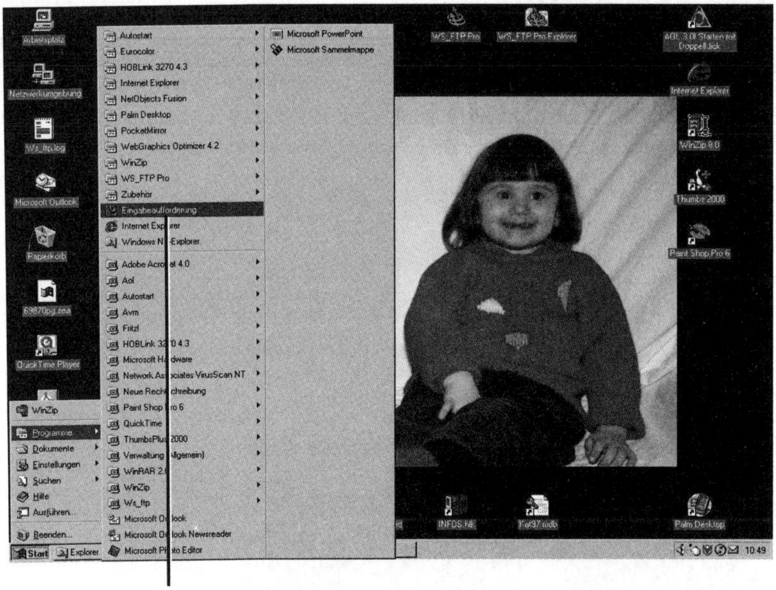

Abbildung A.1: Hier finden Sie die Kommandozeile in Windows 95 und 98.

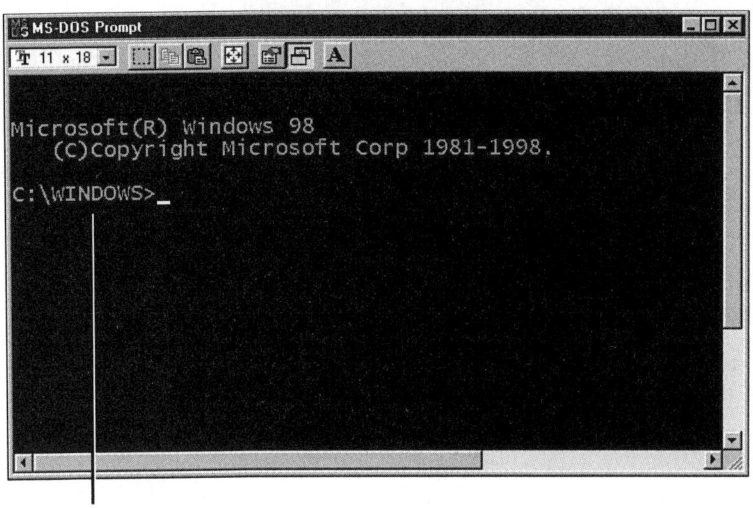

Abbildung A.2: Das Fenster einer MS-DOS-Eingabeaufforderung.

Um das Software Development Kit einzusetzen, müssen Sie jedoch nur ein paar Grundlagen kennen: Wie man Ordner erstellt, wie man einen Ordner öffnet und wie man ein Programm startet.

Ordner öffnen unter MS-DOS

Wenn Sie MS-DOS auf einem Windows-System benutzen, kommen Sie an alle Ordner heran, die Sie auch unter Windows benutzen. Z. B. können Sie den Ordner `Windows` auf der Festplatte `C:\` in der MS-DOS-Kommandozeile als `C:\Windows` ansprechen.

Um einen Ordner unter MS-DOS zu öffnen, tippen Sie das Kommando `CD` gefolgt vom Namen des Ordners ein und drücken Return, wie in folgendem Beispiel:

```
CD C:\TEMP
```

Wenn Sie dieses Kommando eingeben, wird der Ordner `TEMP` auf der Festplatte `C:` geöffnet, sofern er existiert. Wenn Sie einen Ordner geöffnet haben, zeigt die Kommandozeile den Namen dieses Ordners an (Abbildung A.3).

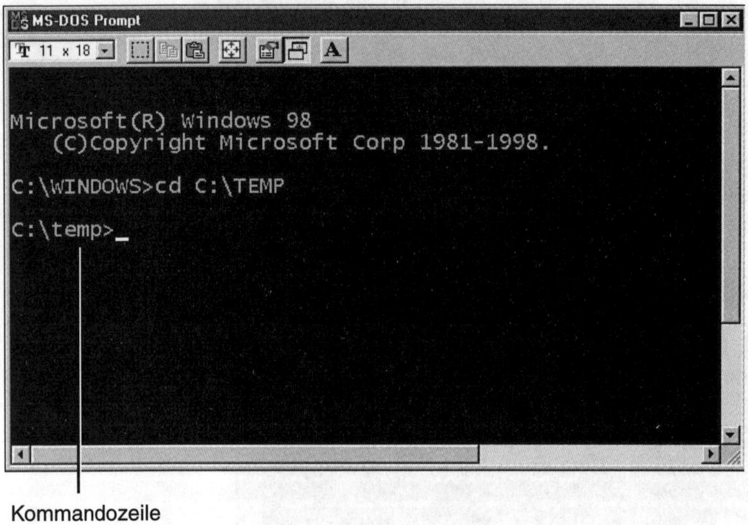

Abbildung A.3: Einen Ordner in einem MS-DOS-Eingabeaufforderungsfenster öffnen.

Sie können das Kommando `CD` auch anders benutzen:

- `CD \` – öffnet das Stammverzeichnis der aktuellen Festplatte
- `CD` *`Unterordnername`* – öffnet einen Unterordner mit diesem Namen, sofern er existiert
- `CD ..` – öffnet den Ordner, der den aktuellen Ordner enthält. Sind Sie z.B. in `C:\Windows\Cookies` und Sie benutzen das Kommando `CD ..`, dann wird `C:\Windows` geöffnet.

Wir empfehlen Ihnen, einen Ordner namens `J21work` zu erstellen, in dem Sie Ihre Javaprogramme erstellen, kompilieren und ablaufen lassen können. Wenn Sie dies bereits getan haben, können Sie sich in diesen Ordner begeben, indem Sie folgende Kommandos geben:

1. CD \
2. CD J21work

Wenn Sie den Ordner noch nicht erstellt haben, so können Sie dies unter MS-DOS tun.

Ordner erstellen unter MS-DOS

Um einen Ordner von der MS-DOS-Eingabeaufforderung aus zu erstellen, tippen Sie das Kommando MD gefolgt vom Namen des Ordners ein und drücken Return, wie in folgendem Beispiel:

```
MD C:\STUFF
```

Der Ordner STUFF wird im Stammverzeichnis der Festplatte C: erstellt. Um den neu erstellten Ordner zu öffnen, benutzen Sie das Kommando CD gefolgt vom Namen des Ordners, wie dies Abbildung A.4 zeigt.

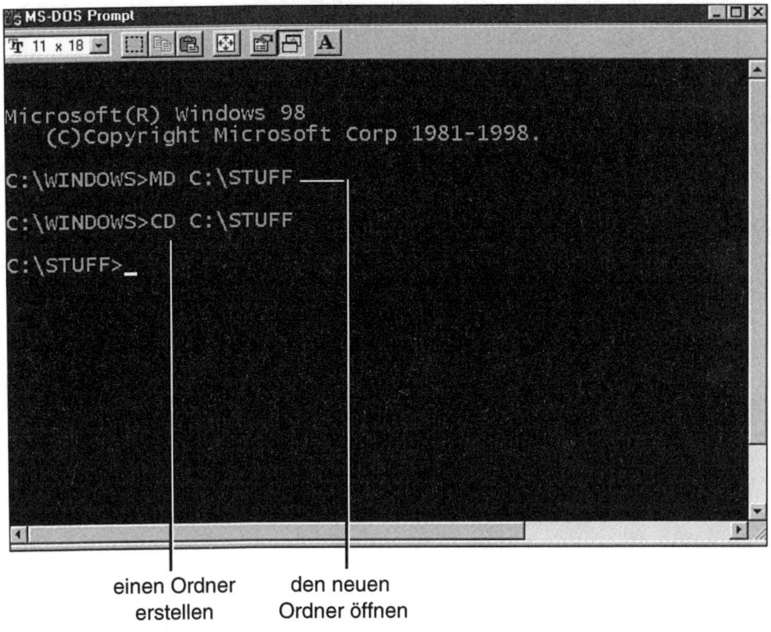

Abbildung A.4: Einen neuen Ordner in einem MS-DOS-Eingabeaufforderungsfenster erstellen.

Wir empfehlen Ihnen, einen Ordner namens J21work zu erstellen, in dem Sie alle Ihre Java-Arbeiten erledigen können. Wenn Sie dies noch nicht unter Windows getan haben, so können Sie dies von der MS-DOS-Eingabeaufforderung aus erledigen:

- Wechseln Sie in das Stammverzeichnis mithilfe von `CD \`.
- Geben Sie das Kommando `MD J21work` ein, und drücken Sie Return.

Nachdem `J21work` erstellt wurde, können Sie sich jederzeit von der MS-DOS-Eingabeaufforderung aus in diesen Ordner begeben, indem Sie das Kommando `CD \J21work` geben.

Als letztes müssen Sie über MS-DOS für die Benutzung des Software Development Kit nur noch lernen, wie man ein Programm startet.

Programme ausführen unter MS-DOS

Am einfachsten kann man ein Programm in der MS-DOS-Eingabeaufforderung starten, indem man seinen Namen eintippt und Return drückt. Beispielsweise können Sie `DIR` eintippen und Return drücken, um eine Liste der Dateien und Unterverzeichnisse im aktuellen Ordner zu sehen.

Man kann ein Programm auch ausführen, indem man seinen Namen gefolgt von einem Leerzeichen und mehreren Optionen eintippt. Diese Optionen legen fest, wie das Programm abläuft. Man nennt sie *Argumente*.

Ein Beispiel: Wechseln Sie in das Stammverzeichnis (mit `CD \`) und tippen Sie `DIR J21work` ein. Sie erhalten eine Liste aller Dateien und Unterordner im `J21work`-Ordner, sofern sich dort irgendetwas befindet.

Nachdem Sie das Software Development Kit installiert haben, sollten Sie den Java-Interpreter starten, um nachzuprüfen, ob alles in Ordnung ist. Tippen Sie das folgende Kommando in der MS-DOS-Eingabeaufforderung ein:

```
java -version
```

In diesem Beispiel ist `java` der Name des Java-Interpreter-Programms und `-version` ist ein Argument, das dem Interpreter sagt, dass er seine Versionsnummer anzeigen soll.

Sie sehen ein Beispiel hierfür in Abbildung A.5. Ihre Versionsnummer könnte etwas anders sein, je nachdem, welche Version des SDK Sie installiert haben.

Wenn `java -version` funktioniert und Sie eine Versionsnummer sehen, dann sollte diese mit 1.3 beginnen, schließlich benutzen Sie SDK 1.3. Manchmal hängt Sun eine dritte Zahl an, etwa 1.3.1, um Versionen mit kleineren Bugfixes zu kennzeichnen, aber solange die Zahl mit 1.3 beginnt, benutzen Sie die richtige Version des Software Development Kit.

Wenn Sie eine falsche Versionsnummer oder gar einen »`Datei oder Kommando nicht gefunden`«-Fehler sehen, nachdem Sie `java -version` gestartet haben, müssen Sie ein paar Änderungen der Konfiguration des Software Development Kits auf Ihrem System vornehmen.

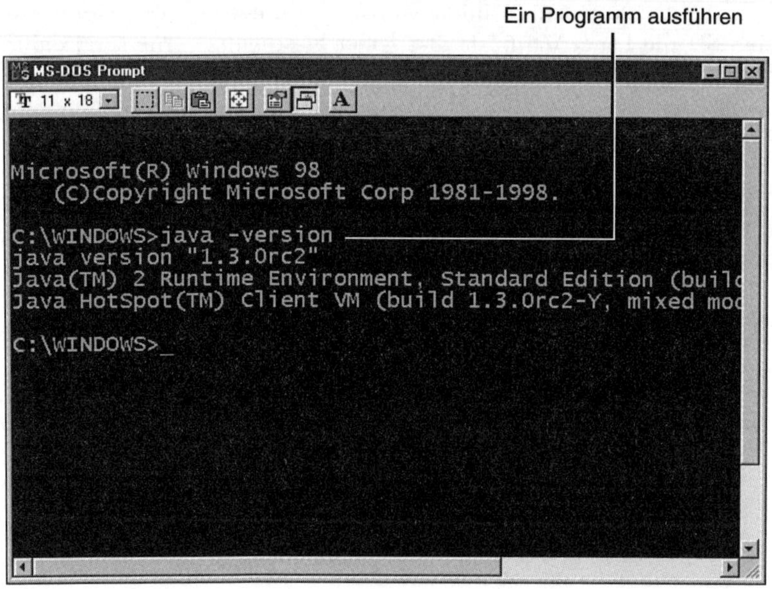

Abbildung A.5: Den Java-Interpreter im MS-DOS-Eingabeaufforderungsfenster starten

A.2 Die Konfiguration des Software Development Kits

Wenn Sie zum ersten Mal Javaprogramme schreiben und kompilieren, dann sind die wahrscheinlichste Quelle für Probleme nicht Tipp-, Syntax- oder andere Programmierfehler.

Die meisten Fehler resultieren aus einem falsch konfigurierten Software Development Kit.

Wenn Sie `java -version` in der Kommandozeile eingeben und dann einen »`Datei oder Kommando nicht gefunden`«- oder ähnlichen Fehler erhalten, dann bedeutet das, dass Ihr System den Ordner mit `java.exe`, dem Java-Interpreter, nicht finden kann.

Die PATH-Anweisung einrichten

Das Stammverzeichnis Ihres Windowssystems sollte eine Datei namens `AUTOEXEC.BAT` enthalten. MS-DOS konfiguriert mit dieser Datei, wie Ihr Betriebssystem und einige Kommandozeilenprogramme arbeiten.

Die `AUTOEXEC.BAT` ist eine Textdatei, die Sie mit Windows Notepad bearbeiten können. Starten Sie Notepad mit Start, Programme, Zubehör, Notepad.

Dann öffnet sich der Texteditor Notepad. Wählen Sie Datei, Öffnen aus der Menüzeile von Notepad, und öffen Sie die Datei `\AUTOEXEC.BAT`. (Der Slash ganz vorne sorgt dafür, dass Notepad im Stammverzeichnis danach sucht.)

Wenn Sie die Datei geöffnet haben, sehen Sie eine Liste von MS-DOS-Kommandos mit jeweils einer eigenen Zeile, wie in Abbildung A.6.

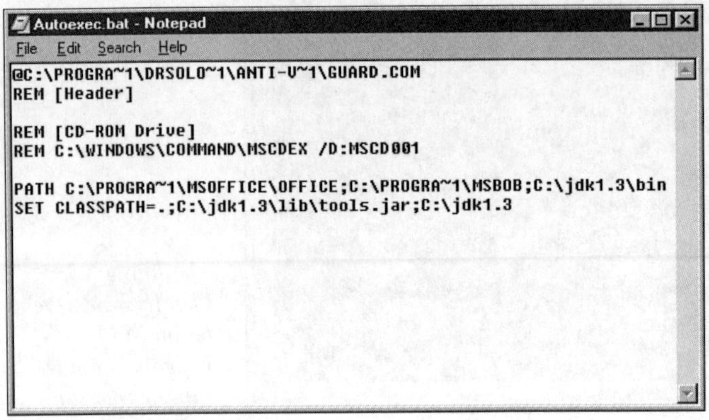

Abbildung A.6: Die Datei AUTOEXEC.BAT mit Notepad bearbeiten.

Sie interessieren sich nur für Kommandos, die mit `PATH` oder `SET CLASSPATH=` beginnen.

Dem `PATH`-Kommando folgt ein Leerzeichen und eine Reihe von Ordnernamen, die durch Strichpunkte voneinander getrennt sind.

`PATH` hilft MS-DOS, Programme zu finden, wenn Sie sie in der Kommandozeile ausführen. Das `PATH`-Kommando aus Abbildung A.6 umfasst drei Ordner:

- `C:\PROGRA~1\MSOFFICE\OFFICE`
- `C:\PROGRA~1\MSBOB`
- `C:\jdk1.3\bin`

Sie können sich den festgesetzten `PATH` ansehen, indem Sie folgendes Kommando in die MS-DOS-Eingabeaufforderung tippen:

```
PATH
```

Um das Software Development Kit korrekt zu installieren, muss der Ordner mit dem Java-Interpreter in das `PATH`-Kommando der `AUTOEXEC.BAT` eingefügt werden. Der Dateiname des Interpreters lautet `java.exe`. Wenn Sie SDK 1.3 nach `C:\jdk1.3` installiert haben, dann befindet sich `java.exe` vermutlich in `C:\jdk1.3\bin`.

Wenn Sie nicht mehr wissen, wohin Sie das SDK installiert haben, können Sie nach `java.exe` suchen, indem Sie Start, Suchen, Nach Dateien oder Ordnern anklicken. Möglicherweise finden Sie mehrere Exemplare in verschiedenen Ordnern. Um herauszufinden, welche Datei die richtige ist, öffnen Sie eine MS-DOS-Eingabeaufforderung und tun Folgendes mit jedem Exemplar des Programms:

1. Gehen Sie mit dem `CD`-Kommando in den Ordner mit `java.exe`.
2. Geben Sie in diesem Ordner `java -version` ein.

Wenn Sie den richtigen Ordner kennen, erzeugen Sie eine Leerzeile am Ende der `AUTOEXEC.BAT`, und fügen Sie Folgendes hinzu:

```
PATH richtigerOrdnerName;%PATH%
```

Wenn `C:\javajdk\bin` der richtige Ordner wäre, dann müssten Sie Folgende Zeile am Ende der `AUTOEXEC.BAT` hinzufügen:

```
PATH C:\javajdk\bin;%PATH%
```

Das `%PATH%` sorgt dafür, dass Sie nicht einfach alle anderen `PATH`-Kommandos in der `AUTOEXEC.BAT` überschreiben.

Nachdem Sie die `AUTOEXEC.BAT` verändert haben, speichern Sie das File und booten den Rechner neu. Wenn dies erledigt ist, versuchen Sie das Kommando `java -version`.

Wenn die richtige SDK-Version angezeigt wird, ist Ihr System vermutlich richtig konfiguriert und muss nicht weiter angepasst werden.

Die CLASSPATH-Anweisung einrichten

Wenn Sie ein Javaprogramm mit dem Software Development Kit kompilieren, tippen Sie ein Kommando wie das folgende in die Kommandozeile:

```
javac Ellsworth.java
```

Das `Ellsworth.java`-Argument bezieht sich auf das Programm, das wir am 1. Tag erstellten.

Wenn Sie ein Programm erfolgreich kompilieren, sehen Sie keinerlei Ausgabe. Wenn Sie `Ellsworth.java` kompiliert haben, versuchen Sie mit folgendem Kommando, das Programm zu starten:

```
java Ellsworth
```

Sie können `Ellsworth.class`, die kompilierte Version von `Ellsworth.java`, von der Seite zum Buch `http://www.java21days.com` herunterladen. Öffnen Sie dort die Seite zu Tag 1.

Wenn Ihre Programme kompiliert werden und korrekt laufen, dann haben Sie das Software Development Kit richtig konfiguriert. Sie müssen keine Veränderungen mehr an der `AUTOEXEC.BAT` vornehmen.

Erhalten Sie jedoch »`Class not found`«- oder »`NoClassDef`«-Fehler, wenn Sie versuchen, ein Programm zu starten, dann müssen Sie die `SET CLASSPATH=`-Zeile in der `AUTOEXEC.BAT` verändern.

Wenn Sie Notepad starten und `\AUTOEXEC.BAT` öffnen, sehen Sie eine Liste von MS-DOS-Kommandos (Abbildung A.6).

Auf die `SET CLASSPATH=`-Anweisung folgt eine Reihe von Ordnern und Dateinamen, die durch Strichpunkte getrennt sind.

`CLASSPATH` hilft dem Java-Compiler, die Java-Klassenbibliothek und andere benötigte Klassenfiles zu finden. Das `SET CLASSPATH=`-Kommando von Abbildung A.6 umfasst drei Teile:

- .
- `c:\jdk1.3\lib\tools.jar`
- `c:\jdk1.3`

Ein `CLASSPATH` kann Ordner (wie z.B. `c:\jdk1.3`) und Dateien (`c:\jdk1.3\lib\tools.jar`) enthalten. Er kann auch einen Punkt (».«) enthalten, mit dem in MS-DOS auf den aktuellen Ordner verwiesen wird.

Sie können sich den festgelegten `CLASSPATH` ansehen, indem Sie folgendes Kommando in die MS-DOS-Eingabeaufforderung eintippen:

```
ECHO %CLASSPATH%
```

Wenn Ihr `CLASSPATH` Ordner oder Dateien umfasst, von denen Sie wissen, dass sie sich nicht mehr auf Ihrem Computer befinden, dann sollten Sie diese Referenzen in der `SET CLASSPATH=`-Zeile der `AUTOEXEC.BAT` entfernen. Achten Sie darauf, auch alle überschüssigen Strichpunkte zu entfernen.

Um das Software Development Kit korrekt zu konfigurieren, muss die Datei, die die Java-Klassenbibliothek enthält, in die `SET CLASSPATH=`-Anweisung eingefügt werden. Der Dateiname lautet `tools.jar`. Wenn Sie das SDK nach `C:\jdk1.3` installiert haben, ist `tools.jar` vermutlich im Ordner `C:\jdk1.3\lib`.

Wenn Sie nicht mehr wissen, wohin Sie das SDK installiert haben, dann können Sie nach `tools.jar` suchen, indem Sie Start, Suchen, Nach Dateien oder Ordnern anklicken. Wenn Sie mehrere Exemplare finden, sollten Sie mit folgender Methode die richtige Datei identifizieren können:

1. Gehen Sie mit dem `CD`-Kommando in den Ordner mit dem Java-Interpreter `java.exe`.
2. Geben Sie das Kommando `CD ..` ein.
3. Geben Sie das Kommando `CD lib` ein.

Der lib-Ordner enthält normalerweise das richtige Exemplar von `tools.jar`.

Wenn Sie die richtige Position kennen, erzeugen Sie eine Leerzeile am Ende der `AUTOEXEC.BAT`, und fügen Sie Folgendes hinzu:

```
SET CLASSPATH = %CLASSPATH%;.;richtigerOrt
```

Wenn die Datei `tools.jar` in `C:\javajdk\lib` wäre, dann müssten Sie folgende Zeile am Ende der `AUTOEXEC.BAT` hinzufügen:

```
SET CLASSPATH = %CLASSPATH%;.;c:\javajdk\lib\tools.jar
```

Wie Sie bereits richtig vermuten, sorgt das %CLASSPATH% dafür, dass Sie nicht einfach alle anderen CLASSPATH-Kommandos in der AUTOEXEC.BAT überschreiben.

Nachdem Sie die AUTOEXEC.BAT verändert haben, speichern Sie das File und booten den Rechner neu. Wenn dies erledigt ist, versuchen Sie eines der Programme der ersten Tage zu kompilieren. Das sollte klappen, ebenso die Ausführung, ohne dass es zu SDK-verursachten Problemen kommt.

TIPP: Es gibt eine Internetseite zu diesem Buch, wo Sie Lösungen zu Problemen finden, ferner Berichtigungen, Antworten auf Leserfragen und anderes nützliches Material. Es gibt eine Online-Version dieser Appendix, außerdem können Sie Rogers Cadenhead, einen der beiden Autoren, kontaktieren, wenn Sie trotz allem Probleme mit dem Software Development Kit haben. Die Adresse ist http://www.java21days.com.

A.3 Die Konfiguration unter Unix

Um das SDK auf einem Solaris-System zu konfigurieren, fügen Sie das Verzeichnis java/bin oder JDK/bin in den Ausführpfad ein. Dies erreichen Sie normalerweise dadurch, dass Sie einen Eintrag wie den folgenden in Ihre .profile, .cshrc oder .login-Datei einfügen:

```
set path= (~/java/bin/ $path)
```

Diese Zeile geht davon aus, dass Sie das SDK im Verzeichnis java Ihres Home-Verzeichnisses installiert haben. Sollte sich das SDK an anderer Stelle befinden, dann muss dies entsprechend berücksichtigt werden.

Diese Änderungen werden erst dann wirksam, wenn Sie sich ausgeloggt und wieder eingeloggt haben, oder Sie verwenden das Kommando source zusammen mit dem Namen der Datei, die Sie geändert haben. Wenn Sie die Datei .login geändert haben, dann sieht das source-Kommando wie folgt aus:

```
source ~/.login
```

Class-Not-Found-Fehler beheben

Um Class-not-found-Fehler auf Solaris-Systemen zu beheben, sollten Sie am besten sicherstellen, dass die CLASSPATH-Umgebungsvariable beim Login nicht automatisch gesetzt wird.

Um zu überprüfen, ob CLASSPATH gesetzt ist, geben Sie folgendes an der Eingabeaufforderung ein:

```
echo $CLASSPATH
```

Falls ein CLASSPATH-Wert gesetzt wurde, können Sie diese Einstellung über das folgende Kommando aufheben:

```
unsetenv CLASSPATH
```

Um diese Änderung permanent zu machen, sollten Sie das Kommando, das CLASSPATH setzt, aus Ihrer .profile, .cshrc oder .login-Datei entfernen.

Diese Änderungen werden erst dann wirksam, wenn Sie sich ausgeloggt und wieder eingeloggt haben, oder Sie verwenden das Kommando source zusammen mit dem Namen der Datei, die Sie geändert haben. Wenn Sie die Datei .login geändert haben, dann sähe das source-Kommando wie folgt aus:

```
source ~/.login
```

B

Texteditoren und das SDK

Im Gegensatz zu Java-Entwicklungswerkzeugen wie Visual Café und Java Workshop von SunSoft besitzt das Java 2 Software Development Kit 1.3 (SDK 1.3) keinen Texteditor für die Erstellung der Quelldateien.

In diesem Anhang lernen Sie, wie Sie einen Editor für die Arbeit mit dem SDK auswählen und wie Sie Ihr System dementsprechend konfigurieren.

B.1 Die Auswahl eines Texteditors

Damit ein Editor oder ein Textverarbeitungsprogramm mit dem SDK zusammenarbeiten kann, muss es in der Lage sein, Textdateien ohne jegliche Formatierungen zu speichern.

Dieses Feature hat in den verschiedenen Editoren unterschiedliche Namen. Suchen Sie beim Speichern oder beim Festlegen der Dokumenteigenschaften nach einer Format-Option, die wie eine aus der folgenden Liste heißt:

- Text
- ASCII-Text
- DOS-Text
- Nur-Text

Windows-Benutzer finden im Lieferumfang Ihres Betriebssystem bereits mehrere Editoren:

Windows Notepad (START | PROGRAMME | ZUBEHÖR | NOTEPAD) ist ein Editor, der nur das Nötigste bietet, um Texte zu bearbeiten, und nur mit reinen Textdateien arbeitet. Außerdem kann er immer nur ein Dokument zur selben Zeit verarbeiten.

Windows WordPad (START | PROGRAMME | ZUBEHÖR | WORDPAD) ist eine Stufe über Notepad angesiedelt. Es kann mehr als eine Datei gleichzeitig verarbeiten und sowohl mit reinem Text als auch mit Microsoft-Word-Formaten umgehen. Zusätzlich merkt es sich die letzten paar Dokumente, mit denen es gearbeitet hat. Diese können Sie direkt aus dem DATEI-Menü auswählen.

DOS Edit, das Sie in der Eingabeaufforderung über das Kommando `edit` aufrufen können, ist ein weiterer einfacher Editor, der Dokumente mit reinem Text verarbeitet. Einem Windows-Anwender, der nicht mit MS-DOS vertraut ist, wird dieser Editor ziemlich roh vorkommen, allerdings hat er und andere Texteditoren ein Feature, das man sowohl bei NotePad als auch bei WordPad vergeblich sucht: Sie zeigen die Zeilennummer der Zeile an, die Sie gerade bearbeiten. Die Nummerierung beginnt mit 1 bei der obersten Zeile und wird mit den Folgezeilen weitergeführt. Abbildung B.1 zeigt Edit; die Zeilennummer wird in der unteren rechten Ecke des Programmfensters angezeigt.

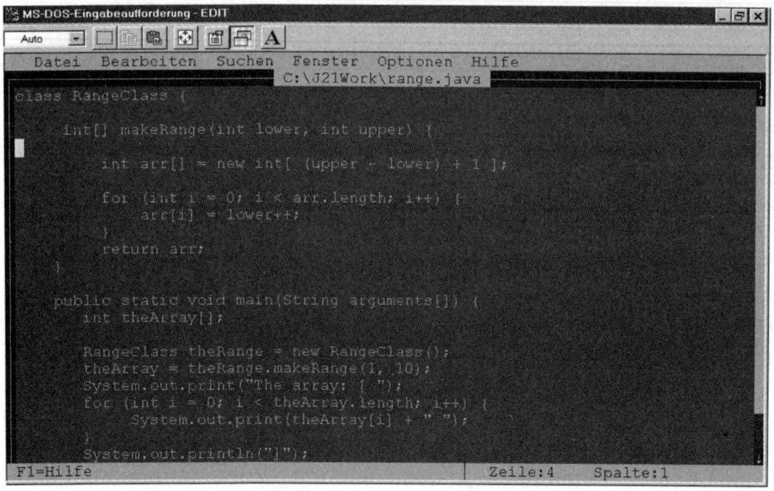

Abbildung B.1: Eine Java-Quelldatei in DOS-Edit.

Zeilennummern sind in Java-Programmen sehr hilfreich, da viele Java-Compiler die Zeilennummern angeben, in denen ein Fehler aufgetreten ist. Sehen Sie sich einmal die folgende Fehlermeldung an, die der Compiler des SDK erzeugt hat.

```
Palindrome.java:2: Class Font not found in type declaration.
```

Die Zahl `2` hinter dem Namen der Java-Quelldatei gibt die Zeile an, in der der Fehler auftrat. Mit einem Texteditor, der die Zeilennummern anzeigt, können Sie direkt zu dieser Zeile springen und nach dem Fehler suchen.

In einer kommerziellen Java-Programmierumgebung stehen meist bessere Möglichkeiten zur Fehlersuche zur Verfügung. Die Anwender des SDK müssen über die Zeilennummer nach Fehlern suchen, die der Compiler `javac` gemeldet hat. Aus diesem Grund sollte man einen Texteditor verwenden, der Zeilennummern anzeigt.

B.2 Dateitypen in Windows registrieren

Nachdem Sie einen Texteditor ausgewählt haben, sollten Windows-Anwender ihren Editor mit den Dateierweiterung `.java` verknüpfen. Dadurch kann man eine `.java`-Quelldatei durch einen Doppelklick auf den Namen im Editor öffnen. Außerdem hält das Editoren wie Windows Notepad davon ab, fälschlicherweise die Erweiterung `.txt` an `.java`-Quelldateien anzuhängen.

Um eine Dateierweiterung zu registrieren, benötigen Sie als erstes eine Datei, mit der Sie arbeiten können. Öffnen Sie unter Windows einen Ordner und erzeugen Sie eine neue Text-Datei, indem Sie `Datei | Neu | Textdatei` aus der Menüleiste des Ordners wählen (siehe Abbildung B.2).

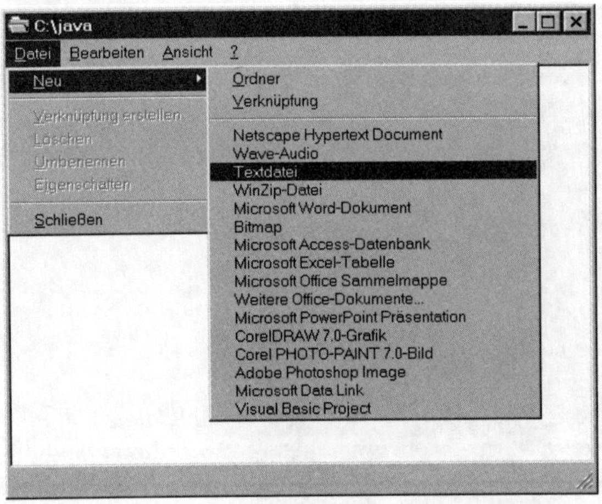

Abbildung B.2:
Eine neue Textdatei in einem Windows-Ordner erstellen.

Es wird eine neue Textdatei mit dem Namen `Neu Textdatei.txt` erstellt, die Sie sofort umbenennen können. Benennen Sie diese Datei in `Egal.java` um und bestätigen Sie diesen Namen, wenn Windows nachfragt, ob Sie die Dateiendung wirklich ändern wollen.

Klicken Sie nun doppelt auf diese Datei. Wenn der Dateityp `.java` in Ihrem System noch nicht registriert ist, dann erscheint der Dialog ÖFFNEN MIT. Sie können damit die Dateiendung `.java` mit Ihrem Editor verknüpfen. Wie Sie mit diesem Dialog umgehen, erfahren Sie im Abschnitt »Einen neuen Dateityp registrieren«.

Geschieht etwas anderes, dann müssen Sie die bestehende Verknüpfung der Erweiterung `.java` löschen, bevor Sie eine neue anlegen können.

Eine bestehende Verknüpfung einer Dateierweiterung löschen

Wenn in Ihrem System bereits irgendetwas mit der Dateierweiterung `.java` verknüpft ist, dann können Sie diese Verknüpfung aus einem beliebigen Windows-Ordner heraus entfernen. Wählen Sie ANSICHT | OPTIONEN aus der Menüleiste des Ordners. Es erscheint der Dialog OPTIONEN. Dieser enthält drei Registerkarten. Holen Sie die Registerkarte DATEITYPEN in den Vordergrund (Abbildung B.3).

Im Listenfeld der registrierten Dateitypen sehen Sie alle Dateitypen, die mit Programmen auf Ihrem System verknüpft sind. Sobald Sie einen der Einträge in diesem Listenfeld markieren, werden in zwei anderen Feldern Informationen darüber angezeigt:

- Im Feld ERWEITERUNG werden alle Dateinamenerweiterungen angezeigt, die diesem Dateityp zugeordnet sind.
- Im Feld ÖFFNEN MIT wird das Programm angezeigt, das verwendet wird, um diesen Dateityp zu öffnen.

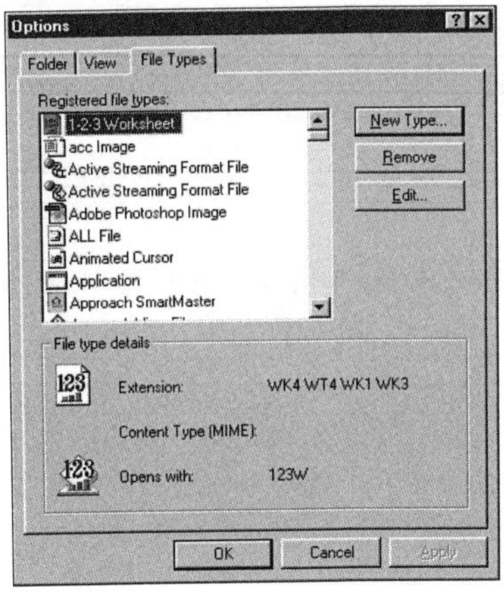

Abbildung B.3:
Die Registerkarte Dateitypen.

Der Dateityp 1-2-3 WORKSHEETS in Abbildung B.3 besitzt z.B. vier Erweiterungen: `WK4`, `WT4`, `WK1` und `WK3`. Jede Datei mit einer dieser Erweiterungen kann mit dem Programm 123W (das ist Lotus Spreadsheet) geöffnet werden.

Scrollen Sie durch die Liste der registrierten Dateitypen, bis Sie einen Typ finden, in dessen Erweiterungsfeld `JAVA` zu sehen ist. Am wahrscheinlichsten werden Sie bei einem Eintrag wie JAVA-DATEIEN oder JAVA-PROGRAMME fündig. Dies muss aber bei Ihrem System nicht der Fall sein.

Sobald Sie den richtigen Dateityp gefunden haben, müssen Sie die bestehende Verknüpfung löschen, um sie durch eine neue zu ersetzen. Klicken Sie auf die Schaltfläche ENTFERNEN, um die bestehende Verknüpfung zu löschen. Klicken Sie anschließend auf JA, um diese Aktion zu bestätigen. Nachdem Sie dies erledigt haben, können Sie eine neue Verknüpfung für die Erweiterung `.java` erstellen.

Einen neuen Dateityp registrieren

Wenn Sie auf eine Datei doppelt klicken, für deren Dateierweiterung es keine bekannte Assoziation gibt, wird der Dialog ÖFFNEN MIT angezeigt (Abbildung B.4).

Führen Sie die folgenden Schritte aus, um eine Verknüpfung für `.java`-Dateien zu erstellen:

- Geben Sie in dem Textfeld BESCHREIBUNG VON '.JAVA'-DATEIEN *Java-Quelldateien* oder etwas ähnliches ein.
- Suchen Sie in dem Listenfeld WÄHLEN SIE DAS GEWÜNSCHTE PROGRAMM den Texteditor oder das Textverarbeitungsprogramm, das Sie für Java-Quelldateien verwenden wollen. Falls Sie es nicht finden, klicken Sie auf die Schaltfläche ANDERE und suchen

Sie das Programm selbst. Wenn Sie DOS Edit verwenden wollen, finden Sie ihn im Ordner `\Windows\Command` (auf den meisten Systemen – `Windows` ist dabei das Installationsverzeichnis von Windows). Der Name der Programmdatei ist `edit` oder `edit.exe`.

- Stellen Sie sicher, dass die Checkbox DATEI IMMER MIT DIESEM PROGRAMM ÖFFNEN angehakt ist.

Wenn Sie auf OK klicken, um diese Einstellungen zu bestätigen, dann wird die Datei `Egal.java` und andere Dateien, die die Erweiterung `.java` haben, mit dem gewählten Editor geöffnet.

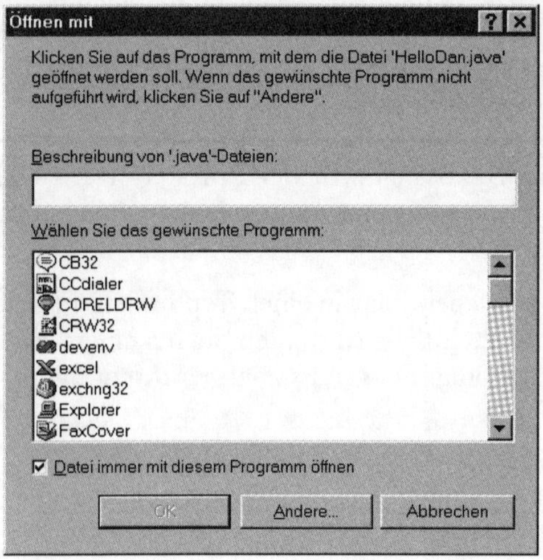

Abbildung B.4: Eine Dateinamen-Erweiterung mit einem Programm verknüpfen.

Ein Symbol mit einem Dateityp verknüpfen

Nachdem Sie `.java`-Dateien mit dem Editor Ihrer Wahl verknüpft haben, wird standardmäßig den `.java`-Dateien auf Ihrem System ein Symbol zugewiesen.

Wenn Sie statt dessen ein anderes Symbol verwenden wollen, dann wählen Sie in der Menüleiste eines Ordners den Eintrag ANSICHT | OPTIONEN, und holen Sie das Register DATEITYPEN in den Vordergrund. Scrollen Sie durch die Liste der registrierten Dateitypen, und suchen Sie nach dem Eintrag für die Dateierweiterung `JAVA`.

Ist dieser Dateityp markiert, klicken Sie auf BEARBEITEN, um das Fenster DATEITYP BEARBEITEN zu öffnen (Abbildung B.5).

Klicken Sie auf ANDERES SYMBOL. In dem darauffolgenden Dialog können Sie ein anderes Symbol auswählen, das für alle `.java`-Dateien angezeigt wird. Wenn Sie eines dieser Symbole aus dem Fenster AKTUELLES SYMBOL verwenden wollen, dann wählen Sie dieses aus und klicken auf OK, um die Änderung vorzunehmen. Wenn Sie dagegen nach anderen Symbolen suchen wollen, dann klicken Sie auf die Schaltfläche DURCHSUCHEN, um die Dateien auf Ihrem System zu durchsuchen und die Symbole anzusehen, die diese enthalten. Sie können beliebige Icon-Dateien, Windows-Programme oder `.DLL`-Dateien öffnen, um nachzusehen, welche Symbole sie enthalten. Diese werden in dem Fenster AKTUELLES SYMBOL angezeigt, nachdem Sie eine Datei ausgewählt haben.

Sobald Sie ein Symbol finden, das Ihnen gefällt, markieren Sie es und klicken auf OK, um es auszuwählen.

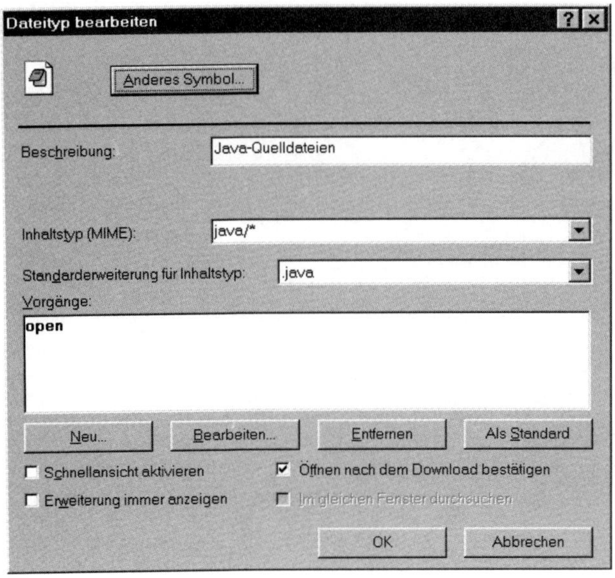

Abbildung B.5:
Das Fenster Dateityp bearbeiten.

Das Software Development Kit

In diesem Buch wird durchgehend das Software Development Kit (SDK) benutzt, um Javaprogramme zu erstellen, zu kompilieren und auszuführen.

Die Tools, aus denen sich das SDK zusammensetzt, besitzen zahlreiche Features, die viele Programmierer nie genauer ansehen. Vielleicht gibt es auch ein paar Tools, die Ihnen völlig unbekannt sind.

Diese Appendix behandelt Features des SDK, dank derer Sie zuverlässigere, besser getestete und schneller laufende Javaprogramme schreiben können.

Die folgenden Themen werden behandelt:

- Java-Applikationen mit dem Interpreter ausführen
- Programme mit dem Compiler kompilieren
- Java-Applets im `appletviewer` ausführen
- Dokumentationen mit dem Dokumentationstool erstellen
- Mit dem Debugger Fehler eliminieren und die Performance überwachen
- Mit Interpreter und `appletviewer` die Systemeigenschaften festlegen

C.1 Ein Überblick über das SDK

Es gibt einige Dutzend Softwarepakete, mit denen man Javaprogramme erstellen kann, aber die größte Verbreitung hat nach wie vor das Software Development Kit (SDK) von Sun Microsystems. Das SDK ist ein Paket von Kommandozeilentools, mit denen man Software in der Sprache Java entwickeln kann.

Es gibt zwei Hauptgründe für die Beliebtheit des SDK:

- Es ist kostenlos. Jeder kann es gratis von der offiziellen Java-WWW-Seite von Sun, `http://java.sun.com`, herunterladen.
- Es ist am aktuellsten. Sobald Sun ein neues Java-Release herausbringt, sind die ersten Tools, die diese Version unterstützen, die im SDK.

Das SDK benutzt die Kommandozeile, die auf Windows-95- bzw. -98-Systemen auch MS-DOS-Eingabeaufforderung und auf Windows-NT- bzw. -2000-Systemen auch Konsole genannt wird. Die Kommandos werden mit der Tastatur eingetippt, wie im folgenden Beispiel:

```
javac VideoBook.java
```

Dieses Kommando kompiliert ein Javaprogramm namens `VideoBook.java` mit dem SDK-Compiler. Dieses Kommando besteht aus zwei Elementen: dem Namen des SDK-Compilers, `javac`, und dem Namen des zu kompilierenden Programms, `VideoBook.java`. Ein Leerzeichen trennt diese beiden Elemente.

Jedes SDK-Kommando steht in diesem Format: der Name des Tools, gefolgt von einem oder mehreren Elementen, die angeben, was das Tool tun soll. Diese Elemente nennt man *Argumente*.

Ein Beispiel:

```
java VideoBook add VHS "Bad Influence"
```

Dieses Kommando veranlasst den Java-Interpreter, eine Klassendatei namens `VideoBook` auszuführen und ihr drei Kommandozeilenargumente zu übergeben: die Strings `add`, `VHS` und `Bad Influence`.

HINWEIS: Haben Sie gedacht, es seien vier Kommandozeilen-Argumente, weil zwischen `Bad` und `Influence` ein Leerzeichen steht? Aufgrund der Anführungszeichen um `"Bad Influence"` wird dies als *ein* Kommandozeilen-Argument angesehen, nicht als zwei. Dies ermöglicht, dass man Leerzeichen benutzen kann.

Einige Argumente bestimmen, wie ein SDK-Tool funktioniert. Diese Argumente haben ein Minus vorangestellt und werden *Optionen* genannt.

Das folgende Kommando ist ein Beispiel für den Gebrauch einer Option:

```
java -version
```

Dieses Kommando sagt dem Java-Interpreter, dass er seine Versionsnummer anzeigen soll, anstatt wie sonst eine Klassendatei auszuführen. Damit kann man herausfinden, ob das SDK auf Ihrem System richtig konfiguriert ist. Hier folgt ein Beispiel für die Ausgabe auf einem System mit SDK 1.3.0:

```
java version "1.3.0"
Java(TM) 2 Runtime Environment, Standard Edition (build1.3.0)
Java HotSpot(TM) Client VM (build 1.3.0, mixed mode)
```

Manchmal kann man Optionen mit weiteren Argumenten kombinieren. Wenn Sie eine Java-Klasse kompilieren, die veraltete Methoden einsetzt, erhalten Sie mehr Informationen zu diesen Methoden, wenn Sie die Option `-deprecation` bei der Kompilation der Klasse verwenden:

```
javac -deprecation OldVideoBook.java
```

C.2 Der Interpreter java

Der Java-Interpreter `java` wird benutzt, um Java-Applikationen von der Kommandozeile aus zu starten. Er erwartet als Argument den Namen der auszuführenden Klassendatei, wie in folgendem Beispiel:

```
java BidMonitor
```

Alle Java-Klassendateien enden auf `.class`. Aber diese Erweiterung wird beim Gebrauch des Interpreters stets weggelassen.

Die Klasse, die der Java-Interpreter lädt, muss eine `main()`-Methode im folgenden Format haben:

```
public static void main(String[] arguments) {
    // hier ist die Methode
}
```

Ganz einfache Javaprogramme kommen mit nur einer Klasse aus, derjenigen, die die `main()`-Methode enthält. Ansonsten lädt der Interpreter automatisch alle anderen benötigten Klassen.

Der Java-Interpreter führt Bytecode aus – kompilierte Befehle, die eine Java Virtual Machine ausführen kann. Liegt ein Javaprogramm als `.class`-Datei im Bytecode vor, kann es ohne Veränderung von verschiedenen Interpretern ausgeführt werden. Wenn Sie ein Java-2-Programm kompiliert haben, sollte es zu jedem Interpreter mit voller Java-2-Unterstützung kompatibel sein.

HINWEIS: Übrigens ist Java nicht die einzige Sprache, mit der man Java-Bytecode erzeugen kann. NetRexx, JPython und einige andere Sprachen kompilieren mit ihren spezifischen Compilern in `.class`-Dateien mit ausführbarem Bytecode. Sie finden unter `http://grunge.cs.tu-berlin.de/~tolk/vmlanguages.html` eine Liste solcher Sprachen.

Sie können auf zwei Arten die Klassendatei angeben, die der Java-Interpreter ausführen soll. Gehört die Klasse zu keinem Paket, können Sie sie durch Angabe ihres Namens ausführen, wie beim `BidMonitor`-Beispiel und allen anderen Beispielen dieses Buchs. Ist die Klasse Teil eines Pakets, müssen Sie die Klasse mit ihrem vollen Paket- und Klassennamen angeben.

Nehmen wir als Beispiel die Klasse `SellItem`, die Teil des Pakets `com.prefect.auction` ist. Um diese Applikation auszuführen, müssten Sie das folgende Kommando benutzen:

```
java com.prefect.auction.SellItem
```

Jedes Element des Paketnamens steht für einen Unterordner. Der Java-Interpreter wird die Datei `SellItem.class` an mehreren Stellen suchen:

- im `com\prefect\auction`-Unterordner des Ordners, in dem das `java`-Kommando gegeben wurde. (Wurde das Kommando von `C:\J21work` aus gegeben, würde die `SellItem.class`-Datei erfolgreich ausgeführt werden, wenn sie sich im Ordner `C:\J21work\com\prefect\auction` befände.)
- in den `com\prefect\auction`-Unterordnern aller Ordner, die in `CLASSPATH` vorkommen

Wenn Sie Ihre eigenen Pakete erstellen, dann machen Sie sich das Leben etwas einfacher, wenn Sie einen neuerstellten Ordner wie `C:\javapackages` o. ä. zum `CLASSPATH` hinzufügen, der als Stammordner für alle erstellten Pakete dient. Erstellen Sie dann Unterordner, die dem Namen des Pakets entsprechen und legen Sie die Klassendateien des Pakets in den richtigen Unterordner.

C.3 Der Compiler javac

Der Java-Compiler `javac` wandelt Java-Quelltext in eine oder mehrere Klassendateien um, die aus Bytecode bestehen und die der Java-Interpreter ausführen kann.

Java-Quelltext wird in Dateien mit der Endung `.java` gespeichert. Solche Dateien können mit jedem beliebigen Editor oder Textverarbeitungsprogramm erzeugt werden, der bzw. das ein Dokument als Text ohne Formatierung speichern kann. Dieses Format hat bei unterschiedlichen Texteditoren verschiedene Namen, heißt aber oft Text, Nur-Text, ASCII-Text, DOS-Text o. ä.

Eine Java-Quelltextdatei kann mehr als eine Klasse beinhalten, aber nur eine dieser Klassen kann als `public` erklärt werden. Eine Quelltextdatei kann überhaupt keine `public`-Klasse beinhalten, wenn gewünscht. Dies ist bei Applets aufgrund der Vererbungsregeln nicht möglich.

Wenn die Quelltextdatei eine als `public` erklärte Klasse beinhaltet, muss der Name der Datei dem Namen der Klasse entsprechen. Beispielsweise muss der Quelltext einer `public`-Klasse namens `BuyItem` in einer Datei namens `BuyItem.java` gespeichert werden.

Um eine Datei zu kompilieren, führen Sie `javac` mit dem Dateinamen als Argument aus, wie in folgendem Beispiel:

```
javac BidMonitor.java
```

Sie können mehrere Quelldateien gleichzeitig kompilieren, indem Sie die einzelnen Dateinamen als Argumente hintereinanderstellen, wie in diesem Beispiel:

```
javac BidMonitor.java SellItem.java
```

Sie können auch Jokerzeichen wie `*` oder `?` benutzen. Mit dem folgenden Kommando kompilieren Sie alle `.java`-Dateien in einem Ordner:

```
javac *.java
```

Wenn Sie eine oder mehrere Java-Quellcodedateien kompilieren, wird eine eigene `.class`-Datei für jede Java-Klasse erzeugt, die erfolgreich kompiliert werden konnte.

WARNUNG

Wenn man ein Java-Applet ins Internet stellt, passiert es schnell, dass man einige der `.class`-Dateien, aus denen das Applet besteht, vergisst. Mit dem Tool `jar` können Sie alle Dateien des Applets zu einer einzigen Datei, einem Archiv, zusammenfassen, was an Tag 7 näher erklärt wird.

Eine der Optionen des Tools `javac` ist `-deprecation`, womit Sie mehr über die veralteten Methoden herausfinden können, die in einem Javaprogramm benutzt werden. Normalerweise gibt der Compiler nur eine einzige Warnmeldung aus, wenn ihm in einem Programm veraltete Methoden unterkommen. Die Option `-deprecation` sorgt dafür, dass der Compiler jede einzelne Methode ausgibt, die für veraltet erklärt wurde. Ein Beispiel:

```
javac -deprecation SellItem.java
```

Wenn Ihnen die Geschwindigkeit eines Javaprogramms wichtiger ist als die Größe seiner Klassendateien, dann kompilieren Sie den Quellcode mit der Option `-O`. Dies erzeugt Klassendateien, die auf Performance optimiert sind. Methoden, die statisch, final oder privat sind, können *inline* kompiliert werden, was die Klassendatei größer macht, aber die Ausführung der Methoden beschleunigt.

Normalerweise ist der Java-Compiler nicht sehr mitteilsam. Wenn der Quelltext erfolreich kompiliert wurde und sich keine veralteten Methoden fanden, erhalten Sie keinerlei Ausgabe vom Compiler. Keine Nachrichten sind hier also gute Nachrichten.

Wenn Sie jedoch gerne mehr darüber wissen möchten, was `javac` so treibt, während es den Quellcode kompiliert, dann müssen Sie die Option `-verbose` benutzen. In seiner geschwätzigen Version teilt Ihnen der Compiler mit, wieviel Zeit verschiedene Funktionen brauchen, welche Klassen geladen werden und wie viel Zeit insgesamt benötigt wird.

C.4 Der Browser appletviewer

Der Java-Applettester `appletviewer` wird benutzt, um Javaprogramme auszuführen, die einen Browser benötigen und in eine HTML-Seite eingebettet sind.

`appletviewer` erwartet ein HTML-Dokument als Kommandozeilen-Argument, wie in folgendem Beispiel:

```
appletviewer NewAuctions.html
```

Wenn der `appletviewer` eine HTML-Seite geladen hat, beginnen alle Applets dieses Dokuments jeweils in einem eigenen Fenster zu laufen. Die Größe dieser Fenster hängt ab von den Attributen `HEIGHT` und `WIDTH`, die im HTML-Tag des jeweiligen Applets festgelegt wurden.

Im Gegensatz zu einem echten Browser kann der `appletviewer` die HTML-Seiten selbst nicht anzeigen. Wenn Sie sich das Layout des Applets im Verhältnis zu den anderen Inhalten des Dokuments ansehen wollen, müssen Sie einen javafähigen Browser wie Netscape oder Explorer benutzen.

HINWEIS: Zum Zeitpunkt der Niederschrift dieses Buches unterstützten weder Netscape noch Explorer Java-2-Applets. In Zusammenspiel mit dem Java Plug-in von Sun kann man mit beiden Browsern Java-2-Applets ausführen, wenn die HTML-Seite, in die das Applet eingebettet ist, auf das Plug-in hin angepasst ist. Sie können das Plug-in von der Webseite von Sun unter `http://java.sun.com/products/plugin` herunterladen. Der `appletviewer` des SDK ist das einzige Tool, das Java-2-Applets auf HTML-Seiten ausführen kann, die nicht auf die Verwendung des Plug-ins eingerichtet sind.

Die Benutzung des `appletviewer` ist an sich ziemlich unkompliziert, aber einige der Menüoptionen, die während der Ausführung eines Applets möglich sind, könnten Ihnen unklar sein. Abbildung C.1 zeigt die Optionen, die das Pull-Down-Menü Applet des `appletviewer` bietet.

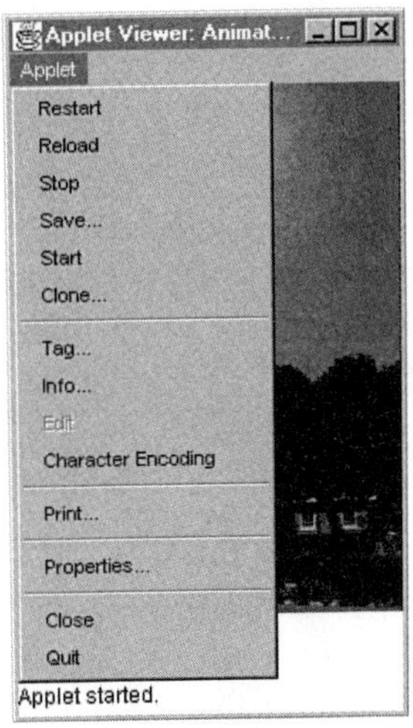

Abbildung C.1:
Das Pull-Down-Menü Applet des appletviewer.

Es gibt folgende Menüoptionen:

- Mit »Restart« bzw. »Reload« beginnt man die Ausführung des Applets von vorne. Der Unterschied zwischen diesen beiden Optionen ist, dass »Restart« das Applet nicht neu lädt, bevor es wieder startet, während »Reload« genau dies tut. Die Option »Reload« funktioniert genauso, als würde man den `appletviewer` schließen und ihn dann wieder mit derselben HTML-Seite öffnen.
- Mit den Optionen »Start« und »Stop« ruft man direkt die Methoden `start()` und `stop()` des Applets auf.
- »Clone« erzeugt eine Kopie desselben Applets, die in einem eigenen Fenster zu laufen beginnt.
- »Tag« zeigt den `<APPLET>`-Tag des Programms an zusammen mit den `<PARAM>`-Tags, die das Applet konfigurieren, sofern sie überhaupt vorhanden sind.

Eine weitere Option des Pull-Down-Menüs Applet ist »Info«, die die Methoden `getAppletInfo()` und `getParameterInfo()` des Applets aufruft. Man kann diese Methoden implementieren, um Informationen über das Applet und die verwendbaren Parameter zu geben. Die Methode `getAppletInfo()` sollte einen String zurückgeben, der das Applet beschreibt. Die Methode `getParameterInfo()` sollte einen Array von String-Arrays zurückgeben, die Name, Typ und Beschreibung aller Parameter beinhalten.

Listing C.1 zeigt Ihnen ein Applet, das die Verwendung dieser Methoden demonstriert.

Listing 3.1: Der gesamte Quelltext von AppInfo.java.

```
import java.awt.Graphics;

public class AppInfo extends java.applet.Applet {
    String name, date;
    int version;

    public String getAppletInfo() {
        String response = "This applet demonstrates the "
            + "use of the Applet's Info feature.";
        return response;
    }

    public String[][] getParameterInfo() {
        String[] p1 = {  "Name", "String", "Programmer's name" } ;
        String[] p2 = {  "Date", "String", "Today's date" } ;
        String[] p3 = {  "Version", "int", "Version number" } ;
        String[][] response = {  p1, p2, p3 } ;
        return response;
    }

    public void init() {
        name = getParameter("Name");
        date = getParameter("Date");
        String versText = getParameter("Version");
        if (versText != null)
            version = Integer.parseInt(versText);
    }

    public void paint(Graphics screen) {
        screen.drawString("Name: " + name, 5, 50);
        screen.drawString("Date: " + date, 5, 100);
        screen.drawString("Version: " + version, 5, 150);
    }
}
```

Die Hauptfunktion dieses Applets ist die Ausgabe dreier Parameter: `Name`, `Date` und `Version`. Die `getAppletInfo()`-Methode gibt folgenden String aus:

```
This applet demonstrates the use of the Applet's Info feature.
```

Die getParameterInfo()-Methode wird Ihnen kompliziert vorkommen, wenn Sie noch nicht mit mehrdimensionalen Arrays gearbeitet haben. Im Einzelnen geschieht Folgendes:

- Zeile 13 definiert den Rückgabetyp der Methode als zweidimensionales Array von String-Objekten.
- Zeile 14 erzeugt ein Array von String-Objekten mit drei Elementen: "Name", "String" und "Programmer's Name". Diese Elemente beschreiben einen der Parameter, der für das AppInfo-Applet definiert werden kann. Sie beschreiben die Bezeichnung des Parameters (Name in diesem Fall), den Datentyp, den der Parameter speichern soll (einen String) und eine Beschreibung des Parameters ("Programmer's Name"). Das dreielementige Array wird im Objekt p1 gespeichert.
- Zeilen 15-16 definieren zwei weitere String-Arrays für die Parameter Date und Version.
- Zeile 17 speichert im Objekt response ein Array, das drei String-Arrays enthält: p1, p2 und p3.
- Zeile 18 verwendet das Objekt response als Rückgabewert der Methode.

Listing C.2 ist eine HTML-Seite, mit der man das AppInfo-Applet laden kann.

Listing 3.2: Der Text von AppInfo.html.

```
<applet code="AppInfo.class" height=200 width=170>
<param name="Name" value="Rogers Cadenhead">
<param name="Date" value="04/07/00">
<param name="Version" value="2">
</applet>
```

Abbildung C.2 zeigt das laufende Applet im appletviewer, und Abbildung C.3 ist ein Screenshot des Dialogfensters, das sich öffnet, wenn die Menüoption »Info« des appletviewers angewählt wird.

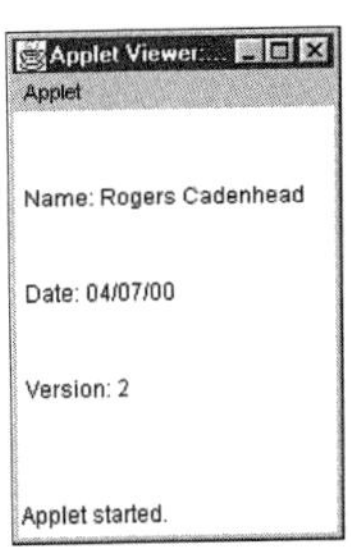

Abbildung C.2:
Das Applet AppInfo im appletviewer.

Diese Features setzen einen Browser voraus, der dem Benutzer diese Informationen irgendwie zugänglich macht. Der appletviewer erledigt dies mit der Menüoption »Info«, doch echte Browser wie der Internet Explorer bieten derzeit nichts Vergleichbares.

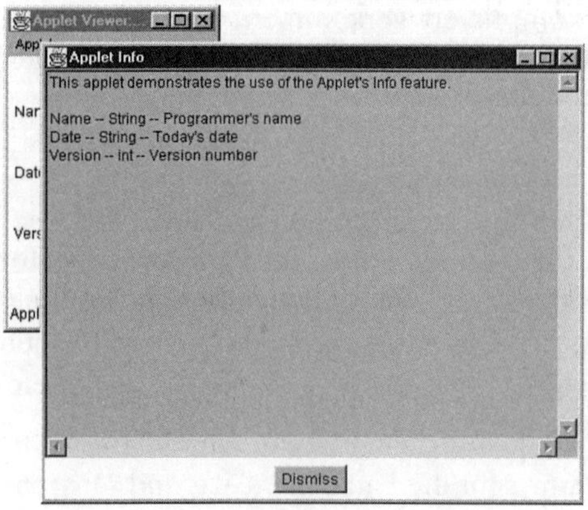

Abbildung C.3:
Das Info-Dialogfenster des Applets AppInfo.

C.5 Das Dokumentationstool javadoc

Der Java-Dokumentationsersteller `javadoc` erwartet eine `.java`-Quelltextdatei oder einen Paketnamen als Eingabe und erstellt eine detaillierte Dokumentation in HTML.

Damit `javadoc` eine komplette Dokumentation zu einem Programm erstellen kann, müssen besondere Kommentaranweisungen im Quelltext des Programms verwendet werden. Die Beispielprogramme in diesem Buch verwenden //, /* und */ im Quelltext, um Kommentare zu erzeugen. *Kommentare* sind Informationen für Menschen, die das Programm zu verstehen versuchen.

Java hat aber zudem eine strukturiertere Form von Kommentar. Diese kann vom Tool `javadoc` gelesen werden. Dieser Kommentar wird benutzt, um Programmelemente wie Klassen, Variablen, Objekte oder Methoden zu beschreiben. Er hat folgendes Format:

```
/** A descriptive sentence or paragraph.
 * @tag1 Description of this tag.
 * @tag2 Description of this tag.
 */
```

Ein Java-Dokumentationskommentar sollte unmittelbar vor dem zu dokumentierenden Programmelement stehen und dieses knapp erläutern. Steht der Kommentar etwa vor einer `class`-Anweisung, dann sollte er beispielsweise den Zweck der Klasse erklären.

Neben dem Beschreibungstext kann das Programmelement mit weiteren Marken dokumentiert werden. Diese Marken, *Tags* genannt, stehen hinter einem Klammeraffen `@`. Auf sie folgt ein Leerzeichen und ein Beschreibungssatz oder -absatz.

Listing C.3 enthält eine ausführlich dokumentierte Version des Applets `AppInfo`, die `AppInfo2` heißt. Die folgenden Tags werden in diesem Programm benutzt:

- `@author` – Der Autor des Programms. Dieses Tag kann nur bei der Dokumentation einer Klasse benutzt werden und wird nur dann nicht ignoriert, wenn bei der Ausführung von `javadoc` die Option `-author` Verwendung findet.
- `@version` *text* – Die Versionsnummer des Programms. Auch dieses Tag ist auf die Dokumentation einer Klasse beschränkt. Es wird ignoriert, wenn `javadoc` nicht mit der Option `-version` ausgeführt wird.
- `@return` *text* – Die Variable oder das Objekt, das von der dokumentierten Methode zurückgegeben wird.
- `@serial` *text* – Eine Beschreibung des Datentyps und der möglichen Werte einer Variable oder eines Objekts, das serialisiert werden kann. Sie erfahren am 18. Tag mehr über Serialisation.

Listing 3.3: Der gesamte Quelltext von AppInfo2.java.

```
import java.awt.Graphics;

/** This class creates displays the values of three parameters:
  * Name, Date and Version.
  * @author <a href="http://www.naviseek.com/java21">Rogers Cadenhead</a>
  * @version 2.0
 */
public class AppInfo2 extends java.applet.Applet {
    /**
      * @serial The programmer's name.
    */
    String name;
    /**
      * @serial The current date.
    */
    String date;
    /**
      * @serial The program's version number.
    */
    int version;

    /**
      * This method describes the applet for any browsing tool that
      * request information out the program.
      * @return A String describing the applet.
     */
    public String getAppletInfo() {
        String response = "This applet demonstrates the "
            + "use of the Applet's Info feature.";
```

```
        return response;
    }

    /**
     * This method describes the parameters that the applet can take
     * for any browsing tool that requests this information.
     * @return An array of String[] objects for each parameter.
     */
    public String[][] getParameterInfo() {
        String[] p1 = {  "Name", "String", "Programmer's name" } ;
        String[] p2 = {  "Date", "String", "Today's date" } ;
        String[] p3 = {  "Version", "int", "Version number" } ;
        String[][] response = {  p1, p2, p3 } ;
        return response;
    }

    /**
      * This method is called when the applet is first initialized.
     */
    public void init() {
        name = getParameter("Name");
        date = getParameter("Date");
        String versText = getParameter("Version");
        if (versText != null)
            version = Integer.parseInt(versText);
    }

    /**
      * This method is called when the applet's display window is
      * being repainted.
     */
    public void paint(Graphics screen) {
        screen.drawString("Name: " + name, 5, 50);
        screen.drawString("Date: " + date, 5, 100);
        screen.drawString("Version: " + version, 5, 150);
    }
}
```

Mit dem folgenden Kommando ließe sich anhand der Quelltextdatei `AppInfo2.java` eine HTML-Dokumentation erstellen:

```
javadoc -author -version AppInfo2.java
```

Das Java-Dokumentationstool erzeugt mehrere HTML-Seiten, die im selben Order wie `AppInfo2.java` gespeichert werden. Diese Seiten dokumentieren das Programm in derselben Weise, wie die offizielle Dokumentation von Sun die Sprache Java dokumentiert.

Sie finden die offizielle Dokumentation von Java 2 SDK 1.3 und der Java-Klassenbibliotheken unter `http://java.sun.com/products/JDK/1.3/docs/`.

Um die Dokumentation einzusehen, die `javadoc` für `AppInfo2` erstellt hat, laden Sie die neu erzeugte HTML-Seite `index.html` mit Ihrem Browser. Abbildung C.4 zeigt diese Seite im Internet Explorer 4.72.

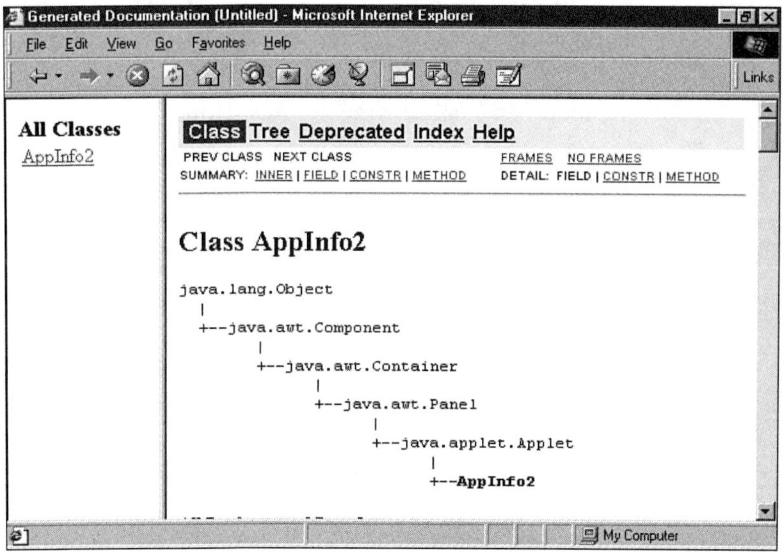

Abbildung C.4: Die Java-Dokumentation für das Programm AppInfo2.

Das Tool `javadoc` erzeugt extensiv verlinkte HTML-Seiten. Navigieren Sie durch diese Seiten, um zu sehen, wo die Informationen aus den Dokumentationskommentaren und -tags erscheinen.

Wenn Sie sich mit HTML-Programmierung auskennen, können Sie HTML-Tags wie `<A>`, `<TT>` oder `<B>` in Ihren Dokumentationskommentaren benutzen. Zeile 5 des Programms `AppInfo2` benutzt den Tag `<A>`, um den Text `"Rogers Cadenhead"` in einen Link zu verwandeln, der auf die offizielle Internetseite zum Buch verweist.

Das Tool `javadoc` kann auch zur Dokumentation eines ganzen Pakets verwendet werden, Sie müssen nur den Paketnamen als Kommandozeilenargument angeben. Es werden HTML-Dateien für jede `.java`-Datei im Paket erstellt sowie eine zusätzliche HTML-Datei, die das Paket aufschlüsselt.

Wenn Sie wollen, dass die Java-Dokumentation nicht im vorgegebenen Ordner erstellt wird, müssen Sie die Option `-d`, gefolgt von einem Leerzeichen und einem Ordnernamen, benutzen.

Das folgende Kommando erzeugt eine Java-Dokumentation für `AppInfo2` in einem Ordner namens `C:\JavaDocs\`:

```
javadoc -author -version -d C:\JavaDocs\ AppInfo2.java
```

Die folgende Liste erläutert die anderen Tags, die Sie in Java-Dokumentationskommentaren verwenden können:

- `@deprecated` *`text`* – Eine Bemerkung, dass diese Klasse, Methode, Objekt oder Variable für veraltet erklärt wurde. Dies führt dazu, dass der Compiler `javac` eine Veraltungswarnung ausgibt, wenn dieses Feature in einem Programm verwendet wird, das kompiliert wird.
- `@exception` *`class description`* – Dieses Tag wird mit Methoden verwendet, die Ausnahmen auswerfen. Es dokumentiert den Klassenname der Ausnahme und beschreibt sie.
- `@param` *`name description`* – Dieses Tag wird mit Methoden benutzt. Es dokumentiert den Namen eines Arguments und beschreibt die Werte, die das Argument haben kann.
- `@see class` – Der Name einer anderen Klasse, aus dem ein Link auf die Java-Dokumentation dieser Klasse gemacht wird. Dieses Tag kann unbeschränkt in Kommentaren verwendet werden.
- `@see class#method` – Der Name der Methode einer anderen Klasse, aus dem ein Link auf die Dokumentation dieser Methode gemacht wird. Dieses Tag kann unbeschränkt benutzt werden.
- `@since` *`text`* – Eine Bemerkung darüber, wann eine Methode oder ein Feature zu ihrer bzw. seiner Klassenbibliothek hinzugefügt wurde.

C.6 Der Debugger jdb

Der Java-Debugger `jdb` ist ein ausgereiftes Werkzeug, mit dem Sie Bugs in Ihren Javaprogrammen aufspüren und eliminieren können. Sie können mit seiner Hilfe auch mehr darüber mitbekommen, was hinter den Kulissen im Java-Interpreter vorgeht, während ein Programm läuft. Er besitzt zahlreiche Features, von denen manche weit jenseits der Bedürfnisse eines Javanovizen angesiedelt sind.

Um ein Javaprogramm zu debuggen, müssen Sie den Debugger nicht benutzen. Das wird Sie nicht überraschen, vor allem dann nicht, wenn Sie selbst ein paar Javaprogramme während der Lektüre des vorliegenden Buchs erstellt haben. Wenn der Java-Compiler einen Fehler anzeigt, lädt man normalerweise den Quelltext mit einem Editor, geht in die in der Fehlermeldung genannte Zeile und sucht dort nach dem Problem. Dieser verhasste Kompilieren-Fluchen-Suchen-Ausbessern-Zyklus wiederholt sich solange, bis das Programm anstandslos kompiliert wird.

Wenn Sie schon ein Weilchen mit dieser Debugging-Methode gearbeitet haben, denken Sie vielleicht, dass der Debugger überflüssig ist, da man ihn nicht unbedingt braucht und er so kompliziert und schwer bedienbar ist.

Das stimmt, wenn Sie es mit Problemen zu tun haben, die Compiler-Fehler verursachen. Viele dieser Probleme sind Kleinigkeiten wie ein falsch platzierter Strichpunkt, eine geschweifte Klammer, die nie geschlossen wird, oder der Versuch, den falschen Datentyp als Argument einer Methode zu verwenden. Suchen Sie jedoch nach logischen Fehlern – subtilere Bugs, trotz derer das Programm kompiliert und ausgeführt werden kann – ist der Debugger ein unschätzbares Hilfsmittel.

Der Java-Debugger weist zwei Features auf, die äußerst nützlich sind, wenn Sie einen Bug suchen, der auf andere Art nicht gefunden werden kann: Abarbeitung in Einzelschritten und Breakpoints. Die *Abarbeitung in Einzelschritten* lässt ein Javaprogramm nach jeder ausgeführten Codezeile pausieren. *Breakpoints* sind Punkte, an denen die Abarbeitung des Programms aussetzt. Wenn man den Java-Debugger verwendet, kann man diese Breakpoints mit speziellen Codezeilen, Methodenaufrufen und aufgefangenen Ausnahmen auslösen.

Der Java-Debugger führt ein Programm aus, indem er eine Version des Java-Interpreters benutzt, die er unter seiner vollständigen Kontrolle hat.

Wenn Sie den Java-Debugger benutzen wollen, sollten Sie das Programm mit der Option `-g` kompilieren, wodurch zusätzliche Informationen in die Klassendatei geschrieben werden. Diese Informationen erleichtern das Debuggen beträchtlich. Auf keinen Fall sollten Sie die Option `-o` verwenden, denn die Optimierungstechniken könnten zu einer Klassendatei führen, die nicht direkt dem Quelltext des Programms entspricht.

Applikationen debuggen

Wenn Sie eine Applikation debuggen, kann das Tool `jdb` mit einer Java-Klasse als Argument ausgeführt werden. Dies zeigt das folgende Kommando:

```
jdb WriteBytes
```

Dieses Beispiel führt den Debugger mit `WriteBytes.class` aus, einer Applikation, die Sie auf der offiziellen Internetseite zum Buch `http://www.java21days.com` finden. Gehen Sie auf diese Site, suchen Sie die Seite zur Appendix C und speichern Sie die Dateien `WriteBytes.class` und `WriteBytes.java` in den Ordner, von dem aus Sie den Debugger ausführen.

Die Applikation `WriteBytes` schreibt eine Reihe von Bytes auf die Festplatte und produziert so die Datei `pic.gif`.

Der Debugger lädt dieses Programm zwar, beginnt aber nicht mit seiner Ausführung. Stattdessen gibt er Folgendes aus:

```
Initializing jdb...
>
```

Man steuert den Debugger, indem man Kommandos in die > Eingabeaufforderung tippt.

Um in einem Programm einen Breakpoint festzulegen, benutzt man die Kommandos `stop in` oder `stop at`. Das Kommando `stop in` setzt einen Breakpoint in der ersten Zeile einer bestimmten Methode einer Klasse. Sie geben die Namen von Klasse und Methode als Argument an das Kommando, wie in folgendem Beispiel:

```
stop in SellItem.SetPrice
```

Dieses Kommando setzt einen Breakpoint in die erste Zeile der Methode `SetPrice`. Wie Sie sehen, stehen nach dem Methodennamen weder die runden Klammern noch irgendwelche Argumente.

Das Kommando `stop at` setzt einen Breakpoint an eine bestimmte Zeile einer Klasse. Sie geben die Klasse und die Zeilennummer als Argumente an das Kommando, wie in folgendem Beispiel:

```
stop at WriteBytes:14
```

Wenn Sie dies mit der `WriteBytes`-Klasse ausprobieren, erhalten Sie folgende Ausgabe nach Eingabe des Kommandos:

```
breakpoint set at WriteBytes:14
```

Sie können so viele Breakpoints in eine Klasse setzen, wie Sie wollen. Um die bereits gesetzten Breakpoints zu sehen, verwenden Sie das Kommano `clear` ohne Argumente. Das Kommando `clear` listet die gegenwärtigen Breakpoints nach Zeilennummer, nicht nach Methodenname auf, selbst wenn sie mit dem Kommando `stop in` gesetzt wurden.

Indem Sie `clear` mit einem Klassennamen und einer Zeilennummer als Argument verwenden, können Sie einen Breakpoint entfernen. Wenn sich die hypothetische `SellItem.SetPrice`-Methode in Zeile 215 von `SellItem` befand, könnten Sie diesen Breakpoint mit folgendem Kommano entfernen:

```
clear SellItem:215
```

Im Debugger können Sie die Ausführung eines Programms mit dem Kommando `run` starten. Der Debugger zeigt folgendes an, wenn Sie mit der Ausführung der `WriteBytes`-Klasse anfangen:

```
run WriteBytes
running...
main[1]
Breakpoint hit: WriteBytes.main(WriteBytes:14)
```

Sobald Sie einen Breakpoint in der Klasse `WriteBytes` erreicht haben, können Sie mit folgenden Kommando herumexperimentieren:

- `list` – Dies zeigt den Quellcode der Zeile, in der die Ausführung abbrach, und ihrer Nachbarzeilen an. Dafür muss die `.java`-Datei der Klasse, in der der Breakpoint erreicht wurde, zugänglich sein. `WriteBytes.java` muss sich also entweder im aktuellen Ordner oder in einem der Ordner des `CLASSPATH` befinden.
- `locals` – Listet die Werte der lokalen Variablen auf, die gerade benutzt oder bald definiert werden.
- `print` *`text`* – Gibt den Wert der Variable, des Objekts oder des Arrayelements aus, das mit *`text`* angegeben wird.
- `step` – Führt die nächste Zeile aus und stoppt dann wieder.
- `cont` – Setzt das Programm an der Stelle fort, an der es angehalten wurde.
- `!!` – Wiederholt das letzte Debugger-Kommando.

Nachdem Sie diese Kommandos in der Applikation ausprobiert haben, können Sie die Ausführung des Programms fortsetzen, indem Sie den Breakpoint entfernen und dann das Kommando `cont` benutzen. Mit dem Kommando `exit` beenden Sie das Debugging.

Die Applikation WriteBytes erzeugt eine Datei namens `pic.gif`. Sie können sich davon überzeugen, dass diese Datei korrekt erstellt wurde, indem Sie sie in einen Browser oder in ein Bildbearbeitungsprogramm laden. Sie sehen ein kleines »J« in Schwarz und Weiß.

Nachdem Sie die Fehler in einem Programm beseitigt haben, sollten Sie nicht vergessen, es erneut ohne die Option `-g` zu kompilieren.

Applets debuggen

Man kann ein Applet nicht mit `jdb` debuggen. Stattdessen steht Ihnen die `-debug`-Option des `appletviewer` zur Verfügung. Ein Beispiel sähe so aus:

```
appletviewer -debug AppInfo.html
```

Dies lädt den Java-Debugger, und sobald Sie ein Kommando wie `run` benutzen, startet auch der `appletviewer`. Spielen Sie dieses Beispiel nach, um zu sehen, wie diese Tools zusammenarbeiten.

Bevor Sie mit dem Kommando `run` das Applet ausführen, setzen Sie einen Breakpoint in die erste Zeile der `getAppletInfo()`-Methode. Das geht mit folgendem Kommando:

```
stop in AppInfo.getAppletInfo
```

Während der Ausführung des Applets wird der Breakpoint nicht erreicht, ehe Sie nicht den Aufruf der `getAppletInfo()`-Methode veranlassen. Dies geschieht, indem Sie Applet, Info aus dem Menü des `appletviewer` auswählen.

Weitere Debugging-Kommandos

Mit den Features, die Sie bereits kennen, können Sie den Debugger ein Programm anhalten lassen und sich ansehen, was geschieht. Das sollte meist ausreichen. Aber der Debugger kennt noch viele andere Kommandos. Erwähnenswert sind z.B.:

- `up` – Bewegt den Stack-Frame nach oben, sodass Sie mit `locals` und `print` das Programm zu dem Zeitpunkt untersuchen können, als die aktuelle Methode noch nicht aufgerufen war.
- `down` – Bewegt den Stack-Frame nach unten, um das Programm nach dem Methodenaufruf zu untersuchen.

Es kommt in Javaprogrammen häufig vor, dass eine Kette von Methoden aufgerufen wird. Die eine Methode ruft die nächste auf, die wieder eine andere Methode aufruft usw. Jedes Mal, wenn eine Methode aufgerufen wird, verfolgt Java alle Objekte und Variablen in diesem Gültigkeitsbereich, indem es sie sammelt. Diese Gruppierung heißt *Stack* (dt.: »Stapel«), als würden diese Objekte wie ein Karten-Talon gestapelt. Die einzelnen Stacks, die während der Ausführung eines Programms existieren, nennt man den *Stack-Frame*.

Indem man `up` und `down` zusammen mit Kommandos wie `locals` einsetzt, lässt sich besser verstehen, wie der Code, der eine Methode aufruft, mit ihr interagiert.

Beim Debuggen stehen Ihnen außerdem folgende Kommandos zur Verfügung:

- `classes` – Listet die augenblicklich im Speicher befindlichen Klassen auf.
- `methods` – Listet die Methoden einer Klasse auf.
- `memory` – Zeigt den Gesamtspeicher und den augenblicklich ungenutzten Speicher an.
- `threads` – Listet die derzeit ablaufenden Threads auf.

Das Kommando `threads` numeriert die Threads durch. Sie können diese Nummern zusammen mit dem Kommando `suspend` benutzen, um einen Thread anzuhalten, also z.B. `suspend 1`. Man lässt einen Thread weiterlaufen, indem man das Kommando `resume`, gefolgt von seiner Nummer, benutzt.

Eine weitere Möglichkeit, um in einem Javaprogramm einen Breakpoint festzulegen, ist das Kommando `catch` *`text`*, das die Ausführung anhält, sobald eine Ausnahme der Klasse *`text`* aufgefangen wird.

Sie können eine Ausnahme auch ignorieren lassen, indem Sie das Kommando `ignore` *`text`* benutzen, wobei *`text`* für die Klasse der Ausnahme steht.

C.7 Die Systemeigenschaften festlegen

Ein weitgehend unbekanntes Feature des SDK ist, dass die Kommandozeilenoption `-D` die Performance der Java-Klassenbibliothek beinflussen kann.

Wenn Sie vor Java mit anderen Programmiersprachen zu tun hatten, kennen Sie vielleicht Umgebungsvariablen, die Informationen über das Betriebssystem bieten, unter dem das Programm läuft. Ein Beispiel ist `CLASSPATH`, das angibt, in welchen Ordnern der Java-Interpreter nach Klassendateien suchen soll.

Da verschiedene Betriebssysteme unterschiedliche Namen für ihre Umgebungsvariablen benutzen, können sie von einem Javaprogramm nicht direkt gelesen werden. Dafür besitzt Java eine Reihe von Systemeigenschaften, die auf jeder Plattform mit Java-Implementierung vorhanden sind.

Mit einigen Eigenschaften kann man nur Informationen erhalten. Die folgenden Systemeigenschaften sollten bei jeder Java-Implementierung vorhanden sein:

- `java.version` – Der Versionsnummer des Java-Interpreter.
- `java.vendor` – Ein String, der den Hersteller des Java-Interpreters bezeichnet.
- `os.name` – Das Betriebssystem.
- `os.version` – Die Versionsnummer des Betriebssystems.

Andere Eigenschaften wirken sich darauf aus, was die Java-Klassenbibliothek genau macht, wenn sie in einem Javaprogramm benutzt wird. Ein Beispiel hierfür wäre die Eigenschaft `java2d.font.usePlatformFont`. Wenn diese Eigenschaft `true` ist, verwendet Java den Java-1.1-Stil der Schriftdarstellung und nicht das System, das in Nachfolgeversionen der Sprache eingesetzt wird. Diese Eigenschaft wurde bei einer Beta-Version von Java 1.2 sehr wichtig, in der es einige Bugs bei der Verarbeitung von Schriften durch den `appletviewer` gab.

Eigenschaften legt man in der Kommandozeile fest, indem man die `-D`-Option, gefolgt vom Namen der Eigenschaft, einem Gleichheitszeichen und dem neuen Wert der Eigenschaft, benutzt. Ein Beispiel:

```
java -Djava2.dfont.usePlatformFont=true Auctioneer
```

In diesem Beispiel hätte die Verwendung der Systemeigenschaft zur Folge, dass die Applikation Auctioneer die Schriften im 1.1-Stil benutzen würde.

Sie können auch eigene Eigenschaften festlegen und sie durch die Methode `getProperty()` der Klasse `System` lesen, die Teil des Pakets `java.lang` ist.

Listing C.4 bietet Ihnen den Quelltext eines einfachen Programms, das den Wert einer benutzererstellten Eigenschaft anzeigt.

Listing 3.4: Der gesamte Quelltext von ItemProp.java.

```
class ItemProp {
    public static void main(String[] arguments) {
        String n = System.getProperty("item.name");
        System.out.println("The item is named " + n);
    }
}
```

Wenn Sie das Programm ausführen, ohne die `item.name`-Eigenschaft in der Kommandozeile festzulegen, dann erhalten Sie folgende Ausgabe:

```
The item is named null
```

Die Eigenschaft `item.name` kann mit der `-D`-Option festgelegt werden, also z.B.:

```
java -Ditem.name="Microsoft Bob" ItemProp
```

Die Ausgabe wäre dann:

```
The item is named Microsoft Bob
```

Die `-D`-Option ist eine Option des Java-Interpreters. Um sie mit dem `appletviewer` einsetzen zu können, müssen Sie dem `-D` ein `-J` voranstellen. Das folgende Kommando zeigt Ihnen, wie dies aussehen könnte:

```
appletviewer -J-Djava2d.font.usePlatformFont=true AuctionSite.html
```

Dies würde den `appletviewer` veranlassen, für alle Applets auf der Webseite `AuctionSite.html` Schriften im Java-1.1-Stil zu benutzen.

C.8 Zusammenfassung

Diese Appendix erläuterte mehrere Features des SDK, die immer wichtiger für Sie werden, je tiefer Sie in Java eintauchen:

- die Verwendung des Java-Debugger mit Applets und Applikationen
- die Erstellung einer optimierten Version einer kompilierten Klasse
- die Erstellung von Applet-Methoden, die dem Browser auf Anfrage Informationen mitteilen können
- die Verwendung des Java-Dokumentationstools, um eine Klasse, ihre Methoden und andere Aspekte eines Programms ausführlich zu beschreiben

Diese SDK-Features wurden während der 21 Tage des Buchs nicht notwendig, da die Beispielprogramme sehr einfach gehalten waren. Es mag kompliziert sein, eine Swing-Applikation zu entwickeln oder zum ersten Mal mit Threads und Streams zu arbeiten, doch Ihre größte Herausforderung liegt noch vor Ihnen: Die Integration dieser und ähnlicher Konzepte in größere und komplexere Javaprogramme.

In komplexeren Projekten werden Tools wie `javadoc` und der Debugger absolut unverzichtbar.

Wenn es zu einem Fehler kommt, weil zwei Klassen nicht korrekt miteinander interagieren oder weil sich ähnlich subtile logische Fehler in Ihren Code eingeschlichen haben, dann ist der Debugger die erste Wahl, um die Probleme dingfest zu machen und sie auszuräumen.

Wenn Sie eine ganze Klassenbibliothek erstellen, kann man mit `javadoc` diese Klassen dokumentieren und zeigen, wie diese sich untereinander verhalten.

C.9 Fragen und Antworten

F *Die offizielle Java-Dokumentation ist voll langer Absätze, die Klassen und Methoden beschreiben. Wie kann man so etwas selbst mit* `javadoc` *erstellen?*

> **A** Im Java-Dokumentationstool gibt es keine Beschränkung für die Länge einer Beschreibung. Meist sind die Beschreibungen zwar nur einen Satz oder zwei lang, doch wenn nötig, kann man sie durchaus länger gestalten. Beenden Sie die Beschreibung mit einem Punkt, dem sofort eine neue Zeile mit irgendeinem Tag oder dem Kommentarende folgt.

F *Muss ich alles in meinen Javaklassen dokumentieren, wenn ich vorhabe, das* `javadoc`*-Tool zu verwenden?*

> **A** Das Java-Dokumentationstool funktioniert, egal wie viele oder wie wenige Kommentare sie setzen. Die Entscheidung, welche Elemente eines Programms dokumentiert werden müssen, liegt bei Ihnen. Normalerweise sollten Sie die Klasse und alle Methoden, Variablen und Objekte beschreiben, die nicht vor anderen Klassen verborgen sind.
>
> Das Tool *`javadoc`* gibt eine Warnung aus, wenn ein serialisierbares Objekt oder eine Variable definiert wird, ohne dass es einen Java-Dokumentationskommentar dazu gibt.

Stichwortverzeichnis

D

E

T

U

V

W

X

Z

Sun Microsystems, Inc. Binary Code License Agreement

READ THE TERMS OF THIS AGREEMENT AND ANY PROVIDED SUPPLEMENTAL LICENSE TERMS (COLLECTIVELY «AGREEMENT») CAREFULLY BEFORE OPENING THE SOFTWARE MEDIA PACKAGE. BY OPENING THE SOFTWARE MEDIA PACKAGE, YOU AGREE TO THE TERMS OF THIS AGREEMENT. IF YOU ARE ACCESSING THE SOFTWARE

ELECTRONICALLY, INDICATE YOUR ACCEPTANCE OF THESE TERMS BY SELECTING THE «ACCEPT» BUTTON AT THE END OF THIS AGREEMENT. IF YOU DO NOT AGREE TO ALL THESE TERMS, PROMPTLY RETURN THE UNUSED SOFTWARE TO YOUR PLACE OF PURCHASE OR, IF THE SOFTWARE IS ACCESSED ELECTRONICALLY, SELECT THE "DECLINE" BUTTON AT THE END OF THIS AGREEMENT.

1. LICENSE TO USE. Sun grants you a non-exclusive and non-transferable license for the internal use only of the accompanying software and documentation and any error corrections provided by Sun (collectively «Software»), by the number of users and the class of computer hardware for which the corresponding fee has been paid.

2. RESTRICTIONS Software is confidential and copyrighted. Title to Software and all associated intellectual property rights is retained by Sun and/or its licensors. Except as specifically authorized in any Supplemental License Terms, you may not make copies of Software, other than a single copy of Software for archival purposes. Unless enforcement is prohibited by applicable law, you may not modify, decompile, or reverse engineer Software. You acknowledge that Software is not designed, licensed or intended for use in the design, construction, operation or maintenance of any nuclear facility. Sun disclaims any express or implied warranty of fitness for such uses. No right, title or interest in or to any trademark, service mark, logo or trade name of Sun or its licensors is granted under this Agreement.

3. LIMITED WARRANTY. Sun warrants to you that for a period of ninety (90) days from the date of purchase, as evidenced by a copy of the receipt, the media on which Software is furnished (if any) will be free of defects in materials and workmanship under normal use. Except for the foregoing, Software is provided «AS IS». Your exclusive remedy and Sun's entire liability under this limited warranty will be at Sun's option to replace Software media or refund the fee paid for Software.

4. DISCLAIMER OF WARRANTY. UNLESS SPECIFIED IN THIS AGREEMENT, ALL EXPRESS OR IMPLIED CONDITIONS, REPRESENTATIONS AND WARRANTIES, INCLUDING ANY IMPLIED WARRANTY OF MERCHANTABILITY, FITNESS FOR A PARTICULAR PURPOSE OR NON-INFRINGEMENT ARE DISCLAIMED, EXCEPT TO THE EXTENT THAT THESE DISCLAIMERS ARE HELD TO BE LEGALLY INVALID.

5. LIMITATION OF LIABILITY. TO THE EXTENT NOT PROHIBITED BY LAW, IN NO EVENT WILL SUN OR ITS LICENSORS BE LIABLE FOR ANY LOST REVE-

NUE, PROFIT OR DATA, OR FOR SPECIAL, INDIRECT, CONSEQUENTIAL, INCIDENTAL OR PUNITIVE DAMAGES, HOWEVER CAUSED REGARDLESS OF THE THEORY OF LIABILITY, ARISING OUT OF OR RELATED TO THE USE OF OR INABILITY TO USE SOFTWARE, EVEN IF SUN HAS BEEN ADVISED OF THE POSSIBILITY OF SUCH DAMAGES. In no event will Sun's liability to you, whether in contract, tort (including negligence), or otherwise, exceed the amount paid by you for Software under this Agreement. The foregoing limitations will apply even if the above stated warranty fails of its essential purpose.

6. Termination. This Agreement is effective until terminated. You may terminate this Agreement at any time by destroying all copies of Software. This Agreement will terminate immediately without notice from Sun if you fail to comply with any provision of this Agreement. Upon Termination, you must destroy all copies of Software.

7. Export Regulations. All Software and technical data delivered under this Agreement are subject to US export control laws and may be subject to export or import regulations in other countries. You agree to comply strictly with all such laws and regulations and acknowledge that you have the responsibility to obtain such licenses to export, re-export, or import as may be required after delivery to you.

8. U.S. Government Restricted Rights. If Software is being acquired by or on behalf of the U.S. Government or by a U.S. Government prime contractor or subcontractor (at any tier), then the Government's rights in Software and accompanying documentation will be only as set forth in this Agreement; this is in accordance with 48 CFR 227.7201 through 227.7202-4 (for Department of Defense (DOD) acquisitions) and with 48 CFR 2.101 and 12.212 (for non-DOD acquisitions).

9. Governing Law. Any action related to this Agreement will be governed by California law and controlling U.S. federal law. No choice of law rules of any jurisdiction will apply.

10. Severability. If any provision of this Agreement is held to be unenforceable, this Agreement will remain in effect with the provision omitted, unless omission would frustrate the intent of the parties, in which case this Agreement will immediately terminate.

11. Integration. This Agreement is the entire agreement between you and Sun relating to its subject matter. It supersedes all prior or contemporaneous oral or written communications, proposals, representations and warranties and prevails over any conflicting or additional terms of any quote, order, acknowledgment, or other communication between the parties relating to its subject matter during the term of this Agreement. No modification of this Agreement will be binding, unless in writing and signed by an authorized representative of each party.

For inquiries please contact:
Sun Microsystems, Inc.
901 San Antonio Road
Palo Alto, California 94303
U.S.A.

JAVA 2 SOFTWARE DEVELOPMENT KIT STANDARD EDITION VERSION 1.3 SUPPLEMENTAL LICENSE TERMS

These supplemental license terms («Supplemental Terms») add to or modify the terms of the Binary Code License Agreement (collectively, the «Agreement»). Capitalized terms not defined in these Supplemental Terms shall have the same meanings ascribed to them in the Agreement. These Supplemental Terms shall supersede any inconsistent or conflicting terms in the Agreement, or in any license contained within the Software.

1. Internal Use and Development License Grant. Subject to the terms and conditions of this Agreement, including, but not limited to, Section 2 (Redistributables) and Section 4 (Java Technology Restrictions) of these Supplemental Terms, Sun grants you a non-exclusive, non-transferable, limited license to reproduce the Software for internal use only for the sole purpose of development of your JavaTM applet and application ("Program"), provided that you do not

redistribute the Software in whole or in part, either separately or included with any Program.

2. Redistributables. In addition to the license granted in Paragraph 1 above, Sun grants you a non-exclusive, non-transferable, limited license to reproduce and distribute, only as part of your separate copy of JAVA(TM) 2 RUNTIME ENVIRONMENT STANDARD EDITION VERSION 1.3 software, those files specifically identified as redistributable in the JAVA(TM) 2 RUNTIME ENVIRONMENT STANDARD EDITION VERSION 1.3 "README" file (the «Redistributables») provided that: (a) you distribute the Redistributables complete and unmodified (unless otherwise specified in the applicable README file), and only bundled as part of the JavaTM applets and applications that you develop (the "Programs:); (b) you do not distribute additional software intended to supersede any component(s) of the Redistributables; (c) you do not remove or alter any proprietary legends or notices contained in or on the Redistributables; (d) you only distribute the Redistributables pursuant to a license agreement that protects ! Sun's interests consistent with the terms contained in the Agreement, and (e) you agree to defend and indemnify Sun and its licensors from and against any damages, costs, liabilities, settlement amounts and/or expenses (including attorneys' fees) incurred in connection with any claim, lawsuit or action by any third party that arises or results from the use or distribution of any and all Programs and/or Software.

3. Separate Distribution License Required. You understand and agree that you must first obtain a separate license from Sun prior to reproducing or modifying any portion of the Software other than as provided with respect to Redistributables in Paragraph 2 above.

4. Java Technology Restrictions. You may not modify the Java Platform Interface («JPI», identified as classes contained within the «java» package or any subpackages of the «java» package), by creating additional classes within the JPI or otherwise causing the addition to

or modification of the classes in the JPI. In the event that you create an additional class and associated API(s) which (i) extends the functionality of a Java environment, and (ii) is exposed to third party software developers for the purpose of developing additional software which invokes such additional API, you must promptly publish broadly an accurate specification for such API for free use by all developers. You may not create, or authorize your licensees to create additional classes, interfaces, or subpackages that are in any way identified as «java», «javax», «sun» or similar convention as specified by Sun in any class file naming convention. Refer to the appropriate version of the Java Runtime Environment binary code license (currently located at http://www.java.sun.com/jdk/index.html) for the availability of runtime code which may be distributed with Java applets and applications.

5. Trademarks and Logos. You acknowledge and agree as between you and Sun that Sun owns the Java trademark and all Java-related trademarks, service marks, logos and other brand designations including the Coffee Cup logo and Duke logo («Java Marks»), and you agree to comply with the Sun Trademark and Logo Usage Requirements currently located at http://www.sun.com/policies/trademarks. Any use you make of the Java Marks inures to Sun's benefit.

6. Source Code. Software may contain source code that is provided solely for reference purposes pursuant to the terms of this Agreement.

7. Termination. Sun may terminate this Agreement immediately should any Software become, or in Sun's opinion be likely to become, the subject of a claim of infringement of a patent, trade secret, copyright or other intellectual property right.